Droit du commerce
et des affaires

Droit
des entreprises
en difficulté

Dans la même collection

Nota bene
Les ouvrages parus avant 2006 ont été publiés sous la marque Armand Colin, collection « U – droit ». Les nouvelles éditions portent la marque Sirey, collection « Université ».

Droit privé

AUBERT Jean-Luc, *Introduction au droit*, 11e éd., 2006
CITEAU Jean-Pierre, *Gestion des ressources humaines*, 4e éd., 2002
CONTE Philippe, MAISTRE DU CHAMBON Patrick, *Droit pénal général*, 7e éd., 2004
CONTE Philippe, MAISTRE DU CHAMBON Patrick, *Procédure pénale*, 4e éd., 2002
COUCHEZ Gérard, *Procédure civile*, 14e éd., 2006
COUCHEZ Gérard, *Voies d'exécution*, 8e éd., 2005
COURBE Patrick, *Droit de la famille*, 4e éd., 2005
FLOUR Jacques, AUBERT Jean-Luc, SAVAUX Éric, *Les obligations*. Tome 1 : *L'acte juridique*, 12e éd., 2006
FLOUR Jacques, AUBERT Jean-Luc, SAVAUX Éric, *Les obligations*. Tome 2 : *Le fait ju*ridique, 11e éd., 2005
FLOUR Jacques, AUBERT Jean-Luc, FLOUR Yvonne, SAVAUX Éric, *Les obligations*. Tome 3 : *Le rapport d'obligation*, 4e éd., 2006
FLOUR Jacques, CHAMPENOIS Gérard, *Les régimes matrimoniaux*, 2e éd., 2001
HOUTCIEFF Dimitri, *Droit commercial. Actes de commerce, commerçants, fonds de commerce, instruments de paiement et de crédit*, 2005
LARGUIER Jean, CONTE Philippe, *Droit pénal des affaires*, 11e éd., 2004
LE CORRE Pierre-Michel, LE CORRE-BROLY Emmanuelle, *Droit du commerce et des affaires. Droit des entreprises en difficulté*, 2e éd., 2006
LEGEAIS Dominique, *Droit commercial et des affaires*, 16e éd., 2005
MALAURIE-VIGNAL Marie, *Droit de la concurrence interne et communautaire*, 3e éd., 2005
MALAURIE-Vignal Marie, *Droit de la distribution*, 2006
PICOD Yves, DAVO Hélène, *Droit de la consommation*, 2005
VÉRON Michel, *Droit pénal spécial*, 11e éd., 2006
VERON Michel, Nicod Benoît, *Voies d'exécution et procédures de distribution*, 2e éd., 1998
VIGNAL Thierry, *Droit international privé*, 2005

Droit public

CHANTEBOUT Bernard, *Droit constitutionnel*, 23e éd., 2006
DUPUIS Georges, GUÉDON Marie-José, CHRÉTIEN Patrice, *Droit administratif*, 9e éd., 2004
GODFRIN Philippe, DEGOFFE Michel, *Droit administratif des biens*, 7e éd., 2005
ISAAC Guy, BLANQUET Marc, *Droit communautaire général*, 9e éd., 2006
LACHAUME Jean-François, BOITEAU Claudie, PAULIAT Hélène, *Droit des services publics*, 3e éd., 2004
LEBRETON Gilles, *Libertés publiques et droits de l'Homme*, 7e éd., 2005
MADIOT Yves, LE MESTRE Renan, *Aménagement du territoire*, 4e éd., 2001
PACTET Pierre, MÉLIN-SOUCRAMANIEN Ferdinand, *Droit constitutionnel*, 25e éd., 2006
PAYSANT André, *Finances publiques*, 5e éd., 1999

Hors collection

BUFFELAN-LANORE Yvaine, *Droit civil. Première année*, 14e éd., 2005
BUFFELAN-LANORE Yvaine, *Droit civil. Première année. Méthodes*, 3e éd., 1997
BUFFELAN-LANORE Yvaine, *Droit civil. Deuxième année*, 10e éd., 2006
HUTEAU Gilles, *Sécurité sociale et politiques sociales*, 3e éd., 2001

Pierre-Michel Le Corre,
Professeur agrégé à l'Université du Sud - Toulon-Var

Emmanuelle Le Corre-Broly
Maître de conférences à l'Université du Sud - Toulon-Var
Avocat au Barreau de Grasse

Droit du commerce
et des affaires

Droit des entreprises en difficulté

2e édition

2006

SIREY

Série Droit Privé
dirigée par Jean-Luc AUBERT

DALLOZ

31-35, rue Froidevaux – 75685 Paris Cedex 14

Sommaire

Bibliographie *

Traités, manuels et ouvrages spéciaux **

BONHOMME (R.), v. PÉROCHON.

CABRILLAC (M.) et MOULY, *Droit des sûretés*, Litec, 6e éd., 2002.

CHAPUT (Y.), *Droit des entreprises en difficulté et faillite personnelle*, P.U.F., Droit fondamental, 1996.

DELEBECQUE (Ph.), v. RIPERT.

DERRIDA (F.), GODÉ (P.) et SORTAIS (J.-P.), avec la collaboration de HONORAT (A.), *Redressement et liquidation judiciaires des entreprises, cinq années d'application de la loi du 25 janvier 1985*, Dalloz, 3e éd., 1991.

GERMAIN (M.), v. RIPERT.

GODÉ, v. DERRIDA.

GUYON (Y.), *Droit des affaires*, t. 2, *Entreprises en difficulté, redressement judiciaire, faillite*, Economica, 8e éd., 2001.

HONORAT (A.), v. DERRIDA.

JACQUEMONT (A.), *Procédures collectives*, Litec, 4e éd., 2006.

KERCKHOVE (E.), *Traité de droit commercial*, DE JUGLART et IPPOLITO, t. 6, *Procédures collectives de paiement*, 3e éd., Montchrestien, 1998.

LE CANNU (P.) (refonte de l'ouvrage de M. JEANTIN), *Droit commercial, instruments de paiement et de crédit, entreprises en difficulté*, Précis Dalloz, 6e éd., 2003 (7e éd., *à paraître*, 2006).

LE CANNU (P.), LUCHEUX (J.-M.), PITRON (M.) et SÉNÉCHAL (J.-P.), *Prévention redressement et liquidation judiciaires*, éd. G.L.N. Joly, 1995.

LIENHARD A., *Sauvegarde des entreprises en difficulté*, 1re éd., Delmas, 2006.

LUCHEUX (J.-M.), v. LE CANNU.

MARTIN (J.-F.) et VALLENS (J.-L.), *Lamy Droit commercial* (partie relative au redressement et à la liquidation judiciaires), éd. Lamy, 2005 (éd. 2006, avril).

MÉLIN (F.), *La faillite internationale*, LGDJ, Systèmes, 2004.

* Pour des contraintes de volume d'édition, seule une bibliographie sommaire est ici reproduite.
** Les ouvrages collectifs sont répertoriés sous le nom d'un seul auteur, le premier cité par la maison d'édition.

MONSÉRIÉ (M.-H.), *Les contrats dans le redressement et la liquidation judiciaires des entreprises*, Litec, 1994.

PÉROCHON (F.) et BONHOMME (R.), *Entreprises en difficulté – instruments de crédit et de paiement*, L.G.D.J., 6e éd., 2003 (7e éd., 2006, *à paraître en septembre*).

PÉTEL (Ph.)., *Procédures collectives*, Cours Dalloz, Droit privé, 4e éd., 2005.

PITRON (M.), v. LE CANNU.

RIPERT et ROBLOT, par DELEBECQUE et GERMAIN, *Traité de droit commercial*, L.G.D.J., t. 2, 16e éd., 2000 (17e éd., 2004).

ROBLOT, v. RIPERT.

ROUSSEL-GALLE : ROUSSEL-GALLE Ph., *Réforme du droit des entreprises en difficulté par la loi de sauvegarde des entreprises du 26 juillet 2005*, Carré droit, Litec, 2005.

SAINT-ALARY-HOUIN (C.), *Droit des entreprises en difficulté*, Montchrestien, Domat, 4e éd. 2001 (5e éd. 2006, *à paraître en septembre*).

SÉNÉCHAL (J.-P.), v. LE CANNU.

SÉNÉCHAL (M.), *L'effet réel de la procédure collective*, Litec, 2002.

SOINNE (B.), *Traité des procédures collectives*, Litec, 2e éd., 1995.

SORTAIS (J.-P.), v. DERRIDA.

VALLANSAN (J.), *Redressement et liquidation judiciaires*, 2e éd., Litec, 2003 (4e éd., juin 2006).

Encyclopédies

Dict. perm. Difficultés des entreprises (Dictionnaire permanent difficultés des entreprises), éd législatives et administratives.

Juris-Classeur Commercial, tomes 8 et 9.

Répertoire de droit commercial, Dalloz.

Revues

- ***Revues spécialisées***

Actualité des procédures collectives (*Act. proc. coll.*)

Gazette des procédures collectives (*Gaz. proc. coll.*)

Revue des procédures collectives (*Rev. proc. coll.*), devenue en 1999 la *Revue des procédures collectives civiles et commerciales* (*Rev. proc. coll. civ. et com.*)

- ***Revues générales (chroniques spécialisées)***

Dalloz (sommaires commentés de F.-X. Lucas et P.-M. Le Corre).

JCP éd. E. (chroniques de M. Cabrillac et Ph. Pétel).

RJC (chronique de J.-P. Sortais).

Rép. Defrénois (chronique de D. Gibirila).

Rev. bancaire et financ. (chronique de F.-X. Lucas).

RTD com. (chroniques de F. Macorig-Venier, A. Martin-Serf, C. Mascala, C. Saint-Alary-Houin et J.-L. Vallens).

Édition juridique sur internet

Lexbase (LXB)

Introduction

1. Généralités — Évolution de la matière. Le droit des entreprises en difficulté constitue une discipline au carrefour d'un grand nombre d'autres branches du droit, qui ne relève plus du droit commercial mais plutôt du droit de l'entreprise. Cette matière, autrefois qualifiée de droit de la faillite ou des procédures collectives de paiement, a connu une évolution remarquable.

Le droit romain sanctionnait la défaillance du débiteur dans le respect de ses engagements avec une procédure expéditive : la *manus injectio*. Le créancier était autorisé à saisir la personne même du débiteur.

Cet aspect répressif se retrouve dans les procédures de faillite des villes marchandes italiennes. Il faut y voir l'origine de la banqueroute, de l'italien *banca rotta* qui désigne l'interdiction pour un marchand de siéger dans les assemblées de marchands, son banc étant rompu.

En France, les premières ordonnances royales sont édictées au moment de la Renaissance [1]. L'ordonnance de Colbert de 1673 pose un certain nombre de règles que l'on retrouvera dans le Code de commerce. Jusqu'alors, la faillite est avant tout une technique de répression du débiteur défaillant.

Le Code de commerce, dans sa version d'origine, poursuit cette vision. Il faut attendre une loi du 28 mai 1838 pour que l'idée répressive de la faillite recule. La loi du 22 juillet 1867 supprime la contrainte par corps pour le débiteur défaillant.

La loi du 4 mars 1889 crée, à côté de la procédure de faillite, une procédure réservée au débiteur malheureux et de bonne foi : la liquidation judiciaire. Cette procédure n'est plus une sanction du débiteur, mais a pour seul objectif l'apurement du passif.

La procédure de règlement judiciaire, dont l'objectif est de permettre au débiteur d'obtenir un concordat pour payer ses dettes, est issue du décret du 20 mai 1955 [2]. Le débiteur qui n'obtient pas le concordat est placé sous le régime de la liquidation judiciaire qui emporte la vente forcée de tous ses biens. Dans cette procédure, seuls les créanciers chirographaires sont soumis à l'obligation de production de leurs

1. G. Dupouy, *Le droit des faillites en France avant le Code de commerce*, 1960.
2. A. Honorat, *Les innovations du décret du 20 mai 1955 relatif aux faillites et règlements judiciaires*, 1959.

créances. Eux seuls également participent au concordat. La procédure ne concerne donc pas les créanciers titulaires de sûretés spéciales.

La loi du 13 juillet 1967 conserve la procédure de règlement judiciaire et remplace celle de liquidation judiciaire par la liquidation des biens. Une idée force pénètre cette législation : la nécessaire distinction de l'homme et de l'entreprise.

Parallèlement, une ordonnance du 23 septembre 1967 institue la procédure de suspension provisoire des poursuites applicable aux seules entreprises dont la disparition est susceptible de causer à l'économie nationale ou régionale des troubles graves. Cette procédure n'est pas applicable aux entreprises dont la situation financière est irrémédiablement compromise. Elle repose sur un moratoire destiné à permettre à un curateur assistant le débiteur de présenter un plan de redressement. Elle intéresse tant les créanciers chirographaires que les créanciers privilégiés. Cette procédure devait largement inspirer la technique du plan de continuation issue de la loi du 25 janvier 1985.

2. Présentation générale de la loi du 25 janvier 1985. À l'article premier de la loi n° 85-98 du 25 janvier 1985, le législateur pose clairement les objectifs de la législation : « *il est institué une procédure de redressement judiciaire destinée à permettre la sauvegarde de l'entreprise, le maintien de l'activité et de l'emploi et l'apurement du passif* ». L'objectif prioritaire n'est donc pas le paiement des créanciers, mais le redressement de l'entreprise. L'idée de procédure collective de paiement s'éloigne considérablement. La comparaison est à cet égard intéressante entre la loi du 13 juillet 1967 qui évoque le règlement judiciaire et la loi du 25 janvier 1985 qui évoque le redressement judiciaire de l'entreprise.

L'ordonnance n° 2000-912 du 18 septembre 2000 [1] a codifié à droit prétendument constant, dans le Code de commerce, cette loi, en même temps qu'elle a codifié la loi n° 85-99 du 25 janvier 1985, réformant la profession de syndic administrateur judiciaire [2]. Deux professions distinctes sont créées en 1985 en remplacement : celle des administrateurs judiciaires d'une part, celle des mandataires à la liquidation judiciaire des entreprises d'autre part. Il s'est agi ici d'éviter le mélange des genres, en empêchant qu'un mandataire intéressé au sauvetage de l'entreprise ne soit simultanément intéressé à sa disparition.

Alors que la loi du 13 juillet 1967 avait timidement intégré la distinction du sort de l'homme et de l'entreprise, la loi du 25 janvier 1985 la pousse à son extrême. En effet, par la technique du plan de cession, l'entreprise pourra se redresser entre les mains d'un tiers. Le législateur a été jusqu'à oublier que la procédure n'est pas ouverte au bénéfice de l'entreprise, mais du débiteur.

Pour remplir les objectifs assignés, la législation, relayée par la jurisprudence, a imposé des sacrifices très importants aux créanciers, au premier rang desquels ont figuré les établissements de crédit.

---

1. Ord. n° 2000-912, 18 sept. 2000. V. A. Lienhard et C. Rondey, « Incidences juridiques et pratiques des codifications à droit constant (à propos du nouveau Code de commerce) », *D.* 2000, chron. 521.

2. Une loi du 3 janvier 2003 a réformé le statut des mandataires de justice.

Assez rapidement, ces sacrifices sont apparus bien inutiles, car le constat du nombre de liquidations judiciaires enregistrées, et par voie de conséquence, le faible nombre d'entreprises redressées, a dû être établi.

Rapidement, il a été question de réformer la loi du 25 janvier 1985, trop maximaliste dans ses objectifs.

3. La loi du 10 juin 1994. Sous l'impulsion des établissements de crédit, une réforme de rééquilibrage entre la volonté de redresser les entreprises et celle de préserver les intérêts des créanciers, spécialement titulaires de sûretés spéciales, est intervenue. C'est la loi n° 94-475 de 10 juin 1994.

Cette loi protège les créanciers titulaires de sûretés spéciales qui doivent impérativement être avertis d'avoir à déclarer leurs créances, en leur évitant à défaut d'avertissement la forclusion pour non-respect du délai de déclaration. Elle protège aussi les propriétaires de meubles dont les contrats sont publiés en les dispensant d'avoir à revendiquer. Elle étend à tous les créanciers titulaires de sûretés spéciales la règle du transfert de la charge de la sûreté en plan de cession, qui n'était jusqu'alors applicable qu'aux seuls créanciers titulaires d'un nantissement sur matériel et outillage. Elle augmente considérablement les droits d'une variété particulière de créanciers, les contrôleurs.

En outre, cette loi contribue à la moralisation des plans de continuation et de cession.

Elle permet le prononcé immédiat de la liquidation judiciaire en empêchant ainsi la création inutile de dettes postérieures dites de l'article 40.

4. La réforme du 26 juillet 2005. La loi du 26 juillet 2005 est remarquable par son caractère pragmatique. L'idée qui la sous-tend part d'un constat : les procédures de liquidation judiciaire sont beaucoup trop nombreuses par rapport au redressement judiciaire. L'explication peut être trouvée dans le caractère trop tardif des saisines aux fins de redressement judiciaire. Il faut donc permettre au chef d'entreprise d'anticiper dans le traitement de ses difficultés, en lui donnant envie d'anticiper. Des possibilités nouvelles seront désormais utilisables par un nombre large de personnes, puisque toutes les procédures créées par la loi de sauvegarde des entreprises sont accessibles à toutes les personnes physiques, professionnels indépendants, y compris les professionnels libéraux. Un effet de levier non négligeable tiendra à une association plus étroite des créanciers publics aux efforts consentis, les créanciers publics ayant désormais la possibilité d'accorder des remises portant sur le principal de la dette.

La frontière classiquement établie entre le traitement non judiciaire des difficultés de l'entreprise et le traitement judiciaire, trouvée dans la cessation des paiements, explose par un double détonateur. D'une part, la loi nouvelle autorise le traitement non judiciaire de difficultés, par la conciliation, au bénéfice de chefs d'entreprise en cessation des paiements. Cette conciliation est à double vitesse, le débiteur ayant le choix entre une conciliation simplement constatée par le président du tribunal, qui ne produira pas davantage d'effet que le règlement amiable de l'ancienne législation, et une procédure de conciliation homologuée par le tribunal, qui emporte des effets particulièrement importants, et notamment la création, au bénéfice des personnes qui aideront le débiteur à passer le cap difficile, d'un privilège : le privilège de la conciliation. D'autre part, la loi autorise l'ouverture d'une véritable procédure collective de paiement, c'est-à-dire une procédure avec interdiction des paiements, interdiction et interruption des poursuites individuelles et des voies d'exécution, obligation de déclaration des créances au passif et attribution à un organe de la mission de défense de l'intérêt collectif des créanciers. Cette procédure, conçue comme la procédure phare de la loi, a donné son nom à cette dernière : la sauvegarde. Les règles de la sauvegarde empruntent très largement aux règles du redressement judiciaire, tel qu'il existait sous l'empire de la législation précédente. C'est pourquoi il a pu être dit que la sauvegarde est un redressement judiciaire anticipé [1]. Puis, par effet réflexe, le législateur après avoir posé les règles de la sauvegarde, indique, dans nombre de ses dispositions, qu'elles sont applicables au redressement judiciaire. Seules quelques particularités séparent les deux procédures, soit pour favoriser le débiteur et les garants du débiteur dans la procédure de sauvegarde, par rapport au redressement judiciaire, soit pour tenir compte de l'absence de cessation des paiements dans la procédure de sauvegarde, ou encore des missions différentes confiées à l'administrateur judiciaire ou l'absence de réglementation particulière des licenciements pour motif économique dans la procédure de sauvegarde.

Pour assurer une trésorerie supplémentaire à l'entreprise, pendant la période d'observation de la procédure de sauvegarde ou de redressement judiciaire, le législateur a estimé devoir modifier les conditions d'attribution du traitement préférentiel pour les créanciers postérieurs, en opérant une sélection entre ceux-ci selon la finalité de la créance.

Le législateur conserve la possibilité d'arrêter un plan de cession à l'issue d'un redressement judiciaire, l'excluant en revanche à l'issue d'une sauvegarde, cependant que la solution de principe devient celle de l'arrêté d'un plan de cession en liquidation judiciaire.

Le législateur instaure également une liquidation judiciaire simplifiée, pour les petites entreprises, afin d'accélérer la clôture de la procédure, cette accélération étant d'ailleurs systématiquement recherchée, en dehors même de la liquidation judiciaire simplifiée.

Le législateur, tout en consacrant légalement la véritable extension de la procédure sur le fondement de la confusion des patrimoines ou de la fictivité, supprime toutes les fausses extensions sur le fondement de la solidarité ou sur le fondement de fautes commises par les dirigeants. Il remplace le redressement et la liquidation judiciaires à titre personnel par une obligation aux dettes sociales, sanction voisine de la condamnation à combler le passif.

5. Statistiques. Sur le plan statistique, le nombre de procédures collectives ouvertes a considérablement évolué depuis 1970. Jusqu'à cette époque, les procédures collectives intéressent surtout les boutiquiers. À partir de cette date, elles intéressent également de très grandes entreprises, avec les conséquences induites en termes de licenciement. L'institution de l'assurance de garantie des salaires résulte d'ailleurs d'une loi du 27 décembre 1973.

---

1. A. Lienhard, *Sauvegarde des entreprises en difficulté — Le nouveau droit des entreprises en difficulté*, 1re éd., Delmas, 2006, n° 401.

En 1973, le nombre de procédures ouvertes a été d'environ 9 000. Il atteint 16 156 en 1975 pour passer à 26 425 en 1985.

En 1990, 45 000 procédures ont été ouvertes pour atteindre 63 000 en 1993. À partir de 1994, une évolution en dents de scie peut être constatée : 63 199 procédures en 1994, 59 503 en 1995, 64 894 en 1996 et 61 068 en 1997.

À partir de cette date, le nombre de procédures va décroître en moyenne de 10 % par an : 54 543 en 1998, 48 527 en 1999, 43 572 en 2000 et 42 036 en 2001. En 2002, la courbe s'inverse et le nombre de défaillances commence à augmenter, de manière peu significative cependant, pour se situer à 42 897 [1]. En 2003, 44 699 procédures collectives ont été ouvertes [2] et 48 664 en 2004 [3].

6. Application dans le temps de la loi du 26 juillet 2005. Selon l'article 190 de la loi du 26 juillet 2005, la loi nouvelle entre en vigueur le 1er janvier 2006. L'article 191 édicte que la loi nouvelle sera par principe sans application aux procédures en cours, c'est-à-dire celles ouvertes avant le 1er janvier 2006.

Ces deux principes sont cependant tempérés par quelques dispositions, dont seules les principales seront ici indiquées.

L'article 190-b de la loi prévoit d'abord que les mesures de faillite personnelle et d'interdiction de gérer ainsi que les déchéances et interdictions qui en ont résulté prennent fin à la date de publication de la loi (27 juill. 2005) lorsque, à cette date, elles ont été prononcées plus de quinze ans auparavant par une décision définitive [4]. Il s'agit là de tenir compte de la limitation à 15 ans de la durée des mesures de faillite personnelle et d'interdiction de gérer. L'article 190-a complète la solution pour les mesures de faillite personnelle et d'interdiction de gérer prononcées avant le 27 juillet 2005, lorsque moins de 15 années sont écoulées depuis le prononcé par décision définitive de la mesure. En ce cas, dès que 15 années seront écoulées, les mesures et interdictions qui en résultent prendront fin. Enfin, l'obligation pour le tribunal lors du prononcé de la liquidation d'indiquer une date à laquelle l'affaire sera rappelée pour clôture est applicable aux procédures de liquidation judiciaire dès le 27 juillet 2005 (LSE [5], art. 190-d).

L'article 191 de la loi de sauvegarde des entreprises prévoit, pour sa part, que certaines dispositions de la loi nouvelle s'appliqueront aux procédures en cours au jour de son entrée en vigueur, soit le 1er janvier 2006. Il en est ainsi du chapitre IV du Titre IV, c'est-à-dire les articles L. 644-1 à L. 644-6. En conséquence, sont applicables aux procédures en cours au 1er janvier 2006, les règles relatives à la liquidation judiciaire simplifiée. Est identiquement applicable dès le 1er janvier 2006 aux procédures en cours, l'article L. 626-27 du Code, qui régit les modalités procédurales et les effets de la résolution du plan de sauvegarde, ce texte étant également applicable à la résolution des plans de redressement. Il en est de même de l'article L. 643-11 du

---

1. Sfac Euler, *Bull. sem. Défaillances d'entreprises*, n° 13, 02-2003.
2. Avis. J. Chartier, n° 2099, avis au nom de la commission des finances, de l'économie générale et du plan sur le projet de sauvegarde des entreprises, Ass. nat., p. 8.
3. Avis n° 337 de Christian Gaudin, Doc. Sénat, au nom de la commission des affaires économiques, p. 11.
4. Pour une application, Cass. com., 29 nov. 2005, n° 04 17.912, arrêt n° 1629 F-P+B+I+R.
5. Est ainsi désignée la loi de sauvegarde des entreprises n° 2005-845 du 26 juillet 2005.

Code, qui régit les cas de reprise des poursuites individuelles après clôture de la liquidation judiciaire pour insuffisance d'actif, ainsi que les modalités procédurales de cette reprise. Il en est encore ainsi de l'article L. 643-13 qui régit la réouverture de la procédure de liquidation judiciaire. Il en est encore ainsi des chapitres Ier et II du titre V, c'est-à-dire les articles L. 651-1 et suivants et les articles L. 652-1 et suivants, à l'exception de l'article L. 651-2. Il faut donc comprendre que les règles nouvelles posées par le Code en matière d'action en responsabilité pour insuffisance d'actif sont applicables aux procédures ouvertes avant le 1er janvier 2006 intéressant les personnes morales, dès lors qu'il est question de prononcer ces sanctions après cette même date. Toutefois, le nouveau domaine de cette sanction précisé par l'article L. 651-2, et qui induit une modification du délai de la prescription, est inapplicable aux procédures en cours. Les articles L. 652-1 et suivants du Code sont identiquement applicables aux procédures en cours dès le 1er janvier 2006. Il en résulte la possibilité de prononcer la sanction nouvelle de l'obligation aux dettes sociales pour les procédures en cours [1], à moins que la prescription n'y fasse obstacle, car le demandeur à l'action — qui ne pourra plus être le tribunal d'office ou le commissaire à l'exécution du plan (C. com., art. L. 652-5, rendant applicable C. com., art. L. 651-3, al. 1) —, devra assigner à cette fin. Symétriquement, les mesures de redressement et de liquidation judiciaires à titre personnel contre les dirigeants fautifs ne pourront plus être prononcées après le 1er janvier 2006 [2]. Toutefois, la Cour de cassation a jugé qu'« *il résulte des articles 190 et 191 de la loi du 26 juillet 2005 de sauvegarde des entreprises que le chapitre III du titre IV du livre VI du Code de commerce dans sa nouvelle rédaction, relatif à la faillite personnelle et aux autres mesures d'interdiction, à l'exception de ses articles L. 653-7 et L. 653-11, n'est pas applicable aux procédures collectives en cours au 1er janvier 2006 ; il s'ensuit que l'article L. 624-5 du Code de commerce dans sa rédaction antérieure à la loi du 26 juillet 2005, bien qu'abrogé par cette loi, peut encore servir de fondement au prononcé d'une mesure de faillite personnelle ou d'interdiction de gérer contre le dirigeant d'une personne morale soumise à une procédure collective en cours au 1er janvier 2006, ayant commis l'un des actes qui y sont mentionnés* » [3]. Ne pourra pas davantage être prononcé le redressement et la liquidation judiciaires contre les membres et associés indéfiniment et solidairement responsables du passif de personnes morales déclarées en redressement ou en liquidation judiciaire. L'article 192 de la loi mérite ici en effet une interprétation *a contrario*. Ce texte dispose que les procédures ouvertes en vertu des articles L. 612-98 (locataire-gérant n'exécutant pas l'obligation d'acquérir l'entreprise en plan de cession), L. 624-1 (membres et associés indéfiniment et solidairement responsables du passif de personnes morales), L. 624-4 (dirigeant condamné à combler le passif et n'exécutant pas la condamnation) et L. 624-5 (procédure ouverte contre le dirigeant fautif) ne sont pas affectées par l'entrée en vigueur de la loi du 26 juillet 2005. Ainsi, si la procédure est ouverte avant le 1er janvier 2006, au titre de l'un de ces textes, la loi nouvelle n'y changera rien. En revanche, si la procédure n'est pas ouverte à cette date, elle ne pourra plus l'être après.

---

1. Circ. n° CIV/02/06 relative aux mesures législatives et réglementaires de la loi de sauvegarde applicables aux procédures en cours, BO n° NOR : JUS C 06 20 008 (C), *Gaz. Pal.* 22-24 janv. 2006, p. 38.

2. Cass. com., 7 mars 2006, n° 04-20.252, arrêt n° 470.

3. Cass. com., 4 avr. 2006, n° 04-19.637, arrêt n° 728 FS-P+B+R+I.

7. Application interne de la loi dans l'espace. La législation est applicable sur l'ensemble du territoire national, c'est-à-dire non seulement la métropole, les départements et territoires d'outre-mer, mais aussi la collectivité territoriale de Mayotte.

De rares dispositions particulières contenues dans les articles 194 à 196-II concernent Wallis et Futuna, la Nouvelle-Calédonie, Saint-Pierre et Miquelon et Mayotte.

8. Droit international privé de la faillite. La législation française ne contient pas de règles particulières au regard du droit international privé, en matière de procédures collectives de paiement.

La France est liée par convention du 13 septembre 1950 à Monaco. D'autres conventions lient encore la France, mais elles intéressent des états membres de la communauté économique européenne. Depuis le règlement CE n° 1346/2000 du 29 mai 2000 [1], ces autres conventions ont été abrogées (Règl., art. 44).

Les tribunaux français sont compétents pour l'ouverture d'une procédure dès lors que le débiteur a en France son domicile ou son siège social [2]. Seul le siège réel sera pris en compte [3]. Les tribunaux français sont encore compétents, à défaut de siège ou de domicile, s'il existe en France des relations d'affaires [4] ou si l'on peut noter une présence d'actifs en France [5].

La compétence du juge français emportera application de la loi française. Cette dernière s'appliquera aux actions nées de la faillite [6].

Si une procédure est ouverte à l'étranger, elle ne pourra pas produire en France effet, sauf le jeu des conventions internationales, en l'absence d'une *exequatur*. Il faut en effet respecter les articles 2123 du Code civil et 509 du nouveau Code de procédure civile.

La jurisprudence pose cependant en règle que les jugements étrangers de faillite en l'absence d'*exequatur* ont un effet probatoire [7], qui permet ainsi au syndic de prouver son mandat et de démontrer sa qualité à agir ou à défendre en justice [8]. Cependant, en l'absence d'*exequatur*, les biens du débiteur situés en France ne peuvent être saisis [9].

---

1. L. Idot, « Un nouveau droit communautaire des procédures collectives : le règlement (CE) n° 1346/2000 du 29 mai 2000 », *JCP E et A*, 2000, com. 1648 ; M. Menjucq, « Ouverture, reconnaissance et coordination des procédures d'insolvabilité dans le règlement 1346/2000 », *Bull. Joly* 2000, n° 278, p. 1109.
2. Cass. req., 8 et 26 avr. 1932, *Gaz. Pal.* 1932, II, 145. *Adde* : E. Kerckhove, *Procédures collectives de paiement*, Montchrestien, 3e éd., 1998, n° 922.
3. Cass. civ. 1re, 21 juill. 1987, *D.* 1988, 169, note J.-P. Remery.
4. E. Kerckhove, *op. cit.*, n° 926.
5. CA Colmar-Metz, 10 mai 1932, *JDI* 1934, 98, note J. P. admettant la compétence des tribunaux français pour ouvrir une procédure en France, en présence de locaux d'exploitation pris en crédit-bail et situés sur le territoire français, v. Cass. com., 26 oct. 1999, *Act. proc. coll.* 2000, n° 279, note C. Regnaut-Moutier.
6. Cass. com., 16 juill. 1981, *Rev. crit. DIP* 1982, 124, note J. Lemontey.
7. Cass. civ., 30 janv. 1912, *S.* 1916, I, 113, note Audinet.
8. B. Soinne, *Traité des procédures collectives*, 2e éd., Litec 1995, n° 369 ; E. Kerckhove, *op. cit.*, n° 957.
9. Cass. civ., 17 juill. 1882, *DP* 1883, I, 65 ; Cass. civ., 30 janv. 1912, *S.* 1916, I, 113, note Audinet.

Toute personne y ayant intérêt peut demander en France l'*exequatur* d'un jugement étranger de faillite [1]. La demande présentera la forme d'une assignation [2] devant le tribunal du lieu de l'établissement en France [3].

Les conditions classiques de l'*exequatur* trouveront application : compétence du juge étranger, régularité de la procédure, compétence de la loi appliquée par le juge étranger, absence de fraude et compatibilité avec l'ordre public international français [4].

La décision d'*exequatur* conférera autorité de chose jugée en France à la décision étrangère. L'opposabilité de l'*exequatur* supposera toutefois des mesures de publicité identiques à celles d'un jugement d'ouverture de procédure collective français. L'*exequatur* aura effet rétroactif au jour de l'ouverture à l'étranger de la procédure [5].

9. Le Règlement communautaire [6]. Le règlement du 29 mai 2000 s'applique à tous les états membres, à l'exception du Danemark, depuis le 31 mai 2002.

Les règles générales de ce règlement doivent être exposées.

Le règlement ne s'applique que si la procédure ouverte entraîne dessaisissement total ou partiel du débiteur et désignation d'un syndic, c'est-à-dire en France, liquidation judiciaire ou redressement judiciaire avec un administrateur ayant mission d'assistance ou de représentation. L'on s'apprête à faire entrer dans le champ d'application du Règlement la procédure de sauvegarde. En revanche, la procédure de conciliation ne peut en relever.

Le règlement exclut de son champ d'application les établissements financiers et d'assurance (art. 1.2).

Le règlement donne compétence de principe au tribunal du centre des intérêts principaux du débiteur. Pour une société, il s'agit du siège statutaire, jusqu'à preuve contraire. Il ne s'agit là que d'une présomption simple, qui peut être renversée sur démonstration que le siège réel de la société est ailleurs [7].

Si le débiteur n'a pas le centre de ses intérêts dans un pays membre, sera compétente la juridiction dans le pays de laquelle le débiteur a un établissement.

La compétence de principe est reconnue à la loi de l'état sur le territoire duquel la procédure est ouverte (Règl., art. 4). Relèveront de cette loi les questions relatives aux conditions d'ouverture de la procédure, à l'étendue du dessaisissement relativement à la répartition des pouvoirs entre les organes et le débiteur, les règles relatives

---

1. Cass. civ. 1re, 17 mai 1983, *Bull. civ.* I, n° 147.
2. Cass. civ. 1re, 12 nov. 1986, *Bull. civ.* I, n° 257.
3. Cass. civ. 1re, 12 nov. 1986, *Bull. civ.* I, n° 257.
4. Cass. civ. 1re, 7 janv. 1964, *Rev. crit. DIP* 1964, 344, note Battifol ; *JDI* 1964, 302, note B. Goldman ; *JCP* 1964, II, 13590, note M. Ancel.
5. Cass. civ. 1re, 25 févr. 1986, *JCP* 1987, II, note J.-P. Rémery ; *Rev. crit. DIP* 1987, 589, note H. Synvet.
6. Sur la question, F. Mélin, *La faillite internationale*, LGDJ, coll. « Systèmes », 2004.
7. CA Versailles, 24e ch., 4 sept. 2003, *D.* 2003, jur. 2352, note J.-L. Vallens ; *Procédures* 2003/11, p. 10, n° 239, note C. Nourrissat ; *Act. proc. coll.* 2003/17, n° 224, note J.-Ph. Dom ; *JCP E,* 2003, jur. 1747, p. 2012, note G.-A. Likillimba ; Trib. com. Nanterre, 9e ch., 19 mai 2005, aff. *Rover France,* RG n° 2005/666, *Gaz. proc. coll.* 2005/2, p. 6, note F. Mélin ; *Act. proc. coll.* 2005/11, n° 138, note F. Mélin ; *JCP* 2005, II, 10116, note M. Menjucq.

au déroulement de la procédure. Il en est ainsi notamment de la délimitation des créances antérieures et postérieures ainsi que des effets attachés à ces créances, qu'il s'agisse de la règle de l'arrêt des poursuites individuelles et des voies d'exécution, des paiements interdits, de la vérification et de l'admission des créances ou encore des nullités de la période suspecte. La loi du lieu d'ouverture de la procédure déterminera également le sort des contrats en cours, à l'exclusion des contrats de travail et des contrats de location et de crédit-bail portant sur un immeuble (pour le contrat de travail, article 10 du règlement, pour le contrat de location et de crédit-bail, article 8 du règlement).

Les questions relatives à la clôture de la procédure et à ses effets sur les créanciers relèveront encore de la loi du lieu d'ouverture de la faillite.

En revanche, échappent à la loi du tribunal de la faillite, les questions mettant en jeu les droits réels d'un créancier, notamment les actions en revendication, les droits du débiteur sur un immeuble, un navire ou un aéronef.

Dès qu'elle est exécutoire dans l'état d'ouverture, la procédure principale fait l'objet d'une reconnaissance automatique dans les autres états membres. Il y a là une application de la théorie de l'universalité de la faillite [1]. Une seule réserve est posée en cas de contrariété à l'ordre public, ce qui semble être d'une acception restrictive.

Les créanciers connus qui résident ou ont leur domicile dans un état membre autre que celui de l'ouverture de la procédure doivent recevoir une information individuelle afin de leur permettre de produire leurs créances dans les procédures ouvertes à l'étranger (Règl., art. 39).

Sur simple justification de sa nomination, les pouvoirs du syndic de la procédure principale sont reconnus dans les autres états membres.

Le règlement pose une série de dispositions relatives aux faillites secondaires. La faillite secondaire pourra être ouverte, sur saisine du syndic principal ou de toute personne ayant qualité à saisir une juridiction aux fins d'ouverture, dans un état membre, dès lors que la faillite principale l'a préalablement été dans un autre état membre. La procédure secondaire sera ouverte sans que soient examinées les conditions relatives à l'ouverture de la procédure.

La procédure secondaire sera nécessairement de nature liquidative. Elle intéressera les biens situés dans le pays où elle est ouverte.

Le créancier qui aura déclaré sa créance à la faillite principale pourra la produire directement ou par l'intermédiaire du syndic de la procédure principale dans la faillite secondaire. Symétriquement, un créancier ayant déclaré sa créance à la faillite secondaire pourra la déclarer à la faillite principale et à toutes les faillites secondaires.

Ce règlement marque une avancée considérable dans le droit international privé de la faillite. Cependant, l'uniformisation des procédures de faillite en Europe est encore très loin puisqu'elle présupposerait l'uniformisation de toutes les branches du droit que l'on retrouve au carrefour de la faillite.

---

1. M. Menjucq, « Ouverture, reconnaissance et coordination des procédures d'insolvabilité dans le règlement 1346/2000 », *Bull. Joly*, p. 1115.

10. Annonce du plan. La législation nouvelle fait la part belle à la prévention. La première partie de l'ouvrage sera en conséquence consacrée au traitement non judiciaire des difficultés. La seconde partie, portera sur le traitement judiciaire des difficultés.

Première partie

Le traitement non judiciaire des difficultés
La prévention et la conciliation

11. Notion d'entreprise en difficulté. L'entreprise n'est pas définie par les textes législatifs. La doctrine la présente comme une unité économique et sociale disposant de moyens humains et matériels lui permettant de réaliser une activité économique autonome [1].

Pour sa part, la notion d'entreprise en difficulté est plus difficile encore à appréhender. Dans la loi du 25 janvier 1985, il s'agit d'une entreprise en état de cessation des paiements. Dans la loi du 1er mars 1984, il s'agit d'une entreprise où sont constatés des faits de nature à compromettre la continuité de l'exploitation. Dans la loi du 26 juillet 2005, la notion est encore plus complexe au regard de la situation économique du débiteur, une gradation subtile ayant été posée par la loi entre le débiteur qui connaît des difficultés de nature économique, juridique ou financière, avérées ou prévisibles (conciliation), jusqu'à l'entreprise en cessation des paiements (redressement et liquidation judiciaires) en passant par l'entreprise rencontrant des difficultés de nature à conduire à la cessation des paiements (sauvegarde).

La commission des communautés européennes, sans définir la notion d'entreprise en difficulté, envisage quatre situations :

– entreprise incapable d'assurer son redressement avec ses ressources financières propres ou avec celles dont sont disposés à faire apport ses actionnaires et créanciers ;
– entreprise soumise à une procédure collective fondée sur l'insolvabilité ;
– sociétés dont les associés ont une responsabilité limitée et qui a perdu plus de la moitié de son capital social, avec une perte du quart au cours des douze derniers mois ;
– société à responsabilité limitée ayant perdu plus de la moitié de ses fonds propres et plus du quart de ceux-ci au cours des douze derniers mois.

En droit interne, le législateur a plusieurs approches de l'entreprise en difficulté. L'une d'elles est liée à l'interventionnisme public. L'autre englobe, sous le vocable de prévention, les procédures d'alerte et la procédure de conciliation.

La prévention peut prendre diverses formes.

Il peut s'agir d'intervention ne prenant pas la forme d'une procédure (Titre I) ou prenant au contraire la forme d'une procédure (Titre II).

---

1. Rappr. C. Saint-Alary-Houin, *Droit des entreprises en difficulté*, 4e éd., Domat-Monchrestien, 2001, n° 6.

Titre I

La prévention sans procédure

Il y a place à prévention sans procédure avec les aides publiques aux entreprises en difficulté (Chapitre 1). Il en est de même de la prévention par l'information comptable (Chapitre 2), ainsi que de la technique du mandat *ad hoc* (Chapitre 3)

Chapitre 1

Les aides publiques aux entreprises en difficulté

12. Intervention de l'État. Pour des raisons macro-économiques, et plus spécialement la volonté de préserver les emplois, l'État intervient fréquemment dans les difficultés d'entreprises. Cependant, un frein très net peut être constaté du fait de l'impulsion européenne qui tend à assurer un plus grand libéralisme économique et, par voie de conséquence, un recul de l'intervention de l'État. La commission des communautés européennes [1] a enfermé dans certaines conditions l'aide de l'État aux entreprises en difficulté. Elle peut intervenir sous formes de garanties ou de crédits. Une durée maximale de six mois renouvelable une fois est cependant posée. En outre, l'aide ne doit pas avoir pour conséquence l'instauration d'un monopole. Elle ne peut se limiter à une simple aide financière, mais doit s'intégrer dans un véritable plan de redressement. L'aide ne peut être accordée qu'une seule fois.

Ces restrictions européennes posées, les aides étatiques prennent plusieurs formes. Il pourra tout d'abord s'agir de remise de fonds. Plusieurs organismes étatiques interviennent dans cette perspective. Il en est ainsi du comité interministériel pour la restructuration industrielle (CIRI). Ce comité, à compétence nationale, n'intervient que pour les entreprises ayant au moins 400 salariés appartenant au secteur industriel ou à celui du bâtiment et des travaux publics.

Une circulaire du 25 novembre 2004 [2] relative à l'action de l'État dans la prévention du traitement des difficultés des entreprises est venue moderniser les dispositifs mis en place par des textes anciens et multiples, qui n'étaient plus en phase avec les efforts entrepris pour la décentralisation des interventions étatiques. Il en résulte notamment la suppression des CORRI, dont les missions sont transférées au CODEFI.

Ces comités départementaux d'examen des problèmes de financement des entreprises (CODEFI) interviennent à l'échelon départemental. Ils ont pour mission générale de détecter et de prévenir les difficultés d'entreprises. Depuis la circulaire précitée, le CODEFI traite des cas individuels de l'ensemble des entreprises de moins de 400 salariés. Il peut accorder des fonds sous forme de prêts du fond départemental limités à 150 000 euros.

---

1. *JOCE* n° C 288, 9 oct. 1999.
2. NOR : PRMX0407814C, *JO* 1er déc. 2004, p. 20441 ; *Act. proc. coll.* 2005/1, n° 1, note Ph. Roussel-Galle.

Les CODEFI peuvent saisir les COCHEFE (commissions des chefs de services financiers aux fins d'octroi de délais de paiement des dettes fiscales et sociales). L'objet des COCHEFE est d'aider les entreprises à trouver des solutions à leurs difficultés. Leur action consistera essentiellement à établir des plans d'échelonnement des dettes fiscales et sociales.

13. Intervention des collectivités locales. La loi nº 82-213 du 2 mai 1982 a posé le principe selon lequel l'intervention des collectivités locales devait être subsidiaire par rapport à celle de l'État. L'article 5 de la loi nº 88-13 du 5 janvier 1988, quant à lui, a réservé le droit d'intervention aux départements et aux régions.

L'intervention des collectivités locales prend deux formes.

Il pourra d'abord s'agir d'une aide directe, accordée dans un cadre contractuel [1], par exemple un cautionnement.

Le plus souvent, l'aide des collectivités locales se fera sous forme d'exonérations. Les communes, qui ne peuvent intervenir par voie directe, retrouvent ici compétence pour aider les entreprises. L'exonération portera par exemple sur la taxe foncière ou encore la taxe professionnelle. L'exonération, qui sera accordée pour les deux ans qui suivent celle de la reprise de l'entreprise en difficulté supposera toujours une demande auprès des services fiscaux.

---

1. C. Saint-Alary-Houin, *op. cit.*, nº 227.

Chapitre 2

La prévention par l'information comptable

14. Prévention par l'information comptable. L'une des techniques modernes de prévention résulte de l'information comptable. Les **groupements de prévention agréés** s'inscrivent dans cette démarche de prévention par l'information. La mission principale de ces groupements est de fournir confidentiellement à ses adhérents une analyse comptable et financière de leur situation (C. com., art. L. 611-1, al. 2). Jusqu'à la loi n° 2003-721 du 1er août 2003, l'adhésion à ces groupements était réservée aux personnes morales de droit privé ; cette loi rend possible l'adhésion des personnes immatriculées au registre du commerce et des sociétés ou au répertoire des métiers.

Si le groupement relève « des indices de difficultés », c'est-à-dire des signes apparents ou probable de difficultés [1], il en informe le chef d'entreprise et lui propose l'intervention d'un expert.

1. F. Pérochon et R. Bonhomme, *Entreprises en difficulté — Instruments de crédit et de paiement*, 6e éd., LGDJ, 2003, n° 32 ; C. Saint-Alary-Houin, *op. cit.*, n° 121.

Chapitre 3

Le mandat *ad hoc*

15. Mandat *ad hoc*. L'article L. 611-3 du Code de commerce a consacré la pratique judiciaire du mandat *ad hoc*, qui consiste pour la juridiction à désigner un mandataire à des fins précises.

La saisine du président du tribunal de commerce ou de grande instance, selon que l'intéressé est commerçant ou artisan ou inversement n'a pas cette qualité, émane exclusivement du chef d'entreprise. Elle prend la forme d'une requête.

Le président du tribunal a toute liberté pour choisir le mandataire *ad hoc* dont il détermine la mission, sous réserve de quelques incompatibilités tenant aux anciennes fonctions de l'intéressé ou à ses liens antérieurs avec le débiteur ou les créanciers.

La mission de mandataire *ad hoc* ne pourra cependant pas être celle d'un administrateur judiciaire [1].

Le mandat *ad hoc* a une nature contractuelle. Rien ne peut être imposé aux créanciers. Tout devra être accepté.

La plasticité du mandat *ad hoc* — seules étant réglementées la nomination et la rémunération du mandataire — permet assurément sa combinaison soit avec une procédure de conciliation, soit avec une procédure de sauvegarde, ces deux procédures étant préparées en phase de mandat *ad hoc*, lequel présente l'avantage de n'être enfermé dans aucune durée, seule semblant y faire obstacle la cessation des paiements depuis au moins 45 jours, du fait de l'obligation de saisir le tribunal aux fins d'ouverture d'un redressement ou d'une liquidation judiciaire.

---

1. Rappr. P. N. Ferrand, *LPA* 8 janv. 1996, p. 8 ; C. Saint-Alary-Houin, *op. cit.*, n° 256.

Titre II

La prévention avec procédure

Deux techniques encadrées sur le plan procédural constituent des mécanismes de prévention : les procédures d'alerte (Chapitre 1) et la procédure de conciliation (Chapitre 2).

Chapitre 1

Les procédures d'alerte

16. Les diverses procédures d'alerte. Les procédures d'alerte sont destinées à informer le chef d'entreprise et les organismes sociaux de tout fait de nature à compromettre la continuité de l'exploitation.

Elles sont réglementées par quatre séries de dispositions. La première concerne les sociétés commerciales, les groupements d'intérêt économique et les entreprises individuelles commerciales ou artisanales. Elle est déclenchée par le président du tribunal (C. com., art. 611-2). A l'initiative du commissaire aux comptes, une deuxième procédure intéresse spécifiquement les sociétés anonymes (C. com., art. L. 234-1), et une troisième les sociétés commerciales n'ayant pas la forme anonyme (C. com., art. L. 234-2). Une dernière procédure d'alerte peut être déclenchée par le comité d'entreprise (C. trav., art. 432-5).

17. La procédure d'alerte déclenchée par le président du tribunal. La procédure d'alerte peut d'abord avoir pour origine l'intervention du président du tribunal. Ce dernier peut selon l'article L. 611-2 du Code de commerce, déclencher l'alerte « *lorsqu'il résulte de tout acte, document ou procédure, qu'une société commerciale, un groupement d'intérêt économique, ou une entreprise individuelle, commerciale ou artisanale connaît des difficultés de nature à compromettre la continuité de l'exploitation* ». Cette disposition est relayée, pour les personnes morales de droit privé non commerçantes, par l'article L. 621-5 du Code de commerce. La compétence appartient alors au président du tribunal de grande instance. Cette procédure pourra être déclenchée à partir des informations très importantes et précises dont le président de la juridiction a directement connaissance, par le biais des divers registres d'inscription du greffe de sa juridiction.

Le chef d'entreprise est convoqué par le président de la juridiction à un entretien confidentiel pour que soient envisagées les mesures propres au redressement de la situation. La mission du président est d'amener le dirigeant à mesurer les difficultés, à « l'alerter » sur celles-ci. À l'issue de l'entretien, le président dresse un procès-verbal qu'il dépose au greffe. Ce document ne peut être communiqué qu'aux autorités judiciaires ou aux personnes interrogées. Ces personnes seront le commissaire aux comptes, le personnel ainsi que les administrations dont les interrogations pourront compléter l'information du président du tribunal. Le secret professionnel ne pourra être opposé au président du tribunal pendant une durée d'un mois à compter de la date de l'entretien. Depuis la loi du 26 juillet 2005, que l'entretien ait ou non eu lieu, le président du tribunal pourra obtenir des renseignements du commissaire aux comptes, des membres et représentants du personnel, des administrations publiques et des organismes de sécurité et de prévoyance sociales, ainsi que des services chargés de la centralisation des risques bancaires et des incidents de paiement (C. com., art. L. 611-2-I, al. 2).

18. La procédure d'alerte déclenchée par le commissaire aux comptes. L'alerte la plus couramment déclenchée l'est par le commissaire aux comptes. Selon l'article L. 234-1 du Code de commerce, il y aura place au déclenchement de l'alerte si le commissaire aux comptes constate, au cours de sa mission, un fait de nature à compromettre la continuité de l'exploitation. Il pourra s'agir de faits fondés sur la situation financière de l'entreprise, sur son environnement économique ou encore de faits relatifs à l'exploitation. Dans tous ces cas, le commissaire aux comptes doit alerter les dirigeants, c'est-à-dire les informer des difficultés.

Dans les sociétés anonymes (C. com., art. L. 234-1), la procédure d'alerte se déroule en trois phases. Le commissaire aux comptes demande des explications au président du conseil d'administration ou du directoire. Dans le délai de quinze jours de sa demande, le dirigeant doit fournir au commissaire aux comptes ses explications, par lettre recommandée (Décr. n° 67-236 du 23 mars 1967, art. 251-1, al. 1 et 2). À défaut de réponse satisfaisante, le commissaire aux comptes, dans une deuxième phase, invite les dirigeants à faire délibérer le conseil d'administration ou de surveillance sur les faits préoccupants qui ont été relevés, et cela dans un délai de huit jours à compter soit de la réception de la lettre de réponse, soit de l'expiration du délai imparti aux dirigeants pour répondre (Décr. 23 mars 1967, art. 251-1, al. 3). L'invitation du commissaire aux comptes à faire délibérer le conseil d'administration ou le conseil de surveillance est communiquée au président du tribunal de commerce (Décr. 23 mars 1967, art. 251-1, al. 3, réd. Décr. n° 2005-1677 du 28 déc. 2005, art. 352, al. 4). Elle est également communiquée au comité d'entreprise ou, à défaut, aux délégués du personnel.

Si la convocation du conseil n'est pas effectuée ou si les règles relatives à la délibération ne sont pas respectées, ou encore si le commissaire aux comptes constate que, malgré les délibérations, la continuité de l'exploitation demeure compromise, il doit, dans une troisième phase, établir un rapport spécial qui sera discuté par l'assemblée générale (C. com., art. L. 234-1, al. 3.

Le rapport devra être transmis au président de l'organe collégial dans les quinze jours qui suivent la réception de la délibération. Le dirigeant devra ensuite le remettre au comité d'entreprise ou aux délégués du personnel dans les quinze jours de sa réception.

Le conseil d'administration ou le directoire procède alors à la convocation de l'assemblée générale dans les huit jours de l'invitation qui leur est lancée par le commissaire aux comptes. La réunion de l'assemblée générale interviendra au plus tard dans le mois suivant la notification faite par le commissaire aux comptes (C. com., art. L. 251-1, al. 7, réd. Décr. n° 2005-1677 du 28 déc. 2005, art. 352, al. 8). En cas de carence du conseil d'administration ou du directoire, le commissaire aux comptes procède lui-même à la convocation de l'assemblée générale (Décr. 23 mars 1967, art. L. 251-1, al. 8, réd. Décr. n° 2005-1677 du 28 déc. 2005, art. 352, al. 9).

Les actionnaires seront alors informés et pourront décider des mesures à prendre. Si, à l'issue de la réunion de l'assemblée générale, le commissaire aux comptes constate que les décisions prises ne permettent pas d'assurer la continuité de l'exploitation, le président du tribunal en est informé.

Dans les **personnes morales autres que les sociétés anonymes**, la procédure d'alerte ne comporte que deux phases.

La première consiste en une demande d'explication faite par le commissaire aux comptes au gérant. La réponse du gérant devra être communiquée au comité d'entreprise ainsi qu'au conseil de surveillance de la société ou du groupement s'il en existe un. Dès la demande d'explication, le commissaire aux comptes informe le président du tribunal.

La deuxième phase est supprimée.

Il y a ensuite directement place, en l'absence de réponse du dirigeant ou si, malgré la réponse, le commissaire aux comptes constate que la continuité de l'exploitation est compromise, à établissement d'un rapport spécial. Le gérant est ensuite invité par le commissaire aux comptes à faire délibérer l'assemblée générale. Le rapport est communiqué au comité d'entreprise ou aux délégués du personnel dans les huit jours de la réception de la demande (C. com., art. L. 234-2). Si après réunion de l'assemblée générale, le commissaire aux comptes constate que les décisions prises ne permettent pas d'assurer la continuité de l'exploitation, le président du tribunal est informé.

19. La procédure d'alerte déclenchée par le comité d'entreprise. L'alerte peut enfin être déclenchée par le comité d'entreprise. À défaut de comité d'entreprise, le droit d'alerte est confié aux délégués du personnel (C. trav., art. L. 422-4). Cependant, le droit d'alerte ne sera confié aux délégués du personnel que dans les entreprises qui, théoriquement, devraient être dotées d'un comité d'entreprise ou qui sont dotées d'un comité d'entreprise ne fonctionnant pas [1]. Selon l'article L. 432-5 du Code du travail, il y a place à déclenchement de l'alerte si des faits de nature à affecter de manière préoccupante la situation de l'entreprise existent. Le déclenchement de l'alerte n'est cependant pas ici obligatoire.

En la forme, l'alerte est déclenchée par une question posée par le comité d'entreprise ou les délégués du personnel au chef d'entreprise. À défaut de réponse satisfaisante, le comité d'entreprise établit un rapport, qui peut conclure à l'opportunité de saisir l'organe chargé de l'administration de la société ou de sa surveillance. Le refus par l'employeur de se livrer à la procédure d'alerte déclenchée par le comité d'entreprise est constitutif du délit d'entrave au fonctionnement du comité d'entreprise prévu par l'article L. 483-1 du Code du travail [2].

La procédure d'alerte peut déboucher sur la prévention par la négociation.

---

1. Pour l'impossibilité du droit d'alerte aux entreprises de 11 à 50 salariés, Y. Chaput, *Droit de la prévention et du règlement amiable des difficultés des entreprises*, n° 64 ; Y. Guyon, *Droit des affaires*, tome 2, *Entreprises en difficultés*, 8e éd., Economica, n° 1055 ; F. Pérochon et R. Bonhomme, *op. cit.*, n° 30 ; P. Le Cannu, *Droit commercial, Instruments de paiement et de crédit — Entreprises en difficulté*, 6e éd, Dalloz « Précis », 2003, n° 459 ; C. Saint-Alary-Houin, *op. cit.*, n° 146.

2. F. Pérochon et R. Bonhomme, *op. cit.*, n° 42 ; Y. Guyon, *op. cit.*, n° 1057 ; C. Saint-Alary-Houin, *op. cit.*, n° 153.

Chapitre 2

La procédure de conciliation

20. Présentation générale de la procédure de conciliation — Maintien du règlement amiable agricole. La loi de sauvegarde des entreprises a considérablement réformé le dispositif antérieur, en rebaptisant sous le vocable de conciliation l'ancienne procédure de règlement amiable. Toutefois, le règlement amiable agricole prévu aux articles L. 351-1 à L. 351-7 du Code rural a été maintenu pour les personnes physiques ou les personnes morales de droit privé exerçant une activité agricole.

Le règlement amiable de la procédure antérieure renfermait des faiblesses auxquelles le législateur a voulu s'attaquer, notamment en renforçant considérablement la sécurité entourant le mécanisme. Toutefois, cette sécurité ne pouvait être obtenue qu'au prix d'une publicité de la procédure de conciliation, que les praticiens voient d'un mauvais œil. C'est pourquoi le législateur a instauré une solution alternative, entre une procédure intégralement confidentielle aux effets allégés, la procédure de conciliation constatée, et une procédure beaucoup plus énergique, pour laquelle la confidentialité est partiellement abandonnée, la procédure de conciliation homologuée.

Section I
L'ouverture de la conciliation

21. Les conditions d'ouverture de la conciliation. La procédure de conciliation bénéficie aux personnes exerçant une activité commerciale ou artisanale (C. com., art. L. 611-4), aux personnes morales de droit privé et aux personnes physiques exerçant une activité professionnelle indépendante, y compris une profession libérale soumise à statut législatif ou réglementaire ou dont le titre est protégé (C. com., art. L. 611-5). Il eut été plus simple pour le législateur d'énoncer que toutes les personnes physiques professionnelles indépendantes pouvaient bénéficier de la procédure de conciliation. En effet, l'article L. 611-4 du Code de commerce peut faire naître une difficulté sur le point de savoir si les artisans de fait ou les commerçants de fait sont accessibles à la procédure, alors que la notion plus large de professionnels indépendants les englobe nécessairement.

Les difficultés que peuvent rencontrer les personnes accessibles à la procédure de conciliation se situent sur un panel extrêmement élargi. Il peut s'agir de difficultés juridiques, économiques ou financières. La difficulté peut être avérée ou simplement prévisible. Il faut d'ailleurs noter la malfaçon législative qui consiste à viser un débiteur qui éprouve... une difficulté prévisible ! Ce visa très large permet incontestablement d'englober dans le champ d'application de la procédure de conciliation à peu près toutes les entreprises, sous réserve de leur état de cessation des paiements.

Le législateur, dans son souci d'offrir au chef d'entreprise la procédure qui lui semble la plus adaptée, autorise la procédure de conciliation au bénéfice d'entreprises qui sont déjà en état de cessation de paiements, dès lors que cet état n'est pas caractérisé depuis plus de 45 jours. Ce délai de 45 jours est celui désormais imposé par la loi de sauvegarde des entreprises au chef d'entreprise pour saisir le tribunal aux fins d'ouverture d'un redressement ou d'une liquidation judiciaire. Il faut donc comprendre que si le débiteur a saisi le président du tribunal d'une procédure de conciliation, et dès lors qu'il n'est pas en cessation des paiements depuis plus de 45 jours, il est dispensé d'avoir à demander l'ouverture d'une procédure collective.

Le législateur, en autorisant la procédure de conciliation au profit d'entreprises en cessation des paiements dépasse la frontière parfaitement hermétique du passé entre traitement non judiciaire des difficultés, qui supposait l'absence de cessation des paiements et traitement judiciaire des difficultés postulant l'état de cessation des paiements. La solution est d'autant plus remarquable que la frontière entre l'amiable et le judiciaire, tracée sur la ligne de la cessation des paiements, a également été supprimée dans la procédure de sauvegarde, véritable procédure collective de paiement ouverte sans cessation des paiements.

22. La demande d'ouverture de la conciliation. La saisine aux fins d'ouverture d'une procédure de conciliation appartient au seul débiteur, qui présentera une requête à cette fin au président du tribunal en lui exposant sa situation économique, sociale et financière, ses besoins de financement ainsi que, le cas échéant, les moyens d'y faire face (C. com., art. L. 611-6, al. 1). Le tribunal compétent est le tribunal de commerce pour les débiteurs ayant une activité commerciale ou artisanale (C. com., art. L. 611-4), le tribunal de grande instance dans les autres cas (art. L. 611-5, al. 1).

Pour être exactement informé sur la situation de l'entreprise, et spécialement savoir si celle-ci n'est pas en état de cessation des paiements depuis plus de 45 jours, l'alinéa 2 de l'article L. 611- 6 du Code de commerce offre au président du tribunal la possibilité de charger un expert de son choix d'établir un rapport sur la situation économique, sociale et financière du débiteur. Il peut obtenir des établissements bancaires ou financiers tout renseignement de nature à donner une exacte information sur la situation économique et financière du débiteur, et cela nonobstant toutes dispositions législatives et réglementaires contraires.

23. La décision statuant sur la demande d'ouverture de la conciliation. Après avoir été éclairé, le président du tribunal décidera d'ouvrir ou non une procédure de conciliation. S'il rejette la demande, et si le débiteur n'est pas en état de cessation des paiements, rien ne lui interdit de solliciter l'ouverture d'une procédure de sauvegarde. La solution apparaît cependant d'école. Plus fréquent sera le cas dans lequel le débiteur aura sollicité l'ouverture d'une procédure de sauvegarde et, parce qu'il se trouve en état de cessation des paiements depuis moins de 45 jours, le tribunal lui indiquera que la procédure de conciliation est plus adaptée. Si le président du tribunal constate un état de cessation des paiements caractérisé depuis plus de 45 jours, la demande devra être rejetée et il appartiendra au président du tribunal de mettre en place la procédure de saisine d'office du tribunal aux fins d'ouverture d'une procédure de redressement judiciaire.

À l'inverse, le président du tribunal peut décider d'ouvrir la procédure. En ce cas, il doit nommer un conciliateur, qui peut être un professionnel du mandat de justice, mais également une autre personne. Le législateur a toutefois posé des règles d'incompatibilité, tenant soit à l'appartenance de l'intéressé à la magistrature consulaire ou à son ancienne appartenance, ou à ses liens avec le débiteur ou les créanciers.

La décision ouvrant la procédure de conciliation ne fait l'objet d'aucune publicité et n'est donc susceptible d'aucun recours. Elle est toutefois communiquée au procureur de la République.

La décision rejetant la demande d'ouverture est susceptible d'appel. En ce cas, le président du tribunal peut décider de modifier ou de rétracter sa décision.

Section II
La recherche de l'accord de conciliation

24. Le fonctionnement général de la procédure de conciliation. La décision qui ouvre la conciliation nomme un conciliateur pour une durée de quatre mois, qui peut être, sur la demande ce dernier, prorogée par décision motivée d'un mois (C. com., art. L. 611-6, al. 3).

La procédure de conciliation est confidentielle, l'obligation de confidentialité ayant ici remplacé le secret professionnel de la législation précédente. Cette obligation pèse sur toutes les personnes qui participent à la conciliation. L'obligation de confidentialité est sanctionnée sur le terrain de la responsabilité civile par un octroi de dommages et intérêts si la violation de l'obligation est source de préjudice pour le débiteur, par exemple parce qu'elle aurait entraîné la perte de confiance de ses fournisseurs et, par voie de conséquence, l'ouverture de sa procédure collective.

Le rôle du conciliateur est de favoriser la conclusion d'un accord amiable destiné à mettre fin aux difficultés de l'entreprise entre le débiteur et ses principaux créanciers ainsi que, le cas échéant, ses cocontractants habituels. Il faut ici comprendre que le conciliateur, avec le débiteur, choisira les créanciers qui seront parties à la conciliation, c'est-à-dire ceux dont l'accord est utile. Le visa des cocontractants habituels fait apparaître que des personnes qui ne sont pas créanciers pourront être appelées à l'accord de conciliation, pour trouver avec eux des accords sur le futur. On peut penser aux fournisseurs, mais aussi aux établissements pratiquant le crédit-bail ou la location financière. L'article L. 611-7, alinéa 1, du Code de commerce prévoit encore que le conciliateur peut présenter toute proposition se rapportant à la sauvegarde de l'entreprise, à la poursuite de l'activité économique et au maintien de l'emploi. Il semble cependant que l'aspect primordial soit celui portant sur le traitement du passif et les accords éventuels avec les cocontractants.

La loi de sauvegarde des entreprises, dans le souci de faire participer à l'effort commun les créanciers publics, prévoit la possibilité pour les administrations financières, les organismes de sécurité sociale, les institutions gérant le régime d'assurance-chômage et les institutions régies par le livre IX du Code de la sécurité sociale de consentir des remises de dettes dans les conditions prévues pour la procédure de sauvegarde (C. com., art. L. 611- 7, al. 3).

La procédure de conciliation n'est pas une procédure collective de paiement [1]. Il en résulte que les règles classiques d'une telle procédure, à savoir l'interdiction des paiements, l'arrêt des poursuites individuelles et des voies d'exécution et l'obligation de déclarer les créances au passif, sont sans application. Il se peut donc qu'un créancier soit tenté de poursuivre le débiteur pendant la recherche de l'accord. Dans le règlement amiable de la législation antérieure, une possibilité de suspension provisoire des poursuites était envisageable. Elle a été supprimée par la loi de sauvegarde des entreprises et remplacée par une possibilité de saisine, à la demande du débiteur, du président du tribunal qui a ouvert la conciliation, aux fins d'application des articles 1244-1 à 1244-3 du Code civil relatifs aux délais de grâce. Si de tels délais sont accordés, ce qui suppose une assignation du créancier à l'encontre duquel la mesure doit être pratiquée, l'exigibilité de la créance s'en trouvera reportée d'autant, ce qui supprimera la possibilité d'exercer des poursuites pendant ces délais.

Aucune réglementation n'intéresse les salariés ou encore les garants pendant la procédure de conciliation. Le droit commun est donc ici parfaitement applicable.

En cas d'impossibilité de parvenir à un accord, le conciliateur doit sans délai présenter un rapport au président de tribunal, lequel met alors fin à sa mission, ce qui a pour effet de mettre également fin à la procédure de conciliation (C. com., art. L. 611-7, al. 6).

Section III
L'accord de conciliation

25. Le choix entre la conciliation constatée et la conciliation homologuée. Jusqu'à l'accord de conciliation, la procédure de conciliation est restée strictement confidentielle. Le débiteur a intérêt à conserver cette confidentialité puisque c'est le gage d'un maintien de la confiance avec ses partenaires contractuels. Cependant, les créanciers ont besoin de sécurité. Il existe donc un antagonisme entre la volonté du débiteur de conserver une confidentialité à la procédure de conciliation et la nécessaire sécurité des créanciers qui postule une publicité de la procédure de conciliation. C'est pourquoi l'article L. 611-8 du Code de commerce offre un choix qui, *a priori*, n'appartient qu'au débiteur. Le débiteur peut choisir la conciliation simplement constatée ou la conciliation homologuée. La première restera confidentielle, cependant que la seconde sera soumise à publicité. En réalité, le choix sera largement dicté par les partenaires contractuels du débiteur qui, en contrepartie d'efforts consentis, pourraient obliger celui-ci à demander l'homologation de l'accord en introduisant dans l'accord une clause suspendant le bénéfice des avantages à l'homologation de l'accord.

---

1. Cpr. A. Lienhard, *op. cit.*, n° 302, plus nuancé.

§ 1. La conciliation constatée

26. La conciliation constatée. La conciliation sera constatée par le président du tribunal à la demande conjointe des parties, c'est-à-dire, d'une part, des créanciers parties à l'accord et, d'autre part, du débiteur.

Le président du tribunal donnera force exécutoire à l'accord, ce qui dispensera, en cas d'inexécution de l'accord, les créanciers d'obtenir un titre exécutoire. Ils pourront donc directement porter l'accord de conciliation à exécution. Symétriquement, le débiteur pourra, sur le fondement de l'accord constaté, obtenir des créanciers ou des associés le respect de leurs engagements, par exemple, de la part de ces derniers, le respect d'apports en compte courant.

La conciliation simplement constatée n'est pas sécurisée pour les créanciers. Certes, l'accord de conciliation constaté doit mettre fin à la cessation des paiements lors de la conclusion de l'accord, si celle-ci préexistait. Mais il n'y a là qu'une attestation du débiteur, qui n'aura évidemment aucune autorité ultérieurement. C'est pourquoi, si après une conciliation constatée, s'ouvre une procédure de redressement ou de liquidation judiciaire, il sera possible au tribunal de remonter la date de cessation des paiements antérieurement à l'accord constaté (interprétation *a contrario,* C. com., art. L. 631-8, al. 2) [1]. En outre, les partenaires du débiteur qui auront fait des efforts n'obtiendront aucun avantage particulier. Tout au plus pourront-ils se réserver la possibilité d'obtenir du débiteur des sûretés conventionnelles. Mais, du fait de la possibilité de reporter la date de cessation des paiements antérieurement à l'accord constaté, ces sûretés conventionnelles pourront, le cas échéant, tomber sous le coup des nullités de droit de la période suspecte, en tant que sûretés prises en garantie de créances antérieures. Ainsi, par principe, les créanciers n'auront guère intérêt à la conciliation constatée, si ce n'est pour éviter le jeu du privilège de la conciliation au préjudice de créanciers ayant sur le débiteur de bonnes sûretés réelles et désireux de ne pas être ensuite primés par ce privilège.

§ 2. La conciliation homologuée

27. La décision d'homologation. L'article L. 611-8 du Code de commerce offre au débiteur la possibilité de demander l'homologation de l'accord. En réalité, comme il a été déjà indiqué, le débiteur y sera fortement incité par ses partenaires contractuels.

L'homologation de l'accord est soumise à trois conditions posées par l'article L. 611-8-II. Le débiteur ne doit pas être en état de cessation des paiements ou l'accord conclu doit y mettre fin. Si le débiteur était en état de cessation des paiements au jour de l'ouverture de la conciliation ou même au jour de l'accord, le report d'exigibilité des créances suffira à supprimer cet état de cessation des paiements, dès lors du moins que tous les principaux créanciers sont d'accord avec la demande formulée.

La deuxième condition d'homologation est que les termes de l'accord soient de nature à assurer la pérennité de l'activité de l'entreprise. Cette condition doit être

---

1. V. aussi en ce sens, A. Lienhard, *op. cit.*, n° 323.

interprétée strictement par la juridiction ayant à connaître de la demande d'homologation. En effet, l'effet potentiellement dévastateur sur le droit des sûretés lié à une homologation de la conciliation, qui va permettre la naissance du privilège de la conciliation, justifie un regard circonspect sur cette condition.

Enfin, la troisième condition de l'homologation est que l'accord ne porte pas atteinte aux intérêts des créanciers non-signataires. Cette condition est également en rapport avec la naissance éventuelle du privilège de la conciliation et à l'importance des créances garanties par ce privilège, qui pourrait être la cause de la ruine des droits des créanciers non-signataires.

La décision d'homologation fait l'objet d'un dépôt au greffe. Le greffier doit ensuite en assurer une publicité par un avis d'insertion au BODACC et dans un journal d'annonces légales, mais pas au registre ou au répertoire professionnel, ce qui sera source de difficultés d'accès à l'information pour les tiers désireux d'entrer en relation contractuelle avec le débiteur, spécialement les établissements de crédit. Seule la décision d'homologation fait l'objet de la mesure de publicité. Le contenu de l'accord reste confidentiel. Toutefois la décision d'homologation, qui ne relate pas le contenu de l'accord, doit mentionner le montant des créances garanties par le privilège de la conciliation, ce qui permettra aux futurs partenaires du débiteur de se renseigner et d'apprécier ainsi plus justement la valeur des sûretés qu'ils pourraient inscrire sur le patrimoine de celui-ci.

28. Les voies de recours sur la décision d'homologation. La décision d'homologation est susceptible d'un recours de la part des tiers, c'est-à-dire spécialement des créanciers non-signataires. Elle présente en effet des effets particulièrement dangereux, sous l'angle du privilège de la conciliation. Notons que la confidentialité disparaît pour les créanciers qui forment une tierce-opposition à l'encontre de la décision. La tierce-opposition sera formée dans un délai de dix jours à compter de l'avis d'insertion au BODACC.

La décision qui rejette l'homologation ne fait en revanche l'objet d'aucune publication. Elle n'est donc pas susceptible de tierce-opposition. En revanche, elle est susceptible, de la part des parties, c'est-à-dire d'une part du débiteur, mais aussi d'autre part des créanciers parties à la conciliation, d'un appel. Faute de réglementation particulière, le délai d'appel de droit commun d'un mois à compter de la notification devra être respecté.

29. Les effets de l'homologation. La décision qui homologue l'accord entraîne la levée de plein droit de l'interdiction d'émettre des chèques, dès lors que le chèque a été émis avant l'ouverture de la procédure de conciliation. Il appartient au débiteur de communiquer à l'organisme bancaire à l'origine de l'interdiction une copie de la décision d'homologation et une copie des incidents de paiement. L'établissement de crédit devra alors se rapprocher de la Banque de France pour qu'il soit procédé à la levée de l'interdiction. Le législateur évoque une levée, non une simple suspension, ce qui permet d'accréditer l'idée que la mesure est définitive.

Les effets de l'homologation sont surtout sensibles pour les créanciers parties à l'accord. Tout d'abord, l'article L. 631-8, alinéa 2, du Code de commerce prévoit que en cas d'ouverture ultérieure d'une procédure de redressement judiciaire, la date de cessation des paiements ne pourra être remontée antérieurement à la date de la décision définitive qui homologue la conciliation. Ainsi, sauf fraude, une décision d'homologation de la conciliation fera ultérieurement échec au jeu des nullités de la période suspecte.

La solution la plus remarquable est sans doute celle posée par l'article L. 611-11 du Code de commerce et qui prévoit l'attribution au profit de certaines personnes d'un privilège, que nous qualifierons de privilège de la conciliation, parfois appelé privilège de l'argent frais ou de la new money. Ce privilège ne sera accordé qu'en cas d'ouverture ultérieure d'une procédure de sauvegarde, de redressement ou de liquidation judiciaire. Peu importera que la liquidation judiciaire soit immédiate ou, comme le dit maladroitement le législateur, « subséquente » ce qui laisserait entendre une liquidation judiciaire sur conversion. La volonté du législateur est ici évidente et il ne faut pas s'arrêter à l'erreur rédactionnelle commise. Bénéficieront de ce privilège deux catégories de personnes : les personnes qui font un nouvel apport en trésorerie au débiteur en vue d'assurer la poursuite de l'activité de l'entreprise et sa pérennité et les personnes qui fournissent un nouveau bien ou service en vue d'assurer la poursuite de l'activité de l'entreprise et sa pérennité. La notion de nouvel apport en trésorerie est vaste et doit s'entendre beaucoup plus largement que celle de crédit ou de prêt. Toute mise à disposition d'argent nouveau permettra le jeu du privilège au profit de l'apporteur. Il pourra s'agir d'établissements de crédit. La difficulté essentielle sera ici de déterminer si, en cas de conclusion d'une ouverture de crédit avant la conciliation, l'utilisation dans le cadre de l'accord de conciliation de la fraction non utilisée de la ligne de crédit permettra le jeu du privilège. Une réponse positive nous semble devoir être donnée, compte tenu de la définition apportée par la Cour de cassation à l'ouverture de crédit : une promesse de prêt à concurrence des fonds non utilisés et un prêt à concurrence des fonds utilisés [1]. Dès lors, si les fonds ne sont pas utilisés au jour de l'accord de conciliation et qu'ils le sont ultérieurement, il s'agira bien d'un « nouveau prêt » susceptible en conséquence de bénéficier du privilège de la conciliation.

L'apport en trésorerie pourra également être effectué par des associés. Toutefois, l'alinéa 2 de l'article L. 611-11 refuse le bénéfice du privilège aux associés qui apportent de l'argent dans le cadre d'une augmentation de capital. L'apport devra donc intervenir sous la forme d'apport en compte courant.

Les fournisseurs de biens ou de services pourront également bénéficier du privilège de la conciliation. La notion de service est suffisamment large pour englober les cautionnements donnés par les établissements crédit au profit des engagements du débiteur. Il en est de même des contrats de location financière ou de crédit-bail, qui constituent des services.

Le privilège ne sera accordé qu'à celui qui apporte de l'argent frais ou qui apporte un bien ou un service nouveau. Il n'est donc pas question d'accorder le privilège dans le cadre de crédits de restructuration ou de prêts de consolidation. De même, le simple octroi de délais, de la part des établissements de crédit ou de la part des fournisseurs de biens ou de services, ne permettra pas l'octroi du privilège.

---

1. P.-M. Le Corre, *Droit et pratique des procédures collectives*, 3e éd., Dalloz Action 2006, n° 442, 16.

Une condition formelle est posée à l'octroi du privilège : l'apport d'argent frais ou le nouveau bien ou service doit être indiqué dans l'accord de conciliation. Le principe « pas de privilège sans texte » et l'interprétation stricte des privilèges qui en résulte conduit au strict respect de cette obligation.

Le privilège n'aura à s'exercer que dans le cadre d'une procédure collective ouverte après une conciliation homologuée. Le créancier qui en est titulaire devra avoir déclaré sa créance au passif et devra avoir mentionné l'existence de son privilège dans la déclaration de créance. À défaut, le privilège ne pourra être exercé dans la procédure collective ouverte puisque la créance ne sera pas opposable et que, par voie d'accessoire, le privilège ne le sera pas davantage.

L'efficacité du privilège est très grande. Il s'agit d'un privilège général, portant sur tous les meubles et immeubles du débiteur. Les créanciers titulaires de ce privilège ne seront primés que par deux catégories de créanciers : les créanciers titulaires d'une créance super-privilégiée de salaires et les créanciers titulaires du privilège des frais de justice. Les créanciers titulaires du privilège de la conciliation primeront donc tous les créanciers titulaires de sûretés spéciales antérieures à la conciliation. Ils primeront également tous les créanciers titulaires de sûretés spéciales postérieures à la conciliation. Ils auront également vocation à primer tous les créanciers bénéficiant du privilège accordé par les articles L. 622-17 et L. 641-13 du Code de commerce, c'est-à-dire le privilège reconnu aux créanciers postérieurs éligibles au traitement préférentiel.

La force du privilège de la conciliation pourra rendre extrêmement délicate toute recherche ultérieure de redressement judiciaire faute de pouvoir trouver les partenaires à qui octroyer une garantie suffisante.

Section IV

L'exécution et l'inexécution de l'accord de conciliation

30. L'exécution de l'accord de conciliation. En application de l'article L. 611-10, alinéa 3, du Code de commerce, l'accord homologué suspend, pendant la durée de son exécution toute action en justice et toute poursuite individuelle pour obtenir paiement des créances qui en font l'objet de la part du débiteur.

L'article L. 611-8-II, 3° prévoit toutefois la possibilité pour le tribunal d'imposer aux créanciers non-signataires les mesures des articles 1244-1 à 1244-3 du Code civil, c'est-à-dire les délais de grâce, ce qui autorise le tribunal à imposer des délais de paiement de deux ans aux créanciers non-signataires.

Les garants du débiteur, qu'ils soient cautions, coobligés ou garants autonomes, personnes physiques ou personnes morales, pourront se prévaloir des dispositions de l'accord homologué. La solution est logique pour les codébiteurs solidaires et les cautions solidaires, cependant qu'elle a pour effet de transformer en engagement accessoire la garantie autonome, en ce qu'elle autorise le garant autonome à bénéficier des délais et remises consentis au débiteur.

Dans le silence des textes, les codébiteurs solidaires et cautions solidaires pourront également se prévaloir des délais et remises de l'accord de conciliation constatée.

31. L'inexécution de l'accord de conciliation. En cas d'inexécution de l'accord non homologué, celui-ci, comme tout contrat, sera résolu judiciairement [1]. Une assignation sera nécessaire [2]. Les délais prendront fin et les créanciers retrouveront leur droit de poursuite.

Si le débiteur ne respecte pas les engagements inclus dans l'accord homologué, il y a possibilité pour le tribunal, selon l'article L. 611-10, alinéa 5, du Code de commerce, de prononcer la résolution de l'accord et la déchéance de tous les délais de paiement.

Le tribunal sera saisi en ce sens par l'une des parties à l'accord homologué. Le tribunal ne pourra en revanche se saisir d'office. Le demandeur à la résolution devra mettre en cause les autres parties à l'accord (Décr. 28 déc. 2005, art. 39, al. 1).

Le jugement rendu sur la demande de résolution de l'accord homologué sera communiqué au ministère public et notifié aux créanciers parties à l'accord (Décr. 28 déc. 2005, art. 39, al. 2).

Par souci de parallélisme des formes, le jugement qui prononce la résolution de l'accord homologué fait, comme le jugement d'homologation, l'objet d'un avis d'insertion au *BODACC* et dans un journal d'annonces légales (Décr. 28 déc. 2005, art. 39, al. 3, renvoyant à l'article 36 qui réglemente la publicité du jugement d'homologation).

Les effets de la résolution s'appliqueront d'abord pour les créanciers parties à l'accord. Le débiteur sera déchu des délais et remises consentis dans l'accord de conciliation. Les créanciers n'auront cependant pas à restituer ce qu'ils ont reçu.

Mais la résolution de l'accord aura aussi des effets pour les créanciers non parties à l'accord, auxquels le tribunal aurait imposé des délais de grâce. L'article 39, alinéa 3, du décret du 28 décembre 2005 prévoit d'ailleurs que la décision qui prononce la résolution de l'accord homologué est portée par le greffier à la connaissance des créanciers auxquels des délais de paiement auront été imposés.

32. L'incidence de l'ouverture d'une procédure collective sur l'accord de conciliation. En application de l'article L. 611-12 du Code de commerce, l'ouverture d'une procédure de sauvegarde, de redressement judiciaire ou de liquidation judiciaire met fin de plein droit à l'accord constaté ou homologué en application de l'article L. 611-8.

---

1. Ph. Roussel-Galle, *Réforme du droit des entreprises en difficulté par la loi de sauvegarde des entreprises du 26 juillet 2005*, coll. « Carré droit », Litec, 2005, n° 164.
2. A. Lienhard, *op. cit.*, n° 332.

Deuxième partie

Le traitement judiciaire des difficultés

33. Notion de procédure collective — Annonce du plan. La procédure collective désigne la procédure judiciaire intéressant un débiteur, qui entraîne interdiction de payer les créances antérieures, interdiction et interruption des poursuites individuelles et des voies d'exécution, et obligation corrélative de déclarer les créances au passif. La suppression des initiatives individuelles a pour contrepartie la reconnaissance de prérogatives tendant à la défense de l'intérêt collectif des créanciers à un organe de représentation. Les procédures de sauvegarde, de redressement et de liquidation judiciaires répondent en tous points à cette définition et peuvent donc recevoir la qualification de procédure collective, au contraire de la procédure de conciliation.

Toute procédure collective commence par un jugement d'ouverture. La première question classique est donc celle de l'ouverture de la procédure (Sous-partie 1).

La loi du 25 janvier 1985 avait institué une procédure unique de redressement judiciaire. La loi du 10 juin 1994 s'est démarquée de cette vision en plaçant sur le même plan le redressement et la liquidation judiciaires, et en rendant ainsi possible le prononcé d'une liquidation judiciaire immédiate. La loi de sauvegarde des entreprises a introduit dans la législation une nouvelle procédure, en amont du redressement judiciaire : la procédure de sauvegarde, qui se veut centrale, selon les vœux du législateur. Si la sauvegarde ou le redressement judiciaire sont ouverts, une période d'observation est obligatoire. Cette phase va permettre la préparation des solutions, l'attention étant ici essentiellement portée sur l'entreprise, qui est incontestablement au cœur des préoccupations du législateur (Sous-partie 2).

Lorsque la procédure sera suffisamment avancée et, généralement, au moment du prononcé de la clôture de la procédure, le ministère public et les mandataires de justice auront porté un regard précis sur l'attitude du débiteur et des dirigeants de la personne morale débitrice. Se posera alors la question de l'éventualité des sanctions (Sous-partie 3).

Sous-partie 1

L'ouverture des procédures collectives

L'ouverture des procédures collectives obéit à des conditions strictes (Titre I). Elle s'accompagnera de la mise en place d'organes (Titre II).

Titre I

Les conditions d'ouverture de la procédure

Le terme même de procédure laisse largement entendre une réglementation étroite des règles de forme (Sous-titre 2), lesquelles n'auront vocation à s'appliquer que si des conditions de fond (Sous-titre 1) sont réunies.

Sous-titre 1

Les conditions de fond d'ouverture de la procédure

N'importe qui ne peut faire l'objet d'une procédure collective. Il faut que l'intéressé soit dans une certaine situation économique (Chapitre 2). Il faut également qu'il ait une certaine qualité (Chapitre 1), la procédure ne bénéficiant pas à tous les débiteurs.

En marge de ces contraintes, il existe cependant une possibilité d'extension de la procédure (Chapitre 3).

Chapitre 1

La qualité du débiteur

34. Présentation générale de la qualité exigée. Les personnes susceptibles de faire l'objet d'une procédure de sauvegarde, de redressement ou de liquidation judiciaire sont désignées d'une manière uniforme par les textes applicables. C'est ainsi que l'article L. 620-2, alinéa 1, du Code de commerce, l'article L. 631-2, alinéa 1, et l'article L. 640-2, alinéa 1 disposent que « *la procédure [...] est applicable à tout commerçant, à toute personne immatriculée au répertoire des métiers, à tout agriculteur, à toute autre personne physique exerçant une activité professionnelle indépendante, y compris une profession libérale soumise à un statut législatif ou réglementaire, ou dont le titre est protégé, ainsi qu'à toute personne morale de droit privé* ».

L'énumération législative, en ce qui concerne les personnes physiques, est inutile. En effet, la notion de personne physique exerçant une activité professionnelle indépendante permet d'englober le commerçant, la personne immatriculée au répertoire des métiers et l'agriculteur. Mais elle a le mérite d'éviter la discussion sur le point de savoir si le commerçant ou l'artisan de fait peut ou non demander l'ouverture de la procédure. En effet, le caractère générique de cette expression permet d'englober en son sein les commerçants de fait ainsi que les artisans de fait.

Sont donc seuls exclus des procédures collectives, les personnes physiques salariées et celles qui n'exercent aucune activité professionnelle.

Section I
Les personnes physiques

L'article L. 620-2, alinéa 1, du Code de commerce, dont les dispositions sont reproduites par les articles L. 631-2, alinéa 1, et L. 640-2, alinéa 1 vise quatre catégories de personnes physiques ayant une activité à caractère économique : le commerçant (§ 1), la personne immatriculée au répertoire des métiers (§ 2) et l'agriculteur (§ 3). La liste a été allongée par la loi de sauvegarde des entreprises qui vise désormais tout professionnel indépendant y compris le professionnel libéral (§ 4).

§ 1. Le commerçant

35. Commerçant inscrit ou non au RCS. Les commerçants, c'est-à-dire les personnes accomplissant pour leur propre compte des actes de commerce, à titre de profession habituelle (C. com., art. 1er), peuvent être déclarés en redressement ou en liquidation judiciaire, ou se placer sous la sauvegarde, et ce, qu'ils soient ou non immatriculés au registre du commerce et des sociétés.

Le commerçant doit, en principe, être inscrit au registre du commerce. Il résulte de cette inscription une présomption simple de la qualité de commerçant. À défaut d'une telle immatriculation, l'ouverture d'une procédure sera également possible à la demande d'un tiers apportant la preuve de la qualité de commerçant du débiteur [1], et ce, même s'il exerce illégalement le commerce [2]. Mais, il appartiendra au demandeur de prouver la qualité de commerçant invoquée. L'intéressé ne pouvait, sous l'empire de la législation antérieure à la loi de sauvegarde des entreprises, solliciter sa mise en redressement ou en liquidation judiciaire, et donc revendiquer le bénéfice de l'application de règles propres aux commerçants, en se prévalant d'une qualité de commerçant qu'il n'avait pas voulu officialiser à l'égard des tiers par le biais de l'immatriculation au registre du commerce et des sociétés [3]. La solution doit être abandonnée car, même si le législateur continue de citer le commerçant, en visant également le professionnel indépendant, il permet aux commerçants de fait de solliciter l'ouverture d'une sauvegarde, d'un redressement ou d'une liquidation judiciaire [4].

Le conjoint du commerçant pourra également faire l'objet d'une procédure collective s'il est prouvé qu'il y a co-exploitation. En réalité, la co-exploitation n'est rien d'autre que l'exercice d'une activité commerciale par le conjoint, qui, en tant que commerçant peut donc, s'il remplit les autres conditions d'ouverture — à savoir l'état de cessation des paiements pour le redressement et la liquidation judiciaire — solliciter l'ouverture d'une procédure collective [5]. Souvent le conjoint y trouvera avantage, par le fait que les deux époux sont tenus aux dettes.

36. Commerçant radié du RCS. Quelques précisions s'imposent lorsque le commerçant a été radié du registre du commerce et des sociétés.

Tout d'abord, s'il continue à exercer le commerce malgré sa radiation, il demeure commerçant et pourra être déclaré en redressement ou en liquidation judiciaire et même, à notre sens, en tant que professionnel indépendant, solliciter le bénéfice de la sauvegarde.

Ensuite, si le débiteur a cessé son activité, il ne pourra bénéficier de la procédure de sauvegarde, mais pourra être déclaré en redressement, ce qui apparaît une solution curieuse. Plus logiquement, il pourra être placé en liquidation judiciaire. Sous l'empire de la législation antérieure, le tribunal devait être saisi de la demande dans le délai d'un an à compter de sa radiation du registre du commerce et des sociétés,

---

1. CA Limoges, 11 févr. 1991, *D.* 1992, som. 284, obs. A. Honorat.
2. Dans le cas d'un fonctionnaire : Cass. com., 30 janv. 1996, *JCP* 1996, pan. 392.
3. Cass. com., 25 mars 1997, *Bull. Joly* 1997, 589, note J. Vallansan ; *Dr. sociétés* 1997, n° 81, obs. Y. Chaput.
4. V. aussi en ce sens Ph. Rousse Galle, *op. cit.*, nos 202 et 204. Pour une opinion timidement opposée, A. Jacquemont, *op. cit.*, 4e éd., n° 119.
5. Cass. com. 15 mars 2005, pourvoi n° 03-19.359, *D.* 2005, AJ, 952, note A. Lienhard ; *D.* 2005, somm. comm. p. 2013, obs. F.-X. Lucas ; *Act. proc. coll.* 2005/7, n° 81, note J. Vallansan ; *Rev. sociétés* 2005/3, p. 684, note P.-M. Le Corre ; *Gaz. proc. coll.* 2005/2, p. 12, obs. P.-M. Le Corre ; LXB n° N4240AIU, note P.-M. Le Corre ; Cass. com., 4 oct. 2005, pourvoi n° 04-14.394.

dès lors que celle-ci était postérieure à la cessation des paiements (C. com., art. L. 621-15). La loi de sauvegarde des entreprises a supprimé le délai d'un an et se contente de prévoir, désormais, que la procédure de redressement judiciaire est applicable aux personnes mentionnées au premier alinéa de l'article L. 631-2 après la cessation de leur activité professionnelle si tout ou partie de leur passif provient de cette dernière (C. com., art. L. 631-2, al. 3). La solution est identique en liquidation judiciaire (C. com., art. L. 640-3, al. 1).

37. Commerçant décédé. Le commerçant décédé en état de cessation des paiements peut également faire l'objet d'une procédure collective. La procédure de sauvegarde est exclue. En revanche, la procédure de redressement judiciaire est concevable. La saisine pourra être l'œuvre d'un créancier, du ministère public ou du tribunal d'office. Dans ces trois cas, le tribunal doit être saisi dans l'année du décès (C. com., art. L. 631-2, al. 4). En revanche, la loi de sauvegarde des entreprises a introduit une nouveauté en permettant aux héritiers d'un débiteur décédé en cessation des paiements de demander l'ouverture d'un redressement judiciaire sans condition de délai. Dans les mêmes conditions, la liquidation judiciaire peut être prononcée contre un débiteur décédé (C. com., art. L. 631-2, al. 4).

§ 2. LA PERSONNE IMMATRICULÉE AU RÉPERTOIRE DES MÉTIERS

38. Personne immatriculée au répertoire des métiers — L'artisan. Le Code de commerce prévoit la possibilité d'ouverture d'une sauvegarde, d'un redressement ou d'une liquidation judiciaire d'une personne immatriculée au répertoire des métiers. N'est pas ici visé l'artisan, ce qui, sous l'empire de la législation antérieure, depuis l'ordonnance de codification du 18 septembre 2000, qui avait substitué au mot « artisan » l'expression de « personne immatriculée au répertoire des métiers », avait pu faire naître une difficulté. La loi de sauvegarde des entreprises supprime la difficulté en visant systématiquement le professionnel indépendant, ce qui permet d'englober l'artisan de fait qui n'est pas immatriculé au répertoire des métiers [1].

L'artisan, comme le commerçant, pourra obtenir le redressement judiciaire ou être placé en liquidation judiciaire, malgré la cessation de son activité, si tout ou partie de son passif provient de cette dernière, et cela sans condition de délai.

Les règles relatives au commerçant décédé en cessation des paiements sont identiquement applicables à l'artisan décédé.

§ 3. L'AGRICULTEUR

39. Agriculteur. Les agriculteurs bénéficient également des procédures collectives. Les agriculteurs sont les personnes physiques [2] exerçant des activités agricoles

1. En ce sens également, Ph. Pétel, *Procédures collectives*, 4e éd., Dalloz « Cours » 2005, n° 54 ; Ph. Roussel Galle, *op. cit.*, nos 202 et 203.
2. V. CA Agen, 8 déc. 1999, *APC* 2000/16, n° 200, note J. Vallansan, excluant les personnes morales ayant une activité agricole de la notion d'agriculteur.

au sens de l'article L. 311-1 du Code rural. Sont définies comme agricoles, les activités correspondant à « *la maîtrise et à l'exploitation du cycle biologique de caractère végétal ou animal ou constituant une ou plusieurs étapes nécessaires au déroulement de ce cycle, ainsi que les activités exercées par un exploitant agricole qui sont dans le prolongement de l'activité de production ou qui ont pour support l'exploitation* » [1]. L'inscription de l'agriculteur au registre de l'agriculture n'entraîne aucune présomption de qualité d'agriculteur et n'a donc qu'une valeur de formalité indicative [2].

Le tribunal de grande instance sera compétent pour connaître de la procédure. Cette procédure présente certaines particularités. La saisine par un créancier postule d'abord la demande de désignation d'un conciliateur, dans le cadre d'une procédure de règlement amiable. La période d'observation pourra être plus longue que pour les autres débiteurs puisque la loi prévoit la possibilité de prolonger la période d'observation jusqu'à la fin de l'année culturale afin de terminer la récolte ou le cycle d'élevage.

L'agriculteur qui a cessé son activité pourra faire l'objet d'une procédure de redressement ou de liquidation judiciaire dans les mêmes conditions qu'un commerçant.

L'agriculteur décédé en état de cessation des paiements peut faire l'objet d'une procédure de redressement ou de liquidation judiciaire, comme un commerçant décédé.

§ 4. Les professionnels indépendants, y compris les professionnels libéraux

40. Tout professionnel indépendant, y compris les professionnels libéraux. La loi de sauvegarde des entreprises a considérablement étendu le domaine d'application des procédures collectives. Désormais, peuvent bénéficier des procédures de sauvegarde, de redressement et de liquidation judiciaires, tous les professionnels indépendants y compris les professionnels libéraux. L'exclusion des professionnels libéraux du champ d'application des procédures collectives n'était guère justifiable, alors surtout qu'ils ne pouvaient bénéficier de la procédure de surendettement des particuliers qu'en caractérisant leur situation de surendettement par des dettes non professionnelles.

Les règles applicables au commerçant ayant cessé son activité et au commerçant décédé en cessation des paiements bénéficient également au professionnel libéral.

Lorsque le professionnel libéral est soumis à un ordre ou à une autorité compétente, cet ordre ou cette autorité compétente sera d'office désigné contrôleur.

---

1. Sur le sujet, v. P. Le Cannu, « Règlement amiable, redressement et liquidation judiciaires des exploitations agricoles », *Bull. Joly* 1999, 113.
2. B. Soinne, *op. cit.*, n° 462 ; P. Pétel, *op. cit.*, n° 53.

Section II
Les personnes morales

41. Nécessité d'acquisition de la personnalité morale — Caractère de droit privé de la personne morale. L'article L. 620-2, alinéa 1, du Code de commerce prévoit qu'une procédure de sauvegarde peut être ouverte au bénéfice de toute personne morale de droit privé. La solution est reproduite par l'article L. 631-2, alinéa 1, pour le redressement judiciaire et par l'article L. 640-2, alinéa 1, pour la liquidation judiciaire. Sans discussion possible, l'application des dispositions de cette loi aux personnes morales de droit public se trouve donc exclue, même si certains contrats auxquels ces personnes sont parties sont de droit privé [1].

Les groupements n'existent que s'ils ont la personnalité morale. L'acquisition de la personnalité juridique varie selon le type de groupement considéré.

Les sociétés acquièrent la personnalité morale par l'immatriculation au registre du commerce et des sociétés. Ne peuvent donc faire l'objet d'une procédure collective que les sociétés immatriculées [2]. Les sociétés en formation, les sociétés en participation, ou les sociétés créées de fait, sont exclues du champ d'application des procédures collectives. La règle est stricte puisque leur éventuelle immatriculation postérieure à l'ouverture de la procédure n'a pas pour effet de les inclure, rétroactivement, dans ce champ [3]. À l'inverse, une société nulle, mais immatriculée, pourra être déclarée en liquidation judiciaire [4].

En revanche, à défaut d'immatriculation de la société, pourront être soumis à une procédure le gérant [5], l'associé [6] ou encore le fondateur [7] s'ils ont accompli des actes de commerce.

Les associations n'acquièrent la personnalité morale que par leur déclaration en préfecture.

Pour les syndicats, la personnalité morale résulte du dépôt de leurs statuts en mairie.

À défaut de respect de ces formalités, la personnalité morale n'existera pas et l'association ou le syndicat ne pourra pas faire l'objet d'une procédure de sauvegarde, de redressement ou de liquidation judiciaire.

---

1. V. CA Paris, 3e ch., 15 févr. 1991, *Bull. Joly* avr. 1991, n° 148, p. 427, note Aubry ; *adde :* E. Kerckhove, *op. cit.*, n° 205.
2. Cass. com., 16 déc. 1975, *Rev. sociétés* 1976, 502, note A. Honorat ; Cass. com., 10 mars 1987, *Rev. sociétés* 1987, 587, note J.-P. Sortais ; *D.* 1987, som. 355, obs. A. Honorat ; *adde* sur la question : V. Halloin, « Les sociétés non immatriculées face au redressement judiciaire », *JCP E,* 1989, II, 15416.
3. V. Cass. com., 10 mars 1987, *D.* 1987, som. 355, obs. A. Honorat ; *JCP* 1987, II, 20830, note Y. Guyon ; *Rev. sociétés* 1987, 587, note J.-P. Sortais.
4. Cass. com., 5 avr. 1994, *Bull. Joly* 1994, 662, note P. Le Cannu ; *adde* : C. Saint-Alary-Houin, *op. cit.,* n° 339.
5. Cass. req., 23 févr. 1864, *D.* 1864, I, 136 ; Civ. 5 févr. 1901, *D.* 1902, I, 41.
6. V. pour des associés de sociétés créées de fait : Com. 27 avr. 1993, *Bull. civ.* IV, n° 158 ; *Bull. Joly* 1993, 776, note H. Le Nabasque ; *Dr. sociétés* 1993, n° 135, note T. Bonneau.
7. Cass. com., 15 janv. 1991, *Bull. Joly* 1991, 395, note Calendini ; Cass. com., 14 déc. 1993, *Dr. sociétés* 1994, n° 49, obs. Y. Chaput.

42. Dissolution de la personne morale. En cas de dissolution de la personne morale, le tribunal ne peut être saisi aux fins d'ouverture de la procédure qu'au plus tard dans l'année qui suit sa radiation du registre du commerce et des sociétés, laquelle doit cependant être consécutive à la publication de la clôture des opérations de liquidation [1] au sens du droit des sociétés [2]. Ainsi, la dissolution des sociétés ne fera pas obstacle à l'ouverture d'une procédure à leur égard, puisque, durant cette phase de dissolution, les sociétés conservent leur personnalité morale pour les besoins de leur liquidation au sens du droit des sociétés (C. civ., art. 1844-8, al. 3).

Si la personne morale n'est pas soumise à immatriculation, le délai d'un an court à compter de la publication de l'achèvement des opérations de liquidation.

---

1. Cass. com., 4 janv. 2000, *RJDA* 2000/5, n° 550.
2. CA Paris 17 déc. 1993, *Rev. sociétés* 1994, 106, note Y. Chaput.

Chapitre 2

La situation économique du débiteur

43. Évolution de la législation. Sous l'empire de la législation antérieure, l'état de cessation des paiements constituait une frontière parfaitement hermétique entre le traitement amiable des difficultés des entreprises et le traitement judiciaire. L'état de cessation des paiements était incompatible avec le traitement amiable. L'absence d'état de cessation des paiements rendait au contraire impossible le traitement judiciaire des difficultés de l'entreprise. La loi de sauvegarde des entreprises est partie du postulat qu'il fallait anticiper sur le traitement des difficultés des entreprises et qu'il n'était pas nécessaire d'attendre l'état de cessation des paiements pour que le chef d'entreprise se place sous la protection de la justice. L'instauration de la procédure de sauvegarde correspond à cet objectif. Il s'agit d'une véritable procédure collective sans état de cessation des paiements.

Ainsi, désormais, la procédure de sauvegarde pourra être ouverte sur démonstration de difficultés de nature à conduire à la cessation des paiements (Section I). Les procédures de redressement et de liquidation judiciaires postuleront, en revanche, la caractérisation d'un état de cessation des paiements (Section II).

Section I

Les difficultés de nature à conduire à la cessation des paiements, condition d'ouverture de la sauvegarde

44. Notion de difficultés de nature à conduire à la cessation des paiements. L'article L. 620-1 du Code de commerce dispose que « *il est institué une procédure de sauvegarde ouverte sur demande d'un débiteur mentionné à l'article L. 620-2 qui justifie de difficultés, qu'il n'est pas en mesure de surmonter, de nature à le conduire à la cessation des paiements* ». La loi de sauvegarde des entreprises a voulu donner au chef d'entreprise un outil à anticiper. Dans la boîte à outils, a été placée cette procédure de sauvegarde, véritable procédure collective de paiement entraînant interdiction des paiements, arrêt des poursuites individuelles et des voies d'exécution et obligation de déclarer les créances au passif, alors que le débiteur n'est pas en état de cessation des paiements.

Le débiteur doit rencontrer des difficultés qu'il n'est pas en mesure de surmonter. Il ne peut donc seul affronter l'avenir. Il a besoin de recourir à la protection judiciaire, afin d'obtenir des délais de paiement voire des remises de la part de ses créanciers.

Il n'est pas, à la date où la juridiction statue, en état de cessation des paiements mais, s'il n'anticipe pas, mécaniquement, par le seul écoulement du temps, il se retrouvera à plus ou moins brève échéance en état de cessation des paiements. C'est ce que signifie la formule selon laquelle le débiteur doit rencontrer des difficultés de nature à le conduire à la cessation des paiements. La notion peut recouvrir de très nombreuses situations que la pratique nous révélera. Pour l'heure, certaines de ces situations peuvent être indiquées : il pourra s'agir de la maladie du dirigeant ou de son décès. Il pourra s'agir d'un avis de redressement fiscal, de la perte du principal client ou de la rupture des relations contractuelles avec le principal fournisseur. Il pourra s'agir d'un retournement du marché, dans le secteur d'activité. L'année 2005 a été le théâtre de difficultés de cette nature, qu'il s'agisse de la grippe aviaire ou encore du chikungunia sur l'île de la Réunion, engendrant des difficultés dans le secteur du tourisme. Il a été question à Nice du retard dans la livraison du tramway, occasionnant une gêne pour les commerces de proximité du fait des difficultés de la circulation. La liste serait beaucoup trop longue à établir, et, surtout, l'imagination de l'université sera de faible portée par rapport à la richesse de la pratique...

45. Inconciliabilité de la procédure de sauvegarde avec la cessation des paiements. La procédure de sauvegarde ne peut bénéficier à une entreprise en cessation des paiements. La solution n'est pas explicitement posée par le texte qui vise simplement les difficultés de nature à conduire à la cessation des paiements. Cependant, deux autres textes envisagent la situation dans laquelle, après ouverture de la procédure, apparaît ou est constaté l'état de cessation des paiements. La première de ces situations est celle visée par l'article L. 621- 12, alinéa 1, du Code de Commerce : « *s'il apparaît, après l'ouverture de la procédure, que le débiteur était déjà en cessation des paiements au moment du prononcé du jugement, le tribunal la constate* ». Dans cette première hypothèse, le tribunal s'est trompé dans son appréciation et a ouvert, par erreur, une procédure de sauvegarde alors que le débiteur était déjà en état de cessation des paiements. Tout doit donc se passer comme si la procédure ouverte était un redressement judiciaire. Il y a place à conversion sur demande de l'administrateur, du mandataire judiciaire ou du ministère public, le tribunal ayant également la possibilité de se saisir d'office. Le tribunal fixera la date de cessation des paiements comme s'il s'était agi d'ouvrir un redressement judiciaire. La date de cessation des paiements étant antérieure au jugement d'ouverture, il en résulte la création d'une période suspecte rendant possible le jeu des nullités de la période suspecte.

Dans une seconde situation, l'état de cessation des paiements n'existait pas au jour de l'ouverture de la sauvegarde mais apparaît en cours de période d'observation. En ce cas, il y a également place à conversion en redressement voire en liquidation judiciaire sur demande de l'administrateur judiciaire, du mandataire, du ministère public ainsi que des contrôleurs. Le tribunal peut également se saisir d'office. L'article L. 622-10, alinéa 2, du Code de commerce reste muet sur la question de la date de cessation des paiements. Il est en tout cas certain que la date de cessation des paiements ne pourra être fixée avant l'ouverture de la procédure de sauvegarde puisque, par hypothèse, la cessation des paiements est apparue après ladite ouverture. La date de cessation des paiements étant postérieure au jugement d'ouverture, il en résulte qu'il ne saurait y avoir place à période suspecte et donc au jeu des nullités de la période suspecte [1].

---

1. *Contra* : Ph. Roussel Galle, *op. cit.,* n° 221.

Section II

L'état de cessation de paiements, condition d'ouverture du redressement ou de la liquidation judiciaire [1]

46. L'état de cessation des paiements, condition désormais nécessaire des procédures de redressement et de liquidation judiciaires. L'ouverture de la procédure collective du débiteur est subordonnée à la constatation de l'état de cessation des paiements. Aux termes de l'article L. 631-1, alinéa 1, du Code de commerce, « *il est institué une procédure de redressement judiciaire ouverte à tout débiteur mentionné aux articles L. 631-2 ou L. 631-3 qui, dans l'impossibilité de faire face au passif exigible avec son actif disponible, est en cessation des paiements* ».

Ce principe est aujourd'hui absolu. Dans la législation antérieure, au contraire, il existait des hypothèses dans lesquelles la procédure de redressement ou de liquidation judiciaire pouvait, voire devait, être ouverte, alors même que n'aurait pas été constaté au préalable l'état de cessation des paiements du débiteur.

C'est ainsi d'abord que la procédure devait être ouverte contre les associés indéfiniment et solidairement responsables du passif de la personne morale débitrice en application de l'article L. 624-1 du Code.

Ensuite, des procédures pouvaient être ouvertes à titre de sanction contre les dirigeants fautifs d'une personne morale débitrice, ou encore contre le locataire gérant qui n'exécutait pas son engagement d'acquérir l'entreprise, au terme de la période de location-gérance, dans le cadre d'un plan de cession.

La procédure pouvait encore être ouverte en cas d'échec d'un règlement amiable, sans qu'il y ait lieu de constater l'état de cessation des paiements.

Enfin, la procédure de liquidation judiciaire pouvait être ouverte, suite à la résolution d'un plan, laquelle ne nécessitait pas l'état de cessation des paiements du débiteur.

Certes, l'extension de la procédure pour confusion des patrimoines ou fictivité (v. ss n° 62) est possible sans cessation des paiements de la personne à laquelle la procédure est ouverte. Il ne s'agit cependant pas d'une exception au principe ici posé, car l'extension n'est pas une ouverture de procédure.

La notion de cessation des paiements reste donc capitale, lorsqu'il est question d'ouverture d'un redressement ou d'une liquidation judiciaire. Il convient d'en définir précisément les contours (Sous-section I). La date de cessation des paiements présente également des intérêts de premier plan. C'est pourquoi il y a place à une détermination précise de celle-ci (Sous-section II).

Sous-section I

Les contours de l'état de cessation des paiements

L'état de cessation des paiements suppose l'existence de deux composants (§ 1) qui seront le support de la démonstration de l'état de cessation des paiements (§ 2).

---

1. Indiquons que la cessation des paiements des établissements de crédit obéit à une définition différente posée par la loi du 25 juin 1999 : *JCP E*, 1999, 1379, note Th. Bonneau.

§ 1. Les deux composants de la notion de cessation des paiements

L'article L. 631-1, alinéa 1, du Code de commerce évoque l'actif disponible (A) et le passif exigible (B).

A. L'actif disponible

47. Actif disponible. Bien que la précision ne figure pas à l'article L. 631-1 alinéa 1, du Code de commerce, l'actif disponible ici visé par le législateur est celui disponible à très court terme [1].

Sont des actifs disponibles à très court terme, les éléments d'actifs figurant au bilan permettant de faire face aux dettes exigibles. Soit l'élément est immédiatement disponible. On pensera ici spécialement au solde bancaire créditeur. Soit quelques jours peuvent suffire à liquéfier l'élément d'actif. Il en ira ainsi des effets de commerce échus et escomptables ainsi que des valeurs mobilières cotées en bourse puisque, pour ces dernières, un seul ordre suffit à rendre liquide l'élément d'actif. Les créances à vue, dès lors que leur recouvrement par le débiteur est aisé, constituent des éléments de l'actif disponible.

Sont également considérées comme des actifs disponibles, les ouvertures de crédit non utilisées [2].

À l'inverse, ne constituent pas des actifs disponibles, les immobilisations [3] ainsi que les stocks [4], à moins que ceux-ci ne soient en cours de réalisation auquel cas, ils semblent devoir être englobés dans l'actif disponible [5]. Seront encore exclues du domaine de l'actif disponible, les créances dont le recouvrement est douteux [6].

B. Le passif exigible

48. Passif exigible. Le passif exigible est constitué de l'ensemble des dettes échues, dès lors que celles-ci sont certaines et liquides [7]. Peu importe que la dette soit normalement arrivée à terme ou qu'elle ne soit exigible que par l'effet d'une déchéance du terme. La dette contestée ne pourra pas être prise en compte dans le calcul du passif exigible [8].

---

1. C. Saint-Alary-Houin, *op. cit.*, n° 345 ; F. Pérochon et R. Bonhomme, *op. cit.*, n° 114-2.
2. Cass. com., 17 juin 1997, *D. Affaires* 1997, 903.
3. Cass. com., 28 nov. 1989, *Rev. proc. coll.* 1990, 138, n° 2, obs. Calendini.
4. Cass. com., 17 mai 1989, *Bull. civ.* IV, n° 152 ; *JCP* 1990, II, 21464, note M. Beaubrun.
5. V. en ce sens Calendini, *Rev. proc. coll.* 1998, 33, n° 1.
6. V. CA Paris, 3e ch. C, 9 févr. 1996, *Rev. proc. coll.* 1998, 34, n° 1, obs. Calendini ; Grenoble, Ch. com. 26 nov. 1998, *Rev. proc. coll. civ. et com.* 2000, 49, n° 8, obs. J.-M. Deleneuville.
7. Ph. Pétel, *op. cit.*, n° 75 ; B. Soinne, *op. cit.*, n° 415 ; C. Saint-Alary-Houin, *op. cit.*, n° 346.
8. Cass. com., 22 févr. 1994, *Bull. civ.* IV, n° 75 ; *JCP* 1995, II, note Lévy, et *JCP E*, 1994, I, 394, n° 1, obs. P. Pétel ; CA Paris, 29 nov. 1995, *Rev. proc. coll.* 1997, 173, n° 10 ; CA Paris, 3e ch. A, 17 sept. 1996, *Rev. proc. coll.* 1997, 176, n° 14, obs. Calendini ; CA Rennes, 2e ch., 30 sept. 1998, et Paris, 3e ch. B, 2 juill. 1999, *Rev. proc. coll. civ. et com.* 2000, 50, n° 10, obs. J.-M. Deleneuville.

Telles sont les seules conditions que doivent remplir les dettes pour être incluses dans le passif exigible. En effet, la nature professionnelle [1] ainsi que le nombre des dettes [2] n'ont aucune incidence.

L'état de cessation des paiements tel qu'il résulte de l'article L. 631-1, alinéa 1, du Code de commerce nécessite qu'il soit procédé à une comparaison entre l'actif disponible et le passif exigible.

§ 2. La démonstration de l'état de cessation des paiements

Il convient de déterminer l'objet de la démonstration (A) et la charge de cette démonstration (B).

A. L'objet de la démonstration

49. Objet de la démonstration de l'état de cessation des paiements. L'état de cessation des paiements est caractérisé par le fait que l'actif disponible est insuffisant pour faire face au passif exigible. Ainsi, l'état de cessation des paiements résultera-t-il de la démonstration de l'impossibilité pour le débiteur de faire face, avec son actif disponible, à son passif exigible.

L'état de cessation des paiements est caractérisé par l'arrêt du service de caisse qui met le débiteur dans l'impossibilité de payer ce qu'il doit [3]. Cette absence de trésorerie ne doit être ni accidentelle, ni passagère mais, au contraire, refléter une difficulté durable de l'entreprise.

La seule comparaison des éléments du bilan ne peut à elle seule établir la cessation des paiements [4].

L'état de cessation des paiements se distingue ainsi de l'insolvabilité, qui est constituée par l'existence d'un passif supérieur à l'actif disponible ou non. Elle se distingue également du refus de paiement [5].

La cessation des paiements n'équivaut pas non plus à la situation irrémédiablement compromise [6]. En effet, cette notion suppose l'inaptitude de l'entreprise en difficulté à se redresser, entraînant l'ouverture d'une procédure de liquidation judiciaire immédiate ou, si une procédure de redressement judiciaire a déjà été ouverte, la conversion de la procédure en liquidation judiciaire. La cessation des paiements est

1. Cass. com., 22 juin 1993, *D.* 1993, 167, obs. A. Honorat (caractérisant l'état de cessation des paiements par l'existence d'une dette non professionnelle).
2. Cass. com., 8 mars 1994, *Bull. civ.* IV, n° 102 (retenant l'état de cessation des paiements en présence d'une seule dette).
3. F. Pérochon et R. Bonhomme, *op. cit.*, n° 114-2.
4. CA Paris, 3e ch. C, 18 févr. 2000, *RJDA* 2000/11, n° 1023.
5. Cass. com., 27 avr. 1993, *Bull. civ.* IV, n° 154 ; 25 févr. 1997, *D. Affaires* 1997, 484 ; Cass. com., 23 nov. 1999, *Act. proc. coll.* 2000/1.
6. Cette notion de situation irrémédiablement compromise est utilisée dans le cadre de l'application de l'article L. 313-12 du Code monétaire et financier. Cette disposition permet au banquier de rompre, sans préavis, un concours à durée indéterminée accordé à une entreprise si cette situation est avérée.

distincte de l'incurabilité de l'entreprise moribonde. Au contraire, la loi a vocation, en premier lieu, à soigner l'entreprise ayant cessé ses paiements.

Une difficulté est apparue en jurisprudence pour savoir s'il suffisait que le passif soit simplement exigible ou s'il devait être exigé pour caractériser l'état de cessation des paiements. Le débat a été tranché par la Cour de cassation qui a considéré que le passif à prendre en considération pour caractériser l'état de cessation des paiements est le passif exigible et exigé, dès lors que le créancier est libre de faire crédit au débiteur [1]. Cet arrêt a été interprété comme un revirement de jurisprudence, car l'attention n'a été portée que sur la première partie de la solution posée — le passif à prendre en considération pour caractériser l'état de cessation des paiements est le passif exigible et exigé —, sans que soit attirée l'attention sur l'affirmation seconde qu'il renfermait —, dès lors que le créancier est libre de faire crédit au débiteur —. Seul en conséquence doit être pris en compte le passif exigible, sans qu'il soit besoin qu'il ait été exigé. D'une autre manière, on peut affirmer qu'il y a cessation des paiements si le débiteur ne peut, en théorie, faire face.

L'état de cessation des paiements cessera d'être caractérisé si le débiteur a obtenu de ses créanciers un moratoire explicite. En effet, le moratoire a pour effet de décaler l'exigibilité des créances, le passif n'étant plus alors exigible. En outre, si le débiteur dispose d'une réserve de crédit, soit en banque, soit de la part de ses fournisseurs ou même de ses associés, l'état de cessation des paiements n'est pas davantage caractérisé [2] car la réserve de crédit contribue à augmenter l'actif disponible. Il n'en sera cependant ainsi que si la réserve de crédit est d'un montant au moins égal au passif exigible [3].

Ainsi, l'existence d'un moratoire et celle d'une réserve de crédit permettent d'écarter la caractérisation de l'état de cessation des paiements [4].

B. La charge de la démonstration

50. Charge de la preuve de la démonstration de l'état de cessation des paiements. Conformément au droit commun de la preuve, la charge de la preuve de l'état de cessation des paiements pèse sur le demandeur à l'action en redressement ou en liquidation judiciaire, ou sur l'organe de la procédure collective souhaitant reporter la date de cessation des paiements.

Si le demandeur est un créancier, il devra faire état de sa créance, ainsi qu'éventuellement d'autres créances. L'existence de protêt faute de paiement, de rejet de chèques pour défaut de provision, ainsi que l'inscriptions de sûretés judiciaires seront autant d'indices caractérisant l'état de cessation des paiements. Sans violer les

---

1. Cass. com., 28 avr. 1998, *Defrénois* 1998, 948, n° 1, obs. P. Le Cannu ; *JCP* 1998, 1926, note G. Likillimba ; *Rev. proc. coll. civ. et com.* 2000, 49, n° 7, obs. J.-M. Deleneuville.
2. Cass. com., 28 avr. 1998, *Defrénois* 1998, 948, n° 1, obs. P. Le Cannu ; *JCP* 1998, 1926, note G. Likillimba ; *Rev. proc. coll.* 2000, 49, n° 7, obs. J. M. Deleneuville ; Cass. com., 8 janv. 2002, *Act. proc. coll.* 2002/6, n° 69 ; Cass. com., 4 oct. 2005, pourvoi n° 04-10.055.
3. Cass. com., 20 sept. 2005, pourvoi n° 04-14.808.
4. Cass. com., 17 déc. 2003, pourvoi n° 02-15. 445, *RD Bancaire et fin.* 2004, p. 102, n° 76, obs. F.-X. Lucas : *adde* : D. Tricot, « La cessation des paiements : une notion stable », *Gaz. proc. coll.* 2005/1, 29 et 30 avr. 2005, p. 13.

règles relatives à la charge de la preuve, il est impossible d'exiger du débiteur que celui-ci prouve qu'il est en mesure de faire face, avec son actif disponible, à son passif exigible [1]. Si la preuve de l'état de cessation des paiements du débiteur n'apparaît pas avec évidence, le tribunal pourra solliciter d'un juge l'établissement d'un rapport sur la situation active et passive du débiteur. La procédure ne sera ouverte que si le rapport faisant suite aux investigations du juge — appelées « enquête pré-faillite » — conclut à l'existence d'un état de cessation des paiements.

L'appréciation de l'état de cessation des paiements se fait au moment où la juridiction statue. Il en résulte que si le jugement d'ouverture est remis en cause par une voie de recours, la cour d'appel devra déterminer, au jour où elle statue, si l'état de cessation des paiements existe, alors même que tel pouvait ne pas encore être le cas au jour où le tribunal avait initialement statué. Cette solution est justifiée par le principe de l'effet dévolutif de l'appel. En revanche, devant la Cour de cassation, il est seulement question de savoir si le juge du fond a correctement jugé, c'est-à-dire, en l'occurrence, s'il a suffisamment caractérisé l'état de cessation des paiements.

Par exception, l'état de cessation des paiements sera apprécié au jour de la sauvegarde, en cas d'ouverture d'une sauvegarde en dépit de l'état de cessation des paiements (Cass. com., art. L. 621-10, al. 2).

Les contours de l'état de cessation des paiements étant définis, il convient de s'attacher à l'importante question de la date de la cessation des paiements.

Sous-section II
La date de cessation des paiements

L'examen de la date de cessation des paiements conduit à étudier sa détermination (§ 1), avant de préciser les modalités procédurales de sa fixation (§ 2).

§ 1. La détermination de la date de cessation des paiements

La date de cessation des paiements est l'objet d'une fixation initiale (A), puis éventuellement d'un report (B).

A. Fixation initiale de la date de cessation des paiements

51. Fixation initiale de la date de cessation des paiements en redressement ou en liquidation judiciaire. La fixation initiale de la date de cessation des paiements est régie par les dispositions de l'article L. 631-8 du Code qui énonce que « *le tribunal fixe, la date de cessation des paiements. À défaut de détermination de cette date, la cessation des paiements est réputée être intervenue à la date du jugement qui la constate* ». La formule contraste avec celle de la législation antérieure qui prévoyait que le tribunal fixe « s'il y a lieu » la date de cessation des paiements. La différence de rédaction s'explique par le fait que la cessation des paiements est

1. Cass. com., 2 avr. 1996, *Bull. civ.* IV, n° 111.

désormais une condition obligatoire d'ouverture des procédures de redressement et de liquidation judiciaires, alors que, sous l'empire de la législation antérieure, certaines hypothèses d'ouverture de procédures étaient indépendantes de la caractérisation de l'état de cessation des paiements.

Dans certains cas, la date de cessation des paiements sera calquée sur celle retenue dans le cadre d'une autre procédure. Ainsi, en cas d'extension de la procédure sur le fondement de la confusion des patrimoines ou de la fictivité, la date de cessation des paiements retenue sera celle de la personne ayant initialement fait l'objet d'une procédure.

Le tribunal peut, de façon générale, déterminer expressément la date de cessation des paiements. Elle correspondra soit à la date du jugement d'ouverture, soit à une date, par hypothèse, antérieure à celui-ci [1]. Lorsque l'ouverture de la procédure interviendra à la suite d'une déclaration de cessation des paiements du débiteur, la date retenue sera généralement celle du dépôt au greffe de cette déclaration. Classiquement, le tribunal, au jour du prononcé de l'ouverture de la procédure, n'aura pas en sa possession les éléments suffisants pour déterminer objectivement la date de cessation des paiements. S'il s'avère, au jour où statue la juridiction, que l'état de cessation des paiements ne fait aucun doute, mais qu'une hésitation existe quant à sa date, la juridiction fixera alors une date de cessation des paiements qui pourra n'être que provisoire. Cette date pourra être ultérieurement reportée.

B. Report de la date de cessation des paiements

52. Date de cessation des paiements reportée. L'article L. 631-8, alinéa 2, du Code de commerce précise que la date de cessation des paiements « *peut être reportée une ou plusieurs fois, sans pouvoir être antérieure de plus de 18 mois à la date du jugement constatant la cessation des paiements* ». Il ne s'agira pas nécessairement du jugement d'ouverture. En effet, en cas d'ouverture d'une procédure de sauvegarde et de conversion de la procédure en redressement voire en liquidation judiciaire, le jugement qui va constater la cessation des paiements sera celui de conversion et non le jugement d'ouverture, ce qui peut conduire à réduire le délai utile de report de la date de cessation des paiements.

À seule fin de caractériser une poursuite d'exploitation déficitaire après cessation des paiements [2], dans le cadre d'une action en obligation aux dettes sociales, ce délai de 18 mois peut éventuellement être écarté. Cette limite temporelle, posée à l'intention des tiers, ne peut donc être invoquée par le débiteur ou par les dirigeants, afin de leur éviter de répondre des sanctions attachées à leurs fautes. La solution existait également en matière de faillite personnelle, pour absence de déclaration de l'état de cessation des paiements dans le délai de 15 jours. Il était possible à la juridiction de méconnaître la date de cessation des paiements retenue dans le cadre

1. Sur le caractère nécessairement antérieur V. CA Versailles, 13e ch., 13 nov. 1997, *Gaz. Pal.* som. 11 et 12 sept. 1998, p. 30.

2. Cass. com., 20 oct. 1992, *Bull. civ.* IV, n° 315 ; *Bull. Joly* 1993, 122, note H. Le Nabasque ; *JCP E*, 1993, I, 238, n° 22, obs. M. Cabrillac et P. Pétel ; Cass. com., 30 nov. 1993, *Bull. civ.* IV, n° 440 ; *Bull. Joly* 1994, 410, note P. Pétel ; Cass. com., 11 juin 1993, *Bull. civ.* IV, n° 168 ; *JCP E*, 1997, I, 623, n° 13, obs. P. Pétel ; *D.* 1996, som. 341, obs. A. Honorat.

de la procédure collective. La solution a été modifiée par la loi de sauvegarde des entreprises. En effet, l'article 323, alinéa 2, du décret du 28 décembre 2005 pose en règle que pour l'application de l'article L. 653-8, la date retenue pour la cessation des paiements ne peut être différente de celle retenue en application de l'article L. 631-8. De la sorte, l'interdiction de gérer prononcée pour non-respect du délai de déclaration de l'état de cessation des paiements ne pourra avoir pour base une date différente de cessation des paiements de celle retenue par la juridiction dans le cadre de la procédure intéressant le traitement des difficultés du débiteur.

À défaut de précision du texte sur ce point, il apparaît que le report de la date de cessation peut s'effectuer dans les deux sens [1], c'est-à-dire en arrière, en remontant dans le temps, ainsi qu'en avant, à condition évidemment de ne pas franchir le seuil constitué par la date du jugement d'ouverture. La date de cessation des paiements ne peut cependant être antérieure à la date à laquelle l'entreprise a eu la qualité exigée pour faire l'objet d'une procédure de redressement ou de liquidation judiciaire [2].

Ce report peut s'effectuer en une ou plusieurs fois.

La possibilité de report de la date de cessation des paiements se heurte à certaines limites. Au-delà de la limite temporelle de 18 mois, destinée à limiter dans le temps l'insécurité juridique dans laquelle se trouvent les tiers qui pourront être confrontés à une nullité de la période suspecte (v. ss n° 192), le report peut s'avérer impossible pour d'autres motifs. Le premier est relatif à l'incidence de l'autorité de la chose jugée, qui peut rendre impossible la fixation de la date de cessation des paiements à la date exacte où elle est apparue. Il semblait d'abord en être ainsi dans le cas où la juridiction initialement saisie avait refusé l'ouverture de la procédure. Mais la Cour de cassation, en pareille hypothèse, considère que la première décision n'a pas autorité de la chose jugée et n'empêche pas en conséquence la juridiction saisie en dernier lieu de retenir une date de cessation des paiements antérieure à la date à laquelle la première juridiction avait statué [3]. Il en ira *a fortiori* ainsi si le premier jugement n'est pas passé en force de chose jugée [4].

Ensuite, la décision qui homologue l'accord de conciliation rendra, sauf fraude, impossible le report de la date de cessation des paiements antérieurement à la date de la décision définitive d'homologation ; la solution résulte clairement de l'article L. 631-8, alinéa 2, du Code de commerce. *A contrario*, il faut décider que la décision qui constate l'accord de conciliation ne fera pas obstacle à une remontée de la date de cessation des paiements antérieurement, rendant possible le jeu des nullités de la période suspecte pour les actes accomplis pendant l'accord de conciliation, ce qui conduit à fragiliser considérablement ledit accord. La solution sera alors identique à celle qu'avait posée la Cour de cassation, sous l'empire de la législation antérieure, à propos du règlement amiable, lequel ne faisait pas obstacle à une remontée de la

---

1. CA Paris, 22 mars 1996, *D.* 1996, IR, 111 ; *adde* : B. Soinne, *op. cit.*, n° 431.
2. Cass. com., 1er févr. 2000, *RJDA* 2000/5, n° 553 ; *JCP E et A*, 2000, jurispr. 1909, note R. Besnard-Goudet (impossibilité de fixer la date de cessation des paiements à une époque antérieure à l'immatriculation de la société au registre du commerce et des sociétés).
3. Cass. com., 20 juin 1995, *Bull. civ.* IV, n° 182 ; *Rev. proc. coll.* 1996, 43, obs. Calendini.
4. Cass. com., 22 juin 1999, *DPDE Bull.* 188, 1er sept. 1999, p. 6430, v° *Cessation des paiements*, n° 55.

date de cessation des paiements antérieurement à son ouverture ou même à son homologation [1].

Les principes relatifs à la détermination — par voie de fixation initiale ou de report — de la date de cessation des paiements étant posés, il convient de préciser les modalités procédurales de fixation de cette date.

§ 2. Les modalités procédurales de fixation de la date de cessation des paiements

L'étude des modalités procédurales de fixation de la date de cessation des paiements conduit à préciser les contours de l'action en report (A), ainsi que les voies de recours sur le jugement de report (B).

A. L'action en report

53. Titulaires et formes de l'action en report de la date de cessation des paiements. Les titulaires de l'action en report de la date de cessation des paiements sont désignés à l'article L. 631-8, alinéa 3, du Code de commerce. Il s'agit de l'administrateur, du mandataire judiciaire — en liquidation judiciaire du liquidateur — et du ministère public. Le commissaire à l'exécution du plan peut continuer l'action de ces derniers comme l'y autorisent les dispositions de l'article L. 626-25, alinéa 2, du Code. Il ne peut cependant, en aucun cas, engager l'action de son propre chef, puisque cette faculté ne lui est pas expressément offerte par le Code [2].

Le tribunal n'a plus qualité, contrairement à la solution posée sous l'empire la législation antérieure, pour se saisir d'office à cette fin.

L'action en report engagée par un créancier [3], le débiteur [4] ou encore par un ancien président du conseil d'administration de la société débitrice [5] est irrecevable.

La forme de l'action en report n'est pas précisée par le texte. La Cour de cassation a précisé qu'il s'agissait d'une instance de nature contentieuse [6]. Il en résulte qu'elle

---

1. Cass. com., 14 mai 2002, *D.* 2002, AJ, 1837, obs. A. Lienhard ; *JCP E et A,* 2002, chron. 1380, p. 1520, n° 2, obs. Ph. Pétel ; *Act. proc. coll.* 2002/12, n° 149, obs. C. Régnaut-Moutier ; *RTD com.* 2002, p. 533, n° 1, obs. F. Macorig-Venier ; *RJDA* 2002/10, n° 1046 ; *RD bancaire et financier* 2002/5, p. 261, n° 186, obs. F.-X. Lucas ; *JCP E,* 2003, Jur. 108, p. 131, note F. Vinckel ; *D.* 2003, Jur. 615, note V. Martineau-Bourgninaud.

2. Cass. com., 4 oct. 2005, pourvoi n° 04-10.445 ; CA Paris, 3 mai 1994, *RJ com.* 1995, 272, note X. Vincent ; *Rev. proc. coll.* 1996, 198, n° 4, obs. Calendini ; CA Paris, 3e ch. B, 9 avr. 1999, *D. Affaires* 1999, 907.

3. CA Lyon, 18 oct. 1996, *Banque et droit* mai-juin 1988, 46, obs. Y. Guyon ; *adde :* P. Le Cannu, *op. cit.*, n° 599 ; B. Soinne, *op. cit.*, n° 425.

4. Cass. com., 1er févr. 2000, *RJDA* 2000/4, n° 441.

5. Cass. com., 7 déc. 1999, *RJDA* 2000, n° 181, p. 160.

6. Cass. com., 1er mars 2005, pourvoi n° 03-19.956, *D.* 2005, AJ p. 953, obs. A. Lienhard ; *Act. proc. coll.* 2005, n° 75, note C. Régnaut-Moutier ; *Dr. et procédures* 2005/5, p. 277, note P.-M. Le Corre ; *Gaz. proc. coll.* 2005/2, p. 12, obs. P.-M. Le Corre ; LXB n° N4224AIB, note P.-M. Le Corre ; Cass. com., 24 mai 2005, pourvoi n° 02-13.800, *Gaz. proc. coll.* 2005/3, p. 13, n° 3, obs. Ch. Lebel ; Cass. com., 15 nov. 2005, pourvoi n° 04-13.938, *Gaz. proc. coll.* 2006/1, p. 13, n° 2, obs. Ch. Lebel.

ne peut être faite que par voie de requête conjointe ou, à défaut, d'assignation [1] et que l'assignation doit être dirigée contre le débiteur, sa présence à l'audience étant nécessaire, le débiteur exerçant ici un droit propre [2].

54. Délai de l'action en report de la date de cessation des paiements. Les délais de l'action en report de la date de cessation des paiements sont stricts. Sous l'empire de la législation antérieure, les délais étaient différents selon que l'action était intentée en redressement ou en liquidation judiciaire. La complexité de ces délais avait été source d'un contentieux relativement important. La loi de sauvegarde des entreprises a simplifié. Désormais, l'article L. 631-8, alinéa 4, prévoit que la demande de modification de date doit être présentée au tribunal dans le délai d'un an après le jugement d'ouverture de la procédure. Le tribunal devra donc être saisi à l'intérieur de ce délai.

B. Les voies de recours sur le jugement de report

55. Voies de recours sur le jugement de report de la date de cessation des paiements. Aucune disposition ne précise l'ouverture d'une voie de recours spécifique sur le jugement de report, de sorte que le droit commun des voies de recours en matière de procédures collectives a vocation à s'appliquer.

Le débiteur, qui exerce ici un droit propre, qui subsiste donc même en liquidation judiciaire en dépit du dessaisissement, pourra interjeter appel du jugement de report dans les dix jours de la notification qui lui en sera faite. Le débiteur a intérêt à exercer cette voie de recours. En effet, l'absence de déclaration par le débiteur de l'état de cessation des paiements dans les 45 jours de sa survenance est punissable de l'interdiction de gérer.

L'appel est également ouvert au demandeur à l'action en report.

Eu égard à leur nécessaire qualité de tiers par rapport au jugement de report, la voie de recours ouverte aux créanciers sur ce jugement est la tierce-opposition, laquelle ne peut être introduite que dans un délai de 10 jours à compter de l'insertion au BODACC de l'intervention du jugement de report, puisque la publication de ce jugement est obligatoire [3].

---

1. Cass. com., 24 mai 2005, pourvoi n° 02-13.800, *Gaz. proc. coll.* 2005/3, p. 13, n° 3, obs. Ch. Lebel ; Cass. com. 15 nov. 2005, pourvoi n° 04-13.938, *Gaz. proc. coll.* 2006/1, p. 13, n° 2, obs. Ch. Lebel.

2. Cass. com., 1er mars 2005, pourvoi n° 03-19.956, *D.* 2005, AJ, p. 953, obs. A. Lienhard ; *Act. proc. coll.* 2005, n° 75, note C. Régnaut-Moutier ; *Dr. et procédures* 2005/5, p. 277, note P.-M. Le Corre ; *Gaz. proc. coll.* 2005/2, p. 12, obs. P.-M. Le Corre ; LXB n° N4224AIB, note P.-M. Le Corre ; Cass. com., 24 mai 2005, pourvoi n° 02-13.800, *Gaz. proc. coll.* 2005/3, p. 13, n° 3, obs. Ch. Lebel.

3. Cass. com., 15 mai 1990, *Bull. civ.* IV, n° 149 ; *RTD com.* 1991, 454, obs. P. Merle ; *JCP E*, 1990, 176, n° 4 ; 3 nov. 1992, *Bull. civ.* IV, n° 341.

Chapitre 3

Les extensions de procédures

56. La loi de sauvegarde des entreprises et les extensions. Deux catégories d'extensions pouvaient être distinguées, sous l'empire de la législation antérieure à la loi de sauvegarde des entreprises : d'une part, les extensions créées par le juge qui étaient de véritables extensions et, d'autre part, ce que la pratique a qualifié également d'extensions, mais qui recouvre une réalité différente, les fausses extensions. En même temps que le législateur a officialisé les vraies extensions (Section II) — confusion des patrimoines et fictivité — en les faisant entrer dans la loi, il a supprimé toutes les fausses extensions (Section I).

Section I
La suppression des fausses extensions

57. Suppression des pseudo extensions-sanctions. La loi de sauvegarde des entreprises a considéré comme inopportunes les ouvertures de procédures à titre de sanction contre des personnes qui, d'une part, n'étaient pas en cessation des paiements et, d'autre part, n'exploitaient pas nécessairement des entreprises.

C'est ainsi que le législateur a supprimé le redressement et la liquidation judiciaires à titre personnel contre le dirigeant condamné à combler l'insuffisance d'actif qui n'exécutait pas cette condamnation. De même, le législateur a abrogé les dispositions permettant de prononcer le redressement ou la liquidation judiciaire du dirigeant fautif dans les cas visés à l'ancien article L. 624-5 du Code de commerce.

Dans la même logique, le législateur a supprimé la possibilité de prononcer le redressement ou la liquidation judiciaire à titre personnel contre le locataire-gérant qui n'exécutait pas l'obligation d'acquérir l'entreprise au terme de la période de location-gérance, dans le cadre d'un plan de cession.

Constituait également une sanction, qui a été supprimée, le prononcé du redressement judiciaire à l'encontre du débiteur qui n'avait pas exécuté l'accord de règlement amiable, dès lors qu'il n'était pas en état de cessation des paiements.

Enfin, la résolution d'un plan de continuation indépendamment de l'état de cessation des paiements pouvait également s'analyser en une sanction qui entraînait l'ouverture d'une liquidation judiciaire. La solution a été supprimée, la résolution du plan devenant simplement facultative en l'absence de cessation des paiements et n'entraînant jamais le prononcé d'une liquidation judiciaire.

58. Suppression de la pseudo extension à l'encontre des associés et membres indéfiniment et solidairement responsables du passif d'une personne morale sous procédure collective. La loi de sauvegarde des entreprises a également supprimé l'obligation de placer en redressement ou en liquidation judiciaire l'associé ou le membre indéfiniment et solidairement responsable du passif d'un groupement lui-même placé sous procédure collective. Désormais, il sera donc possible au créancier de la personne morale de poursuivre individuellement les associés et membres afin d'obtenir paiement [1], sous réserve cependant de la possibilité pour le mandataire judiciaire de pratiquer des mesures conservatoires sur les biens de ces membres ou associés (C. com., art. L. 651-4, al. 3), rendant alors délicates les mesures d'exécution initiées par des créanciers individuels. Si l'intéressé a la qualité exigée et se trouve en cessation des paiements, ce qui risque d'être le cas du fait de l'obligation solidaire au passif social, la procédure collective pourra être ouverte.

Section II

La consécration légale des vraies extensions : la confusion des patrimoines et la fictivité [2]

La Cour de cassation a introduit dans le droit des entreprises en difficultés deux techniques d'extension d'une procédure : l'extension sur le fondement de la confusion des patrimoines et l'extension sur le fondement de la fictivité. Cette création prétorienne a été consacrée par la loi de sauvegarde. L'article L. 621-2, alinéa 2, du Code prévoit en ce sens que « *la procédure ouverte peut être étendue à une ou plusieurs autres personnes en cas de confusion de leur patrimoine avec celui du débiteur ou de fictivité de la personne morale* ». Seront successivement examinées les deux hypothèses d'extension (§ 1), leurs modalités procédurales (§ 2) et enfin leurs effets (§ 3).

§ 1. Les deux hypothèses d'extension

L'extension pourra résulter soit d'une fictivité (A), soit d'une confusion des patrimoines (B).

A. La fictivité d'une personne morale

59. Définition de la fictivité. La fictivité ne peut concerner qu'une personne morale de droit privé. Une personne physique ne peut être fictive. La fictivité est établie par la mise en évidence de certains indices démontrant que la personne morale n'est qu'apparente. La fictivité résulte d'un constat d'inexistence de la personne

---

1. V. affirmant l'application du droit commun en ce cas A. Lienhard, *op. cit.*, n° 2401.

2. Sur la question J.-F. Barbieri, « Confusion des patrimoines et fictivité des sociétés », *LPA* 25 oct. 1996 ; B. Soinne, « Unité ou diversité des notions de fictivité ou de confusion des patrimoines : péripétie ou point final », *LPA 1998, n° 70, p. 22 ; J.-M. Deleneuville, « L'extension de procédure pour confusion, fictivité ou fiction », Rev. proc. coll. civ. et com.* 1999, 63.

morale en cause, le plus souvent établie par l'absence de fonctionnement réel de la société. C'est notamment le cas lorsque les associés n'ont pas d'*affectio societatis*, que les assemblées ne se réunissent pas, que la société n'a pas de comptabilité propre ou encore, lorsque la personne morale fictive n'a pas d'activité distincte de celle du maître de l'affaire [1]. Cette démonstration effectuée, la procédure ouverture à l'égard d'une personne physique ou morale « maître de l'affaire » sera étendue à la personne morale du fait de sa fictivité. La situation juridique sera alors mise en conformité avec la réalité économique.

Ce cas d'extension est peu usité, au contraire de la seconde hypothèse d'extension : la confusion des patrimoines.

B. La confusion des patrimoines

60. Définition de la confusion des patrimoines. Alors que dans le cadre de la fictivité, la personne morale à laquelle la procédure est étendue n'existe pas en réalité, en matière de confusion des patrimoines, les personnes en cause ont une existence réelle. Cependant, leurs patrimoines respectifs ne forment pas deux masses parfaitement étrangères et étanches les unes par rapport aux autres. Un auteur a proposé de retenir comme critère unique de la confusion des patrimoines l'indéterminabilité de la consistance patrimoniale [2]. Cette situation se rencontre couramment en matière de groupes de sociétés [3], mais a aussi vocation à jouer indépendamment des groupes de sociétés.

L'extension sur le fondement d'une confusion des patrimoines peut jouer entre personnes physiques [4], mais aussi entre une personne morale et une personne physique ou encore entre personnes morales.

La confusion des patrimoines ne peut être caractérisée qu'à partir de faits antérieurs à l'ouverture de la procédure [5].

La confusion des patrimoines pourra être établie par l'existence de relations financières anormales entre des structures [6] qui ne peuvent s'expliquer que par le fait que ces structures, juridiquement autonomes, ne le sont pas économiquement ou

---

1. V. Cass. com., 21 nov. 1995, *Rev. proc. coll.* 1997, 165, n° 4, obs. Calendini.

2. F. Reille, *La notion de confusion des patrimoines*, thèse Montpellier I, 2005.

3. V. sur la question P. Delebecque, « Groupes de sociétés et procédures collectives : confusion de patrimoines et responsabilités des membres du groupe », *Rev. proc. coll.* 1998, 129 et s. La seule appartenance à un même groupe sera cependant insuffisante pour caractériser la confusion des patrimoines : Cass. com., 4 janv. 2000, *Act. proc. coll.* 2000/5, n° 44.

4. Cass. com., 27 oct. 1998, *Rev. proc. coll. civ. et com.* 2000, 120, n° 3, obs. J. M. Deleneuville ; Cass. com., 4 juill. 2000, *DPDE Bull.* 202 (4 sept. 2000), p. 6239, v^is^ *Dirigeants* et *Associés* », n° 31 ; *contra :* CA Douai, 2e ch., 14 oct. 1999, *Act. proc. coll.* 2000/6, n° 59, obs. C. Regnaut-Moutier.

5. Cass. com., 28 nov. 2000, *D.* 2001, AJ p. 309, obs. A. Lienhard ; *Act. proc. coll.* 2001/1, n° 2, obs. C. Hannoun ; *Bull. Joly* 2001, 249, n° 67, note B. Saintourens ; *LPA* 15 févr. 2001, n° 33, p. 17, note M.-N. Segarra ; *JCP E et A*, 2001, chron. 750, obs. P. Pétel ; Cass. com., 24 mai 2005, pourvoi n° 01-03.795.

6. Cass. com., 11 mai 1993, *Rev. proc. coll.* 1994, 362, obs. Calendini ; Cass. com., 28 mars 1995, *Bull. civ.* IV, n° 102 ; 28 mai 1996, *Bull. civ.* IV, n° 147. V. en l'absence de flux financiers anormaux entraînant rejet de la confusion : Cass. com., 14 mai 1996, *Rev. proc. coll.* 1997, 162, n° 2, obs. Calendini ; Cass. com., 13 avr. 1999, *Act. proc. coll.* 1999/10, n° 129.

financièrement. Est évoqué également « l'imbrication des masses actives ou passives des structures concernées » [1]. Les faits qui révèlent l'existence de relations financières anormales peuvent consister dans le paiement par une structure de charges incombant à une autre [2], ou au contraire, dans l'encaissement par une personne de factures émises par une autre [3], dans l'utilisation par une entité du personnel d'une autre [4]. Il peut aussi s'agir de l'établissement par l'une des structures de factures anormalement élevées par rapport à la prestation fournie. En matière de confusion des patrimoines entre une société civile immobilière et une société d'exploitation [5], ce sera souvent le cas de loyers d'une société civile immobilière anormalement élevés alors que l'immeuble lui appartenant est donné en location à la société d'exploitation, ou du versement d'un dépôt de garantie anormalement élevé [6]. La notion de relations financières anormales est plus large que celle de flux financiers anormaux, utilisée dans un premier temps, en ce qu'elle permet aussi d'englober l'absence de flux financiers, l'anormalité de la situation pouvant tenir dans le non-paiement de sommes dues, dès lors que celui-ci ne résulte pas d'une simple négligence de la part de la structure créancière.

La confusion des patrimoines pourra aussi résulter d'une imbrication patrimoniale en matière de comptes, de sorte qu'il est impossible de savoir ce qui appartient à telle structure ou à telle autre. L'arrêt *Métaleurop* [7] incline à penser, dans les groupes de sociétés, que dès lors que la comptabilité est en mesure d'expliquer et de justifier les opérations entre deux structures, la confusion de patrimoines se trouverait écartée [8].

§ 2. LES MODALITÉS PROCÉDURALES DES EXTENSIONS

61. Modalités procédurales des extensions. L'introduction de l'action n'est pas réglementée. Il ne pourra cependant s'agir que d'une assignation, le caractère contentieux n'étant guère douteux.

---

1. Cass. com., 24 oct. 1995, *Rev. proc. coll.* 1996, 205, n° 11, obs. Calendini ; *Dr. sociétés* 1995, n° 238, obs. Y. Chaput ; *Bull. Joly* 1996, 158, note Scholer.
2. V. ainsi Cass. com., 2 févr. 1999, *Act. proc. coll.* 1999/6, n° 75 ; Cass. com., 6 juill., *RJDA* 1999/10, 882, n° 1097 ; 26 oct. 1999, *DPDE Bull.* 191 (13 déc. 1999), p. 6377, v^is^ *Dirigeants* et *Associés,* n° 31 ; Cass. com., 6 juin 2000, *Act. proc. coll.* 2000/15, n° 196. *Adde :* CA Rouen, Civ. 2e, 6 janv. 2000, *RJDA* 2000/6, n° 681.
3. Cass. com., 26 oct. 1999, préc. ; 6 juin 2000, préc. ; 4 juill. 2000, préc.
4. Cass. com., 26 oct. 1999, préc.
5. À ce sujet, V. C. Cutajar, « Le montage société civile immobilière — société d'exploitation à l'épreuve de l'extension jurisprudentielle de la procédure collective », *Bull. Joly* nov. 1999, p. 1057, n° 247 ; G. Teboul, « L'extension d'une procédure collective d'une société commerciale à l'encontre d'une société civile immobilière », *Gaz. Pal.* doctr. 19 et 20 avr. 2000, p. 3. En jurisprudence, v. Com. 28 mars 1995, préc. ; 19 nov. 1996, *Rev. proc. coll.* 1997, 160, n° 1, obs. Calendini ; Cass. com., 14 mars 2000, *LPA* 8 août 2000, n° 157, p. 27, note C.-H. Gallet ; CA Rouen, 2e ch. civ., 6 janv. 2000, *RJDA* 2000/6, n° 681.
6. Cass. com., 14 mars 2000, préc.
7. Cass. com., 19 avr. 2005, pourvoi n° 05-10.094, *D.* 2005, AJ, p. 1225, note A. Lienhard ; *D.* 2005, somm. comm. p. 2013, obs. F.-X. Lucas ; *Gaz. proc. coll.* 2005/3, p. 3, note Ch. Lebel ; *Act. proc. coll.* 2005/9, n° 106, note J. Vallansan et M. Thiberge ; *JCP E,* 2005, 721, p. 796, note B. Rolland ; *JCP E,* 2005, chron. 1274, p. 1421, obs. Ph. Pétel. *Adde* : G. Teboul, « Les conventions intragroupe et les procédures collectives », *LPA* 27 mai 2005, n° 105, p. 5.
8. Rappr. A. Jacquemont, *op. cit.,* n° 150.

La Cour de cassation, opérant un revirement de jurisprudence, a énoncé, dans un arrêt de principe [1], qu'un créancier ne peut agir en extension sur le fondement de la confusion des patrimoines ou de la fictivité. La solution a ensuite été reproduite [2]. Même si la Cour de cassation n'a pas été explicite sur le fondement de cette dénégation de qualité à agir, l'idée de défense de l'intérêt collectif des créanciers appartenant exclusivement au représentant des créanciers — désormais au mandataire judiciaire — semble justifier la solution. Pourtant, comme il a été justement remarqué [3], l'absence de visa par la Cour de cassation de l'article L. 621-39 du Code de commerce, alors applicable, semble s'expliquer par la volonté de ne pas écarter du droit d'agir l'administrateur, même si assurément, il n'est pas dans son rôle lorsqu'il entreprend de défendre collectivement les créanciers. Cependant, l'administrateur judiciaire a des pouvoirs propres, spécialement celui d'élaborer le projet de plan. Or, dès lors que le plan postule la prise en compte des actifs des sociétés auxquelles on entend étendre la procédure, il peut apparaître logique de lui reconnaître qualité pour agir en extension [4].

Le rôle nouveau dévolu au contrôleur par la loi de sauvegarde des entreprises, qui l'autorise à agir afin de défendre l'intérêt collectif des créanciers si le mandataire judiciaire n'agit pas, semble conduire à lui permettre d'agir en extension sur le fondement de la confusion des patrimoines ou de la fictivité [5], en cas de carence du mandataire judiciaire préalablement mis en demeure d'agir.

Le tribunal ne semble pas avoir qualité pour se saisir d'office aux fins d'extension.

Le débiteur n'a pas davantage cette qualité [6]. Cette solution fait naître un problème lorsqu'il sera question d'étendre une procédure de sauvegarde, dans la mesure où seul le débiteur a qualité pour saisir le tribunal aux fins d'ouverture d'une procédure de sauvegarde (v. ss n° 71).

Il appartient au demandeur à l'action en extension d'apporter la preuve de la fictivité ou de la confusion des patrimoines.

La compétence appartient au tribunal qui a ouvert la procédure initiale, ce que la loi de sauvegarde des entreprises prévoit désormais explicitement (C. com., art. L. 621-2, al. 1).

Le fait que la personne à laquelle la procédure doive être étendue soit déjà sous procédure collective ne constitue pas un obstacle à l'introduction de l'action, sous certaines limites cependant.

Le débiteur dont il est question d'étendre la procédure peut être lui-même en liquidation judiciaire [7]. En revanche, il n'est pas admis d'étendre la procédure de

---

1. Cass. com., 15 mai 2001, *D.* 2001, AJ p. 1949, obs. A. Lienhard ; *D.* 2001, somm. p. 3425, obs. A. Honorat ; *Act. proc. coll.* 2001/12, n° 148 ; *Bull. Joly* 2001, 979, n° 223, obs. Ph. Pétel.
2. Cass. com., 19 févr. 2002, *DPDE Bull.* 223, 2 avr. 2002, p. 5836, v^is^ *Dirigeants* et *associés*, n° 43.
3. A. Honorat, obs. sous Cass. com., 15 mai 2001, *D.* 2001, somm. p. 3425.
4. V. en ce sens, CA Montpellier, 31 juill. 1991, *D.* 1991, p. 474, note F. Derrida.
5. Rapp. Xavier de Roux, n° 2095, p. 186.
6. Cass. com., 28 mai 2002, *RJDA* 1/2003, n° 42.
7. CA Paris, 20 oct. 1995, *Dr. sociétés* 1996, n° 30, note Y. Chaput.

redressement judiciaire à une personne déjà en liquidation judiciaire [1]. Il s'agit par là d'éviter d'étendre une solution définitive — la liquidation judiciaire — à une personne qui ne fait pas l'objet d'une solution définitive, la période de redressement judiciaire étant une solution d'attente [2].

Si l'assignation en extension peut prospérer même après réalisation des actifs du débiteur [3], elle ne peut cependant plus intervenir après arrêté d'une solution de plan contre la personne morale en redressement judiciaire [4], ou clôture de la liquidation judiciaire [5].

Une difficulté existera lorsque la procédure à étendre sera une sauvegarde, dès lors que la personne à laquelle la procédure doit être étendue est en redressement ou en liquidation judiciaire. En ce cas, en effet, la procédure à étendre postulera l'absence d'état de cessation des paiements, alors que les personnes auxquelles la procédure doit être étendue sont déjà en cessation des paiements. Il faut alors, semble-t-il, s'interroger pour savoir si l'ensemble constitué par les personnes dont la procédure deviendrait ainsi unique sont ou non en cessation des paiements. Si tel est le cas, la procédure de sauvegarde initiale semble devoir être convertie en redressement judiciaire à l'occasion du jugement d'extension. Au contraire, s'il n'y a pas cessation des paiements, seule la procédure de sauvegarde semble devoir être poursuivie unitairement [6].

Le jugement d'extension d'une procédure est assimilé à un jugement d'ouverture. Il en résulte qu'il obéit aux mêmes voies de recours. Spécialement, le débiteur pourra en interjeter appel, fut-il placé en liquidation judiciaire, du fait d'un droit propre.

Les créanciers, pour leur part, et plus largement les tiers, pourront frapper ce jugement d'une tierce-opposition dans le délai de 10 jours qui court à compter de la publication au BODACC du jugement d'extension [7].

---

1. Cass. com., 4 janv. 2000, *D.* 2000, AJ, 72, obs. A. Lienhard ; *Act. proc. coll.* 2000/2, n° 24, note C. Régnaut-Moutier ; *JCP E,* 2000, chron. 698, n° 1, obs. Ph. Pétel.
2. En ce sens, C. Régnaut-Moutier, note sous Cass. com. 4 janv. 2000, *Act. proc. coll.* 2000/2, n° 24.
3. Cass. com., 13 nov. 2002, *Mme Raimbault c/Me Hervouet,* arrêt n° 1862 F D, inédit.
4. Cass. com., 12 nov. 1991, *Bull. civ.* IV, n° 343 ; *LPA* 2 mars 1994, note F. Derrida ; *Rev. proc. coll.* 1992, 299, obs. Calendini ; *JCP E,* 1992, I, 136, n° 2, obs. P. Pétel ; Cass. com., 22 oct. 1996, *Bull. civ.* IV, n° 256 ; *Bull. Joly* 1997, 166, note P. Le Cannu ; *Dr. sociétés* 1997, n° 6, obs. Y. Chaput ; Cass. com., 4 janv. 2000, *Act. proc. coll.* 2000/2, n° 24 ; *D.* 2000, jur. 72, obs. A. Lienhard ; *RJDA* 2000/3, n° 302 ; Cass. com., 28 nov. 2000, *RJDA* 2001/3, n° 339 ; Cass. com., 27 nov. 2001, *Act. proc. coll.* 2002/2, n° 16 ; Cass. com., 5 févr. 2002, *JCP E,* 2002, pan. n° 475 ; *Act. proc. coll.* 2002/7, n° 91, obs. J. Vallansan ; *RJDA* 2002/6, n° 656 ; *Bull. Joly* 2002, § 129, p. 587 ; *Dr. et patrimoine* 2002, n° 106, p. 107, obs. M.-H. Monsérié-Bon ; Cass. com., 19 nov. 2003, pourvoi n° 01-00. 542 ; *RD bancaire et fin.* 2004, p. 100, n° 72, obs. F.-X. Lucas ; Cass. com., 18 janv. 2005, pourvoi n° 03-18.264, *Gaz. proc. coll.* 2005/1, p. 22, n° 1-1, obs. F.-X. Lucas.
5. Cass. com., 11 juill. 1995, *Bull. civ.* IV, n° 208 ; *D.* 1996, somm. p. 80, obs. A. Honorat ; *Rev. proc. coll.* 1996, 48, n° 7, obs. Calendini ; *Dr. sociétés* 1995, n° 188, obs. Y. Chaput ; *JCP E,* 1995, I, 513, n° 1, obs. Ph. Pétel.
6. Sur cette question, v. aussi A. Lienhard, *op. cit.,* n° 716.
7. V. Cass. com., 4 juill. 2000, *Act. proc. coll.* 2000/14, n° 173 ; *D.* 2000, jur. 375, obs. A. Lienhard ; Cass. com., 8 oct. 2003, n° 00-19.730 ; *D.* 2003, AJ, p. 2817, note P.-M. Le Corre ; LXB n° A7124C9Q, note P.-M. Le Corre ; *LPA* 16 févr. 2004, n° 33, p. 9, note H. Lécuyer ; Cass. com., 16 mai 2006, n° 05-14.595, LXB n° N0179AL9, note P.-M. Le Corre.

§ 3. Effets des extensions

62. Effets des extensions sur le fondement de la fictivité ou de la confusion des patrimoines. Par l'effet de l'extension, la procédure collective ouverte contre une personne va être étendue à toutes les personnes morales fictives ou à toutes les personnes dont les patrimoines sont confondus, alors même que ces personnes peuvent ne pas être en état de cessation des paiements. Sur un plan procédural, la seule procédure existant est celle ouverte initialement. Il en résulte que la date de cessation des paiements, unique, est celle retenue contre la personne ayant fait initialement l'objet d'une procédure [1]. Il en résulte également que la procédure de vérification des créances est unique [2].

Cependant, le point de départ du délai de déclaration de créance ne court, à l'égard des créanciers de la personne à laquelle la procédure a été étendue, qu'à compter de la publication au BODACC du jugement d'extension. La solution est justifiée par la double observation que l'extension opère sans rétroactivité [3] et que le jugement d'extension équivaut à un jugement d'ouverture déclenchant des effets propres. La solution emporte plusieurs conséquences. C'est ainsi, par exemple que l'arrêt des poursuites individuelles ne pourra être opposé à un créancier de la personne à laquelle la procédure a été étendue lorsque la poursuite sera postérieure au jugement d'ouverture initial, mais antérieur au jugement d'extension [4].

Les actifs rassemblés par la voie de l'extension feront masse commune au bénéfice des créanciers. Symétriquement, le plan de redressement ou de sauvegarde devra prendre en compte l'intégralité du passif [5].

En cas de fictivité, la personne morale fictive à laquelle a été étendue une procédure disparaît. À l'inverse, en cas de confusion des patrimoines, les personnalités juridiques subsistent. En conséquence, alors même qu'une extension a été prononcée sur le fondement de la confusion des patrimoines, la condamnation d'un dirigeant en comblement de passif d'une personne morale sera limitée au seul passif de la société dirigée [6], sans pouvoir être étendue aux passifs confondus.

---

1. Cass. com., 24 oct. 1995, *Rev. proc. coll.* 1996, 206, n° 12, obs. Calendini.
2. *Contra* : CA Lyon, 3e ch., 21 mai 1999, *Bull. inf. C. cass.* 15 déc. 1999, n° 1442.
3. Cass. com., 28 sept. 2004, pourvoi n° 02-12.552, *D.* 2004, AJ, 2651, obs. A. Lienhard, *D.* 2005, pan. p. 292, obs. P.-M. Le Corre ; *JCP E*, 2005, chron. 31, p. 25, n° 1, obs. Ph. Pétel ; *Bull. Joly* 2005/1, § 3, p. 34, note F.-X. Lucas ; *RJ com.* 2005/1, p. 70, note J.-P. Sortais ; *Rev. sociétés* 2005, p. 459, note D. Robine ; *Dr. et procédures* 2005/2, p. 87, note P.-M. Le Corre ; LXB n° N3159ABM, note P.-M. Le Corre.
4. Cass. com., 28 sept. 2004, pourvoi n° 02-12. 552, préc.
5. Cass. com., 11 févr. 1997, *D.* 1997, IR 87.
6. Cass. com., 23 mai 2000, *Act. proc. coll.* 2000/1, n° 141 ; *D.* 2000, act. jurispr. 299, obs. A. Lienhard ; *JCP E et A*, 2000, chr. 1567, n° 13 ; Cass. com., 8 juill. 2003, pourvoi n° 00-21.608, *Act. proc. coll.* 2003/20, n° 263.

Sous-titre 2

Les conditions de forme d'ouverture des procédures collectives

Il y a d'abord place à saisine du tribunal (Chapitre 1), puis, éventuellement, au jugement d'ouverture (Chapitre 2).

Chapitre 1

La saisine de la juridiction

L'étude de la saisine du tribunal conduit à déterminer quels peuvent en être les auteurs (Section I) et quelle est la juridiction compétente pour connaître de la procédure (Section II).

Section I
Les auteurs de la saisine

63. Présentation générale des personnes ayant qualité pour saisir la juridiction aux fins d'ouverture de la procédure. La saisine de la juridiction aux fins d'ouverture d'une procédure de redressement ou de liquidation judiciaire peut émaner de différents auteurs. En effet, le débiteur, les créanciers, le ministère public peuvent saisir le tribunal. En outre, le tribunal peut se saisir d'office. Cette solution ne vaut cependant que pour la saisine aux fins d'ouverture du redressement ou de la liquidation judiciaire (§ 1). En revanche, la saisine aux fins d'ouverture d'une procédure de sauvegarde n'appartient qu'au seul chef d'entreprise (§ 2).

§ 1. L'AUTEUR DE LA SAISINE AUX FINS D'OUVERTURE DU REDRESSEMENT OU DE LA LIQUIDATION JUDICIAIRE

La saisine peut être l'œuvre du débiteur (A), l'œuvre d'un créancier (B) ou celle du ministère public (C). Le tribunal peut également se saisir d'office (D).

A. Saisine par le débiteur

64. Délai de la saisine par le débiteur — Sanction du non-respect du délai. Il résulte des dispositions de l'article L. 631-4, alinéa 1, que dès lors qu'un débiteur est en état de cessation des paiements, il doit demander au tribunal l'ouverture de la procédure, au plus tard dans les 45 jours qui suivent la cessation des paiements. Ce délai de 45 jours remplace l'ancien délai de 15 jours, qui était rarement respecté. Il doit en outre être combiné avec la possibilité laissée au débiteur de demander l'ouverture d'une procédure de conciliation dès lors qu'il n'est pas en état de cessation des paiements depuis plus de 45 jours. Si la demande d'ouverture de la conciliation a été déposée dans ce délai, le débiteur ne peut encourir le reproche de déclaration tardive de son état de cessation des paiements.

Cette saisine résulte de la déclaration de l'état de cessation des paiements, communément appelée « dépôt de bilan ».

Si le débiteur, personne physique, est décédé en état de cessation des paiements, la déclaration peut être faite par les héritiers ou l'un d'eux. Le délai d'un an à compter du décès prévu par le texte ancien (C. com., art. L. 621-14) a été supprimé. Cette saisine de la part des héritiers est facultative [1].

L'article 170 du décret du 28 décembre 2005 énumère les différentes pièces à joindre à la déclaration de cessation des paiements. Il s'agit par là essentiellement de prendre connaissance de l'actif et du passif du débiteur.

S'il est procédé à la saisine du tribunal aux fins d'ouverture d'une liquidation judiciaire, le débiteur doit préciser les éléments nécessaires au prononcé d'une liquidation judiciaire. En d'autres termes, devra être démontrée l'impossibilité manifeste du redressement de l'entreprise.

Ces documents doivent être datés, signés et certifiés sincères et véritables par le débiteur. L'article 170, alinéa dernier du décret prévoit qu'aucune irrecevabilité ne sanctionne le caractère incomplet des documents. Ainsi, le débiteur ne peut-il se réfugier derrière la difficulté à se procurer l'un de ces documents qu'il doit joindre à la déclaration de cessation des paiements pour justifier le fait qu'il a dépassé le délai de 45 jours, puisque, selon l'article 170 du décret du 28 décembre 2005, « *dans le cas où l'un ou l'autre de ces documents ne peut être fourni ou ne peut l'être qu'incomplètement, la déclaration doit indiquer les motifs qui empêchent cette production* ».

Le dépassement du délai de 45 jours fixé par le texte entraînera la possibilité de prononcer, à l'encontre du débiteur ou du dirigeant de la personne morale débitrice, l'interdiction de gérer, mesure plus légère que la sanction précédente de la faillite personnelle. En outre, il pourra être reproché aux dirigeants d'avoir poursuivi dans un intérêt personnel une activité déficitaire, cas constitutif d'obligation aux dettes sociales et de faillite personnelle.

65. Le déclarant de l'état de cessation des paiements. Si le débiteur est une personne physique, le déclarant sera le débiteur lui-même ou un tiers titulaire d'un pouvoir spécial [2], qui pourra déclarer, en ses lieu et place, son état de cessation des paiements.

Si le débiteur est une personne morale, le déclarant peut également être un tiers muni d'un pouvoir spécial. Les associés n'ont pas pouvoir de déclarer l'état de cessation des paiements [3]. Le cas échéant, ils peuvent solliciter l'ouverture de la procédure en qualité de créanciers de la société dont ils sont associés.

Dans les sociétés, la déclaration de cessation des paiements, conduisant à l'ouverture de la procédure, ne pourra être le fait que du dirigeant de droit. Dans le cadre des sociétés à gérance, ce pouvoir appartient au gérant. En cas de cogérance, l'un des

---

1. F. Pérochon et R. Bonhomme, *op. cit.*, n° 126.
2. Même si le tiers est avocat, v. sous l'empire de la loi de 1967 : Cass. com., 19 juill. 1988, *Bull. civ.* IV, n° 252, *JCP E*, 1989, 15468, n° 2, obs. M. Cabrillac ; *Rev. proc. coll.* 1989, 137, obs. L. Cadiet ; *D.* 1989, som. 5, obs. F. Derrida.
3. V. pour une SCI, v. CA Paris, 20 oct. 1995, *Dr. sociétés* 1996, n° 31, obs. Y. Chaput.

gérants peut déclarer seul l'état de cessation des paiements [1]. Pour les sociétés à conseil d'administration, seul le directeur général, depuis la loi NRE, peut procéder à cette déclaration. Dans le cadre des sociétés à directoire, ce pouvoir appartient au président du directoire et non au président du conseil de surveillance [2]. Ainsi, les administrateurs de société anonyme ou les membres du directoire, ou les associés en ce qui concerne les autres types de société, n'ont pas ce pouvoir. Leur sont cependant ouvertes deux possibilités qu'ils ont intérêt à utiliser compte tenu des sanctions qui pourraient assortir leur inertie [3] : demander un entretien au président du tribunal qui pourrait alors se saisir d'office, ou solliciter du tribunal la nomination d'un mandataire *ad hoc* qui sera chargé d'analyser la situation de l'entreprise ou encore sommer, par voie d'huissier, l'organe habilité d'avoir à procéder au dépôt de bilan.

Si la société est en voie de dissolution, il appartient au liquidateur de procéder à la déclaration de l'état de cessation des paiements (L. 24 juill. 1966, art. 412, devenu C. com., art. L. 237-24). Enfin, ce pouvoir appartiendra exclusivement, le cas échéant, à l'administrateur provisoire chargé de gérer la société [4].

En matière de groupements autres que les sociétés, telles les associations, le dirigeant sera le titulaire exclusif du pouvoir de saisir le tribunal aux fins d'ouverture d'une procédure.

B. Saisine par le créancier

66. Conditions de la saisine par le créancier. L'article L. 631-5, alinéa 2, du Code de commerce confère au créancier la possibilité d'assigner son débiteur en redressement ou en liquidation judiciaire, quelle que soit sa créance, qu'elle soit civile ou commerciale, professionnelle ou non [5], dès lors du moins qu'elle est certaine, liquide et exigible [6].

De façon dérogatoire, ce pouvoir n'est pas accordé au créancier d'une exploitation agricole, non exploitée sous forme de société commerciale, à défaut de saisine préalable du tribunal d'une demande de règlement amiable.

La loi de sauvegarde des entreprises interdit toutefois l'assignation par un créancier si le débiteur a obtenu l'ouverture d'une procédure de conciliation.

La réforme du 10 juin 1994 prévoit que l'assignation aux fins d'ouverture d'un redressement ou d'une liquidation judiciaire doit « *contenir l'indication des procédures ou voies d'exécution engagées pour le recouvrement de la créance* ». La Cour

---

1. CA Bourges, 1re ch. 12 oct. 1992, *Juris-data* n° 046543.
2. Cpr. B. Soinne, *op. cit.*, n° 553.
3. V. ainsi condamnant à des sanctions les administrateurs d'une société anonyme pour n'avoir pas incité le président du conseil d'administration à déposer le bilan : Cass. com., 9 juin 1992, *RJDA* 1992/14, p. 18 ; Cass. com., 16 févr. 1999, *Bull. Joly* 1999, 775, n° 171, note P.S.
4. CA Paris, 2 mars 1990, *D.* 1990, 569, note M. Vasseur.
5. V. admettant l'action d'un créancier détenant une créance civile née avant le début de l'activité commerciale du débiteur : Cass. com., 22 juin 1993, *Bull. civ.* IV, n° 264 ; *D.* 1993, som. 386, obs. A. Honorat.
6. Sur l'exigence de ces trois caractères, C. Saint-Alary-Houin, *op. cit.*, n° 369 ; F. Pérochon et R. Bonhomme, *op. cit.*, n° 127-2. *Contra :* E. Kerckhove, *op. cit.*, n° 252 ; Y. Chaput, *op. cit.*, n° 266 ; Ripert et Roblot par Delebecque et Germain, *op. cit.*, n° 2883, considérant comme suffisant le caractère certain de la créance.

de cassation a estimé que l'absence de procédure ou de voie d'exécution était une cause d'irrecevabilité de la demande, et non pas simplement une nullité de forme, qui ne serait sanctionnée que sur démonstration d'un grief [1].

La loi de sauvegarde des entreprises est revenue sur la solution et l'on ne trouve plus trace dans le décret du 28 décembre 2005 d'une quelconque obligation d'indiquer les procédures ou voies d'exécution entreprises antérieurement à l'assignation en redressement ou en liquidation judiciaire. Ces procédures ne sont donc plus obligatoires pour le créancier, ce qui devrait permettre d'accélérer l'ouverture des procédures, but recherché par le législateur.

67. Forme et contenu de la demande en ouverture de la procédure. La saisine du tribunal par le créancier doit prendre la forme d'une assignation et non celle d'une requête [2]. Cette assignation doit préciser la nature et le montant de la créance. En outre, et même si le décret reste désormais muet sur la question, lorsque la demande tend à l'ouverture non pas d'un redressement, mais d'une liquidation judiciaire, le créancier doit joindre à l'assignation les pièces établissant l'impossibilité manifeste de redressement de celle-ci

L'assignation en redressement ou en liquidation judiciaire est « *à peine d'irrecevabilité qui doit être soulevée d'office, exclusive de toute autre demande* » (Décr. 28 déc. 2005, art. 171, al. 2). Ainsi, l'assignation en redressement judiciaire — ou en liquidation judiciaire — et subsidiairement en paiement — appelée aussi assignation-pression — qui était parfaitement envisageable sous l'empire de la loi de 1967 est désormais irrecevable [3].

Cette prohibition constitue une mesure opportune, puisque la sauvegarde de l'entreprise est le premier objectif de la législation. L'assignation en redressement judiciaire ne doit plus être introduite pour exercer une pression sur le débiteur, sinon elle pourrait être qualifiée d'abusive. Le caractère abusif de l'assignation peut également résulter du caractère litigieux de la créance [4] ou de la disparition de la qualité de créancier [5]. S'il résulte de cette assignation abusive un préjudice pour le débiteur — par exemple la détérioration de son image à l'égard de ses partenaires commerciaux et financiers — il y a place à dommages et intérêts à l'encontre du créancier assignant [6].

---

1. Cass. com., 1er mars 2005, nº 03-12.425, *D.* 2005, AJ, 712, note A. Lienhard ; *D.* 2005, somm. comm. p. 2012, obs. F.-X. Lucas ; *Act. proc. coll.* 2005/6, nº 63, note crit. C. Régnaut-Moutier ; *JCP E,* 2005, chron. 1274, p. 1422, nº 2, obs. M. Cabrillac ; *JCP E,* 2005, 927, p. 1024, note J.-P. Legros ; *JCP E,* 2005, 1096, p. 1223, note Ph. Roussel Galle ; *RTD com.* 2005, p. 419, nº 6, obs. J.-L. Vallens ; *Gaz. proc. coll.* 2005/2, p. 13, obs. P.-M. Le Corre ; LXB nº N4223AIA, note P.-M. Le Corre.

2. CA Versailles, 6 mars 1997, *Rev. proc. coll.* 1998, 226, nº 3, obs. M. Cadiou.

3. Pour une application jurisprudentielle : CA Paris, 3e ch. A, 23 févr. 1988, *Gaz. Pal.* 1988, II, som. 302 ; *Rev. dr. banc et bourse* 1988/10, p. 20, obs. F. Dekeuwer-Defossez ; CA Paris, 15 juill. 1990 ; *Rev. proc. coll.* 1990, 401, obs. D. Levasseur.

4. CA Paris, 18 févr. 1997, *Rev. proc. coll. civ. et com.* 1999, 21, nº 3, obs. M. Cadiou.

5. CA Paris, 17 févr. 1988, *LPA* 1988, nº 123, p. 28.

6. Cass. com., 5 déc. 1989, *Bull. civ.* IV, nº 305 ; *RTD com.* 1990, 108, obs. J.-Ph. Haehl ; *Defrénois* 1990, 1013, note M. Beaubrun ; *RTD civ.* 1990, 479, obs. J. Mestre ; *Rev. proc. coll.* 1990, 127, obs. L. Cadiet ; Cass. com., 16 mars 1993, *Dr. sociétés* 1993, nº 115, obs. Chaput ; *Rev. proc. coll.* 1994, 145, obs. A. Lienhard. *Adde* sur la question : J. Mestre, « Réflexions sur l'abus du droit de recouvrer sa créance », *Mélanges Raynaud*, 1986, p. 139.

C. La saisine par le ministère public

68. Saisine par le ministère public. Le droit des entreprises en difficulté est placé sous le signe de la sauvegarde de l'entreprise et des emplois qui y sont attachés. Cette loi, dont les dispositions sont d'ordre public, apparaît être au service de la défense de l'intérêt général. C'est sans doute la raison pour laquelle le ministère public peut être à l'origine de l'ouverture de la procédure, jouant ainsi un rôle de police économique.

La saisine du tribunal par le ministère public est visée à l'article L. 631- 5, alinéa 2.

Dans les faits, il s'avère que cette faculté est relativement peu utilisée par le procureur de la République [1].

Sur un plan formel, le ministère public doit présenter au tribunal une requête précisant les faits de nature à motiver sa demande d'ouverture de la procédure. Saisi par cette requête, le président du tribunal devra convoquer, par les soins du greffier, le débiteur par acte extra-judiciaire comme en matière de saisine d'office (v. ss n° 69). La requête du ministère public devra être jointe à cette convocation et remplace ainsi la note qui est instituée en matière de saisine d'office par le tribunal.

En cas de saisine par le ministère public à l'égard d'un débiteur décédé en état de cessation des paiements, la citation est adressée aux héritiers dont l'adresse est connue, accompagnée de la requête du ministère public.

D. La saisine par le tribunal d'office

69. Cas et fondement de la saisine d'office. Cette faculté pour le tribunal de se saisir d'office dans le cadre de l'ouverture d'une procédure se justifie pour deux motifs. Le premier, a déjà été évoqué. Il s'agit du caractère d'ordre public et du souci de préservation de l'intérêt général attachés au droit des procédures collectives. Le deuxième motif résulte de ce que le tribunal dispose d'informations importantes et complètes relatives à la santé financière de l'entreprise. Il est donc à même de détecter les entreprises malades auxquelles il convient d'apporter un traitement adapté. En effet, le greffe du tribunal recueille les comptes annuels, les inscriptions de nantissement judiciaire ainsi que des informations relatives aux incidents de paiement — comme par exemple les protêts ou les assignations en paiement —. Si certains de ces éléments inquiètent le tribunal sans que ce dernier puisse toutefois diagnostiquer de façon catégorique l'état de cessation des paiements, il pourra, plutôt que de prononcer l'ouverture immédiate d'une procédure, faire procéder à une enquête « pré-faillite ». En outre, le tribunal saisi d'une demande d'ouverture d'une procédure de sauvegarde ou d'une procédure de conciliation peut constater, dans le premier cas, la caractérisation d'un état de cessation des paiements et, dans le second, cette caractérisation depuis plus de 45 jours, ce qui doit le conduire à convertir la procédure de sauvegarde en un redressement, voire en une liquidation judiciaire ou à refuser l'ouverture de la procédure de conciliation et à ouvrir l'une de ces deux procédures.

En outre, aux termes des dispositions de l'article 175 du décret du 28 décembre 2005, « *la cour d'appel qui annule un jugement statuant sur l'ouverture de la*

---

1. Pour des statistiques, v. C. Saint-Alary-Houin, *op. cit.*, n° 375, note 23 , F. Pérochon et R. Bonhomme, *op. cit.*, n° 129, note 30.

procédure de redressement judiciaire peut, d'office, ouvrir la procédure de redressement judiciaire ». Ces dispositions ne permettent cependant pas à la cour d'appel d'ouvrir une procédure d'office alors qu'elle n'est saisie que d'une demande en paiement [1]. De même, sous l'empire de la législation antérieure, il a été jugé que la cour d'appel ne pouvait pas prononcer d'office le redressement ou la liquidation judiciaire à titre personnel à l'encontre d'un dirigeant alors qu'elle n'était saisie à son encontre que d'une action en comblement de passif [2].

70. Modalités procédurales de la saisine d'office. L'article 172, alinéa 1, du décret du 28 décembre 2005 précise que « *le tribunal fait convoquer le débiteur (...) à comparaître dans le délai qu'il fixe* ». Les formes de cette convocation sont strictement réglementées. Celle-ci doit intervenir par acte-extrajudiciaire sollicité par le greffier du tribunal. À cette convocation, destinée au débiteur, doit être jointe une note dans laquelle sont exposés par le président du tribunal les faits à l'origine de sa saisine d'office (Décr., art. 172 al. 2). Dans le respect de l'article 6 de la convention européenne de sauvegarde des droits de l'homme, cette note doit être parfaitement impartiale [3]. Cette note, ainsi que l'indication de la date d'audience, doivent être communiquées par les soins du greffier au ministère public (art. 172, al. 3).

Ces modalités procédurales contenues à l'article 172 du décret ont un domaine général et trouvent donc application dans l'intégralité des cas d'ouverture de la procédure d'office. Ainsi, en cas d'extension sur le fondement de la fictivité ou de la confusion des patrimoines [4], la procédure définie à l'article 172 du décret devra être scrupuleusement respectée.

Lorsque le débiteur sera décédé en état de cessation des paiements, le tribunal pourra également se saisir d'office aux fins d'ouvrir une procédure à son égard. Dans ces circonstances particulières, l'article 174 du décret prévoit que la citation ainsi que la note doivent être adressées aux héritiers dont l'adresse est connue.

§ 2. La saisine aux fins d'ouverture d'une sauvegarde

71. Monopole de saisine aux fins d'ouverture de sauvegarde conféré au chef d'entreprise. La procédure de sauvegarde est un outil à anticiper offert par la loi de sauvegarde des entreprises aux chefs d'entreprise. C'est pourquoi il a été estimé opportun de ne conférer la qualité à saisir le tribunal aux fins d'ouverture d'une procédure de sauvegarde qu'aux seuls chefs d'entreprise.

Si le débiteur est une personne morale, la détermination de la personne ayant qualité pour saisir le tribunal se fera de la même façon qu'en cas de saisine aux fins d'ouverture du redressement ou de la liquidation judiciaire (v. ss n° 65).

Les pièces à communiquer pour l'ouverture d'une procédure de sauvegarde sont sensiblement les mêmes que celles exigées pour l'ouverture d'un redressement

---

1. V. sous l'empire de la loi de 1967 : Cass. com., 17 avr. 1980, *Bull. civ.* IV, n° 147.
2. En ce sens, v. B. Soinne, *op. cit.*, n° 651.
3. V. tenant pour irrégulière pour défaut d'impartialité du juge, violant ainsi l'article 6, § 1, de la convention européenne de sauvegarde des droits de l'homme, du fait d'éléments figurant dans la note : Cass. com., 3 nov. 1992, *Bull. civ.* IV, n° 345 ; *D.* 1993, 538, note J.-L. Vallens.
4. Cass. com., 30 mars 1999, *Bull. civ.* IV, n° 67.

judiciaire. Il faut cependant tenir compte du fait que, en procédure de sauvegarde, il n'y a pas cessation des paiements, de sorte que l'indication du passif exigible et de l'actif disponible nécessaire pour caractériser l'état de cessation des paiements est ici inutile.

Une fois précisés quels sont les auteurs de la saisine, il convient de s'attacher à la juridiction à saisir.

Section II
La juridiction compétente

Afin de pouvoir connaître de l'ouverture d'une procédure de redressement ou de liquidation judiciaire à l'encontre d'un débiteur, le tribunal doit être compétent matériellement (§ 1) et territorialement (§ 2).

§ 1. La compétence matérielle

72. Juridiction matériellement compétente pour connaître de la procédure. Les règles générales de compétence matérielle du tribunal sont fixées par l'article L. 621-2, alinéa 1, du Code de commerce. Cette disposition prévoit que le tribunal compétent est le tribunal de commerce si le débiteur est commerçant ou inscrit au registre des métiers et que le tribunal de grande instance est compétent dans les autres hypothèses.

Le tribunal n'est pas obligé de s'en tenir à la constatation de la forme — civile ou commerciale — de la personne morale car celle-ci ne constitue qu'une présomption. Ainsi, si une association exerce une activité commerciale dépassant son objet statutaire ou si son objet statutaire est commercial [1], le tribunal de commerce pourra être incompétent afin de connaître de la procédure ouverte à son encontre. À l'inverse, une société d'exercice libéral ayant une forme commerciale relèvera de la compétence du tribunal de grande instance dans la mesure ou elle n'a pas d'activité commerciale [2].

Dans le cadre de l'extension de la procédure sur le fondement de la fictivité ou de la confusion des patrimoines, l'article L. 621-2, alinéa 2, du Code de commerce prévoit que le tribunal qui a ouvert la procédure initiale reste compétent. Ce n'est là que l'affirmation légale de la solution jurisprudentielle antérieure [3].

---

1. CA Dijon, 4 nov. 1987, *D.* 1988, som. 223, note T. Hassler ; CA Toulouse, 19 déc. 1995, *LPA* 5 mai 1997, p. 9, note Do Carno Silva ; *RTD com.* 1997, 482.
2. Sur ce principe en dehors des procédures collectives : Cass. civ. 2e, 10 nov. 1998, *D.* 2000, som. com. 238, obs. J.-C. Hallouin ; CA Paris, 6 juill. 1994 : *JCP E,* 1994, II, 598, note J.-J. Daigre ; *Bull. Joly* 1994, 1006, note Jeantin ; *Dr. sociétés* 1994, n° 111, obs. Y. Chaput ; *Rev. huissiers* 1995, 86, note J.-J. Daigre. Sur ce principe en notre matière, Ph. Roussel Galle, *op. cit.,* n° 24.
3. V. ainsi Cass. com., 1er déc. 1992, *Bull. civ.* IV, n° 377 ; *D.* 1993, som. 192, obs. A. Honorat ; *Bull. Joly* 1993, 261, note J.-J. Daigre, pour une extension de la procédure d'une société commerciale à une société civile immobilière.

§ 2. La compétence territoriale

73. La juridiction par principe territorialement compétente. Le cadre de la compétence territoriale est posé à l'article 1er du décret du 28 décembre 2005. Ce dernier précise que le tribunal territorialement compétent pour connaître de la procédure est celui dans le ressort duquel le débiteur, personne morale, a son siège ou le débiteur, personne physique, a déclaré l'adresse de son entreprise ou de son activité. À défaut de siège en territoire français, le tribunal compétent est celui dans le ressort duquel le débiteur a le centre principal de ses intérêts en France.

Si la personne, objet de la procédure, est une personne physique, le tribunal compétent est celui du lieu où cette personne a le siège de son entreprise, c'est-à-dire le centre de la direction de l'entreprise [1]. Il en résulte que ce ne sera pas nécessairement le tribunal du domicile du débiteur qui sera compétent [2].

Si la procédure est dirigée à l'encontre d'une personne morale, le tribunal compétent est celui du siège de celle-ci. Il est donc impossible d'ouvrir la procédure devant le tribunal dans le ressort duquel ne se situe qu'un établissement secondaire [3], à moins que l'établissement secondaire ne corresponde au siège réel de la société [4]. Le siège fictif pourra être caractérisé par l'absence d'infrastructure et d'exercice d'activité réelle au lieu du siège déclaré [5].

En principe, le tribunal compétent pour connaître de l'ouverture d'une procédure à l'encontre d'une personne morale est celui dans le ressort duquel se trouve son siège social au jour du jugement d'ouverture, dès lors, en considération de ce qui a été indiqué précédemment, que ce siège n'est pas fictif [6]. Ce principe connaît cependant un tempérament. En effet, l'alinéa 2 de l'article 1er du décret prévoit qu'« *en cas de changement de siège de la personne morale dans les six mois ayant précédé la saisine du tribunal, le tribunal dans le ressort duquel se trouvait le siège initial demeure seul compétent. Ce délai court à compter de l'inscription modificative au registre du commerce et des sociétés du siège initial* ». Cette disposition a pour objet d'éviter que le débiteur ne choisisse le tribunal ayant connaissance de la procédure l'atteignant et, par voie de conséquence, le mandataire de justice qui sera désigné, par le seul effet d'un changement de siège social qui pourrait être qualifié de changement de siège de convenance.

74. Les exceptions en matière de compétence territoriale. Le décret n° 2005-1756 du 30 décembre 2005, complété par le décret n° 2006-185 du 20 février 2006,

---

1. P. Pétel, *op. cit.*, n° 5. *Adde* évoquant le « *lieu centralisateur des activités juridiques, directionnelles, financières et matérielles du débiteur* » *CA Bastia, Ch.* civ., 17 oct. 1994, aff. *Denis Chuffart*, cité in B. Soinne, note 1548-1.
2. Cass. com., 17 mars 1998, *Bull. civ.* IV, n° 79 ; *Rev. proc. coll. civ. et com.* 1999, 23, n° 7, obs. M. Cadiou.
3. Cass. com., 14 déc. 1993, *RJDA* 1994, n° 577. *Adde :* CA Paris, 12 mai 1987, *D.* 1989, som. 5, obs. F. Derrida.
4. V. CA Paris, 8 juin 1988, *Rev. huissiers.* 1988, 1073, note Hanine ; CA Versailles, 1er avr. 1996, *Bull. inf. C. cass.* 1996, n° 854.
5. Cass. com., 5 janv. 1999, *RJDA* 1999/4, n° 440.
6. Cass. com., 8 mars 1988, *Bull. civ.* IV, n° 103 ; *D.* 1988, som. 339, et *Rev. sociétés* 1988, 287, note A. Honorat ; *LPA* 6 janv. 1989, note A. Picand-L'Amazec ; CA Versailles, 14 avr. 1988, *Gaz. Pal.* 1988, II, 836, concl. Challe.

sélectionne les tribunaux compétents pour connaître des procédures de sauvegarde, de redressement et de liquidation judiciaires, afin d'éviter la connaissance de telles procédures par de trop petits tribunaux.

En outre, l'article L. 662-2 du Code de commerce dispose que « *lorsque les intérêts en présence le justifient, la cour d'appel peut décider de renvoyer l'affaire devant une autre juridiction de même nature, compétente dans le ressort de la cour, pour connaître des procédures de sauvegarde, de redressement judiciaire ou de liquidation judiciaire, dans des conditions fixées par décret. La Cour de cassation, saisie dans les mêmes conditions, peut renvoyer l'affaire devant une juridiction du ressort d'une autre cour d'appel* ».

Les « intérêts en présence » évoqués par le texte semblent être relatifs à l'intérêt d'une bonne administration de la justice [1]. Cela sera généralement le cas en présence de sociétés d'un même groupe déclarées en redressement judiciaire ou en liquidation judiciaire devant des tribunaux différents [2]. Il en serait de même s'il apparaît qu'au sein d'une juridiction normalement territorialement compétente, siège un juge ayant des intérêts opposés à ceux du débiteur [3].

Une difficulté ne manquera pas de se présenter en jurisprudence, qui est de savoir si le débiteur, auxiliaire de justice, pourra utiliser les dispositions de l'article 47 du NCPC — privilège de juridiction — pour solliciter le renvoi devant une juridiction limitrophe. Des arguments nous semblent militer dans les deux sens. La Cour de cassation a déjà admis cette exception d'incompétence à propos d'une action en comblement de passif contre un avocat, dirigeant de fait [4]. À l'inverse, on pourrait estimer que la procédure collective n'est pas une instance justifiant l'application de l'article 47 du NCPC.

Une fois saisie, la juridiction compétente aura à se prononcer pour déterminer s'il y a place à ouverture de la procédure.

---

1. Derrida, Godé et Sortais, *op. cit.*, n° 68, note 342.
2. Pour une application : CA Douai, 2e ch., 3 juill. 1986, *D.* 1987, som. 5, obs. F. Derrida.
3. CA Montpellier, 19 juill. 1991, *D.* 1992, som. 7, obs. F. Derrida.
4. Cass. com., 26 juin 2001, pourvoi n° 98-17.823, *Bull. civ.* IV, n° 126, *D.* 2001, AJ, 2593, obs. A. Lienhard ; *Act. proc. coll.* 2001/14, n° 184 ; *RTD com.* 2001, 777, obs. J.-L. Vallens ; *D.* 2002, somm. p. 82, obs. J.-P. Sortais ; *D.* 2002, somm. p. 1481, obs. A. Honorat ; *Dr. Sociétés* nov. 2001, p. obs. J.-P. Legros ; *RJDA* 2001/11, n° 1009 ; *Rev. proc. coll.* 2003, 161, n° 1, obs. A. Martin-Serf.

Chapitre 2

Le jugement d'ouverture

Que le jugement marque l'ouverture d'une procédure de sauvegarde, de redressement ou de liquidation judiciaire immédiate, il y a bouleversement de la situation du débiteur ainsi que de celle de ses créanciers. C'est la raison pour laquelle le prononcé de cette décision (Section I) ainsi que les suites de celle-ci (Section II) sont strictement réglementés.

Section I
Le prononcé de la décision

Eu égard au caractère grave, tant pour le débiteur que pour ses créanciers, de l'ouverture d'une procédure collective, la décision que rendra le tribunal doit être parfaitement éclairée (§ 1). Dans ce cadre, le tribunal aura à opérer des choix (§ 2).

§ 1. UNE DÉCISION ÉCLAIRÉE

75. L'enquête « pré-faillite ». Les auditions préalables. L'article L. 621-1 du Code de commerce prévoit que « *le tribunal statue sur l'ouverture de la procédure, après avoir entendu ou dûment appelé, en chambre du conseil, le débiteur et les représentants du comité d'entreprise ou, à défaut, des délégués du personnel* ». Cette disposition de la procédure de sauvegarde est applicable en redressement (C. com., art. L. 631-7) et en liquidation judiciaires (C. com., art. L. 641-1-I).

Lorsque le débiteur est une personne morale, le représentant légal de celle-ci doit être entendu [1].

Après que le tribunal aura entendu les personnes convoquées, il est possible qu'il ne s'estime pas suffisamment éclairé sur la situation de l'entreprise. Dans ces circonstances, il peut désigner un juge enquêteur. Cette possibilité lui est ouverte, non seulement en cas de saisine d'office, mais aussi en cas d'assignation du débiteur en

---

1. V. sur la qualité du directeur général d'une société anonyme à cet égard : Cass. com., 12 juill. 1993, *Bull. civ.* IV, n° 308 ; *D.* 1993, 549, note P. Merle ; *Rev. sociétés* 1993, 803, note Y. Guyon ; *LPA* 18 juill. 1993, note P. M. ; *Bull. Joly* 1993, 1135, note P. Le Cannu ; *JCP E,* 1993, pan. 416, obs. de Vendeuil ; *Dr. sociétés* 1993, n° 227, note H. Le Nabasque.

redressement ou liquidation judiciaire émanant d'un créancier ou encore en cas de saisine du tribunal par le débiteur lui-même ou par le ministère public.

La nomination du juge enquêteur résulte souvent du doute dans lequel le tribunal se trouve quant à l'existence de l'état de cessation des paiements, ce qui est de première importance dans la procédure de sauvegarde, l'état de cessation des paiements devant ne pas exister. Mais cette enquête permet également de déterminer s'il y a lieu à nomination obligatoire d'un administrateur, compte tenu des seuils posés par l'article 53 du décret du 28 décembre 2005. En effet, l'enquête porte notamment sur la détermination du nombre de salariés et sur celui du chiffre d'affaires. Enfin, le juge enquêteur pourrait informer le tribunal sur l'impossibilité de redressement de l'entreprise et sur l'opportunité de prononcer une liquidation judiciaire immédiate.

Même si cela n'est pas obligatoire, il est fréquent, en pratique, que le juge enquêteur soit, si une procédure est ensuite ouverte, désigné en qualité de juge-commissaire.

Dans le cadre de sa mission, le juge enquêteur qui a été commis par le tribunal peut se faire assister par toute personne de son choix. Cette assistance est classiquement confiée à des mandataires de justice. Si l'enquête conclut à la possibilité, voire à la nécessité d'ouvrir une procédure collective, les tribunaux les désignent ensuite classiquement en qualité d'organes de cette procédure en tant qu'administrateur, mandataire judiciaire ou liquidateur.

Bien que cela semble regrettable, le juge enquêteur commis par le tribunal n'a pas à convoquer les représentants de l'entreprise dans le cadre de l'établissement de son rapport [1].

Une fois établi, le rapport du juge enquêteur est déposé au greffe où il est tenu à la disposition du débiteur, des créanciers poursuivants, le cas échéant, et des institutions représentatives du personnel, qui sont tous avisés par le greffe du dépôt du rapport et de la possibilité qu'ils ont d'en prendre connaissance. En outre, ces personnes sont informées de la date d'audience à laquelle sera évoquée l'affaire. Le rapport est parallèlement communiqué au ministère public par le greffier.

76. L'audience de jugement. Après avoir procédé aux auditions visées à l'article L. 621-1, alinéa 1, du Code, puis, le cas échéant, avoir pris connaissance du rapport établi par le juge enquêteur, le tribunal statue sur l'ouverture de la procédure. Le tribunal rendra son jugement sur le champ ou lors d'une audience ultérieure dont la date doit être communiquée au débiteur lors de l'audience initiale (Décr. 28 déc. 2005, art. 55).

Dès lors que sont réunies les conditions d'ouverture de la procédure, le tribunal est dépourvu de tout pouvoir d'appréciation. Il est tenu d'ouvrir la procédure [2].

Cependant, plusieurs choix s'offrent au tribunal.

---

1. Cass. com., 26 janv. 1997, *Rev. proc. coll.* 1998, 408, n° 1, obs. M. Cadiou.
2. V. Cass. com., 6 déc. 1988, *Rev. jurispr. com.* 1990, 41, n° 47, obs. C.-H. Gallet. *Adde* : Derrida, Godé et Sortais, *op. cit.*, n° 70.

§ 2. Une décision à choix multiples

Le choix qui s'offre au tribunal est relatif à la décision d'ouvrir ou non la sauvegarde (A) ou de prononcer le redressement ou la liquidation judiciaire (B).

A. Le choix d'ouvrir ou non la sauvegarde

77. La décision statuant sur l'ouverture de la sauvegarde. Lorsque le tribunal est saisi par le débiteur d'une demande d'ouverture d'une procédure de sauvegarde, le tribunal doit vérifier la qualité exigée, mais encore l'existence de difficultés de nature à conduire à la cessation des paiements, que le débiteur ne peut surmonter. Négativement, le tribunal doit constater que le débiteur n'est pas en état cessation des paiements.

Si le tribunal constate l'existence de la cessation des paiements, il doit refuser l'ouverture de la sauvegarde et utiliser la technique de la saisine d'office pour ouvrir soit un redressement soit une liquidation judiciaire.

B. L'ouverture d'un redressement ou d'une liquidation judiciaire

78. Ouverture d'un redressement ou d'une liquidation judiciaire immédiate. Il convient de rappeler que, sous l'empire de la loi du 25 janvier 1985 non réformée, la liquidation judiciaire ne pouvait pas être prononcée dès l'ouverture de la procédure. Elle ne pouvait intervenir qu'à l'occasion d'une conversion du redressement judiciaire en liquidation. Ainsi, la procédure de liquidation judiciaire n'était pas autonome et la Cour de cassation avait considéré que la liquidation judiciaire ne pouvait pas être prononcée sans ouverture préalable d'une procédure de redressement judiciaire [1].

Dans de nombreuses hypothèses, l'inutilité de la phase initiale de redressement judiciaire était patente. La pratique démontre qu'il est classique que la situation du débiteur est telle qu'il ne fait aucun doute, au jour de l'ouverture de la procédure, qu'aucune solution de redressement n'est envisageable. Le législateur a pris conscience de cet état de fait et, à l'occasion de la loi du 10 juin 1994, le texte a été modifié afin que le tribunal puisse, immédiatement, prononcer la liquidation judiciaire sans avoir à ouvrir au préalable une procédure de redressement n'ayant aucun sens. La solution a été conservée par la loi de sauvegarde des entreprises. En ce sens l'article L. 640-1 du Code de commerce prévoit que « *il est institué une procédure de liquidation judiciaire ouverte à tout débiteur mentionné à l'article L. 640-2 en cessation des paiements et dont le redressement est manifestement*

---

1. Cass. com., 4 nov. 1986, *D.* 1986, 579, note F. Derrida ; *JCP E*, 1986, II, 14844, note Bousquet et *E,* 1987, I, 16003, n° 5, obs. M. Cabrillac et M. Vivant ; *Rev. proc. coll.* 1987/2, p. 18, obs. L. Cadiet ; *RTD com.* 1988, 690, obs. P. Merle. *Adde* : Cass. com., 27 mars 1989, *Bull. civ.* IV, n° 100 ; *RTD com.* 1989, 752, obs. Grelon ; *JCP* 1990, II, 21464, obs. M. Beaubrun ; Cass. com., 17 mai 1989, *Bull. civ.* IV, n° 162 ; *JCP E,* 1992, II, 15658, obs. M. Cabrillac et P. Pétel et 15841, obs. M. Beaubrun ; *RTD com.* 1989, 731, obs. J.-Ph. Haehl ; *Banque et bourse* 1989, 183, obs. F. Dekeuwer-Défossez ; *Rev. proc. coll.* 1989, 543, obs. B. Dureuil ; Cass. com., 6 mars 1990, *Bull. civ.* IV, n° 64 ; *D.* 1990, 321, note F. Derrida ; *RTD com.* 1990, 259, obs. J.-Ph. Haehl.

impossible ». L'impossibilité du redressement est désormais le seul critère d'ouverture d'une liquidation judiciaire immédiate. Ce critère est laissé à l'appréciation des juges du fond. Ceux-ci se détermineront généralement au regard de l'importance du passif qu'il apparaît impossible d'apurer [1] ou de l'impossibilité de maintenir, dans le futur, une activité [2]. Sous l'empire de la législation antérieure, la cessation d'activité était également un cas de prononcé de la liquidation judiciaire immédiate. La portée de la modification est cependant bien minime, dès lors que l'on observe que s'il y a eu cessation d'activité, le redressement s'avère en pratique impossible.

Si le tribunal ouvre une sauvegarde ou un redressement judiciaire, la procédure débute par l'ouverture d'une période d'observation destinée à l'établissement d'un bilan économique et social et à l'établissement de propositions tendant à un plan de sauvegarde ou de redressement. En cas d'ouverture d'une sauvegarde, un plan de cession partielle peut être présenté, cependant qu'un plan de cession totale est exclu puisque dans une procédure de sauvegarde, l'entreprise n'est pas à vendre. En revanche, dans le cadre d'une procédure de redressement judiciaire, pourra être étudiée l'éventualité d'un plan de cession totale (C. com., art. L. 631-22). En outre, pourront être étudiées, en phase de période d'observation du redressement judiciaire, des offres de cession sur lesquelles il sera statué pendant la liquidation judiciaire.

Cette période d'observation porte bien son nom puisqu'elle vise, après une observation précise de la situation de l'entreprise, à déterminer ses chances de redressement. Elle a été définie comme une « phase de répit et de réflexion constructive » [3], caractérisée notamment par l'impossibilité pour les créanciers d'actionner le débiteur.

La durée de la période d'observation est variable, du fait de possibles renouvellements. Sous l'empire de la législation antérieure, la durée est fonction du régime applicable, régime simplifié ou régime général. Cette distinction a été supprimée par la loi de sauvegarde des entreprises. L'article L. 621-3, alinéa 1, du Code prévoit une durée initiale de 6 mois, renouvelable une fois pour une durée de six mois à la demande de l'administrateur judiciaire, du mandataire ou du ministère public. En outre, sa prolongation peut être exceptionnellement décidée pour une durée de six mois, mais seulement sur demande du ministère public [4].

Pour les entreprises agricoles, la durée de la période d'observation peut être allongée jusqu'à la fin de l'année culturale, dans le but de ne pas faire cesser l'activité alors que la récolte n'a pas encore été effectuée ou que le cycle d'élevage n'est pas achevé (C. com., art. L. 621-3, al. 2).

Un nouveau délai de période d'observation peut être accordé par la cour d'appel en cas d'infirmation du jugement d'ouverture et de renvoi de l'affaire devant le tribunal.

---

1. V. Cass. com., 12 mai 1998, *Act. proc. coll.* 1998, n° 45, obs. J. Vallansan.
2. V. ainsi Cass. com., 12 nov. 1997, *Rev. proc. coll.* 1998, 12, n° 10, obs. B. Soinne ; *Rev. jurispr. com.* 1998, 292, n° 89, obs. C. Saint-Alary-Houin.
3. Y. Chaput, *op. cit.*, n° 149.
4. V. sur le caractère exceptionnel de cette possibilité, dans les travaux préparatoires de la loi du 25 janvier 1985 : interv. Badinter, débats Ass. nat. 2e séance 6 avr. 1984, *JO* 1240.

De même, la durée de la période d'observation est prolongée en cas d'arrêt de l'exécution provisoire à la suite d'un appel du jugement de liquidation sur conversion, du jugement arrêtant ou rejetant le plan de sauvegarde ou de redressement. Dans toutes ces hypothèses, la durée de la période d'observation ne sera prolongée que si le premier président de la cour d'appel, saisi d'une demande d'arrêt de l'exécution provisoire, y fait droit [1].

En cas de conversion d'une sauvegarde en redressement, par suite de l'apparition de la cessation des paiements, la période d'observation pourra dépasser les délais légaux, le Code prévoyant en effet en ce cas, que « *lorsqu'il convertit la procédure de sauvegarde en procédure de redressement judiciaire, le tribunal peut, si nécessaire, modifier la durée de la période d'observation restant à courir* » (C. com., art. L. 622-10, al. 4).

Sous ces réserves, le tribunal n'a pas la possibilité d'autoriser une poursuite d'activité au-delà de la durée maximum de la période d'observation. Cependant, par principe, le dépassement des délais prévus par les textes n'est assorti d'aucune sanction, alors même que ces délais sont des *maxima* [2]. Ainsi, par exemple, l'irrégularité du jugement arrêtant le plan ne peut-elle résulter du seul fait du dépassement de la période d'observation [3]. De même, l'expiration des délais de la période d'observation n'est pas à elle seule suffisante pour contraindre le tribunal à prononcer la liquidation judiciaire [4]. En outre, et cette précision est d'importance pour les créanciers, les créances postérieures éligibles au traitement préférentiel pourront parfaitement naître alors même que les délais de la période d'observation auront été dépassés (v. ss n° 212). En jurisprudence, il est tout de même possible de trouver une sanction au dépassement des délais de période d'observation. La Cour de cassation a en effet jugé que le défaut d'exploitation dans le cadre d'un bail commercial, qui reste sans conséquence pendant la période d'observation, autorise le bailleur à se prévaloir de la résiliation après expiration des délais légaux de la période d'observation [5].

Le renouvellement de la période d'observation intervient par la voie d'un jugement rendu par le tribunal, éclairé par le rapport du juge-commissaire, après que le tribunal aura pris connaissance de l'avis du ministère public, des observations du débiteur, de l'administrateur, du mandataire judiciaire et des contrôleurs, le cas échéant.

Seul le ministère public a la possibilité d'exercer, par la voie de l'appel, une voie de recours à l'encontre d'un jugement de renouvellement de la période d'observation (C. com., art. L. 661-6-I, 2°).

Mais, que la période d'observation ait ou non été renouvelée, il n'est pas nécessaire que le tribunal attende son expiration pour prononcer la liquidation judiciaire [6]. Dans

---

1. Cass. soc., 21 sept. 2005, n° 04-40.529 à n° 04-40.534, *Act. proc. coll.* 2005/17, n° 217, note J. Vallansan.
2. CA Pau, 9 sept. 1992, *Rev. proc. coll.* 1994, 181, n° 2, obs. B. Soinne.
3. CA Rouen, 5 mars 1987, *D.* 1987, 410, note F. Derrida ; CA Paris, 14 oct. 1988, *D.* 1988, IR, 266 ; CA Douai, 6 juill. 1993, *Rev. proc. coll.* 1993, 473, obs. B. Soinne.
4. Cass. com., 6 oct. 1992, *Bull. civ.* IV, n° 285.
5. Cass. civ. 3e, 12 juill. 2000, *LPA* 23 mars 2001, n° 59, p. 11, note M. Kéita et Cass. civ. 3e, 16 mai 2001, n° 97, p. 17, note, C.-H. Gallet.
6. Cass. com., 7 juill. 1998, *RJDA* 1998/11, n° 1249.

la procédure de redressement judiciaire, en effet, en application de l'article L. 631-15-II, à tout moment, le tribunal peut ordonner la liquidation judiciaire. La solution est également applicable en sauvegarde, si la cessation des paiements apparaît et si le débiteur n'a aucune chance de se redresser (C. com., art. L. 622-10, al. 2).

Les contours du prononcé de la décision étant définis, il convient maintenant d'étudier les suites de cette décision.

Section II
Les suites de la décision

La décision d'ouverture de la procédure de sauvegarde, de redressement ou de liquidation judiciaire a un effet immédiat particulièrement étendu (§ 1). En outre, eu égard au caractère grave de cette décision marquant l'ouverture de la procédure, il importe de préciser les possibilités de sa remise en cause (§ 2).

§ 1. Une décision à effet immédiat et étendu

L'effet immédiat de la décision d'ouverture de la procédure résultera de ce qu'il sera attaché à celle-ci une exécution provisoire (A). L'effet de la décision est étendu. Il est caractérisé par l'opposabilité *erga omnes* ainsi que par l'autorité de la chose jugée (B).

A. L'exécution provisoire du jugement d'ouverture

79. L'exécution provisoire attachée par principe aux décisions rendues en matière de sauvegarde, de redressement ou de liquidation judiciaire. Il résulte des dispositions de l'article 328, alinéa 1, du décret du 28 décembre 2005 que, sauf exception, « *les jugements et ordonnances rendus en matière de sauvegarde, de redressement et de liquidation judiciaires sont exécutoires de plein droit à titre provisoire* » [1]. Ainsi, l'exécution provisoire est-elle attachée de plein droit au jugement d'ouverture.

Par application des dispositions de l'article 514, alinéa 1, du nouveau Code de procédure civile, l'exécution provisoire du jugement d'ouverture de la procédure n'aura pas à être prévue par le juge puisqu'elle est de droit.

80. Arrêt de l'exécution provisoire de droit — Domaine. Conformément au droit commun, applicable en matière de sauvegarde, de redressement ou de liquidation judiciaires, lorsque l'exécution provisoire est de droit, son arrêt est

---

1. Sur la question, P. Guetta, « L'exécution provisoire des décisions », *LPA* 1er juill. 1987, n° 78, p. 12 ; L. Cadiet, « L'exécution provisoire et les décisions rendues en matière de redressement et de liquidation judiciaires », *Rev. proc. coll.* 1987, n° 2, p. 21 ; V. Argelliès, « L'exécution provisoire des jugements rendus en matière de redressement et de liquidation judiciaires », *Gaz. Pal.* 1987, doctr. I, 175 ; J.-M. Deleneuville, « L'exécution provisoire, l'appel et la publicité des jugements », *Rev. proc. coll. civ. et com.* 1999, 1 et s.

impossible [1]. En conséquence, les ordonnances du juge-commissaire ou les jugements rendus par le tribunal, exécutoires de droit, ne pourront faire l'objet d'un arrêt de l'exécution provisoire que dans les limites posées par l'article 524, alinéa 6, du NCPC, résultant de l'article 8 du décret du 20 août 2004 [2]. Ce principe étant posé, par exception, l'article 328, alinéa 2, du décret permet l'arrêt de l'exécution provisoire des jugements visés à l'article L. 661-1-I du Code de commerce, c'est-à-dire ceux statuant sur l'ouverture de la procédure, convertissant la procédure en liquidation judiciaire, arrêtant ou rejetant le plan de sauvegarde ou le plan de redressement, ainsi que les décisions modifiant le plan de sauvegarde ou de redressement.

Si l'exécution provisoire est de droit, son arrêt par le premier président de la cour d'appel suppose la démonstration par l'appelant que les moyens invoqués à l'appui de son appel paraissent sérieux. Ce critère d'arrêt de l'exécution provisoire est dérogatoire à l'article 524 du NCPC, la notion de conséquences manifestement excessives liées à l'exécution provisoire étant ici écartée.

81. Exceptions à l'exécution provisoire de droit. L'alinéa 2 de l'article 328 du décret du 28 décembre 2005 indique que ne sont pas exécutoires de plein droit à titre provisoire les jugements et ordonnances rendues en application de certains articles. Il en est d'abord ainsi des décisions statuant en matière de retrait du gage ou de la chose gagée en période d'observation, ou en période de liquidation judiciaire, des jugements prononçant une condamnation à combler le passif ou condamnant le dirigeant à l'obligation aux dettes sociales, des décisions statuant sur l'avance de fonds par le Trésor public ou sur le remboursement des frais de déplacement du juge-commissaire, ainsi que des jugements qui prononcent la faillite personnelle ou l'interdiction de gérer.

En outre, l'appel du ministère public est par principe suspensif, à l'exception, depuis la loi de sauvegarde des entreprises, du jugement statuant sur l'ouverture de la procédure de sauvegarde ou de redressement judiciaire (Décr. 28 déc. 2005, art. 328, al. 4).

82. Effets de l'arrêt de l'exécution provisoire. En cas d'arrêt de l'exécution provisoire du jugement d'ouverture, il y a place à prolongation de la période d'observation (v. ss n° 78).

B. L'opposabilité *erga omnes* et l'autorité de la chose jugée attachées au jugement d'ouverture

83. Opposabilité *erga omnes* et autorité de la chose jugée attachées au jugement d'ouverture. Le jugement d'ouverture de la procédure de sauvegarde, de redressement ou de liquidation judiciaire est opposable *erga omnes*. En outre, il a autorité absolue de chose jugée [3].

---

1. Cass. civ., 2e, 17 juin 1987, *Bull. civ.* II, n° 130 ; *D.* 1987, som. 359, obs. P. Julien ; *Gaz. Pal.* 1988, I, som. 36, obs. H. Croze et Morel.
2. Décr. n° 2004-836. L'arrêt sera possible soit en cas de violation manifeste du principe de la contradiction ou de l'article 12 du NCPC et lorsque l'exécution provisoire de droit risque d'entraîner des conséquences manifestement excessives.
3. V. ainsi Cass. com., 6 juill. 1983, *D.* 1983, 435, note F. Derrida.

Reprenant une jurisprudence posée sous l'empire de la législation antérieure [1], la loi de sauvegarde des entreprises, à l'article 620-2, alinéa 2, du Code de commerce, consacre le principe d'interdiction d'ouverture d'une seconde procédure de sauvegarde, de redressement ou de liquidation judiciaire tant que la première procédure n'est pas clôturée.

Le jugement d'ouverture prend effet à compter de sa date, de sorte qu'il rétroagit à zéro heure de celle-ci [2] (Décr. 28 déc. 2005, art. 55, al. 2, texte de la procédure de sauvegarde applicable en redressement — Décr. 28 déc. 2005, art. 176) et en liquidation judiciaires (Décr. 28 déc. 2005, art. 214).

Ce caractère rétroactif peut avoir des effets importants à l'égard de certains créanciers du débiteur. En effet, tous les actes accomplis le jour du jugement d'ouverture sont réputés être intervenus après le jugement d'ouverture. Ainsi, les saisies pratiquées le jour du jugement d'ouverture seront-elles inefficaces et les paiements de créances antérieures effectués le jour du jugement d'ouverture nuls [3]. Symétriquement, les créances nées le jour du jugement d'ouverture sont des créances postérieures.

Les effets du jugement d'ouverture commencent dès son prononcé et non pas à compter des mesures de publicité de celui-ci [4], quelle que soit la bonne ou la mauvaise foi du tiers dans sa connaissance des pouvoirs restreints du débiteur inhérents au prononcé de l'ouverture de la procédure à son égard. La solution est spécialement importante au regard des règles du dessaisissement en liquidation judiciaire (v. ss n° **278**). Une publicité du jugement est cependant prévue par les textes.

84. Publicité du jugement [5]**.** Lorsque le débiteur est immatriculé au registre du commerce et des sociétés, le jugement d'ouverture doit y être mentionné avec l'indication du pouvoir conféré, le cas échéant, à l'administrateur (Décr. 28 déc. 2005, art. 63, al. 1). Si le débiteur est un artisan, la même publicité doit être effectuée au répertoire des métiers ou, en Alsace-Moselle, au répertoire des entreprises. En dehors de ces hypothèses, c'est-à-dire si le débiteur n'est pas immatriculé au registre du commerce et des sociétés ou au répertoire des métiers ou des entreprises, la mention du jugement d'ouverture et des pouvoirs de l'administrateur est indiquée sur un registre ouvert à cet effet au greffe du tribunal de grande instance (Décr. 28 déc. 2005, art. 63, al. 3).

---

1. Cass. com., 11 déc. 2001, *D.* 2002, jur. p. 2523, note F. Derrida et A. Perdriau ; *Rev. proc. coll.* 2003, 106, n° 7, obs. S. Gorrias ; Cass. com., 19 févr. 2002, *D.* 2002, jur. p. 2523, note F. Derrida et A. Perdriau ; *Act. proc. coll.* 2002/6, n° 68 ; *RTD com.* 2002, 376, n° 11, obs. J.-L. Vallens ; *RJDA* 2002/6, n° 652 ; *Dr. et patr.* 2002, n° 104, p. 85, obs. D. Houtcieff.

2. CA Limoges, 29 oct. 1991, *Dr. sociétés* 1994, 204, obs. Y. Chaput.

3. Cependant, les paiements opérés dans le cadre de règlements interbancaires sont valables jusqu'à l'expiration du jour où est rendu le jugement d'ouverture, en application de l'article 330-1, C. mon. fin.

4. V. ainsi Cass. com., 11 mars 1997, *Rev. proc. coll.* 1998, 43, n° 4, obs. M. Cadiou, considérant que le rapport d'expertise ordonné, alors que le débiteur était *in bonis*, n'était pas opposable à son liquidateur, peu important l'absence de publication du jugement d'ouverture au BODACC.

5. Sur la publicité des jugements, v. J. M. Deleneuville, « L'exécution provisoire, l'appel et la publicité des jugments », *Rev. proc. coll. civ. et com.* 1999, 1 et s.

En outre, un avis du jugement doit être inséré au Bulletin officiel des annonces civiles et commerciales (BODACC — Décr. 28 déc. 2005, art. 63, al. 4). Cette insertion doit comporter la détermination du débiteur (nom, siège de l'entreprise, numéro d'immatriculation au registre du commerce et des sociétés, au répertoire des métiers ou des entreprises, ou au registre spécial ouvert au greffe du tribunal de grande instance, selon le cas), l'activité exercée par lui, la date du jugement d'ouverture, l'indication des organes de la procédure (noms et adresses du mandataire judiciaire, de l'administrateur judiciaire avec indication de ses pouvoirs, ou du liquidateur judiciaire le cas échéant). En outre, l'insertion au BODACC contient un avis aux créanciers d'avoir à déclarer leur créance entre les mains du mandataire judiciaire ou du liquidateur judiciaire. Cette publicité est très importante non seulement parce qu'elle informe les tiers de l'ouverture de la procédure, mais encore parce qu'elle marque le point de départ de certains délais intéressant les créanciers. Il en est ainsi des délais de déclaration des créances, de déclaration de tierce-opposition au jugement d'ouverture, ainsi que du délai de revendication.

Eu égard à l'importance de cet avis au BODACC, et de ses effets à l'égard des tiers, l'irrégularité d'une de ses mentions sera sanctionnée par l'inefficacité de la publicité. Le régime des nullités substantielles est ici applicable. Peu importera donc le grief causé au créancier [1] ou au propriétaire d'un meuble revendiquant celui-ci dans la procédure collective. Il en résulte en conséquence que les délais devant courir à compter de l'insertion au BODACC ne courent pas, notamment en matière de déclaration de créance [2] ou encore en matière de voie de recours [3].

Les frais de publicité du jugement d'ouverture, ainsi que les frais du jugement lui-même, sont à la charge du débiteur et relèveront du privilège des frais de justice [4], nonobstant l'éventuelle réformation ultérieure du jugement ouverture.

§ 2. Une décision pouvant être remise en cause

85. Effets de l'annulation ou de la réformation du jugement d'ouverture. L'annulation ou la réformation du jugement d'ouverture a pour effet de remettre le débiteur à la tête de ses affaires, dès lors, bien évidemment, que la cour d'appel n'a pas ouvert la procédure, après avoir réformé ou annulé le jugement d'ouverture. Dans ce cas, les délais de déclaration de créance ou de revendication ne commenceront à courir qu'à compter de l'insertion au BODACC de l'avis d'ouverture de la procédure prononcée par la cour d'appel. Cependant, la déclaration de créance faite dans le cadre de la procédure initialement ouverte, puis annulée, conserve son efficacité dans la procédure ouverte par la cour d'appel [5]. Il semble devoir en être de même en matière de revendication.

---

1. Cass. com., 12 avr. 2005, pourvoi n° 03-20.691, *D.* 2005, AJ, 1227, obs. A. Lienhard ; *Gaz. proc. coll.* 2005/2, p. 26, obs. P.-M. Le Corre.
2. Cass. com., 14 févr. 1995, *Bull. civ.* IV, n° 47 ; *D.* 1996, som. 85, obs. A. Honorat.
3. V. ainsi Cass. com., 17 mars 1998, *Rev. proc. coll. civ. et com.* 1999, 30, n° 24, obs. M. Cadiou.
4. B. Soinne, *op. cit.*, n° 585.
5. Cass. com., 25 mai 1993, *JCP E,* 1993, 3721, obs. P. Pétel; *Bull. Joly* 1993, p. 761, note Y. Chaput ; Cass. com., 19 mai 2004, n° 02-15.672.

L'annulation ou la réformation du jugement d'ouverture peut intervenir à l'initiative des parties (A) ou des tiers (B).

A. L'appel ouvert aux parties

86. L'appel ouvert aux parties. La voie de recours sur le jugement d'ouverture de la procédure ouverte aux parties est l'appel. L'appel est réglementé par l'article L. 661-1-I qui précise : « *sont susceptibles d'appel ou de pourvoi en cassation* :

1° les décisions statuant sur l'ouverture des procédures de sauvegarde, de redressement judiciaire ou de liquidation judiciaire de la part du débiteur, du créancier poursuivant ainsi que du ministère public, même s'il n'a pas agi comme partie principale (...) »,

2° les décisions statuant sur la liquidation judiciaire (...) de la part du débiteur, de l'administrateur, du mandataire judiciaire, du comité d'entreprise ou, à défaut, des délégués du personnel ainsi que du ministère public même s'il n'a pas agi comme partie principale ».

S'il a été relevé appel d'un jugement de conversion du redressement en liquidation judiciaire, alors que le jugement d'ouverture est devenu définitif, le principe même de l'ouverture de la procédure ne pourra pas être remis en cause. En revanche, si le jugement d'ouverture n'est pas encore définitif, l'appel pourra porter à la fois sur le jugement de conversion du redressement en liquidation judiciaire et sur le jugement d'ouverture de la procédure [1]. Cette solution, posée sous l'empire de la législation antérieure, est transposable en cas de conversion d'une procédure de sauvegarde en liquidation judiciaire.

En application des principes du droit commun, il faut avoir succombé pour pouvoir interjeter appel à l'encontre d'une décision. Il en résulte que si la procédure est ouverte sur la demande d'un créancier qui a assigné en redressement ou en liquidation judiciaire, ce dernier ne pourra interjeter appel du jugement d'ouverture. De même, si l'ouverture de la procédure résulte d'une initiative du débiteur, ce dernier ne pourra pas interjeter appel du jugement d'ouverture, à moins que son appel ne soit limité, par exemple, à la fixation de la date de cessation des paiements [2].

Conformément aux dispositions de l'article 330, alinéa 1, du décret du 28 décembre 2005, qui fixe le délai d'appel en matière de procédure collective, ce délai est de dix jours à compter de la notification qui est faite aux parties de la décision d'ouverture de la procédure. Il convient de préciser que le procureur de la République reçoit un avis de la décision par le greffe. Le délai d'appel pour le procureur de la République court à compter de cet avis. Pour sa part, le procureur général dispose d'un délai de 15 jours pour former appel, qui court à compter de l'avis que reçoit le procureur de la République de la décision (Décr. 28 déc. 2005, art. 330, al. 4).

---

1. Cass. com., 3 déc. 1996, *Bull. civ.* IV, n° 303 ; *Rev. proc. coll.* 1998, 413, n° 8, obs. M. Cadiou.
2. V. ainsi CA Riom, 27 nov. 1996, *Rev. proc. coll.* 1998, 245, n° 45, obs. M. Cadiou.

B. La tierce-opposition ouverte aux tiers

87. La tierce-opposition ouverte aux tiers. La tierce-opposition est la voie de recours accordée aux personnes qui ne sont pas des parties, afin de tenter de remettre en cause le jugement d'ouverture (C. com., art. L. 661-2). Ces tiers sont généralement des créanciers à l'exception, évidemment, du créancier assignant, lequel est une partie.

La tierce-opposition peut être exercée à l'encontre du jugement d'ouverture ou être limite à certaines dispositions de celui-ci, à condition que cette partie du jugement soit susceptible de voie de recours. Ce sera le plus souvent le cas de la fixation de la date de cessation des paiements. En revanche, une tierce-opposition ne pourra pas être limitée à la nomination d'un organe [1]. La tierce-opposition pourra également s'exercer à l'encontre du jugement d'ouverture par extension [2] sur le fondement de la confusion des patrimoines ou de la fictivité [3].

La tierce-opposition doit être effectuée dans les dix jours de la publicité assurée au BODACC du jugement d'ouverture de la procédure (Décr. 28 déc. 2005, art. 329).

La tierce-opposition devra être formée, à peine d'irrecevabilité, par déclaration au greffe du tribunal. Il a été jugé, faute de précision du texte sur ce point, que la tierce-opposition doit être effectuée par déclaration orale au greffe et non par voie postale [4].

La loi de sauvegarde des entreprises autorise l'appel et le pourvoi en cassation, de la part du tiers opposant, sur le jugement statuant sur tierce-opposition.

Les conditions d'ouverture de la procédure étant précisées, il convient maintenant de s'intéresser à la mise en place des organes de la procédure.

---

1. Trib. com. Paris, 8 nov. 1990, *Rev. jurispr. com.* 1991, 190.
2. V. Cass. com., 4 juill. 2000, *Act. proc. coll.* 2000/14, n° 173 ; *D.* 2000, act. jurispr. 375, obs. A. Lienhard, considérant recevable le pourvoi sur le jugement statuant sur tierce-opposition.
3. Cass. com., 16 mai 2006, n° 05-14.595, LXB n° N0179AL9, note P.-M. Le Corre.
4. V. statuant sur les oppositions à ordonnance du juge-commissaire et déclarant irrecevable l'opposition faite par lettre recommandée : Cass. com., 27 mars 1990, *D.* 1990, IR, 102 ; Cass. com., 11 mars 1997 et 22 avr. 1997, *Rev. proc. coll.* 1998, 66, n° 6, obs. B. Soinne. *Adde* : B. Soinne, *op. cit.*, n° 660.

Titre II

La mise en place des organes de la procédure

Les organes peuvent être étudiés sous l'angle d'une répartition en deux catégories : les organes que nous qualifierons de juridictionnels (Chapitre 1), et les organes non juridictionnels (Chapitre 2).

Chapitre 1

Les organes juridictionnels

Les organes juridictionnels sont, d'une part, constitués par la double juridiction de la faillite (Section I) et, d'autre part, par le ministère public (Section II).

Section I
La double juridiction de la faillite

Cette double juridiction de la faillite est composée du tribunal (§ 1) et du juge-commissaire (§ 2).

§ 1. Le tribunal [1]

Il convient de préciser d'abord quelles sont les attributions dévolues par la loi au tribunal (A), avant de se tourner vers l'étude des voies de recours dont peuvent faire l'objet les décisions qu'il rend (B).

A. Les attributions du tribunal

88. Pouvoirs du tribunal. Les pouvoirs du tribunal sont nombreux et variés.

Il a d'abord le pouvoir d'ouvrir la procédure, de désigner les organes et de procéder éventuellement à leur remplacement.

Ensuite, dans le cadre du déroulement de la procédure, le tribunal est seul compétent pour décider du sort de l'entreprise dans le cadre de la procédure. Ainsi, est-il compétent pour prolonger la période d'observation ou, au contraire, la raccourcir, convertir la procédure de sauvegarde en redressement ou en liquidation judiciaire, ou la procédure de redressement en liquidation judiciaire, arrêter un plan de sauvegarde, de redressement ou de cession. Symétriquement, il est seul compétent pour modifier ces plans. Il appartient encore au tribunal d'annuler les actes qui tombent sous le coup d'une nullité de la période suspecte.

---

1. Sur le particularisme de la composition du tribunal en Alsace-Moselle, v. A. Lienhard, *op. cit.*, n° 802.

À l'issue de la procédure, le tribunal clôture la procédure (C. com., art. L. 643-9).

Le tribunal est doté de pouvoirs non seulement à l'égard du débiteur, mais également à l'égard des dirigeants de celui-ci. En effet, le tribunal pourra prononcer à leur encontre des sanctions tendant à leur élimination de la vie des affaires (faillite personnelle ou interdiction de gérer) ou prononcer à leur égard des sanctions pécuniaires.

Si de nombreuses attributions sont dévolues par la loi au juge-commissaire (v. ss n°s 105 et 106), il n'en demeure pas moins que le tribunal exerce un contrôle sur ses décisions dans la mesure où il est, en principe, la juridiction d'appel des décisions rendues par le juge-commissaire.

89. Compétence du tribunal de la faillite. Les pouvoirs du tribunal sont particulièrement étendus, d'un point de vue matériel. En effet, l'article 339 du décret du 28 décembre 2005 prévoit que « *le tribunal saisi d'une procédure de sauvegarde, de redressement ou de liquidation judiciaire connaît de tout en ce qui concerne la sauvegarde, le redressement et la liquidation judiciaire, la faillite personnelle ou autres sanctions prévues par le livre VI du code de commerce* ». Par exception, les actions en responsabilité civile contre les organes de la procédure, ainsi que litiges ayant trait aux contestations d'honoraires des mandataires de justice [1], relèvent de la compétence du tribunal de grande instance. De même, les contestations en matière d'ordre relèvent exclusivement de la compétence du juge aux ordres (Décr. 28 déc. 2005, art. 298, al. 1) [2].

La compétence du tribunal de la faillite est également écartée dans les hypothèses où une juridiction s'est vu attribuer une compétence exclusive, par exemple le juge fiscal [3], le tribunal des affaires de sécurité sociale [4], le conseil des prud'hommes [5], le juge de l'exécution [6], ou encore le président du tribunal de grande instance en matière d'application du statut des baux commerciaux [7].

En définitive, le tribunal est compétent pour connaître des actions qui sont nées de la procédure collective ou sur lesquelles les règles de la procédure collective exercent une influence sur la solution du litige [8].

---

1. Cass. com., 31 mai 1994, *D.* 1994, IR, 221.
2. V. Sous l'empire de l'article 154 de la loi du 25 janvier 1985, Cass. com., 19 oct. 1993 : *Bull. civ.* IV, n° 342
3. Trib. Confl., 26 mai 2003, n° 3354, *D.* 2003, AJ, 2010 ; *LPA* 7 nov. 2003, n° 223, p. 10, note J. Brandeau ; *Act. proc. coll.* 2003/18, n° 233 ; *RTD com.* 2004, 153, n° 2, obs. A. Martin-Serf ; LXB n° N837AA7, note P.-M. Le Corre ; Cass. com., 27 mai 2003, pourvoi n° 99-15.836 ; Cass. com., 9 nov. 2004, pourvoi n° 02-18. 531.T
4. Cass. soc., 14 juin 1990, *Bull. civ.* V, n° 288 ; Cass. com., 2 mai 1990, *Bull. civ.* IV, n° 130 ; *D.* 1991, 241, note Pagès ; Cass. com., 9 juill. 1991, *Bull. civ.* IV, n° 255 ; *D.* 1992, somm. p 282, obs. A. Honorat ; *JCP E*, 1991, I, 100, n° 1, obs. P. Pétel ; Cass. com., 28 sept. 2004, pourvoi n° 03-11. 862.
5. Cass. soc., 3 mars 1998, *Bull. civ.* V, n° 112 ; Cass. soc., 10 mai 1999, *Bull. civ.* V, n° 204 ; Cass. soc., 8 juin 1999, *Bull. civ.* V, n° 268.
6. Cass. com., 28 avr. 1998, *Rev. proc. coll. civ. et coll.* 1999, 24, n° 9, obs. M. Cadiou.
7. Versailles, 20 mai 1997, *Rev. proc. coll. civ. et com.* 1999, 24, n° 9, obs. M. Cadiou.
8. V. affirmant ce critère de compétence : Cass. com., 8 juin 1993, *Bull. civ.* IV, n° 233 ; *Rev. huissiers* 1994, 72, note D. Vidal.

Doit être considérée comme une action née de la faillite, l'action qui n'aurait pas pu être engagée sans qu'au préalable soit ouvert un jugement de sauvegarde, de redressement ou de liquidation judiciaire à l'encontre du débiteur. Font très logiquement partie de ces actions, les actions en nullité de la période suspecte, ainsi que les actions tendant à faire remonter la date de cessation des paiements, l'action en comblement de passif ou en obligation aux dettes sociales.

Par ailleurs, les actions ayant trait à l'interdiction des paiements, à la continuation des contrats en cours [1] ou au dessaisissement du débiteur [2] sont incontestablement des actions sur lesquelles le droit de la faillite exerce une influence. Il en est de même des actions en revendication ou encore des contestations relatives aux modalités de réalisation des actifs [3]. En revanche, et encore que la solution puisse être discutable du fait du caractère attitré de l'action, la Cour de cassation a considéré que les actions en responsabilité contre des tiers ne relèvent pas de la compétence du tribunal de la faillite.

À l'inverse, dès lors que la procédure collective est sans conséquence sur la solution du litige et que cette action aurait pu naître sans l'ouverture de cette procédure, le tribunal de la faillite n'est pas compétent pour en connaître [4]. Tel est le cas des actions en paiement des créances postérieures [5], des actions en recouvrement exercées par le liquidateur ou le mandataire judiciaire contre un client du débiteur [6], des actions diligentées contre les cautions [7], ou enfin des actions en concurrence déloyale [8].

B. Les voies de recours à l'encontre des décisions du tribunal

90. Présentation générale de la question des voies de recours dans les procédures collectives. Dans le cadre des procédures collectives, les voies de recours présentent un caractère très restrictif tant par leurs cas d'ouverture que par la brièveté de leur délai. Elles sont strictement réglementées par le Code de commerce. Le législateur a en effet voulu limiter l'exercice de voies de recours, spécialement par les créanciers, lesquels ne disposent que de très peu de voies de recours. L'objectif est de ne pas remettre en cause trop largement les décisions prises, car une procédure collective s'accommode mal de la lenteur.

Le législateur ne réglemente cependant qu'un seul type de voies de recours : les recours réformation (1°). La fermeture d'une voie de recours est dérogatoire au droit

---

1. CA Versailles, 12e ch., 1er juill. 1999, *Act. proc. coll.* 2000/3, n° 34, obs. J. Vallansan.
2. CA Paris, 6 mars 1991, *D.* 1991, IR, 127.
3. Cass. com., 6 juil. 1999, *DPDE Bull.* 188 (1er sept. 1999) p. 6434, v° *Juge-commissaire*, n° 84.
4. Cass. com., 14 avr. 1992, *Bull. civ.* IV, n° 157 ; 8 juin 1993, *Rev. proc. coll.* 1994, 147, obs. A. Lienhard. Rappr. A. Honorat, obs. sous Cass. com., 6 juin 1995, *D.* 1995, som. 307 ; F. Pérochon et R. Bonhomme, *op. cit.*, n° 131.
5. CA Paris, 1re ch. B, 3 mai 2000, *JCP E et A*, 2000, pan. rap. 223.
6. Cass. com., 28 avr. 1998, *Rev. proc. coll. civ. et com.* 1999, 25, n° 10, obs. M. Cadiou.
7. CA Versailles, 1er févr. 1996, *D. Affaires* 1996, 585.
8. Cass. com., 3 mars 1998, *JCP E*, 1998, pan. 729.

commun. En conséquence, la doctrine [1] et la jurisprudence [2] considèrent que dès lors qu'une voie de recours n'est pas expressément fermée, la voie de recours réformation est ouverte.

Le législateur n'évoque pas les voies de recours nullité (2°). En conséquence, il convient de se référer au droit commun de la procédure civile, et plus précisément aux articles 560 et 562, alinéa 2, du nouveau Code de procédure civile.

1° Les voies de recours réformation sur les jugements

91. Forme des voies de recours réformation sur les jugements. Les formes des voies de recours sont régies par le droit commun, à défaut de dispositions particulières de la loi.

Par exception, l'appel du procureur de la République ainsi que celui du procureur général peut être effectué par voie postale. La date de l'appel est alors celle de l'expédition (Décr. 28 déc. 2005, art. 331, al. 2). En outre, lorsque l'appel est exercé par des institutions représentatives du personnel, l'appelant doit justifier de son habilitation (Décr. 28 déc. 2005, art. 332).

Lorsque les parties ont été défaillantes, la voie de recours ordinaire qui leur est ouverte sur le jugement est l'opposition.

La tierce-opposition est la voie de recours ouvertes aux tiers, sur le jugement. L'opposition ainsi que la tierce opposition doivent être formées par déclaration au greffe (Décr. 28 déc. 2005, art. 329, al. 1). La voie de recours exercée par un autre procédé tel que des conclusions [3] ou une assignation [4] serait irrecevable.

92. Délai d'appel. Le délai d'appel est de dix jours à compter de la notification faite aux parties de la décision (Décr. 28 déc. 2005, art. 330, al. 1) [5].

Lorsque l'appel est effectué par le parquet général, le délai est porté à quinze jours (Décr. 28 déc. 2005, art. 330, al. 4) alors même qu'il demeure de dix jours pour le procureur de la République.

Deux exceptions au principe selon lequel le point de départ du délai d'appel est la notification de la décision sont posées.

La première exception concerne l'appel du débiteur à l'encontre du jugement statuant sur le plan de cession, dont le point de départ est fixé au prononcé du jugement (Décr., art. 330, al. 2). Indiquons que sous l'empire de la législation antérieure, le débiteur n'avait pas qualité pour interjeter appel d'un jugement arrêtant

---

1. P. Pétel, *op. cit.*, n° 125 ; Ripert et Roblot par Delebecque et Germain, *op. cit.*, n° 2926-1 ; E. Kerckhove, *op. cit.*, n° 274 ; B. Soinne, *op. cit.*, n° 625.

2. V. ainsi ouvrant la voie de recours de l'appel sur un jugement de caducité du plan de cession : Cass. com., 6 févr. 1996, *Bull. civ.* IV, n° 37 ; *LPA* 24 avr. 1998, n° 49, p. 12, note F. Derrida. *Adde*, ouvrant la voie de l'appel du débiteur sur un jugement refusant la modification du plan de continuation : CA Besançon, 7 mai 1997, *DPDE Bull.* 169, 17 mars 1998, v° *Plan de continuation*, n° 6.

3. CA Paris, 3e ch. C, 28 mars 1997, *Rev. proc. coll.* 1997, 430, n° 36, obs. M. Cadiou.

4. Cass. com., 6 juill. 1999, *Bull. civ.* IV, n° 154 ; *D.* 2000, som. 329, obs. A. Honorat ; Cass. com., 26 avr. 2000, *Act. proc. coll.* 2000/11, n° 144.

5. V. rappelant cette solution, pour le délai d'appel du représentant des créanciers à l'encontre d'un plan de continuation : Cass. com., 7 déc. 1999, *Act. proc. coll.* 2000/5, n° 58.

le plan de cession. En revanche, en contrariété avec la solution antérieurement posée par la législation, l'appel émanant du cessionnaire, à l'encontre du jugement arrêtant le plan de cession qui lui aurait imposé des charges non souscrites, court désormais à compter de la notification du jugement qui arrête le plan de cession. De même, en rupture avec la solution antérieure, le point de départ de l'appel émanant du cocontractant dont le contrat a été cédé judiciairement dans le cadre du plan de cession n'est plus fixé au jour du prononcé du jugement, mais au jour de sa notification.

La seconde exception concerne le délai d'appel du procureur de la République, ainsi que celui du procureur général, qui court à compter de la réception par le procureur de la République de l'avis qui lui est donné de la décision par le greffier.

93. Délai d'opposition, de tierce-opposition et de pourvoi en cassation. L'opposition, ainsi que la tierce-opposition, doivent être formées dans le délai de dix jours dont le point de départ est variable.

En effet, dès lors que la décision n'est pas publiée au BODACC, le délai pour former l'opposition ou la tierce-opposition court à compter du prononcé la décision (Décr. 28 déc. 2005, art. 329, al. 1 et 2). Lorsque le jugement a fait l'objet d'une publication au BODACC, le point de départ du délai pour former l'opposition ou la tierce-opposition sera celui de la date de publication au BODACC (Décr. 28 déc. 2005, art. 329, al. 3).

Le délai de pourvoi en cassation obéit au droit commun. Il est donc de deux mois à compter de la signification de l'arrêt ou, si la décision frappée de pourvoi est rendue en dernier ressort, à compter la signification de cette décision [1].

94. Détermination de la qualité de tiers ou de partie. Il est important de déterminer si la personne qui entend exercer une voie de recours contre un jugement rendu par le tribunal est une partie ou un tiers.

Si n'est pas prévue par le texte l'audition ou la convocation de l'intéressé à l'audience, celui-ci ne peut être considéré comme une partie [2]. Il en est de même lorsque l'intéressé n'est convoqué que pour donner son avis.

Le débiteur sera nécessairement partie à toutes les décisions puisqu'elles sont toutes rendues à son profit ou à son encontre. En conséquence, sauf disposition contraire contenue dans un texte du Code de commerce, le débiteur peut interjeter appel de toutes les décisions rendues dans le cadre de la procédure ouverte à son égard.

95. Situation du ministère public. Les voies de recours sont très largement ouvertes au ministère public. Cela reflète le fait que le ministère public occupe une place importante en matière de procédures collectives. Il peut interjeter appel de nombreuses décisions, tels le jugement statuant sur l'ouverture de la procédure, le

---

1. Par exception, le contentieux des élections du représentant des salariés est soumis à un délai de pourvoi en cassation de cinq jours.

2. Sur cette affirmation, v. Cass. com., 22 mars 1988, *D.* 1988, 375, note F. Derrida et P. Julien ; *JCP E*, 1988, II, 15335, n° 9, obs. M. Cabrillac et M. Vivant ; Cass. com., 8 nov. 1988, *JCP CI*, 1989, I, 15468, n° 7, obs. M. Cabrillac et M. Vivant.

jugement de conversion de la sauvegarde en redressement ou en liquidation judiciaire, le jugement de conversion du redressement en liquidation judiciaire, le jugement arrêtant, rejetant ou modifiant le plan de sauvegarde, de redressement ou de cession.

Si le ministère public n'est que partie jointe, c'est-à-dire s'il n'intervient que dans le but de faire connaître son avis sur l'application de la loi, la voie de l'appel lui est fermée, puisqu'il n'est pas partie. En ce cas, il ne peut retrouver la possibilité d'interjeter appel que s'il démontre une atteinte à l'ordre public [1]. Mais nombreux sont les textes précisant en notre matière que l'appel est ouvert au ministère public, même s'il n'est que partie jointe.

96. Situation des candidats repreneurs. Le candidat repreneur n'a pas la qualité de partie dès lors qu'il a été évincé par le tribunal dans le cadre du plan de cession [2]. En revanche, le candidat repreneur retenu par le tribunal est nécessairement partie au jugement arrêtant le plan. En effet, le jugement est rendu à son profit et il peut donc en interjeter appel, cependant que son appel ne sera recevable que si le tribunal lui a imposé des charges non souscrites pendant la période de préparation du plan.

97. Voies de recours ouvertes sur les jugements statuant sur les recours contre les ordonnances du juge-commissaire. L'article L. 623-4 du Code de commerce, dans sa rédaction antérieure à la loi de sauvegarde des entreprises, excluait l'opposition et la tierce-opposition, l'appel et le recours en cassation, sur les jugements par lesquels le tribunal statuait sur le recours formé contre les ordonnances rendues par le juge-commissaire dans la limite de ses attributions, à l'exception de ceux statuant sur les revendications.

Ce principe d'exclusion des voies de recours à l'encontre des jugements statuant sur les recours contre les ordonnances du juge-commissaire a été écarté par la loi de sauvegarde des entreprises. Désormais, le principe est inverse : les jugements par lesquels le tribunal statue sur les recours à l'encontre des ordonnances du juge-commissaire sont susceptibles d'appel [3]. Par exception, l'article L. 661-5 du Code de commerce ferme l'appel et le pourvoi en cassation à l'encontre des jugements statuant sur les recours formés contre les ordonnances du juge-commissaire en application des articles L. 642-18 et L. 642-19 du Code de commerce. Il s'agit des ordonnances autorisant ou ordonnant la vente des biens immeubles ou des biens meubles du débiteur, en liquidation judiciaire. Par exception, ces jugements restent susceptibles d'appel et de pourvoi de la part du ministère public.

Il faudra toutefois réserver la possibilité d'un recours nullité ouvert à une partie qui aura succombé dans son recours formé contre l'ordonnance du juge-commissaire, dès lors que le juge-commissaire aura commis un excès de pouvoir que se refuserait à

---

1. Cass. com., 3 févr. 1998, préc.

2. Cass. com., 22 mars 1988, *Bull. civ.* IV, n° 113 ; *D.* 1988, 375, note F. Derrida et P. Julien ; *Gaz. Pal.* 1988, II, 661, note J.-P. Marchi ; 8 nov. 1988, *Bull. civ.* IV, n° 295 ; Cass. com., 13 mai 1999, *LPA* 5 août 1999, n° 155, p. 10, note P. M.

3. V. aussi en ce sens, A. Jacquemont, *Droit des entreprises en difficulté*, 4e éd., Litec, 2006, n° 221 ; A. Lienhard, *op. cit.*, n° 833.

sanctionner le tribunal saisi du recours. En effet, en confirmant la décision contenant un excès de pouvoir, le tribunal commet lui-même un excès de pouvoir rendant recevable l'appel.

2° Les voies de recours-nullité sur les jugements

98. Limitation des recours-nullité aux seuls cas d'excès de pouvoir. Lorsqu'est fermée une voie de recours réformation, peut être exercée une voie de recours nullité, et ce, à certaines conditions. En effet, pour qu'une voie de recours-nullité soit ouverte, doit être constaté au préalable un excès de pouvoir commis par la juridiction. La violation d'une règle essentielle de la procédure civile ne constitue plus, depuis un arrêt de la chambre mixte de la Cour de cassation du 28 janvier 2005 [1], un cas d'ouverture du recours-nullité. La deuxième chambre civile de la Cour de cassation, à la suite de cette décision, juge qu'« *il n'est dérogé à toute règle interdisant un recours qu'en cas d'excès de pouvoir ; que ne constitue un excès de pouvoir ni la violation des règles relatives à la composition des juridictions ni la violation du principe de la contradiction* » [2]. La remarque doit cependant être tempérée par l'observation que de nombreuses violations d'une règle essentielle de procédure civile peuvent constituer un excès de pouvoir. Il en est ainsi de l'absence de convocation d'une partie, lorsque la loi prévoit sa convocation avant que la décision ne soit rendue.

99. Constatation d'un excès de pouvoir. Le juge peut être atteint de « l'ivresse du pouvoir » [3]. L'excès de pouvoir est caractérisé non seulement lorsque le juge outrepasse ses pouvoirs, mais également lorsqu'il refuse d'utiliser ses pouvoirs [4], ce que ne reflète pas l'expression-même d'« excès de pouvoir ».

La notion d'excès de pouvoir est un correctif jurisprudentiel à l'impossibilité de remettre en cause une décision, du fait de la fermeture des voies de recours-réformation. En présence d'une violation flagrante de la loi, il serait anormal d'empêcher le plaideur de remettre en cause des décisions manifestement illégales, au seul prétexte que la loi interdit l'exercice d'une voie de recours-réformation sur la décision en question. La voie de recours-nullité apparaît ainsi comme un garde-fou contre l'arbitraire du juge.

L'excès de pouvoir, ouvrant droit à l'exercice d'une voie de recours-nullité, est surtout observé lorsque le juge use d'un pouvoir qu'il n'a pas. Ce peut par exemple être le cas d'une décision du tribunal qui englobe dans un plan de cession d'une entreprise des actifs n'appartenant pas au débiteur personne morale, mais à ses associés [5]. De même, il y a excès de pouvoir à arrêter un plan de cession au profit

---

1. Pourvoi n° 02-19.153.
2. Cass. civ. 2e, 17 nov. 2005, pourvoi n° 03-20.815.
3. V. G. Bolard, « L'appel nullité », *D.* 1988, chr. 177, n° 35, utilisant cette expression.
4. Cass. civ. 2e, 17 juin 1987, *D.* 1987, som. 359, obs. P. Julien ; *RTD civ.* 1988, 184, n° 9, obs. R. Perrot ; Cass. com., 27 avr. 1993, *Bull. civ.* IV, n° 152 ; *Rev. proc. coll.* 1994, 154, n° 13, obs. A. Lienhard. *Adde* : A. Perdriau, « Le contrôle de la Cour de Cassation en matière de faillite », *JCP* 1987, I, 3288, n° 318.
5. Cass. com., 3 mars 1992, *D.* 1992, 345, note G. Bolard ; *Defrénois* 1992, 1380, obs. J.-P. Sénéchal.

d'anciens administrateurs provisoires de l'étude d'une société civile professionnelle d'huissiers, lesquels ne sont pas des tiers [1].

100. Modalités procédurales et effets des voies de recours-nullité. La règle en la matière est simple. Les voies de recours-nullité sont les mêmes que les voies de recours-réformation si celles-ci avaient été ouvertes [2]. En application de ce principe, les parties à la décision doivent exercer un appel-nullité. Les personnes autres que les parties exerceront une tierce-opposition nullité.

En revanche, les personnes qui n'émettent aucune prétention, et qui ne sont donc ni des tiers ni des parties, par exemple les candidats acquéreurs évincés, ne peuvent exercer aucune voie de recours, et ne disposent donc d'aucune voie de recours nullité [3].

Le point de départ du délai des voies de recours nullité est le même qu'en matière de voie de recours réformation (v. ss n°s 92 et 93).

L'effet dévolutif de l'appel attaché à l'appel-réformation joue de façon strictement identique en matière d'appel-nullité.

§ 2. Le juge-commissaire

101. Nomination. Le juge-commissaire est désigné parmi les magistrats composant la juridiction d'ouverture de la procédure. Pour être désigné à cette fonction, le juge-commissaire doit avoir au moins deux ans d'ancienneté en tant que juge consulaire, sauf autorisation dérogatoire du premier président de la cour d'appel (COJ, art. 412- 4).

La loi du 26 juillet 2005 prévoit la possibilité de désigner plusieurs juges-commissaires (C. com., art. L. 621-4, al. 1).

Le tribunal peut en outre désigner un juge-commissaire suppléant (Décr. 28 déc. 2005, art. 65), qui ne peut être lui-même remplacé [4].

Compte tenu du rôle capital du juge-commissaire et de l'importance des fonctions qui lui sont dévolues, il résulte des dispositions de l'article L. 621-5 du code qu'aucun parent ou allié jusqu'au quatrième degré inclusivement du chef d'entreprise ou des dirigeants, s'il s'agit d'une personne morale, ne peut être désigné en qualité de juge-commissaire.

---

1. Cass. com., 4 oct. 2005, pourvoi n° 04-15.060.
2. V. affirmant ce principe en matière de procédure collective : Cass. com., 15 janv. 1991, *Bull. civ.* IV, n° 26 ; *D.* 1992, som. 91, obs. F. Derrida ; *Rev. proc. coll.* 1992, 154, n° 17, obs. A. Lienhard.
3. V. ainsi pour le candidat repreneur évincé dans le cadre d'un plan de continuation : Cass. com., 3 févr. 1998, *RTD com.* 1998, 680, obs. A. Martin-Serf. *Adde* pour le candidat évincé dans le cadre d'une cession d'unité de production en liquidation judiciaire : CA Riom, 14 oct. 1998, *JCP E*, 1999, pan, 445. *Adde* pour le contrôleur : CA Riom, 11 déc. 1996, *Rev. proc. coll.* 1998, 235, n° 22, obs. M. Cadiou.
4. CA Besançon, 19 févr. 1993, *Rev. proc. coll.* 1994, 25, obs. B. Dureuil.

102. Durée des fonctions. Le juge commissaire prend ses fonctions au jour de sa désignation, c'est-à-dire au jour du prononcé du jugement d'ouverture.

L'article 226 du décret du 28 décembre 2005, texte de la liquidation judiciaire, fixe la fin de la mission du juge-commissaire au jour où le compte rendu de fin de mission du liquidateur a été approuvé. Cette disposition est applicable aux procédures en cours au 1er janvier 2006 (Décr. 28 déc. 2005, art. 361-3°).

L'article 154, alinéa 1, du décret du 28 décembre 2005, texte de la sauvegarde applicable en redressement judiciaire, pour sa part, énonce que lorsque le compte rendu de mission de l'administrateur et du mandataire judiciaires a été approuvé, la procédure fait l'objet d'une ordonnance de clôture rendue par le président du tribunal. Cette décision met fin, à notre sens, aux fonctions du juge-commissaire.

Si la sauvegarde ou le redressement est clôturé, ou en cas d'arrêté d'un plan de sauvegarde ou de redressement, l'article 75 du décret du 28 décembre 2005 fixe la fin de la mission du juge-commissaire au jour où le compte rendu de fin de mission de l'administrateur judiciaire et du mandataire judiciaire a été approuvé.

Ces précisions apportées, il convient de se demander quelles sont les attributions du juge-commissaire (A), puis d'examiner quelles sont les voies de recours pouvant être exercées à l'encontre des décisions qu'il rend (B).

A. Les attributions du juge-commissaire

103. L'information du juge-commissaire. Le juge-commissaire a un rôle capital dans le cadre des procédures collectives. Les qualifications que lui ont donné la doctrine, à travers les expressions d'« homme orchestre » [1] ou encore de « chef d'orchestre de la procédure » [2], illustrent bien son importance. C'est le pivot de la procédure collective.

Le juge-commissaire a notamment pour mission de veiller au déroulement rapide de la procédure. Pour ce faire, il doit être tenu informé, par l'administrateur judiciaire et le mandataire judiciaire ou le liquidateur, selon le cas, du déroulement et la procédure. Il peut ainsi solliciter de ces derniers la communication de tous les actes et documents que ceux-ci détiennent. Cette obligation de communication pèse également sur le ministère public, qui peut se voir solliciter la communication de tous renseignements détenus qui pourraient être utiles à la procédure.

Le juge-commissaire peut également demander au commissaire aux comptes [3], aux membres et représentants du personnel, aux administrations et organismes de prévoyance et de sécurité sociale, aux établissements de crédit [4], ainsi qu'aux services chargés de centraliser les risques bancaires et les incidents de paiement (telle la banque de France), tous renseignements sur la situation économique et financière de l'entreprise. Ce droit de communication n'est cependant orienté que vers les

---

1. C. Saint-Alary-Houin, *op. cit.*, n° 406 ; Y. Chaput, *op. cit.*, n° 292.
2. Derrida, Godé et Sortais, *op. cit.*, n° 90 ; F. Pérochon et R. Bonhomme, *op. cit.*, n° 141.
3. V. pour cette obligation à propos d'experts comptables : CA Paris, 3e ch. A, 29 avr. 1997 : *Rev. proc. coll.* 1998, 68, n° 8, obs. B. Soinne.
4. V. ainsi CA Poitiers, 12 mai 1993, *Rev. proc. coll.* 1995, 48, n° 5, obs. B. Dureuil.

opérations de redressement de l'entreprise [1]. Il ne peut être utilisé pour caractériser des fautes de tiers à l'égard de créanciers [2].

Le juge-commissaire qui, ne pourra se saisir lui-même, mais pourra être saisi par toute personne intéressée [3], et non plus seulement par les mandataires de justice, est habilité à procéder à la désignation de techniciens chargés d'établir des rapports. La solution est spécialement importante dans le cadre de la responsabilité pécuniaire des dirigeants sociaux.

Étant particulièrement bien informé, le juge-commissaire doit, pour sa part, faire rapport sur tout ce qui concerne la sauvegarde, le redressement et la liquidation judiciaires, ainsi que la faillite personnelle et l'interdiction de gérer (Décr. 28 déc. 2005, art. 348, al. 1), à l'exception des recours sur ses ordonnances (Décr. 28 déc. 2005, art. 348, al. 2).

104. Initiatives du juge-commissaire. Le juge-commissaire a d'importants pouvoirs en matière de mesures conservatoires. Ainsi, peut-il ordonner, en liquidation judiciaire seulement depuis la loi de sauvegarde des entreprises, le détournement du courrier (C. com., art. L. 641-15) ou encore fixer la rémunération du chef d'entreprise ou des dirigeants, en redressement ou en liquidation judiciaire, mais non en sauvegarde.

Il peut solliciter le remplacement des organes de la sauvegarde, du redressement ou de la liquidation judiciaire.

105. Pouvoirs en matière de délivrance d'autorisation. En tant que chef d'orchestre de la procédure, le juge-commissaire a pour attribution essentielle celle de délivrer, aux organes de la procédure, des autorisations. Ainsi, autorise-t-il les licenciements en période d'observation du redressement judiciaire (C. com., art. L. 631-17). Il autorise les paiements provisionnels, le retrait contre paiement de la chose gagée ou retenue, les attributions judiciaires de gage en liquidation judiciaire. Il autorise également les actes étrangers à la gestion courante de l'entreprise, les transactions, les constitutions de sûreté, ainsi que les substitutions de garanties en sauvegarde ou en redressement judiciaire.

Le juge-commissaire autorise qu'il soit fait application, en deçà des seuils rendant obligatoire leur application, des règles relatives aux comités de créanciers en sauvegarde et en redressement (C. com., art. L. 626-29).

Dans le domaine des réalisations d'actifs, les attributions du juge-commissaire sont particulièrement importantes. En effet, dans le cadre des réalisations de biens immobiliers, il appartient au juge-commissaire de choisir le mode de réalisation, adjudication amiable, saisie de gré à gré [4]. En matière de ventes mobilières, c'est également à lui qu'il échet d'autoriser les ventes, sous réserve des règles spéciales à la liquidation judiciaire simplifiée (V. ss n° 326).

---

1. Kerckhove, *op. cit.*, n° 298.
2. CA Paris, 2 avr. 1991, et T. com. Nice, 17 sept. 1991, *D.* 1992, somm. 10, obs. F. Derrida ; CA Reims, 3 juin 1991, *Rev. proc. coll.* 1992, 55, obs. B. Dureuil ; CA Paris, 17 janv. 1995, *Rev. proc. coll.* 1995, 286, n° 2, obs. B. Dureuil.
3. Rapp. Xavier de Roux, n° 2095, p. 193.
4. Cass. com., 6 déc. 1994, *Rev. proc. coll.* 1995, 287, n° 2, obs. B. Dureuil.

Les décisions du juge-commissaire qui se bornent à donner une habilitation relèvent de la matière gracieuse. Dans ce cadre, le juge peut se prononcer sans débat. Ces ordonnances rendues par le juge-commissaire n'ont donc pas à respecter la règle du contradictoire et ne nécessitent pas de motivation [1]. Cependant le décret du 28 décembre 2005 prévoit parfois la convocation de certaines personnes dans le cadre des demandes d'habilitation relevant du domaine gracieux. Dans cette hypothèse, l'absence de respect du contradictoire pourra être une cause de nullité de l'ordonnance puisque la convocation est prévue même si elle se situe dans le cadre d'une décision à intervenir dans le domaine gracieux [2].

Mais, même dans le domaine de la matière gracieuse, les ordonnances du juge-commissaire présentent un caractère juridictionnel.

106. Pouvoirs en matière de juridiction contentieuse. Est d'abord attribué au juge-commissaire le contentieux de la continuation des contrats en cours [3]. Ce dernier a notamment pour mission de statuer sur les litiges relatifs à l'exercice de l'option sur la continuation des contrats en cours ouverte à l'administrateur judiciaire [4]. Depuis la loi de sauvegarde des entreprises, en l'absence d'administrateur judiciaire, le juge-commissaire est l'arbitre entre le débiteur et le mandataire judiciaire, lorsque le premier désire continuer un contrat, alors que le second n'a pas donné son avis conforme.

La vérification du passif lui est également dévolue [5]. Il est maître de la décision sur le point de savoir si le passif chirographaire sera ou non vérifié. Il rend des ordonnances d'admission des créances non contestées et, dans le cas contraire, se prononce par voie d'ordonnance sur l'admission ou le rejet de la créance contestée. Le juge-commissaire dresse le relevé des créances salariales et admet les créances fiscales et sociales à titre provisionnel. Enfin, dans le cadre de sa mission relative à la vérification du passif, il lui appartient de statuer sur les demandes en relevé de forclusion ou en constat de non forclusion.

Dans le cadre de sa juridiction contentieuse, il lui appartient encore de rendre des ordonnances en matière de revendication ou de restitution dès lors que le mandataire de justice compétent ou le débiteur a refusé d'acquiescer à la demande en revendication ou en restitution.

Le décret (art. 67, al. 2) précise que le juge-commissaire doit statuer dans un délai raisonnable. Cette précision est opportune dans la mesure ou le juge-commissaire doit veiller au bon déroulement de la procédure, qu'il ne doit pas perturber par sa propre lenteur à rendre le droit [6].

---

1. CA Aix-en-Provence, 6 janv. 1994, *Gaz. Pal.* 8 juill. 1994, p. 8, obs. Latil ; *Rev. proc. coll.* 1995, 43, n° 1, obs. B. Dureuil.
2. V. CA Colmar, 1re ch. civ., 7 sept. 1993, *Rev. proc. coll.* 1994, 29, n° 6, obs. B. Dureuil.
3. Cass. com., 8 déc. 1987, *D.* 1988, 53, obs. F. Derrida.
4. Cass. com., 25 janv. 1994, *Rev. proc. coll.* 1995, 47, n° 5, obs. B. Dureuil.
5. Sur cette compétence exclusive, v. ainsi Cass. com., 27 oct. 1999, *RTD com.* 2000, 191, obs. A. Martin-Serf.
6. Pour une application, Cass. com., 5 juill. 2005, n° 04.11 320, *Gaz. proc. coll.* 2005/3, p. 55, note F. Pérochon ; *D.* 2005, jur. p. 2165, note E. Le Corre-Broly.

Les ordonnances rendues en matière contentieuse doivent être motivées [1] et le principe du contradictoire doit être respecté, en application des dispositions de l'article 16, alinéa 1, du nouveau Code de procédure civile [2].

La procédure devant le juge-commissaire est orale. Lorsque la procédure est ouverte devant le tribunal de commerce, les intéressés peuvent se présenter en personne ou se faire représenter par un avocat ou par toute personne de leur choix dès lors que celle-ci est munie d'un mandat *ad litem*. Une exception existe cependant pour les contrôleurs qui doivent obligatoirement se faire représenter par avocat s'ils ne se présentent pas en personne. Lorsque la procédure est ouverte devant un tribunal de grande instance, les intéressés peuvent se présenter en personne. Cependant, s'ils se font représenter, ce ne peut être que par un avocat.

B. Les voies de recours à l'encontre des ordonnances du juge-commissaire

Il convient de préciser quelles sont les voies de recours à l'encontre des ordonnances du juge-commissaire ouvertes aux parties (1°) puis quelles sont celles ouvertes aux personnes qui n'ont pas cette qualité (2°).

1° Voies de recours ouvertes aux parties

107. Le principe : l'opposition sur l'ordonnance rendue par le juge-commissaire. La voie de recours ouverte à l'encontre des ordonnances rendues par le juge-commissaire est, en application de l'article 67, alinéa 4, du décret du 28 décembre 2005, portée devant le tribunal. La pratique, relayée par la doctrine, évoque l'opposition à l'encontre de l'ordonnance du juge-commissaire.

Les personnes pouvant exercer un recours sont toutes celles dont les droits sont susceptibles d'être affectés par l'ordonnance du juge commissaire. Il s'agit là d'une acception particulière de la notion de partie. Toutes ces personnes doivent être destinataires de la notification.

Le tribunal joue ainsi le rôle de juridiction d'appel.

108. L'exception : l'appel. Dans certaines hypothèses, le législateur a prévu que la voie de recours devant être exercée sur l'ordonnance du juge-commissaire n'est pas l'opposition, mais l'appel.

C'est le cas en matière d'ordonnances statuant dans le domaine de la vérification et l'admission des créances. Dans ce cadre, les ordonnances statuant sur l'admission des créances doivent faire l'objet d'un appel et non pas d'une opposition. Il convient en revanche de noter que l'opposition est la voie de recours à utiliser à l'encontre des ordonnances statuant sur le relevé de forclusion [3] ou sur le constat de la non

---

1. V. ainsi CA Douai, 17 juin 1993, et CA Angers, 6 juin 1995, *Rev. proc. coll.* 1996, 54, n° 4, obs. B. Dureuil.
2. Cass. com., 6 juin 1995, *Rev. proc. coll.* 1995, 291, n° 7, obs. B. Dureuil ; Cass. com., 19 janv. 1999, *DPDE Bull.* 183 *bis* (10 mars 1999), p. 3, v° *Juge-commissaire*, n° 37.
3. *Contra* : A. Jacquemont, *op. cit.*, n° 221.

forclusion, faute de texte spécial, contrairement à la solution posée, sous l'empire de la législation antérieure, pour les ordonnances statuant en matière de relevé de forclusion qui étaient susceptibles d'un appel.

Les ordonnances rendues dans le cadre de substitution de garantie sont également susceptibles d'un appel.

Lorsque le juge-commissaire statue en deçà du taux du ressort du tribunal ayant ouvert la procédure, seul le pourvoi en cassation peut être exercé, et non pas l'appel.

109. Forme de la voie de recours. La forme de l'appel est celle de droit commun. Le ministère d'avoué est donc obligatoire.

La déclaration d'opposition peut, pour sa part, être faite au greffe selon deux formes. La première forme est la déclaration orale au greffe. La seconde est une déclaration écrite par lettre recommandée avec demande d'avis de réception.

110. Délai de la voie de recours. L'article 67, alinéa 4, du décret précise que le recours doit être formé dans un délai de 10 jours qui court à compter de la notification de l'ordonnance, ce délai ayant remplacé le délai de huit jours antérieurement posé par le décret du 27 décembre 1985. À défaut de notification de l'ordonnance, le délai de 10 jours imparti par le décret du 28 décembre 2005 ne pourra commencer à courir.

L'appel — voie de recours d'exception — doit être exercé dans le même délai de dix jours.

Ainsi, les délais d'opposition et d'appel courent-ils à compter de la notification.

2° Voies de recours ouvertes aux personnes autres que les parties

111. Notion de personnes autres que les parties. Le ministère public peut saisir le tribunal aux fins d'annulation ou de réformation d'une ordonnance rendue par le juge-commissaire. L'article 67, alinéa 5, du décret du 28 décembre 2005 indique que le recours peut être formé par le ministère public dans les dix jours de la communication de l'ordonnance. Le recours sera formé par requête motivée.

La notion de personnes autres que les parties n'est plus utilisée par la législation de sauvegarde des entreprises. Les articles 109 et 111 du décret du 28 décembre 2005 utilisent le vocable de « tout intéressé » ou de « tiers » pour déterminer les personnes pouvant former une réclamation à l'encontre de l'état des créances.

Cette réclamation ne concerne pas les voies de recours sur les décisions de relevé de forclusion [1] ou de constat de la non forclusion. La réclamation sera spécialement utile au dirigeant social qui serait poursuivi en paiement des dettes sociales ou à des cautions ou codébiteurs solidaires voulant éviter de se voir opposer l'autorité de la chose jugée, en application de la théorie de la représentation mutuelle des coobligés.

---

1. V. ainsi CA Metz, 4 janv. 1994, *Rev. proc. coll.* 1995, 107, n° 4, obs. B. Dureuil.

Section II
Le ministère public [1]

112. Présentation générale de la place du ministère public dans les procédures collectives. La place du ministère public est particulièrement importante en matière de droit des entreprises en difficulté. Ce rôle important, qui a été donné au ministère public, traduit la dimension d'intérêt général, défendue par le ministère public, prise en considération dans le cadre du redressement des entreprises [2].

Le ministère public, dans le cadre de la procédure de sauvegarde, de redressement ou de liquidation judiciaire, exerce un contrôle de l'ordre public économique, notamment par le biais des voies de recours qui lui sont largement ouvertes. Cela est d'autant plus vrai que depuis la loi du 10 juin 1994, l'appel du ministère public est seul suspensif, sous réserve des jugements d'ouverture de sauvegarde ou de redressement judiciaire, alors qu'en principe l'exécution provisoire est de droit en la matière (v. ss n° 79).

De façon générale, le législateur, dans la loi de sauvegarde des entreprises, a substitué, de façon quasi systématique, au vocable antérieur utilisé de « procureur de la République » celui de « ministère public », ce qui englobe le procureur général près la Cour d'appel.

Afin de pouvoir jouer son rôle de surveillant de l'ordre public économique, il doit être à même de disposer de toutes les informations relatives à la procédure collective. C'est la raison pour laquelle il est largement informé, du fait d'un large droit à l'information, de tout ce qui a trait à la procédure (§ 1). En outre, il dispose d'autres pouvoirs qu'il conviendra d'examiner (§ 2).

§ 1. L'INFORMATION DU MINISTÈRE PUBLIC

113. Information du ministère public. En application de l'article 425-2° du NCPC, tel qu'issu de la rédaction que lui a donnée le décret du 28 décembre 2005, le ministère public doit avoir communication des procédures de sauvegarde, de redressement judiciaire et de liquidation judiciaire, des causes relatives à la responsabilité pécuniaire des dirigeants sociaux et des procédures de faillite personnelle ou d'interdiction de gérer. Ainsi, le domaine de la communication de la procédure a été étendu par la législation de sauvegarde des entreprises, puisque, auparavant, le ministère public n'avait pas communication des causes intéressant les débiteurs personnes physiques, sauf dans le domaine des sanctions.

Avant l'ouverture des débats [3], le ministère public doit être avisé de la date d'audience (NCPC, art. 429).

---

1. Sur la question, v. M.A. Lafortune, « Le ministère public et l'entreprise en difficulté », *LPA* 12 janv. 1994, p. 20 ; J.-P. Marchi, « Le rôle du procureur de la République », *Rev. jurispr. com.*, n° spéc. févr. 1987, 101 ; J.-F. Renucci, « Le rôle du ministère public », in *L'application de la loi du 25 janvier 1985*, *LPA* 24 juill. 1991, p. 8.
2. Derrida, Godé et Sortais, *op. cit.*, n° 91.
3. Cass. com., 11 mai 1982, *Bull. civ.* IV, n° 176.

L'information qui doit parvenir au ministère public doit émaner également de l'administrateur, du mandataire judiciaire ou liquidateur. En effet, ceux-ci doivent tenir informé le procureur de la République du déroulement de la procédure par des rapports.

Ce droit à l'information du ministère public peut également être exercé à l'égard des autres organes de la procédure auprès desquels il peut solliciter tous actes ou documents relatifs à la procédure.

L'administrateur ou, à défaut, le débiteur, est tenu d'informer à tout moment le procureur de la République du résultat d'exploitation, de la situation de la trésorerie et de la capacité du débiteur à payer les dettes nées après l'ouverture de la procédure collective.

Dès lors qu'est prononcée la liquidation judiciaire, le liquidateur doit remettre au ministère public des informations trimestrielles relatives aux opérations de réalisation des actifs et au montant des sommes versées à la caisse des dépôts et consignations ainsi que l'état des répartitions faites aux créanciers (C. com., art. L. 641-7). Cela permet au ministère public de surveiller et de vérifier l'état des répartitions et, plus généralement, les opérations intéressant les créanciers.

Le rôle du ministère public est, très naturellement, important en matière d'infractions pénales. Afin de l'alerter, les mandataires judiciaires ou les liquidateurs doivent informer celui-ci de tous faits de nature à entraîner une faillite personnelle ou une interdiction de gérer.

Ce droit à l'information n'est pas à sens unique. En effet, dans la mesure où le ministère public est particulièrement bien informé de la procédure, il doit, à son tour, retransmettre les informations dont il dispose au juge-commissaire, et ce, tant en phase de période d'observation de la sauvegarde ou du redressement judiciaire qu'en phase de liquidation judiciaire.

§ 2. Les pouvoirs du ministère public

114. Pouvoirs du ministère public. L'une des prérogatives majeure du ministère public est de pouvoir exercer des voies de recours sur les décisions rendues ayant trait à la procédure collective. En effet, la faculté dont dispose le ministère public d'exercer des voies de recours est particulièrement étendue, d'autant que l'effet de celles-ci est, par principe, suspensif.

Le ministère public peut demander la résiliation d'un contrat de location-gérance conclu préalablement au plan de cession et demander la résolution du plan de cession faisant suite à la résiliation du contrat de location-gérance.

Il peut solliciter le remplacement du liquidateur.

Il peut encore saisir la cour d'appel pour renvoi de l'affaire devant une autre juridiction si les intérêts en présence le justifient.

Le ministère public peut saisir le tribunal aux fins d'ouverture de la procédure de redressement ou de liquidation judiciaire.

Le ministère public a le pouvoir de demander la résolution du plan de sauvegarde, de redressement ou de cession.

Le ministère public peut solliciter le report de la date de cessation des paiements.

Il peut encore solliciter le renouvellement de la période d'observation ou au contraire demander la cessation d'activité et la conversion de la procédure en liquidation judiciaire. Le ministère public détient seul le pouvoir de solliciter, de façon exceptionnelle, le renouvellement de la période d'observation suite à un renouvellement classique.

Les pouvoirs du ministère public ne sont pas limités à l'entreprise ; ils sont également relatifs aux organes de la procédure. En effet, il peut solliciter leur remplacement ou demander l'adjonction d'un administrateur. Les pouvoirs du ministère public sont également relatifs aux dirigeants de l'entreprise puisqu'il peut seul solliciter du tribunal qu'il subordonne l'adoption du plan de sauvegarde ou de redressement à leur éviction, à la cession forcée ou à l'incessibilité de leurs parts ou actions.

Le ministère public peut demander que les dirigeants de l'entreprise supportent tout ou partie du passif social, ou qu'ils soient condamnés à l'obligation aux dettes sociales. Il peut en outre demander que des sanctions soient prononcées contre le débiteur ou les dirigeants (faillite personnelle ou interdiction de gérer, banqueroute ou autres infractions).

Chapitre 2

Les organes non juridictionnels

Les organes non juridictionnels sont, d'une part, les mandataires de justice, organes désignés par le tribunal (Section I) et, d'autre part, les organes de défense des salariés (Section II).

L'étude du commissaire à l'exécution du plan sera évoquée ultérieurement dans le cadre des plans de sauvegarde et de redressement (v. ss n°s 255 et 256). Les contrôleurs, pour leur part, auxquels la loi de sauvegarde attribue subsidiairement un rôle d'organe, seront évoqués dans le cadre de l'étude de la situation des créanciers (v. ss n°s 349 et s.).

Section I
Les mandataires de justice

Deux catégories d'organes judiciaires peuvent être distinguées. Certains d'entre eux se voient dévolue une mission tendant à la recherche du redressement *lato sensu* de l'entreprise (§ 1), alors que d'autres ont pour vocation la défense de l'intérêt collectif des créanciers (§ 2). Ces deux catégories d'organes judiciaires, à l'exception de l'expert, sont désignés sous le vocable de « mandataires de justice ». Il échet, de façon préliminaire, de préciser quelles sont les règles générales relatives à ces derniers (paragraphe préliminaire).

§ préliminaire. DISPOSITIONS GÉNÉRALES RELATIVES AUX MANDATAIRES DE JUSTICE

115. L'existence de deux professions distinctes. Le terme de « mandataire de justice » vise deux professions strictement réglementées qui sont celles de mandataire judiciaire et d'administrateur judiciaire. À l'occasion d'un livre très médiatisé, il a été jugé que les mandataires de justice ne sont pas des citoyens chargés d'un service ou d'un mandat public, car ils ne disposent d'aucune prérogative de puissance publique. Il en résulte qu'il n'y a pas place à application du régime spécifique intéressant ces personnes, s'estimant victimes de diffamation, qui prévoit que l'action civile ne peut être exercée indépendamment de l'action publique [1].

Les mandataires judiciaires sont des « *mandataires, personnes physiques ou morales, chargés par décision de justice de représenter les créanciers et de procéder à la liquidation d'une entreprise*[...] » (C. com., art. L. 812-1, al. 1). L'administrateur judiciaire est la personne physique ou morale chargée, par décision de justice, d'administrer les biens d'autrui ou d'exercer des fonctions d'assistance ou de surveillance dans la gestion de ses biens (C. com., art. L. 811-1, al. 1). La distinction entre les professions de mandataire judiciaire et d'administrateur judiciaire résulte de la loi du 25 janvier 1985. Auparavant, la réunion des deux professions, sous le vocable de « syndic-administrateur judiciaire », pouvait apparaître choquante et revenait, pour prendre une comparaison, imagée certes, mais évocatrice, à conférer aux médecins le monopole des pompes funèbres...

Ainsi, afin de ne pas faire porter par la même tête deux casquettes inconciliables — celle de représentant ou d'assistant du débiteur et celle de défenseur de l'intérêt collectif des créanciers — la profession unique de syndic-administrateur judiciaire a été supprimée et s'est réalisée une scission entre les professions d'administrateur et de mandataire liquidateur, les deux professions étant incompatibles.

116. Conditions d'accès aux professions de mandataire judiciaire et d'administrateur judiciaire — Incompatibilités. Les professions de mandataire judiciaire et d'administrateur judiciaire sont strictement réglementées. Ces derniers doivent être de nationalité française ou ressortissants de la Communauté européenne, être d'une moralité suffisante, être titulaires de certains diplômes, avoir effectué un stage professionnel de trois ans, accessible depuis la loi du 3 janvier 2003 à l'issue d'un examen, organisé pour la première fois en 2006, préalablement à l'obtention d'un examen professionnel très sélectif.

Leur profession est incompatible avec l'exercice de toute autre profession, sous réserve de la possibilité pour les administrateurs d'être avocats.

117. Désignation des mandataires de justice par la juridiction. Les administrateurs sont inscrits sur une liste nationale et ont vocation à être désignés sur tout le territoire national. La solution a été étendue par la loi du 3 janvier 2003 aux mandataires judiciaires, qui, jusqu'alors, étaient inscrits sur une liste régionale.

Les professionnels sont choisis sur cette liste par le tribunal ou par la cour d'appel, lorsque cette dernière ouvre la procédure. Le choix du mandataire par la juridiction est discrétionnaire [2] sous réserve des dispositions d'incompatibilités rendant impos-

---

1. Cass. Ch. mixte, 4 nov. 2002, 3 arrêts, *LPA* 16 sept. 2003, n° 185, p. 6, note G. Gil ; *Rev. proc. coll.* 2004, 54, n° 7, obs. B. Soinne ; Cass. civ. 2e, 27 mars 2003, n° 00-19.551, *Act. proc. coll.* 2003/11, n° 139 ; Cass. civ. 2e, 18 sept. 2003, n° 02-15.187.

2. Cass. civ. 2e, 14 déc. 1992, *D.* 1993, som. 193, obs. A. Honorat. *Adde :* Rép. min. Ass. nat. Q.E. 29 juill. 1996, p. 418. Cependant, le mandataire de justice qui n'est jamais désigné subit un préjudice qui doit être réparé par l'État, puisqu'il est collaborateur du service public : Cass. civ. 1re, 30 janv. 1996, *Bull. civ.* I, n° 51 ; *D.* 1997, 83, note Legrand ; *JCP* 1996, II, 22608, rapp. Sargos ; *Rev. proc. coll.* 1996, 337, obs. Soinne ; *Gaz. Pal.* 1997, 1, 256, concl. Sainte-Rose. Seul un préjudice anormal et spécial ouvrira droit à indemnisation de la part de l'État : Cass. com., 12 avr. 2005, n° 03-20.579, *Rev. proc. coll.* 2005/2, p. 111, note B. Soinne.

sibles la désignation de parent ou allié jusqu'au quatrième degré inclusivement du chef d'entreprise ou des dirigeants, s'il s'agit d'une personne morale.

Les articles L. 811-2 et L. 812-2 autorisent les tribunaux, à titre exceptionnel, par décision spécialement motivée, à désigner comme administrateur judiciaire ou mandataire judiciaire des personnes physiques ayant une expérience ou une qualification particulière au regard de la nature de l'affaire, même s'ils ne sont pas inscrits sur la liste, par exemple en cas de procédure atteignant un professionnel libéral.

Le tribunal, d'office ou sur proposition du juge-commissaire ou du ministère public, peut procéder au remplacement de l'administrateur judiciaire, de l'expert, du mandataire judiciaire, ainsi que du liquidateur. Le juge-commissaire peut également saisir le tribunal à cette fin sur la demande qui lui en est faite émanant de l'administrateur, du mandataire judiciaire ou d'un contrôleur.

Le débiteur a également la possibilité de solliciter du juge-commissaire que ce dernier saisisse le tribunal aux fins de remplacement de l'administrateur, de l'expert, ou encore du liquidateur. Pour leur part, les créanciers peuvent solliciter du juge-commissaire la saisine du tribunal aux fins de remplacement du mandataire judiciaire ou du liquidateur.

L'ordre ou l'autorité compétente d'un professionnel libéral peut également demander au ministère public de saisir le tribunal aux fins de remplacement des organes.

Afin d'assurer une certaine continuité, le mandataire de justice qui se trouve remplacé doit rendre ses comptes à son remplaçant (Décr. 28 déc. 2005, art. 31).

Rares sont les voies de recours pouvant être dirigées à l'encontre des décisions de remplacement ou de désignation d'organes. En effet, l'article L. 661-6-I, 1°, du Code de commerce précise que les jugements relatifs à la nomination ou au remplacement des organes ne sont susceptibles que d'un appel de la part du ministère public.

La rémunération des mandataires de justice est très précisément prévue, sous forme de tarification.

Les tâches qui leur sont confiées leur incombent personnellement. Ils ne peuvent les déléguer que sur autorisation motivée du président du tribunal et à condition de les rémunérer personnellement, sauf à commettre le délit de malversation [1].

118. Responsabilité — Assurance. La mise en cause de la responsabilité civile délictuelle des mandataires de justice est soumise aux dispositions de droit commun : une faute, un préjudice, et enfin un lien de causalité entre le préjudice et la faute commise.

Le tribunal compétent pour connaître de cette action en responsabilité est le tribunal de grande instance (Décr. 28 déc. 2005, art. 339). Le mandataire de justice a la possibilité de se prévaloir des dispositions de l'article 47 du NCPC, l'autorisant à solliciter la connaissance de l'affaire par une juridiction limitrophe qui ne le désigne pas.

---

1. V. avant la loi du 3 janvier 2003, Cass. crim. 26 sept. 2001, *D.* 2001, AJ, 3198, obs. A. Lienhard ; *D.* 2002, somm. 208, obs. F. Derrida ; *Act. proc. coll.* 2001/19, n° 245 ; *LPA* 8 janv. 2002, n° 6, p. 20, note T. Montéran ; *RTD com.* 2002, 381, n° 5, obs. B. Bouloc ; *Rev. sociétés* 2002, 81, obs. B. Bouloc ; *Rev. sociétés* 2002, 342, note B. Bouloc.

Conformément aux dispositions de l'article 2270-1 du Code civil, l'action en responsabilité professionnelle se prescrit par 10 ans à compter de la fin de mission du mandataire de justice.

Pour répondre de sa condamnation, le mandataire de justice doit obligatoirement souscrire une assurance de responsabilité civile, même s'il ne figure pas sur la liste des professionnels.

§ 1. Les organes de recherche du redressement

Les organes de recherche du redressement sont, d'une part, l'administrateur judiciaire (Sous-paragraphe 1) et, d'autre part, les experts (Sous-paragraphe 2).

Sous-paragraphe 1. L'administrateur judiciaire

119. Désignation. La désignation de l'administrateur judiciaire est obligatoire à partir de certains seuils. Il résulte de la combinaison des articles L. 621-4, alinéa 4, du Code et 53 du décret du 28 décembre 2005 que le tribunal doit désigner un administrateur si l'entreprise emploie au moins 20 salariés ou réalise au moins 3 000 000 d'euros de chiffres d'affaires hors taxes par an, ces deux seuils étant déterminés par l'article 53, alinéas 2 et 3, du décret. En deçà de ces seuils, la nomination de l'administrateur judiciaire est facultative.

Le ministère public ou le juge-commissaire peut demander au tribunal d'adjoindre un ou plusieurs administrateurs à l'administrateur déjà désigné. L'administrateur, le mandataire judiciaire ou un créancier nommé contrôleur peut demander au juge-commissaire de saisir à cette fin le tribunal. Le tribunal peut également procéder à une telle désignation d'office. L'ordre professionnel ou l'autorité compétente dont, le cas échéant, relève le débiteur, professionnel libéral, peut saisir le ministère public à cette même fin (C. com., art. L. 621-7, al. 2).

120. Durée de la mission. Le jour du prononcé de la liquidation judiciaire marque, par principe, la fin de la mission de l'administrateur judiciaire. Cependant, si le tribunal a autorisé une poursuite provisoire d'activité dans le cadre de la liquidation judiciaire, l'administration de l'entreprise est assurée par l'administrateur restant alors en fonction, qui aura notamment pour mission de tenter d'élaborer un plan de cession.

Dans le cadre des plans, lorsqu'il a accompli sa mission de passer les actes nécessaires à la mise en œuvre des plans, il dépose au greffe un compte rendu de mission, qui après approbation, entraînera fin de sa mission, selon les règles posées par les articles 150 à 152 et 154 du décret du 28 décembre 2005.

Dès lors que sa mission est achevée, l'administrateur ne peut plus agir en justice [1].

---

1. V. ainsi, Cass. com., 24 sept. 2003, *Bull. civ.* IV, n° 243 ; *D.* 2003, AJ, 2438, obs. A. Lienhard ; *JCP E,* 2004, chron. 151, p. 174, n° 5, obs. Ph. Pétel ; *Bull. Joly* 2003/12, p. 1265, § 265, note P. Cagnoli ; *JCP E,* 2004, jur. 385, p. 423, note J.-P. Legros ; *Rev. sociétés* 2004, 412, note F.-X. Lucas.

121. Mise en cause — Dénonciations. L'administrateur judiciaire doit être mis en cause en cas de reprise d'actions en paiement entamées avant le jugement d'ouverture (C. com., art. L. 622-22) ou d'actions autres que les actions en paiement (C. com., art. L. 622-23). En outre, les saisies engagées avant jugement d'ouverture et ayant joué au jour de celui-ci, si elles n'ont pas été signifiées au débiteur avant jugement, doivent faire l'objet d'une signification à l'administrateur.

L'administrateur doit également être mis en cause, lorsqu'il a une mission d'administration, pour la poursuite des instances prud'homales (C. com., art. L. 625-4, al. 2).

Il convient de préciser d'abord quelle est la mission de l'administrateur judiciaire, organe du redressement de l'entreprise (A), avant d'envisager la responsabilité que ce dernier encourt dans le cadre de l'exercice de sa mission (B).

A. La mission de l'administrateur judiciaire

La mission de l'administrateur judiciaire est particulièrement étendue. Son importance est illustrée par de larges pouvoirs (1°), mais également par des obligations d'information auprès de la juridiction qui l'a désigné (2°).

1° Les pouvoirs de l'administrateur judiciaire

122. Pouvoirs sur autorisation du juge-commissaire. Sur autorisation du juge-commissaire, l'administrateur pourra procéder à des actes qui, en principe, lui sont interdits, tels que, notamment, des compromis [1] ou des transactions, la constitution de sûreté sur les biens de l'entreprise, la substitution d'une sûreté à une sûreté existante, ou encore le paiement de certains créanciers antérieurs afin de retirer un gage ou une chose retenue. L'administrateur peut également procéder aux licenciements économiques pendant la période d'observation du redressement judiciaire.

123. Pouvoirs ne nécessitant pas d'autorisation du juge-commissaire. La majorité des pouvoirs de l'administrateur judiciaire résultent directement de la loi, sans qu'aucune autorisation n'ait à être accordée à l'administrateur judiciaire par le tribunal ou par le juge-commissaire.

Fort logiquement, la majorité de ses pouvoirs sont liés à la poursuite de l'activité.

L'administrateur peut demander le renouvellement de la période d'observation ou, au contraire, saisir le tribunal aux fins de cessation partielle ou totale de l'activité ou de conversion du redressement en liquidation judiciaire.

L'administrateur judiciaire détient également des pouvoirs tendant à la reconstitution ou à la préservation des actifs du débiteur. Il peut d'abord exercer l'action principale en vue de la reconstitution des actifs du débiteur, l'action en nullité de la période suspecte ou, aux fins d'agir par la suite en nullité de la période suspecte, solliciter du tribunal un report de la date de cessation des paiements. Il peut aussi agir dans le cadre d'une action en rapport contre le tireur d'une lettre de change ou le

---

1. V. sur la nullité d'un compromis sans intervention de l'administrateur judiciaire et sans autorisation du juge-commissaire : CA Paris, 10 févr. 1994, *D.* 1994, IR, 79.

donneur d'ordre, contre le bénéficiaire d'un chèque ou le premier endosseur d'un billet à ordre ou encore contre le conjoint effectuant des reprises.

Depuis la loi de sauvegarde des entreprises, l'administrateur judiciaire ne peut agir ni en sanction pécuniaire contre le dirigeant de la personne morale débitrice, ni en faillite personnelle ou en interdiction de gérer contre ces mêmes dirigeants ou contre le débiteur. En revanche, l'administrateur conserve sa qualité à se constituer partie civile pour rechercher la responsabilité pénale du débiteur ou des dirigeants, dans le cadre des infractions visées au chapitre 4 du titre V du livre VI du Code de commerce (C. com., art. L. 654-16).

D'autres pouvoirs sont également orientés vers le redressement de l'entreprise. En effet, l'administrateur a pour mission de gérer l'entreprise pendant la période d'observation. Toutefois, ses pouvoirs seront variables, en fonction de la mission que le tribunal lui aura confiée, ces pouvoirs différant encore selon qu'il y a ouverture d'une sauvegarde ou d'un redressement judiciaire.

En sauvegarde, le chef d'entreprise n'est jamais dessaisi. L'administrateur pourra avoir une simple mission de surveillance ou une mission d'assistance.

En redressement judiciaire, la mission d'assistance, qui pouvait lui être confiée sous l'empire de la législation antérieure, n'est plus concevable. Le tribunal choisira entre une mission d'assistance ou d'administration.

L'administrateur peut également avoir une mission dans le cadre de la liquidation judiciaire lorsqu'a été prévue une période provisoire d'activité autorisée par le tribunal. Dans cette hypothèse, l'administrateur a alors en charge l'administration de l'entreprise.

La continuation des contrats en cours est un des très importants pouvoirs, au demeurant exclusif, que la loi attribue à l'administrateur. Cette mission apparaît capitale dans la mesure où si les liens avec les partenaires contractuels ne sont pas maintenus, l'avenir de l'entreprise s'avérera très compromis. L'administrateur a toute latitude pour opter sur la continuation ou non des contrats en cours (C. com., art. L. 622-13). Cette faculté lui est également ouverte, pendant la poursuite provisoire d'activité autorisée par le tribunal dans le cadre de la liquidation judiciaire. Il lui appartient également, dans le cadre de cette poursuite provisoire d'activité, de procéder aux licenciements.

Dans le cadre de la période d'observation, l'administrateur a le pouvoir de faire des actes conservatoire des droits de l'entreprise contre ses débiteurs.

S'il en a été désigné un administrateur judiciaire est l'organe auquel doivent être adressées les demandes en acquiescement de revendication ou de restitution, tant en période d'observation, qu'en liquidation judiciaire s'il en a été désigné un.

L'administrateur dispose également de pouvoirs ayant trait à l'élaboration et à la mise en œuvre du plan de sauvegarde ou de redressement. Dans ce cadre, il peut solliciter la désignation d'un expert. C'est à l'administrateur qu'il appartient d'élaborer le bilan économique et social et le projet de plan. Il a qualité pour présenter le projet de plan, à propos duquel il établit un rapport [1]. C'est encore à

1. Sur le caractère impératif du rapport : CA Toulouse, 19 janv. 1988, *Rev. proc. coll.* 1989, 163, obs. B. Soinne. *Contra :* CA Aix-en-Provence, 26 févr. 1988, *Rev. proc. coll.* 1989, 168, obs. B. Soinne.

l'administrateur judiciaire que revient le pouvoir de convoquer l'assemblée des associés pour statuer sur la modification du capital social dans le cadre du plan de sauvegarde ou de redressement. En présence de comités de créanciers, la mission de consulter les créanciers, en dehors ou à l'intérieur des comités, incombe à l'administrateur.

L'administrateur élabore les projets de plan de cession, en étant rendu destinataire des offres de cession. Il doit passer les actes nécessaires à la cession, mais n'a pas qualité pour recevoir le prix de cession.

2° Obligations d'information de la juridiction

124. Obligations d'information à la charge de l'administrateur. Pèse sur l'administrateur judiciaire des obligations d'information. L'administrateur doit faire rapport au juge-commissaire, dans les deux mois du jugement d'ouverture de la sauvegarde ou du redressement judiciaire. Ce rapport est communiqué au ministère public. À la fin de chaque période, l'administrateur judiciaire doit informer le ministère public, le mandataire et les contrôleurs des résultats de l'exploitation, de la situation de la trésorerie et de la capacité du débiteur à faire face aux dettes nées après le jugement d'ouverture et éligibles au traitement préférentiel réservé aux créanciers postérieurs.

L'administrateur judiciaire a également l'obligation d'informer le juge-commissaire et le ministère public des résultats de l'activité à l'issue de la période de poursuite provisoire d'activité autorisée en liquidation judiciaire (Décr. 28 déc. 2005, art. 233).

L'administrateur doit informer la juridiction, en lui faisant un rapport sur les projets de plan de sauvegarde ou de redressement et sur le sérieux des offres de reprise présentées par des tiers pour l'arrêté éventuel d'un plan de cession.

B. La responsabilité de l'administrateur judiciaire

125. Règles générales relatives à la responsabilité de l'administrateur judiciaire. Dès lors qu'un administrateur judiciaire commet une faute dans l'exercice de sa fonction, sa responsabilité peut être engagée.

Cette responsabilité peut être pénale dans le cadre du délit d'acquisition ou d'utilisation des biens du débiteur prévu par l'article L. 654-12-II du Code de commerce [1].

La responsabilité de l'administrateur est le plus souvent de nature civile délictuelle [2].

---

1. Pour un cas de complicité d'acquisition de ces biens par un juge ayant eu à connaître de la procédure : CA Versailles, 6 juill. 1994, *Rev. proc. coll.* 1996, 240, n° 4, obs. B. Soinne.
2. Sur la question, Y. Guyon, « Le nouveau régime de la responsabilité de l'administrateur judiciaire », *Rev. proc. coll.* 1988, doctr. 159.

126. Principaux cas de responsabilité de l'administrateur judiciaire.

– **En matière de poursuite des contrats en cours.** L'absence de poursuite d'un contrat en cours peut entraîner la mise en jeu de la responsabilité de l'administrateur si elle nuit au redressement de l'entreprise. Tel est le cas si, alors que l'administrateur judiciaire a été mis en demeure d'avoir à opter, il néglige de répondre et encourt de ce fait la résiliation de plein droit d'un contrat présentant une importance capitale pour l'entreprise [1]. Sa responsabilité serait également mise en jeu de ce chef si l'administrateur judiciaire ne continue pas un contrat de bail, alors que la trésorerie de l'entreprise le permet pourtant, rendant alors impossible la cession ultérieure du fonds de commerce.

La responsabilité de l'administrateur, en matière de contrats en cours, pourra également être retenue dans l'hypothèse inverse, dans laquelle il aura opté en faveur de la continuation d'un contrat sans procurer au cocontractant la contrepartie attendue. En effet, depuis la loi du 10 juin 1994, ce que n'a pas modifié la loi de sauvegarde, il y a mise à la charge de l'administrateur judiciaire d'une obligation de s'assurer qu'il disposera des fonds nécessaires au paiement de la contrepartie relative au contrat continué, au vu des documents prévisionnels dont il dispose, et ce, au moment où il opte pour la continuation. L'administrateur doit mettre fin au contrat s'il s'avère qu'il ne dispose pas des fonds nécessaires pour fournir au cocontractant la contrepartie attendue lors du terme suivant [2]. Une jurisprudence relativement importante concerne la question de la continuation du bail commercial [3].

L'administrateur pourrait également engager sa responsabilité à ne pas continuer les contrats d'assurance afin de garantir les actifs importants du débiteur, comme par exemple le fonds de commerce ou des actifs immobiliers [4], dès lors, évidemment, qu'il a les liquidités suffisantes pour ce faire [5].

– **Pour défaut de paiement des commandes.** L'administrateur ne peut pas poursuivre une activité déficitaire et doit, le cas échéant, solliciter du tribunal la conversion de la sauvegarde ou du redressement en liquidation judiciaire. Ainsi, le non-règlement des commandes est source de responsabilité de l'administrateur judiciaire. Tel est le cas, d'abord, lorsque l'administrateur laisse le débiteur passer des commandes alors que la situation est irrémédiablement compromise. Il n'est pas nécessaire que l'administrateur ait lui-même passé des commandes pour que sa responsabilité soit engagée [6]. En outre, avant de passer des commandes ou de viser celles-ci, l'administrateur doit s'assurer que la trésorerie permettra leur paiement [7]. Si

---

1. Cass. com., 9 juin 1998, *Bull. civ.* IV, n° 185 ; *D.* 1998, som. 329, obs. A. Honorat ; *Rev. proc. coll. civ. et com.* 1999, 225, n° 1, obs. A. Laude et 2000, 78, n° 12, obs. B. Soinne.
2. V. ainsi pour un bail commercial, Cass. com., 26 nov. 2002, *Rev. proc. coll.* 2003, 133, n° 21, obs. B. Soinne.
3. Sur la question, v. Dalloz Action, *Droit et pratique des procédures collectives* 2006-2007, n° 372.23.
4. Cass. com., 27 mars 1990, *Rev. proc. coll.* 1991, 461, n° 22, obs. Soinne.
5. CA Rennes, 30 oct. 1990, *Rev. proc. coll.* 1991, 461, n° 22, obs. B. Soinne.
6. CA Rennes, 7 juill. 1993, et Metz, Ch. civ. 16 nov. 1994, *Rev. proc. coll.* 1996, 247, n° 7, obs. B. Soinne ; CA Paris, 3e ch. B, 16 avr. 1999, *RJDA* 1999/8 et 9, 763.
7. Cass. com., 30 nov. 1993, *Rev. proc. coll.* 1996, 247, n° 7, obs. B. Soinne ; Cass. com., 26 oct. 1999, *Act. proc. coll.* 1999/20, n° 278.

l'administrateur ne s'en est pas assuré, sa responsabilité pourra être mise en œuvre. La responsabilité de l'administrateur pourra également résulter de la croyance erronée de paiement qu'il aura fait naître dans l'esprit du fournisseur. Sa responsabilité pourra alors être engagée s'il signe des commandes ou appose son visa sur celles-ci sans paiement ultérieur de la commande [1].

En l'absence de caractérisation de la situation irrémédiablement compromise au moment des commandes et en l'absence d'assurance imprudemment données sur le paiement, l'administrateur judiciaire n'engage pas sa responsabilité, si le non-paiement des commandes ne pouvait être prévu, compte tenu des documents présentés [2].

– **Pour non-respect des obligations légales et conventionnelles incombant au chef d'entreprise.** Aux termes des dispositions de L. 622-1-III du Code de commerce, l'administrateur judiciaire est tenu de respecter les obligations légales et conventionnelles qui incombent au chef d'entreprise [3], comme par exemple la non-convocation de l'assemblée générale d'une société anonyme dans les six mois de la clôture de l'exercice [4]. Les responsabilités sont ici cumulées dans la mesure où la responsabilité de l'administrateur n'exonère pas le débiteur ou le dirigeant social de sa propre responsabilité de chef d'entreprise [5].

– **En matière de revendications.** Les revendications peuvent également donner lieu à responsabilité de l'administrateur judiciaire. Dans ce cadre, il engage sa responsabilité comme le liquidateur (v. ss n° 139). Il engage, par exemple, sa responsabilité s'il utilise ou vend en période d'observation un bien ayant fait l'objet d'une revendication et qu'il est par la suite dans l'incapacité de représenter les fonds provenant de la vente du bien [6].

– **Pour défaut de surveillance du débiteur.** L'administrateur se doit, quelle que soit sa mission, de surveiller le débiteur pendant la période d'observation. Si un défaut de surveillance du débiteur cause un préjudice, l'administrateur judiciaire engage alors sa responsabilité de ce chef [7].

L'administrateur judiciaire est incontestablement le pilier central du redressement de l'entreprise. Afin de l'assister dans sa mission, peut être désigné à ses côtés un expert.

---

1. Cass. com., 5 oct. 1993, *Bull. civ.* IV, n° 318 ; *Rev. proc. coll.* 1994, 88, n° 13, obs. B. Soinne ; *D.* 1994, som. 8, obs. A. Honorat ; Cass. com., 6 juill. 1999, *Act. proc. coll.* 1999/14, n° 182 ; *Rev. proc. coll. civ. et com.* 2000, 78, n° 11, obs. B. Soinne.
2. Cass. com., 16 juin 2004, n° 02-19.015.
3. C'est sur ce fondement qu'il est estimé que l'administrateur d'une entreprise dépassant 5 millions de francs doit payer la TVA par virement, sauf à s'exposer à une amende de 0,2 % de la TVA payée (art. 1695 *ter,* CGI) : rép. min. n° 23678, *JO* Sénat, Q. E. 24 août 2000, p. 2920.
4. Cass. crim., 21 juin 2000, *Act. proc. coll.* 2000/15, n° 199, note J.-P. Legros ; *D.* 2000, act. jurispr. 352, obs. A. Lienhard.
5. CA Reims, 2 nov. 1995, *Rev. proc. coll.* 1996, 57, n° 7, obs. B. Soinne, et 260, n° 14, obs. B. Soinne.
6. Cass. com., 11 juill. 1995, *Rev. proc. coll.* 1996, 259, n° 13, obs. B. Soinne ; Cass. com., 4 janv. 2000, *JCP E et A*, 2000, chr. 701, n° 2-b-6, obs. M. Cabrillac.
7. Pour un ex., v. Toulouse, 2e ch., 6 mai 1999, *JCP E et A*, 2000, pan. rap. 108.

Sous-paragraphe 2. L'expert

127. L'expert. L'administrateur, tant en sauvegarde qu'en redressement, peut demander la désignation d'un ou plusieurs experts. Ces derniers seront généralement des experts en diagnostic d'entreprises [1] présentant des compétences en matière de gestion.

Cette désignation d'expert est facultative.

Toutefois, dans la procédure de redressement judiciaire avec nomination obligatoire d'un administrateur, un expert assistant en gestion sera obligatoirement nommé par le tribunal (C. com., art. L. 631-12). Il est là pour gérer l'entreprise, aux côtés de l'administrateur. Au contraire, l'expert classique a pour mission d'apporter son concours à l'administrateur judiciaire afin de lui permettre d'élaborer le bilan économique et social.

Les procédures de sauvegarde et de redressement judiciaire sont certes tournées vers la recherche du redressement de l'entreprise, d'où le rôle capital des organes du redressement. Cependant, pour être collective, la procédure doit également comprendre des organes chargés de la défense de l'intérêt collectif des créanciers, et de faire régner une certaine discipline collective.

§ 2. Les organes de défense de l'intérêt collectif des créanciers

Les organes de défense de l'intérêt collectif des créanciers sont, d'une part, le mandataire judiciaire (Sous-paragraphe 1) et, d'autre part, lorsqu'il s'avère que le redressement de l'entreprise est impossible, le liquidateur judiciaire (Sous-paragraphe 2).

Sous-paragraphe 1. Le mandataire judiciaire

Alors que la nomination d'un administrateur judiciaire est facultative, en deçà de certains seuils, la nomination d'un mandataire judiciaire, antérieurement dénommé représentant des créanciers, est obligatoire.

La mission du mandataire judiciaire est essentiellement orientée vers la défense de l'intérêt collectif des créanciers (A). Dans le cadre de l'exercice de celle-ci, il est susceptible d'engager sa responsabilité (B).

A. La mission du mandataire judiciaire

128. Défense de l'intérêt collectif des créanciers. L'article L. 622-20, alinéa 1, du Code de commerce précise la mission du mandataire judiciaire en disposant qu'il « *a*

---

1. Y. Guillou, « L'expert en diagnostic », *Rev. proc. coll.* 1986, 47 et s ; M. Olivier, « Un nouveau venu en matière d'expertise, l'expert en diagnostic d'entreprises », *Gaz. Pal.* 1985, I, doct. 191 ; H. Gaudur, « L'expertise judiciaire en diagnostic d'entreprise », *Gaz. Pal.* 1985, II, doct. 698 ; P. Le Cannu, « Éléments de réflexion sur la nature de l'expertise judiciaire de gestion », *Bull. Joly* 1988, 553, n° 1.

seul qualité pour agir au nom et dans l'intérêt collectif des créanciers ». Ainsi, cet organe n'est-il pas compétent pour défendre l'intérêt individuel d'un créancier ou d'un groupe de créanciers [1]. L'intérêt collectif des créanciers n'équivaut pas à la somme des intérêts individuels de chaque créancier. Il en résulte qu'un créancier ne peut pas agir individuellement aux lieu et place du mandataire judiciaire même s'il le fait par suite d'une inertie de cet organe [2].

Sous l'empire de la législation antérieure, le seul recours du créancier était d'engager la responsabilité civile du mandataire judiciaire en réparation du préjudice subi du fait de sa carence [3]. La solution a été revue par la loi de sauvegarde qui attribue un pouvoir subsidiaire d'action aux fins de défendre l'intérêt collectif des créanciers aux contrôleurs (v. ss n° 351).

La mission du mandataire judiciaire tendant à la défense de l'intérêt collectif des créanciers exclut la possibilité pour lui d'assister le débiteur, et ce même en l'absence d'administrateur [4].

129. Obligations d'information. Pèse sur le mandataire judiciaire des obligations d'information.

Ce dernier doit informer les autres organes de la procédure au sujet du déroulement de celle-ci. Cette information est notamment destinée au juge-commissaire et au ministère public. Le mandataire judiciaire doit également faire un rapport au juge-commissaire et au ministère public sur le déroulement de la procédure et la situation de l'entreprise, dans les deux mois du jugement d'ouverture du redressement ou de la sauvegarde.

Le mandataire judiciaire doit également signaler au ministère public tout fait commis par le débiteur ou par les dirigeants de la personne morale débitrice susceptible d'entraîner leur mise en faillite personnelle ou leur interdiction de gérer.

Les organes de la procédure ne sont pas les seuls bénéficiaires d'une information émanant du mandataire judiciaire. En effet, puisque le mandataire judiciaire a pour mission la défense de l'intérêt collectif des créanciers, il doit également informer les créanciers qui en font la demande, par lettre recommandée avec accusé de réception, des étapes essentielles de la procédure.

130. Mise en cause — Dénonciation. Le mandataire judiciaire doit être mis en cause dès lors qu'un créancier antérieur entend poursuivre une action, que celle-ci soit une action en paiement ou une action d'une autre nature, entamée avant le jugement d'ouverture (C. com., art. L. 622-22 et L. 622-23).

---

1. V. posant clairement la solution : Cass. com., 29 avr. 1997, *Rev. proc. coll.* 1998, 158, n° 1, obs. B. Soinne ; *Dr. sociétés* 1999, com. 103.
2. Cass. com., 3 juin 1997, *Bull. civ.* IV, n° 161 ; *D. Affaires* 1997, 833 ; *D.* 1997, jurispr. 517, note F. Derrida ; *JCP E*, 1997, II, n° 988, note M. Béhar-Touchais.
3. Derrida, Godé et Sortais, *op. cit.*, n° 515 ; P. Le Cannu *et alii*, *op. cit.*, n° 545.
4. Cass. com., 21 nov. 1995, *Rev. proc. coll.* 1998, 161, n° 4, obs. B. Soinne.

En outre, les voies d'exécution qui ont été opérées au jour du jugement d'ouverture, mais qui nécessitent une dénonciation au débiteur, doivent être dénoncées au mandataire judiciaire (C. com., art. L. 622-23) [1].

131. Attributions diverses du mandataire judiciaire. Dans le cadre de l'élaboration du plan de sauvegarde ou de redressement, il appartient au mandataire judiciaire de consulter les créanciers soumis à déclaration au passif sur les délais et remises qu'ils accepteraient de consentir au débiteur. La règle est cependant différente en présence de comités de créanciers, cette tâche incombant alors à l'administrateur.

Le mandataire judiciaire est entendu sur le projet de plan de sauvegarde, de redressement ou de cession en sa qualité de défenseur de l'intérêt collectif des créanciers.

Il a également le pouvoir de solliciter du tribunal la cessation d'activité du débiteur ou la conversion de la sauvegarde ou du redressement en liquidation judiciaire. Il a également qualité pour demander la résolution du plan de cession en cas d'inexécution par le repreneur de ses engagements.

Sa vocation de défenseur de l'intérêt collectif des créanciers lui confère également la possibilité d'exercer les actions en nullité de la période suspecte et de solliciter éventuellement à cette fin le report de la date de cessation des paiements. Lui est également attribuée la faculté d'exercer l'action en rapport à l'encontre du tireur d'une lettre de change ou du donneur d'ordre, ainsi que contre le bénéficiaire d'un chèque, le premier endosseur d'un billet à ordre, ou encore à l'égard du conjoint du débiteur qui exerce sa faculté de reprise.

Le mandataire judiciaire peut engager une action en responsabilité pour insuffisance d'actif contre un dirigeant d'une personne morale. Il a également qualité pour solliciter la faillite personnelle ou l'interdiction de gérer contre un débiteur personne physique ou contre un dirigeant d'une personne morale débitrice. Il peut se constituer partie civile pour rechercher la responsabilité pénale du débiteur ou des dirigeants, dans le cadre des infractions visées au chapitre 4 du titre V du livre VI du Code de commerce (C. com., art. L. 654-16).

132. Vérification des créances. La mission incontestablement la plus importante qui est attribuée au mandataire judiciaire est celle de procéder à la vérification du passif. En tant qu'organe chargé de la défense de l'intérêt collectif des créanciers, il est tout naturel que cette mission lui incombe.

Dans le cadre de cette mission, il est le destinataire des déclarations de créances. Il lui appartient d'informer les créanciers titulaires de sûretés spéciales publiées ainsi que les créanciers titulaires de contrats publiés de l'ouverture de la procédure et de les inviter à déclarer leurs créances. En outre, l'article 96, alinéa 1, du décret du 28 décembre 2005 prévoit plus largement l'obligation à la charge du mandataire judiciaire d'avertir les « créanciers connus » qui sont ceux dont le nom figure sur la liste remise par le débiteur au mandataire judiciaire à l'ouverture de la procédure.

---

1. TGI Grenoble (Jex), 27 juin 1994, *JCP* 1995, II, 22417, note R. Martin ; *Rev. proc. coll.* 1996, 219, obs. P. Canet.

Le mandataire judiciaire avertit les créanciers de l'existence de contestations sur les créances déclarées qui peuvent émaner du débiteur ou de lui-même.

S'il s'avère que le produit des actifs aura pour vocation exclusive le paiement des créanciers privilégiés, le mandataire judiciaire — et plus exactement le liquidateur depuis la loi de sauvegarde des entreprises — peut solliciter du juge-commissaire une dispense d'avoir à vérifier le passif chirographaire en cas de liquidation judiciaire.

Il appartient au mandataire judiciaire d'établir la liste des créances déclarées sur laquelle sont indiquées les propositions d'admission, de rejet ou encore d'incompétence, dans un délai fixé par le tribunal à l'ouverture de la procédure (C. com., art. L. 624-1, al. 1).

Le mandataire judiciaire doit également procéder à la vérification des créances salariales et en établir les relevés.

133. Durée de la mission du mandataire judiciaire. En cas de liquidation judiciaire, la mission du mandataire judiciaire prend fin dès son prononcé. Cependant, le mandataire judiciaire sera, en cas de conversion de la sauvegarde ou du redressement judiciaire en liquidation judiciaire, généralement, désigné en qualité de liquidateur. Cela lui permet de continuer à assurer, en une autre qualité, la défense des intérêts collectifs des créanciers.

En cas d'adoption d'un plan de sauvegarde ou de redressement, le mandataire judiciaire demeure en fonction pendant le temps nécessaire à la vérification et à l'établissement définitif de l'état des créances (C. com., art. L. 626-24, al. 2), ce qui est beaucoup moins restrictif que « *le temps nécessaire à la vérification des créances* » antérieurement visé à l'article L. 621-67, alinéa 2, du Code de commerce, dans sa rédaction antérieure à la loi du 26 juillet 2005. Il s'agit de tenir compte des hypothèses où des instances sont en cours sur l'admission ou le rejet de créances, ou même, en amont, sur le relevé de la forclusion [1].

Toutefois, à compter de l'arrêté du plan, sa mission générale de défense de l'intérêt collectif des créanciers prend fin [2]. Il sera relayé dans cette tâche par le commissaire à l'exécution du plan. La loi de sauvegarde prévoit explicitement que le commissaire à l'exécution du plan pourra continuer les actions du mandataire judiciaire, mais aussi qu'il pourra entamer des actions tendant à la défense de l'intérêt collectif des créanciers (C. com., art. L. 626-25, al. 3).

B. Responsabilité du mandataire judiciaire

134. Responsabilité du mandataire judiciaire. Comme l'administrateur judiciaire, le mandataire judiciaire pourra engager sa responsabilité dans un cadre pénal (v. ss n° 125) mais, plus classiquement, sera mise en jeu sa responsabilité civile délictuelle.

L'engagement de la responsabilité civile délictuelle du mandataire judiciaire trouve essentiellement sa source dans la procédure de vérification et d'admission des

1. Rapp. Xavier de Roux, n° 2095, p. 306.
2. Cass. com., 3 oct. 2000, *Act. proc. coll.* 2000/18, n° 233 ; Cass. com., 8 janv. 2002, *Act. proc. coll.* 2002/6, n° 72.

créances. Il peut lui être reproché de ne pas avoir contesté une créance entraînant pour un créancier un préjudice tiré du fait qu'il est ainsi privé à un droit à répartition. Peut également être reproché au mandataire judiciaire le fait de ne pas s'être opposé à l'admission d'un créancier à titre privilégié alors que la créance n'était que chirographaire [1].

La deuxième source essentielle de responsabilité délictuelle consiste en l'inertie à engager des actions tendant à la défense de l'intérêt collectif des créanciers, comme par exemple une action en nullité la période suspecte, ou une action en responsabilité contre un tiers tel qu'un créancier dispensateur de crédit dont il aurait pu être envisagé la condamnation en responsabilité par suite d'une rupture ou d'un octroi abusif de crédit. Cette source de responsabilité devrait au moins partiellement se tarir du fait de la possibilité subsidiaire d'action conférée aux contrôleurs, en cas d'inaction du mandataire judiciaire (C. com., art. L. 622-20, al. 1).

Sous-paragraphe 2. Le liquidateur judiciaire

135. Désignation. Le liquidateur judiciaire est désigné par le tribunal dans le jugement de liquidation judiciaire. Il est possible, en application de l'article L. 641-1-II du Code de commerce, d'adjoindre un second liquidateur, sur proposition du juge-commissaire ou à la demande du ministère public. Dans cette dernière hypothèse, chaque liquidateur aura le pouvoir de représenter seul le débiteur [2].

Par principe, compte tenu de la mission de défense de l'intérêt collectif des créanciers allouée au liquidateur judiciaire, le mandataire judiciaire sera, par principe, en cas de conversion de la sauvegarde ou du redressement en liquidation judiciaire, désigné en qualité de liquidateur judiciaire. Toutefois, le choix du liquidateur judiciaire relève du pouvoir souverain des juges du fond [3].

Le liquidateur judiciaire se voit conférer une mission plus large que celle du mandataire judiciaire. En effet, outre les missions qui sont attribuées à ce dernier, dans le cadre de la défense de l'intérêt collectif des créanciers, le liquidateur judiciaire se voit investi d'une autre mission, qui est celle de procéder à la réalisation des actifs du débiteur. Il convient d'étudier précisément la mission qui lui est attribuée (A) avant d'envisager la question de sa responsabilité (B).

A. Mission du liquidateur judiciaire

136. Missions antérieurement attribuées à l'administrateur judiciaire. Certaines missions dévolues, dans le cadre de la sauvegarde ou du redressement judiciaire à l'administrateur judiciaire, sont attribuées au liquidateur, dans le cadre de la liquidation judiciaire. Ainsi procède-t-il aux opérations de licenciement, opte pour la continuation du bail des locaux commerciaux, voire d'autres contrats en cas de

---

1. V. ainsi retenant la responsabilité du mandataire : Cass. com., 5 déc. 1995, *Rev. proc. coll.* 1998, 195, n° 38, obs. B. Soinne.
2. Cass. civ. 2e, 8 janv. 1997, *Bull. civ.* II, n° 1 ; *Rev. jurispr. com.* 1998, 292, n° 90 ; obs. C. Saint-Alary-Houin ; *JCP E*, 1997, I, 651, n° 5, obs. P. Pétel.
3. V. Rép. min. n° 39926 : *JO* Q.E. Ass. nat. 29 juill. 1996, 4180.

poursuite provisoire de l'activité, ou se prononce sur les demandes en acquiescement de revendication ou de restitution. Ces missions ne lui sont toutefois dévolues qu'en l'absence d'administrateur en liquidation.

137. Mission analogue à celle du mandataire judiciaire. Le liquidateur judiciaire a une mission jumelle de celle du mandataire judiciaire. Ainsi, lui appartient-il de procéder à la vérification du passif ou, si celle-ci a été entamée par le mandataire judiciaire, de la terminer.

Investi de la mission de défense de l'intérêt collectif des créanciers, il poursuit les actions introduites initialement par le mandataire judiciaire.

138. Fonctions non dévolues antérieurement au mandataire judiciaire. La mission du liquidateur est particulièrement étendue. En effet, le liquidateur judiciaire est investi de pouvoirs qui n'appartiennent pas, en sauvegarde ou en redressement judiciaire, au mandataire judiciaire. Ainsi, représente-t-il le débiteur. Le liquidateur judiciaire exerce les droits et actions relatives au patrimoine du débiteur, du fait du dessaisissement (C. com., art. L. 641-9-I).

Le liquidateur judiciaire peut faire fonctionner sous sa signature les comptes bancaires du débiteur pendant un délai de six mois à compter de la liquidation judiciaire. Au-delà de ce délai, il lui est nécessaire d'obtenir l'autorisation du juge-commissaire et de recueillir l'avis du ministère public.

Le liquidateur judiciaire procède aux opérations de réalisation des actifs du débiteur. Il se trouve dans l'obligation de verser immédiatement les sommes reçues dans l'exercice de ses fonctions sur un compte ouvert à la Caisse des dépôts et consignations. En cas de défaut de respect de cette obligation, c'est-à-dire en cas de retard, il est redevable d'un intérêt de retard sur les sommes qu'il n'a pas versées immédiatement au taux de l'intérêt légal majoré de cinq points.

Eu égard à l'importance de cette mission, le liquidateur doit tenir le juge-commissaire et le ministère informés du déroulement des opérations au moins tous les trois mois. Il s'agit des états trimestriels.

Le liquidateur est en outre tenu d'une obligation d'établir un rapport remis au juge-commissaire et au procureur de la République, au moins une fois par an, indiquant l'état des répartitions faites aux créanciers, le montant des sommes versées à la Caisse des dépôts et consignations ainsi que des informations relatives aux différentes opérations de réalisation des actifs du débiteur (Décr. 28 déc. 2005, art. 249).

B. Responsabilité du liquidateur judiciaire

139. Sources essentielles de responsabilité. Comme tout mandataire de justice, le liquidateur judiciaire engage sa responsabilité pénale lorsqu'il est l'auteur de certains faits, dans les mêmes conditions que l'administrateur judiciaire ou le mandataire judiciaire (v. ss n° 125).

En outre, il engage plus classiquement sa responsabilité civile délictuelle.

Comme pour le mandataire judiciaire, une des sources essentielles de responsabilité civile du liquidateur réside dans la vérification du passif. Cependant, la source la plus classique de responsabilité du liquidateur judiciaire est trouvée dans le cadre des réalisations d'actifs. Par exemple, le liquidateur qui vend un bien revendiqué ou vend un bien avant l'expiration du délai de revendication [1] engage sa responsabilité s'il est dans l'impossibilité de remettre ensuite au propriétaire le prix de vente du bien [2] ou s'il s'avère qu'il peut remettre au propriétaire le prix de vente du bien, mais que celui-ci est inférieur au prix de vente qu'aurait pu retirer le propriétaire de la vente du bien par ses soins.

La responsabilité du liquidateur judiciaire est également engagée s'il procède à la vente d'un bien objet d'un contrat publié sujet, en conséquence, à une demande en restitution.

Les répartitions sont également la source d'un contentieux important en matière de responsabilité civile du liquidateur judiciaire [3]. Le liquidateur judiciaire, dans le cadre des répartitions, doit suivre de façon stricte l'ordre de paiement auquel peuvent prétendre les créanciers. À défaut, il engage sa responsabilité civile [4]. Cependant, cette source de responsabilité est évitée par le jeu de l'action en répétition de l'indu qui est possible lorsque le créancier payé à tort est chirographaire [5], cependant que l'action n'est pas reçue lorsque le paiement intéresse un créancier privilégié [6].

Le liquidateur judiciaire peut également engager sa responsabilité en matière de résiliation des contrats. Par exemple, s'il n'est pas en mesure de payer les loyers, il lui appartient de restituer immédiatement les locaux, sans quoi sa responsabilité délictuelle pourrait être engagée par le propriétaire [7].

Enfin, le liquidateur judiciaire est susceptible de voir sa responsabilité délictuelle engagée par les salariés. En effet, ce dernier doit, sauf poursuite provisoire d'activité, procéder aux licenciements dans les quinze jours de la liquidation judiciaire. À défaut, la créance d'indemnité de licenciement n'est pas couverte par l'A.G.S, ce qui peut conduire à la mise en cause de la responsabilité du liquidateur [8].

---

1. Cass. com., 5 déc. 1995, *Bull. civ.* IV, n° 280 ; *Rev. proc. coll.* 1998, 187, n° 31, obs. B. Soinne ; Cass. com., 6 juill. 1999, *Bull. civ.* IV, n° 150 ; *D. Affaires* 1999, 1366, obs. A. L. ; *LPA* 6 janv. 2000, n° 4, p. 10, note P. M. ; *RTD. civ.* 1999, 885, obs. P. Crocq ; *Rev. proc. coll. civ. et com.* 2000, 81, n° 14, obs. B. Soinne.

2. V. CA Colmar, 12 mars 1999, *DPDE Bull.* 192 (9 janv. 2000), 6362, v° *Juge-commissaire*, n° 95.

3. Sur la question, B. Soinne, « Les répartitions ou la mission impossible », *Rev. proc. coll.* 1997, 249 s. ; S. Pierre, « L'indu et les erreurs de répartition dans le cadre de la liquidation judiciaire », *Rev. proc. coll. civ. et com.* 2000, pp. 1et s.

4. Cass. com., 6 juill. 1999, *JCP E et A*, 1999, pan. rap. 156.

5. Cass. com., 17 nov. 1992, *Rev. proc. coll.* 1994, 124, n° 34, obs. B. Soinne ; *D.* 1993, somm. 191, obs. A. Honorat ; *D.* 1993, jur. 341, obs. J.-P. Sortais ; *JCP* 1993, II, 22140, obs. Y. Dagorne ; Cass. com., 11 févr. 2004, pourvoi n° 02-17. 520, *D.* 2004, AJ, 701 ; *Act. proc. coll.* 2004/6, n° 72, note C. Régnaut-Moutier ; *JCP E*, 2004, Jur. 879, 963, note F. Millet ; *JCP E,* 2004, chron. 1292, p. 1391, n° 19, obs. M. Cabrillac ; *RTD civ.* 2004, 732, n° 8, obs. J. Mestre et B. Fages ; *RTD com.* 2005, 165, n° 1, obs. A. Martin-Serf.

6. Cass. com., 30 oct. 2000, *D.* 2000, AJ, 430, obs. P. Pisoni ; *D.* 2001, jur. 1527, note S. Pierre ; *D.* 2001, somm. 620, obs. crit. A. Honorat ; *D.* 2001, somm. 1612, obs. V. Brémond ; *Act. proc. coll.* 2000/19, n° 242, note J. Vallansan.

7. Cass. com., 22 nov. 1994, *Rev. proc. coll.* 1996, 358, n° 18, obs. B. Soinne, statuant sur un crédit-bail immobilier.

8. CA Besançon, 6 mars 1998, *Rev. proc. coll.* 2000, 41, n° 20, obs. B. Soinne.

Section II
Les organes de défense des salariés

140. Présentation générale. Des organes ont en charge la défense des intérêts des salariés dans les procédures collectives. Les salariés, qualifiés de « citoyens de l'entreprise » [1] ont été considérés avec égard par le législateur du 25 janvier 1985. Cette vision est restée inchangée dans la loi de sauvegarde des entreprises.

Les salariés disposent de deux organes, l'un de représentation : le comité d'entreprise ou à défaut les délégués du personnel (§ 1), l'autre, dont la mission est plus limitée, simple organe d'assistance, le représentant des salariés (§ 2), lequel exerce toutefois les fonctions dévolues au comité d'entreprise ou aux délégués du personnel dès lors que l'entreprise n'en est pas dotée.

§ 1. LES INSTITUTIONS REPRÉSENTATIVES DES SALARIÉS : LE COMITÉ D'ENTREPRISE ET LES DÉLÉGUÉS DU PERSONNEL

141. Mission des institutions représentatives des salariés. La mission essentielle du comité d'entreprise ainsi que des délégués du personnel est la défense des emplois – priorité qui est chère aux législations ayant pour but la sauvegarde des entreprises et des emplois qui y sont attachés. Bien que le législation ait institué un représentant des salariés, seuls le comité d'entreprise ou les délégués du personnel jouent le rôle d'institution représentative des salariés.

L'article 51 du décret du 28 décembre 2005 précise qu'« avant qu'il ne soit statué sur l'ouverture de la procédure, le greffier, à la demande du président du tribunal, avise le représentant légale de la personne morale débitrice ou le débiteur personne physique qu'il doit réunir le comité d'entreprise ou, à défaut, les délégués du personnel, pour que soient désignées les personnes habilitées à être entendues par le tribunal et à exercer les voies de recours ... ». Si le chef d'entreprise ne procédé à cette convocation et qu'il en résulte une absence de nomination, peut être retenu à son encontre le délit d'entrave au fonctionnement du comité d'entreprise [2].

De larges voies de recours sont ouvertes par le législateur de au comité d'entreprise ou aux délégués du personnel. En outre, ils sont convoqués dès lors qu'il s'agit de franchir les étapes importantes de la procédure. Ainsi, le comité d'entreprise ou les délégués du personnel doivent-ils être entendus par la juridiction à l'ouverture de la procédure, avant le remplacement des dirigeants ou la cession forcée de leurs parts ou actions (C. com., art. L. 626-4, al. 3), lors de l'arrêt de l'activité ou de la conversion de la sauvegarde en redressement ou en liquidation judiciaire ou la conversion du redressement en liquidation judiciaire (C. com., art. L. 622-10, art. 631-15-II, al. 1), à l'occasion de l'adoption d'un plan de sauvegarde (C. com., art. L. 626-9) ou de

---

1. Interv. Badinter *Déb. Ass. nat.* 10 avr. 1984 (*J.O.* p. 1413).
2. Y. Chaput, op. cit., n° 279.

redressement [1], pour la modification dans les moyens du plan de sauvegarde (C. com., art. L. 626-26, al. 1) ou de redressement (C. com., art. L. 631-19-I). De façon étonnante, les textes ne prévoient pas l'audition du comité entreprise ou des délégués du personnel en cas de résolution du plan.

Le comité d'entreprise ou les délégués du personnel ont droit à être informés et consultés. Ils doivent être informés de l'état d'avancement du bilan économique et social élaboré par l'administrateur judiciaire, ainsi que des propositions pour le règlement des dettes. Doit leur être adressé le rapport sur le bilan économique et social. Ils doivent être consultés préalablement aux licenciements envisagés au cours de la période d'observation du redressement judiciaire, dans le cadre du plan de sauvegarde ou de redressement ou en liquidation judiciaire. Ils doivent encore être informés par le commissaire à l'exécution du plan du défaut d'exécution du plan ou de la volonté que le repreneur en plan de cession d'aliéner un bien avant complet paiement du prix de cession.

§ 2. Le représentant des salariés

142. Désignation et statut du représentant des salariés. En application des dispositions de l'article L. 621-4, alinéa 2 du code, texte de la sauvegarde applicable en redressement et en liquidation judiciaires, le tribunal, dans le jugement d'ouverture, doit inviter le comité l'entreprise ou, à défaut, les délégués du personnel ou, à défaut de ceux-ci, les salariés, a désigner, au sein de l'entreprise, un représentant des salariés.

Il résulte de l'article 57, alinéa 1, du décret du 28 décembre 2005 que le débiteur a l'obligation, assisté éventuellement de l'administrateur, de convoquer le comité d'entreprise, les délégués du personnel ou, à défaut, les salariés pour l'élection, dans les dix jours du jugement d'ouverture, d'un représentant des salariés. L'élection a lieu par un vote secret au scrutin uninominal à un tour [2]. Aucun parent ou allié jusqu'au quatrième degré inclusivement du débiteur ou des dirigeants de la personne morale débitrice ne peut être nommé représentant des salariés, à moins que cette incompatibilité ne rende impossible la désignation du représentant des salariés.

Il n'est pas, par principe du moins, une institution représentative du personnel au sens du Code du travail [3].

Le représentant des salariés est cependant un salarié protégé à compter de son élection, et non simplement parce qu'il était candidat à ce poste [4]. Son licenciement

1. V. Com. 15 déc. 1992 : *RJDA* 1993/5, n° 445, considérant que le fait que le représentant des salariés, faisant office dans la procédure en cause de comité d'entreprise ou de délégué du personnel n'avait pas à être convoqué à l'occasion de l'audience au cours de laquelle devait être débattu le plan de continuation, était une irrégularité que ne pouvait invoquer le débiteur.

2. V. pour une élection irrégulière : Trib. inst. Paris 28 mars 1986 : Gaz. pal. 1986, I, 329, note J. P. Marchi ; *JCP E, 1986, I, 15774, n° 18, obs. M. Cabrillac et M. Vivant.*

3. Cass. soc., 27 juin 2002, *Act. proc. coll.* 2002/14, n° 176 ; *Rev. proc. coll.* civ. et com. 2002, p. 290, n° 4, obs. F. Taquet ; Cass. soc., 4 févr. 2003, n° 00-45.820 ; *Act. proc. coll.* 2003/9, n° 109, obs. Ch. Lebel ; *Rev. proc. coll.* 2003, p. 159, n° 14, obs. F. Taquet ; Cass. soc., 4 juin 2003, n° 01-40.202, *Rev. proc. coll.* 2003, p. 248, n° 10, obs. F. Taquet.

4. Cass. soc., 1er mars 2005, n° 02-44.293.

obéit en conséquence à des règles particulières. Il suppose l'autorisation de l'inspection du travail.). La protection qui lui est accordée cesse lorsque toutes les sommes versées par l'AGS au mandataire judiciaire ont été reversées par lui aux (C. com., art. L. 662-4, al. 4). Cette disposition est applicable aux procédures en cours lors de l'entrée en vigueur, le 1er janvier 2006, de la loi de sauvegarde des entreprises (L. 26 juill. 2005, art. 191).

143. Fonctions du représentant des salariés. Le représentant des salariés, qui n'a pas principe, malgré son nom, vocation à représenter les salariés, se voit attribuer un rôle plus restreint que celui du comité d'entreprise ou des délégués du personnel [1]. Il a pour rôle essentiel de surveiller l'établissement des créances salariales par le mandataire judiciaire ou le liquidateur, raison pour laquelle il a été qualifié de « salarié contrôleur »[2]. Dans ce cadre, le mandataire judiciaire ou le liquidateur doit lui communiquer tous documents et informations utiles.

Si telle est la volonté du salarié, le représentant des salariés peut assister celui-ci devant le conseil des prud'hommes pour l'établissement d'une créance salariale ne figurant pas sur le relevé des créances salariales. Le salarié peut également lui demander de l'assister ou de le représenter devant le conseil des prud'hommes si l'AGS ne règle pas une créance figurant sur le relevé des créances salariales.

En outre, dans les entreprises ayant moins de 11 salariés, le représentant des salariés exerce les fonctions attribuées aux institutions représentatives du personnel (C. com., art. L. 621-4, al. 2, texte de la sauvegarde applicable en redressement et en liquidation judiciaires.

La loi du 26 juillet 2005 prévoit que, à défaut de comité d'entreprise ou de délégués du personnel, les voies de recours reconnues à ces institutions représentatives des salariés seront exercées par le représentant des salariés (C. com., art. L. 661-1-III).

Il a également la possibilité de se constituer partie civile et de saisir la juridiction répressive lorsqu'il s'avère qu'à été commise une infraction de banqueroute ou toute autre infraction en rapport avec la situation de l'entreprise (C. com., art. L 654-17), sans qu'il soit besoin, *a priori*, qu'il ait besoin d'apporter la preuve qu'un préjudice à été causé aux salariés de ce chef [3].

Dans le cadre de cette mission, est considéré comme temps de travail le temps passé par le représentant de salariés à exercer ses fonctions.

---

1. V. L. Serfati-Apter et P. Lafarge, « Le représentant des salariés de la loi du 25 janvier 1985 », *Gaz. Pal.* 2 à 4 nov. 1986, p. 6 et s.
2. Y. Guyon, *op. cit.*, p. 177.
3. Derrida, Godé et Sortais, *op. cit.*, n° 119.

Sous-partie 2

L'entreprise

L'entreprise est au cœur des préoccupations du législateur, cependant que la loi de sauvegarde a également pris en compte le fait que la procédure était ouverte au profit du débiteur ou contre celui-ci. Il est possible d'avord d'envisager le sort de l'entreprise et du débiteur (Titre I). Le débiteur est lié à de multiples partenaires, à l'encontre desquels les contraintes de l'ouverture de la procédure se feront sentir. Il importera d'examiner ces partenaires de l'entreprise dans un deuxième temps (Titre II).

Titre I

Le sort de l'entreprise et du débiteur

La période d'observation est, dans la sauvegarde et le redressement judiciaire, la phase de préparation des solutions (Sous-titre 1). À son issue, sera par principe, arrêté un plan ou prononcée la liquidation judiciaire. Mais depuis la loi du 10 juin 1994, la liquidation judiciaire immédiate peut également être prononcée. Plan ou liquidation judiciaire, telles sont les issues de la procédure (Sous-titre 2).

Sous-titre 1

La période d'observation, phase préparatoire aux issues de la procédure

144. Poursuite de plein droit de l'activité. La préparation du redressement de l'entreprise suppose une poursuite de l'activité. C'est pourquoi l'ouverture d'une procédure de sauvegarde ou de redressement judiciaire n'entraîne pas l'arrêt de l'activité. Aucune autorisation du tribunal en ce sens n'est nécessaire [1].

Seul l'arrêt de l'activité est réglementé tant dans la procédure de sauvegarde que dans celle de redressement judiciaire.

Symétriquement, il est rationnel de décider que si le redressement recherché ne peut pas être obtenu, la période d'observation ne sert plus à rien et il faut y mettre fin au plus tôt, dans l'intérêt bien compris de tous.

Sous l'empire de la législation antérieure, la poursuite de l'activité pouvait intervenir soit en gestion directe, soit par la voie d'un contrat de location-gérance. Cette seconde possibilité a été supprimée par la loi de sauvegarde des entreprises.

L'ouverture de la procédure de sauvegarde ou de redressement judiciaire va avoir un impact sur les pouvoirs du chef d'entreprise. C'est pourquoi le fonctionnement général de la période d'observation doit d'abord être décrit (Chapitre 1).

L'entreprise, en situation délicate, va avoir besoin de moyens pour fonctionner pendant la période d'observation. Le législateur a posé, à cet égard, certaines règles. C'est la question des moyens de la poursuite d'activité (Chapitre 2).

---

1. Y. Chaput, *op. cit.*, n° 341 ; B. Soinne, *op. cit.*, n° 1231.

Chapitre 1

Le fonctionnement général de la période d'observation

Les textes définissent une répartition des pouvoirs entre le chef d'entreprise et l'administrateur judiciaire. En l'absence d'administrateur judiciaire, des règles particulières sont posées par le législateur. Il faut donc examiner la question de la distribution des pouvoirs pendant la période d'observation (Sous-chapitre 1). En outre, certains actes pourront être autorisés par le juge-commissaire. C'est la question des habilitations (Sous-chapitre 2).

La répartition des pouvoirs entre l'administrateur judiciaire et le débiteur ou les dirigeants sociaux pendant la période d'observation [1]

145. Présentation générale des situations. La répartition des pouvoirs qui se produit, par l'effet du jugement d'ouverture entre le débiteur et l'administrateur judiciaire est classiquement dénommée « administration contrôlée ». Elle entraîne au préjudice du débiteur une confiscation variable de pouvoirs, qui sont corrélativement transférés à l'administrateur judiciaire.

L'inopposabilité constitue la sanction attachée au défaut de respect de la répartition des pouvoirs entre l'administrateur judiciaire et le débiteur [2].

En l'absence d'administrateur, le débiteur ou les dirigeants de la personne morale restent par principe maîtres de leurs droits.

Pendant la période d'observation de la sauvegarde ou du redressement judiciaire, la situation du débiteur est complexe dans la mesure où l'étendue des pouvoirs du débiteur peut être variable, ce qui est susceptible d'entraîner une grande insécurité dans la situation des partenaires du débiteur. La restriction des pouvoirs du débiteur cessera avec la procédure elle-même. En conséquence, dans le cadre d'un plan de sauvegarde ou de redressement, les missions confiées à l'administrateur judiciaire prendront fin au jour de l'arrêté du plan [3].

Le législateur a souhaité moduler la réduction des pouvoirs du débiteur en fonction des besoins du redressement de l'entreprise. En outre, pour tenir compte du caractère volontariste de la procédure de sauvegarde, le législateur a considéré que le débiteur

---

1. Sur la question, D. Bachasson, « La représentation du débiteur et des créanciers dans les procédures collectives », *Gaz. Pal.* 12 déc. 1998, doct. 2 et s.
2. CA Versailles, 13e ch., 9 avr. 1998, *D. Affaires* 1998, 1051. Rappr. en liquidation judiciaire, pour un acte accompli par le débiteur : Cass. com., 23 mai 1995, *D.* 1995, 413, note F. Derrida ; *Dr. sociétés* 1997, 159, obs. Y. Chaput ; 12 juin 1997, *Dr. sociétés* 1997, 159, obs. Y. Chaput ; Cass. com., 23 juin 1998, *Act. proc. coll.* 1998/9, n° 123 ; *RJDA* 1998/11, n° 954, p. 1273. Cpr. introduisant une distinction selon que l'acte a été passé par le débiteur seul ou par l'administrateur judiciaire seul, évoquant une inopposabilité dans le premier cas, une nullité de l'acte dans le second cas pour excès de pouvoir : F. Pérochon et R. Bonhomme, *op. cit.*, n° 166-2. *Adde* : Le Cannu *et alii*, *op. cit.*, n° 638.
3. Cass. com., 30 mars 1993, *D.* 1995, som. 6, obs. F. Derrida.

ne pourrait jamais être dessaisi de l'administration de ses droits patrimoniaux, au contraire de la solution retenue en redressement judiciaire. C'est pourquoi les missions qui peuvent être confiées à un administrateur judiciaire ne sont pas les mêmes selon que le débiteur est en sauvegarde ou en redressement judiciaire.

Pour les entreprises d'une certaine taille, l'article 53 du décret du 28 décembre 2005 fixe à 20 salariés ou à 3 millions d'euros de chiffre d'affaires hors taxes par an les seuils à partir desquels la désignation d'un administrateur judiciaire aux côtés du débiteur est obligatoire. En revanche, en deçà de ces seuils, la nomination d'un administrateur judiciaire reste facultative.

En l'absence d'administrateur, le débiteur continue à administrer seul l'entreprise, de sorte que la restriction de ses pouvoirs est particulièrement réduite. On signalera, pour l'essentiel, que la continuation des contrats en cours obéit à un régime particulier. L'option appartient au débiteur, mais il ne peut l'exercer qu'après avis conforme du mandataire judiciaire (C. com., art. L. 622-13) (v. ss n° 168).

Il convient d'envisager quels sont les pouvoirs retirés au débiteur pour être transférés à l'administrateur judiciaire (Section I). Malgré ce transfert, et quelle que soit la mission confiée à l'administrateur par le tribunal, les actes de gestion courante passés par le débiteur sont valables à l'égard des tiers de bonne foi alors même que le débiteur aurait dû être assisté ou représenté par l'administrateur judiciaire (Section II). Les pouvoirs dont demeure titulaire le débiteur sont, d'une part, les pouvoirs désignés sous le vocable de « droits propres ». Ces droits propres s'observent tant dans le cadre de la sauvegarde et du redressement judiciaire que dans celui de la liquidation judiciaire. Leur étude sera réservée à cet endroit (v. ss n° 279).

Section I
Les pouvoirs du débiteur transférés à l'administrateur judiciaire

Quelle que soit la mission confiée par le tribunal à l'administrateur judiciaire, certains pouvoirs seront systématiquement octroyés à l'administrateur judiciaire. Ces pouvoirs apparaissent alors comme intangibles (Sous-section I). En revanche, d'autres pouvoirs seront des pouvoirs « à la carte » confiés à l'administrateur judiciaire par le tribunal selon l'étendue de la mission que celui-ci lui aura attribuée. Ces pouvoirs seront alors des pouvoirs modulables (Sous-section II).

Sous-section I
Les pouvoirs intangibles reconnus à l'administrateur judiciaire

146. Pouvoirs intangibles de l'administrateur judiciaire. Au premier rang des pouvoirs intangibles qui sont conférés par le législateur à l'administrateur judiciaire, figure la faculté pour l'administrateur judiciaire d'opter sur la continuation des contrats en cours par application de l'article L. 622-13 du Code de commerce. Ce pouvoir est essentiel dans la mesure où les contrats en cours sont capitaux pour le débiteur. Cette faculté lui appartient exclusivement.

Si le pouvoir d'opter sur la continuation des contrats en cours est exclusivement réservé à l'administrateur, en revanche, le pouvoir de conclure un nouveau contrat ne sera pas systématiquement réservé à l'administrateur judiciaire et dépendra en réalité de la mission que lui aura confiée le tribunal.

L'administrateur judiciaire est seul titulaire du pouvoir de faire fonctionner les comptes bancaires lorsque le débiteur fait l'objet d'une interdiction bancaire.

Il est également, *a priori,* seul compétent pour élaborer le projet de plan de sauvegarde ou de redressement, cependant que lorsque des comités de créanciers ont été constitués, la présentation des propositions de plan aux créanciers membres de ces comités est assurée par le débiteur.

La jurisprudence [1] a admis, sous l'empire de la législation antérieure — et la solution devrait être reconduite —, la possibilité pour le débiteur de présenter un plan suite à un refus de l'administrateur de le présenter ou lorsque le débiteur entend proposer un plan différent de celui présenté par l'administrateur, par exemple, lorsque l'administrateur présente un plan par voie de cession d'actions alors que le débiteur entend proposer un plan ne prévoyant pas de cession d'actions.

En l'absence d'administrateur judiciaire, la présentation d'un plan de redressement sera l'œuvre du débiteur [2], assisté, le cas échéant, d'un expert au plan.

Il appartient encore à l'administrateur de se prononcer sur les demandes en acquiescement de revendication ou en restitution présentées par les propriétaires de biens mobiliers.

Sous-section II
Les pouvoirs modulables accordés à l'administrateur judiciaire

147. Présentation générale des missions pouvant être confiées à l'administrateur judiciaire. Lorsque la procédure de sauvegarde ou de redressement judiciaire est ouverte avec nomination d'un ou de plusieurs administrateurs judiciaires, le tribunal les charge, ensemble ou séparément, d'exercer l'un des deux types de mission prévus, dans la procédure de sauvegarde par l'article L. 622-1-II, et dans la procédure de redressement judiciaire par article L. 631-12, alinéa 2.

La première mission possible en sauvegarde est une mission de surveillance des opérations de gestion. Cette mission, autrefois possible dans le régime général du redressement judiciaire, ne peut plus être confiée que pendant la période d'observation d'une sauvegarde.

La deuxième est une mission d'assistance du débiteur pour tous les actes concernant la gestion ou pour certains d'entre eux. Cette mission peut être confiée tant en sauvegarde qu'en redressement judiciaire. Il apparaît ainsi que le tribunal peut adapter les pouvoirs de l'administrateur en fonction des besoins du redressement de l'entreprise.

La troisième mission — la plus lourde pour l'administrateur — est celle d'assurer seul, entièrement ou en partie, l'administration de l'entreprise. Cette mission, inconcevable dans la procédure de sauvegarde, puisque le chef d'entreprise ne doit jamais y être dessaisi, peut être confiée à l'administrateur judiciaire dans le

---

1. Cass. com., 25 mars 1997, *D. Affaires* 1997, p. 613.
2. Cass. com., 25 nov. 1997, *Rev. proc. coll. civ. et com.* 1999, 33, n° 1, obs. M.-H. Monsérié.

redressement judiciaire. Lorsque la nomination d'un administrateur judiciaire est obligatoire et qu'il a été décidé, dans la procédure de redressement judiciaire (C. com., art. L. 631-12, al. 2), mais non dans la procédure de sauvegarde, de confier la mission de représentation à un ou plusieurs administrateurs judiciaires, le tribunal désigne un ou plusieurs experts aux fins de les assister dans leur mission de gestion. La nomination de ses experts est facultative dans les autres cas.

La mission confiée à l'administrateur judiciaire peut être modifiée à tout moment par le tribunal sur demande de l'administrateur judiciaire, du mandataire judiciaire ou du ministère public (C. com., art. L. 622-1-IV, et art. L. 631-12, al. 4). Le tribunal peut également se saisir d'office en redressement judiciaire, mais non en sauvegarde.

148. Mission de surveillance. La mission de surveillance ne peut être attribuée par le tribunal à l'administrateur judiciaire que dans la procédure de sauvegarde. Cette mission, rarement conférée à l'administrateur sous l'empire de la législation antérieure, le sera sans doute davantage avec la loi de sauvegarde des entreprises qui, dans la procédure de sauvegarde, a recherché la responsabilisation du chef d'entreprise. En tout état de cause, il est indispensable que les compétences du débiteur ou du dirigeant soient certaines et que sa moralité soit telle que le tribunal puisse lui faire confiance.

La mission de surveillance de la gestion du débiteur se résume en réalité à empêcher que le débiteur ou les dirigeants de la personne morale débitrice ne réalisent des actes qui pourraient être préjudiciables à l'entreprise, et donc à son redressement, et ce, tant sur le plan de la légalité de l'acte que sur celui de son opportunité [1]. Il s'agit d'une mission de contrôle *a posteriori* [2].

Le pouvoir de l'administrateur judiciaire s'arrêtera là, de sorte que le débiteur aura toute liberté d'agir seul en justice [3].

149. Mission d'assistance. La mission d'assistance est celle qui est la plus communément attribuée à l'administrateur judiciaire par le tribunal. Elle est concevable tant dans la procédure de sauvegarde que dans celle de redressement judiciaire. Elle suppose, ici encore, que le débiteur ne soit pas incompétent, ni malhonnête. Cette mission d'assistance que confie le tribunal à l'administrateur peut être plus ou moins étendue dans la mesure où la loi prévoit que l'administrateur judiciaire peut assister le débiteur dans tous les actes de gestion de l'entreprise ou seulement dans certains d'entre eux.

La mission d'assistance est synonyme d'une administration conjointe de l'entreprise, ce qui suppose que les actes entrant dans la mission d'assistance de l'administrateur judiciaire fassent l'objet d'une intervention conjointe du débiteur et de l'administrateur judiciaire.

En outre, les comptes bancaires du débiteur ne peuvent fonctionner que sous la co-signature du débiteur et de l'administrateur judiciaire.

---

1. Y. Guyon, *op. cit.*, n° 1214 ; F. Pérochon et R. Bonhomme, *op. cit.*, n° 165.
2. A. Jacquemont, *op. cit.*, n° 268.
3. V. en ce sens CA Orléans, 8 févr. 1995, *Rev. proc. coll.* 1996, 82, n° 20, obs. M. H. Monsérié.

Les actions et les voies de recours ne peuvent être exercées que conjointement par l'administrateur judiciaire et le débiteur [1]. De même, en défense, l'action doit être dirigée à la fois contre le débiteur et l'administrateur judiciaire. Il en est de même des notifications d'actes de procédure ou de saisie qui doivent être faites conjointement à l'encontre du débiteur et de l'administrateur judiciaire [2].

150. Mission de représentation. Dans la procédure de redressement judiciaire, mais non dans celle de sauvegarde, le tribunal peut confier à l'administrateur judiciaire une mission d'administration encore appelée mission de représentation. Lorsqu'une telle mission est attribuée à l'administrateur judiciaire, le débiteur est dessaisi et se trouve représenté par l'administrateur judiciaire, à l'instar d'un débiteur en liquidation judiciaire représenté par son liquidateur.

Sous réserve des pouvoirs appartenant de façon spécifique au débiteur, et qui sont qualifiés de « pouvoirs propres », tous les actes doivent être passés par l'administrateur judiciaire, et lui seul. Ainsi, les actions en justice doivent-elle être exercées par l'administrateur judiciaire seul. De même, en défense, les actions devront être orientées contre l'administrateur judiciaire seul. Il en résulte que seraient irrecevables des conclusions prises par le débiteur seul [3]. Il en est de même des voies de recours qui, si elles sont exercées par le débiteur seul, s'avéreraient irrecevables. Les actes de notification devront, eux aussi, être adressés à l'administrateur judiciaire, et non au débiteur.

Cependant, l'attribution d'une mission de représentation à l'administrateur judiciaire n'exonère pas le débiteur de la responsabilité qu'il encourt en sa qualité de chef d'entreprise, notamment en matière de sécurité du travail [4].

Section II
Les actes de gestion courante

151. Les actes de gestion courante. L'article L. 622-3, alinéa 2, texte de la sauvegarde applicable en redressement judiciaire, précise que les actes de gestion courante accomplis par le débiteur seul sont valables à l'égard des tiers de bonne foi alors même que le débiteur aurait dû être assisté ou représenté par l'administrateur judiciaire. Sont ainsi protégés les tiers de bonne foi, c'est-à-dire les partenaires du débiteur qui n'ont pas eu connaissance de l'ouverture de la procédure collective affectant les pouvoirs du débiteur.

La bonne foi du tiers est présumée, en application du droit commun. Cette présomption pourra notamment être renversée en démontrant que le tiers a eu accès à l'information relative à l'ouverture du jugement d'ouverture, information constituée notamment par la publication au BODACC du jugement d'ouverture.

---

1. Cass. soc., 7 nov. 1990, *D.* 1992, som. 254, obs. F. Derrida.
2. V. à propos de contraintes des organismes sociaux : Cass. com., 30 mars 1993, *Bull. civ.* IV, n° 133.
3. Cass. com., 5 janv. 1999, *DPDE Bull.* 184 (12 avr. 1999), p. 6532, v° *Administrateur judiciaire*, n° 85
4. CA Reims, 2 nov. 1995, *Rev. proc. coll.* 1996, 57, n° 7, obs. B. Soinne.

Une difficulté demeure cependant. En effet, le Code ne définit pas la notion d'acte de gestion courante. Il procède simplement par voie d'exclusion en écartant de cette notion les paiements, la constitution de sûretés, les compromis et les transactions (C. com., art. L. 622-7), ainsi que la continuation des contrats en cours en application de l'article L. 622-13 du Code. Ainsi, ces actes, même s'ils ont été accomplis par le débiteur au profit de tiers de bonne foi, ne sont pas valables.

Les actes de gestion courante peuvent être définis comme les actes qui permettent à l'entreprise d'exercer son activité au quotidien. Tel est le cas, par exemple, comme en a décidé la jurisprudence, des commandes effectuées pour les besoins de l'activité commerciale [1], des contrats de vente de biens achetés pour être revendus [2], de la mobilisation de créances professionnelles par bordereau Dailly [3], ou encore des contrats de transport conclus pour assurer l'acheminement des biens vendus [4]. Tel est également le cas des actions en justice ayant pour objet le recouvrement d'une créance que détient le débiteur à l'encontre d'un tiers [5].

En revanche, les actes qui sont ponctuels et qui ne présentent donc pas un caractère répétitif, ne peuvent pas être classés dans la catégorie des actes de gestion courante puisque ce ne sont pas, à proprement parler, des actes « courants ». Ainsi, n'est pas un acte de gestion courante, l'embauche d'un salarié de haut niveau [6], alors que, au contraire, il a été jugé que l'embauche d'un chauffeur-livreur par une entreprise de transport, pour une période courte afin de faire face à un surcroît de travail, était un acte de gestion courante [7].

---

1. Cass. com., 11 juin 1996, *RJDA* 1996/12, n° 1533.
2. CA Versailles, 28 nov. 1996, *D. Affaires* 1997, 222 ; *RJDA* 1997, n° 555.
3. V. ainsi pour des cessions de créance par le mécanisme du bordereau Dailly : CA Versailles, 13 juin 1996, *D. Affaires* 1996, 1103.
4. Cass. com., 9 janv. 2001, *Act. proc. coll.* 2001/5, n° 58 ; *Rev. proc. coll.* 2002, p. 90, n° 3, obs. Ch. Lebel.
5. CA Paris, 4 oct. 1996, *D. Affaires* 1996, 1395.
6. Cass. com., 3 avr. 1990, *Bull. civ.* IV, n° 115 ; Cass. com., 5 oct. 1993, *D.* 1994, somm. p. 81, obs. A. Honorat ; Cass. soc., 30 mai 2001, *Act. proc. coll.* 2001/16, n° 203, obs. C. Régnaut-Moutier.
7. Cass. soc., 21 sept. 2005, n° 03-41.598 ; D. 2006, somm. comm. 79, obs. P.-M. Le Corre.

Sous-chapitre 2

Les habilitations judiciaires

Certains actes sont d'une gravité telle pour l'entreprise qu'ils sont purement et simplement interdits au débiteur comme à l'administrateur judiciaire ou au liquidateur. Cependant, il est des circonstances dans lesquelles le redressement de l'entreprise ou l'intérêt collectif des créanciers commande qu'il soit procédé à ces actes apparaissant, de prime abord, contraire à l'esprit de la procédure collective. C'est la raison pour laquelle le législateur a prévu la possibilité de passer certains actes graves sur habilitation préalable du juge-commissaire. La question déborde ici le cadre de la période d'observation, mais sera étudiée en son ensemble.

Il convient tout d'abord de préciser quel est le domaine de ces habilitations judiciaires (Section I) avant d'envisager quelle est la sanction attachée au défaut de respect de cette procédure d'habilitation, c'est-à-dire la passation de l'acte sans habilitation (Section II).

Section I
Le domaine des habilitations judiciaires

152. Présentation générale du domaine des habilitations judiciaires. Trois dispositions du Code de commerce visent une habilitation du juge-commissaire. Il s'agit de l'article L. 622-7, alinéas 2 et 3, de l'article L. 642-24 et, enfin, de l'article L. 642-25, alinéa 1. Les articles L. 622-7, alinéa 3, et L. 642-25, alinéa 1, sont relatifs au retrait contre paiement, technique qui sera évoquée ultérieurement (v. ss n° 376).

L'habilitation du juge-commissaire est un préalable obligatoire aux opérations visées aux articles L. 622-7, alinéas 2 et 3, L. 642-24 et L. 642-25, alinéa 1. À défaut, l'opération est nulle.

L'habilitation doit, en outre, être spéciale [1]. Il serait en effet contraire à l'esprit du texte de permettre au juge-commissaire d'autoriser l'administrateur, à l'ouverture de la procédure, d'accomplir tous les actes visés à l'article L. 622-7 du Code.

---

1. C. Saint-Alary-Houin, *op. cit.*, n° 512 ; Y. Chaput, *op. cit.*, n° 339.

La requête doit être présentée par l'administrateur, s'il a une mission de représentation, et conjointement par l'administrateur et le débiteur si l'administrateur à une mission d'assistance [1]. En l'absence d'administrateur, ou en présence d'un administrateur ayant une simple mission de surveillance dans la procédure de sauvegarde, il appartient au débiteur de présenter la requête. Dans le cadre de la liquidation judiciaire, il appartient au liquidateur de présenter la requête au juge-commissaire.

L'habilitation devra être sollicitée, que l'acte intéresse ou non l'activité professionnelle du débiteur [2].

Le domaine des habilitations comprend non seulement les créances antérieures au jugement d'ouverture, mais également les créances postérieures à celui-ci.

L'habilitation visée à l'article L. 622-7, alinéa 2, et L. 642-24 du Code a trait aux compromis et transactions (§ 1). L'article L. 622-7, alinéa 2, vise les actes de disposition étrangers à la gestion courante de l'entreprise et les constitutions de sûreté (§ 2).

§ 1. COMPROMIS ET TRANSACTIONS [3]

153. Compromis et transactions concernés. Aux termes des dispositions de l'article L. 622-7, alinéa 2, du Code de commerce, « *le juge-commissaire peut autoriser le chef d'entreprise ou l'administrateur à [...] compromettre ou transiger* ». Dans le cadre de la liquidation judiciaire, une solution analogue est posée par l'article L. 642-24, alinéa 1, du Code qui prévoit que le liquidateur peut obtenir du juge-commissaire cette autorisation.

Les compromis et transactions peuvent être autorisés tant en matière de créances nées postérieurement au jugement d'ouverture et éligibles au traitement préférentiel, qu'en matière de créances nées antérieurement au jugement d'ouverture [4]. La jurisprudence considère en effet que même si le compromis ou la transaction porte sur une créance postérieure, une autorisation préalable du juge-commissaire doit être obtenue [5]. Même si le compromis ou la transaction n'emporte pas paiement, il doit impérativement être autorisé préalablement par le juge-commissaire [6].

Le compromis, visé à l'article 2059 du Code civil, désigne la convention d'arbitrage. Ainsi que le prévoit cet article, « *toutes personnes peuvent compromettre sur les droits dont elles ont la libre disposition* ».

---

1. B. Soinne, *op. cit.*, n° 1321.
2. Cass. com., 9 juin 1992, *RJDA* 1992, n° 950 ; CA Versailles, 1re ch. A, 15 janv. 1998, *Gaz. Pal.* som. 4, et 5 nov. 1998, p. 13.
3. V. N. Colin, « Transaction et action en comblement de passif », *LPA* 16 juill. 1999, n° 141, p. 4.
4. B. Soinne, *op. cit.*, n° 1320.
5. Cass. com., 5 janv. 1999, *Bull. civ.* IV, n° 4 ; *JCP E et A,* 1999, chr. 809, 1-c-2, obs. M. Cabrillac ; *Act. proc. coll.* 1999/3, n° 31, obs. J.-P. Dom ; *Rev. proc. coll. civ. et com.* 1999, 176, n° 2, obs. P. Canet ; *D.* 1999, som. com. 350, obs. A. Honorat.
6. V. pour une transaction en liquidation judiciaire : Cass. com., 5 janv. 1999, *LPA* 26 janv. 1999, p. 18, n° 5 ; *D. Affaires* 1999, 174 ; *Rev. proc. coll. civ. et com.* 1999, 176, n° 2, obs. P. Canet ; *D.* 1999, som. com. 350, obs. A. Lienhard.

La transaction est définie par l'article 2044 du Code civil comme le « *contrat par lequel les parties terminent une contestation née ou préviennent une contestation à naître* ». Si l'on compare compromis et transaction, il apparaît que la transaction est plus grave encore que le compromis puisqu'elle peut être synonyme pour le débiteur d'abandon de droits susceptible éventuellement, en période d'observation, de remettre en cause le redressement de l'entreprise.

Dans l'intérêt de l'entreprise, ainsi que dans l'intérêt collectif des créanciers, la transaction, tout en prévoyant des concessions réciproques, doit être équilibrée et ne pas avantager de façon trop importante le créancier transigeant.

La transaction ne pourra pas mettre en échec une règle d'ordre public des procédures collectives [1]. Par exemple, dans le cadre d'une transaction, il sera impossible au liquidateur de renoncer à l'extinction d'une créance découlant, sous l'empire de la législation antérieure, de l'absence de déclaration de celle-ci dans les délais [2]. Cependant, dans le cadre de la liquidation judiciaire, l'article L. 642-25, alinéa 1, du Code autorise, dans certaines circonstances, le paiement des créanciers antérieurs lorsque le débiteur ou les créanciers y ont intérêt. Dans le domaine du comblement de passif, la jurisprudence opère une distinction (v. ss n° 465).

Le compromis ou la transaction peuvent être autorisés par le juge, que les litiges soient nés avant ou après le jugement d'ouverture de la procédure [3].

L'article L. 642-24, alinéa 2, du Code précise que « *si l'objet du compromis ou de la transaction (...) est de valeur indéterminée ou excède la compétence en dernier ressort du tribunal, le compromis ou la transaction est soumis à l'homologation du tribunal* ». Dans ce cas, il appartient au liquidateur de présenter une requête au juge-commissaire afin de l'autoriser à compromettre ou à transiger, puis, une fois l'ordonnance du juge-commissaire obtenue, il devra demander au tribunal l'homologation de la transaction ou du compromis intervenu. Si cette procédure n'a pas été respectée, l'homologation du compromis ou de la transaction faite directement par le juge-commissaire est constitutive d'un excès de pouvoir [4].

Alors qu'une telle limite n'est pas précisée dans le cadre de la sauvegarde ou du redressement judiciaire (C. com., art. L. 622-7, al. 2), l'article L. 642-24, alinéa 1, du Code prévoit, dans le cadre de la liquidation judiciaire, que les compromis et transactions ne peuvent porter que sur des contestations intéressant collectivement les créanciers [5], même sur celles qui sont relatives à des droits et actions immobiliers.

154. Modalités des compromis et transaction. L'article L. 622-7, alinéa 2, du Code, ainsi que l'article 82 du décret du 28 décembre 2005, précisent les modalités

---

1. P. Veaux-Fournerie et D. Veaux, *J.-Cl. civ.* art. 2044 et 2058, fasc. 2, « transaction — domaine », n° 1.

2. Cass. com., 23 nov. 1999, *D.* 2000, act. jurispr. 13, obs. A. L. ; *LPA* 11 juill. 2000, p. 27, note J.-L. Courtier ; *RTD com.* 2000, 719, obs. A. Martin-Serf.

3. B. Soinne, *op. cit.*, n° 2453.

4. Cass. com., 2 mars 1999, *LPA* 24 avr. 2000, n° 81, p. 9, note C.-H. Gallet.

5. V. ainsi sur le respect de cette condition, CA Toulouse, 2e ch., 1re sect., 29 mars 1999, *Rev. jurispr. com.* 2000, 179, n° 1555, note M. H. Monsérié-Bon, statuant sur une transaction en matière de responsabilité bancaire.

du compromis et de la transaction en sauvegarde et en redressement judiciaire. Ces modalités sont précisées par l'article L. 642-24 du Code et par l'article 287 du décret dans le cadre de la liquidation judiciaire.

L'autorisation judiciaire doit impérativement être préalable.

La demande peut être présentée par le chef d'entreprise ou par l'administrateur judiciaire. Elle ne constitue pas un pouvoir propre à l'administrateur judiciaire. Le titulaire de ce droit est en réalité défini par la mission qu'aura confiée le tribunal à l'administrateur. Si l'administrateur a une mission de représentation, la demande d'habilitation aux fins de passation d'un compromis ou d'une transaction doit être présentée par lui seul. Dans le cadre d'une mission de surveillance, la demande pourra être adressée par le débiteur. Enfin, dans le cadre d'une mission d'assistance, la demande pourra être adressée par l'administrateur et le débiteur.

Dans le cadre de la liquidation judiciaire, la requête présentée doit l'être par le liquidateur.

Si le compromis ou la transaction porte sur une valeur inférieure au taux du ressort, l'autorisation est donnée par le juge-commissaire seul. En revanche, une homologation par le tribunal est nécessaire si le compromis ou la transaction est d'une valeur indéterminée ou s'il excède la compétence en dernier ressort du tribunal.

L'ordonnance qui autorise la transaction ou le compromis doit être notifiée au débiteur ainsi qu'aux contrôleurs. Cependant, dans le cadre de la liquidation judiciaire, le débiteur dessaisi ne peut pas interjeter seul appel de la décision relative à la transaction [1].

§ 2. ACTES DE DISPOSITION ÉTRANGERS À LA GESTION COURANTE DE L'ENTREPRISE LES CONSTITUTIONS DE SÛRETÉ

155. Actes de disposition étrangers à la gestion courante et constitutions de sûretés. Les actes de dispositions étrangers à la gestion courante de l'entreprise sont essentiellement les ventes ainsi que les constitutions de sûreté. S'agissant des ventes, celles-ci seront évoquées dans le cadre de l'étude des réalisations en période d'observation (v. ss n°s 230 et s.).

En matière de constitutions de sûreté, l'article L. 622-7, alinéa 2, du Code de commerce dispose que « *le juge-commissaire peut autoriser le chef d'entreprise ou l'administrateur [...] à consentir une hypothèque ou un nantissement* ». Cette faculté n'existe que dans le cadre de la période d'observation, puisqu'aucun texte ne l'autorise expressément en liquidation judiciaire.

Malgré le visa des hypothèques et nantissements, toutes les sûretés réelles mobilières ou immobilières semblent pouvoir être constituées. En revanche, l'auto-

1. CA Versailles, 12 oct. 1995, *Rev. proc. coll. civ. et com.* 1999, 177, n° 4, obs. P. Canet.

risation ne semble pas pouvoir concerner la constitution par le débiteur d'un cautionnement [1] et, *a fortiori*, d'une garantie autonome.

Les dispositions de l'article L. 622-7, alinéa 2, ont convocation à s'appliquer tant pour des sûretés en garantie d'une créance antérieure que pour celles consenties en garantie d'une créance postérieure.

Section II

Sanction des actes accomplis sans habilitation judiciaire

La sanction des actes accomplis sans habilitation judiciaire est, d'un point de vue civil, posée à l'article L. 622-7, alinéa 4, du Code (§ 1). L'accomplissement d'un acte sans habilitation judiciaire préalable peut également faire l'objet d'une sanction pénale posée à l'article L. 654-8 du Code (§ 2).

§ 1. Sanction civile

156. Sanction civile des actes accomplis sans habilitation judiciaire. L'article L. 622-7, alinéa 4, du Code, texte de la sauvegarde applicable en redressement et en liquidation judiciaires, dispose que « *tout acte ou tout paiement passé en violation des dispositions du présent article est annulé à la demande de tout intéressé, ou du ministère public présentée dans un délai de trois ans à compter de la conclusion de l'acte ou du paiement de la créance. Lorsque l'acte est soumis à publicité, le délai court à compter de celle-ci* ».

Il faut remarquer que le domaine des paiements interdits a été étendu par la loi de sauvegarde des entreprises. Outre les dettes antérieures au jugement d'ouverture, le débiteur n'a plus le doit de payer les dettes postérieures à ce même jugement, si elles ne sont pas éligibles au traitement préférentiel (sur cette notion, v. ss n°s 215 et 216). Il est seulement excepté les dettes alimentaires et celles correspondant aux besoins de la vie courante.

La bonne ou mauvaise foi du tiers est ici inopérante [2], de sorte que l'acte, qui n'a pas été préalablement autorisé alors que sa conclusion supposait cette autorisation préalable, est annulable à la demande de tout intéressé. En conséquence, est nul un paiement reçu par un tiers ne connaissant pas l'ouverture de la procédure collective du débiteur, et ce, même si le jugement d'ouverture n'avait pas encore été publié au BODACC.

L'action en nullité relève de la compétence du tribunal de la faillite [3].

Sous le vocable « tout intéressé », il faut comprendre un organe de la procédure, le débiteur lui-même [4], à condition que ce dernier ne soit pas dessaisi, mais aussi tout

---

1. *Contra :* C. Saint-Alary-Houin, *op. cit.*, n° 523.
2. F. Pérochon et R. Bonhomme, *op. cit.*, n° 176-1.
3. E. Kerckhove, *op. cit.*, n° 447.
4. CA Paris, 10 févr. 1994, *D.* 1994, IR, 79.

créancier, même s'il ne fait pas état d'un préjudice personnel [1]. Il pourra s'agir par exemple du banquier du débiteur. La loi de sauvegarde a précisé, de manière redondante nous semble-t-il, que l'action appartenait également au ministre public.

Cette action en nullité de l'acte interdit à défaut d'autorisation préalable est enfermée dans un délai préfix [2] triennal qui court à compter de l'acte effectué, si l'acte n'est pas soumis à publicité — tel un paiement — ou à compter de la publicité s'il est soumis à publicité — telle la vente d'un fonds de commerce ou d'un immeuble ou la constitution d'une sûreté devant être publiée —.

157. Effets de la nullité des actes accomplis sans habilitation judiciaire. Conformément au droit commun, la nullité entraînera l'obligation de remettre les parties en l'état antérieur. Ainsi, si l'acte nul est un paiement, l'*accipiens* devra restituer celui-ci. Redevenant créancier, il ne restera donc à celui-ci qu'à déclarer sa créance au passif, dans la mesure où il est encore dans les délais pour ce faire. Dans la négative, il pourra se trouver confronté à devoir restituer le paiement sans, parallèlement, recouvrer sa créance dans la mesure où celle-ci serait éteinte pour défaut de déclaration sous l'empire de la législation antérieure, inopposable à la procédure collective sous l'empire de la loi de sauvegarde.

Si l'acte nul est une constitution de sûreté, le bénéficiaire de cet acte redeviendra créancier chirographaire et devra donc, le cas échéant, donner mainlevée de la sûreté.

Enfin, si l'acte nul est une vente, le bien vendu devra être réintégré dans le patrimoine du débiteur. Il semblerait que l'acquéreur d'un bien mobilier de bonne foi ne puisse pas être protégé par l'article 2279 du Code civil du fait de l'opposabilité *erga omnes* du jugement d'ouverture [3]. Sa créance de remboursement trouvant sa source dans un acte irrégulier, l'acheteur ne pourra bénéficier des dispositions de l'article L. 622-17 du Code. Sa position sera celle d'un créancier hors procédure (sur cette notion, v. ss n° 214), pour le moins délicate.

La sanction des actes accomplis sans habilitation judiciaire réside non seulement dans la sanction civile, mais également dans la sanction pénale posée à l'article L. 654-8 du Code.

§ 2. Sanction pénale

158. Sanction pénale des actes accomplis sans habilitation. L'article L. 654-8, 1°, du Code de commerce punit d'un emprisonnement de deux ans et d'une amende de 30 000 euros, le débiteur personne physique ou le dirigeant d'une personne morale débitrice, qui, pendant la période d'observation, a consenti une hypothèque ou un nantissement ou fait un acte de disposition sans l'autorisation prévue par l'article L. 622-7 ou payé, en tout ou partie, une dette née antérieurement ou une dette postérieure non éligible au traitement préférentiel.

L'article L. 654-8, 3° du Code applique également cette sanction à toute personne qui, pendant la période d'observation, a passé avec le débiteur l'un des actes

---

1. P.-M. Le Corre, *op. cit.*, n° 422-42. *Contra :* B. Soinne, *op. cit.*, n° 1430.
2. CA Paris, 10 févr. 1994, *D.* 1994, IR, 79.
3. *Contra* : Ripert et Roblot, par Delebecque et Germain, *op. cit.,* n° 3041.

mentionnés à l'article L. 622-7 ou en a reçu un paiement irrégulier. La constitution du délit supposera la mauvaise foi, c'est-à-dire la connaissance de la procédure collective. Mais elle supposera aussi la conscience que le débiteur avait de payer une dette qu'il n'avait pas le droit de payer, ce qui est très loin d'être évident compte tenu de la difficulté à cerner les créances postérieures non éligibles au traitement préférentiel.

La sanction pénale ne concerne toutefois que l'acte litigieux effectué en période d'observation.

Chapitre 2

Les moyens de la poursuite d'activité

Une poursuite de l'activité tendue vers le redressement de l'entreprise suppose d'une part que soit assurée la préservation des potentialités de l'entreprise (Sous-chapitre 1) et, d'autre part, que soit trouvé le financement de la poursuite d'activité (Sous-chapitre 2).

Sous-chapitre 1

La préservation des potentialités de l'entreprise

Les potentialités de l'entreprise visent d'abord les contrats, en tant que source de richesses de l'entreprise. C'est la question de la préservation du tissu contractuel (Section I). Ces potentialités recouvrent aussi les actifs de l'entreprise à préserver ou à reconstituer (Section II).

Section I
La préservation du tissu contractuel

159. Objectif du législateur dans la réglementation de la continuation des contrats en cours. Le moyen essentiel du redressement de l'entreprise réside incontestablement dans la faculté de poursuite des contrats en cours posée par l'article L. 622-13 du Code de commerce, texte de la sauvegarde applicable en redressement judiciaire. Son corollaire est constitué par l'article L. 622-17, qui impose le paiement à l'échéance — ou à tout le moins par privilège — des créances nées régulièrement de la poursuite des contrats. Dans la perspective du sauvetage de l'entreprise, la poursuite de l'activité pendant la période d'observation est essentielle. Elle permettra l'élaboration éventuelle d'un plan de sauvegarde ou de redressement. Cette poursuite de l'activité sera permise grâce à l'article L. 622-13 du Code. Par cette disposition, le législateur a entendu imposer la volonté de l'administrateur judiciaire, ou en son absence, du débiteur, à ses partenaires afin de continuer la relation contractuelle. Ces derniers ne pourront se prévaloir de l'inexécution d'engagements financiers antérieurs [1] au jugement d'ouverture pour cesser la relation contractuelle après l'ouverture de la procédure collective du débiteur. Dans une mesure qu'il faudra définir, la poursuite du contrat en liquidation judiciaire pourra s'avérer utile.

L'article L. 622-13 du Code pose les règles générales relatives à la continuation des contrats en cours (Sous-section I). Certains contrats leur échappent et se voient appliquer des règles spéciales (Sous-section II).

---

1. Cass. com., 11 oct. 1994, *RJDA* 2/95, n° 202, p. 165 ; Cass. com., 28 mai 1996, *JCP E,* 1996, I, 584, obs. Ph. Pétel.

Sous-section I
Règles générales relatives à la continuation des contrats en cours

Il convient d'abord d'exposer la question de l'option sur la continuation des contrats en cours (§ I). Ensuite, pourront être examinées les suites de l'option sur la continuation du contrat (§ II). De manière préliminaire, il convient d'indiquer les règles facilitant la possibilité de continuation des contrats en cours (§ préliminaire).

§ préliminaire. LES RÈGLES DESTINÉES À FACILITER LA CONTINUATION DES CONTRATS EN COURS

160. Mise à l'écart de certaines clauses résolutoires. Les dispositions relatives à la continuation des contrats en cours, comme toutes les dispositions du droit de la faillite, sont d'ordre public. Dès lors, il n'est pas étonnant que la liberté contractuelle puisse être restreinte face à la règle édictée à l'article L. 622-13 du Code.

Certaines clauses contractuelles seront susceptibles de faire obstacle à la continuation du contrat. C'est pourquoi le législateur pose en règle que « *nonobstant toute disposition légale ou toute clause contractuelle, aucune [...] résiliation ou résolution du contrat ne peut résulter du seul fait de l'ouverture d'une procédure de sauvegarde* » (C. com., art. L. 622-13, al. 6). Cette règle est applicable en redressement.

Cette clause, envisageant directement la survenance d'une procédure collective, insérée dans un contrat, est nulle et ne peut jouer, non seulement pendant la période d'observation, mais encore en cas de plan de cession, de sauvegarde ou de redressement.

Une difficulté peut se présenter en liquidation judiciaire. *A priori*, le contrat ne peut être continué en l'absence de poursuite provisoire d'activité et hors l'hypothèse du bail des locaux professionnels (v. ss n° 182). Rien ne semble donc s'opposer à la validité de la clause de résiliation de plein droit en ce cas, ce qui ne fera pas obstacle à la cession judiciaire du contrat en liquidation judiciaire, du fait en ce cas de la poursuite provisoire d'activité.

Il semble également possible de valider la clause de résiliation de plein droit pour non poursuite du contrat. Si la non poursuite du contrat résulte d'une option spontanée, c'est-à-dire sans mise en demeure, la clause permettra la résiliation sans avoir besoin d'une décision judiciaire prononçant la résiliation, comme l'exige en ce cas la jurisprudence [1].

---

1. Cass. com., 19 mai 2004, pourvoi n° 01-13. 542, *D.* 2004, AJ, 1668, obs. A Lienhart ; *Act. proc. coll.* 2004/12, n° 146, note C. Régnaut-Moutier ; *Rev. proc. coll.* 2004, 228, n° 8, obs. Ph. Roussel Galle ; *JCP E,* 2004, chron. 1292, p. 1388, n° 13, obs. Ph. Pétel ; *LPA* 6 août 2004, n° 157, p. 17, note P.-M. Le Corre ; *Gaz. Pal.* 15 et 16 déc. 2004, Jur. p. 14, note P.-M. Le Corre ; LXB n° N2356ABU, note P.-M. Le Corre ; Cass. com., 7 déc. 2004, pourvoi n° 03-15. 164 ; CA Caen, 1re ch., sect. civ., 11 mai 2001, *Rev. proc. coll.* 2002, p. 192, n° 6, obs. approb. Ph. Roussel Galle.

Les clauses de résiliation ayant vocation à jouer pour un motif autre que le défaut de paiement d'une créance antérieure continuent à recevoir application. En effet, après l'ouverture de la procédure restent possibles les actions en résolution pour une cause autre que le non-paiement d'une somme d'argent [1]. Seules sont suspendues les actions en résolution fondées sur le défaut de paiement d'une somme d'argent [2].

161. Clauses pénales. Le contrat peut contenir des clauses pénales, par lesquelles est forfaitairement et par avance évalué le montant des dommages-intérêts dus par le débiteur en cas d'inexécution totale, partielle ou tardive du contrat. Les clauses, qui ne prévoient pas de sort spécifique à l'hypothèse de sauvegarde, de redressement ou de liquidation judiciaire et se bornent à fixer forfaitairement le montant de l'indemnité contractuelle destinée à réparer le préjudice causé au créancier cocontractant du fait de la résiliation anticipée du contrat, sont appelées à jouer. Il a été jugé que pareille clause insérée dans un contrat de crédit-bail, dont les parties avaient pu librement convenir lors de la signature du contrat, n'était pas contraire au principe d'ordre public d'égalité des créanciers [3], cependant que ces indemnités de résiliation stipulées aux contrats de location financière ou de crédit-bail s'analysent en des clauses pénales [4].

L'article L. 622-13, alinéa 5, qui réserve au cocontractant le droit de déclarer au passif une indemnité si le contrat n'est pas poursuivi, n'interdit nullement d'en fixer contractuellement le montant avant le prononcé du jugement d'ouverture. Cette indemnité devra être déclarée au passif et suit le régime de droit commun des clauses pénales, à savoir la possibilité de réduction judiciaire par le juge-commissaire.

162. Clauses d'indivisibilité. Le cocontractant peut avoir inséré des clauses d'indivisibilité. L'article L. 622-13, alinéa 6, du Code prévoit qu'aucune indivisibilité ne peut résulter du seul fait de l'ouverture de la procédure.

Une distinction classique est opérée entre l'indivisibilité objective et l'indivisibilité subjective. L'indivisibilité objective appelée également indivisibilité naturelle est issue de la nature des choses [5]. Par essence, cette indivisibilité ne peut pas être contrariée par les dispositions de l'article L. 622-13, alinéa 6, du Code [6]. L'indivisibilité subjective, appelée également indivisibilité conventionnelle, suppose une

---

1. En matière d'inexécution d'une obligation de faire, v. par ex. Cass. com., 12 mai 1992, *Bull. civ.* V, n° 181, p. 128 ; *JCP E*, 1993, II, 21999, note Lévy ; *D.* 1992, IR, 195 ; *JCP* 1992, I, 3617, n° 4, obs. M. Cabrillac.
2. Cass. com., 31 mars 1992, *Bull. civ.* IV, n° 140, p. 99 ; *D.* 1992, IR, 142.
3. Cass. com., 10 juill. 1990, *Rev. jurispr. com.* 1990, 345, note J.-M. Calendini ; *Rev. proc. coll.* 1992-2, p. 183, obs. Dureuil ; Cass. com., 10 déc. 1991, *Rev. proc. coll.* 1992-2, p. 183, obs Dureuil ; *JCP E*, 1992, pan. n° 235, p. 76 ; *DPDE Bull.* 89, p. 8185, n° 124 ; *RJDA* 3/92, n° 288 ; Cass. com., 9 mai 1995, *Bull. civ.* IV, n° 132.
4. Cass. com., 24 mai 2005, n° 04-12.369.
5. Des sous-distinctions peuvent être opérées au sein de l'indivisibilité objective : indivisibilité matérielle, rationnelle, ou encore intellectuelle. Sur ces sous-distinctions, v. Ghestin avec le concours de Chr. Jamin et M. Billiau, *Traité de droit civil, Le contrat, Les effets du contrat*, LGDJ, n°s 91 et s.
6. En ce sens, Cass. com., 19 déc. 1989, *Bull. civ.* IV, n° 321, p. 215 ; *Contra* : M. Jeantin, *Droit commercial*, préc., n° 653, p. 398. Ripert et Roblot par Delebecque et Germain, *Droit commercial*, préc., n° 3051, p. 1048.

volonté expresse ou tacite des parties en cause [1]. La lettre du texte permet d'estimer qu'une clause d'indivisibilité entre plusieurs contrats qui ne prévoit pas l'hypothèse d'ouverture d'une procédure collective est valable et doit jouer [2]. Ainsi, la Cour suprême a-t-elle déclaré une telle clause, insérée dans un contrat de prêt, valable même dans le cadre d'une procédure de redressement judiciaire [3].

§ 1. L'OPTION SUR LA CONTINUATION DES CONTRATS EN COURS

Il convient d'abord de déterminer le domaine de la continuation des contrats en cours (Sous-paragraphe 1) avant de préciser les modalités d'exercice de l'option qu'il prévoit (Sous-paragraphe 2).

Sous-paragraphe 1. La détermination du domaine de la continuation des contrats en cours

163. Notion de contrat en cours [4]. Le contrat est encore en cours si, à la date du jugement d'ouverture, il n'a pas épuisé ses effets principaux [5], caractéristiques [6], ce qui n'est pas le cas de contrats ne laissant subsister que des obligations de garantie [7].

Le contrat doit être susceptible, à la charge du cocontractant du débiteur sous procédure collective, d'une exécution d'obligations. Si le cocontractant du débiteur n'a plus d'obligation à exécuter, le contrat ne peut plus être considéré comme étant en cours.

Le contrat ne sera pas en cours lorsqu'il aura été totalement exécuté avant le jugement d'ouverture de la procédure. Il en sera de même du contrat arrivé à terme au jour du jugement d'ouverture. La solution a été spécialement appliquée au contrat de bail commercial, en l'état d'un congé délivré avant le jugement d'ouverture. Il a

---

1. À propos de l'indivisibilité conventionnelle, v. Ph. Delebecque, *J.-Cl. civ.* art. 1217 à 1225, v° *Indivisibilité*, n°s 9 et 10. Ghestin, *Traité de droit civil, Le contrat, Les effets du contrat*, préc., n°s 91 et s. M.-H. Monsérié, *Les contrats dans le redressement et la liquidation judiciaires des entreprises*, *op. cit.*, n°s 69 et s., p. 71.
2. Dans le sens d'une interprétation restrictive du texte en cas d'indivisibilité conventionnelle, B. Soinne, *op. cit.*, n° 1328, p. 1000. *Contra :* M.-H. Monsérié, Les *contrats dans le redressement et la liquidation judiciaires des entreprises*, préc., n° 69, p. 71.
3. Cass. com., 3 mars 1992, *Bull. civ.* IV, n° 102, p. 74 ; *Defrénois* 1992, 1371, n° 5, obs. Le Cannu, *JCP E,* 1992, I, 192, n° 2, obs. Ph. Pétel ; *RJDA* 6/92, n° 635, p. 635.
4. Sur la notion de contrat en cours, v. F. Derrida, « La notion de contrat en cours à l'ouverture de la procédure de redressement judiciaire » *LPA* 5 nov. 1993, p. 4 et s., et *RJDA* 6/93, p. 399. A. Martin-Serf, *Les contrats en cours avant l'option de l'administrateur*, préc., p. 9 et s. M.-H. Monsérié, *Les contrats dans le redressement et la liquidation judiciaires des entreprises*, préc., n°s 152 et s., p. 146.
5. Ripert et Roblot par Delebecque et Germain, *op. cit.*, n° 3047.
6. P. Pétel, *op. cit.*, n° 236 ; Derrida, Godé et Sortais, *op. cit.*, n° 392, évoquant « les principales prestations attendues ».
7. A. Soinne, *op. cit.*, n° 1327.

été jugé que le régime des contrats en cours ne s'appliquait pas au bail renouvelé, considéré comme un nouveau bail [1].

Le contrat ne sera plus en cours lorsque sa résiliation aura été acquise avant le jugement d'ouverture [2]. Cette résiliation pourra être amiable, judiciaire mais, dans la plupart des cas, sera acquise de plein droit par le jeu d'une clause de résiliation de plein droit prévoyant, selon les contrats, la résiliation du contrat sans formalité particulière ou après une mise en demeure restée infructueuse, en cas d'inexécution de l'une quelconque des obligations incombant au cocontractant au titre du contrat. Cette clause joue pleinement dès lors que le délai sera expiré au plus tard la veille du jour du jugement d'ouverture de la procédure, du fait de la rétroactivité de celui-ci à zéro heure de sa date.

Le cocontractant, qui entend se prévaloir du jeu de la clause de résiliation de plein droit antérieurement au jugement d'ouverture, doit s'abstenir de mettre en demeure l'administrateur ou le débiteur, selon le cas, de se prononcer sur la poursuite du contrat. Dans le cas contraire, il peut être estimé qu'il a renoncé implicitement au jeu de la clause de résiliation de plein droit [3].

164. Application de la notion aux contrats de vente et de prêt. Si l'exécution de l'obligation de délivrance est déjà intervenue au jour du jugement d'ouverture, le contrat de vente n'est plus en cours. La règle s'applique même en cas de vente avec clause de réserve de propriété [4]. En revanche, la Cour de cassation a précisé que le contrat de vente à terme est un contrat en cours, lorsque le transfert de propriété ne s'est pas opéré, faute de paiement [5]. Le rapprochement entre les deux solutions laisse perplexe. En matière de vente en l'état futur d'achèvement, le contrat de vente est en cours si l'achèvement n'a pas eu lieu au jour de l'ouverture de la procédure [6].

Dès lors que les fonds ont été intégralement versés à l'emprunteur antérieurement à l'ouverture de la procédure, le contrat de prêt n'est pas en cours [7]. Les échéances du prêt relatives aux fonds débloqués avant jugement d'ouverture sont des créances antérieures à ce jugement puisque leur fait générateur est constitué par le déblocage

---

1. Cass. ass. plén., 7 mai 2004, n° 02-13.225, *D.* 2004, AJ, 1451, concl. de Gouttes, obs. A. Lienhard ; *D.* 2004, somm. comm. 2142, obs. P.-M. Le Corre ; *Act. proc. coll.* 2004/10, n° 121,
2. Cass. com., 13 déc. 1982, *Bull. civ.* IV, p. 340 ; CA Aix-en-Provence, 17 déc. 1976, *D.* 1977, IR, 319. Ces décisions, rendues sous l'empire de la loi de 1967, sont pleinement transposables aux contrats pour lesquels la clause de résiliation sans formalité ni mise en demeure pour non-paiement d'un terme de loyer aurait joué avant le prononcé de l'ouverture de la procédure collective.
3. Cass. com., 21 janv. 1992, *Bull. civ.* IV, n° 25, p. 21 ; *LPA* 25 nov. 1992, n° 142, p. 12, note F. Derrida ; *RJDA* 4/92, n° 399.
4. Cass. com., 5 mai 2004, n°s 01-17.201 et 01-17.590, *D.* 2004, AJ, 1525, obs. A. Lienhard ; *D.* 2004, somm. comm. p. 2144, obs. F.-X. Lucas, *Rev. proc. coll.* 2004, 225, n° 5, obs. Ph. Roussel Galle ; *Rev. proc. coll.* 2004, 381, n° 8, obs. M.-H. Monsérié-Bon ; *RTD civ.* 2004, 760, n° 3, obs. P. Crocq.
5. Cass. com., 1er févr. 2000, *Act. proc. coll.* 2000/5, n° 52 ; *D.* 2000, act. jurispr. 144, obs. A. Lienhard ; *Rev. proc. coll. civ. et com.* 2000, 100, n° 1, obs. A. Laude.
6. CA Lyon, 14 déc. 1990, *Rev. dr. imm.* 1993, 388, obs. J.-Cl. Groslière et C. Saint-Alary-Houin ; CA Versailles, 27 janv. 1995, *Rev. loyers* 1995, 522, note C.-H. Gallet.
7. Cass. com., 3 mars 1992, *Bull. civ.* IV, n° 102 ; *D.* 1992, som. 260, obs. F. Derrida ; *Defrénois* 1992, 1371, note P. Le Cannu ; *JCP E*, 1992, I, 192, n° 2, obs. crit. Ph. Pétel ; Cass. com., 2 mars 1993, *Bull. civ.* IV, n° 89 ; *D.* 1993, 572, note M. Devesa ; *Rev. huissiers* 1993, 1434, note D. Vidal ; Cass. com., 14 déc. 1993, *Bull. civ.* IV, n° 477 ; 13 avr. 1999, *LPA* 25 mai 1999, n° 103, p. 10, note P. M. ; *D. Affaires* 1999, 801, obs. A. L.

des fonds. Seule leur exigibilité est postérieure au jugement d'ouverture. À l'inverse, si le prêt n'a pas été entièrement débloqué avant le prononcé du jugement d'ouverture, à concurrence des sommes non débloquées au jour du jugement d'ouverture, il doit être considéré comme un contrat en cours [1].

Cette solution a cependant été écartée par la Cour de cassation, dans le domaine des prêts immobiliers à l'habitat et dans celui des crédits à la consommation. Elle décide que ces prêts sont consensuels et non réels [2], leur perfection étant trouvée non dans la remise des fonds, mais dans l'acceptation de l'offre préalable [3].

165. Application aux concours bancaires. L'ouverture d'une procédure collective reste sans conséquence sur les concours bancaires. Il en résulte deux conséquences.

D'une part, il n'est pas mis fin aux concours bancaires, lesquels sont soumis au droit d'option classique en matière de continuation des contrats. Il appartient au banquier de tirer un solde provisoire, faisant apparaître le montant des sommes dues au jour du jugement d'ouverture, qu'il convient de déclarer au passif [4]. En cas d'option pour la continuation des concours bancaires, le compte fonctionnera ensuite aux conditions contractuelles. Il n'y aura pas juridiquement ouverture d'un nouveau compte [5]. On parle, en pratique, sous l'empire de la législation antérieure à la loi de sauvegarde des entreprises, de « compte RJ ». Ce nouvel intitulé s'impose d'ailleurs en présence d'un administrateur judiciaire, qui a mission d'assistance ou de surveillance. On pourra également évoquer un « compte sauvegarde ».

D'autre part, la faculté légale de rupture des concours posée par l'article L. 313-2 du Code monétaire et financier subsiste. L'article D. 313-14-1 du Code monétaire et financier fixe uniformément, depuis le décret du 30 décembre 2005, le délai minimal de rupture à 60 jours. Ce texte est applicable à compter du 1er juin 2006. Il faut toutefois réserver l'hypothèse de la situation irrémédiablement compromise ou du comportement gravement répréhensible du client du banquier, qui autorisent alors la rupture sans préavis (C. mon. fin., art. L. 313-12, al. 2).

Par dérogation à la règle de principe, la Cour de cassation considère que le compte courant cesse par l'effet du prononcé de la liquidation judiciaire [6], la résiliation

1. CA Paris, 15e ch. A, 17 nov. 1998, *Act. proc. coll.* 99/3, n° 38.
2. V. S. Sabathier, « Les espoirs suscités par la remise en cause du caractère réel du contrat de prêt », *RTD com.* 2005, 29.
3. Cass. com., 11 févr. 2004, n° 01-11.654, *D.* 2004, AJ, 567 ; *JCP E,* 2004, chron. 783, p. 862, n° 16, obs. Ph. Pétel ; *RTD com.* 2004, 359, n° 4, obs. D. Legeais ; *RTD com.* 2005, p. 171, n° 5, obs. A. Martin-Serf.
4. Cass. com., 5 nov. 2003, n° 00-20.122. *Adde* : D. Martin, « Incidence du maintien forcé à la convention de compte courant sur les sûretés affectées à la garantie du solde », *Banque et droit* 1988, 54.
5. Cass. com., 11 juin 2003, n° 00-12.382, *Act. proc. coll.* 2003/15, n° 199 ; *Rev. proc. coll.* 2003, p. 240, n° 7, obs. Ph. Roussel- Galle ; F.-J. Crédot, « La continuation du compte courant par l'application de l'article L. 37 », *LPA* 23 juin 1989, p. 19 et s.
6. Cass. com., 5 nov. 2003, n° 01-01.899, *Act. proc. coll.* 2004/2, n° 23 ; *Rev. proc. coll.* 2004, 67, n° 5, obs. Ph. Roussel-Galle ; Cass. com., 9 mai 2004, n° 02-18.570, *D.* 2004, AJ, 1813, obs. A. Lienhard ; *Act. proc. coll.* 2004/13, n° 163, obs. J.-Ch. Boulay.

intervenant ici de plein droit, c'est-à-dire indépendamment d'une lettre de rupture des concours [1].

166. Contrats en cours et liquidation judiciaire. Sous l'empire de la loi du 25 janvier 1985, dans sa rédaction initiale, la jurisprudence [2] et la doctrine [3] considéraient que l'article 37 relatif à la continuation des contrats en cours, écrit pour la période d'observation, était susceptible de recevoir application au cas de liquidation judiciaire, et ce, même en cas de cessation de l'activité [4], si toutefois le liquidateur était en mesure de fournir la prestation promise au cocontractant [5].

La loi du 10 juin 1994 semblait avoir modifié la solution, du fait d'une disposition spécifiquement posée pour l'hypothèse de la liquidation judiciaire avec poursuite provisoire de l'activité. L'interprétation *a contrario* semblait s'imposer, de sorte qu'en dehors de la poursuite provisoire d'activité, mais aussi du bail des locaux professionnels faisant l'objet d'une réglementation particulière, la poursuite des contrats en liquidation judiciaire n'apparaissait plus concevable. La Cour de cassation a cependant clairement posé la solution contraire. L'ouverture d'une procédure de redressement judiciaire, à laquelle il faut assimiler la procédure de liquidation judiciaire, n'entraîne aucune résiliation des contrats [6].

La question ressurgit sous l'empire de la loi de sauvegarde des entreprises, qui a très clairement isolé l'hypothèse de la poursuite provisoire d'activité, en envisageant dans ce corps de règles la question de la poursuite du contrat. En outre, à l'occasion des travaux préparatoires de la loi de sauvegarde des entreprises, il a été clairement affirmé que « *la poursuite forcée des contrats serait en effet peu justifiée quand l'activité n'est pas poursuivie et quand le débiteur ne paye plus ses échéances* » [7].

Aussi, nous semble-t-il, la poursuite des contrats n'est pas possible, sauf le cas du bail des locaux professionnels (v. ss n° 182), en liquidation judiciaire, sans poursuite d'activité [8]. Pour autant, le contrat ne se trouve pas résilié du seul fait de la liquidation judiciaire. Il ne peut être continué, ce qui n'est pas la même chose. Il est ainsi possible

---

1. Cass. com., 5 nov. 2003, n° 01-01.899, *Act. proc. coll.* 2004/2, n° 23 ; *Rev. proc. coll.* 2004, 67, n° 5, obs. Ph. Roussel Galle.
2. Cass. com., 17 oct. 1989, *Bull. civ.* IV, n° 251 ; *D.* 1990, somm. 2, obs. F. Derrida ; *RTD com.* 1990, 101, obs. A. Martin-Serf ; Cass. com., 12 févr. 1991, *Bull. civ.* IV, n° 65, p. 45 ; *D.* 1991, IR, 68.
3. B. Soinne, *op. cit.*, n° 2360, p. 1925 ; Derrida, Godé, Sortais, *op. cit.*, n° 261, p. 169 et n° 393, p. 263.*Contra* : M. Jeantin, *Rev. jurispr. com.* févr. 1987, p. 204.
4. Cass. com., 17 oct. 1989, *Bull. civ.* IV, n° 251 ; *D.* 1990, somm. 2, obs. F. Derrida ; *RTD com.* 1990, 101, obs. A. Martin-Serf.
5. La demande relative à la poursuite d'un contrat en cours est sans objet et ne peut donc aboutir lorsque le liquidateur, l'entreprise ayant cessé toute activité, n'est plus en mesure de fournir la prestation promise au cocontractant : Cass. com., 16 nov. 1993, *Rev. proc. coll.* 1994-1, 45, obs. Mestre et Laude.
6. Cass. com., 22 janv. 2002, *Act. proc. coll.* 2002/8, n° 102. *Adde* pour une synthèse : Ph. Roussel Galle, obs. *Rev. proc. coll.* 2003, 241, n° 8 ; Cass. com., 28 sept. 2004, n° 03-13.803, LXB n° N3161ABP, note E. Le Corre-Broly ; Cass. com., 15 févr. 2005, n° 03-17.604, *D.* 2005, AJ, 641, note A. Lienhard ; *D.* 2005, somm. comm. 2018, obs. F.-X. Lucas ; *Gaz. proc. coll.* 2005/1, p. 47, obs. E. Le Corre-Broly ; *JCP E,* 2005, chron. 1274, p. 1424, n° 8, obs. Ph. Pétel ; *Act. proc. coll.* 2005/5, n° 56, note J. Vallansan ; Cass. com., 5 juill. 2005, n° 04-13.834, *D.* 2005, AJ, 2147, obs. A. Lienhard ; *Gaz. proc. coll.* 2005/3, p. 24, n° 2, obs. M.-P. Dumont.
7. Rapp. Xavier de Roux, n° 2095, p. 370.
8. V. aussi en ce sens, A. Lienhard, *op. cit.*, n° 932.

de suggérer que le cocontractant dispose de la possibilité de faire prononcer la résiliation de ce contrat, qui ne peut plus être continué. Il nous semble également qu'il n'y a pas d'obstacle à la validité, en pareille situation, d'une clause de résiliation pour survenance de la liquidation judiciaire non assortie d'une poursuite provisoire de l'activité, à l'exception du bail des locaux professionnels.

167. Contrats nécessaires et contrats conclus *intuitu personae*. L'article L. 622-13 du Code de commerce ne subordonne pas la continuation du contrat à la nécessité du contrat pour la poursuite de l'activité. La Cour de cassation a explicitement posé la solution, sous l'empire de la législation antérieure [1]. Celle-ci contraste avec la règle posée en matière de plan de cession par l'article L. 642-7, alinéa 1 du Code de commerce. La solution mériterait d'être repensée, afin de ne pas rendre possible la continuation de contrats ne pouvant autoriser le paiement à l'échéance du cocontractant du débiteur, du fait de la combinaison des articles L. 622-17 et L. 622-7.

Sous l'empire de la loi du 13 juillet 1967, les contrats conclus *intuitu personae* ne pouvaient être continués [2]. Sous l'empire de la législation actuelle, les contrats où domine l'*intuitus personae* entrent dans le champ d'application des dispositions relatives à la continuation des contrats [3]. Cette solution s'explique par la disparition de la masse qui était considérée comme continuant le contrat alors que désormais, le contrat est continué par le débiteur, cocontractant initial [4].

Le domaine de la continuation des contrats en cours étant ainsi circonscrit, il convient maintenant d'étudier les modalités d'exercice de l'option relative au sort du contrat en cours.

Sous-paragraphe 2. Modalités d'exercice de l'option relative au sort du contrat en cours

Le droit d'option se définit comme « *une prérogative juridique qui permet à son titulaire de pouvoir, par un acte unilatéral de volonté, modifier une situation juridique incertaine et cela suivant une alternative précise et prévisible* » [5]. L'article L. 622-13 du Code ouvre un droit d'option relatif à la poursuite du contrat en cours [6].

---

1. Cass. com., 19 mai 2004, n° 01-16.900, *Rev. proc. coll.* 2004, p. 224, n° 3, obs. Ph. Roussel Galle.
2. G. Bord, *Rép. com.* Dalloz, v° *Faillite, Effets : actes et procédure préparatoires*, n°s 278 et s.
3. V. à propos de concours bancaires : Cass. com., 8 déc. 1987, *D.* 1988, 52, note F. Derrida ; *Rev. Banque* 1988, 96, obs. Rives-Lange ; *JCP* 1988, II, 20297, obs. M. Jeantin ; *JCP E*, 1988, II, 15163 ; *RTD civ.* 1988, 347, obs. Mestre ; *RTD com.* 1989, 307 et 308, obs. Y. Chaput ; *Rev. jurispr. com.* 1989, 394, n° 1264, obs. Calendini ; *Gaz. Pal.* 1988, 1, pan 58 ; *Rev. proc. coll.* 1988-1, 61, obs. Mestre et Delebecque ; *Rev. proc. coll.* 1989-2, 158, obs. Houin ; *Rev. proc. coll.* 1991-3, 365, obs. B. Soinne ; *Rev. proc. coll.* 1991-4, 414, obs. Dureuil ; v. sur ce point, M.-H. Monsérié, *Les contrats dans le redressement et la liquidation judiciaires des entreprises*, préc., n°s 177 et s., p. 168 et s.
4. V. B. Soinne, *op. cit.*, n° 1329, p. 1001.
5. Najjar, *Le droit d'option, contribution à l'étude du droit potestatif et de l'acte unilatéral*, LGDJ, 1967, préface P. Raynaud, n° 31.
6. Sur la nature juridique de ce droit d'option, v. M.-H. Monsérié, *Les contrats dans le redressement et la liquidation judiciaires des entreprises*, préc., n°s 539 et s., p. 496.

168. Titulaire de l'option. *En présence d'un administrateur,* celui-ci, « a seul la faculté d'exiger l'exécution des contrats en cours », au titre d'un droit propre et exclusif, indépendamment de la mission reçue du tribunal. L'exécution de la prestation postérieurement au jugement d'ouverture de la procédure, en l'absence de mise en demeure émanant du cocontractant, implique l'acceptation par l'administrateur de la poursuite du contrat.

En l'absence d'administrateur, il appartient au débiteur de se prononcer pendant la période d'observation sur la poursuite du contrat. La solution est posée par l'article L. 627-2 du Code de commerce.

Sous l'empire de la législation antérieure, le débiteur pouvait opter seul pour la non-continuation du contrat [1]. La solution ne nous semble pas modifiée par la loi du 26 juillet 2005 [2]. En revanche, la poursuite régulière du contrat, seule susceptible de faire naître régulièrement des créances postérieurement au jugement d'ouverture [3], nécessitait une autorisation du juge-commissaire. Cependant, si la poursuite du contrat n'est pas contestée pendant la procédure collective, cette irrégularité restera sans conséquence. La solution a été posée alors que l'argument n'avait été invoqué qu'après l'arrêté du plan de continuation [4].

La loi de sauvegarde des entreprises a, en revanche, modifié le dispositif d'option pour la continuation du contrat. Désormais, l'article L. 627-2, texte de la sauvegarde applicable en redressement judiciaire, dispose que le débiteur ne peut continuer le contrat qu'avec l'avis conforme du mandataire judiciaire. Cet avis devra exister au plus tard à l'expiration du délai imparti au débiteur pour répondre. Pour éviter des résiliations liées à l'absence de réponse du mandataire judiciaire, le décret a introduit un dispositif particulier. Le cocontractant, précise l'article 169, alinéa 1, du décret du 28 décembre 2005, texte de la procédure de sauvegarde applicable en redressement judiciaire (Décr. 28 déc. 2005, art. 206), doit rendre destinataire, par lettre recommandée avec demande d'avis de réception, le mandataire judiciaire d'une copie de la mise en demeure envoyée au débiteur. Le mandataire judiciaire, selon l'alinéa 2 de la même disposition, doit sans délai faire part de son avis au débiteur et au co-contractant. Pour éviter l'écoulement du délai du mois de la mise en demeure, qui entraînerait résiliation du contrat, le débiteur, qui n'a pas reçu de réponse du mandataire judiciaire, peut saisir le juge-commissaire, par requête, après l'expiration d'un délai de 15 jours faisant suite à la réception du courrier de mise en demeure (Décr. 28 déc. 2005, art. 169, al. 3). Il dispose donc d'un délai courant entre le 16e jour qui suit la réception par ses soins de la mise en demeure d'avoir à opter sur le sort du contrat et l'expiration du délai du mois courant à compter de la réception de la mise en demeure. La saisine du juge-commissaire a alors pour effet de suspendre le délai du mois imparti au débiteur pour répondre à la mise en demeure (Décr. 28 déc. 2005, art. 169, al. 4).

---

1. Cass. com., 9 janv. 1996, *Bull. civ.* IV, n° 13, p. 9 ; *RJDA* 4/96, n° 549, p. 389 ; *JCP E*, 1996, I, 554, n° 21, obs. M. Cabrillac ; *Quot. jur.* recueil 1er sem. 1996, p. 65, obs. P.M. ; *JCP E,* 1996, pan. 305 ; *Rev. proc. coll.* 1996-2, n° 3, p. 214, obs. J. Mestre.
2. V. aussi en ce sens, Ph. Roussel-Galle, *op. cit.*, n° 321 ; v. aussi en ce sens, A. Lienhard, *op. cit.*, n° 933.
3. Cass. com., 4 févr. 1992, *RJDA* 3/92, n° 286.
4. Cass. com., 28 janv. 2004, n° 01-03.709, *Act. proc. coll.* 2004/7, n° 85, note J. Vallansan.

En cas de désaccord — et non pas seulement à défaut d'accord —, ce qui suppose que le mandataire ait pris explicitement position, le juge-commissaire peut être saisi par tout intéressé. Il s'agira aussi bien du débiteur que du cocontractant. Le juge-commissaire pourra alors autoriser la poursuite des contrats en cours (C. com., art. L. 627-2). Il en sera de même dans l'hypothèse de saisine du juge-commissaire dans le délai de quinze jours faisant suite à la réception de la mise en demeure, à défaut de réponse du mandataire judiciaire.

169. Absence de mise en demeure. L'envoi de la mise en demeure est une simple faculté pour le cocontractant [1]. À défaut de mise en demeure et en l'absence d'exercice spontané de l'option, le non paiement des sommes dues après le jugement d'ouverture au titre de l'article L. 622-17 ne nous semble pas devoir entraîner la résiliation du contrat [2].

Dans l'hypothèse où aucune mise en demeure n'aura été envoyée par le cocontractant, la preuve de l'option faite par l'administrateur peut être apportée par tout moyen. Ainsi, l'exécution du contrat emporte-t-elle continuation de celui-ci [3]. La solution serait identique à l'égard du liquidateur dans les cas où celui-ci est susceptible de se prononcer sur le sort des contrats. En revanche, à défaut d'aval *a posteriori* du mandataire judiciaire, l'exécution du contrat par le débiteur ne pourrait faire présumer la poursuite de la relation contractuelle par celui-ci dans la mesure où le débiteur ne dispose pas seul du pouvoir d'opter sur le sort des contrats, mais doit recevoir l'avis conforme du mandataire judiciaire (v. ss n° 168).

La Cour de cassation, sous l'empire de la législation antérieure — la solution semblant pouvoir être reconduite, sauf pour le bail commercial du fait des dispositions de l'article L. 622-14 [4] —, d'une manière critiquable à notre sens, a posé en règle que, en l'absence de mise en demeure par le cocontractant, la renonciation de l'administrateur à continuer le contrat n'entraîne pas la résiliation de plein droit à son initiative, mais confère au seul contractant le droit de la faire prononcer en justice [5]. La solution est identique en cas d'option spontanée exercée par le liquidateur [6]. Il a été dit que le contrat était en ce cas « suspendu » [7]. Pareille demande

---

1. Sur le caractère facultatif pour le cocontractant de l'envoi de la mise en demeure d'avoir à opter : Cass. com., 19 oct. 1993, *Bull. civ.* IV, n° 343 ; *Loyers et copr.* 1995, 111, note Gallet ; *Rev. proc. coll.* 1995-1, n° 1, p. 49, obs. J. Mestre et A. Laude ; Cass. com., 20 juin 2000, *D.* 2000, act. jurispr. 343, obs. P. Pisoni.

2. V. P.-M. Le Corre, *op. cit.*, n° 431-41. *Contra* : CA Versailles, 13e ch., 19 févr. 1998, *D. Affaires* 1998, 629. Cpr. F. Pérochon et R. Bonhomme, *op. cit.*, n° 197.

3. Cass. com., 3 déc. 1996, *Bull. civ.* IV, n° 302.

4. A. Lienhard, *op. cit.*, n° 934.

5. Cass. com., 19 mai 2004, n° 01-13.542, *D.* 2004, AJ, p. 1668, obs. A. Lienhard ; *Act. proc. coll.* 2004/12, n° 146, note C. Régnaut-Moutier ; *Rev. proc. coll.* 2004, 228, n° 8, obs. Ph. Roussel Galle ; *JCP E,* 2004, chron. 1292, p. 1388, n° 13, obs. Ph. Pétel ; *LPA* 6 août 2004, n° 157, p. 17, note P.-M. Le Corre ; *Gaz. Pal.* 15-16 déc. 2004, jur. p. 14, note P.-M. Le Corre ; LXB n° N2356ABU, note P.-M. Le Corre ; Cass. com., 7 déc. 2004, n° 03-15.164 ; CA Caen, 1re ch., sect. civ., 11 mai 2001, *Rev. proc. coll.* 2002, 192, n° 6, obs. approb. Ph. Roussel Galle.

6. Cass. com., 5 juill. 2005, n° 04-13.834, *D.* 2005, AJ, 2147, obs. A. Lienhard ; *Gaz. proc. coll.* 2005/3, p. 24, n° 2, obs. M.-P. Dumont.

7. Pétel, *op. cit.*, 4e éd., n° 244.

n'est pas de la compétence du juge-commissaire [1]. Il y a là un élément de complexification bien inutile. L'administrateur a décidé de ne pas continuer le contrat. Il faut en prendre acte et raisonner *a fortiori* et non *a contrario* par rapport à l'hypothèse prévue par le législateur dans laquelle l'administrateur garderait le silence après la mise en demeure. Ce silence vaut alors résiliation. Il n'y a en effet aucune bonne raison d'opposer ces deux situations.

170. Envoi d'une mise en demeure et réponse à celle-ci. Afin de pouvoir être fixé au plus tôt et de façon certaine sur le sort de son contrat, et de lever l'incertitude susceptible de naître de l'inertie de l'administrateur, à défaut du débiteur ou du liquidateur, le cocontractant a la possibilité de faire part d'une mise en demeure d'avoir à se prononcer sur le sort du contrat le liant à l'entreprise débitrice. Cette mise en demeure peut être analysée en une renonciation du cocontractant à se prévaloir de la résiliation du contrat [2].

Cette mise en demeure devra simplement comporter une demande clairement exprimée [3].

L'article L. 622-13, alinéa 1er, prévoit que « *le contrat est résilié de plein droit après une mise en demeure adressée à l'administrateur restée plus d'un mois sans réponse* ».

Le délai de réponse à la mise en demeure, est d'un mois à compter de la réception de la mise en demeure [4]. Les règles relatives aux notifications des actes de procédure posées aux articles 668 et 669 du nouveau Code de procédure civile [5], qui obligent à considérer que le délai ne court contre le destinataire de la mise en demeure qu'à compter de sa réception par celui-ci, sont ici applicables. La réponse du titulaire de l'option devra être envoyée par celui-ci dans le délai du mois à compter de la réception de la mise en demeure adressée par le cocontractant [6].

---

1. Cass. com., 19 mai 2004, n° 01-13.542, *D.* 2004, AJ, 1668, obs. A. Lienhard ; *Act. proc. coll.* 2004/12, n° 146, note C. Régnaut-Moutier ; *Rev. proc. coll.* 2004, 228, n° 8, obs. Ph. Roussel Galle ; *JCP E,* 2004, chron. 1292, p. 1388, n° 13, obs. Ph. Pétel ; *LPA* 6 août 2004, n° 157, p. 17, note P.-M. Le Corre ; Gaz. Pal. 15-16 déc. 2004, jur. p. 14, note P.-M. Le Corre ; LXB n° N2356ABU, note P.-M. Le Corre ; Cass. com., 7 déc. 2004, n° 03-15.164 ; CA Caen, 1re ch., sect. civ., 11 mai 2001, *Rev. proc. coll.* 2002, 192, n° 6, obs. Ph. Roussel Galle.

2. CA Aix-en-Provence, 2e ch. com., 5 oct. 2000, *Me Douhaire esqual. Clinique de la Maison Blanche/Loxxia Bail*, inédit. Cpr. CA Paris, 24 mai 1995, *Administrer* févr. 1996, 35, obs. B. Boccara, considérant que l'envoi de la mise en demeure sur la continuation du contrat n'interdit pas au cocontractant de se prévaloir ultérieurement de la résiliation.

3. TGI Paris, 18e ch., 16 janv. 1992, *Rev. proc. coll.* 1992, 304, obs. Mestre et Laude. *Loyers et copr.* 1992, com. 74 ; CA Paris, 26 févr. 1993, *Loyers et copr.* 1993, com. 268. La validité de la mise en demeure est souverainement appréciée par les juges du fond : Cass. com., 2 févr. 1993, *Bull. civ.* IV, n° 35 ; *Gaz. Pal.* 1993, 2, 570, note Brault ; *Loyers et copr.* 1993, com. 394 ; *JCP* 1994, II, 22212 ; *Loyers et copr.* 1994, 157, note Gallet.

4. Cass. com., 11 avr. 1995, *Rev. proc. coll.* 1995, 293, obs. J. Mestre et A. Laude.

5. NCPC, art. 668 : « *La date de notification par voie postale est, à l'égard de celui qui y procède, celle de l'expédition, et, à l'égard de celui à qui elle est faite, la date de la réception de la lettre* ». — art. 669 : « *La date d'expédition d'une notification faite par la voie postale est celle du récépissé ou de l'émargement. La date de réception d'une notification faite par lettre recommandée avec demande d'avis de réception est celle qui est apposée par l'administration des postes lors de la remise de la lettre à son destinataire* ».

6. Pour le calcul de délai, il convient de se reporter au nouveau Code de procédure civile, lequel dispose en son article 641 que « *lorsqu'un délai est exprimé en mois (...), ce délai expire le jour du dernier mois (...) qui porte le même quantième que le jour (...) de la notification qui fait courir le délai* ».

Lorsque la période d'observation est courte ou lorsque le cocontractant n'a pas envoyé la mise en demeure dans les jours qui suivent l'ouverture de la procédure, la procédure peut être convertie en liquidation judiciaire alors même que le délai courant à compter de la mise en demeure adressée à l'administrateur ou au débiteur n'est pas expiré. Un nouveau délai n'est pas alors ouvert, le délai initial continuant à courir contre le titulaire actuel de l'option.

Il est possible d'obtenir un allongement du délai de réponse à la mise en demeure. Aux termes des dispositions de l'article L. 622-13, alinéa 1, du Code de commerce, avant l'expiration du délai d'un mois, le juge-commissaire peut impartir à l'administrateur un délai plus court ou lui accorder une prolongation pour opter. L'administrateur devra formuler sa demande avant l'expiration du délai d'un mois mais, de surcroît, il a été jugé qu'il appartient à l'administrateur de prouver qu'une décision du juge-commissaire est intervenue avant l'expiration du délai initial d'un mois [1]. À défaut, le droit pour le cocontractant de se prévaloir de la clause de résiliation de plein droit ne pourra être remis en cause par une décision du juge-commissaire intervenue postérieurement au délai d'un mois accordant à l'administrateur un délai pour opter [2]. La durée de la prolongation du délai de réflexion ne peut désormais excéder deux mois (C. com., art. L. 622-13, al. 1) [3].

171. Envoi d'une mise en demeure et absence de réponse à celle-ci. L'article L. 622-13, alinéa 1, du Code de commerce prévoit que le défaut de réponse à la mise en demeure dans le mois entraîne la résiliation de plein droit du contrat. Il résulte de cette règle, non plus de preuve, mais de fond [4], que, si dans le délai du mois de la mise en demeure, l'administrateur, ou à défaut le débiteur, effectue des règlements au titre du contrat, ce dernier sera valablement continué [5].

Les modalités de l'option étant précisées, il convient d'envisager les suites de l'option sur la continuation du contrat.

§ 2. LES SUITES DE L'OPTION SUR LA CONTINUATION DES CONTRATS EN COURS

Le droit d'option relatif au sort des contrats en cours ouvre deux possibilités qui seront imposées au cocontractant dépourvu de toute maîtrise du sort du contrat : la continuation du contrat (Sous-paragraphe 1) ou sa non-continuation (Sous-paragraphe 2).

---

1. Cass. com., 4 févr. 1992, *Bull. civ.* IV, n° 57 ; *RJDA* 5/92, n° 504 ; *JCP* 1992, IV, 108 ; *D.* 1993, somm. p. 2 ; *Act. jur. immeubles* 1992, 446 ; *LPA* 28 avr. 1993, n° 51, p. 14, note F. Derrida.
2. Cass. com., 4 févr. 1992, préc.
3. Sur la discussion relative à la durée de ce délai, v. interv. P. Méhaignerie et E. Dailly, Sénat, séance du 7 avril 1994, *JO* Sénat, 8 avr. 1994, p. 834.
4. Y. Chaput, *op. cit.*, n° 349 ; P. Pétel, *op. cit.*, n° 238.
5. Cass. com., 4 janv. 2000, *RJDA* 2000/3, n° 306.

Sous-paragraphe 1. La continuation du contrat

Cette option en faveur de la poursuite du contrat impliquera l'exécution du contrat aux conditions existantes au jour du jugement d'ouverture (A). Le défaut d'exécution du contrat par le débiteur exercera une influence directe sur le contrat (B).

A. Exécution du contrat aux conditions existantes au jour du jugement d'ouverture

172. Principe de l'exécution du contrat aux conditions existantes au jour du jugement d'ouverture. L'option pour la continuation du contrat impose une exécution du contrat aux conditions existantes au jour du jugement d'ouverture [1]. L'article L. 622-13, alinéa 4, du Code prévoit que le cocontractant doit remplir ses obligations malgré le défaut d'exécution par le débiteur d'engagements antérieurs au jugement d'ouverture. Ainsi, l'exécution du contrat aux conditions initiales n'implique-t-elle pas l'exécution des prestations antérieures au jugement d'ouverture, laquelle exécution ne peut intervenir du fait, d'une part, de l'impossibilité de payer après jugement d'ouverture une créance née antérieurement à ce jugement (C. com., art. L. 622-7), et d'autre part, du fait de l'existence de la règle de l'arrêt des poursuites individuelles relatives aux dettes antérieures à l'ouverture de la procédure (C. com., art. L. 622-21).

La poursuite du contrat après l'ouverture de la procédure impose à l'administrateur de fournir la prestation promise au cocontractant du débiteur. L'administrateur, à défaut le débiteur ou le liquidateur, doivent respecter toutes les clauses du contrat [2], l'objet de la disposition étant « *d'aménager pour l'entreprise les chances d'un redressement sans pour autant perturber le tissu économique environnant* » [3]. Ainsi, les clauses attributives de juridiction [4], les clauses d'arbitrage ou compromissoires [5] doivent-elles être respectées.

L'article L. 621-28, alinéa 2, du Code met à la charge de l'administrateur l'obligation de s'assurer, au moment où il demande l'exécution du contrat, qu'il disposera des fonds nécessaires à cet effet. Il semble que cette obligation soit de moyens et non pas de résultat [6].

Ce paiement à l'échéance imposé par l'article L. 622-13 respecte d'abord le principe de continuation du contrat aux conditions initiales. Il respecte également la règle fondamentale posée par l'article L. 622-17-I, selon laquelle les créances nées

---

1. V. à ce sujet, M.-J. Campana, *Les effets de la poursuite des contrats en cours*, préc., p. 55 et s.
2. Cass. com., 27 mars 1990, *Bull. civ.* IV, n° 98 ; *JCP E*, 1990, IV, 203. Cass. com., 14 févr. 1989, *D.* 1991, som. 11, obs. F. Derrida ; *Rev. jurispr. com.* 1990, 356, obs. J.-M. Calendini.
3. Déb. Sénat, 3e séance du 6 avril 1984 : *JO* Ass. nat. p. 1266.
4. Trib. com. Roubaix-Tourcoing, 31 juill. 1986, *D.* 1987, somm. 99, obs. F. Derrida.
5. Cass. com., 19 juill. 1982, *Bull. civ.* IV, n° 280 ; *D.* 1983, IR, 6, obs. F. Derrida ; *JCP CI*, 1983, 11273, n° 13, obs. M. Cabrillac et Vivant. Cass. com., 12 févr. 1985, *D.* 1985, IR, 281, obs. A. Honorat ; *Gaz. Pal.* 1985, 2, pan. 225, obs. Dupichot. *Contra*, Paris, 26 janv. 1977, *D.* 1977, IR, 402, obs. F. Derrida.
6. En ce sens : rapp. E. Dailly, Sénat n° 303, p. 77. Avis présenté par J.-J. Robert, Sénat n° 299, p. 50 ; interv. E. Dailly, Sénat séance du 7 avril 1994, *JO* déb. Sénat, p. 832 ; interv. J.-J. Robert, Sénat séance du 7 avril 1994, *JO* déb. Sénat, p. 833.

régulièrement après le jugement d'ouverture sont payées à leur échéance. Si tel n'est pas le cas, le créancier a la possibilité d'entreprendre toute action en justice en vue du paiement de cette créance. En effet, la règle de l'arrêt des poursuites individuelles ne vaut que pour les créanciers non éligibles au traitement préférentiel réservé aux créanciers postérieurs au jugement d'ouverture.

B. Conséquences du défaut d'exécution du contrat par le débiteur

173. Défaut de paiement à l'échéance du contrat continué. À défaut de paiement à l'échéance, ou au terme du délai de paiement accordé par le cocontractant dans le cadre de l'article L. 622-13, alinéa 2 nouveau, et à défaut d'accord du cocontractant pour poursuivre les relations contractuelles [1], le contrat est résilié de plein droit (C. com., art. L. 622-13, al. 3). Est ainsi institué un cas de résiliation légale du contrat. En cas de doute ou de contestation relative à la survenance de cette résiliation de plein droit [2], le cocontractant pourra solliciter du juge-commissaire que celui-ci constate cette résiliation ainsi que sa date (Décr. 28 déc. 2005, art. 88, al. 2).

Le législateur a, en outre, prévu qu'en cas de résiliation de plein droit du contrat du fait du défaut de paiement comptant — ou de paiement dans le délai accordé par le cocontractant — et à défaut d'accord de ce dernier pour poursuivre la relation contractuelle, le parquet, l'administrateur, le mandataire judiciaire ou un contrôleur peut saisir le tribunal aux fins de mettre fin à la période d'observation (C. com., art. L. 622-13, al. 2). Cette disposition conduira le débiteur à tout mettre en œuvre afin de régler les créances résultant de la poursuite des contrats car la fin de la période d'observation se traduira le plus souvent par le prononcé de la liquidation judiciaire compte tenu de l'impossibilité pour l'entreprise de faire face à ses dettes de procédure. Apparaît ici l'intérêt pour le cocontractant de se faire désigner contrôleur. En effet, à défaut de paiement de sa créance à l'échéance, il sera particulièrement bien placé pour faire pression sur le débiteur afin de voir sa créance réglée en menaçant ce dernier de saisir le tribunal aux fins de mettre fin à la période d'observation.

174. Possibilité pour l'administrateur de mettre fin au contrat après option de continuation. La résiliation du contrat pourra également intervenir du chef de l'administrateur, alors que celui-ci a, dans un premier temps, opté pour la continuation du contrat. En effet, dans l'hypothèse où il apparaît que la prestation en argent ne pourra être effectuée du fait d'un manque de fonds, il appartient à l'administrateur de mettre fin au contrat. Cette disposition légale est contraire aux règles du droit commun, qui interdisent au débiteur de l'obligation de se prévaloir de la résiliation pour inexécution [3]. Seul le créancier, victime de l'inexécution, peut se prévaloir de la

---

1. Par analogie aux délais de paiement pouvant être accordés tacitement par le cocontractant (Rapp. Commission mixte paritaire, Ass. nat. n° 1219 et Sénat n° 413, p. 8), il semble que l'accord du cocontractant pour poursuivre la relation contractuelle doit pouvoir être également tacite.

2. Un doute pourra notamment naître dans l'hypothèse où l'administrateur ou le débiteur soutiendrait que le cocontractant aurait tacitement accepté la poursuite des relations contractuelles nonobstant le défaut de paiement à l'échéance, ou encore dans l'hypothèse où ils soutiendraient que le cocontractant a tacitement accepté des délais de paiement.

3. V. not. H., L. et J. Mazeaud, par F. Chabas, *Leçons de droit civil*, t. II, 1er vol., *Obligations, théorie générale*, préc., n° 722, p. 856 et 1087, p. 1149.

résiliation. À défaut d'exercice d'une telle faculté, l'administrateur judiciaire est susceptible d'engager sa responsabilité si le cocontractant n'est ensuite pas payé.

175. Indemnité de résiliation d'un contrat primitivement continué. Bien qu'à la lecture du texte la solution ne soit pas évidente, la jurisprudence a considéré que l'indemnité de résiliation prévue au contrat, d'abord continué, puis résilié est, sous l'empire de la loi du 25 janvier 1985 réformée par celle du 10 juin 1994, une créance « antérieure » soumise à déclaration au passif (v. ss n° 209).

La loi de sauvegarde des entreprises a ici dissipé toute ambiguïté. Désormais, il est clairement établi, de manière interprétative, que si l'administrateur n'use pas de la faculté de poursuivre le contrat ou y met fin dans les conditions du deuxième alinéa de l'article L. 622-13 du Code de commerce, l'inexécution peut donner lieu à des dommages et intérêts dont le montant doit être déclaré au passif au profit de l'autre partie contractante. Le texte (C. com., art. L. 622-17-III, 3°) prévoit clairement aussi l'hypothèse dans laquelle, à la suite d'une option pour la continuation du contrat, celui-ci n'est pas correctement exécuté, ce qui entraîne sa résiliation. Il y a alors une créance de dommages et intérêts, considérée, par une fiction, comme antérieure, devant être déclarée au passif.

Sous-paragraphe 2. Le défaut de continuation du contrat

176. Non-continuation du contrat et résiliation du contrat. Sous l'empire de la loi de 1985 non réformée, le seul fait que l'administrateur, le débiteur ou le liquidateur, selon le cas, ait opté expressément ou implicitement pour la non-continuation ne suffisait pas à entraîner la résiliation du contrat [1]. Celui-ci restait soumis au droit commun et seul le jeu d'une clause de résiliation de plein droit insérée au contrat ou la résolution judiciaire, si elle était demandée, fondées l'une et l'autre sur la non-continuation du contrat, étaient susceptibles de mettre un terme au contrat.

Le défaut de continuation du contrat n'équivalant pas à la résiliation de celui-ci, il en résultait qu'un contrat non continué pouvait être cédé dans le cadre du plan de cession dans la mesure où, le cocontractant ne s'étant pas prévalu de la résiliation, le contrat demeurait en cours [2].

La réforme du 10 juin 1994 a modifié la solution, la non-continuation du contrat entraînant *ipso facto* sa résiliation anticipée [3]. La solution résulte explicitement du texte en cas de silence gardé plus d'un mois après envoi d'une mise en demeure.

---

1. Cass. com., 28 avr. 1998 : *JCP E*, 1998, pan. 973 ; *Gaz. Pal.* 1998, pan. 203 ; *D.* 1998, IR, 163 ; 13 oct. 1998, *JCP E*, 1998, act. 1858 ; *D. Affaires* 1998, 2046, obs. A. L et M. D ; *Act. proc. coll.* 98/11, n° 144 ; Cass. com., 7 juill. 1987, *Bull. civ.* IV, n° 176 ; *RTD com.* 1988, 492, obs. Hémard et Bouloc ; *Rev. huissiers* 1989, 1108 ; Cass. com., 3 janv. 1991, *Bull. civ.* IV, n° 1 ; *RJDA* 4/91, n° 334 ; Cass. com., 15 oct. 1991, *LPA* 2 déc. 1992, n° 145, p. 16 ; Cass. com., 25 janv. 1994, *Quot. jur.* 15 mars 1994, p. 4 ; *Dr. et patrimoine* avr. 1994, p. 55 ; *JCP* 1994, IV, 843 ; *D.* 1994, IR, 88 ; *JCP* 1994, II, 22290, obs. Lévy ; *Bull. civ.* IV, n° 36 ; *RJDA* 6/94, n° 706, p. 560 ; Cass. com., 3 mai 1994, *Bull. civ.* IV, n° 161, p. 129. V. sur cette question, P.-M. Le Corre, note sous Cass. com., 16 oct. 1990 et 9 avr. 1991, *JCP E*, 1992, II, 300.
2. Cass. com., 21 janv. 1992, *Bull. civ.* IV, n° 27, p. 22 ; *RJDA* 4/92, n° 399 ; *JCP* 1992, IV, 871.
3. Cass. com., 11 juill. 2000, *Act. proc. coll.* 2000/16, n° 205, note J. Vallansan.

A fortiori, en a-t-il été ainsi lorsque l'option pour la non-continuation du contrat est exprimée, après une mise en demeure, à l'intérieur du délai du mois ou à l'intérieur du délai de réflexion accordé par le juge-commissaire [1].

En revanche, en l'absence de mise en demeure, la Cour de cassation a estimé que l'option de non-continuation n'entraînait pas la résiliation du contrat (v. ss n° 169).

Ces solutions posées sous l'empire de la loi du 10 juin 1994 nous semblent toutes devoir être conservées, sous l'empire de la loi de sauvegarde des entreprises.

177. Qualité de la créance en cas de non-continuation du contrat. Plusieurs périodes peuvent ici être distinguées. Entre le jugement d'ouverture et l'option de non-continuation, le cocontractant ne peut refuser de fournir la prestation promise. La Cour suprême [2] en déduit logiquement que les créances nées postérieurement au jugement bénéficient du traitement préférentiel réservé aux créances nées régulièrement après le jugement d'ouverture.

La non-continuation du contrat, lorsqu'elle entraîne sa résiliation, fait naître une créance antérieure au jugement d'ouverture, devant comme telle être déclarée au passif (v. ss n° 209).

Sous-section II
Les règles spécifiques à certains contrats

Alors que certains contrats voient simplement aménagées à leur égard les règles de la continuation des contrats (§ 1), le contrat de travail est purement et simplement exclu du champ d'application des règles gouvernant le droit commun de la continuation des contrats (§ 2).

§ 1. L'EXCLUSION DU CONTRAT DE TRAVAIL DE L'APPLICATION DU DROIT COMMUN DE LA CONTINUATION DES CONTRATS

178. Principe du maintien des contrats de travail. Le régime général de la continuation des contrats n'a pas vocation à s'appliquer aux contrats de travail. En effet, en son alinéa 7, l'article L. 622-13 du Code de commerce précise que « *les dispositions du présent article ne concernent pas les contrats de travail* ».

Le jugement d'ouverture de la procédure de sauvegarde, de redressement ou de liquidation judiciaire ne met pas fin aux contrats de travail. Le contrat se continue de plein droit aux mêmes conditions. Le salarié n'a pas à mettre en demeure l'administrateur, ou à défaut, son employeur lui-même, d'avoir à opter sur la poursuite de son contrat.

---

1. Cass. com., 18 mars 2003, n° 00-12.693, *Bull. civ.* IV, n° 47 ; *D.* 2003, AJ, 972, obs. A. Lienhard ; *Act. proc. coll.* 2003/8, n° 96, obs. C. Régnaut-Moutier ; *JCP E*, 2003, chron. 1396, p. 1573, n° 12, obs. M. Cabrillac ; *RD banc. et fin.* 2003/5, p. 292, n° 191, obs. F.-X. Lucas ; *RTD com.* 2004, p. 152, n° 1, obs. A. Martin-Serf ; *Rev. proc. coll.* 2003, 234, n° 1, obs. Ph. Roussel-Galle ; LXB n° N7189AAI, note E. Le Corre-Broly.

2. Cass. com., 16 oct. 1990, *JCP E*, 1992 II, 300, note P.-M. Le Corre ; *JCP* 1990, IV, 402 ; *Rev. dr. bancaire* 1991, p. 73, obs M.-J. Campana et J.-M. Calendini ; *Bull. civ.* IV, n° 240 ; *RJDA* 1/91, n° 56 ; Cass. com., 15 oct. 1991, *LPA* 2 déc. 1992, n° 145, p. 16, obs. F. Derrida.

Cette règle s'applique en cas de prononcé de la liquidation judiciaire, alors même que le maintien des contrats de travail est exclu dans le cadre d'une cessation de l'activité. Cependant, la liquidation judiciaire n'entraîne pas, par elle-même, résiliation des contrats de travail [1], fussent-ils à durée déterminée [2], pas plus d'ailleurs que des contrats d'apprentissage [3] et c'est pourquoi le législateur a réglementé les licenciements dans le cadre de la liquidation judiciaire.

179. La rupture du contrat de travail. Les règles relatives à la rupture du contrat de travail diffèrent selon la phase pendant laquelle interviennent les licenciements. Il s'est agi pour le législateur d'aménager les règles des licenciements pour motif économique. Le droit commun du licenciement s'applique en matière de licenciements trouvant leur cause dans un motif autre qu'économique.

Il convient d'abord de préciser que la procédure de sauvegarde ne contient pas de règles particulières, de sorte que le droit commun doit continuer à s'y appliquer. L'heure n'est pas aux licenciements économiques massifs, l'entreprise n'étant pas en cessation des paiements. La procédure de sauvegarde se trouve ainsi considérablement pénalisée par rapport au redressement judiciaire.

Dans le cadre de la période d'observation du redressement judiciaire, l'administrateur ou à son défaut le chef d'entreprise doit être autorisé par le juge-commissaire à procéder à des licenciements pour motif économique, dès lors que ceux-ci présentent un caractère urgent, inévitable et indispensable (C. com., art. L. 631-17, al. 1).

Avant de solliciter l'autorisation du juge-commissaire, l'administrateur ou, à défaut, le débiteur, doit consulter le comité d'entreprise ou les délégués du personnel, à défaut le représentant des salariés, dans les conditions de l'article L. 321-9 du Code du travail. Doit également être informée la direction départementale du travail et de l'emploi.

Le licenciement qui intervient alors que l'ordonnance du juge-commissaire est postérieure est privé de cause réelle et sérieuse et justifie, en conséquence, l'allocation de dommages et intérêts [4].

Est indiqué dans l'ordonnance rendue par le juge-commissaire le nombre des salariés dont le licenciement est autorisé. Cette ordonnance est notifiée au comité d'entreprise ou, à défaut, aux délégués du personnel et, dans les entreprises ayant au plus dix salariés, au représentant des salariés. Ces institutions représentatives du personnel, dont les pouvoirs sont reconnus ici au représentant des salariés, peuvent former opposition [5] dans les dix jours de la notification de l'ordonnance. Cette dernière n'est pas notifiée aux salariés, puisqu'elle n'est pas nominative. Une fois l'ordonnance passée en force de chose jugée, le caractère économique du licenciement ne pourra plus être discuté [6].

---

1. Cass. civ. 1re, 7 juill. 1998, n° 96-15.280 ; Cass. soc., 24 mai 2000, n° 98-42.343 ; Cass. soc., 3 mai 2001, *Rev. proc. coll.* 2001, 258, n° 8, obs. F. Taquet.
2. Cass. soc., 20 juin 2001, n° 99-43.793, LXB n° A6366ATX.
3. Cass. soc., 23 mai 2000, *Gaz. Pal.* 27-29 janv. 2002, jur. p. 35, note F. Dumont.
4. Cass. soc., 3 mai 2001, *JCP E,* 2001, pan. p. 1075.
5. TC Paris, 14 janv. 1988, *Gaz. Pal.* 1989, I, 354, note J. P. Marchi.
6. Cass. soc., 9 juill. 1996, *Bull. civ.* V, n° 268 ; *JCP* 1997, I, 4004, n° 9, obs. P. Pétel ; Cass. soc., 5 mars 1997, *D.* 1997, IR, 127 ; Cass. soc., 26 mai 1999, *Bull. civ.* V, n° 235 ; Cass. soc., 5 oct. 1999, arrêt n° 3389-P.

L'administrateur, à défaut le débiteur, doit convoquer les salariés dont le licenciement a été autorisé, à un entretien préalable. Le licenciement est ensuite notifié, par lettre recommandée avec avis de réception, par l'administrateur ou le débiteur, aux salariés intéressés. Pour que le licenciement ne soit pas considéré comme étant sans cause réelle et sérieuse, la lettre de licenciement devra impérativement viser l'ordonnance du juge-commissaire [1].

Les licenciements économiques mis en œuvre en plan de sauvegarde obéiront au droit commun.

Des règles particulières sont posées pour les licenciements économiques en plan de redressement et en plan de cession. Si un plan de redressement ou de cession prévoit des licenciements pour motif économique, l'administrateur aura dû en amont procéder à la consultation du comité d'entreprise, ou à défaut des délégués du personnel. En outre, l'autorité administrative aura dû être informée.

Le jugement arrêtant le plan doit préciser le nombre de salariés dont le licenciement est autorisé, ainsi que les activités et catégories professionnelles concernées.

L'administrateur judiciaire ou à son défaut le débiteur doit procéder aux licenciements. L'auteur des licenciements devra mettre en œuvre les critères légaux d'ordre des licenciements, en notifiant la lettre de licenciements aux salariés intéressés dans le mois du jugement arrêtant le plan. Il importe que ce délai soit respecté, puisqu'il conditionne la prise en charge par l'A.G.S. des indemnités de licenciements. Pour que les licenciements ne soient pas considérés comme étant sans cause réelle et sérieuse, la lettre de licenciement devra impérativement viser le jugement arrêtant le plan et autorisant les licenciements [2]. Le salarié qui aura reçu notification de son licenciement pourra le contester et saisir le conseil des prud'hommes. Il s'agira là de questions relatives à sa situation individuelle [3].

Lorsque le licenciement est opéré dans le cadre de la liquidation judiciaire, aucune autorisation du juge-commissaire n'est nécessaire. Cette solution est logique compte tenu de la cessation de l'activité de l'entreprise immédiatement ou au terme de la période de poursuite provisoire de l'activité.

Dans le respect des dispositions des articles L. 321-8 et L. 321-9 du Code du travail, les institutions représentatives du personnel seront consultées et l'autorité administrative en matière de travail informée.

Afin d'être couverts par l'A.G.S., les licenciements doivent intervenir dans les quinze jours du prononcé de la liquidation ou avant l'expiration de la période de poursuite provisoire de l'activité. Toutefois, en cas de plan de cession arrêté en liquidation judiciaire, le délai du mois pour les licenciements intervenant dans le cadre des plans trouve application.

---

1. Cass. Ass. plén., 24 janv. 2003, *Act. proc. coll.* 2003/4, n° 47, note F. Taquet ; *Gaz. Pal.* jur. 21-22 févr. 2003, p. 33, note F.-J. Pansier ; *JCP E,* 2003, chron. 760, p. 853, n° 12, obs. Ph. Pétel ; *Rev. proc. coll.* 2003, 158, n° 10, obs. F. Taquet ; *RJ com.* 2003, 1621, p. 274, note J.-L. Courtier ; LXB n° N5939AA9, note P.-M. Le Corre.
2. Cass. soc., 22 févr. 2000, *Gaz. Pal.* 14-16 mai 2000, pan. 29.
3. Cass. soc., 3 oct. 1989, *Dr. ouvrier* 1990, 289, note F. Rochoix.

Les licenciements incombent au liquidateur, à moins qu'un administrateur soit encore en fonction dans le cadre de la poursuite provisoire d'activité, auquel cas il appartiendra à ce dernier de procéder aux licenciements.

Le licenciement des salariés protégés est, en outre, quel que soit le moment de son intervention, subordonné à l'autorisation de l'inspection du travail, à peine de nullité du licenciement, et donc de réintégration des salariés protégés. Rappelons que le représentant des salariés est un salarié protégé, dont le licenciement est spécialement encadré (v. ss n° 142).

§ 2. L'AMÉNAGEMENT POUR CERTAINS CONTRATS DES RÈGLES DE LA CONTINUATION DES CONTRATS

Contrat essentiel à la poursuite de l'activité du débiteur, le contrat de bail des immeubles affectés à l'activité de l'entreprise obéit à un régime spécifique (Sous-paragraphe 1). D'autres contrats sont également soumis à des dispositions particulières (Sous-paragraphe 2).

Sous-paragraphe 1. Le bail des immeubles affectés à l'activité de l'entreprise [1]

Il convient d'abord de s'intéresser à la continuation du bail des immeubles affectés à l'activité de l'entreprise (A), avant de s'intéresser à sa résiliation (B). La question de sa cession sera examinée séparément (v. ss n° 297).

A. La continuation du bail des immeubles affectés à l'activité de l'entreprise

180. Notion de bail en cours au jour du jugement d'ouverture. La notion de contrat de bail en cours présente une particularité par rapport au droit commun de la continuation des contrats en cours.

Le bail commercial renouvelé après délivrance d'un congé est un nouveau bail, le précédent cessant par l'effet du congé. Il en résulte qu'il ne constitue pas un contrat en cours dont l'administrateur du redressement judiciaire du preneur peut exiger l'exécution [2].

Ensuite, une règle particulière permet de déterminer si le bail commercial est ou non résilié au jour du jugement d'ouverture. La résiliation des baux des immeubles à usage commercial, industriel ou artisanal est strictement réglementée par le Code de

---

1. Sur la question, v. *Droit et Pratique des Baux commerciaux,* Dalloz Action 2006-2007, spéc. n°s 80000 et s.

2. Cass. ass. plén., 7 mai 2004, n° 02-13.225, *D.* 2004, AJ, 1451, concl. de Gouttes, obs. A. Lienhard ; *D.* 2004, somm. comm. 2142, obs. P.-M. Le Corre ; *Act. proc. coll.* 2004/10, n° 121, note C. Régnaut-Moutier ; *JCP E,* 2004, Jur 1059, p. 1156, note B. Demoustier ; *Rev. proc. coll.* 2004, 222, n° 1, obs. Ph. Roussel-Galle ; *JCP E,* 2004, chron. 1292, p. 1389, n° 14, obs. Ph. Pétel ; *Defrénois* 2004, art. 38066, p. 1666, n° 9, note D. Gibirila ; *JCP E,* 2005, chron. 863, p. 964, n° 38, obs. J. Monéger.

commerce (art. L. 145-45). La clause résolutoire de plein droit ne produit effet qu'un mois après un commandement de payer resté infructueux. À l'issue de ce délai, le bailleur doit saisir le président du TGI, statuant en la forme des référés, d'une demande de constat de la résiliation du bail. A cette occasion, le président de la juridiction peut octroyer des délais de paiement, dans les conditions de l'article 1244 du Code civil. La clause a alors ses effets suspendus, du moins tant que les délais sont respectés. L'ordonnance est ensuite signifiée au locataire. Elle est susceptible d'appel.

La résiliation n'est acquise au jour de l'ouverture de la procédure collective que si la décision est passée en force de chose jugée à cette date [1].

Si la clause résolutoire contenue au contrat de bail a joué avant jugement d'ouverture, il est impossible pour les organes de la procédure de s'y opposer [2]. Il ne pourra pas non plus être question de s'opposer à la mesure d'expulsion du débiteur [3].

Lorsque des délais auront été accordés au locataire avant son jugement d'ouverture pour suspendre les effets de la clause résolutoire, leur non-respect après ledit jugement permettra au bailleur de se prévaloir du jeu de la clause résolutoire, la suspension des effets de celle-ci prenant alors fin [4].

181. Règles générales de continuation du bail. Supprimant une difficulté de la législation précédente [5], la loi de sauvegarde des entreprises a posé explicitement que la disposition relative à l'option sur la continuation du bail des locaux professionnels est limitée au seul cas où le débiteur est le locataire du local concerné par le contrat de bail. Il a été dit qu'« *il n'apparaît pas justifié de permettre au débiteur qui serait lui-même bailleur d'un local de profiter de ce dispositif dérogatoire au droit commun* » [6]. Ainsi, la lettre du texte de l'article L. 622-14, alinéa 1, texte de la procédure de sauvegarde, rendu applicable en redressement judiciaire par l'article L. 631-14-I, rejoint - elle désormais la logique du dispositif. Même si la lettre de l'article L. 641-12, alinéa 1, n'est pas aussi explicite, la solution n'est pas différente en liquidation judiciaire, ce texte indiquant que « *la liquidation judiciaire n'entraîne pas de plein droit la résiliation du bail des immeubles affectés à l'activité de l'entreprise* ». Il ne peut s'agir que de l'activité de l'entreprise débitrice.

---

1. Cass. com., 12 juin 1990, *Bull. civ.* IV, n° 172 ; *D.* 1990, 450, note F. Derrida ; Cass. com., 14 mai 1991, *Bull. civ.* IV, n° 166 ; *Rev. loyers* 1993, 397, note C.-H. Gallet ; Cass. civ. 3e, 26 juin 1991, *Bull. civ.* III, n° 193 ; Cass. civ. 3e, 13 mai 1992, *Bull. civ.* III, n° 146 ; Cass. civ. 3e, 13 oct. 1993, *Rev. huissiers* 1994, 185, note D. Vidal ; Cass. civ. 3e, 30 nov. 1993, *Rev. loyers* 1994, 461, note C. H. Gallet ; Cass. com., 17 janv. 1995, *Rev. proc. coll.* 1995, 294, n° 2, obs. J. Mestre et A. Laude ; Cass. com., 28 sept. 2004, n° 02-15.818.

2. CA Versailles, 12e ch., 2e sect. 9 déc. 1999, *Act. proc. coll.* 2000/6, n° 64.

3. CA Versailles, 12e ch., 2e sect. 9 déc. 1999, *Act. proc. coll.* 2000/6, n° 64.

4. Cass. civ. 3e, 4 nov. 1998, *Rev. proc. coll.* 1999, 119, n° 4, obs. F. Macorig-Venier ; *Gaz. Pal.* 30 juin-1er juill. 1999, p. 23, note P.-H. Brault ; *JCP E,* 1999, chron. 1917, obs. J. Moneger ; *Act. proc. coll.* 2000/1, n° 6 ; *LPA* 13 janv. 2000, n° 9, p. 7, note A. P. ; Cass. civ. 3e, 8 déc. 1999, *D.* 2000, AJ, 99, obs. A. Lienhard ; *Act. proc. coll.* 2001, n° 6, obs. J. Vallansan ; *AJDI* 2000, 81, note C.-H. Gallet.

5. V. not. Cass. com., 19 mai 2004, n° 01-13.542, arrêt n° 811 FS-P+B, *Act. proc. coll.* 2004/12, n° 146, note C. Régnault-Moutier ; *AJDI* 2005/1, p. 31, note P.-M. Le Corre.

6. Rapp. J.-J. Hyest, n° 335, p. 199.

Le bail des locaux professionnel sera continué selon les stipulations contractuelles, et dans le respect, semble-t-il, des dispositions de l'article L. 622-13 du Code de commerce.

Il faut toutefois indiquer que la clause par laquelle le défaut d'exploitation des lieux entraîne sa résiliation est privée d'efficacité en période d'observation (C. com., art. L. 622-12, al. 4), cependant qu'elle conserve sa valeur en liquidation judiciaire, ainsi qu'après dépassement théorique des délais de la période d'observation [1].

La loi de sauvegarde des entreprises répute non écrite, en cas de cession du bail, toute clause imposant au cédant des dispositions solidaires avec le cessionnaire, tant en procédure de sauvegarde (C. com., art. L. 622-15), qu'en procédure de redressement judiciaire (C. com., art. L. 631-14-I, rendant applicable l'article L. 622-13 en redressement judiciaire). Mais, et c'est l'apport essentiel de la loi de sauvegarde des entreprises, la solution est la même en liquidation judiciaire (C. com., art. L. 641-12, al. 2).

182. Continuation du contrat de bail des locaux professionnels en liquidation judiciaire. Aux termes des dispositions de l'article L. 641-13, la continuation du bail des locaux affectés à l'activité de l'entreprise pourra intervenir dans le cadre de la liquidation judiciaire, même s'il n'y a pas de poursuite provisoire de l'activité. Cette disposition, dérogatoire au droit commun qui ne permet pas la continuation des contrats en liquidation judiciaire (v. ss n° 166), en dehors de la poursuite d'activité, a été instaurée dans l'intérêt non seulement du débiteur, mais aussi et surtout, de celui des créanciers. En effet, l'absence de résiliation du contrat de bail commercial dans le cadre de la liquidation judiciaire permettra la survie du fonds de commerce et donc la possibilité de réaliser celui-ci dans l'intérêt des créanciers.

B. La résiliation du bail des immeubles affectés à l'activité de l'entreprise

183. Dispositif établi pour la résiliation du bail des locaux professionnels pour causes financières. La loi de sauvegarde des entreprises, dans le louable souci de rendre plus lisible le dispositif relatif à la continuation et à la résiliation du bail des locaux professionnels, a réformé les textes. Malheureusement, l'objectif de clarté recherché n'a pas été atteint et l'on doit être prudent quant à l'énoncé des nouvelles solutions.

La première difficulté est de savoir si les règles générales relatives à la continuation des contrats en cours, et spécialement les règles relatives à l'option, ont ou non vocation à s'appliquer au bail des locaux professionnels. Il semble qu'une réponse positive doive être apportée [2], mais certains auteurs sont d'un avis contraire [3].

S'il y a option pour la continuation du contrat, le défaut de paiement des loyers postérieurs au jugement d'ouverture pourra entraîner la résiliation du bail, dans des

---

1. Cass. civ. 3e, 12 juill. 2000, *LPA* mars 2001, n° 59, p. 11, note M. Kéita.

2. En ce sens, Ph. Roussel-Galle, n° 257 ; B. Saintourens, « Le régime du bail commercial après la réforme des procédures collectives », *Loyers et copr.* 2005/10, n° 11, p. 7, spéc. p. 8 ; P.-M. Le Corre, *Droit et pratique des procédures collectives*, Dalloz Action, *op. cit.*, n° 433.21.

3. F. Auque, « La résiliation du bail commercial en cas de procédure de sauvegarde ou de redressement judiciaire du preneur », *Rev. Jurisp. comm.* 2005/6 ; A. Jacquemont, *op. cit.*, n° 328.

conditions différentes selon que le débiteur est en sauvegarde ou en redressement judiciaire ou fait l'objet d'une liquidation judiciaire. Dans tous les cas, la créance fondant la résiliation doit être afférente à une occupation postérieure au jugement d'ouverture.

En sauvegarde (C. com., art. L. 622-14-2°) ou en redressement judiciaire (C. com., art. L. 631-14-I), un délai d'attente de trois mois à compter du jugement d'ouverture a été instauré, qui interdit au bailleur de faire constater la résiliation pour défaut de paiement avant son expiration.

Une procédure spéciale devant le juge-commissaire a été ici mise en place (Décr. 28 déc. 2005, art. 88), qui a vocation à se substituer à la procédure de constat de l'acquisition de la clause résolutoire devant le président du tribunal de grande instance. Cependant, sous l'empire de l'ancienne législation, la Cour de cassation a estimé que la compétence du juge-commissaire pour constater la résiliation de plein droit du bail, qui résultait explicitement de l'article 61-1 du décret du 27 décembre 1985, n'excluait pas celle du juge des référés [1]. La solution est reconductible sous l'empire de la législation issue de la loi de sauvegarde avec l'article 88 du décret du 28 décembre 2005. Le bailleur disposera ainsi d'une option procédurale pour faire constater, après jugement d'ouverture, l'acquisition du jeu de la clause résolutoire, pour manquement postérieur à la décision de continuation du contrat. Si le bailleur décide de présenter sa demande au juge des référés, il nous semble devoir respecter tout le dispositif de la législation des baux commerciaux, c'est-à-dire pour l'essentiel, la délivrance du commandement de payer visant la clause résolutoire et la notification de sa demande aux créanciers inscrits sur le fonds de commerce. Enfin, il s'expose, de la part de l'organe compétent, à une demande de délais de grâce, que la juridiction saisie est en droit de lui accorder [2], et cela, précise la Cour de cassation, de façon discrétionnaire [3].

En liquidation judiciaire, la loi de sauvegarde des entreprises a entendu supprimer la difficulté née d'une rédaction maladroite de la législation précédente (C. com., art. L. 622-13) et qui créait un doute sur le point de savoir si des causes financières antérieures à l'ouverture de la procédure par un jugement de liquidation judiciaire, pouvaient autoriser la résiliation du contrat. La Cour de cassation avait répondu par la négative, en estimant que les causes « antérieures à la liquidation judiciaire » visées au texte étaient d'une nature autre que financière [4]. L'article L. 641-12, alinéa 5, du Code, issu de la loi du 26 juillet 2005, établit clairement que seul le non paiement de loyers ou charges correspondant à une occupation postérieure au jugement d'ouverture peut justifier après jugement d'ouverture une résiliation. Le bailleur doit ici agir dans les conditions des alinéas 3 à 5 de l'article L. 622-14, ce qui signifie qu'il doit attendre l'expiration d'un délai de trois mois à compter du jugement

---

1. Cass. com., 10 juill. 2001, *D.* 2001, AJ, 2830, obs. A. Lienhard ; *Act. proc. coll.* 2001/14, n° 177, obs. C. Régnaut-Moutier ; *JCP E,* 2001, pan. p. 1602 ; *Gaz. Pal.* 8-9 févr. 2002, jur. 31, note P.-H. Brault ; *JCP E,* 2002, chron. 175, p. 174, n° 14, obs. Ph. Pétel.
2. CA Paris, 14e ch. B, 3 sept. 2004, RG n° 04/03615.
3. Cass. com., 13 déc. 2005, n° 04-16.255, arrêt n° 1632 FS-P+B.
4. Cass. com., 28 mai 2002, *D.* 2002, AJ, 1980, obs. A. Lienhard ; *Act. proc. coll.* 2002/13, n° 168 ; *Rev. proc. coll.* 2002, 181, n° 1, obs. F. Macorig-Venier ; *RJDA* 2002/12, n° 1304, p. 1100 ; *AJDI* 2002, 686, obs. P. M. Le Corre ; *JCP E,* 2003, chron. 194, p. 220, n° 4, obs. Ph. Pétel ; Cass. com., 30 mars 2005, n° 02-10.422, *Gaz. proc. coll.* 2005/2, p. 15, obs. P.-M. Le Corre.

d'ouverture, que ce dernier soit ou non le jugement de liquidation judiciaire. Mais la difficulté n'a cependant pas été supprimée pour autant. En effet, l'alinéa 4 de l'article L. 622-14 du Code autorise le bailleur à demander ou à faire constater la résiliation pour des causes antérieures au jugement de liquidation judiciaire. Compte tenu de la lettre du texte, il faut ici supposer qu'il s'agit d'un jugement d'ouverture. Le texte autorise également le bailleur à agir pour des causes antérieures au jugement d'ouverture qui a précédé le jugement de liquidation judiciaire. Dans les deux situations, l'on est donc en présence de causes antérieures au jugement d'ouverture, sans que le texte ne distingue entre causes financières ou causes non financières. À suivre le texte à la lettre et sans introduire de distinction là où le législateur n'en a pas introduit, il faut donc estimer que la résiliation est possible après jugement d'ouverture même pour défaut de paiement de loyers ou charges afférents à une occupation antérieure. Pareille interprétation serait extrêmement surprenante, par la violation caractérisée de la règle de l'arrêt des poursuites individuelles et c'est pourquoi nous préférons, comme l'avait d'ailleurs fait sous l'empire de la législation antérieure la Cour de cassation à propos de l'article L. 622-13, cantonner l'article L. 641-12, alinéa 4, du Code aux obligations non financières [1], cependant que l'hypothèse de la résiliation en liquidation judiciaire pour causes financières serait, quant à elle, réservée par l'article L. 641-12, alinéa 5. Or, selon ce texte, seule l'inexécution d'obligations financières postérieures au jugement de liquidation judiciaire fonderait une résiliation pour causes financières. Le bailleur devra respecter les dispositions des alinéas 3 à 5 de l'article L. 622-14 du Code, ce qui l'obligera à attendre trois mois pour agir, à compter de la liquidation judiciaire.

Le bailleur dispose ici également d'une option de compétence.

184. Dispositif établi pour la résiliation du bail des locaux professionnels pour causes non financières. Le délai d'attente de trois mois institué en sauvegarde et en redressement judiciaire pour faire constater la résiliation du bail pour des causes financières est inapplicable, en sauvegarde et en redressement, à la demande de constat de la résiliation pour un motif non financier. Les actions en résiliation qui ne sont pas initiées pour défaut de paiement d'une somme d'argent ne sont pas soumises à la règle de l'arrêt des poursuites individuelles. Sont en conséquence possibles, dans les conditions du droit commun des baux commerciaux, par exemple, les actions en résiliation pour non-respect de l'obligation d'assurer le bien loué [2], de garnir les lieux loués [3], de respecter la destination des lieux loués [4], d'entretenir les lieux loués [5], de ne pas troubler les autres locataires [6], d'obtenir l'accord du bailleur pour sous-louer [7] ou encore d'effectuer des travaux [8].

---

1. P.-M. Le Corre, « Les baux commerciaux et la réforme des procédures collectives », *AJDI* 2600/2, p. 175 et s., spéc. p. 179.
2. Cass. com., 28 mai 1996, *JCP E,* 1997, I, 623, n° 2, obs. M. Cabrillac ; CA Poitiers, 22 avr. 1993, *Rev. proc. coll.* 1996, 72, n° 4, obs. F. Macorig-Vénier.
3. Cass. com., 11 avr. 1995, *Rev. proc. coll.* 1995, 295, obs. J. Mestre et A. Laude.
4. Cass. com., 11 avr. 1995, préc.
5. Cass. civ. 3e, 21 juill. 1999, *D.* 1999, IR, 229 ; *D. Affaires* 1999, 1443, obs. V. A. R. ; *Act. proc. coll.* 1999/15, n° 199 ; *Rev. proc. coll.* 2000, 128, n° 1, obs. F. Macorig-Venier.
6. Cass. com., 26 oct. 1999, *LPA* 3 févr. 2000, n° 24, p. 11, note P. M.
7. CA Paris, 14 janv. 1993, *Juris-data* n° 010306.
8. CA Paris, 16e ch., 16 janv. 1998, *Rev. proc. coll.* 1999, 119, n° 5, obs. F. Macorig-Venier.

En revanche, il résulte de l'article L. 641-12, alinéa 4, du Code que si le bailleur entend demander ou faire constater après la liquidation judiciaire la résiliation pour une cause antérieure au jugement d'ouverture, ce qui, d'une part, pour donner un sens à l'alinéa 5 de la même disposition et, d'autre part, pour ne pas violer la règle de l'arrêt des poursuites individuelles, doit être interprété comme visant des causes non financières, la demande doit impérativement être introduite avant l'expiration d'un délai de trois mois qui court à compter de la publication au BODACC du jugement de liquidation judiciaire. On remarquera que ce dispositif est sans application pour les obligations autres que financières, dont l'inexécution a eu lieu pendant la procédure collective. Aucun délai n'aura donc ici, *a priori*, à être respecté.

Sous-paragraphe 2. Les autres réglementations spécifiques

185. Contrat d'édition. L'article 232 de la loi du 25 janvier 1985 a modifié l'article 61 de la loi du 11 mars 1957, relatif au contrat d'édition (désormais article L. 132-15 du Code de la propriété industrielle). Cette disposition précise que l'éditeur en redressement judiciaire doit respecter son obligation à l'égard de l'auteur, tant que le contrat n'a pas pris fin. Cette disposition a été étendue par la loi n° 85-660 du 3 juillet 1985 au contrat de production audiovisuelle (désormais article L. 132-20 du Code de la propriété intellectuelle). Le contrat se poursuivant de plein droit, le droit d'option est supprimé. L'auteur ne peut demander la résiliation du contrat qu'après la cessation depuis plus de trois mois, de l'activité de l'éditeur.

La loi de sauvegarde n'a pas modifié le dispositif en la matière.

186. Contrat d'assurance. La loi de sauvegarde des entreprises a supprimé le premier alinéa de l'article L. 113-6 du Code des assurances. Il en résulte que le contrat d'assurance est désormais soumis au droit commun de la continuation des contrats en cours.

D'une part, le contrat d'assurance ne sera pas continué de plein droit, mais seulement sur option. D'autre part, le droit de résiliation ouvert pour motif d'impayés avant le jugement d'ouverture disparaît.

Le législateur a protégé la richesse que constitue le tissu contractuel. Il en fait de même pour les actifs de l'entreprise.

Section II
La préservation ou la reconstitution des actifs de l'entreprise

Dans l'espoir de parvenir au redressement de l'entreprise, le législateur pose un certain nombre de règles destinées à la préservation des actifs (Sous-section I). D'autres règles, classiques des procédures collectives, mais dont l'utilité est aujourd'hui orientée vers le redressement de l'entreprise et non plus vers la protection des créanciers, sont posées. Il s'agit alors de la reconstitution des actifs (Sous-section II).

Sous-section I
Les mesures de préservation des actifs

Le législateur a réglementé non seulement la préservation des actifs du débiteur (§ 1), mais a encore posé des règles relatives aux parts et actions détenues par le dirigeant de la personne morale débitrice (§ 2).

§ 1. La préservation des actifs du débiteur

Le législateur a envisagé les mesures conservatoires essentiellement sous l'angle de la préservation de l'entreprise.

Les mesures conservatoires intéressent les forces vives de l'entreprise, tant dans la perspective du redressement de celle-ci, que dans celle de la protection des créanciers. Pour cette raison, les règles décrites dépassent le seul cadre de la sauvegarde ou du redressement judiciaire pour intéresser également la procédure de liquidation judiciaire. Elles ont pour objet la sauvegarde des droits du débiteur contre ses débiteurs (A) et la préservation des biens de l'entreprise (B).

A. Sauvegarde des droits de l'entreprise du débiteur contre ses propres débiteurs et préservation des capacités de production

187. Sauvegarde des droits de l'entreprise du débiteur contre ses propres débiteurs et préservation des capacités de production. L'article L. 622-4, alinéa 1, du Code de commerce, texte de la sauvegarde applicable en redressement judiciaire (C. com., art. L. 631-14-I) énonce que « *dès son entrée en fonction, l'administrateur est tenu de requérir du chef d'entreprise ou, selon le cas, de faire lui-même tous les actes nécessaires à la conservation des droits de l'entreprise contre les débiteurs de celle-ci et à la préservation des capacités de production* ». La mission confiée par le tribunal à ce dernier sera la clé de répartition. Le débiteur n'agira que si l'administrateur n'a qu'une mission de surveillance. En cas d'inaction du débiteur, l'administrateur doit cependant pouvoir agir à titre subsidiaire.

Cet article vise, comme sous l'empire de la législation précédente (C. com., L. 621-16), le « chef d'entreprise » et non le débiteur. Malgré le libellé du texte, le principe d'unité du patrimoine interdit de faire une distinction dont l'inopportunité est patente. L'administrateur pourra donc agir pour empêcher la disparition des droits du débiteur contre ses propres débiteurs, mêmes si ces droits intéressent le patrimoine extra professionnel de ce dernier.

Il pourra d'abord s'agir de l'envoi de mises en demeure, permettant de faire courir les intérêts moratoires ou les assignations ayant pour objet d'interrompre des forclusions ou des prescriptions. Il pourra être question de recouvrement de créances.

Le texte vise aussi la préservation des capacités de production de l'entreprise. Il justifie ainsi la possibilité pour le débiteur de renouveler les contrats d'entretien ou d'assurance, de s'approvisionner en matières premières, de remplacer du matériel défectueux. Il autorise aussi le débiteur a reconstituer ses stocks.

L'alinéa 2 de l'article L. 622-4 prévoit enfin que l'administrateur a qualité pour inscrire au nom de l'entreprise — il faut lire ici encore le « débiteur » — tous nantissements, gages ou privilèges que le chef d'entreprise aurait négligé de prendre ou de renouveler. Il s'agit là d'anticiper sur les difficultés de recouvrement de créances que détiendrait le débiteur.

B. Préservation des biens de l'entreprise

188. Règles générales. Suppression du détournement du courrier et remise des documents retenus. La loi du 26 juillet 2005 a supprimé la possibilité de détournement du courrier en période d'observation, qui existait sous l'empire de la législation antérieure.

La solution se comprend aisément dans la procédure de sauvegarde, puisque le débiteur demeure à la tête de son entreprise et que toute idée de défiance à son égard doit être abandonnée. Mais elle a également été étendue à la procédure de redressement judiciaire.

L'article L. 622-5 du Code conserve en revanche l'obligation existant sous l'empire de la législation précédente (C. com., art. L. 621-17) pour tout tiers détenteur, dès le jugement d'ouverture, de remettre à l'administrateur, ou à défaut au mandataire judiciaire, à la demande de celui-ci, les documents et les livres comptables en vue de leur examen. En liquidation judiciaire, la demande émanera du liquidateur.

Les documents comptables détenus par le débiteur seront également remis, en original [1].

189. Apposition des scellés. L'apposition des scellés n'est plus possible en période d'observation, contrairement à la solution posée antérieurement. La mesure facultative n'est prévue qu'en liquidation judiciaire (Décr. 28 déc. 2005, art. 228, al. 1). Elle sera sollicitée par le liquidateur auprès du juge-commissaire.

Elle assure un maximum de sécurité pour éviter les soustractions ou détournements d'actifs. Des sanctions pénales viennent renforcer l'efficacité du mécanisme. Elles sont posées par l'article 252- 1 du Code pénal, en cas de non-respect de l'apposition des scellés.

La mesure peut concerner tout ou partie des biens du débiteur, selon la décision du juge-commissaire. Les biens dispensés de scellés doivent immédiatement être inventoriés avec l'estimation de leur valeur par la personne chargée de réaliser l'inventaire (Décr. 28 déc. 2005, art. 229, al. 1).

L'apposition des scellés rend impossible, pour les biens qui en font l'objet, l'inventaire. C'est pourquoi l'article 230 du décret prévoit que le liquidateur ou l'administrateur, s'il en a été désigné un, requiert la levée des scellés pour procéder aux opérations d'inventaire.

190. Inventaire. Aux termes de l'article L. 622-6, alinéa 1, du Code de commerce, « *dès l'ouverture de la procédure, il est dressé un inventaire et réalisé une prisée du patrimoine du débiteur ainsi que des garanties qui le grèvent* ». Il s'agit d'énumérer

---

1. Amendement rejeté tendant à permettre la remise en copie des documents comptables, n° 442 rectifié, interv. Arnaud Montebourg, *JOAN CR*, 2e séance du 3 mars 2005, p. 1655.

dans un document les biens qui sont entre les mains du débiteur en les décrivant et en les évaluant sommairement. Le caractère général de la prisée du patrimoine du débiteur semble englober les immeubles du débiteur.

Le législateur vise le patrimoine du débiteur et non du chef d'entreprise. Il n'y a pas lieu de distinguer entre biens professionnels et biens non professionnels.

Pour que les opérations d'inventaire aient leur pleine efficacité, il importe qu'elles interviennent le plus vite qu'il se peut. Le législateur indique « dès l'ouverture de la procédure ». Il s'agit de l'une des premières tâches auxquelles doivent s'attacher les organes compétents. L'inventaire a, en effet, en tant que mesure conservatoire, pour fonction de permettre la connaissance de la consistance exacte des biens du débiteur, pour pouvoir apprécier les chances de redressement, en déterminant sur quels biens l'entreprise peut compter, dans cette perspective, mais aussi d'éviter les disparitions frauduleuses [1].

L'inventaire est établi, en période d'observation, par l'administrateur ou, s'il n'en a pas été nommé, par le mandataire judiciaire (Décr. 28 déc. 2005, art. 51). En liquidation judiciaire, les opérations d'inventaire seront effectuées par le liquidateur. Les personnes chargées d'établir l'inventaire en période d'observation ne sont pas précisées. On sait seulement qu'il ne s'agira pas de l'administrateur ou du mandataire judiciaire, puisque l'inventaire leur est remis par la personne chargée de l'établir.

L'établissement de l'inventaire est contradictoire.

L'inventaire s'intéresse aux biens détenus par le débiteur et non pas seulement à ceux dont il a la propriété. L'article 80, alinéa 2, du décret du 28 décembre 2005 intègre cette donnée pour exiger une mention spéciale relative aux biens susceptibles d'être revendiqués par le propriétaire. La même solution est posée pour les biens gagés [2] ou nantis, ainsi que pour ceux placés sous sujétion douanière.

L'article 80, alinéa 4, du décret du 28 décembre 2005 prévoit que l'inventaire est déposé au greffe du tribunal par celui qui l'a réalisé. Celui-ci en remet une copie au débiteur, à l'administrateur, lorsqu'il en a été désigné, et au mandataire judiciaire.

Rendre l'inventaire obligatoire facilite grandement la tâche des propriétaires, dans le cadre de leurs actions en revendication. Ils n'ont plus, en effet, à établir que le bien revendiqué existait en nature au jour de l'ouverture de la procédure, condition pourtant classique de la revendication (v. ss n° 442), dès lors que le bien figure à l'inventaire.

Cette dispense de preuve aboutit en revanche à mettre sur la tête de l'administrateur judiciaire, du débiteur ou du liquidateur, selon le cas, destinataires des demandes en acquiescement de revendication ou de restitution, la preuve que le bien n'existait pas en nature au jour du jugement d'ouverture, dès lors que l'inventaire n'est pas établi. Il s'opère ainsi, en l'absence de rédaction de l'inventaire, alors que son

---

1. Rap. Houillon n° 411, Ass. nat. 1993, p. 33.
2. L'interrogation de la préfecture d'immatriculation des véhicules permettra d'obtenir les renseignements sur le gage dont serait grevé le véhicule : v. *Rev. proc. coll.* 1995, 41. *Adde :* C. Saint-Alary-Houin, *op. cit.*, n° 643, note 9.

établissement est obligatoire [1], un renversement de la charge de la preuve [2], au seul profit du revendiquant et au détriment de la procédure collective [3].

§ 2. Parts et actions des dirigeants de la personne morale débitrice

191. Mesure d'incessibilité des parts et actions des dirigeants de la personne morale débitrice. L'article L. 631-10, alinéa 1, du Code de commerce prévoit que les dirigeants ne peuvent, à peine de nullité, céder les parts sociales, titres de capital ou valeurs mobilières donnant accès au capital représentant leurs droits sociaux dans la société qui a fait l'objet du jugement d'ouverture que dans les conditions fixées par le tribunal. Ce texte de la procédure de redressement judiciaire n'est pas applicable en sauvegarde du fait de l'absence de défiance à l'égard du chef d'entreprise.

Par son automaticité, il s'agit d'une mesure d'incessibilité légale par opposition à l'incessibilité prévue par l'article L. 626-4, alinéa 2, du Code, qui peut être qualifiée de judiciaire [4] et qui joue pour l'élaboration d'un plan de redressement mais aussi de sauvegarde (v. ss n° 241).

La place de ce texte dans la loi oblige à lui attribuer le caractère d'une mesure conservatoire. Le but de la règle est double. Il s'agit d'abord de préparer l'élimination de l'influence des dirigeants [5], qui pourraient être tentés de placer des hommes de paille par le biais de cessions de leurs parts ou actions, dont le vote aux assemblées risquerait de compromettre le redressement recherché. Il s'agit corrélativement de contrôler les cessions de parts ou actions qui pourraient aboutir à une cession du contrôle de la société en dehors de la décision du tribunal [6], ce qui rendrait ensuite impossible un plan de redressement par cession des actions.

Le but du texte et son interprétation stricte résultant de son caractère restrictif de droits font obstacle aux cessions, mais n'empêchent pas les créanciers personnels des dirigeants de saisir les parts ou actions [7].

Le terme « céder » utilisé par le législateur doit être entendu largement. Il peut s'agir de cession entre vifs, à titre onéreux, aussi bien qu'à titre gratuit : vente, échange, apport en société, donation. Il s'oppose aussi à une constitution de nantissement sur les parts ou actions qui pourrait aboutir ultérieurement à une cession effective.

---

1. La solution inverse était évidemment posée, sous l'empire de la rédaction initiale de la loi du 25 janvier 1985, puisque l'inventaire était facultatif : Cass. com., 1er oct. 1991, *RTD com.* 1992, 248, obs. A. Martin-Serf.
2. C. Saint-Alary-Houin, *op. cit.,* n° 644 ; J. Vallansan, *op. cit.,* sous art. 27, p. 51.
3. C. Saint-Alary-Houin, *op. cit.*, n° 644.
4. C. Saint-Alary-Houin, *op. cit.*, nos 650 et 651.
5. Ripert et Roblot, par Delebecque et Germain, *op. cit.*, n° 3032.
6. V. interv. Gouzes, déb. Ass. nat. 6 avr. 1984, *JO* déb. Ass. nat. p. 1262.
7. Y. Guyon, *op. cit.,* n° 1202 ; Ripert et Roblot, par Delebecque et Germain, *op. cit.,* n° 3032. *Contra : B.* Soinne, *op. cit.*, n° 1260.

L'incessibilité se poursuit pendant toute la durée de la période d'observation du redressement judiciaire et cesse de plein droit à l'expiration de celle-ci [1].

L'incessibilité ne peut concerner que les parts ou actions conférant aux dirigeants des droits sociaux, c'est-à-dire des droits patrimoniaux attachés à la qualité d'associé de la société et représentant une fraction du capital social.

L'article L. 631-10 du Code vise le dirigeant de droit ou de fait, rémunéré ou non, mais non les anciens dirigeants.

Les parts ou actions doivent appartenir personnellement aux dirigeants.

La cessibilité est enfermée dans des conditions restrictives. La compétence appartient au tribunal. Les modalités de saisine du tribunal aux fins de déterminer les conditions dans lesquelles la cession pourra intervenir ne sont pas fixées par les textes. Le repreneur des actions a qualité, compte tenu de la finalité de la mesure [2].

L'administrateur doit demander l'ouverture d'un compte spécial bloqué. Rien n'est prévu en l'absence d'administrateur judiciaire, alors que sous l'empire de la législation antérieure, la compétence appartenait au représentant des créanciers. Les actions ou certificats d'investissement ou de droit de vote devront être obligatoirement inscrits et virés à un compte spécial ouvert au nom du titulaire, compte bloqué sur lequel aucun mouvement ne peut être effectué sans l'autorisation du juge-commissaire. L'incessibilité se distingue de la privation du droit de vote. C'est pourquoi un certificat est délivré au dirigeant par l'administrateur, en application de l'article 183, alinéa 1, du décret du 28 décembre 2005, pour lui permettre de participer aux assemblées de la société. Ici encore, rien n'est prévu en l'absence d'administrateur, alors que, sous l'empire de la législation antérieure, ce certificat était délivré par le représentant des créanciers. Après adoption du plan de redressement ou clôture des opérations, il est mis fin au compte spécial, après que la décision de cession des actions ou la décision ordonnant la mainlevée de la mesure d'incessibilité sera passée en force de chose jugée (Décr. 28 déc. 2005, art. 183, al. 2), à la demande de la personne intéressée.

L'article L. 631-10 du Code de commerce édicte la nullité de la cession intervenue en méconnaissance de la mesure d'incessibilité. Il n'en sera cependant ainsi que si la cession n'est pas intervenue avant jugement d'ouverture. La jurisprudence considère que la promesse de cession faite avant jugement d'ouverture reste efficace, alors pourtant que la levée d'option n'a été effectuée qu'après ledit jugement [3].

La bonne ou mauvaise foi du tiers acquéreur doit rester sans conséquence sur le prononcé de la nullité.

La doctrine s'accorde sur le caractère absolu de cette nullité [4].

---

1. C. Saint-Alary-Houin, *op. cit.*, n° 650.
2. B. Soinne, *op. cit.*, n° 1260.
3. CA Versailles, 12ᵉ ch., 11 mai 2000, *JCP E et A*, 2000, pan. rap. 1212.
4. V. not. J. M. Bermond de Vaulx, « Le sort des droits sociaux détenus par les dirigeants de société en redressement ou liquidation judiciaire », *Rev. sociétés* 1990, 221, n° 1.

Sous-section II

La reconstitution des actifs de l'entreprise par le jeu des nullités de la période suspecte

192. Notion et fondement des nullités de la période suspecte. Les nullités de la période suspecte ont pour objectif de reconstituer les forces de vives de l'entreprise. La solution résulte clairement aujourd'hui de la législation, compte tenu de l'affectation du produit des actions, telle qu'elle est posée par l'article L. 632-4 du Code de commerce. Les inopposabilités de la période suspecte avaient, sous l'empire de la loi du 13 juillet 1967, pour finalité de faire régner l'égalité entre les créanciers antérieurs et de sanctionner les fraudes commises. Sans être absents de la législation actuelle, ces fondements sont aujourd'hui relégués au second plan.

Ainsi, les nullités de la période suspecte s'éloignent-elles davantage encore de la fraude paulienne destinée à sanctionner la fraude commise par le débiteur au préjudice des autres créanciers.

Pourquoi l'appellation de « nullité de la période suspecte » ? La période suspecte n'existe que si une date de cessation des paiements antérieure au jugement d'ouverture a été fixée, soit dans le jugement d'ouverture lui-même, soit dans un jugement de report de date de cessation des paiements. Le jeu des nullités de la période suspecte est inconcevable dans la procédure de sauvegarde, qui est ouverte sans cessation des paiements. Il faut toutefois réserver l'hypothèse d'une conversion en redressement ou en liquidation judiciaire, par suite du constat, après ouverture de la procédure, que la cessation des paiements préexistait à l'ouverture de la procédure (C. com., art. L. 621-12, al. 1 — v. ss n° 45), hypothèse qu'il convient de distinguer soigneusement de celle dans laquelle la procédure de sauvegarde est convertie après apparition en période d'observation de l'état de cessation des paiements (C. com., art. L. 622-10, al. 2) et qui est exclusive du jeu des nullités de la période suspecte, la cessation des paiements étant apparue après l'ouverture de la procédure. En effet, la période suspecte est définie comme le laps de temps s'écoulant entre la date de cessation des paiements et le jugement d'ouverture, le jour de la date de cessation des paiements étant compris dans la période suspecte [1]. Il faut ici comprendre que, par hypothèse, le débiteur a réussi à ne pas déclarer son état de cessation des paiements nonobstant son existence. Cela n'a été rendu possible que par l'intervention de quelques complices, généralement des créanciers, qui en auront profité pour se ménager des avantages substantiels par rapport aux autres créanciers.

La date de cessation des paiements ne pouvant être remontée de plus de 18 mois, il en résulte que la période suspecte ne peut avoir une durée supérieure. Cependant, l'article L. 632-1-II du Code de commerce rend possible l'annulation des actes à titre gratuit accomplis dans les six mois qui précèdent la date de cessation des paiements.

On a vu que la date de cessation des paiements pouvait être fixée à l'intérieur d'une conciliation constatée ayant ensuite échoué (v. ss n° 52). Il en résulte que certains actes accomplis pendant la recherche de l'accord de conciliation seront annulables. En revanche, si la conciliation a été homologuée par le tribunal, le jeu des nullités de

1. Cass. com., 28 sept. 2004, n° 03-10.332, *Bull. civ.* IV, n° 172 ; *D.* 2004, AJ, 2716 ; *D.* 2005, pan. 296, obs. P.-M. Le Corre ; *RD banc. et fin.* 2004/6, p. 413, n° 250, obs. F.-X. Lucas.

la période suspecte est, sauf fraude, inconcevable, la date de cessation des paiements ne pouvant être fixée antérieurement à la décision définitive qui homologue l'accord de conciliation (C. com., art. L. 631-8, al. 2).

L'acte ne tombera sous le coup d'une nullité de la période suspecte que s'il est accompli pendant cette période. Dès lors, prend toute son importance la question de la preuve de la date de l'acte.

Faute pour le groupement des créanciers d'être doté de la personnalité morale, il faut considérer aujourd'hui, contrairement à la solution issue de la loi du 13 juillet 1967, que la preuve de l'acte obéit au droit commun. En conséquence, en matière commerciale, elle est libre [1]. En matière civile, elle reste soumise aux dispositions de l'article 1328 du Code civil.

L'insécurité créée par la nullité de la période suspecte à effet rétroactif pour les partenaires contractuels du débiteur a conduit, sous l'impulsion européenne, à créer un régime dérogatoire pour certaines opérations financières entre prestataires de services d'investissement, édicté par le Code monétaire et financier (art. L. 330-2 et L. 431-7).

Ces précisions apportées, il convient de s'intéresser à la mise en œuvre des actions en nullité de la période suspecte (§ 1), avant de s'intéresser à leurs effets (§ 2).

§ 1. Mise en œuvre des actions en nullité de la période suspecte

Deux questions doivent ici être examinées : d'une part, celle des modalités procédurales de l'action en nullité (Sous-paragraphe 1), d'autre part, celle des cas de nullité (Sous-paragraphe 2).

Sous-paragraphe 1. Modalités procédurales des actions en nullité de la période suspecte

193. Modalités procédurales. Selon l'article L. 632-4 du Code de commerce, la saisine appartient à l'administrateur judiciaire, au mandataire judiciaire, au liquidateur et au commissaire à l'exécution du plan. L'article L. 641-14, alinéa 1, du Code rend applicables en liquidation judiciaire les dispositions de l'article L. 632-4. Il faut donc comprendre qu'en liquidation judiciaire, pourront agir le liquidateur, mais aussi l'administrateur judiciaire. La loi ajoute à cette liste le ministère public, ce qui va dans le sens de la législation du 26 juillet 2005, d'associer encore plus étroitement le ministère public aux procédures collectives.

La saisine n'appartient pas d'office au tribunal.

Les créanciers n'ont pas qualité pour saisir la juridiction aux fins de prononcé des nullités de la période suspecte. Il en résulte, d'une part, qu'ils sont irrecevables à

---

1. Cass. com., 28 janv. 1997, *JCP E*, 1997, II, 935, rap. J.-P. Rémery ; I, 673, n° 19, obs. P. Simler et P. Delebecque ; *Quot. jur.* 6 mars 1997, p. 5, note P.M. ; *D.* 1997, som. 214, obs. A. Honorat ; *Dr. et patrim.* juill. 1997, p. 85, obs. M.-H. Monsérié.

solliciter une expertise sur les opérations susceptibles d'être affectées par l'action en nullité [1], et, d'autre part, qu'ils ne peuvent, par voie d'exception, soulever la nullité de l'acte [2], la solution étant étendue à la caution [3] ou à l'avaliste d'un billet à ordre [4]. Toutefois, dès lors que l'on admet que l'action en nullité de la période suspecte participe, même si ce n'est pas sa finalité première, à la défense de l'intérêt collectif en ce qu'elle permet de faire respecter la règle de l'égalité des créanciers, il semble que l'on puisse admettre qu'un contrôleur, en application de l'article L. 622-20, alinéa 1, du Code, puisse agir si, après avoir mis en demeure le mandataire judiciaire, ce dernier, à l'expiration d'un délai de deux mois, n'a pas agi [5].

Le débiteur ne peut davantage agir en nullité [6], pas plus qu'il ne peut soulever l'exception de nullité pour refuser de remplir son obligation [7]. La solution est étendue au débiteur du débiteur [8].

L'action en nullité de la période suspecte est une action née de la faillite. Il en résulte que le seul tribunal compétent est celui d'ouverture de la procédure collective. Le juge-commissaire est incompétent [9]. Spécialement, cette action ne peut se greffer sur la procédure de vérification des créances. En effet, « *il n'entre pas dans les attributions du juge de la vérification des créances de prononcer la nullité d'un acte intervenu en période suspecte* » [10]. En revanche, l'action en nullité de la période suspecte conditionnera le plus généralement la décision du juge-commissaire à intervenir sur la créance, le sursis à statuer dans le cadre de la procédure d'admission des créances s'imposant dès lors.

Aucun délai d'introduction de l'instance n'est posé. Bien que les nullités de la période suspecte soient des nullités relatives tendant à la protection des intérêts de l'entreprise, la prescription quinquennale de l'article 1304 du Code civil est inapplicable.

La seule limite temporelle à l'introduction de l'action en nullité résulte de l'autorité de chose jugée attachée à l'admission d'une créance. À cet égard, il faut rappeler que l'admission d'une créance emporte impossibilité de remettre en cause l'existence, le montant ou le caractère privilégié de celle-ci. Les nullités de la période suspecte ne pourront donc affecter ces éléments. Par exemple, le caractère privilégié de l'admission d'une créance ne pourra être combattu par une nullité de la sûreté réelle constituée en garantie d'une créance antérieure. Au contraire, dès lors qu'aucun de ces trois éléments n'est affecté par la nullité, l'admission de la créance ne fera pas obstacle

---

1. Cass. com., 26 avr. 2000, *D.* 2000, act. jurispr. 267, obs. A. Lienhard ; *JCP E et A*, 2000, pan. rap. 1019 ; *RTD com.* 2000, 728, obs. J.-L. Vallens ; *Bull. Joly* 2000, n° 189, note M. Menjucq.
2. Cass. com., 1er avr. 1997, *Rev. proc. coll.* 1998, 209, n° 15, obs. B. Lemistre ; Cass. com., 6 mai 1997, *D. Affaires* 1997, som. 313, obs. A. Honorat ; *D. Affaires* 1997, 735, *RTD com.* 1999, 202, obs. A. Martin-Serf ; *contra* : Y. Guyon, *op. cit.*, n° 1321.
3. Cass. com., 13 oct. 1998, *DPDE Bull.* 177, 2 nov. 1998, 6645, v° *Juge-commissaire*, n° 19.
4. Cass. com., 25 nov. 1997, *JCP E*, 1998, n° 4, p. 102.
5. V. aussi en ce sens, A. Lienhard, *op. cit.*, n° 1702.
6. Cass. com., 12 juin 2001, *D. 2001, AJ, 2034, obs. A.* Lienhard.
7. CA Versailles, 13e ch., 9 avr. 1998, *RJDA* 1998/11, n° 1269, p. 951.
8. Cass. com., 4 juill. 2000, *Act. proc. coll.* 2000/15, n° 192, statuant sur le cas du débiteur cédé d'une cession de créance professionnelle.
9. Cass. com., 24 mars 2004, n° 01-01.358.
10. Cass. com., 28 sept. 2004, n° 02-19.500, LXB n° N3156ABI, note P.-M. Le Corre ; *adde :* CA Versailles, 5 sept. 2002, *Rev. proc. coll.* 2004, 383, n° 3, obs. G. Blanc.

au jeu de la nullité. La solution a été spécialement jugée en matière de nullité des remises en compte courant opérées de façon anormale par le débiteur pendant la période suspecte. L'admission de la créance n'aura pas pour effet de rendre réguliers les paiements qui auraient diminué, pendant la période suspecte, le solde débiteur alors que la banque connaissait l'état de cessation des paiements de son cocontractant [1].

Si l'action en nullité de la période suspecte a pour objet de remettre en cause un droit soumis à publication à la conservation des hypothèques, l'assignation devra y être publiée [2].

Enfin, il faut préciser que faute de texte contraire, le droit commun des voies de recours ouvert en matière de procédure collective s'applique à la matière des nullités de la période suspecte. Le créancier affecté par la nullité disposera d'un appel dans les dix jours de la signification du jugement. Il en ira de même des mandataires de justice déboutés de leurs actions. Le débiteur, pour sa part, n'a pas qualité pour faire appel, n'étant pas une partie obligée à la procédure de nullité de la période suspecte et n'ayant même pas à être appelé à cette instance [3].

Sous-paragraphe 2. Les cas de nullité

Le législateur oppose les nullités de droit (A) aux nullités facultatives (B). L'expression nullité de droit ne signifie pas que la nullité intervient automatiquement. Cela signifie que le tribunal, saisi d'une demande, n'a aucun pouvoir d'appréciation. Au contraire, en présence d'une nullité facultative, le tribunal appréciera s'il y a ou non lieu à prononcer la nullité. Enfin, échappe à la nullité, pour être placé sous le coup d'une action en rapport, l'acquittement des effets de commerce (C).

A. Les nullités de droit de la période suspecte

194. Actes à titre gratuit. L'article L. 632-1-I, 1°, du Code de commerce vise d'abord les actes à titre gratuit translatifs de propriété mobilière ou immobilière. Sont ainsi visés tous les actes d'appauvrissement sans contrepartie [4]. Pour les donations, la date à prendre en compte sera celle de son acceptation [5]. Les partages consécutifs au changement de régime matrimonial sont également visés, dès lors que le partage est déséquilibré au préjudice du débiteur [6]. Sera alors frappé de nullité l'état liquidatif qui

---

1. Cass. com., 18 févr. 2003, n° 00-14.353 ; *Act. proc. coll.* 2003/9, n°s 117 et 2003/11, n° 142, obs. J.-C. Boulay ; *RD banc. et fin.* 2003/3, n° 117, p. 169, obs. F.-X. Lucas ; *Rev. proc. coll.* 2004, 69, n° 2, obs. G. Blanc.
2. Cass. com., 12 avr. 2005, n° 03-18.606, *D.* 2005, AJ, 1151, obs. A. Lienhard ; *Act. proc. coll.* 2005/10, n° 122, note Th. Le Bars ; *JCP E* 2005, chron. 1425, n° 11, obs. M. Cabrillac.
3. V. après plan de continuation : Cass. com., 3 juin 1997, *Rev. proc. coll.* 1998, 209, n° 15, obs. B. Lemistre.
4. C. Saint-Alary-Houin et M.-H. Monsérié, *J.-Cl. com.* fasc. 2507, « redressement et liquidation judiciaire — nullités de droit — libéralités — actes à titre gratuit — contrats lésionnaires », n° 10.
5. C. Saint-Alary-Houin et M.-H. Montsérié, *J.-Cl. com.* fasc. 2507, préc., n° 27.
6. Cass. com., 28 mars 1995, *Bull. civ.* IV, n° 111 ; *D.* 1996, som. 81, obs. A. Honorat ; *Defrénois* 1995, 970, obs. J.-P. Sénéchal ; *Rev. proc. coll.* 1995, 448, n° 3, obs. B. Lemistre. *Adde* : E. Kerckhove, *op. cit.*, n° 659.

fera apparaître la donation déguisée [1]. Si la donation est l'œuvre d'époux communs en biens, la nullité ne sera prononcée que du chef de l'époux en redressement ou en liquidation judiciaire. En revanche, à l'encontre de l'époux *in bonis*, il sera possible d'agir en fraude paulienne [2].

195. Contrat commutatif déséquilibré. L'article 1104 du Code civil définit le contrat commutatif comme celui dans lequel « *chacune des parties s'engage à donner ou à faire une chose qui est regardée comme l'équivalent de ce qu'on lui donne ou de ce que l'on fait pour elle* ». À l'opposé, se trouve le contrat aléatoire qui ne peut donc être atteint par le jeu des nullités de la période suspecte, dès lors que l'aléa existe vraiment.

L'article L. 632-1-I, 2°, du Code de commerce permet ainsi de sanctionner des lésions qui resteraient sans sanction en droit commun. Mais le déséquilibre ici envisagé n'est pas quantifié. Il doit seulement être notable. Il en ira ainsi en cas de vileté du prix dans les ventes [3]. Il pourra s'agir aussi de salaires excessifs dans les contrats de travail par rapport à la prestation fournie [4], ou encore d'apports en société à vil prix [5]. Il en ira de même de transactions déséquilibrées au préjudice du débiteur [6].

196. Paiement de dettes non échues. L'article L. 632-1-I, 3°, du Code de commerce répute « *nul tout paiement quel qu'en ait été le mode, pour dettes non échues au jour du paiement* ». La solution est logique, dès lors qu'on observe que, par définition, le débiteur est en état de cessation des paiements, c'est-à-dire qu'il ne peut payer son passif exigible. Dans ces conditions, il est difficile de comprendre pourquoi il paie le passif qui n'est pas exigible. Il faut ici supposer que la créance soit affectée d'un terme dont le débiteur n'a pas encore été déchu au jour du paiement.

On précisera que, en matière de paiement fait par effet de commerce, si la provision est constituée pour garantir une dette non échue par le tireur déclaré en redressement ou en liquidation judiciaire, il y a place à nullité. Au contraire, il n'y aura pas place à nullité s'il existe une créance du tireur sur le tiré. La provision sera valablement transmise au porteur. La solution sera identique si la lettre de change est remise à l'escompte [7].

---

1. Cass. com., 28 mars 1995, préc. ; Civ. 1re, 25 janv. 2000, *Act. proc. coll.* 2000/6, n° 68, note F.-X. Lucas ; *D.* 2000, act. jurispr. 103, obs. A. Lienhard.
2. CA Rennes, 1re ch. A, 1er déc. 1998, *Act. proc. coll.* 1999/17, n° 228.
3. CA Paris, 19 mai 1992, *RJDA* 1992, n° 764 ; *adde* en loi de 1967 : Cass. com., 16 févr. 1981, *Bull. civ.* IV, n° 82 ; *D.* 1982, IR, 4, obs. Derrida ; *Rev. jurisp. com.* 1982, 53, note B. Soinne. Cpr., écartant la nullité en présence d'un prix de vente normal d'un fonds de commerce, seules les conditions de paiement étant anormales : CA Douai, 2e ch. (date non précisée), *Sarl Mac le Bourg/Me Soinne es qual., Act. proc. coll.* 2000/6, n° 67.
4. Cass. soc., 21 nov. 2000, *Act. proc. coll.* 2001/1, n° 27 ; *Rev. proc. coll.* 2002, 273, n° 2, obs. G. Blanc ; Cass. soc., 19 juin 2001, *Act. proc. coll.* 2001/15, n° 197 ; *Rev. proc. coll.* 2002, 275, n° 5, obs. G. Blanc ; Cass. soc. 29 oct. 2002, n° 00-45.612, *JCP E,* 2003, jur. 1399, 1583, note L. Fin-Langer ; *RTD com.* 2005, 416, n° 4, obs. A. Martin-Serf.
5. Cass. com., 1er déc. 1975, *Bull. civ.* IV, n° 284.
6. Cass. com., 26 juin 2001, *Rev. proc. coll.* 2002, p. 275, n° 5, obs. G. Blanc ; Cass. com., 27 nov. 2001, *Rev. proc. coll.* 2002, 275, n° 5, obs. G. Blanc ; *Rev. proc. coll. civ. et com.* 2002, 287, n° 8, obs. P. Canet.
7. Cass. civ., 20 juin 1854, *D.* 1854, I, 305 ; 16 juill. 1909, *D.* 1909, I, 385, note Boistel.

197. Paiements de dettes échues par mode non communément admis. L'article L. 632-1-I, 4°, du Code de commerce répute nul « *tout paiement pour dettes échues, fait autrement qu'en espèces, effets de commerce, virements, bordereaux de cession visée par la loi n° 81-1 du 2 janvier 1981 facilitant le crédit aux entreprises ou tout autre mode de paiement communément admis dans les relations d'affaires* ». Le texte précise ainsi quels sont les paiements normaux. Si l'un des paiements intervient par mode non visé, il est anormal. On remarquera que la notion de « mode de paiement communément admis dans les relations d'affaires » est relativement vaste et permet de faire échapper à la nullité un certain nombre de types de paiements, tels les paiements par carte ou encore des remises en compte courant [1], dès lors qu'ils s'inscrivent dans le cadre du fonctionnement normal du compte [2] et n'ont pas pour seul objet de diminuer la somme due par le débiteur ou même de l'éteindre [3].

Par cette expression, échappent également à la nullité les modes de paiement fréquemment utilisés dans un secteur d'activité précis. Ainsi, dans le secteur du bâtiment, est-il admissible de payer par délégation de créances [4], ou par cession de créances [5]. De même, dans le domaine de la vente d'objets d'art, est-il admissible de payer par dation en paiement [6]. La Cour de cassation fait sortir également du domaine de la nullité les paiements effectués par un mode fréquemment utilisé par les parties [7].

Les trois modes de paiements ci-dessus visés, en dehors du secteur d'activité où il est classiquement admis d'effectuer des paiements de la sorte, sont nuls de droit. Il en est d'abord ainsi de la cession de créance de droit commun [8], même si la cession vient remplacer des saisies-attribution qui ont été abandonnées [9]. La date à prendre en compte est seulement celle de la cession, non celle de sa signification ou de son acceptation dans un acte authentique [10].

La délégation est également un mode anormal de paiement [11]. Il en est de même de la dation en paiement [12]. Il a ainsi été jugé que la remise à un prêteur, à titre de paiement, de véhicules alors qu'il n'exerçait un droit de rétention que sur les cartes

1. Cass. civ., 8 déc. 1875, *DP* 1876, I, 105.
2. V. ainsi CA Rennes, 2e ch. 12 juin 1992, *Juris-data* n° 045852.
3. Cass. com., 17 févr. 1998, *DPDE Bull.* 169, 17 mars 1998, v° *Compensation*, n° 28.
4. Cass. com., 23 janv. 2001, *D. 2001, AJ, 701, obs. A.* Lienhard ; *JCP G,* 2001, I, 321, n° 5, obs. M. Cabrillac et Ph. Pétel ; *Rev. proc. coll.* 2002, 278, n° 7, obs. G. Blanc.
5. CA Nîmes, 2e ch. B., 15 févr. 1996, *Rev. proc. coll.* 1998, 206, n° 8, obs. B. Lemistre ; Cpr. CA Reims, 30 mars 1994, *Rev. proc. coll.* 1995, 449, n° 7, obs. B. Lemistre.
6. CA Paris, 3e ch. C, 28 juin 1996, *Rev. proc. coll.* 1998, 206, n° 8, obs. B. Lemistre.
7. Cass. com., 23 janv. 2001, *Act. proc. coll.* 2001/5, n° 66, obs. J. Vallansan ; *JCP E*, 2001, chron. 752, n° 3, obs. M. Cabrillac ; *D.* 2001, AJ, 701, obs. A. Lienhard ; *RJDA* 2001/4, n° 480 ; *RD bancaire et financier* 2001/3, p. 166, n° 121, obs. F.-X. Lucas ; *RJ com.* 2001, p. 311, n° 1585, obs. J.-L. Courtier ; *RTD com.* 2001, 978, obs. A. Martin-Serf ; *Rev. proc. coll.* 2002, 277, n° 7, obs. G. Blanc.
8. Cass. com., 14 déc. 1993, *Bull. civ.* IV, n° 472 ; *JCP E*, 1994, II, 41, n° 546, note Y. Guyon ; Cass. com., 4 janv. 2000, *Act. proc. coll.* 2000/4, n° 42.
9. Cass. com., 4 janv. 2000, *Act. proc. coll.* 2000/4, n° 42.
10. Cass. com., 19 févr. 1979, *Bull. civ.* IV, n° 56.
11. V. pour la nullité d'une délégation, Cass. com., 30 nov. 1993, *Bull. civ.* IV, n° 439 ; *D.* 1994, som. 178, obs. Honorat ; Cass. com., 14 juin 1994, *D.* 1994, IR, 221.
12. Cass. com., 2 févr. 1999, *Act. proc. coll.* 1999/4, n° 60, *D. Affaires* 1999, 379, obs. A. ; *LPA* 1er avr ; 1999, n° 65, p. 11, note P.M. ; *RTD com.* 1999, 757, obs. A. Martin-Serf ; Cass. com., 1er févr. 2000 ; Cass. com., 18 févr. 2003, *Act. proc. coll.* 2003/9, n° 118, obs. J.-C. Boulay ; LXB n° N71891AAI, note P.-M. Le Corre.

grises, constituait une dation en paiement [1]. Il en est de même de la reprise par le vendeur de marchandises qui entraîne résolution amiable de la vente, analysée comme une forme de dation en paiement [2]. Cependant, il n'y a pas place à nullité, nonobstant la dation, si une convention de dation avait été prévue avant la période suspecte [3]. La solution est la même pour la délégation, si une convention de délégation a été passée avant la période suspecte.

La compensation est également un mode anormal de paiement. Il faut ici supposer qu'il s'agit de la compensation conventionnelle. Il y a place à nullité si la convention de compensation est intervenue en période suspecte [4]. La nullité sera cependant écartée si les créances et dettes réciproques sont unies par un lien de connexité [5].

198. Dépôts et consignations de sommes effectués en application de l'article 2075-1 du Code civil. L'article L. 632-1-I, 5°, du Code de commerce répute nul « *tout dépôt et toute consignation de sommes effectués en application de l'article 2075-1 du Code civil (devenu art. 2350 depuis l'Ord. du 23 mars 2006), à défaut d'une décision de justice ayant acquis force de chose jugée* ». La nullité ne pourra donc remettre en cause une consignation effectuée en vertu d'une décision passée en force de chose jugée. Seule la consignation est affectée par la nullité, non la décision sur le fondement de laquelle elle est intervenue. Dès lors, seule doit être prise en compte la date de la consignation, non celle de la décision [6]. La nullité a pour objet d'empêcher le jeu de l'article 2075-1 du Code civil qui confère aux créanciers la qualité de gagistes et l'affectation spéciale.

Il n'y a place à nullité que si le dépôt ou la consignation est intervenu à la demande du débiteur [7]. Sont exclues de cette nullité, les consignations de sommes dans le cadre d'une constitution de partie civile dans une instance pénale [8].

199. Nullité de certaines sûretés réelles constituées en garantie d'une créance antérieure. L'article L. 632-1-I, 6°, du Code de commerce répute nuls « *toute hypothèque conventionnelle, toute hypothèque judiciaire ainsi que l'hypothèque légale des époux et tout droit de nantissement constitués sur les biens du débiteur*

---

1. Cass. com., 11 juill. 2000, *Act. proc. coll.* 2000/15, n° 193 ; *JCP E et A*, 2000, chr. 1708, n° 16, obs. P. Delebecque et P. Simler.
2. Cass. com., 12 juill. 1994, *Bull. civ.* IV, n° 268 ; *D.* 1996, som. 212, obs. F. Pérochon ; CA Paris, 7 janv. 1992, *D.* 1992, IR, 111 ; *Rev. proc. coll.* 1993, 111, obs F. Auque-Warembourg et B. Lemistre. *Adde* sur la question : Y. Loussouarn, « Des résolutions amiables ou judiciaires de ventes mobilières pendant la période suspecte », *RTD com.* 1949, 274.
3. C. Saint-Alary-Houin et M.-H. Monsérié, *J.-Cl. com.*, fasc. 2505, préc., n° 130.
4. Cass. com., 3 janv. 1991, *Rev. proc. coll.* 1991, 504, obs. Y. Chaput.
5. Cass. com., 27 mars 1990, *Bull. civ.* IV, n° 99.
6. C. Saint-Alary-Houin et M.-H. Monsérié, *J.-Cl. com.* fasc. 2508, préc., n° 76 ; F. Pérochon et R. Bonhomme, *op. cit.*, n° 260-2 ; B. Soinne, *op. cit.*, n° 1838, exigeant que la consignation résulte d'une décision ayant acquis force de chose jugée au jour du jugement d'ouverture. Derrida, Godé et Sortais, *op. cit.*, n° 349 ; Y. Guyon, *op. cit.*, n° 1331 ; Ripert et Roblot par Delebecque et Germain, *op. cit.*, n° 3127 ; P. Le Cannu *et alii*, *op. cit.*, n° 528 ; P. Pétel, *op. cit.*, n° 363, exigeant que la décision ait acquis force de chose jugée au jour de la cessation des paiements.
7. CA Paris, 22 nov. 1990, *D.* 1991, IR, 36 ; C. Saint-Alary-Houin et M.-H. Monsérié, fasc. 2508, préc., n° 76.
8. Cass. crim., 22 mai 1995, *Rev. proc. coll.* 1996, 114, obs. B. Dureuil.

pour dettes antérieurement contractées ». Il y a place à nullité lorsque la sûreté est constituée par le débiteur en garantie de ses engagements. Il a également place à nullité si la sûreté est constituée par le débiteur en garantie des engagements d'un tiers [1].

Le texte ne frappe pas de nullité toutes les sûretés réelles, mais seulement celles qu'il énonce. Compte tenu du principe d'interprétation stricte qui s'applique en matière de nullité, la cession de créances loi Dailly à titre de garantie ne peut être atteinte par la nullité [2]. De même, la clause de réserve de propriété qui n'aurait pas été consentie au moment de la vente, mais qui l'aurait été antérieurement à la livraison, ne pourra être remise en cause [3].

La nullité sanctionne ici l'absence de concomitance entre la constitution de la sûreté et la naissance de la dette. Seule importe l'absence de concomitance entre la naissance de la dette et la constitution de la sûreté. Peu importe la date où la sûreté sera rendue opposable aux tiers par l'effet de sa publicité [4].

L'article L. 632-1-I, 6°, du Code de commerce s'intéresse non seulement aux hypothèques légales et aux hypothèques conventionnelles, mais aussi aux hypothèques judiciaires. Pour ces dernières, qui résultent de l'application de l'article 2123 du Code civil, il convient de se placer non à la date de l'inscription de la sûreté, mais à la date du jugement de condamnation [5]. La solution s'appliquera identiquement aux hypothèques de contrainte prises par les organismes sociaux [6].

Si la sûreté a été inscrite sur un bien commun, il y a place à nullité pour le tout, même si l'un seul des époux fait l'objet d'une procédure collective [7], du fait de l'assujettissement des biens communs à la procédure collective.

200. Sûretés et mesures conservatoires. Aux termes de l'article L. 632-1-I, 7°, du Code de commerce, est nulle « *toute mesure conservatoire à moins que l'inscription ou l'acte de saisie. ne soit antérieur à la date de cessation des paiements* ».

La nullité s'appliquera d'abord aux sûretés conservatoires, c'est-à-dire aux nantissements judiciaires conservatoires et aux hypothèques judiciaires conservatoires. Il y aura place à nullité si la sûreté conservatoire est postérieure à la date de la cessation des paiements. Si l'inscription de la sûreté judiciaire provisoire intervient

---

1. Cass. com., 4 janv. 2000, *DPDE Bull.* 196 (12 mars 2000), p. 6319, v° *Sûretés*, n° 145.
2. *Contra* : Y. Guyon, *op. cit.*, n° 1328. *Adde* sur la question : D. Schmidt « La cession de créances professionnelles au regard des articles 107 et 108 de la loi du 25 janvier 1985 », *Rev. dr. banc. et bourse* 1987, n° 3, p. 83.
3. *Contra* : J.-L. Bretzner, « La clause de réserve de propriété et les nullités de la période suspecte », *Rev. proc. coll.* 1991, 377.
4. Cass. com., 25 oct. 1994, *Bull. civ.* IV, n° 314 ; *JCP E*, 1995, I, 457, n° 9, obs. M. Cabrillac ; 22 nov. 1994, *Rev. proc. coll.* 1995, 447, obs. B. Lemistre ; Cass. com., 29 oct. 2002, n° 99-18.938, *Act. proc. coll.* 2003/2, n° 19, obs. C. Régnaut-Moutier ; Cass. com., 18 févr. 2003, n° 99-19.249 ; *Rev. proc. coll.* 2004, 72, n° 8, obs. G. Blanc.
5. Cass. com., 25 oct. 1994, *Bull. civ.* IV, n° 314 ; 22 nov. 1994, *Rev. loyers* 1995, 529, note C.-H. Gallet.
6. V. CA Metz, 1re ch. civ., 17 déc. 1998, *JCP E et A*, 2000, pan. rap. 157.
7. Cass com., 2 avr. 1996, *Bull. civ.* IV, n° 106 ; *D.* 1996, som. 340, obs. A. Honorat ; *JCP E*, 1996, I, 584, n° 7, obs. P. Pétel.

pendant la période suspecte, la sûreté est nulle, même si l'ordonnance autorisant la mesure conservatoire est antérieure à la période suspecte [1].

L'article L. 632-1-I, 7°, du Code de commerce vise également les saisies conservatoires de créances. La nullité n'affectera pas les mesures conservatoires déjà effectuées avant la période suspecte. Elle ne frappera que la mesure conservatoire entamée après le début de la période suspecte [2]. Sera ici prise en compte la date de l'acte de saisie lui-même [3].

Il avait, dans un premier temps, été jugé que, la nullité de la saisie-attribution était encourue si elle résultait de la conversion d'une saisie conservatoire soumise à annulation, parce que cette dernière avait été effectuée en période suspecte [4]. Cette solution avait été critiquée [5]. Sensible à la critique, la Cour de cassation a abandonné la solution et estime en conséquence désormais, au motif de l'effet attributif immédiat de la saisie attribution, que cette dernière reste valable, même si elle est précédée d'une saisie conservatoire annulée au titre des nullités de la période suspecte [6]. La suprématie du droit des voies d'exécution est ainsi affirmée [7]. Toutefois, il faut tenir compte de l'article L. 632-2, qui autorise l'annulation à titre facultatif des saisies attributions pratiquées par un créancier après la date de cessation des paiements et en connaissance de celle-ci » (v. ss n° 202).

201. Nullité des autorisations, levées et ventes d'options. A été ajouté, par la loi du 26 juillet 2005 (C. com., art. L. 632-1-I, 8°), aux actes susceptibles d'être annulés au titre de la période suspecte, le cas des levées, autorisations et reventes d'options [8].

Ce cas de nullité a été introduit afin d'éviter que les dirigeants ne puissent procéder à des opérations sur leurs stocks options pendant la période suspecte [9]. Il semble permettre d'atteindre toutes les opérations susceptibles d'être faites sur ces options [10].

B. Les nullités facultatives de la période suspecte

202. Nullités facultatives de la période suspecte. Dire que la nullité est facultative, cela signifie que le juge dispose d'un pouvoir discrétionnaire de

---

1. Cass. com., 21 janv. 2003, n° 99-15.667, *Act. proc. coll.* 2003/5, n° 56 ; *RD banc. et fin.* 2003, 173, n° 124, obs. J.-M. Delecci ; *Rev. proc. coll.* 2004, 72, n° 8, obs. G. Blanc.
2. Cass. com., 12 oct. 1999, *LPA* 8 févr. 2000, n° 27, p. 20, note J. L. Courtier ; *JCP E et A*, 2000, chr. 129, n° 3-a-12, obs. M. Cabrillac ; *RD bancaire et fin.* 2000/2, n° 76, note F.-X. Lucas ; CA Rouen, 7 févr. 1996, *Rev. proc. coll.* 1996, 343, obs. P. Canet.
3. C. Saint-Alary-Houin et M.-H. Monsérié, fasc. 2502, préc., n° 88.
4. Cass. com., 12 oct. 1999, *LPA 8* févr. 2000, n° 27, p. 20, note J.-L. Courtier ; *JCP E* 2000, chron. 129, n° 12, obs. M. Cabrillac.
5. M. Cabrillac, obs. sous Cass. com., 12 oct. 1999, *JCP E,* 2000, chron. 129, n° 3-A-12.
6. Cass. com., 29 avr. 2003, n° 00-11.912, *Bull. civ.* IV, n° 63 ; *D.* 2003, AJ, 1364, obs. A. Lienhard ; *Act. proc. coll.* 2003/10, n° 130 ; *RD Banc. et fin.* 2003/4, p. 221, n° 158, obs. J.-M. Delecci ; *LPA* 6 oct. 2003, n° 199, p. 15, note M. Keita ; *Rev. proc. coll.* 2004, 386, n° 10, obs. G. Blanc ; LXB n° N7496AAU, note P.-M. Le Corre.
7. Lefort Ch., « Le sort d'une saisie conservatoire de créances pratiquée antérieurement au jugement d'ouverture d'une procédure collective », *Dr. et proc.* 2003/4, p. 204 et 2003/5, p. 272, spéc. p. 275, n° 40.
8. Sur ce délicat cas de nullité, v. J.-P. Arrighi, « Les nouveaux cas de nullités de la période suspecte », *Gaz. Pal. 9-10* sept. 2005, n° spéc., p. 9.
9. Rapp. J.-J. Hyest, n° 335, p. 351.
10. A. Jacquemont, *op. cit.*, 4e éd., n° 515.

prononcer ou non la nullité. Son pouvoir est souverain [1]. Le plus souvent, dans l'appréciation, le tribunal prendra en compte la mauvaise foi du créancier, c'est-à-dire le concert frauduleux auquel aura voulu se livrer avec le débiteur, l'intéressé. Le tribunal, dans son pouvoir d'appréciation, prendra aussi en compte le préjudice causé au débiteur, même si ce dernier n'est pas une condition de la nullité [2].

La connaissance de l'état de cessation des paiements de la personne à l'encontre de laquelle est introduite l'action en nullité est ici exigée. Elle doit être appréciée au jour de l'acte [3]. Conformément au droit commun, la charge de la preuve de la connaissance par le créancier de l'état de cessation des paiements du débiteur reposera sur le demandeur à l'action. Cette connaissance sera plus facile à rapporter dans certaines hypothèses, telles celles où l'intéressé est le dirigeant social de la personne morale débitrice [4]. Il en ira de même si l'intéressé est le banquier unique tenant les comptes du débiteur, spécialement si après avoir rejeté les chèques et rompu les concours, il reçoit des paiements [5]. Il en ira encore de même de l'avocat du débiteur qui dans le cadre de la défense du débiteur dans l'instance en redressement judiciaire obtient un règlement d'honoraires [6]. Enfin, le créancier qui assigne en redressement judiciaire et qui accepte des reports tout en obtenant des paiements aura nécessairement connaissance de l'état de cessation des paiements [7].

Les nullités facultatives de la période suspecte, par définition, ne trouveront à s'appliquer que si des cas de nullité de droit de la période suspecte ne sont pas constatés. On réservera cependant le cas des actes à titre gratuit, nuls de droit sur le fondement de l'article L. 632-1-I, 1°, du Code de commerce s'ils sont accomplis pendant la période suspecte et qui sont soumis à une nullité facultative s'ils sont accomplis dans les six mois qui précèdent la date de cessation des paiements, en application de l'article L. 632-1-II du Code de commerce. La condition classique de mise en jeu de la nullité, à savoir la connaissance par l'intéressé de l'état de cessation des paiements du débiteur, ne semble pas devoir ici être exigée [8].

En présence de paiements, ceux-ci devront émaner du débiteur. Dès lors, il n'y a pas place à nullité si le paiement intervient par chèque de banque [9]. Toute forme de

---

1. V. sous l'empire de la loi de 1967 : Cass. com., 15 mai 1974, *Bull. civ.* IV, n° 158.
2. Cass. com., 16 févr. 1993, *JCP E*, 1993, I, 273, obs. M. Cabrillac et P. Pétel ; Cass. com., 5 avr. 1994, *D.* 1994, IR, 117 ; Cass. com., 9 janv. 1996, *Bull. civ.* IV, n° 10. *Contra* : C. Saint-Alary-Houin, *op. cit.*, n° 673 ; Y. Guyon, *op. cit.*, n° 1318. *Adde* favorable à la démonstration d'un préjudice pour le bien fondé de l'action : Derrida, Godé et Sortais, *op. cit.*, n° 349.
3. Cass. com., 28 mai 1996, *Bull. civ.* IV, n° 152.
4. V. tirant de la qualité de dirigeant social la connaissance de l'état des cessations des paiements : Cass. com., 28 mai 1996, *Bull. civ.* IV, n° 152. *Adde* pour un paiement intervenu entre sociétés ayant les mêmes dirigeants : Cass. com., 16 févr. 1993, *Bull. civ.* IV, n° 62.
5. CA Metz, 2 avr. 1992, *Rev. proc. coll.* 1994, 254, obs. B. Lemistre ; CA Versailles, 24 mars 1994, *Rev. proc. coll.* 1995, 450, n° 10, obs. B. Lemistre. *Adde* annulant une remise en compte courant : Com. 19 janv. 1999, *Act. proc. coll.* 99/5, n° 70.
6. CA Paris, 3e ch. A, 28 juin 1994, *Rev. proc. coll.* 1995, 450, 66, obs. B. Lemistre.
7. CA Paris, 3e ch. A, 13 sept. 1994, *D.* 1994, IR, 237, *Rev. proc. coll.* 1995, 450, n° 10, obs. B. Lemistre ; CA Versailles, 6 mars 1997, *JCP E*, 1997, pan. 435.
8. V. Cass. com., 25 juin 1991, *Bull. civ.* IV, n° 238. *Adde* : Ripert et Roblot, par Delebecque et Germain, *op. cit.*, n° 3138 ; Derrida, Godé et Sortais, *op. cit.*, n° 349 ; E. Kerckhove, *op. cit.*, n° 669.
9. Cass. com., 14 mars 2000, *D.* 2000, act. jurispr. 186, obs. A. Lienhard.

paiement pourra entraîner la nullité, par exemple la compensation [1] ou encore le paiement par bordereau Dailly. Pour qu'il en soit ainsi, cependant, il faudra que la convention cadre soit conclue pendant la période suspecte [2].

D'autres actes que les paiements sont annulables s'ils préjudicient au débiteur. Il en est ainsi des ventes [3], des constitutions de sûreté [4], des transactions [5] ou encore des partages, par exemple le partage de la communauté ayant existé entre des époux suite au divorce [6].

Le texte ancien (C. com., art. L. 621-108) visait les personnes qui « ont traité avec le débiteur ». Il fallait donc supposer que l'acte attaqué fût volontaire [7]. Cela permettait d'exclure les paiements intervenus dans le cadre de saisies [8].

La loi de sauvegarde des entreprises a modifié la solution en prévoyant désormais (C. com., art. L. 632-2, al. 2) la nullité des avis à tiers détenteur, des saisies attributions ou des oppositions délivrés ou pratiqués par un créancier après la date de cessation des paiements et en connaissance de celle-ci. La modification des textes a été justifiée par la volonté de faire respecter le principe d'égalité entre les créanciers. Ces mesures, a-t-il été dit, « *permettent en effet à certains créanciers, notamment publics, de se faire payer avant les créanciers qui bénéficient d'un privilège établi par la loi* » [9].

C. L'action en rapport des effets de commerce

203. Mise à l'écart de la nullité pour l'acquittement des effets de commerce et des chèques. Est excepté de la nullité des paiements intervenus après cessation des paiements en connaissance de celle-ci, le paiement des effets de commerce au profit du tiers porteur d'une lettre de change ou d'un billet à ordre. Le paiement ne sera valide que s'il émane du tiré de la lettre ou du souscripteur du billet à ordre ou du tiré d'un chèque. Peu importe, que l'effet ait circulé [10].

L'article L. 632-3 du Code de commerce réserve cependant à l'administrateur et au mandataire judiciaire une action en rapport. Cette action est également ouverte au liquidateur (C. com., art. L. 641-14-I). Le Code ne l'ouvre pas plus, sous l'empire de

1. V. cep. Cass. com., 26 oct. 1999, *Act. proc. coll.* 2000/4, n° 41 ; *RJDA* 2000, n° 66, p. 59, statuant sur une compensation conventionnelle créée de toutes pièces par les parties, et en conséquence soumise à annulation.
2. Cass. com., 20 janv. 1998, *Banque* mars 1998, 89, obs. J.-L. Guillot ; Cass. com., 19 janv. 1999, *Act. proc. coll.* 99/5, n° 71. *Adde* : CA Paris, 3e ch. C, 6 mai 1997, *Rev. proc. coll.* 1998, 207, n° 12, obs. B. Lemistre.
3. V. sur l'exigence du caractère anormal du prix : Cass. civ., 10 mai 1865, *DP* 1865, I, 230.
4. C. Saint-Alary-Houin et M.-H. Monsérié, *J.-Cl. com.* fasc. 2510, nos 65 et s.
5. Cass. civ., 26 juill. 1897, *DP* 1901, I, 28.
6. Cass. civ., 1re, 3 juin 2003, n° E 01-17.971.
7. Y. Chaput, *op. cit.,* n° 566 ; Ripert et Roblot par Delebecque, *op. cit.,* n° 3140.
8. Cass. com., 16 juin 1998, *RJDA* 1998/11, p. 951, n° 1268 ; *Rev. proc. coll. civ. et com.* 1999, 106, n° 17, obs. P. Canet.
9. Amend. n° 156, interv. Xavier de Roux, *JOAN CR, 3e séance du 8* mars 2005, p. 1774.
10. Cass. com., 28 janv. 2004, n° 01-00.741, *D. 2004, AJ, 501, obs.* A. Lienhard ; *Act. proc. coll.* 2004/7, n° 89, note J.-C. Boulay ; *JCP E,* 2004, Jur. 878, p. 962, note S. Piedelièvre ; *Rev. proc. coll.* 2004, 388, n° 13, obs. B. Blanc ; *Defrénois* 2004, art. 38066, p. 1651, n° 5, note D. Gibirila ; *RTD com.* 2005, 417, n° 5, obs. A. Martin-Serf.

la loi de sauvegarde que précédemment, au commissaire à l'exécution du plan, ce qui n'a pas empêché, sous l'empire de la loi ancienne — et la solution semble reconductible même si elle viole ouvertement la lettre du texte —, la Cour de cassation de reconnaître qualité à cet organe pour introduire une action en rapport [1].

L'action en rapport sera dirigée contre le tireur de la lettre de change ou, dans le cas de tirage pour compte, contre le donneur d'ordre, ainsi que contre le bénéficiaire d'un chèque ou le premier endosseur d'un billet à ordre, c'est-à-dire généralement contre les personnes qui ont tiré profit de la circulation du titre.

L'article L. 632-3 du Code de commerce vise le paiement d'un chèque. Il ne vise pas le paiement par chèque. En conséquence, il a été jugé que l'action en rapport est inapplicable au paiement par chèque de banque [2]. L'action en rapport supposera la connaissance de la cessation des paiements du débiteur par celui auquel il est demandé le rapport [3]. Elle aura pour résultat la restitution du titre [4].

§ 2. EFFETS DES ACTIONS EN NULLITÉ DE LA PÉRIODE SUSPECTE

204. Effets des nullités de la période suspecte. Comme toute nullité, les nullités de la période suspecte ont un effet rétroactif. Elles ont donc pour effet de remettre les parties en l'état antérieur à l'acte annulé.

La nullité d'un contrat ou d'un acte de partage, soit dans le cadre des contrats commutatifs déséquilibrés, soit dans le cadre des actes à titre gratuit, entraînera obligation de restituer la chose reçue. L'annulation d'une vente obligera l'acheteur à déclarer au passif le montant du prix de vente qui doit lui être remboursé, l'annulation ayant pour effet de faire apparaître rétroactivement une créance de restitution ayant une nature antérieure au jugement d'ouverture [5].

La solution est identique pour le paiement reçu, lequel devra être répété.

Dans tous ces cas, le cocontractant du débiteur qui aura restitué la chose reçue deviendra créancier. Se posera alors la question de sa déclaration de créance. La compensation entre la dette de restitution née de l'anéantissement du paiement et la créance apparaissant suite la restitution est impossible [6]. Le fondement des nullités de la période suspecte qui est de reconstituer les forces vives de l'entreprise justifie la solution. Si l'action en nullité est exercée dans le délai de la déclaration de créance, le créancier pourra valablement déclarer sa créance au passif. La difficulté se présente au contraire si l'action en nullité est exercée, comme ce sera le cas le plus fréquent,

---

1. Cass. com., 23 nov. 2004, n° 03-17.141, *D.* 2004, AJ, 3218, note A. Lienhard ; *D.* 2005, pan. 296, obs. P.-M. Le Corre ; *RD banc. et fin.* 2005/1, p. 24, n° 18, note F.-X. Lucas ; *RTD com.* 2005, 151, n° 2, obs. M. Cabrillac ; *RTD com.* 2005, 417, n° 5, obs. A. Martin-Serf ; LXB n° N4133ABP, note P.-M. Le Corre.
2. Cass. com., 14 mars 2000, *D.* 2000, act. jurispr. 186, obs. A. Lienhard ; CA, Douai, 2e ch., 10 juin 1999, *Act. proc. coll.* 2000/18, n° 231.
3. Cass. com., 8 mars 1994, *Rev. proc. coll.* 1995, 67, obs. B. Lemistre.
4. C. Saint-Alary-Houin, *op. cit.,* n° 667.
5. Cass. com., 28 janv. 2004, n° 00-22.905, *Rev. proc. coll.* 2004, 389, n° 14, obs. B. Blanc.
6. Cass. com., 24 oct. 1995, *Bull. civ.* IV, n° 250 ; *D.* 1996, 86, note F. Derrida ; *RTD com.* 1996, 344, obs. A. Martin-Serf ; Cass. com., 6 mars 1997, *JCP E*, 1997, pan. 435 ; *adde* : CA Versailles, 6 mars 1997, *Rev. proc. coll.* 1998, 210, n° 17, obs. B. Lemistre.

en dehors du délai de déclaration de créance. Le créancier ne semble pas, faute de texte contraire, disposer d'un délai complémentaire de déclaration de créance. Il pourra tenter de se faire relever de forclusion et pourra ici disposer du délai d'un an et non du délai classique de six mois courant à compter de la publication au BODACC du jugement d'ouverture, sur démonstration qu'il ignorait l'existence de sa créance à l'expiration du délai classique de relevé de forclusion (C. com., art. L. 622-26, al. 2). Mais encore faudra-t-il que ce délai d'un an ne soit pas expiré. À défaut, sa créance de restitution, éteinte sous l'empire de la législation antérieure [1], sera inopposable à la procédure collective sous l'empire de la loi de sauvegarde des entreprises.

La nullité du paiement ayant pour effet de faire réapparaître rétroactivement la qualité de créancier, il en résulte la renaissance rétroactive du cautionnement [2].

Si la nullité atteint une sûreté réelle, il en résulte que le créancier aura alors la qualité de créancier chirographaire, ce dont la caution pourra s'emparer pour prétendre être déchargée sur le fondement de l'article 2134 du Code civil (anc. art. 2037).

Enfin, si la nullité atteint une saisie conservatoire, les biens et valeurs frappés par l'indisponibilité résultant de la mesure conservatoire deviendront à nouveau disponibles.

---

1. Cass. com., 30 oct. 2000, *D.* 2000, act. jurispr. 427, obs. A. Lienhard.
2. Cass. com., 22 oct. 1996 : *D.* 1997, IR, 2 ; *Quot. jur.* 19 nov. 1996, p. 12.

Le financement de la poursuite d'activité

En évoquant le financement de la poursuite d'activité, il est aisé de penser immédiatement au traitement de faveur réservé aux créanciers postérieurs (Section I). Mais une autre source, qui peut ne pas être négligeable, de financement peut être trouvée : celle de la réalisation de biens en période d'observation (Section II).

Section I
Le traitement de faveur réservé aux créanciers postérieurs

205. Énoncé et fondement de la règle du traitement préférentiel réservé à certains créanciers postérieurs. Reprenant l'esprit de l'article 40 de la loi du 25 janvier 1985 (devenu C. com., art. L. 621-32), mais en en réduisant sensiblement la portée quant aux créanciers concernés, l'article L. 622-17-I du Code de commerce énonce que « *les créances nées régulièrement après le jugement d'ouverture[...] sont payées à leur échéance* ».

Le II de l'article L. 622-17 accorde aux créanciers non payés à l'échéance un privilège.

L'activité de l'entreprise en sauvegarde et en redressement judiciaire ne peut être poursuivie que si un financement est trouvé. C'est là l'objet de la règle édictée à l'article L. 622-17, qui a également vocation, sous quelques adaptations, à jouer en liquidation judiciaire (C. com., art. L. 641-13).

La loi du 13 juillet 1967 contenait déjà cette idée qu'il convenait de donner la préférence aux créanciers de la poursuite de l'activité sur les créanciers antérieurs, les premiers étant dénommés créanciers de la masse, par opposition aux seconds appelés créanciers dans la masse. La loi du 25 janvier 1985, suivie en cela par la loi de sauvegarde des entreprises, reprend l'idée mais en la poussant à l'extrême puisque la préférence conférée aux créanciers postérieurs leur permet de primer les créanciers antérieurs, même titulaires de sûretés spéciales, ce qui n'était pas le cas des créanciers de la masse, sous l'empire de la législation du 13 juillet 1967.

Ainsi, les derniers deviennent les premiers, cela pour leur laisser croire qu'ils n'ont rien à craindre à poursuivre leur activité avec le débiteur. Nous mesurerons la relativité de cette croyance (v. ss n° 226).

Le texte de l'article L. 622-17 fait apparaître que sont posées des conditions strictes à la reconnaissance d'une créance postérieure éligible au traitement préférentiel.

C'est la question du domaine de la règle du traitement préférentiel (Sous-section I). Si le créancier bénéficie de la disposition, il faut ensuite s'interroger sur sa situation. C'est l'objet du régime de la règle du traitement préférentiel (Sous-section II).

Sous-section I

Domaine de la règle du traitement préférentiel des créanciers postérieurs

Pour bénéficier de l'article L. 622-17 ou, en liquidation judiciaire, de celle de l'article L. 641-13, la créance doit être née après jugement d'ouverture. C'est le critère chronologique (§ 1). Il faut en outre qu'elle soit née régulièrement et qu'elle corresponde à certaines finalités. C'est la question du critère de régularité fonctionnelle (§ 2).

§ 1. LE CRITÈRE CHRONOLOGIQUE : LA NAISSANCE DE LA CRÉANCE APRÈS JUGEMENT D'OUVERTURE

Deux questions se posent ici. Jusqu'à quand peut naître une créance éligible au traitement préférentiel ? C'est la question de la date limite de naissance d'une créance postérieure (Sous-paragraphe 2). Mais préalablement, il convient de poser la distinction des créances antérieures et des créances postérieures (Sous-paragraphe 1).

Sous-paragraphe 1. Distinction des créances antérieures et des créances postérieures

206. Énoncé du problème — Distinction entre la date de naissance et la date d'exigibilité de la créance. Il convient de se référer à la date de la naissance de la créance pour déterminer si celle-ci est antérieure ou non par rapport au jugement d'ouverture de la procédure.

La question de cette délimitation est soumise à la compétence du tribunal de la faillite [1]. L'exigibilité de la créance n'a pas à être prise en considération. La nature antérieure ou postérieure de la créance dépendra exclusivement de la date de la naissance de cette dernière et non pas de la date de son exigibilité. Cette solution a été posée dans le domaine extra-contractuel à propos des cotisations URSSAF [2]. La solution est identique dans le domaine contractuel. Ainsi, si la dette est née avant le jugement d'ouverture, le fait que son exigibilité soit postérieure à ce jugement n'aura pas pour effet de modifier la nature de la créance, qui sera antérieure. Tel est le cas

---

1. CA Angers, 24 avr. 1989, *Rev. jur. Ouest* 1990, 65, n° 1, obs. Y. Desdevises.
2. Cass. com., 8 nov. 1988, *D.* 1989, 36, obs. A. Honorat ; *JCP E,* 1989, II, 15648, obs. M. Cabrillac et M. Vivant ; *Rev. proc. coll.* 1989, 227, obs. B. Dureuil ; *Rev. proc. coll.* 1990, 235, obs. C. Saint-Alary-Houin ; *RTD com.* 1989, 137, obs. A. Martin-Serf ; *RJ com.* 1989, 187, note C.-H. Gallet ; Cass. com., 5 avr. 1994, *Rev. proc. coll.* 1995, 224, n° 2, obs. B. Dureuil ; *Rev. proc. coll.* 1995, 303, n° 7, obs. C. Saint-Alary Houin.

en matière de contrat de prêt dont les fonds ont été débloqués avant le jugement d'ouverture et dont les échéances sont exigibles après le jugement d'ouverture [1]. Pour savoir si une créance est née avant le jugement d'ouverture, il faut donc se demander si son fait générateur est antérieur audit jugement.

207. Détermination du fait générateur de la créance née de l'exécution du contrat synallagmatique. Un lien étroit existe entre la question de la délimitation des créances antérieures et postérieures et celle de la continuation des contrats. Les contrats continués après jugement d'ouverture donnent naissance à des créances postérieures, dès lors du moins, sous l'empire de la loi de sauvegarde des entreprises, qu'ils sont en rapport avec l'activité de l'entreprise. Si le contrat en cours au jour du jugement d'ouverture n'est pas continué, il n'en demeure pas moins que du jour du jugement d'ouverture au jour de l'option sur la non-continuation, la créance du cocontractant bénéficie de la qualité de postérieure [2]. Cette solution est justifiée par l'impossibilité pour le cocontractant du débiteur d'interrompre unilatéralement la relation contractuelle sans la volonté expresse ou tacite de l'administrateur judiciaire ou, à défaut, du débiteur (v. ss n° 169).

Le fait générateur de la créance issue d'un contrat synallagmatique n'est pas associé à la formation du contrat, mais à son exécution [3]. Des illustrations de cette analyse peuvent être trouvées en matière de bail, de contrat de travail ou encore de contrat de vente.

En matière de contrat de bail, le fait générateur du loyer est la jouissance du bien loué procurée au locataire [4]. Il en résulte que, alors que le bail a pu être conclu antérieurement au jugement d'ouverture, la période de jouissance postérieure au jugement d'ouverture correspond à une créance de loyer postérieure. La créance de loyer « à cheval » sur une période antérieure et postérieure au jugement d'ouverture sera scindée en deux fractions : une partie représentative de la période de jouissance antérieure constituera une créance antérieure au jour du jugement d'ouverture, l'autre partie sera une créance postérieure, puisqu'elle est relative à une période de jouissance postérieure au jugement d'ouverture [5].

Dans le cadre du contrat de travail, si le travail fourni est antérieur au jugement d'ouverture, la créance de salaire sera également antérieure. À l'inverse, si le travail fourni l'est après l'ouverture de la procédure, la créance de salaire sera postérieure.

---

1. CA Rouen, 2e ch. civ., 6 juin 1996, *Rev. proc. coll.* 1998, 291, obs. F. Macorig-Venier. *Adde* : P. Pétel, *op. cit.*, n° 186 ; P. Boutellier et F. Ribay, *J.-Cl. commercial*, fasc. 2340, vis *Redressement et liquidation judiciaires — Créances nées après le jugement d'ouverture*, n° 19.
2. Cass. com., 16 oct. 1990, *Bull. civ.* IV, n° 240 ; *JCP E,* 1992, jur. 100, note P. M. Le Corre ; *RTD com.* 1991, 561, obs. A. Martin-Serf ; Cass. com., 15 oct. 1991, *BRDA* 15 nov. 1991, p. 9 ; Cass. com., 27 oct. 1998, *Rev. proc. coll. civ. et com.* 1999, 157, n° 6, obs. C. Saint-Alary-Houin.
3. P. Ancel, « Force obligatoire et contenu obligationnel », *RTD civ.* 1999, 772, solution à laquelle nous souscrivons et qui permet de rendre compte de la notion ici utilisée de contrat dont les obligations naissent successivement, et à laquelle implicitement adhère la Cour de cassation.
4. V. CA Paris, 1er déc. 1994, *Rev. proc. coll.* 1996, 76, n° 13, obs. C. Saint-Alary Houin.
5. Cass. com., 28 mai 2002, *D.* 2002, AJ, 2124, obs. A. Lienhard ; *Act. proc. coll.* 2002/13, n° 172, obs. J. Vallansan et C. Golhen ; *JCP E* 2003, chron 231, p. 269, n° 10, obs. Ph. Pétel ; *RTD com.* 2002, 726, n° 3, obs. A. Martin-Serf ; *Rev. proc. coll.* 2003, p. 146, n° 4, obs. C. Saint-Alary-Houin ; *LPA 19* déc. 2002, n° 253, p. 18, note J.-L. Courtier ; CA Paris, 14e ch. B, 19 déc. 2003, RG n° 02/18466.

En matière de contrat de vente, l'obligation essentielle du vendeur est la délivrance de la chose. En conséquence, la créance de prix de vente est une créance antérieure au jugement d'ouverture si la délivrance intervient avant ledit jugement [1]. L'accord sur la chose et sur le prix, marquant la vente, ne constitue donc pas le fait générateur de la créance de prix de vente.

La solution n'est pas altérée par l'insertion d'une clause de réserve de propriété car la vente n'est pas un contrat en cours au sens de l'article L. 622-13 [2].

208. Détermination du fait générateur de la créance née du contrat unilatéral. En matière de contrat de prêt, la Cour de cassation voit en général dans la formation du contrat son fait générateur.

C'est ainsi que de manière classique, dans le contrat de prêt, le fait générateur de la créance du prêteur était trouvé dans la remise des fonds. La solution a ensuite été abandonnée par la Cour de cassation, qui s'est départie de l'analyse du prêt en un contrat réel pour y voir un contrat consensuel [3]. La solution a été posée dans le domaine des contrats de prêt du Code de la consommation. Le fait générateur de l'obligation de rembourser est trouvé dans l'acceptation de l'offre préalable, qui marque la perfection du contrat [4]. Il semble que l'analyse puisse également trouver application en dehors du prêt à la consommation ou à l'habitat, le fait générateur devant alors être trouvé dans la signature du contrat de prêt. En effet, s'il avait été estimé, dans un premier temps, que lorsque le prêt n'avait pas été entièrement débloqué avant jugement d'ouverture, le contrat restait en cours pour la fraction non débloquée à cette date [5], la Cour de cassation est ensuite venue juger le contraire en énonçant qu'un contrat de prêt prévoyant un versement échelonné des fonds n'est pas un contrat en cours au sens du Code de commerce [6], ce qui semble autoriser à poser le principe général ci-avant énoncé que le fait générateur de l'obligation de l'emprunteur doit être trouvé dans l'acceptation du prêt.

En présence d'une ouverture de crédit, laquelle constitue une promesse de prêt et donne naissance à un prêt à concurrence des fonds utilisés par le client de la banque [7], il faut décider que seule la fraction de l'ouverture de crédit utilisée avant jugement d'ouverture est une créance antérieure.

---

1. Cass. com., 15 févr. 2000, *JCP E et A,* 2000, pan. 588 ; *RJ com.* 2001, 83, n° 1574, note J.-L. Courtier ; CA Paris, 3e ch. B, 30 janv. 1998, *Gaz. Pal.* 3 et 4 avr. 1998, p. 13.
2. Sur ce principe de solution, avant la loi de sauvegarde, Cass. com., 28 avr. 2004, n° 01-01.649, *D.* 2004, AJ p. 1735 ; *JCP E* 2004, chron. 1292, p. 1387, n° 11, obs. M. Cabrillac ; *JCP E* 2004, Jur 1294, p. 1394, note S. Reifegerste ; Cass. com., 5 mai 2004, n°s 01-17.201 et 01-17.590, *D.* 2004, AJ p. 1525, obs. A. Lienhard ; *D.* 2004, somm. comm. p. 2144, obs. F.-X. Lucas, *Rev. proc. coll.* 2004, p. 225, n° 5, obs. Ph. Roussel Galle ; *Rev. proc. coll.* 2004, p. 381, n° 8, obs. M.-H. Monsérié-Bon ; *RTD civ.* 2004, p. 760, n° 3, obs. P. Crocq.
3. Cass. civ. 1re, 28 mars 2000, *JCP E,* 2000, jur. 898, concl. J. Sainte-Rose ; *D.* 2000, 482, note S. Piedelièvre ; *D.* 2000, AJ, 239, obs. J. Faddoul ; *JCP E* 2000, 1383, note L. Leveneur.
4. Cass. com., 11 févr. 2004, n° 01-11.654, *D.* 2004, AJ 567 ; *JCP E,* 2004, chron. 783, p. 862, n° 16, obs. Ph. Pétel ; *RTD com.* 2004, p. 359, n° 4, obs. D. Legeais ; *RTD com.* 2005, p. 171, n° 5, obs. A. Martin-Serf.
5. CA Paris, 15e ch. A, 17 nov. 1998, *Act. proc. coll.* 1999/3, n° 38.
6. Cass. com., 16 juin 2004, n° 01-17.030.
7. Cass. com., 21 janv. 2004, n° 01-01.129, *Act. proc. coll.* 2004/6, n° 74, note C. Régnaut-Moutier ; *RD banc. et fin.* 2004/3, p. 178, n° 108.

Dans le cadre du contrat de cautionnement, la Cour de cassation fixe le fait générateur de la créance à la signature du contrat [1]. La créance de recours de la caution *solvens* a identiquement pour fait générateur le cautionnement [2].

209. Fait générateur de la créance née de la disparition ou de la mauvaise exécution du contrat. La créance de restitution née de l'annulation après jugement d'ouverture du contrat passé avant ce jugement a la nature d'une créance postérieure [3], sous réserve d'une solution opposée en matière de nullité de la période suspecte (v. ss n° 204).

Le législateur est intervenu pour déterminer la nature de la créance d'indemnité de résiliation issue d'un contrat en cours au jour du jugement d'ouverture.

L'indemnité de résiliation peut d'abord résulter d'un défaut de continuation du contrat. Par une première fiction légale, le législateur considère que l'indemnité de résiliation qui en résulte est une créance antérieure (C. com., art. L. 622-13, al. 5).

L'indemnité de résiliation peut ensuite être générée par la résiliation d'un contrat initialement poursuivi résultant de son inexécution ou de la volonté pour l'administrateur judiciaire d'y mettre fin. La loi de sauvegarde des entreprises fait aujourd'hui, plus clairement que sous l'empire de la législation antérieure, apparaître que l'indemnité de résiliation du contrat primitivement continué est une créance antérieure (C. com., art. L. 622-17-III, 3°). La solution est interprétative de celle posée par la Cour de cassation [4].

Le fait générateur de la créance de garantie des vices cachés est trouvé dans la conclusion du contrat et non dans l'apparition du vice caché. En conséquence, le cocontractant devra déclarer sa créance de garantie au passif du débiteur s'il veut éventuellement mettre en œuvre sa garantie postérieurement au jugement d'ouverture [5].

L'exécution défectueuse d'un contrat marque le fait générateur des créances nées de cette mauvaise exécution, ce qui oblige, par exemple, à rechercher la date à laquelle a été réalisée la prestation arguée de malfaçons [6]. Par conséquent, la mauvaise exécution antérieure au jugement d'ouverture entraînera l'apparition d'une créance de garantie antérieure au jugement d'ouverture.

---

1. Cass. civ. 3e, 4 juill. 2001, *Act. proc. coll.* 2001/15, n° 190.

2. Cass. com., 1er mars 2005, n° 02-13.176, *D.* 2005, jur. 1365, note P.-M. Le Corre ; *Gaz. proc. coll.* 2005/2, p. 42, obs. P.-M. Le Corre ; LXB n° N4227AIE, note P.-M. Le Corre.

3. Cass. com., 5 déc. 1995, *Bull. civ.* IV, n° 283 ; *JCP E,* 1996, I, 554, n° 3, obs. M. Cabrillac ; Cass. com., 20 juin 2000, *D.* 2000, jur. 368 ; *JCP E,* 2001, chron. 220, n° 5-b-14, obs. M. Cabrillac ; *RTD com.* 2000, 1010, obs. A. Martin-Serf ; Cass. com., 12 oct. 2004, n° 00-13.348, *D.* 2005, pan. p. 293, obs. P.-M. Le Corre : LXB n° N3489ABT, note P.-M. Le Corre ; Cass. com., 23 nov. 2004, n° 02-20.868, *RD banc. et fin.* 2005/2, p. 24, n° 450, note F.-X. Lucas.

4. Cass. com., 15 oct. 2002, *D. 2002, AJ p. 2942, obs. A.* Lienhard ; *Act. proc. coll.* 2002/19, n° 248, note Ph. Roussel-Galle ; *Rev. proc. coll.* 2003/1, p. 20, n° 8, obs. Ph. Roussel-Galle ; *Dr. et patr.* 2003, n° 113, p. 95, obs. M.-H. Monsérié-Bon ; *JCP E,* 2003, chron. 194, p. 218, n° 1, obs. Ph. Pétel ; *RTD com.* 2003, 166, n° 4, obs. A. Martin-Serf ; LXB n° N4510AAB, note P.-M. Le Corre ; Cass. com., 29 oct. 2002, n° 99-21.347 ; *Rev. proc. coll.* 2003, 147, n° 8, obs. C. Saint-Alary-Houin et p. 236, n° 2, obs. Ph. Roussel-Galle.

5. Cass. com., 18 janv. 2005, n° 02-12.967.

6. Cass. com., 18 janv. 2005, n° 03-12.849.

210. Fait générateur des créances fiscales et sociales. En matière de créances fiscales, le fait générateur de la créance d'impôt est différent pour presque chacun des impôts et dépend de textes spéciaux [1]. Indiquons, pour illustration, que le fait générateur de l'impôt sur le revenu n'est pas sa perception, mais l'expiration de l'année civile de perception [2], que celui de la cotisation de l'employeur à l'effort de construction (CCH, art. L. 313-1 ; et CGI, art. 235 *bis*) est la date d'expiration du délai imparti à l'employeur pour effectuer son investissement [3] ou encore que celui des droits d'enregistrement assis sur un jugement d'adjudication immobilière est la formalité de l'enregistrement [4].

En matière de cotisations URSSAF, le fait générateur est le travail effectué. La créance de cotisations assise sur une période de travail antérieure demeure une créance antérieure, nonobstant sa date d'exigibilité [5]. Elle est une créance postérieure si elle est assise sur une période de travail postérieure au jugement d'ouverture [6].

211. Fait générateur des créances d'origine délictuelle, quasi délictuelle et d'origines diverses. En matière d'action en répétition de l'indu, le fait générateur de la créance de restitution est le paiement effectué par erreur. Il faut donc se placer à la date du paiement de l'indu pour savoir si la créance de restitution est antérieure ou non [7].

En matière de responsabilité délictuelle, la créance de dommages et intérêts naît du jugement qui la prononce. C'est ainsi qu'il a été estimé par la chambre commerciale de la Cour de cassation, en matière de droit de la concurrence, que les créances de sanctions pécuniaires naissent de la décision du Conseil [8], solution confirmée par le Conseil de la concurrence [9]. De façon plus générale, il a été jugé, en matière de

---

1. Sur la question, v. B. Soinne, « La notion d'origine, de fait générateur et d'exigibilité de la créance en droit fiscal et dans le droit des procédures collectives », *Rev. proc. coll.* 1987/2, p. 1 s. ; Y. Guillou, « Fait générateur, origine, exigibilité de l'impôt dans les procédures collectives », *Rev. proc. coll. civ. et com.* 1999, 57.

2. Cass. com., 28 juin 1994, *JCP E,* 1995, I, 417, n° 19, obs. crit. P. Pétel ; Cass. com., 12 juill. 1994, *Bull. civ.* IV, n° 264 ; *LPA* 1994, n° 144, note J. Brandeau ; Cass. com., 14 janv. 2004, n° 01-03.663, *Rev. proc. coll.* 2004, p. 244, n° 4, obs. C. Saint-Alary-Houin.

3. Cass. com., 7 juill. 1998, *Act. proc. coll.* 1998, n° 81 ; *RTD com.* 1999, 509, obs. A. Martin-Serf ; *Rev. proc. coll.* 2002, p. 210, n° 8, obs. Ph. Neau-Leduc.

4. Cass. com., 10 mars 2004, n° 00-22.783, *Act. proc. coll.* 2004/9, n° 113, note M. Béhar-Touchais ; *JCP E* 2004, chron. 1292, p. 1390, n° 17, obs. M. Cabrillac ; *JCP E,* 2004, jur. 1690, p. 1839, note M. Keita.

5. Cass. com., 8 nov. 1988, *D.* 1989, 36, obs. A. Honorat ; *JCP E* 1989, II, 15648, obs. M. Cabrillac et M. Vivant ; *Rev. proc. coll.* 1989, 227, obs. B. Dureuil ; *Rev. proc. coll.* 1990, 235, obs. C. Saint-Alary-Houin ; *RTD com.* 1989, 137, obs. A. Martin-Serf ; *RJ com.* 1989, 187, note C.-H. Gallet ; Cass. com., 5 avr. 1994, *Rev. proc. coll.* 1995, 224, n° 2, obs. B. Dureuil ; *Rev. proc. coll.* 1995, 303, n° 7, obs. C. Saint-Alary-Houin ; Cass. soc., 19 oct. 2000, *Rev. proc. coll.* 2001, 104, n° 12, obs. F. Taquet.

6. Cass. soc., 31 mai 2001, *Rev. proc. coll.* 2002, 266, n° 4, obs. M.-P. Dumont.

7. Cass. com., 24 nov. 1998, *RJDA* 1999/1, p. 60, n° 68 ; *D. Affaires* 1999, 82 ; *Act. proc. coll.* 1999/1, n° 3 ; Cass. com., 5 mai 2004, n° 02-13.137.

8. Cass. com., 4 mars 1997, *D.* 1998, 264, note C. Souweine ; *JCP G* 1997, I, 1054, n° 1, obs. M. Cabrillac ; *RTD com.* 1998, 944, obs. A. Martin-Serf.

9. Cons. Conc., 18 févr. 2004, *D.* 2004, AJ, 877 ; *RTD com.* 2004, 598, n° 4, obs. A. Martin-Serf.

sanctions pécuniaires d'ordre répressif, que la créance naît de la décision constitutive qui la prononce [1].

Le fait générateur de la créance environnementale [2] de remise en état d'un site classé naît de l'injonction préfectorale de remise en état du site [3].

La créance de dépens naît du jugement de condamnation [4]. La solution est la même pour la créance d'indemnité procédurale, dite article 700 du NCPC [5]. Identiquement, la créance de dommages et intérêts pour procédure abusive a pour fait générateur la décision de condamnation [6].

Sous-paragraphe 2. Date limite de naissance des créances postérieures

212. Date limite de naissance des créances postérieures. La période de principe de naissance des créances postérieures est la période d'observation. Le dispositif assurant un traitement préférentiel aux créanciers postérieurs a, en effet, pour objectif d'assurer le financement de la poursuite de l'activité pour permettre le redressement de l'entreprise.

Il semble que l'expiration des délais maxima de période d'observation n'interdise pas la naissance de créances privilégiées, car tant qu'aucune solution n'a été arrêtée pour l'entreprise, celle-ci se trouve encore en période d'observation [7].

---

1. Cass. com., 14 janv. 2004, n° 01-10.607, *Rev. proc. coll.* 2004, 243, n° 3, obs. C. Saint-Alary-Houin.

2. V. D. Voinot, « Le sort des créances dans la procédure collective, l'exemple de la créance environnementale », *RTD com.* 2001, 581.

3. Cass. com., 17 sept. 2002, *Act. proc. coll.* 2002/17, n° 221 ; *D.* 2002, AJ, 2735, obs. A. Lienhard ; *JCP E,* 2003, Jur. 197, p. 230, note D. Voinot ; *JCP E* 2003, chron 231, p. 272, n° 14, obs. M. Cabrillac ; *Gaz. Pal.* 21-22 févr. 2003, jur. p. 32, note M.-P. Lavoillotte ; *Rev. proc. coll.* 2003, 100, note M.-P. Lavoillotte et p. 147, n° 7, obs. C. Saint-Alary-Houin ; *LPA* 26 mai 2003, n° 104, p. 17, note E. Bourgeois ; *RTD com.* 2003, p. 167, n° 5, obs. A. Martin-Serf ; *LPA* 6 août 2003, n° 156, p. 15, note B. Rolland ; Cass. com., 28 sept. 2004, n° 02-19.348 ; CA Versailles, 1re ch., 21 sept. 2000, *Rev. proc. coll.* 2002, 100, n° 2, obs. C. Saint-Alary-Houin.

4. Cass. com., 11 juin 2002, *D.* 2002, AJ, 2121, obs. A. Lienhard ; *Dr. et proc.* 2002/5, p. 300, note M. Douchy ; *RD Banc. et fin.* 2002/4, n° 145, obs. F.-X. Lucas ; *Act. proc. coll.* 2002/13, n° 164 ; *JCP E,* 2003, chron 231, p. 271, n° 13, obs. M. Cabrillac et Ph. Pétel ; *RTD com.* 2002, 724, n° 2, obs. A. Martin-Serf ; Cass. com., 21 janv. 2003, n° 99-21.560, *Rev. proc. coll.* 2004, 244, n° 5, obs. C. Saint-Alary-Houin ; Cass. soc. 12 févr. 2003, n° 99-42.985, *D.* 2003, AJ, 768 ; *RTD com.,* 2003, 371, n° 6, obs. A. Martin-Serf ; *Procédures* juin 2003, p. 18, n° 145, note C. Laporte ; Cass. com., 8 oct. 2003, n° 00-17.940 ; CA Paris, 3e ch. A, 14 oct. 2003, RG n° 2002/22088.

5. Cass. civ. 3e, 12 juin 2002, *D.* 2002, AJ, 2122, obs. A. Lienhard ; *JCP E,* 2003, chron 231, p. 271, n° 13, obs. M. Cabrillac et Ph. Pétel ; *RTD com.* 2002, 724, n° 2, obs. A. Martin-Serf ; Cass. com., 10 déc. 2002, *Rev. proc. coll.* 2003, p. 146, n° 6, obs. C. Saint-Alary-Houin ; Cass. com., 11 févr. 2004, n° 01-11.203 ; Cass. com., 16 juin 2004, n° 03-12.840 ; Cass. com., 16 juin 2004, n° 03-12.844 ; Cass. com., 16 juin 2004, n° 03-12.845.

6. Cass. com., 11 juin 2003, n° 00-21.775 ; *D.* 2003, AJ, 2174 ; *Act. proc. coll.* 2003/15, n° 196, obs. J. Vallansan ; *JCP E,* chron. 202, p. 229, n° 15, obs. M. Cabrillac ; *RTD com.* 2004, p. 158, n° 6, obs. A. Martin-Serf ; Cass. com., 16 juin 2004, n° 03-12.840 ; Cass. com., 16 juin 2004, n° 03-12.841 ; Cass. com., 16 juin 2004, n° 03-12.844 ; Cass. com., 16 juin 2004, n° 03-12.845.

7. V. Cass. com., 9 juin 1992, *Bull. civ.* IV, n° 231 ; *D.* 1993, somm. p. 5, obs. F. Derrida ; Cass. com., 2 févr. 1993, *Rev. proc. coll.* 1993, 404, n° 6, obs. C. Saint-Alary Houin. *Adde*, approuvant la

La créance née pendant la période d'observation continuera à être une créance éligible au traitement préférentiel après expiration de celle-ci. Cependant, il avait été jugé, sous l'empire de la législation antérieure, que si le débiteur obtenait un plan de continuation ensuite résolu, le créancier perdait le bénéfice de son droit de priorité dans la liquidation judiciaire ouverte subséquemment à la résolution du plan [1], sa créance devenant une créance antérieure ordinaire. La loi de sauvegarde des entreprises change les données du problème, car elle confère au créancier postérieur éligible au traitement préférentiel un véritable privilège, qui, à notre sens, ne disparaîtra pas dans le cadre de la seconde procédure ouverte suite à la résolution du plan de sauvegarde ou de redressement. Toutefois, dans cette seconde procédure, le créancier devra déclarer sa créance en mentionnant l'existence de son privilège.

Une créance postérieure ne peut pas naître après arrêté d'un plan de sauvegarde ou de redressement. Le débiteur est revenu à la tête de ses affaires et la procédure n'existe plus [2]. Il s'agit là de créances de droit commun.

Sous l'empire de la législation antérieure, il avait été jugé qu'entre l'arrêté du plan et la date de rédaction des actes de cession, marquant, sauf décision contraire du tribunal, la date de l'entrée en jouissance du repreneur, les dettes nées pendant cette période bénéficiaient de traitement préférentiel des créances postérieures [3]. La solution n'a plus vocation à s'appliquer. En effet, soit le plan de cession est arrêté en liquidation et en ce cas, la difficulté ne se présente plus. Soit, il est arrêté en redressement. Mais, en ce cas, s'il s'accompagne d'un plan de redressement partiel, les créances nées après son arrêté seront de droit commun ; s'il ne s'accompagne pas d'un plan de redressement partiel, le débiteur doit être placé en liquidation judiciaire. S'il ne l'est pas immédiatement, la période d'observation se poursuit.

Enfin, il n'y a pas de difficulté à faire naître des créances postérieures éligibles au traitement préférentiel pendant la liquidation judiciaire, la solution étant explicitement posée par l'article L. 641-13.

§ 2. Le critère de régularité fonctionnelle

Deux questions doivent ici être examinées. La première est classique et n'a pas été renouvelée avec la loi de sauvegarde des entreprises. C'est celle de la régularité de la naissance de la créance postérieure (Sous-paragraphe 1). La seconde est en revanche nouvelle. Elle est née de la volonté du législateur d'opérer une sélection entre les créances postérieures, seules certaines d'entre elles étant désormais éligibles

---

solution, F. Perochon et R. Bonhomme, *op. cit.*, n° 213. *Contra* : A. Lienhard, *op. cit.*, n° 905 ; A. Jacquemont, *op. cit.*, n° 354.

1. Cass. com., 28 juin 1994, *Bull. civ.* IV, n° 244 ; *Rev. proc. coll.* 1995, 297, obs. C. Saint-Alary-Houin et 53, n° 1, obs. B. Dureuil ; *D.* 1995, somm. p. 9, obs. F. Derrida ; *RTD com.* 1995, 486, obs. A. Martin-Serf ; Cass. com., 10 oct. 1995, *Dr. sociétés* 1995, n° 241, obs. Y. Chaput.

2. Cass. com., 3 avr. 1990, *D.* 1990, 385, note Jeantin ; *RTD com.* 1990, 497, n° 3, obs. A. Martin-Serf ; *Rev. proc. coll.* 1990, 232, n° 3, obs. C. Saint-Alary-Houin ; *JCP E,* 1990, II, 15829, note M. Cabrillac ; TI Niort, 12 sept. 1994, *Rev. proc. coll.* 1995, 299, n° 2, obs. C. Saint-Alary-Houin.

3. Cass. com., 9 juin 1992, *Bull. civ.* IV, n° 231 ; *D.* 1993, somm. 5 obs. F. Derrida ; Cass. com., 6 déc. 1994, *Bull. civ.* IV, n° 366 ; *RTD com.* 1996, 128, obs. A. Martin-Serf ; Cass. com., 10 janv. 1995, *Rev. proc. coll.* 1996, 104, n° 20, obs. B. Soinne.

au traitement préférentiel. C'est la question du critère téléologique d'attribution du traitement préférentiel (Sous-paragraphe 2).

Sous-paragraphe 1. La régularité de la naissance de la créance postérieure éligible au traitement préférentiel

213. La régularité de la naissance de la créance au regard de la répartition des pouvoirs entre le débiteur et les organes de la procédure. L'article L. 622-17-I du Code de commerce exige que la créance soit née « régulièrement ». La notion mérite d'être interprétée. La doctrine et la jurisprudence s'accordent pour considérer que l'adverbe « régulièrement » vise, en réalité, le respect de la répartition des pouvoirs entre les organes de la procédure, d'une part et le débiteur, d'autre part.

La notion appliquée à la matière contractuelle signifie d'abord que la créance née de la poursuite d'un contrat ne sera régulière que si le contrat est régulièrement poursuivi. Il en résulte que l'organe compétent devra avoir opté pour la continuation du contrat. En régime simplifié, sans administrateur, le débiteur devra avoir obtenu l'avis conforme du mandataire judiciaire et, à défaut, l'autorisation du juge-commissaire.

Les contrats conclus après jugement d'ouverture ne donneront naissance à des créances postérieures que s'ils ont été conclus par l'organe compétent [1], sous réserve du jeu de la notion d'acte de gestion courante (v. ss n° 151).

La créance ne pourra, en outre, naître régulièrement que si elle s'inscrit dans le cadre d'une poursuite d'activité autorisée, ce qui ne sera pas le cas, en liquidation judiciaire, d'une poursuite sauvage de l'activité.

La jurisprudence, sous le régime antérieur, a reconnu le bénéfice du traitement préférentiel aux créances extra-contractuelles [2]. La solution ne semble pas reconductible, du fait du critère téléologique d'attribution du traitement préférentiel (v. ss n° 216).

214. La sanction de l'irrégularité de la naissance de la créance. Si la créance n'est pas née régulièrement, il en résulte l'impossibilité d'attribution du traitement préférentiel. Pour autant, la créance ne peut être considérée comme une créance antérieure. Dans ces conditions, la seule possibilité est de considérer que la créance est hors procédure. Son paiement ne pourra donc préjudicier ni aux créanciers postérieurs, ni aux créanciers antérieurs. La créance ne pourra être payée que lorsque

---

1. V. ainsi, pour une créance résultant d'accords passés avec le débiteur sans consultation de l'administrateur judiciaire assistant le débiteur, Cass. com., 29 févr. 2000, *DPDE Bull.* 198, 10 avr. 2000, p. 6301, v° *Sûretés*, n° 114. *Adde*, pour un avocat choisi par les dirigeants de la société débitrice, mais non par l'administrateur judiciaire et dont la créance n'a pas été considérée comme relevant de l'article 40 : Cass. civ. 1re, 13 nov. 1997, *Rev. proc. coll. civ. et com.* 1999, 157, n° 5, obs. M.-H. Monsérié.

2. En matière de contrefaçon, v. Cass. com., 13 oct. 1998, *JCP E et A,* 1998, chron. 2069, nos 5-2-18, obs. M. Cabrillac et P. Pétel ; et *JCP E et A,* 1999, 1060, note P. Rossi ; *D. Affaires* 1998, 816, obs. A. Lienhard ; *RTD com.* 1999, 979, obs. A. Martin-Serf.

tous les créanciers auront été payés. Son absence de paiement ne peut, semble-t-il, faire obstacle au jeu de la clôture pour extinction du passif [1].

Sous-paragraphe 2. Le critère téléologique d'attribution du traitement préférentiel

215. La nouvelle vision du législateur. Dans le souci d'assurer une précieuse trésorerie pour l'entreprise, qui constitue une clé de son redressement futur, la loi de sauvegarde des entreprises, en rupture marquée par rapport à la législation précédente, a introduit des critères téléologiques d'attribution du traitement préférentiel. Il faut en effet préciser que la jurisprudence, logiquement par rapport à la généralité du texte ancien, a refusé d'introduire des distinctions que ne comportait pas le texte et en conséquence décidé que tous les créanciers, dont la créance est née régulièrement après jugement d'ouverture, bénéficient de la disposition, même si la créance en cause n'a aucun rapport avec la poursuite de l'exploitation. Ainsi, la Cour de cassation, statuant à propos de la taxe foncière assise sur un immeuble non affecté à l'activité de l'entreprise, a-t-elle jugé, que les dispositions de l'article L. 621-32 du Code de commerce ont vocation à s'appliquer, peu important que les impôts en cause se rattachent à l'exploitation [2]. La même solution est posée à propos de charges de copropriété afférentes à l'immeuble d'habitation du débiteur [3].

Il en est résulté un très net affaiblissement du droit de priorité [4], en même temps qu'un assèchement de la trésorerie de l'entreprise, le débiteur ayant l'obligation de payer à l'échéance toutes sortes de créances.

216. L'énoncé des créances éligibles au traitement préférentiel. L'article L. 622-17-I, pour la procédure de sauvegarde, applicable également pour la procédure de redressement judiciaire (C. com., art. L. 631-14-I) et l'article L. 641-13-I, texte de la procédure de liquidation judiciaire, énoncent que pourront bénéficier du traitement de faveur réservé aux créances postérieures, les créances nées pour les besoins du déroulement de la procédure. Ces créances sont relatives au bon fonctionnement de la procédure. Ainsi, seront couverts, les frais et honoraires exposés par les intervenants, greffiers, mandataires de justice, commissaires-priseurs et techniciens désignés. Il s'agira également des conseils du débiteur, même *a priori* pour la défense des droits propres de ce dernier. La notion de créances nées pour les besoins du déroulement de la procédure permet de viser des créances nées en dehors de la période d'observation.

Le texte de l'article L. 622-17-I du Code de commerce vise ensuite les créances nées pour les besoins de la période d'observation. Il s'agit là des dettes d'exploitation de la période d'observation de la procédure de sauvegarde et de la procédure de redressement judiciaire. Sont notamment concernées les dettes fiscales et sociales se rattachant à la poursuite d'activité. L'article L. 641-13-I prévoit, dans la procédure de

---

1. *Contra* : Y. Guyon, *op. cit.*, n° 1250.
2. Cass. com., 14 nov. 2000, *Rev. proc. coll.* 2002, 210, n° 6, obs. Ph. Neau-Leduc.
3. Cass. civ. 3e, 2 juill. 2003, n° 99-21.270, LXB n° N8632AAX, note P.-M. Le Corre.
4. F. Pérochon, « Les créanciers postérieurs et la réforme du 26 juillet 2005 », *Gaz. proc. coll.* 2005, n° spéc. 7-8 sept. 2005, p. 57, n° 6.

liquidation judiciaire prononcée sur conversion d'un redressement judiciaire ou d'une procédure de sauvegarde, que les créances postérieures continuent à bénéficier du traitement de faveur si elles sont nées pour les besoins, le cas échéant, de la période d'observation antérieure.

Le texte de l'article L. 622-17-I du Code de commerce vise enfin les créances nées d'une « *prestation fournie au débiteur pour son activité professionnelle, pendant cette période* ». Ici encore, ces créances devront résulter de la période d'observation de la procédure de sauvegarde et de la procédure de redressement judiciaire. L'article L. 641-13-I prévoit, dans la procédure de liquidation judiciaire prononcée sur conversion d'un redressement judiciaire ou d'une procédure de sauvegarde, que les créances postérieures continuent à bénéficier du traitement de faveur si elles sont nées en raison d'une prestation fournie au débiteur pour son activité professionnelle, pendant la période d'observation antérieure. Il a été remarqué que l'expression n'est pas la même que celle utilisée par l'article L. 622-17-I. Mais cette absence de symétrie doit rester sans conséquence [1], car elle n'est que le résultat d'une évolution des textes au cours du travail parlementaire et non le fruit d'une recherche législative affichée. On rangera, dans cette catégorie, les créances nées de la continuation régulière des contrats en cours ainsi que celles nées de la conclusion régulière, après jugement d'ouverture, de contrats. Il faut aussi, nous semble-t-il, reconnaître le traitement préférentiel aux indemnités d'utilisation ou d'occupation après jugement d'ouverture dues au titre de contrats résiliés [2].

Cela semble faire double emploi avec les créances nées pour les besoins de la période d'observation. Il s'agira, en réalité, de créances contractuelles correspondant à des contrats nouveaux, conclus après le jugement d'ouverture. Il en ira ainsi des livraisons de biens et des fournitures de services y compris la mise à disposition d'une somme d'argent [3]. Mais il faudra que ces créances soient en rapport avec l'activité professionnelle du débiteur. Un amendement a été présenté par la commission des lois du Sénat pour apporter cette précision [4]. Il ne pourra s'agir, par exemple, des loyers d'un bail d'habitation ou des loyers de la location avec option d'achat d'un véhicule extra professionnel.

Il ne pourra s'agir de dettes délictuelles, puisqu'il ne peut y avoir ici une prestation fournie au débiteur. La solution a été explicitement affirmée à propos des créances dont bénéficie la partie civile sur le débiteur, auteur d'une infraction pénale [5]. Certains auteurs ont cependant ici introduit des nuances, en estimant que les créances délictuelles peuvent être couvertes si elles sont inhérentes à l'activité [6]. Il en ira de même des amendes pénales dues au Trésor public ou les dommages et intérêts dus au titre d'actions civiles [7].

---

1. A. Lienhard, *op. cit.*, n° 944.
2. V. aussi, en ce sens, F. Pérochon, « Les créanciers postérieurs et la réforme du 26 juillet 2005 », *Gaz. proc. coll.* 2005, n° spéc. 7-8 sept. 2005, p. 57 et s., spéc. p. 60, n° 22.
3. Rapp. Xavier de Roux, n° 2095, p. 220.
4. Rapp. J.-J. Hyest, n° 335, p. 205.
5. Rapp. Xavier de Roux, n° 2095, p. 232.
6. En ce sens, F. Pérochon, « Les créanciers postérieurs et la réforme du 26 juillet 2005 », *Gaz. Pal.* 7-8 sept. 2005, p. 57, n° 33. Cpr. Ph. Pétel, *op. cit.*, 4e éd., n° 206 ; A. Lienhard, *op. cit.*, n° 944.
7. Rapp. Xavier de Roux, n° 2095, p. 232.

Les créances postérieures, ainsi précisées dans leur domaine, doivent maintenant être examinées quant à leur régime.

Sous-section II
Régime des créances postérieures

Une *summa divisio* est ici introduite par le législateur, qui, dans une large mesure éclipse la *summa divisio* de la légalisation antérieure entre les créances antérieures et les créances postérieures : celles des créances postérieures éligibles au traitement préférentiel (§ 1) et celle des créances postérieures non éligibles au traitement préférentiel (§ 2).

§ 1. Les créances postérieures éligibles au traitement préférentiel

L'article L. 622-17 du Code de commerce énonce deux corps de règles. D'une part, la créance née régulièrement après jugement d'ouverture et qui est éligible au traitement préférentiel doit être payée à l'échéance (Sous-paragraphe 1). D'autre part, si son paiement n'intervient pas l'échéance, il est énoncé qu'il y aura place à un paiement par privilège (Sous-paragraphe 2).

Sous-paragraphe 1. Le paiement de la créance postérieure éligible au traitement préférentiel

217. Énoncé de la règle du paiement à l'échéance. Selon l'article L. 622-17-I, la règle du paiement à l'échéance s'applique pour les créances nées en période d'observation. Il s'agit de créances nées de la poursuite d'activité.

La règle s'applique aussi aux créances nées de la poursuite d'activité en liquidation judiciaire (C. com., art. L. 641-10, *in fine*).

Mais, contrairement à la rédaction du texte antérieur, la règle du paiement à l'échéance a également vocation à jouer en liquidation judiciaire, en dehors de toute poursuite provisoire de l'activité, l'article L. 641-13 du Code ne faisant pas de la poursuite d'activité une condition du paiement à l'échéance.

218. Indifférence de la liste des créances postérieures privilégiées sur la règle du paiement à l'échéance. Le créancier postérieur éligible au traitement préférentiel pourra bénéficier de la règle du paiement à l'échéance, sans avoir à figurer sur la liste des créances postérieures privilégiées envisagée par l'article 90 du décret du 28 décembre 2005. Cette solution a toujours été celle de la jurisprudence, sous l'empire des législations antérieures, même si l'exigence d'une liste des créanciers postérieurs n'a pas toujours existé [1]. Il n'y a aucune raison que la solution soit modifiée. L'inscription sur la liste des créances postérieures privilégiées conditionne

---

1. Cass. com., 10 févr. 1994, *Bull. civ.* IV, n° 58 ; *D.* 1994, 609, note F. Derrida ; *Gaz. Pal.* 1994, II, 427, note Massoni ; *Defrénois* 1995, 263, note J.-P. Sénéchal ; *JCP* 1995, II, note 2451, note Vignal ;

la conservation du privilège accordé aux créanciers postérieurs éligibles au traitement préférentiel, mais elle est complètement indépendante de la règle du paiement à l'échéance. La règle du paiement par privilège est subsidiaire par rapport à la règle du paiement à l'échéance. Ce n'est que si le créancier, ainsi que l'indiquent expressément les articles L. 622-17-II et L. 641-13-II du Code de commerce, n'est pas payé à l'échéance qu'il y a place à paiement par privilège, l'existence du privilège étant subordonnée à l'absence de paiement à l'échéance et ne pouvant donc conditionner cette règle première.

219. Inapplicabilité aux créanciers postérieurs éligibles au traitement préférentiel des restrictions attachées aux créances antérieures. Dans le double souci d'organiser collectivement la procédure et d'essayer d'obtenir le redressement de l'entreprise, le législateur pose un certain nombre de règles qui sont autant de restrictions attachées aux droits des créanciers antérieurs. Pour l'essentiel, elles sont posées par les articles L. 622-7, L. 622-21 et L. 622-24 du Code de commerce. Aucune de ces restrictions n'est applicable aux créanciers postérieurs éligibles au traitement préférentiel.

Ce créancier ayant le droit d'être payé à l'échéance, dans cette logique, peut poursuivre en paiement le débiteur afin d'obtenir un titre, au besoin en référé [1]. Il faut cependant tenir compte des règles de l'administration contrôlée ou du dessaisissement. Il en résulte que si le paiement est demandé en sauvegarde ou en redressement judiciaire, la demande sera dirigée contre l'administrateur seul si celui-ci a mission de représentation, contre l'administrateur et le débiteur, si le premier a mission d'assistance, contre le débiteur seul si l'administrateur a mission de surveillance ou en l'absence d'administrateur. En liquidation judiciaire, la demande sera dirigée contre le liquidateur.

La règle de l'arrêt des poursuites individuelles ne concernant pas le créancier postérieur éligible au traitement préférentiel, il n'a pas à déclarer sa créance au passif [2].

Dans cette même logique, il a le droit d'être payé par le débiteur. La règle de l'interdiction des paiements ne le concerne pas [3].

Son paiement est indépendant de son rang. L'heure n'est pas au classement, mais au paiement à l'échéance. Il peut donc être payé, alors que ne le serait pas un

---

Dr. sociétés 1994, n° 71, obs. Y. Chaput ; Cass. com., 3 mai 1994, *Rev. proc. coll.* 1995, 304, n° 8, obs. C. Saint-Alary-Houin ; Cass. com., 26 mars 1995, *LPA* 7 août 1996, p. 40, note J. Brandeau ; *Rev. proc. coll.* 1996, 346, obs. P. Canet ; *RTD com.* 1997, 151, obs. A. Martin-Serf ; Cass. com., 26 mars 1996, *Rev. proc. coll.* 1996, 346, n° 2, obs. P. Canet ; Cass. com., 13 oct. 1998, *JCP E et A*, 1998, act. 1904 ; Cass. com., 17 nov. 1998, *RJDA* 1999/1, n° 72. *Contra* : CA Pau, 16 mars 1994, *Juris-data* n° 042875 ; CA Rouen, 2e ch., 17 mars 1994, *Juris-data* n° 044255.

1. Cass. com., 10 juill. 1990, *Bull. civ.* IV, n° 202 ; *D.* 1990, 468, note F. Derrida ; *RTD com.* 1991, 110, obs. A. Martin-Serf ; Cass. com., 9 avr. 1991, *Bull. civ.* IV, n° 137 ; *D.* 1993, somm. 3, obs. F. Derrida ; *JCP E*, 1992, I, 100, note P. M. Le Corre. *Adde*, pour un salarié : Cass. soc., 7 oct. 1998, *Dr. ouvrier* 1999, 163 ; *JCP E*, 1999, 2068, n° 15, obs. P. Pétel ; *D.* 2001, somm. 114, obs. F. Derrida.

2. C. Saint-Alary-Houin, *op. cit.*, n° 600 ; Y. Guyon, *op. cit.*, n° 1250 ; Ripert et Roblot par Delebecque et Germain, *op. cit.*, n° 3065-1 ; E. Kerckhove, *op. cit.*, n° 504.

3. C. Saint-Alary-Houin, *op. cit.*, n° 600 ; E. Kerckhove, *op. cit.*, n° 504.

créancier titulaire du super-privilège des salaires ou tout autre créancier de rang préférable [1], par exemple le créancier titulaire du privilège de la conciliation.

La règle de l'arrêt du cours des intérêts ne le concerne pas [2]. Dans le prolongement de cette règle, il peut prétendre à l'anatocisme, c'est-à-dire à la capitalisation des intérêts [3].

Ayant le droit de poursuivre en paiement le débiteur pendant la procédure, il ne peut être concerné par la règle de l'interdiction de reprise des poursuites individuelles après clôture de la liquidation judiciaire pour insuffisance d'actif [4].

220. Règles particulières à l'exécution des titres. Le créancier postérieur éligible au traitement préférentiel peut exécuter le titre exécutoire dont il est titulaire.

Il dispose à cet égard de la possibilité d'exécution sur tous les biens du débiteur, à l'exception cependant des biens qui auraient été déclarés inaliénables dans le cadre du plan de sauvegarde ou de redressement.

Pour respecter les règles de l'administration contrôlée et du dessaisissement, les saisies seront dirigées, en redressement judiciaire, contre l'administrateur seul s'il a mission de représentation, contre l'administrateur ou le débiteur si le premier a mission d'assistance. En sauvegarde, elles seront dirigées contre le débiteur seul si l'administrateur a mission de surveillance ou en l'absence d'administrateur, contre le débiteur et l'administrateur si ce dernier a mission d'assistance. En liquidation judiciaire, les saisies seront dirigées contre le liquidateur.

Une restriction très sérieuse au jeu de ce principe de liberté d'exécution, reprise de la législation antérieure (C. com., art. L. 627-1), est cependant posée par l'article L. 662-1 du Code de commerce, selon lequel « *Aucune opposition ou procédure d'exécution de quelque nature qu'elle soit sur les sommes versées à la Caisse des dépôts et consignations n'est recevable* ». Ainsi, les saisies attributions ou avis à tiers détenteur sur les sommes placées à la Caisse des dépôts et consignations sont impossibles.

Tant que les sommes n'ont pas été déposées à la Caisse des dépôts et consignations, les procédures de saisies peuvent prospérer. La saisie pourra donc intervenir entre les mains des mandataires de justice détenteurs des fonds. Le liquidateur pourra être pris en qualité de représentant du débiteur saisi et de tiers saisi [5]. La saisie pourra également être faite entre les mains d'un tiers acquéreur de biens appartenant au débiteur, ce tiers pouvant être le repreneur en plan de cession. Cependant, dans ces deux derniers cas, la saisie ne pourra pas prospérer sur la quote-part du prix de

---

1. Cass. com., 13 oct. 1998, *JCP E*, 1998, chron. 2063, n°s 1-7-2, obs. M. Cabrillac ; *Rev. proc. coll. civ. et com.* 1999, 113, n° 24, obs. P. Canet.

2. Cass. com., 25 nov. 1997, *Rev. proc. coll.* 1998, 295, n° 13, obs. C. Saint-Alary-Houin ; Cass. com., 20 juin 2000, *DPDE Bull.* 201, 10 juill. 2000, p. 6264, v° *Sûretés*, n° 137 ; *JCP E et A*, 2001, chron. 220, n° 14, obs. M. Cabrillac.

3. Cass. com., 20 juin 2000, *Gaz. Pal.* 29-30 sept. 2000, pan. 22.

4. Cass. com., 30 oct. 2000, *Act. proc. coll.* 2000/19, n° 248, note J. Vallansan ; Cass. com., 20 mars 2001, *D.* 2001, AJ, 1319, obs. A. Lienhard.

5. Cass. com., 3 juin 1996, cité par F. Derrida, *D.* 1997, 372 ; CA Paris, 8e ch. D, 25 nov. 1999, *D.* 2000, n° 2, AJ, 33. La possibilité de considérer le liquidateur comme représentant du débiteur saisi et comme tiers saisi a été clairement posée : Cass. com., 5 avr. 2001, *D.* 2001, AJ, 1468, note A. Lienhard.

cession affectée à l'exercice du droit de préférence des créanciers inscrits sur le bien cédé en plan de cession [1], cette quote-part indisponible étant insaisissable.

Sous-paragraphe 2. Le paiement par privilège

Il convient d'abord d'étudier le dispositif d'attribution du privilège (A) avant d'envisager le classement réservé aux créanciers titulaires du privilège (B).

A. Le dispositif d'attribution du privilège

221. Contours du dispositif de la règle du paiement par privilège. Après avoir posé la règle du paiement à l'échéance, l'article L. 622-17-II indique que les créances postérieures éligibles au traitement préférentiel, « *lorsqu'elles ne sont pas payées à l'échéance, [...] sont payées par privilège* ».

Il apparaît ainsi que la règle du paiement par privilège est subsidiaire par rapport à la règle du paiement à l'échéance.

Sous l'empire de la législation antérieure, l'article L. 621-32 n'édictait pas un privilège, mais un simple droit de priorité, car la qualité de la créance n'exerçait aucune incidence sur l'attribution du traitement préférentiel. Dans cette logique, la Cour de cassation avait estimé que ce droit de priorité disparaissait en cas d'ouverture d'une seconde procédure suite à la résolution d'un plan de continuation (v. ss n° 212).

La solution est modifiée. Les articles L. 622-17-II et L. 641-13-II du Code de commerce attribuent un véritable privilège aux créanciers éligibles au traitement préférentiel non payés à l'échéance, qui survivra en cas d'ouverture d'une seconde procédure [2], après résolution d'un plan de sauvegarde ou de redressement. Toutefois, son titulaire deviendra créancier antérieur dans la seconde procédure [3] et sera donc astreint à devoir déclarer sa créance au passif de cette seconde procédure, en faisant mention de son privilège.

En outre, du fait de l'existence de ce privilège, qui a une portée absolument générale sur les biens du débiteur, le paiement de son titulaire sera prioritairement entrepris sur le prix de vente des biens mobiliers et, s'ils n'y suffisent ,sur le prix de vente des actifs immobiliers. C'est là le jeu de l'article 2105 du Code civil, devenu article 2376 depuis l'ordonnance du 23 mars 2006, c'est-à-dire le principe de subsidiarité sur les immeubles en cas de concours entre un créancier titulaire d'un privilège spécial immobilier et d'un créancier titulaire d'un privilège général.

222. Condition du maintien du privilège. L'une des grandes innovations de la loi du 26 juillet 2005 est de prévoir l'obligation pour le créancier postérieur de porter son privilège à la connaissance des organes de la procédure. Le but de cette disposition serait de permettre d'accélérer les procédures [4]. La solution n'est pas certaine car, vraisemblablement, un contentieux va s'instaurer sur la perte du privilège.

---

1. V. ainsi, A. Honorat, obs. sous Cass. com., 1er févr. 2000, *D.* 2000, somm. 331.
2. Rapp. J.-J. Hyest, n° 335, p. 205. V. aussi, A. Jacquemont, *op. cit.*, n° 337.
3. Rapp. J.-J. Hyest, n° 335, p. 205.
4. Rapp. Xavier de Roux, n° 2095, p. 220.

L'articulation des textes de la sauvegarde — qui intéressent le redressement judiciaire du fait de leur application par renvoi (*cf.* C. com., art. L. 631-14-I) — et ceux de la liquidation judiciaire s'avère complexe, du fait d'une rédaction un peu sibylline.

En ce qui concerne d'abord les créances nées pendant la période d'observation, une distinction s'impose selon que la procédure évoluera ou non vers une liquidation judiciaire.

Tout d'abord, s'il n'y a pas liquidation judiciaire, l'article L. 622-17-IV indique que le créancier perd son privilège s'il n'a pas été porté à la connaissance « *du mandataire judiciaire et de l'administrateur lorsqu'il en a été désigné ou, lorsque ces organes ont cessé leurs fonctions, du commissaire à l'exécution du plan (....) dans le délai d'un an à compter de la fin de la période d'observation* ». Ce cas vise l'hypothèse d'un plan de sauvegarde, mais aussi, du fait du jeu de l'article L. 631-14-I, l'hypothèse d'arrêté d'un plan de redressement.

Ensuite, ce même article L. 622-17-IV indique que les créances perdront leur privilège si elles n'ont pas été portées à la connaissance « *du mandataire judiciaire et de l'administrateur lorsqu'il en a été désigné ou (...) du liquidateur, dans le délai d'un an à compter de la fin de la période d'observation* ». Ce texte concerne l'hypothèse de la conversion d'une procédure de sauvegarde en liquidation judiciaire, mais aussi, du fait du jeu de l'article L. 631-14-I, celle de la conversion d'un redressement en liquidation judiciaire.

L'article L. 641-13-IV envisage, pour sa part, la déclaration du privilège dans la procédure de liquidation judiciaire. Il s'agira d'abord des créances postérieures nées pendant la liquidation judiciaire. En ce cas, la déclaration devra être faite « *dans le délai de six mois à compter de la publication du jugement ouvrant ou prononçant la liquidation* ». Pour essayer de donner un sens à ce texte, il semble qu'il faille décider que si des créances sont nées pendant la période d'observation et si elles n'ont pas été portées à la connaissance du mandataire judiciaire et de l'administrateur, elles doivent l'être au liquidateur. En outre, les créances nées en liquidation judiciaire doivent être portées à la connaissance du liquidateur. Une autre interprétation rendrait absurde le visa du mandataire judiciaire dans le texte alors que l'on est en liquidation.

Pour coordonner ces deux textes, il faut, nous semble-t-il, décider que le privilège est conservé :

– si la créance postérieure de la période d'observation est déclarée pendant la période d'observation, entre les mains du mandataire judiciaire et de l'administrateur judiciaire, s'il en a été désigné un ;

– si la créance postérieure de la période d'observation est déclarée entre les mains du liquidateur dans l'année de l'expiration de la période d'observation (C. com., art. L. 622-17-I) ; cette hypothèse semble permettre d'englober le cas du plan de cession arrêté à l'issue de la période d'observation ;

– si la créance postérieure de la liquidation judiciaire est déclarée dans les six mois qui suivent la publication judiciaire au BODACC du jugement prononçant la liquidation (C. com., art. L. 641-13-IV), sauf en cas d'arrêté d'un plan de cession en liquidation judiciaire ; en cas d'arrêté d'un plan de cession, la créance peut être déclarée, entre les mains du liquidateur, dans l'année qui suit l'arrêté d'un plan de cession.

223. Contentieux du privilège des créanciers postérieurs. Lorsque le créancier aura, dans les délais impartis par le Code de commerce, porté ses créances privilégiées à la connaissance des organes de la procédure, il appartiendra à ces derniers d'établir une liste des créances postérieures privilégiées. La liste des créances nées pendant la période d'observation est transmise, dès cessation des fonctions du mandataire judiciaire et de l'administrateur, au commissaire à l'exécution du plan ou au liquidateur, selon le cas (Décr. 28 déc. 2005, art. 90, al. 1). Le commissaire à l'exécution du plan ou le liquidateur doit ensuite la déposer au greffe dans l'année qui suit l'expiration de la période d'observation. La liste des créances nées en liquidation judiciaire est déposée au greffe par le liquidateur dans un délai de six mois qui suit la publication du jugement de liquidation judiciaire ou dans l'année du jugement arrêtant le plan de cession (Décr. 28 déc. 2005, art. 250, al. 1).

Le greffier doit ensuite faire publier un avis d'insertion au BODACC du dépôt de cette liste au greffe. Tout intéressé pourra ainsi prendre connaissance au greffe de la liste des créances postérieures privilégiées.

La publication au BODACC a pour effet de déclencher un délai de recours d'un mois pour contester cette liste, qui prend la forme d'une saisine par requête du juge-commissaire (Décr. 28 déc. 2005, art. 90, al. 3, et 250, al. 2). Ce dernier rendra une ordonnance susceptible des recours classiques sur les ordonnances du juge-commissaire.

Le créancier qui sera rejeté de cette liste — il faut plutôt lire « le créancier qui a porté sa créance à la connaissance des organes de la procédure et qui ne figure pas sur la liste » — sera considéré comme ayant déclaré sa créance dans les délais (Décr. 28 déc. 2005, art. 90, al. 4, et 250, al. 3) et ainsi traité comme un créancier postérieur non éligible au traitement préférentiel.

224. Sanction du non-respect de l'obligation de déclaration du privilège des créanciers postérieurs dans la législation du 26 juillet 2005. La sanction du non-respect de l'obligation de déclarer les créances postérieures bénéficiant du privilège, dans les délais impartis, est posée par les textes (C. com., art. L. 622-17-IV) en sauvegarde, applicable en redressement judiciaire (C. com., art. L. 631-14-I) et en liquidation judiciaire (C. com., art. L. 641-13-IV) : les créances impayées perdent le privilège que leur confère le présent article si elles n'ont pas été portées à la connaissance des organes ci-dessus désignés. La règle joue comme une péremption du privilège [1]. Ces créances, a-t-il été dit lors des travaux parlementaires, seront traitées comme des créances antérieures [2]. Éventuellement, elles conserveront le privilège dont elles étaient assorties, par exemple un privilège général, tel celui assortissant les créances fiscales ou sociales. L'affirmation, qui nous paraît exacte quant aux conséquences à attacher au traitement de ces créances, nous semble cependant inexacte sur un plan conceptuel. La créance ne peut, à notre sens, devenir antérieure, faute pour le texte d'avoir prévu une telle fiction juridique consistant à considérer comme antérieure une créance postérieure. La créance reste donc postérieure, mais sans privilège. Par hypothèse, son titulaire n'a pas utilisé la règle du paiement à l'échéance. Il ne peut plus désormais s'exonérer des conséquences de la

---

1. Rapp. J.-J. Hyest, n° 335, p. 207.
2. Rapp. J.-J. Hyest, n° 335, p. 208.

procédure collective. Il lui restait une prérogative : la règle du paiement par privilège. Il l'a perdue. Il est désormais privé de toutes les prérogatives attachées au traitement des créances postérieures. Il devient un créancier chirographaire, sans qu'il y ait de raison de distinguer entre un créancier postérieur ordinaire et un créancier antérieur ordinaire. L'existence de sa créance fera obstacle à la clôture de la procédure pour extinction du passif exigible. En revanche, sa créance ne peut être intégrée dans un plan de sauvegarde ou de redressement. Mais, faute d'être devenue une créance antérieure et faute d'être une créance postérieure née irrégulièrement, il faut décider que, une fois le plan de redressement ou de sauvegarde arrêté, il n'y a pas d'obstacle à tenter son recouvrement, sauf prescription ou forclusion.

B. Le classement réservé aux créanciers titulaires du privilège

Les articles L. 622-17 et L. 641-13 énoncent deux règles de classement. L'une permet d'apercevoir un classement externe (1°). L'autre fait apparaître un classement interne (2°).

1° Le classement externe

225. Suppression du conflit résultant de certaines situations particulières. Dans certaines situations, le créancier postérieur privilégié ne pourra opposer son privilège. Il en ira ainsi chaque fois qu'une prérogative distincte d'une véritable sûreté sera conférée à celui auquel le créancier entend opposer son droit.

Tel sera d'abord le cas si la créance de l'intéressé est sortie du patrimoine du débiteur, par exemple dans le cadre de cessions de créances, de lettres de change, et plus généralement des procédés de mobilisation des créances ou de transmission des créances, telle la délégation de créance.

L'action directe permet également à son bénéficiaire d'échapper à la règle du concours. Par exemple, le créancier titulaire d'une sûreté spéciale propriétaire d'un bien se trouvant entre les mains du débiteur, objet d'un sinistre, pourra capter l'indemnité d'assurance sans entrer en concours avec les créanciers postérieurs privilégiés.

Il en est également ainsi lorsque la garantie permet au créancier qui en est titulaire de ne pas concourir à la distribution du bien grevé par garantie. L'exemple type est le droit de rétention, lequel est exclusif de l'ordre dans lequel s'exercent les privilèges [1].

Parfois, le créancier titulaire d'une véritable sûreté dispose avec cette dernière d'un attribut qui lui permet de ne pas entrer en concours avec le créancier postérieur privilégié. Il en est ainsi pour le créancier gagiste lorsqu'il demande l'attribution judiciaire du gage (v. ss n°330). Les techniques de garantie reposant sur le droit de propriété sont également exclusives de l'ordre dans lequel s'exercent les privilèges. A titre d'exemple, on peut citer la clause de réserve de propriété.

226. Rang du créancier postérieur privilégié par rapport aux créanciers antérieurs. Pour assurer au créancier postérieur privilégié son paiement, la loi du

---

1. B. Soinne, *op. cit.*, n° 1149.

25 janvier 1985, dans sa rédaction initiale, avait été maximaliste. À l'exception du superprivilège des salaires, les créanciers postérieurs l'emportaient sur tous les autres créanciers, fussent-ils titulaires de sûreté spéciale immobilière ou immobilière. Cette solution avait été gravement critiquée par les établissements de crédit et avait conduit à la ruine du crédit hypothécaire. La loi du 10 juin 1994, sans altérer dans son esprit le dispositif de l'article 40 relatif aux créances postérieures orienté vers le redressement de l'entreprise, l'a cantonné à cette seule phase. La loi de sauvegarde des entreprises reproduit très exactement la solution.

Le créancier postérieur privilégié est primé par le superprivilège des salaires, ainsi que, depuis la loi de sauvegarde, par le créancier titulaire du privilège des frais de justice — frais de justice antérieurs au jugement d'ouverture puisque, dans le deuxième rang de l'article L. 622-17-III, instituant un classement interne, figurent également les frais de justice, cette fois postérieurs au jugement d'ouverture [1] —. Le créancier postérieur est également primé par les créanciers bénéficiant du privilège de la conciliation. Il l'emporte, en revanche sur tous les autres créanciers, en dehors de la liquidation judiciaire (C. com., art. L. 622-17-II).

Au contraire, en phase de liquidation judiciaire, l'article L. 641-13-II énonce que l'ordre entre les créanciers est le suivant :

Au premier rang figurent les créances super-privilégiées de salaires.

Au deuxième rang, figurent les frais de justice. Il faut ici entendre les frais de justice antérieurs au jugement d'ouverture [2] puisque dans le deuxième rang de l'article L. 641-13, instituant un classement interne, figurent également les frais de justice, cette fois postérieurs au jugement d'ouverture.

Au troisième rang, figurent les créanciers titulaires du privilège de la conciliation.

Au quatrième rang, figurent les sûretés réelles immobilières et le gage sur matériel et outillage, ainsi que les sûretés mobilières assorties d'un droit de rétention. Il a été indiqué que le droit de rétention est exclusif de l'ordre dans lequel s'exercent les privilèges. Il faut donc décider, pour donner un sens au texte, que le créancier titulaire de la sûreté mobilière comportant un droit de rétention a perdu celui-ci, en vendant le bien. Dans cette hypothèse, il ne lui reste plus que son droit de préférence qui lui permet de primer les créanciers postérieurs privilégiés.

Au cinquième rang, viennent les créanciers postérieurs privilégiés.

Le législateur a classé les créanciers postérieurs privilégiés par rapport aux créanciers antérieurs. Il les a également classés entre eux.

2° Le classement interne

227. Le classement interne aux créanciers postérieurs privilégiés. Le législateur a classé, au III des articles L. 622-17 et L. 641-13, les créanciers postérieurs privilégiés en cinq rangs.

---

1. V. aussi, en ce sens, A. Jacquemont, *op. cit.*, n° 364 ; A. Lienhard, *op. cit.*, n° 945.
2. Comp. B. Soinne, *op. cit.*, n° 1164-1 ; C. Saint-Alary-Houin, *op. cit.*, n° 602.

Au premier rang figurent les créances de salaires dont le montant n'a pas été avancé par l'A.G. S. Il sera ci-après indiqué le domaine des avances de l'A.G. S. (v. ss n° 367).

Au deuxième rang, figurent les frais de justice. La notion de frais de justice doit être entendue conformément au droit commun. Il s'agit donc d'assurer un paiement préférentiel à celui qui a exposé des frais dans le cadre de la conservation ou de la réalisation du patrimoine du débiteur. Pour être opposables aux autres créanciers, ces frais doivent leur être utiles [1].

Au troisième rang, figurent les créances résultant de prêts après jugement d'ouverture. Sous l'empire de la législation antérieure, seuls les prêts consentis par les établissements de crédit bénéficiaient de ce troisième rang. Cette restriction a été supprimée par la loi de sauvegarde des entreprises. Le texte n'a pas vocation à s'appliquer à des ouvertures de crédit continuées après le jugement d'ouverture [2]. Il est également sans application au contrat de location financière [3].

Identiquement, bénéficient du troisième rang, les créances résultant de l'exécution des contrats en cours pour lesquels le cocontractant accepte de recevoir un paiement différé. Le paiement doit être autorisé par le juge-commissaire. Si l'intéressé ne peut bénéficier du troisième rang, il bénéficiera du cinquième rang [4].

Au quatrième rang, figurent les sommes dont le montant a été avancé par l'A.G.S. Ce poste est particulièrement important. Il s'agit des sommes dues aux salariés au cours de la période d'observation si ultérieurement est prononcée la liquidation judiciaire [5], pour un mois et demi de salaire [6]. Il s'agit encore des sommes dues pour les quinze jours qui suivent la liquidation judiciaire. Il s'agit encore des créances d'intéressement aux résultats de l'entreprise et arrérages de préretraite.

Les créanciers postérieurs privilégiés des quatre premiers rangs concourent entre eux au marc le franc à l'intérieur de leur rang respectif [7].

Enfin, les créanciers postérieurs privilégiés qui ne bénéficient d'aucun des quatre rangs précédents, figurent au cinquième rang. À l'intérieur de ce rang, le législateur précise que le classement entre les créanciers s'opère « selon leur rang ». Il faut donc tenir compte des droits de préférence pouvant exister entre certains créanciers du cinquième rang, par exemple des privilèges généraux assortissant les créances du trésor public ou de l'URSSAF.

---

1. Cass. com., 5 déc. 1995, *Bull. civ.* IV, n° 285 ; *RTD civ.* 1996, 433, obs. P. Crocq.
2. V. refusant l'application du texte à des ouvertures de crédit continuées après jugement d'ouverture : CA Limoges, 28 avr. 1988, *RD bancaire et bourse* 1988, 206, obs. F. Dekeuwer-Défossez. *Contra* : Jeantin, note sous Cass. com., 8 déc. 1987, *JCP* 1988, II, 20928 ; C. Saint-Alary-Houin, *op. cit.*, n° 595 ; Ripert et Roblot, par Delebecque et Germain, *op. cit.*, n° 3066.
3. CA Grenoble, 2 nov. 1987, *LPA* 29 août 1988, p. 2, obs. C.-H. Gallet.
4. CA Paris, 3e ch. A, 26 oct. 1999, *LPA* 25 avr. 2000 n° 82, p. 11, note J. L. Courtier. *Adde* : Derrida, Godé et Sortais, *op. cit.*, n° 418 ; B. Soinne, *op. cit.*, n° 1156 ; Ripert et Roblot, par Delebecque et Germain, *op. cit.*, n° 3066 ; C. Saint-Alary-Houin, *op. cit.*, n° 596 ; Y. Chaput, *op. cit.*, n° 551.
5. Cass. soc. 6 juill. 1999, *D.* 2001, somm. 120, obs. F. Derrida.
6. Cass. soc. 10 oct. 2000, *Act. proc. coll.* 2000/20, n° 259.
7. B. Soinne, *op. cit.*, n° 1159 ; Ripert et Roblot, par Delebecque et Germain, *op. cit.*, n° 3066.

§ 2. Les créances postérieures non éligibles au traitement préférentiel

228. Le régime applicable aux créanciers postérieurs non éligibles au traitement préférentiel. Le raisonnement *a contrario* à partir des articles L. 622-17 et L. 641-13 permet négativement d'affirmer que les créanciers postérieurs non éligibles au traitement préférentiel ne pourront être payés à l'échéance et ne bénéficieront d'aucun privilège. Ces créanciers sont dénommés par le législateur les créanciers « *non visés au I de l'article L. 622-17* ».

Le législateur ne pose pas en règle absolue que ces créanciers seront traités comme des créanciers antérieurs. Toutefois, les trois règles les plus importantes applicables aux créanciers antérieurs, et qui constituent des restrictions à leurs droits aux fins de les soumettre à la discipline collective, sont identiquement imposées aux créanciers postérieurs non éligibles au traitement préférentiel.

Il en est d'abord ainsi de l'article L. 622-7, alinéa 1, texte qui pose la règle de l'interdiction des paiements. Classiquement restreinte aux seuls créanciers antérieurs, la loi de sauvegarde des entreprises décide de l'appliquer aux créanciers postérieurs non éligibles au traitement préférentiel. Le législateur déroge cependant à l'interdiction de payer des créances postérieures non éligibles au traitement préférentiel pour les dettes de nature alimentaire et les dettes correspondant aux besoins de la vie courante d'un débiteur personne physique. Des considérations humanitaires justifient l'exception. Il s'agit de permettre au débiteur de vivre.

Il en est ensuite ainsi de l'article L. 622-21, qui pose la règle de l'interdiction des poursuites et des voies d'exécution pour obtenir paiement des créances postérieures non éligibles au traitement préférentiel. Le texte rend également impossible la résolution ou la résiliation d'un contrat pour défaut de paiement d'une créance postérieure non éligible au traitement préférentiel. Aucune exception n'est ici posée, ce qui n'est pas logique, car la règle de l'interdiction des paiements et les exceptions qu'elle comporte aurait dû avoir exactement le même domaine que la règle de l'arrêt des poursuites individuelles. Dans le prolongement de la règle de l'article L. 622-21, il faut préciser que le créancier postérieur non éligible au traitement préférentiel ne pourra, par principe, reprendre ses poursuites individuelles après clôture pour insuffisance d'actif de la liquidation judiciaire.

Enfin, corollaire des deux règles précédentes, l'article L. 622-24, alinéa 5 oblige les créanciers postérieurs non éligibles au traitement préférentiel à déclarer leurs créances au passif, à l'instar des créanciers antérieurs, dans des délais aménagés (v. ss n° 404). Seuls sont exceptés de l'obligation de déclaration, les créanciers titulaires de créances de nature alimentaire, ce qui logiquement reprend l'exception posée par l'article L. 622-7 au titre des paiements interdits, mais illogiquement ne reprend pas l'autre exception, celle des dettes correspondant aux besoins de la vie courante.

Section II

Les réalisations en période d'observation

En période d'observation, il y a poursuite d'activité. Il n'est dès lors pas question de vendre des actifs pour assurer le désintéressement des créanciers. Cependant, afin de dégager de la trésorerie pour l'entreprise, qui pourra se révéler précieuse pour la poursuite d'activité, des ventes d'actifs isolés peuvent être envisagées.

Sous-section I
Biens non grevés de sûretés

229. Règles applicables aux biens non grevés de sûreté. En dehors des ventes qui rentrent dans le cadre de l'activité du débiteur et qui, en conséquence, sont des actes de gestion courante, l'article L. 622-7, alinéa 2, du Code de commerce, texte de la sauvegarde applicable en redressement judiciaire, envisage la possibilité pour le juge-commissaire d'« *autoriser le chef d'entreprise ou l'administrateur à faire un acte de disposition étranger à la gestion courante de l'entreprise...* ».

La vente ne pourra cependant être celle du fonds de commerce du débiteur [1], puisqu'à défaut, la poursuite d'exploitation sera rendue impossible, alors pourtant que l'on est en période d'observation. On réservera cependant l'hypothèse où le débiteur est propriétaire de plusieurs fonds de commerce et où le redressement ne se trouve pas compromis par la vente de l'un de ceux-ci [2].

L'article L. 622-7, alinéa 2, du Code indique que le juge-commissaire autorise l'acte. Il s'agit d'une véritable autorisation. Il en résulte que l'accord du juge-commissaire doit nécessairement intervenir avant la vente, et que celle-ci, en conséquence, ne peut être faite sous condition suspensive de l'accord du juge-commissaire [3].

En présence d'un bien commun nécessitant pour sa disposition le consentement de l'autre époux, le consentement de ce dernier sera nécessaire si l'autorisation du débiteur est elle-même nécessaire. En revanche, l'administrateur investi d'une mission de représentation pourra valablement se dispenser de l'accord du conjoint [4].

L'ordonnance du juge-commissaire sera susceptible des voies de recours classiquement admises sur les ordonnances du juge-commissaire (v. ss n° 107).

Les ventes réalisées au mépris de l'autorisation du juge-commissaire sont, aux termes de l'article L. 622-7, alinéa 4, de la loi, susceptibles d'annulation à la demande de tout intéressé (v. ss n° 157).

Les fonds provenant de la vente des biens vendus seront remis à l'entreprise. Ils constitueront, pour elle, de la trésorerie.

Sous-section II
Ventes de biens grevés de sûretés

230. Règles spéciales à la réalisation de biens grevés de sûreté en période d'observation — Le principe de consignation. Aux termes de l'article L. 622-8, alinéa 1, du Code de commerce, « *en cas de vente d'un bien grevé d'un privilège spécial, d'un nantissement ou d'une hypothèque, la quote-part du prix correspondant aux créances garanties par ces sûretés est versée en compte de dépôt à la Caisse des*

---

1. CA Toulouse, 13 mai 1987, *Rev. dr. banc.* 1988, 136, obs. F. Dekeuwer-Défossez.
2. Derrida, Godé et Sortais, *op. cit.*, n° 382 ; B. Soinne, *op. cit.*, n° 1321.
3. Honorat, obs. sous CA Paris, 19 mai 1995, *D.* 1995, som. 309. *Adde* : CA Toulouse, 11 mars 1991, *D.* 1991, 401, note J.-F. Barbieri.
4. En ce sens, C. Saint-Alary-Houin, *op. cit.*, n° 514.

dépôts et consignations ». Le texte poursuit en énonçant que les créanciers seront payés après adoption du plan.

La vente de biens grevés de sûretés s'analysant en un acte de disposition étranger à la gestion courante, l'article L. 622-7, alinéa 2, du Code a vocation à s'appliquer cumulativement avec l'article L. 622-8, alinéa 1 [1].

Le mécanisme d'habilitation judiciaire visé à l'article L. 622-7, alinéa 2, et les sanctions du dispositif visé à l'article L. 622-7, alinéa 4 (v. ss n°s 152 et s.) devront donc être respectés.

Le texte est, à notre avis, sans application pour les sûretés comportant un droit de rétention. En effet, seul le paiement permet l'extinction du droit de rétention, dans la mesure où la Cour de cassation sur la question voisine de la substitution de garanties, exclut la technique en présence d'une sûreté assortie d'un droit de rétention (v. ss n° 232).

La vente de biens grevés de sûreté emporte obligation de consigner le prix. Il s'agit d'une consignation légale. Il en résulte que l'article 2075-1 du Code civil, devenu l'article 2350 depuis l'ordonnance du 23 mars 2006, lequel prévoit l'affectation spéciale et le privilège du gagiste en cas de consignation judiciaire, sera sans application [2]. Est ainsi mise à l'écart, la possibilité d'un paiement immédiat.

L'article L. 622-8, alinéa 1, du Code de commerce prévoit que la quote-part du prix correspondant aux créances garanties est versée à la caisse des dépôts et consignations. Ce versement rendra les sommes insaisissables.

La consignation ne concerne cependant que la quote-part relative aux créances garanties. L'excédent doit immédiatement être remis à l'entreprise [3].

Le paiement des créanciers n'interviendra qu'après expiration de la période d'observation.

S'il y a plan de sauvegarde ou de redressement, il y aura alors application de l'article L. 626-22 du Code (v. ss n° 262). Le créancier inscrit sur le bien grevé entrera en concours avec les créanciers de rang préférable. Il en sera ainsi, dans tous les cas, pour le super-privilège des salaires et des créanciers bénéficiant du privilège de la conciliation et du privilège des frais de justice. Il en sera de même, en dehors de la liquidation judiciaire, pour les créanciers postérieurs éligibles au traitement préférentiel (C. com., art. L. 622-17), cependant qu'en phase de liquidation judiciaire, le créancier titulaire d'une sûreté spéciale immobilière, d'une sûreté spéciale mobilière assortie d'un droit de rétention, ainsi que le créancier gagiste sur matériel et outillage primeront ce dernier type de créanciers.

231. Possibilité d'un paiement provisionnel — Principe. Si un bien est vendu pendant la période d'observation, la quote-part du prix correspondant à la créance garantie est consignée. La somme est donc indisponible et le créancier ne peut, après

---

1. V. J.-P. Sénéchal, « La vente des immeubles et la distribution de leur prix », intervention au colloque du CRAJEFE, Nice 1998, in *LPA* 28 oct. 1998, n° 129, p. 36 et s., spéc. p. 42.
2. Derrida, Godé et Sortais, *op. cit.*, note n° 1542.
3. J.-P. Sénéchal, « La vente des d'immeubles... », art. préc., spéc. p. 52 ; B. Soinne, *op. cit.*, n° 1322 ; C. Saint-Alary-Houin, *op. cit.*, n° 520 ; Ripert et Roblot, par Delebecque et Germain, *op. cit.*, n° 3042.

consignation, l'appréhender. Il lui faudra attendre l'expiration de la période d'observation, qui pourra parfois être longue.

Soucieuse de restaurer les droits des créanciers titulaires de sûretés spéciales, la loi du 10 juin 1994 a introduit dans l'article 34 de la loi du 25 janvier 1985 — devenu l'article L. 621-25 du Code, une disposition — l'alinéa 2 — qui permet au juge-commissaire d'« *ordonner le paiement provisionnel de tout ou partie de leurs créances aux créanciers titulaires de sûretés sur le bien* ». La solution a été conservée par la loi de sauvegarde des entreprises (C. com., art. L. 622-8, al. 2).

La compétence appartient au juge-commissaire, qui est saisi en ce sens d'une demande émanant du créancier. Ce dernier doit joindre à sa requête une copie de sa déclaration de créance et les documents justificatifs de la créance.

Le juge-commissaire doit solliciter l'avis de l'administrateur ou, en son absence, du débiteur et du mandataire judiciaire (Décr. 28 déc. 2005, art. 83, al. 2).

Peu importe que le créancier ait été admis au passif. Le juge-commissaire appréciera la plus ou moins grande probabilité d'admission de la créance, pour asseoir sa décision.

Par principe, le créancier qui sollicite un paiement provisionnel devra fournir une garantie émanant d'un établissement de crédit. L'attestation de garantie devra être jointe à la requête. Cependant, le Trésor public et les organismes sociaux et assimilés sont dispensés de fournir la garantie. En outre, le juge-commissaire peut motiver son ordonnance de paiement provisionnel pour dispenser le créancier d'avoir à fournir la garantie. En pratique, cette dispense intéressera les créanciers dont la solvabilité ne peut faire aucun doute, spécialement les établissements de crédit.

Le juge-commissaire statue par voie d'ordonnance, qui sera susceptible des voies de recours classiquement ouvertes sur les ordonnances du juge-commissaire.

L'article 83, alinéa 2, du décret du 28 décembre 2005 prévoit que « *la provision est allouée à hauteur d'un montant non sérieusement contestable en fonction de ces éléments* (déclaration de créances et documents justificatifs) *et du rang de collocation de la créance* ».

Le caractère « non sérieusement contestable » s'appréciera comme en matière de référé-provision. Il nous apparaît donc parfaitement possible, comme en ce dernier domaine, que le juge-commissaire ordonne un paiement provisionnel de la totalité de la créance déclarée, dès lors qu'elle n'est pas sérieusement contestable et que le créancier aura la possibilité, compte tenu de son rang, d'être intégralement payé.

L'article 83, alinéa 3, du décret envisage enfin l'hypothèse où des fonds auront été indûment versés. La solution est possible soit parce que le créancier sera rejeté en tout ou en partie, soit parce que la sûreté garantissant la créance sera contestée ou annulée par application des règles des nullités de la période suspecte, par exemple. En ce sens, il est prévu que « *sur ordonnance du juge-commissaire, les fonds indûment versés sont restitués sur première demande du mandataire de justice habilité* ».

232. La substitution de garantie, exception au principe de consignation [1]. La substitution de garantie est envisagée tant en période d'observation, qu'en situation

---

1. V. sur la question Pohé, « La substitution judiciaire de garantie », *Rev. proc. coll.* 1992, 245 ; Kornmann, « La substitution de garanties et la loi du 25 janvier 1985 », *JCP N*, 1988, I, 726, p. 584.

de plan de sauvegarde ou de redressement (v. ss n° 262). En période d'observation, elle est réglementée par l'article L. 622-8, alinéa 3, du Code de commerce. Cette disposition doit s'apprécier par rapport à la règle posée à l'alinéa 1 du même article. C'est pourquoi, la substitution de garantie est clairement une exception au principe de consignation posé par l'alinéa 1 de l'article L. 622-8.

Le domaine de la substitution de garantie est identique à celui du principe de consignation.

L'efficacité du droit de rétention a été consacrée par la Cour de cassation, en toutes phases de la procédure puisqu'elle énonce que « *le droit de rétention confère à son titulaire le droit de refuser la restitution de la chose légitimement retenue jusqu'à complet paiement de sa créance, même en cas de redressement ou de liquidation judiciaire du débiteur* [1] ». Cela a conduit la Haute Cour à décider que le droit de rétention fait obstacle à l'utilisation de la substitution de garantie [2]. Retenir et substituer ne vaut.

La substitution de garantie est subordonnée à la fourniture d'une garantie équivalente à la garantie substituée. L'équivalence, question de fait, est évidemment laissée à l'appréciation souveraine des juges du fond [3] et s'apprécie au jour où la juridiction statue [4].

Il appartient aux parties de se rapprocher pour convenir de la substitution de sûreté. Ce n'est qu'à défaut d'accord, que le juge-commissaire sera saisi d'une demande de l'administrateur ou du chef d'entreprise. Le respect du contradictoire s'impose ici (Décr. 28 déc. 2005, art. 84, al. 1). Par exception, l'ordonnance du juge-commissaire, qui ne sera pas revêtue de l'exécution provisoire (Décr. 28 déc. 2005, art. 328, al. 2), sera susceptible d'un recours devant la cour d'appel et non devant le tribunal (C. com., art. L. 622-8, al. 3).

Ce dernier rendra en conséquence une ordonnance d'autorisation de substitution de garantie. Le juge-commissaire sera saisi par voie de requête.

Si la substitution est décidée, l'article 84, alinéa 2, du décret du 28 décembre 2005 prévoit que la radiation de l'ancienne sûreté sera requise par le demandeur à la substitution ou par son bénéficiaire, sur injonction faite par le juge-commissaire dans son ordonnance. Identiquement, l'inscription de la nouvelle sûreté sera requise par le demandeur à la substitution ou par son bénéficiaire. L'ancienne sûreté ne pourra être radiée qu'après constitution de la garantie substituée. Les frais de radiation et d'inscription de la nouvelle sûreté incombent au débiteur.

Du fait de cette garantie nouvelle, le créancier ne sera pas payé au moment de la vente du bien grevé, mais dans les conditions qui auraient été les siennes si le bien grevé de la sûreté à son profit n'avait pas été vendu.

---

1. Cass. com., 25 nov. 1997, *D.* 1998, 78, obs. A.L.
2. Cass. com., 4 juill. 2000, *D.* 2000, act. jurispr. 361, obs. A. Lienhard ; *Act. proc. coll.* 2000/14, n° 176, note D. Legeais, confirmant CA Toulouse, ch. com., 1er déc. 1997, *D. Affaires* 1998, 1246, note P.-M. Le Corre.
3. B. Soinne, *op. cit.*, n° 1324.
4. V. Kornmann, « La substitution de garanties... », préc ; E. Kerckhove, *op. cit.*, n° 450.

Sous-titre 2

Les issues de la procédure

233. Généralités — Plan suivi. Le législateur avait défini, à l'article 1er de la loi du 25 janvier 1985, les objectifs qu'il s'assignait : sauver les entreprises, sauvegarder les emplois qui y sont attachés et, enfin, payer les créanciers. La loi de sauvegarde des entreprises ne modifie pas ces objectifs, se contentant de changer de méthode sous deux aspects.

D'une part, elle permet l'ouverture d'une procédure collective en amont de la cessation des paiements, la procédure de sauvegarde. Cette dernière débouche naturellement sur un plan de sauvegarde, dès lors que la cessation des paiements n'est pas apparue en cours de période d'observation et que des chances de sauvegarde de l'entreprise existent. Si le débiteur est en état de cessation des paiements, il conserve la possibilité de se redresser par la voie d'un plan de redressement, nouveau nom du plan de continuation.

D'autre part, la loi de sauvegarde des entreprises ne fait plus apparaître le plan de cession comme la voie royale du redressement de l'entreprise. Elle a changé d'angle d'approche. Au lieu de partir de l'entreprise, elle raisonne sur le débiteur. Or, sous cet angle, il est évident que l'adoption d'un plan de cession totale signifie la mort économique du débiteur, c'est-à-dire sa liquidation. Logiquement la loi de sauvegarde des entreprises fait du plan de cession une technique de réalisation globale des actifs du débiteur. Le principe est donc que le plan de cession sera arrêté en liquidation judiciaire, ce qui explique le déplacement dans cette phase des règles du plan de cession (C. com., art. L. 642-1 à L. 642-17). Le législateur n'a cependant pas voulu interdire l'arrêté d'un plan de cession en redressement judiciaire, mais il n'est alors que subsidiaire par rapport au plan de redressement. Si le débiteur ne peut se redresser lui-même, alors il est possible, en période d'observation, d'arrêter un plan de cession. En revanche, l'arrêté d'un plan de cession totale est inconcevable en sauvegarde, l'entreprise n'étant pas à vendre dans cette procédure. Seules sont en conséquence envisageables des cessions partielles.

Tous les efforts doivent pendant la période d'observation de la sauvegarde et du redressement judiciaire être tendus vers la recherche du sauvetage de l'entreprise débitrice. Ce n'est que si celui-ci est impossible qu'il y aura place à une procédure de liquidation judiciaire, dont l'objectif sera alors de payer les créanciers, en réalisant les actifs du débiteur, cependant que le plan de cession continuera à constituer aussi une solution de sauvetage de l'entreprise, mais non du débiteur.

Depuis la loi du 10 juin 1994, il est possible de prononcer immédiatement la liquidation. Cette solution ne sera retenue que de manière subsidiaire par rapport au redressement judiciaire. « *La liquidation judiciaire sera prononcée sans ouverture d'une période d'observation lorsque le redressement est manifestement impossible* » (C. com., art. L. 640-1). Ainsi, la liquidation judiciaire présente-t-elle cette particularité d'être un jugement d'ouverture, mais aussi une solution de la procédure, soit après une période d'observation, soit dès le jugement d'ouverture. Dans le premier cas, le législateur évoque le jugement prononçant la liquidation judiciaire, dans le second le jugement ouvrant la liquidation judiciaire.

Suivant en cela la démarche du législateur, qui fait de la liquidation judiciaire une procédure subsidiaire, nous envisagerons les issues de la procédure en nous intéressant d'abord aux plans de sauvegarde et de redressement (Chapitre 1), avant d'étudier, lorsque ce redressement sera impossible, la liquidation judiciaire (Chapitre 2).

Chapitre 1

Les plans de sauvegarde et de redressement

234. Présentation générale de la réglementation — Règles particulières au plan de redressement. Le législateur s'est largement inspiré du plan de continuation pour construire le régime du plan de sauvegarde. Puis, par effet réflexe, il a indiqué que les règles du plan de sauvegarde seront par principe applicables au plan de redressement (C. com., art. L. 631-7, L. 631-19-I et L. 631-21, al. 1). Il existe donc de très nombreuses règles communes aux deux plans. Par exception, quelques règles particulières au plan de redressement méritent d'être signalées. Elles sont contenues aux articles L. 631-19 et L. 631-20.

L'article L. 631-19-II règle la question des licenciements pour motif économique prévus par le plan de redressement (v. ss n° 179).

L'article L. 631-20, pour sa part, pose une règle particulière pour les garants d'un débiteur ayant obtenu un plan de redressement. Selon cette règle, ces garants ne profitent pas des dispositions du plan (v. ss n° 385). Il s'est agi, par cette disposition, de traiter de manière discriminatoire les garants personnes physiques d'un débiteur ayant obtenu un plan de sauvegarde par rapport aux garants d'un débiteur ayant obtenu un plan de redressement, pour avantager les premiers, afin de rendre incitative la procédure de sauvegarde.

Ces précisions apportées, il convient d'abord de s'intéresser à la confection des plans de sauvegarde et de redressement (Sous-chapitre 1), avant d'envisager les suites de l'adoption des plans de sauvegarde et de redressement (Sous-chapitre 2).

Sous-chapitre 1

La confection des plans de sauvegarde et de redressement

Pendant la période d'observation, il y a d'abord place à l'établissement d'un bilan économique, social et environnemental et d'un projet de plan (Section I). Le redressement ne sera possible qu'au prix de certaines mesures (Section II).

Section I

L'élaboration du bilan économique, social et environnemental et du projet de plan

§ 1. LE BILAN ÉCONOMIQUE, SOCIAL ET ENVIRONNEMENTAL

235. Bilan économique, social et environnemental. Le bilan économique et social est une étude précise de la situation de l'entreprise, menée par l'administrateur judiciaire. Pour mener à bien sa mission, ce dernier a besoin d'accéder à certaines informations. L'article L. 623-2 du Code de commerce prévoit que le juge-commissaire a la faculté, sans qu'il soit possible de lui opposer le secret professionnel, d'obtenir communication de divers renseignements de nature à lui donner une exacte information sur la situation économique, financière, sociale et patrimoniale du débiteur, de diverses sources, dont les administrations ou encore les établissements de crédit. Après avoir recueilli ces informations, il les communique, dans les prévisions de l'article L. 623-3 du code, à l'administrateur judiciaire. Ainsi, ce dernier, exactement informé, sera-t-il en mesure de dresser le bilan économique et social que l'astreint à établir l'article L. 623-1 du code.

L'article L. 623-3, alinéa 3 du code prévoit que l'administrateur consulte le débiteur et le mandataire judiciaire et entend toute personne susceptible de l'informer sur la situation et les perspectives de redressement, les modalités de règlement du passif et les conditions sociales de la poursuite d'activité. Les observations du débiteur sont recueillies et ce dernier est tenu informé par l'administrateur. En outre, l'alinéa 4 du même article ajoute que l'administrateur doit informer de l'avancement de ses travaux, et consulter sur les mesures qu'il entend proposer, le mandataire judiciaire, ainsi que les institutions représentatives du personnel. Il consulte identiquement le débiteur.

Matériellement, le bilan économique et social prend la forme d'un rapport, dont le contenu est édicté par l'article L. 623-1, alinéa 2, du code. Il doit préciser l'origine, la nature et l'importance des difficultés de l'entreprise observée. Il ne s'agit donc pas d'un bilan au sens comptable, mais plutôt d'un examen de la situation économique et social antérieure de l'entreprise [1], d'un diagnostic des causes de la défaillance de l'entreprise [2].

Malgré l'importance de ce document, le législateur n'a attaché aucune conséquence à son défaut d'établissement. En outre, en l'absence d'administrateur judiciaire, dans la procédure de sauvegarde, comme dans celle de redressement judiciaire, le bilan économique et social n'a pas à être élaboré par le débiteur, ce dernier n'ayant en charge que la préparation du projet de plan (C. com., art. L. 627-3) [3]. Ce document n'est donc pas obligatoire.

L'article 24 de la loi du 30 juillet 2003 sur les risques technologiques a obligé à compléter le bilan économique et social par bilan environnemental, lorsque l'entreprise en redressement judiciaire exploite des installations classées comme faisant courir un risque à l'environnement [4]. À l'occasion de la réforme du 26 juillet 2005, il a été proposé de substituer aux termes « bilan environnemental » l'expression de « rapport environnemental », le second n'exigeant pas de chiffrer le coût de la dépollution. Une opposition s'est alors manifestée pour continuer à utiliser l'expression « bilan environnemental », car, a-t-il été dit, « il est préférable de faire apparaître clairement les coûts induits par la situation environnementale de l'entreprise » [5]. La commission des lois de l'Assemblée nationale a rejeté, dans ces conditions, l'amendement proposé. L'article L. 623-1, alinéa 3, ne fait, en conséquence, que reproduire l'article L. 621-54, alinéa 3, du code, dans sa rédaction antérieure à la loi de sauvegarde, en rendant applicable la solution au projet de plan de sauvegarde.

§ 2. Le projet de plan

236. Projet de plan. Pendant la période d'observation, l'administrateur est chargé d'établir un projet de plan (C. com., art. L. 623-1). À défaut d'administrateur, le débiteur, avec l'assistance éventuelle d'un expert au plan, établira ce projet de plan (C. com., art. L. 627-3, al. 1), sur lequel le juge-commissaire devra faire un rapport (C. com., art. L. 627-3 et L. 627-4). Il s'agit de dresser un tableau le plus précis possible de l'avenir probable de l'entreprise, compte tenu des solutions envisagées. Le projet de plan sera élaboré au vu du bilan environnemental.

L'établissement du projet de plan ne s'impose que s'il existe des chances de redressement. En outre, malgré le singulier utilisé par le législateur, il n'y a pas d'obstacle à présenter plusieurs projets de plan [6], la concurrence entre les projets devant bénéficier à l'entreprise et spécialement aux emplois, voire aux créanciers.

1. Rapp. Gouzes, Ass. nat. 1984, n° 1872, p. 53.
2. C. Saint-Alary-Houin, *op. cit.*, n°s 464 et 465.
3. Rapp. Xavier de Roux, n° 2095, p. 335.
4. V. B. Rolland, « Les nouvelles incidences du droit de l'environnement sur le droit commercial », *JCP E*, 2004, com. 333, p. 367.
5. P. Clément, in Rapp. Xavier de Roux, n° 2095, p. 247.
6. D. Soinne, *op. cit.*, n° 1508 ; Y. Chaput, *op. cit.*, n° 392 ; F. Pérochon et R. Bonhomme, *op. cit.*, n° 247.

Le projet de plan de redressement pourra contenir une ou plusieurs offres de reprise émanant de tiers. En ce sens, l'article L. 631-22 indique que c'est au vu du rapport de l'administrateur que le tribunal décidera d'arrêter un plan de cession. Le projet de plan de sauvegarde, identiquement, mentionnera les offres de cession (C. com., art. L. 626-2, al. 4).

En première instance, si l'administrateur se refuse à présenter un projet de plan de redressement, le débiteur peut en présenter un directement, après l'avoir communiqué à l'administrateur qui doit rapporter sur ce projet de plan, dans le bilan économique et social qu'il présente au tribunal [1]. En outre, la présentation par le débiteur d'un projet de plan, en cause d'appel, ne l'obligera pas à recueillir les propositions de l'administrateur judiciaire [2].

L'article L. 626-8 du code prévoit que le débiteur, le comité d'entreprise ou les délégués du personnel, le mandataire judiciaire ainsi que les contrôleurs sont informés et consultés sur le rapport contenant le bilan économique et social et le projet de plan. Le rapport est également communiqué au ministère public et à l'autorité administrative compétente en matière de droit du travail.

Le projet de plan comporte, selon l'article L. 626-2 du Code de commerce, trois volets correspondant aux trois finalités de la procédure de redressement judiciaire, telles qu'elles étaient posées par le Code de commerce, dans la législation antérieure, à savoir la poursuite de l'activité de l'entreprise, le maintien de l'emploi et l'apurement du passif. Le fait que l'article L. 620-1 du code indique que le plan doit *« faciliter la réorganisation de l'entreprise »* n'a pas d'impact sur les solutions puisque, dit le texte, cette réorganisation a pour but de *« permettre la poursuite de l'activité économique, le maintien de l'emploi et l'apurement du passif »*.

Le projet de plan doit d'abord intégrer un volet économique. Il s'agira de déterminer les perspectives de redressement en fonction des possibilités et des modalités d'activité, de l'état du marché et des moyens de financement disponibles. Ce volet économique doit permettre au tribunal de déterminer la viabilité de l'entreprise, au regard des divers paramètres de gestion [3]. Les moyens de financement disponibles doivent s'entendre de ceux qui figurent dans l'entreprise, non des concours bancaires [4].

Le plan de sauvegarde ou de redressement pourra ainsi prévoir la continuation pure et simple de l'activité, la suppression d'une branche d'activité, ou encore une cession partielle de l'entreprise.

Le projet de plan doit ensuite comporter un volet financier. Il s'agira ici de prévoir les modalités de règlement du passif et les garanties éventuelles que le chef d'entreprise doit souscrire pour en assurer l'exécution. Il conviendra de préciser les remises consenties par les créanciers, les délais qu'ils ont acceptés dans le cadre de la consultation et ceux qu'il est envisagé de solliciter du tribunal pour les créanciers ayant refusé les propositions de règlement proposées. Le projet de plan intègre ainsi, par principe, le résultat de la consultation des créanciers (v. ss n° 243 à 250).

---

1. V. Cass. com., 10 oct. 1995, *Rev. proc. coll.* 1995, 421, n° 22, obs. B. Soinne.
2. Cass. com., 6 oct. 1992, *RJDA* 1992/12, n° 1174.
3. F. Pérochon et R. Bonhomme, *op. cit.*, n° 247.
4. B. Soinne, *op. cit.*, n° 1508, s'appuyant sur les travaux préparatoires de la loi de 1985.

Le projet de plan fera encore mention des réalisations d'actifs envisagées, qui permettront d'assurer la trésorerie de l'entreprise et de payer les créanciers titulaires de sûretés, dans les prévisions de l'article L. 626-22 du code.

Les garanties d'exécution du plan qui doivent également être indiquées pourront tenir à l'inaliénabilité des biens ou à des cautionnements donnés par les dirigeants sociaux.

Le projet de plan contient enfin un volet social : il s'agit là d'exposer et de justifier le niveau et les perspectives d'emploi, ainsi que les conditions sociales envisagées pour la poursuite d'activité. Si le projet de plan prévoit des licenciements, il rappelle les mesures déjà intervenues et définit les actions à entreprendre pour l'indemnisation des salariés concernés et leur reclassement. Ces dernières mesures obligent l'administrateur judiciaire à solliciter le concours des directions départementales du travail, des organismes publics compétents et des collectivités locales [1]. Les mesures ne semblent donc pas de la responsabilité directe de l'administrateur [2]. La loi de sauvegarde a ajouté que le projet de plan doit tenir compte des travaux recensés dans le bilan environnemental (C. com., art. L. 626-2, al. 2).

Le contenu du projet de plan permet d'affirmer qu'il ne doit être question ici que du redressement de « l'entreprise ». Le projet de plan de sauvegarde ou de redressement ne peut donc concerner qu'une entreprise. Il en résulte qu'il ne peut tendre simplement à l'apurement du passif [3], indépendamment d'une continuation d'activité [4].

S'il n'est pas présenté de projet de plan en temps utile, c'est-à-dire avant la fin de la période d'observation (Décr. 28 déc. 2005, art. 134), le tribunal doit convoquer le débiteur aux fins de clôture de la procédure de sauvegarde. La clôture de la procédure ne peut cependant intervenir que sous une réserve importante : que le débiteur ne soit pas en état de cessation des paiements. À défaut, il y a place à conversion en redressement judiciaire avec possibilité d'une prolongation de la période d'observation pour l'élaboration d'un plan de redressement, ou en liquidation judiciaire.

Identiquement, le projet de plan de redressement devra être présenté avant la fin de la période d'observation. À défaut, il y aura place à conversion en liquidation judiciaire.

Section II
Les mesures pour assurer le redressement de l'entreprise

Certaines mesures de redressement intéressent d'abord spécifiquement les débiteurs personnes morales (Sous-section I). D'autres mesures intéressent indistincte-

---

1. Interv. Gouzes, déb. Ass. nat. 7 avr. 1984, *JO* p. 1252.
2. J. Vallansan, *op. cit.*, sous art. 18, p. 40.
3. Cass. com., 17 févr. 1998, *D. Affaires* 1999, 583 ; 27 oct. 1998, *Act. proc. coll.* 1999/2, n° 25 ; 16 févr. 1999, *RJDA* 1999/5, n° 577 ; Cass. com., 30 mars 1999, arrêt n° 713-D, inédit.
4. V. Cass. com., 12 juill. 1994, *Rev. proc. coll.* 1995, 130, n° 10, obs. B. Soinne ; Cass. com., 28 mars 1995, *Rev. proc. coll.* 1995, 131, n° 10, obs. B. Soinne ; Cass. com., 24 oct. 1995, *Rev. proc. coll.* 1995, 410, n° 12, obs. B. Soinne ; Cass. com., 12 nov. 1997, *RJDA* 1998/3, n° 316 ; CA Douai, 2e ch., 26 oct. 1995, et CA Paris, 3e ch. C, 10 mai 1996, *Rev. proc. coll.* 1996, 437, n° 18, obs. B. Soinne.

ment tous les débiteurs. Il s'agit de celles par lesquelles est assurée une association des créanciers au redressement recherché, par la consultation de ceux-ci (Sous-section II).

Sous-section I
Mesures de redressement spécifiques aux personnes morales

§ 1. RESTRUCTURATIONS DE LA PERSONNE MORALE DÉBITRICE

237. Règles générales. La restructuration de l'entreprise va souvent permettre l'apport d'argent frais par l'introduction de nouveaux associés. C'est pourquoi le législateur a pris le soin de coordonner les règles des procédures collectives de paiement avec celles du droit des sociétés [1], lesquelles auraient pu constituer un obstacle face à cette introduction de nouveaux associés.

Les modifications seront prises par l'assemblée des associés et le seront sous condition de l'arrêté du plan [2], qui seul les justifiait.

Elles ne peuvent être imposées par le tribunal, qui se contentera de mentionner les modifications statutaires nécessaires à la continuation de l'entreprise.

Si les modifications statutaires ne sont pas intervenues au jour de l'arrêté du plan, le tribunal, dans ce jugement, donnera mandat à l'administrateur de convoquer l'assemblée pour y procéder (C. com., art. L. 626-16). Les modifications, en cas d'inexécution par le débiteur, seront des causes de résolution du plan.

238. Modification du capital. Si le débiteur est une société de capitaux, l'administrateur peut proposer une modification du capital (C. com., art. L. 626-3). L'assemblée générale de la société est appelée à se réunir, sur convocation de l'organe compétent auquel la demande a été présentée par l'administrateur judiciaire, et à son défaut par le débiteur, pour décider de cette augmentation.

L'administrateur peut d'abord solliciter la modification du capital social, indépendamment des pertes constatées, en proposant le plan de sauvegarde ou de redressement. Elle peut donc intervenir tant par apport d'argent frais [3], que par remise de dette ou extinction des créances, ou encore par réduction du capital social laquelle devra cependant être suivie d'une augmentation faite par souscription de tiers (C. com., art. L. 626-3, al. 2).

Si des tiers souscrivent à l'augmentation de capital, les clauses d'agrément sont réputées non écrites (C. com., art. L. 626-3, al. 4). En revanche, le droit préférentiel de souscription reste efficace, mais peut être supprimé par l'assemblée amenée à décider de l'augmentation de capital, dans les conditions de l'article L. 225-135 du Code de commerce [4]. En outre, l'article L. 626-17 du Code de commerce permet au

---

1. P. Le Cannu, *op. cit.*, n° 719.
2. Rappr. F. Pérochon et R. Bonhomme, *op. cit.*, n° 245.
3. Dans cette hypothèse, la libération du capital interviendra dans les conditions fixées par le tribunal lors de l'arrêté du plan.
4. P. Le Cannu, *op. cit.*, n° 720 ; B. Soinne, *op. cit.*, n° 1580.

tribunal de fixer le délai à l'intérieur duquel la libération du capital souscrit devra intervenir, la trésorerie étant denrée rare à pareille époque.

239. Reconstitution des capitaux propres [1]. Se pose ensuite le problème de la reconstitution des capitaux propres en cas de perte de plus de la moitié du capital social. Le droit des sociétés traite de cette question pour les SARL (C. com., art. L. 223-42) et, pour les sociétés anonymes (C. com., art. L. 225-248). Dans les deux cas, la perte de plus de la moitié du capital constitue une cause de dissolution de la société en l'absence soit de réduction du capital d'un montant au moins égal à celui des pertes qui n'ont pu être imputées sur les réserves, soit de reconstitution du capital. L'assemblée générale des associés de la SARL, l'assemblée extraordinaire de la SA doivent se réunir dans les quatre mois de l'approbation des comptes ayant fait apparaître cette perte.

Ces règles sont-elles ici écartées? Tout d'abord, il est clair que la reconstitution des capitaux propres ne peut être imposée par le tribunal [2]. Elle devra être décidée par l'assemblée générale. Le tribunal rejette le projet de plan, à défaut de décision sur cette reconstitution. Elle constitue donc une condition de l'arrêté du plan [3]. Pour autant, il n'est pas exigé qu'elle soit antérieure, dès lors qu'elle est décidée au plus tard lors de l'arrêté du plan [4].

Cette reconstitution doit être envisagée même si aucune modification du capital social n'a été projetée [5]. Elle devra intervenir dans la mesure décidée par le tribunal, sans pouvoir toutefois être inférieure à la moitié de la perte du capital constatée. Mais, contrairement aux règles du droit des sociétés, elle ne pourra intervenir sous forme de réduction du capital [6], sauf à être immédiatement suivie d'une augmentation de capital souscrite par des tiers (« coup d'accordéon »). Sous cette réserve, la forme de la reconstitution est libre.

§ 2. ÉLIMINATION DE L'INFLUENCE DES DIRIGEANTS

240. Éviction des dirigeants de la direction de la personne morale. Aux termes de l'article L. 626-4, alinéa 1, du Code de commerce, « *lorsque la sauvegarde de l'entreprise le requiert, le tribunal, sur la demande du ministère public, peut*

---

1. Les capitaux propres sont, d'après le plan comptable général, déterminés par la différence entre d'une part, l'ensemble des éléments d'actif et, d'autre part, l'ensemble des éléments passifs. On parle encore, en pratique, d'actif net.
2. Cass. com., 15 janv. 1991, *Bull. civ.* IV, n° 27 ; *Rev. sociétés* 1991, 383, note Y. Guyon ; *Bull. Joly* 1991, 425, note P. Le Cannu ; *Rev. jurispr. com.* 1991, 385, note P. Merle ; *adde* : Y. Guyon, *op. cit.*, n° 1267.
3. V. TGI stat. Com. Béthune, 26 sept. 1986, *Rev. proc. coll.* 1987, n° 2, p. 51, obs. B. Soinne ; Trib. com. Nanterre, 8 déc. 1987 ; *JCP* 1990, II, 21019, note A. Viandier ; *Rev. proc. coll.* 1988, 313, obs. B. Soinne.
4. V. Cass. com., 6 mars 1990, *Bull. civ.* IV, n° 65 ; *Rev. proc. coll.* 1991, 292, obs. B. Soinne ; *D.* 1990, 218, note Derrida ; *JCP* 1990, II, 21513, note G. Bollard ; *adde* : Ripert et Roblot, par Delebecque et Germain, *op. cit.*, n° 3077.
5. *Contra* : CA Bordeaux, 2e ch., *Bull. Joly* 1994, 1345, obs. J.-F. Barbiéri ; *Rev. proc. coll.* 1995, 407, n° 8, obs. B. Soinne.
6. P. Le Cannu, *op. cit.*, n° 720 ; *contra* : B. Soinne, *op. cit.*, n° 126.

subordonner l'adoption du plan au remplacement d'un ou plusieurs dirigeants de l'entreprise, sauf lorsque le débiteur exerce une activité professionnelle libérale soumise à statut législatif ou réglementaire ».

Cette règle, qui envisage la subordination du plan au remplacement des dirigeants, était déjà prévue par la législation antérieure pour le plan de continuation. Il est donc naturel qu'elle ait été reprise pour le plan de redressement. En revanche, elle apparaît beaucoup plus insolite dans la procédure volontariste de sauvegarde, dans laquelle l'idée est de laisser la maîtrise au chef d'entreprise, donc aux dirigeants. C'est pourquoi le législateur s'est montré beaucoup plus restrictif que le texte ancien, en conférant au seul ministère public la saisine du tribunal, alors que la législation antérieure la rendait possible pour l'administrateur et alors que le tribunal pouvait également se saisir d'office. Mais l'application de l'article L. 626-4 au redressement judiciaire a pour effet d'emporter cette restriction identiquement pour l'élaboration du plan de redressement.

Il s'agit ici, pour l'essentiel, d'éliminer l'influence de dirigeants malhonnêtes ou incompétents [1].

Ce texte restrictif de droits mérite une interprétation stricte. La solution ne peut exister que si un plan de redressement est envisageable.

La survie de l'entreprise doit être en jeu [2].

Le texte vise « tout dirigeant ». Cependant, à quoi bon prendre une mesure d'éviction contre un dirigeant de fait, personne n'ayant juridiquement aucune qualité à diriger la personne morale débitrice? Il est préférable de cantonner l'application du texte aux seuls dirigeants de droit [3]. Le texte ne s'applique cependant pas aux sociétés de professionnels libéraux à statut législatif ou réglementaire. Cette exclusion s'explique par l'observation « que l'activité de ces personnes étant caractérisée par un fort *intuitu personae*, leur remplacement ne pourrait réellement contribuer à la sauvegarde de leur activité » [4].

Faute d'exclusion des voies de recours, le droit commun doit trouver application. La décision d'éviction, qui devra être notifiée à l'intéressé, qu'elle soit prise indépendamment du jugement arrêtant le plan ou dans le cadre du plan, sera donc susceptible d'appel par le dirigeant [5].

Le dirigeant social perdra sa qualité par la décision de la collectivité des associés, et non par une décision du tribunal [6].

La décision de la collectivité des associés aura pour corollaire la nomination de nouveaux dirigeants.

---

1. Ripert et Roblot par Delebecque et Germain, *op. cit.*, n° 1070.
2. CA Colmar, 12 sept. 1990, *Rev. jurispr. com.* 1990, 400, note J.-L. Vallens ; *Rev. proc. coll.* 1991, 293, obs. B. Soinne.
3. J. Vallansan, *op. cit.*, sous art. 23, p. 46 ; P. Le Cannu, *op. cit.*, n° 862.
4. *Rapp. J.-J. Hyest*, n° 335, p. 258.
5. Cass. com., 27 avr. 1993, *Bull. civ. IV*, n° 152 ; *Rev. proc. coll.* 1994, 154, n° 13, obs. A. Lienhard ; *Rev. sociétés* 1993, 648, obs. Y. Chaput ; *D.* 1995, som. p. 3, obs. F. Derrida ; CA Paris, 3e ch. C, 16 juin 1995, *Rev. proc. coll.* 1995, 407, n° 9, obs. B. Soinne.
6. Ripert et Roblot, par Delebecque et Germain, *op. cit.*, n° 3079.

Si la décision d'éviction est prise par les associés, un mandataire *ad hoc* votera alors aux lieu et place du dirigeant évincé. Il pourra s'agir de l'administrateur judiciaire (Décr. 28 déc. 2005, art. 130).

241. Incessibilité des parts ou actions détenues par les dirigeants. La mesure prévue par l'article L. 626-4, alinéa 2, permet à la juridiction de subordonner l'adoption d'un plan de sauvegarde ou de redressement à l'incessibilité des actions ou parts des dirigeants ou de certains d'entre eux. Cette mesure n'est pas une fin en soi. Elle n'est que le préliminaire du transfert du droit de vote qui permettra l'élimination de l'ancienne influence dangereuse des dirigeants [1] et doit être distinguée de l'incessibilité des parts ou actions à titre de mesure conservatoire, inapplicable à la procédure de sauvegarde (V. ss n° 191).

Le domaine de la mesure, quant aux dirigeants concernés, est identique à celui de l'article L. 626-4, alinéa 1, du code.

La disposition ici analysée, contrairement à celle de l'article L. 631-10, n'est pas limitée aux droits détenus dans les sociétés. Elle trouve donc vocation à s'appliquer dans tous types de personnes morales.

La disposition ne précise pas que les droits concernés sont ceux détenus dans la personne morale qui a fait l'objet du jugement d'ouverture. Mais à quoi bon rendre incessibles des titres autres que ceux de la personne en sauvegarde ou en redressement judiciaire?

Il s'agit là d'une incessibilité facultative subordonnée à la constatation que la survie de l'entreprise le requiert.

La mesure d'incessibilité, comme celle d'éviction des dirigeants, ne peut être sollicitée que par le ministère public.

Pour l'application de ces mesures, les dirigeants et le représentant du comité d'entreprise ou à défaut des délégués du personnel sont entendus ou dûment appelés.

Les mesures envisagées doivent être prises avant l'adoption du plan, dont elles conditionnent l'exécution. Elles peuvent être prises jusqu'à la décision statuant sur le plan.

L'incessibilité édictée par cet article peut durer pendant toute la période d'observation et s'étendre à celle d'exécution du plan de redressement [2].

Le droit commun des voies de recours doit s'appliquer [3]. Le dirigeant concerné pourra donc relever appel de la décision, qu'elle soit ou non dissociée du plan.

L'incessibilité judiciaire des parts ou actions n'est pas une fin en soi. L'article L. 626-4, alinéa 2, du code prévoit une mesure d'accompagnement qui donne plein effet à l'incessibilité : la privation du droit de vote.

Le tribunal prononçant l'incessibilité des parts ou actions décidera que le droit de vote y attaché sera exercé, pour une durée qu'il fixe, par un mandataire de justice *ad hoc*. L'administrateur peut remplir cette fonction.

---

1. J.-M. Bermond de Vaulx, « Le sort des droits sociaux détenus par le dirigeant d'une société en redressement judiciaire », *Rev. sociétés* 1990. 221 et s., n° 7.
2. Y. Guyon, *op. cit.*, n° 1202.
3. B. Soinne, *op. cit.*, n° 1492.

Pour cela, il y aura lieu d'ouvrir un compte spécial sur lequel seront virés les droits sociaux.

La sanction de la cession des parts ou actions malgré l'incessibilité n'a pas été posée. Il semble qu'il y aura lieu au prononcé d'une nullité absolue, dont la prescription est celle de droit commun, faute de disposition contraire.

242. La cession forcée des parts ou actions des dirigeants. L'article L. 626-4, alinéa 2, du Code de commerce prévoit que le tribunal, si la survie de l'entreprise le requiert, peut ordonner la cession des actions ou parts sociales du dirigeant, le prix de cession étant fixé à dire d'expert.

Cette disposition a pour finalité l'élimination de l'influence des dirigeants du groupement en empêchant que l'exécution du plan ne soit paralysée par un vote ultérieur de l'assemblée générale, sans constituer une sanction [1].

Le tribunal est libre de décider de la cession forcée de toutes les parts ou actions détenues par le dirigeant indésirable. Il peut se contenter de la cession d'une fraction de ces parts ou actions, dès lors qu'elle fait perdre au dirigeant concerné le contrôle de la personne morale.

La mesure préparatoire à l'adoption du plan de sauvegarde ou de redressement devra donc intervenir avant expiration de la période d'observation, généralement à l'occasion de l'arrêté du plan.

La mesure aura spécialement vocation à s'appliquer lorsqu'est envisagé un plan de sauvegarde ou de redressement par voie de cession des actions ou parts sociales. Le repreneur sera alors généralement le bénéficiaire de la cession forcée.

La solution est identique, quant aux dirigeants concernés, à celle précédemment dégagée pour l'éviction des dirigeants (v. ss n° 240).

Le tribunal est libre de décider si la cession forcée interviendra aux enchères publiques ou à l'amiable. Cependant, la cession forcée interviendra généralement au profit du repreneur. Le recours aux enchères publiques apparaît contre-indiqué [2].

Le prix de cession, en cas de cession intervenant à l'amiable, sera obligatoirement fixé par expert [3].

Le tribunal ne semble pas tenu de respecter le droit de préemption des autres associés, car la cession des titres des dirigeants est ici forcée, non volontaire [4].

La cession forcée doit faire l'objet des mêmes mesures de publicité que les cessions conventionnelles [5].

La Cour de cassation [6] décide que l'appel sera recevable, mais il devra être limité à la partie du dispositif statuant sur la cession des parts ou actions. Les dispositions

---

1. CA Colmar, 12 sept. 1990, *Rev. jurispr. com.* 1990, n° 1302, p. 400, note J.-L. Vallens.
2. J.-M. Bermond de Vaulx, le sort des droits sociaux..., préc., n° 30.
3. CA Grenoble, 16 juin 1988, *Rev. jurispr. com.* 1990, 288, note C.-H. Gallet.
4. CA Nancy, 9 juin 1992, *RJDA* 1993, 164.
5. B. Soinne, *op. cit.*, n° 1495.
6. Cass. com., 1er juill. 1997, *Bull. civ. IV,* n° 213 ; *JCP E,* 1998, n° 1-2, p. 29, obs. P. Pétel ; Cass. com., 26 juin 2001, *D.* 2001, AJ, 2299, obs. A. Lienhard ; *RTD com.* 2001, 778, obs. J.-L. Vallens ; *JCP E,* 2002, chron. 121, p. 127, n° 5, obs. P. Pétel ; *RJDA* 2001/12, n° 1232 ; *Dr. et patr.* 2002, n° 103, p. 99, obs. M.-H. Monsérié-Bon ; *RJ com.* 2002, n° 1589, note F.-X. Lucas ; *D.* 2002, som. 1482, obs. A. Honorat ; *Rev. proc. coll.* 2002, 166, n° 4, obs. S. Gorrias.

critiquées seront alors détachables de la décision statuant sur le plan et le droit commun de la procédure civile devra s'appliquer [1].

En revanche, le candidat à la cession des actions n'aura pas de prétention à émettre contre la décision de cession au profit d'un autre et ne sera donc recevable à exercer aucune voie de recours [2].

Sous-section II

Association des créanciers à la recherche du redressement : la consultation des créanciers

Les créanciers sont associés à la recherche du redressement de l'entreprise par le biais des consultations. Sous l'empire de la loi du 25 janvier 1985, il existait une variété de consultation collective très peu utilisée car elle ne produisait pas d'effet particulier. Seule était en conséquence pratiquée la consultation individuelle, conservée par la loi de sauvegarde des entreprises. Il s'agit de la consultation en dehors des comités (§ 1). La loi de sauvegarde des entreprises, voulant introduire un aspect plus conventionnel dans le mécanisme d'association des créanciers au plan de sauvegarde, a imaginé une forme de consultation par l'instauration de comités de créanciers (§ 2), technique qui s'applique également en plan de redressement.

§ 1. La consultation des créanciers en dehors des comités

243. Caractère impératif de la consultation. Le principe de la consultation est posé par l'article L. 626-5 du Code de commerce. La consultation est exclue s'il n'est pas envisageable qu'un plan de sauvegarde ou de redressement puisse être présenté [3]. En outre, une nouvelle consultation ne s'impose pas en cause d'appel, si la consultation a été précédemment accomplie [4].

En cas d'extension de la procédure sur le fondement de la fictivité ou de la confusion de patrimoines, les créanciers des diverses personnes auxquelles la procédure a été étendue devront tous être consultés.

À défaut de consultation, il y a place à nullité du jugement [5], le défaut de consultation devant être considéré comme un excès de pouvoir. Si le mandataire judiciaire a nécessairement qualité pour soulever, dans le cadre d'un appel, la nullité

---

1. B. Soinne, *op. cit.*, n° 1493.
2. CA Fort-de-France, 29 avr. 1989, *Rev. proc. coll.* 1989, 515, obs. B. Soinne.
3. Cass. com., 17 mars 1998, *D.* 1998, IR, 109 ; 27 oct. 1998, arrêt n° 1721-D, inédit ; Cass. com., 19 janv. 1999, arrêt n° 161-D, inédit ; *adde* : CA Versailles, 13e ch., 20 janv. 1994, *D.* 1995, som. 3, obs. F. Derrida ; *Rev. proc. coll.* 1995, 120, n° 2, obs. B. Soinne et sur pourvoi Cass. com., 25 mars 1997, *D. Affaires.* 1997, 705 ; CA Chambéry, 30 oct. 1995, *Rev. proc. coll.* 1996, 372, n° 6, obs. B. Soinne.
4. Cass. com., 10 juill. 1990, *Bull. civ.* IV, n° 208 ; *Rev. proc. coll.* 1991, 289, obs. B. Soinne ; Cass. com., 6 févr. 1996, *RJDA* 1996/5, n° 694 ; Cass. com., 2 avr. 1996, *Bull. civ.* IV, n° 38 ; *Quot. Jur.* 2 juill. 1996, p. 6, note P. M.
5. V. les nombreuses réf. citées in C. Saint-Alary-Houin, *op. cit.*, nos 476 et 873 et B. Soinne, *Rev. proc. coll.* 1995, 620, n° 2 ; *adde* : CA Paris, 3e ch. A, 24 oct. 1995, *Rev. proc. coll.* 1996, 372, n° 6, obs. B. Soinne.

du plan sans respecter la consultation, il faut également reconnaître ce droit au débiteur [1], si du moins l'irrégularité lui fait grief [2].

Un créancier est également habile à agir pour obtenir la nullité du jugement [3]. Il exercera en conséquence une tierce-opposition, ouverte par la loi de sauvegarde des entreprises, dans les dix jours de la publication au BODACC du jugement arrêtant le plan.

Tous les créanciers ayant déclaré leur créance devront être consultés, ce qui englobe, sous l'empire de la loi de sauvegarde des entreprises, les créanciers postérieurs non éligibles au traitement préférentiel et sera la source de difficultés compte tenu de leurs délais particuliers de déclaration des créances. Plus généralement, tout créancier présomptif doit être consulté car il faut tenir compte de l'éventualité de relevé de forclusion ou de constat de non forclusion.

À défaut de comités de créanciers, l'initiative de la consultation appartient exclusivement au mandataire judiciaire, lequel cependant ne constitue qu'un relais de l'administrateur judiciaire ou du débiteur, selon le cas. Il n'est donc pas l'auteur intellectuel de la consultation, puisque le contenu des propositions est élaboré par un autre organe.

244. Formes de la consultation. L'article L. 626-5, alinéa 2, du code indique que « *le mandataire judiciaire recueille individuellement ou collectivement l'accord de chaque créancier [...] sur les délais et remises qui lui sont proposés* ».

La consultation individuelle prend la forme d'une lettre recommandée contenant notamment la reproduction des dispositions de la deuxième phrase du deuxième alinéa de l'article L. 626-5 du code. Il s'agit là d'indiquer la sanction du défaut de réponse à la consultation.

L'article L. 626-5, alinéa 2, du code prévoit que le mandataire peut recueillir collectivement l'accord des créanciers sur les délais et remises. Cette procédure de consultation n'a cependant pas pour objet de constituer un vote sur le sort de l'entreprise. Les décisions de la majorité n'engageront pas la minorité [4]. Sa présence à la réunion est donc purement informative et c'est sans doute pourquoi ce type de consultation n'est quasiment jamais utilisé.

Si les créanciers sont des obligataires, seule la consultation collective peut prospérer. Les obligataires ne sont pas directement consultés sur les propositions de projet de plan. C'est l'assemblée générale de la masse des obligataires qui est consultée [5], dans les conditions de *quorum* et de majorité prévues à l'article L. 228-65 du Code de commerce. Il s'agit d'une majorité des deux tiers des voix dont disposent les porteurs présents ou représentés.

245. Contenu de la consultation. Si la loi contient des dispositions destinées, dans le cadre de l'arrêté d'un plan de sauvegarde ou de redressement, à assurer une égalité de traitement entre les créanciers, en revanche, au stade de la consultation, force est

---

1. *Contra* : CA Rennes, 2e ch. 5 févr. 1992, *D.* 1995, som. 3, obs. F. Derrida.
2. Cass. com., 16 avr. 1991 et 15 déc. 1992, *D.* 1994, som. 1, obs. F. Derrida.
3. B. Soinne, *Rev. proc. coll.* 1995, 121, n° 2.
4. Derrida, Godé et Sortais, *op. cit.*, n° 199 ; Y. Chaput, *op. cit.*, n° 385 ; B. Soinne, *op. cit.*, n° 1485.
5. V. sur cette question, B. Soinne, *op. cit.*, n° 1466.

de constater que pareille réglementation n'existe pas. Est-ce à dire qu'il est possible de proposer des modalités différentes de règlement de la créance, en fonction des créanciers? Aucun texte ne l'interdisant, une réponse positive semble bien s'imposer [1].

Le mandataire judiciaire peut émettre des propositions multiples, un choix devant être effectué par le créancier consulté pour telle ou telle solution. En ce cas, le créancier consulté doit savoir ce à quoi il sera tenu à défaut d'acceptation ou à défaut de réponse. C'est pourquoi la lettre de consultation devra impérativement indiquer, en pareille hypothèse, l'option qui sera retenue si le créancier n'accepte pas les propositions formulées [2]. À défaut, aucune remise ne pourra être imposée [3].

Il semble bien que les propositions formulées, dans la première consultation, soient intangibles et qu'une nouvelle consultation ne puisse être organisée [4]. Cependant, le tribunal ayant la possibilité d'améliorer le sort des créanciers, il semble pouvoir arrêter le plan en retenant les nouvelles propositions formulées par le débiteur, dès lors du moins qu'elles sont plus favorables aux créanciers.

Les clauses de retour à meilleure fortune ne contrarient pas le principe d'intangibilité des propositions d'apurement du passif, dès lors qu'elles sont prévues au stade de la consultation. En revanche, il n'apparaît pas que le tribunal ait la possibilité, au stade de l'arrêté du plan, de prévoir l'obligation pour le débiteur revenu à meilleure fortune, de s'acquitter du montant des remises [5].

246. Réponses aux consultations. Les créanciers consultés sur les propositions de règlement du passif doivent répondre dans un délai de trente jours à compter de la réception par eux de la lettre de consultation (C. com., art. L. 626-5, al. 2). Ils auront respecté ce délai si, avant expiration du délai de trente jours, ils ont expédié leur réponse, peu important que le mandataire judiciaire ne l'ait reçue qu'après expiration de ce même délai [6]. C'est là le jeu classique des dispositions des articles 668 et 669 du NCPC.

Le délai de réponse est préfix [7]. Il n'est pas susceptible d'allongement en raison des distances, car le délai ne court qu'à réception par le destinataire de la lettre de consultation, de sorte qu'il se trouve suffisamment protégé.

En pratique, la réponse prendra la forme d'une lettre recommandée avec accusé de réception.

Le tribunal ne pourra arrêter le plan avant expiration du délai de trente jours, à moins que tous les créanciers n'aient répondu avant l'expiration de ce délai [8].

---

1. Derrida, Godé et Sortais, *op. cit.*, note 690 ; *adde*, mais émettant un avis plus nuancé : B. Soinne, *op. cit.*, n° 1468.
2. Trib. com. Marseille, 16 mai 1991, *D.* 1995, som. 4, obs. F. Derrida ; *Rev. proc. coll.* 1996, 447, n° 26, obs. B. Soinne.
3. Comp. F. Derrida, note n° 690, considérant qu'en pareille hypothèse, la solution la plus favorable à l'entreprise s'imposera.
4. En ce sens, B. Soinne, *op. cit.*, n° 1471.
5. En ce sens, Derrida, Godé et Sortais, *op. cit.*, note n° 2529.
6. B. Soinne, *op. cit.*, n° 1477 ; Derrida, Godé et Sortais, *op. cit.*, n° 199.
7. B. Soinne, *op. cit.*, n° 1477.
8. CA Paris, 10 juin 1987, *D.* 1987, 546, note F. Derrida ; *Rev. jurispr. com.* 1987, 246, note C.-H. Gallet ; *Rev. proc. coll.* 1988, 312, n° 5, obs. B. Soinne ; 24 oct. 1995, *Rev. proc. coll.* 1996, 372, obs. B. Soinne.

Le législateur, dans le souci d'améliorer les chances de redressement de l'entreprise, présume irréfragablement [1] que le défaut de réponse dans le délai emporte acceptation des propositions de règlement du passif (C. com., art. L. 626-5, al. 2).

Il se peut que le créancier ne soit pas connu au jour de la consultation et qu'il n'ait pas adressé sa déclaration de créance à cette date. En ce cas, il est estimé que l'arrêté du plan sans consultation n'entraîne aucune irrégularité, la consultation étant alors inutile [2]. Le créancier non consulté sera au rang des « autres créanciers » visés par l'article L. 626-18, alinéa 1 [3], qui les oppose aux créanciers ayant accepté les propositions.

247. Règles particulières aux créanciers publics. La loi de sauvegarde des entreprises transforme les créanciers publics en partenaires de l'entreprise, sans pour autant leur permettre de faire partie des comités de créanciers, même s'il s'agit de collectivités locales ou d'établissements publics. Ces créanciers publics sont associés au redressement ou à la sauvegarde de l'entreprise. C'est l'objet de l'article L. 626-6 du Code de commerce. Les administrations financières peuvent désormais faire remise de l'ensemble des impôts directs perçus au profit de l'État et des collectivités territoriales ainsi que des produits divers du budget de l'État dus par le débiteur, dans des conditions fixées par décret. S'agissant des impôts indirects perçus au profit de l'État et des collectivités territoriales, seuls les intérêts de retard, majorations, pénalités ou amendes peuvent faire l'objet d'une remise. Le périmètre des remises de dettes sociales sera fixé par décret, car des négociations avec les partenaires sociaux s'imposent, notamment sur la question du maintien des droits sociaux des salariés, alors que les cotisations sont remisées [4].

Les remises ne seront accordées par les créanciers publics que dans la mesure où les autres créanciers consentiront des efforts. Le mécanisme de la condition suspensive semble permettre d'atteindre l'objectif recherché. Le texte de l'article L. 626-6 du Code de commerce énonce en ce sens que ces remises seront faites *« concomitamment à l'effort consenti par d'autres créanciers »*. Lors des débats parlementaires, le terme de « concomitamment » a fait l'objet d'interrogations. Il est certain que si les créanciers privés ne consentent pas de remises, les créanciers publics ne pourront en consentir [5]. Un amendement tendait à prévoir que créanciers privés et créanciers publics devaient faire des efforts « à due proportion » [6]. Cet amendement a été rejeté. Il est clair, au regard des travaux parlementaires, que les efforts consentis par les créanciers publics n'auront pas à être strictement alignés sur ceux des créanciers privés [7].

En outre, l'article L. 626-6, alinéa 1, indique que les remises seront faites *« dans des conditions similaires à celles que lui octroierait, dans des conditions normales de*

---

1. B. Soinne, *op. cit.*, n° 1478 ; *adde* : Derrida, Godé et Sortais, *op. cit.*, n° 199, évoquant l'« acceptation forcée ».
2. CA Paris, 3e ch. A, 17 janv. 1989, *Quot. Jur.* 1989, p. 5, n° 134.
3. B. Soinne, *op. cit.*, n° 1487.
4. Amend. n° 270 rectifié, interv. Buffet, déb. Sénat, 30 juin 200, p. 4838.
5. Interv. Ph. Houillon, *JO déb. Ass. nat.*, 2e séance, 8 mars 2005, p. 1739.
6. Amend. n° 482, interv. Arnaud Montebourg, *JO déb. Ass. nat.*, 2e séance, 8 mars 2005, p. 1741 et 1742.
7. V. ainsi, Rapp. J.-J. Hyest, n° 335, p. 119 et 120.

marché, un opérateur économique privé placé dans la même situation ». Il s'agit là de respecter la réglementation européenne des aides étatiques [1].

§ 2. La consultation des créanciers dans les comités de créanciers

248. Instauration d'une procédure d'élaboration avec comités de créanciers. L'article L. 626-29, alinéa 1, du code prévoit que « *les débiteurs dont les comptes ont été certifiés par un commissaire aux comptes ou établis par un expert-comptable et dont le nombre de salariés ou le chiffre d'affaires sont supérieurs à des seuils fixés par décret en Conseil d'État, sont soumis aux dispositions de la présente section* ». Il s'agit de la section III intitulée « des comités de créanciers ». Il faut donc comprendre que, dès lors que l'entreprise dépasse l'un des deux seuils alternatifs fixés par décret, des comités de créanciers doivent impérativement être constitués pour l'élaboration du plan de sauvegarde. L'article 162 du décret du 28 décembre 2005 fixe ainsi les seuils : 150 salariés et 20 millions d'euros de chiffre d'affaires hors taxes. Ainsi, si l'entreprise a plus de 150 salariés ou réalise plus de 20 millions de chiffre d'affaires hors taxes par an, les comités de créanciers sont obligatoires. Le Code de commerce semble réserver la procédure avec comités de créanciers aux très grandes entreprises. Toutefois, le code (C. com., art. L. 626-29, al. 2) offre la faculté au débiteur ou à son administrateur de saisir par requête le juge-commissaire aux fins d'utiliser la technique réservée aux grandes entreprises. En ce cas, la seule condition posée par le texte réside dans le fait que les comptes de l'entreprise devront être certifiés par un commissaire aux comptes ou établis par un expert-comptable. Ainsi, de très nombreuses entreprises pourraient avoir accès à la technique des comités de créanciers, qui constitue un levier, du fait du vote auquel elle conduit (v. ss n° 250).

Dans la procédure de sauvegarde — la solution étant applicable en redressement judiciaire — il appartient à l'administrateur judiciaire de constituer deux comités de créanciers, et cela dans les 30 jours de l'ouverture de la procédure collective (C. com., art. L. 626-30). Le décret (art. 163) prévoit que si aucun administrateur n'a été nommé à l'ouverture de la procédure, le juge-commissaire en nomme un. Il n'aura pour mission que de faire fonctionner les comités. Il n'administrera donc rien.

249. Les deux comités de créanciers. Dans le premier comité, se trouvent les établissements de crédit, au sens de l'article L. 511-1 du Code monétaire et financier [2]. Il s'agit des personnes morales effectuant à titre de profession habituelle des opérations de banque, des opérations de crédit ou la mise à disposition ou la gestion de moyens de paiement.

Dans le second comité, sont placés les principaux fournisseurs de biens ou de services de l'entreprise. La notion de « principaux fournisseurs », est explicitée par l'article L. 626-30 du code. Il appartient en effet au débiteur de désigner les fournisseurs de biens ou de services, qui seront membres du comité. Pour éviter tout

---

1. Rapp. Xavier de Roux, n° 2095, p. 284 ; interv. D. Perben, *JO déb. Ass. nat.*, 2e séance, 8 mars 2005, p. 1738 ; rapp. J.-J. Hyest, n° 35, p. 263 ; *adde* : CJCE 29 avr. 1999, aff. C-342-96, *Rec. CJCE* I-2459.
2. Rapp. J.-J. Hyest, n° 335, p. 295.

arbitraire tenant à mettre de côté certains fournisseurs, l'article L. 626-30, alinéa 1, prévoit que les fournisseurs sont membres de droit du comité lorsque leurs créances représentent plus de 5 % du total des créances des fournisseurs, lesquels ne pourront s'associer pour atteindre ce seuil [1]. L'administrateur peut cependant solliciter les petits fournisseurs pour faire partie du comité, ce qui permettrait d'éviter le droit de véto qui résulterait de la présence d'un seul créancier considéré comme principal fournisseur, encore qu'en ce cas, il n'est pas certain qu'il y ait place à un comité de créanciers, s'il n'y a qu'un seul fournisseur détenant plus de 5 % du passif fournisseur. Les « petits » fournisseurs ont huit jours pour répondre à la demande. Leur silence vaut refus. Ils peuvent en effet préférer décliner l'invitation, car faire partie du comité n'est pas forcément salutaire pour un fournisseur qui peut se voir imposer la solution de la majorité.

250. La consultation et le vote des comités. Dans les soixante jours de leur constitution, le chef d'entreprise doit consulter les comités de créanciers. À la demande du débiteur ou de l'administrateur, le juge-commissaire peut accorder un renouvellement de ce délai, une seule fois (C. com., art. L. 626-30, al. 2). Les comités, après discussion avec le débiteur et l'administrateur judiciaire, doivent se prononcer sur le projet de plan dans un délai de trente jours, qui n'est pas prorogeable [2], qui court à compter de la date de transmission des propositions du débiteur.

La décision est prise par chaque comité à une double majorité. Si un seul des comités a accepté les propositions du débiteur, elles seront considérées comme n'ayant pas été acceptées (C. com., art. L. 626-34).

Il faut d'abord une majorité absolue de créanciers.

Est exigée, ensuite, une majorité qualifiée en montant de créances, représentant au moins les deux tiers du montant des créances tel qu'il a été indiqué par le débiteur et certifié par son commissaire aux comptes ou, lorsqu'il n'en a pas été désigné, établi par son expert-comptable.

La loi de la majorité s'imposera aux créanciers, membres des comités, qui n'auront pas accepté les propositions du débiteur. La solution résulte explicitement de l'article L. 626-31, alinéa 1, du code qui indique que la décision du tribunal qui arrête le plan *« rend applicables à tous leurs membres les propositions acceptées par chacun des comités »*.

Le vote favorable des deux comités de créanciers aux propositions contenues dans le projet de plan ne suffira cependant pas à l'adoption de celui-ci. En effet, le tribunal devra vérifier que les intérêts des créanciers sont suffisamment protégés (C. com., art. L. 626-31). Il s'agit là des créanciers membres des comités qui n'auraient pas accepté les propositions de plan et qui se les verraient nécessairement imposer en cas d'adoption du plan [3]. Mais il s'agit aussi des créanciers hors comité qui pourraient voir leur gage affaibli par les garanties disproportionnées que pourraient prendre les

---

1. V. interv. Buffet, déb. Sénat, 30 juin 2005, *JO* p. 4859.
2. Rapp. Xavier de Roux, n° 2095, p. 322.
3. Rapp. Xavier de Roux, n° 2095, p. 323.

créanciers membres des comités ou qui avantageraient ces derniers dans l'exécution du plan [1].

En l'absence de propositions acceptées par les deux comités, dans les délais fixés par le plan, ou si, nonobstant l'acceptation des propositions par les deux comités, le plan n'a pas été adopté par le tribunal, la procédure classique d'adoption du plan de sauvegarde, qui emprunte l'essentiel de ses règles à la procédure ancienne de l'adoption du plan de continuation, sera respectée. Les comités de créanciers disparaissent. Les créanciers seront consultés individuellement.

Parallèlement à la consultation des comités, les créanciers hors comités, dont les créanciers sociaux et fiscaux, sont consultés individuellement, comme dans la procédure sans comité de créanciers sous une réserve : la consultation est ici l'œuvre de l'administrateur judiciaire, non du mandataire judiciaire.

Section III
L'arrêté des plans de sauvegarde et de redressement

251. Critères d'arrêté du plan. L'article L. 626-1, alinéa 1, du Code de commerce conditionne l'arrêté d'un plan de sauvegarde à l'issue de la période d'observation, à l'existence d'une possibilité sérieuse pour l'entreprise d'être sauvegardée. Cet article est applicable au plan de redressement. Le législateur a donc, en apparence, abandonné les critères antérieurement retenus, à savoir l'existence de possibilités sérieuses de redressement et de règlement du passif. La notion de « possibilités sérieuses de redressement », qui n'est plus explicitement utilisée depuis la loi de sauvegarde des entreprises, demeure à notre sens d'actualité. Il s'agit de déterminer la viabilité de l'entreprise, en fonction de sa capacité à générer du profit, lequel, pour partie, devra être affecté au remboursement du passif.

Il est d'abord essentiel que le compte de résultat de la période d'observation ne soit pas négatif. Le passif antérieur, pendant cette période, a été gelé. L'existence de créances postérieures impayées doit conduire la juridiction à refuser l'arrêté d'un plan [2].

La juridiction devra également prendre en considération des éléments prospectifs pour savoir si, à terme, l'entreprise sera viable. Il s'agira pour l'essentiel du compte de résultat prévisionnel [3].

Les possibilités sérieuses de redressement seront pour partie fonction du montant du passif à apurer. Le débiteur, dans les délais *maxima* du plan, doit être en mesure de payer son passif [4].

---

1. Rapp. J.-J. Hyest, n° 335, p. 300.
2. V. Cass. com., 6 oct. 1992, *Bull. civ.* IV, n° 285 ; *Rev. proc. coll.* 1993, 78, n° 7, obs. B. Soinne ; Cass. com., 2 nov. 2005, n° 04-13.982.
3. V. B. Soinne, *op. cit.*, n° 1554-2.
4. V. ainsi CA Amiens, 4e ch. com., 18 déc. 1997, *Gaz. Pal.* som. 15-16 sept. 2000, p. 38, note P. Canet, rejetant le projet de plan d'un agriculteur qui n'aurait pu régler son passif que sur 20 ans au lieu des 15 autorisés par la loi.

252. La décision arrêtant le plan. Si le plan a été arrêté au profit d'un débiteur employant au moins 20 salariés ou réalisant au moins 3 000 000 d'euros de chiffre d'affaires hors taxes par an, la présence du ministère public à l'audience est obligatoire (C. com., art. L. 626-9).

Le jugement arrêtant le plan est notifié par le greffier au débiteur et aux institutions représentatives du personnel, ainsi qu'aux personnes qui sont tenues de l'exécuter. Il est porté à la connaissance du ministère public et des mandataires de justice (Décr. 28 déc. 2005, art. 137).

Le plan peut prévoir qu'il y aura arrêt de certaines branches d'activité. Il faut ici supposer qu'une branche ne soit pas rentable. À l'inverse, mais la solution n'existe guère en pratique, le tribunal pourra décider l'adjonction de certaines branches d'activité. Le plan peut également prévoir des cessions partielles, y compris dans le plan de sauvegarde.

La décision arrêtant le plan en fixe la durée, laquelle ne peut être supérieure à dix ans, sauf si le débiteur est un agriculteur, la durée pouvant alors être portée à 15 ans [1]. Cette règle est cependant écartée lorsque le plan est arrêté après vote favorable des comités de créanciers (C. com., art. L. 626-30, al. 4).

La décision arrêtant le plan est susceptible d'appel de la part du débiteur, de l'administrateur, du mandataire judiciaire, des institutions représentatives du personnel, ainsi que du ministère public (C. com., art. L. 661-1I, 2°). La loi de sauvegarde des entreprises a ouvert, à l'encontre de ce jugement, la tierce opposition, voie de recours précieuse pour les créanciers dont les droits auraient été bafoués.

253. Force de la décision arrêtant le plan. La décision arrêtant le plan est dotée d'une force particulière. L'article L. 626-11, alinéa 1, du code dispose que « *le jugement qui arrête le plan en rend les dispositions opposables à tous* ».

Cela signifie d'abord que ses dispositions ne pourront être méconnues par le débiteur.

L'opposabilité du plan à tous oblige aussi les créanciers à en respecter les dispositions.

L'opposabilité à tous des dispositions arrêtant le plan ne signifie pas pour autant que le plan pourrait contenir des dispositions restrictives ou augmentatives des droits des tiers [2].

Enfin, si le jugement est opposable à tous, en revanche, l'article L. 621-65, alinéa 2, du code, dans sa rédaction antérieure à la loi de sauvegarde des entreprises, prévoyait que les cautions solidaires et coobligés ne pouvaient s'en prévaloir, ce qui n'interdisait pas et n'interdit toujours pas aux associés d'une société civile immobilière, débiteurs subsidiaires de s'en prévaloir [3]. La loi de sauvegarde des entreprises,

---

1. La société commerciale ayant une activité agricole n'est pas un agriculteur, au sens de la loi et ne peut donc bénéficier des délais allongés : CA Agen, 8 déc. 1999, *DPDE Bull.* 200, (12 juin 2000), p. 6268, v^is^ *Agriculteur, Exploitations agricoles en difficulté*, n° 29.

2. V. B. Soinne, *op. cit.*, n° 1526.

3. Cass. com., 23 janv. 2001, *D.* 2001, AJ, 781, obs. A. Lienhard ; *D.* 2001, som. 3427, obs. A. Honorat ; *Act. proc. coll.* 2001/5, n° 65, obs. J. Vallansan ; *JCP E,* 2001, chron. 751, n° 3, obs. P. Pétel ; *JCP E,* 2002, jur. 850, note J.-P. Rémery ; *RD banc. et fin.* 2001/2, n° 69, obs. F.-X. Lucas ; *RTD com.* 2001, 472, obs. M.-H. Monsérié-Bon ; *Bull. Joly* 2001, 481, n° 118, note A. Couret ; *Rev. sociétés* 2001, 847, note J.-P. Dom.

dans le souci de rendre attractive la procédure de sauvegarde, modifie la règle. Une distinction s'impose selon que le débiteur a obtenu un plan de sauvegarde ou de redressement.

Si le débiteur a obtenu un plan de sauvegarde, l'article L. 626-11, alinéa 2, prévoit que les coobligés, les cautions et les garants autonomes peuvent se prévaloir des dispositions du plan, s'ils ne sont pas des personnes morales. Il faut donc comprendre que les personnes physiques cautions — simples ou solidaires —, codébiteurs — conjoints ou solidaires — et garants autonomes peuvent bénéficier des dispositions du plan de sauvegarde, c'est-à-dire des délais et des remises. La solution est logique pour les cautions solidaires et codébiteurs solidaires (C. civ., art. 1285 et 1287), mais a pour effet de transformer la garantie autonome en une garantie accessoire.

En revanche, dans le souci de pénaliser le redressement par rapport à la sauvegarde, l'article L. 626-11, alinéa 2, est sans application dans le plan de redressement. L'article L. 631-20 du code énonce clairement que les coobligés, les cautions et les garants autonomes, par dérogation à l'article L. 626-11 du code, ne bénéficieront pas des délais et remises du plan de redressement.

254. Personnes tenues d'exécuter le plan. L'article L. 626-10, alinéa 1, du Code de commerce, oblige le tribunal à déterminer les personnes tenues d'exécuter le plan. Parmi ces personnes figureront notamment les cautions, mais aussi les associés ou des tiers, désireux d'entrer dans le capital social, qui se seraient engagés à apporter des capitaux nouveaux.

Le plan n'exerce aucune incidence sur la continuation des contrats en cours. Le débiteur étant redevenu *in bonis*, le droit commun retrouve son empire. Il faut cependant réserver l'hypothèse où le cocontractant se serait engagé dans le cadre du plan de sauvegarde ou de redressement à maintenir ses relations contractuelles. Il en est spécialement ainsi des contrats de banque. En s'engageant sur la durée du plan, le banquier prend un engagement à durée déterminée. Le banquier ne peut plus utiliser la faculté de résiliation des contrats que lui offre le Code monétaire et financier.

L'article L. 626-10, alinéa 3, du Code de commerce dispose que « *les personnes qui exécuteront le plan, même à titre d'associé, ne peuvent se voir imposer des charges autres que les engagements qu'elles ont souscrits au cours de sa préparation* ». Cette disposition réserve cependant le jeu des articles L. 626-3 et L. 626-16, c'est-à-dire les règles relatives aux modifications statutaires, notamment la modification du capital social et la reconstitution des capitaux propres.

Observons que, contrairement aux solutions de la législation antérieure, la personne à laquelle le tribunal aura imposé des charges non souscrites n'est plus au rang de celle pouvant faire appel. Elle formera en conséquence un appel-nullité pour excès de pouvoir.

Sous-chapitre 2

Les suites de l'arrêté du plan

Le plan arrêté par le tribunal doit être exécuté par le débiteur (Section II). Cela suppose une surveillance de son exécution (Section I).

Section I

La surveillance de l'exécution du plan

255. Nomination du commissaire à l'exécution du plan — Durée des fonctions. L'article L. 626-25, alinéa 1, du Code de commerce indique que « *le tribunal nomme [...] un commissaire à l'exécution du plan* ». Il peut s'agir, précise le texte, soit de l'administrateur judiciaire, soit du mandataire judiciaire [1]. Au-delà de ces mandataires, le tribunal pourrait aussi choisir une autre personne [2]. La loi de sauvegarde ajoute que le tribunal peut nommer plusieurs commissaires à l'exécution du plan.

La durée de sa mission est celle de la durée de l'exécution du plan. C'est ce que signifie le visa de l'article L. 626-25, alinéa 1, du code à *« la durée fixée à l'article L. 626-12 »*.

Si une instance a été engagée par le mandataire judiciaire ou l'administrateur judiciaire, et qu'elle a été poursuivie par le commissaire à l'exécution du plan, seul un mandataire de justice désigné spécialement à cet effet par le tribunal devant lequel s'est déroulée la procédure pourra continuer l'instance. Le commissaire à l'exécution du plan est évidemment irrecevable à agir après expiration de sa mission [3]. La nomination d'un mandataire spécial est de la compétence de la juridiction gracieuse. Il en résulte que la décision de nomination n'est pas susceptible de voie de recours [4].

La jurisprudence, sous l'empire de l'ancienne législation, et avec un texte sensiblement identique, avait décidé que l'instance engagée par le commissaire à

1. Sur l'opportunité du choix entre représentant des créanciers et administrateur judiciaire, B. Soinne, obs. sous CA Douai, 2e ch. 12 oct. 1995, *Rev. proc. coll.* 1995, 410, n° 13.
2. Derrida, Godé et Sortais, *op. cit.*, n° 109 ; Ripert et Roblot par Delebecque et Germain, *op. cit.*, n° 3179.
3. Cass. com., 15 oct. 2002, *RD banc. et fin.* 2003/2, p. 103, n° 79, obs. F.-X. Lucas ; — Cass. com., 29 oct. 2002, *RD banc. et fin.* 2003/2, p. 104, n° 80, obs. F.-X. Lucas.
4. Cass. com., 9 juin 1998, *JCP E et A,* 1998, pan. 1334 ; *RTD com.* 1998, 931, obs. C. Saint-Alary-Houin ; *RJDA* 1998/10, p. 843, n° 1138.

l'exécution du plan pouvait être continuée par le mandataire désigné à cette fin [1]. En revanche, la jurisprudence s'était refusée à aller plus avant dans la violation de la lettre du texte et n'avait pas reconnu qualité au mandataire spécial pour engager une action [2]. Ces solutions semblent reconductibles.

256. Missions du commissaire à l'exécution du plan. L'article L. 626-25, alinéa 1, du code prévoit que le commissaire à l'exécution du plan, comme son nom l'indique, est un organe « *chargé de veiller à l'exécution du plan* ». *A priori*, c'est sa seule fonction.

L'article L. 626-25, alinéa 5, du code, dans ce contexte, prévoit que le commissaire à l'exécution du plan *« rend compte au président du tribunal et au ministère public du défaut d'exécution du plan »*. En outre, le commissaire à l'exécution du plan devra faire rapport annuel sur l'exécution des engagements du débiteur. Ce rapport doit être déposé au greffe, être tenu à la disposition de tous les créanciers et être communiqué au ministère public (Décr. 28 déc. 2005, art. 149).

Le commissaire à l'exécution du plan donne son avis sur toute demande de modification du plan (C. com., art. L. 626-26, al. 1). Il peut former appel de la décision statuant sur la modification du plan (C. com., art. L. 661-1-I, 3°). Il a qualité pour demander la résolution du plan (v. ss n° 270).

Il peut agir en nullité de la période suspecte (C. com., art. L. 632-4) ou se constituer partie civile dans le cadre d'instances pénales pour banqueroute (C. com., art. L. 654-17).

L'article L. 626-25, alinéa 2, du code indique que les actions introduites avant le jugement qui arrête le plan, soit par l'administrateur, soit par le mandataire judiciaire, sont poursuivies par le commissaire à l'exécution du plan. La loi de sauvegarde des entreprises, dans le souci d'officialiser une solution jurisprudentielle dont la légalité était plus que douteuse, prévoit désormais que le commissaire à l'exécution du plan peut introduire des actions tendant à la défense de l'intérêt collectif des créanciers. La solution avait en effet été posée par la jurisprudence, validant ainsi l'introduction d'action en responsabilité contre les tiers, alors que, à l'époque, le texte ne prévoyait que la possibilité de poursuivre les instances engagées par le représentant des créanciers ou l'administrateur [3]. Très clairement, la loi de sauvegarde des entreprises fait du commissaire à l'exécution du plan le continuateur du mandataire judiciaire dans le cadre des actions tendant à la défense de l'intérêt collectif des créanciers. En revanche, le commissaire à l'exécution du plan n'a pas qualité à représenter le débiteur [4]. Une action en paiement ne peut donc être dirigée contre lui [5].

---

1. CA Montpellier, 19 mars 1996, *D.* 1996, IR, 134 ; *Rev. proc. coll.* 1996, 377, obs. B. Soinne.
2. CA Montpellier, 19 mars 1996, préc.
3. Cass. com., 12 juill. 1994, *Bull. civ.* IV, n° 265 ; *D.* 1995, som. 1, obs. Derrida ; *Rev. proc. coll.* 1995, 125, n° 6, obs. B. Soinne ; 23 nov. 1999, *Act. proc. coll.* 2000/1, n° 13.
4. Cass. soc., 27 nov. 2001, *RTD com.* 2002, 154, n° 3, obs. C. Saint-Alary-Houin ; Cass. com., 13 nov. 2003, n° 01-10.724 ; Cass. com., 12 oct. 2004, n° 02-16.762, *D.* 2004, AJ, 2790 ; *D.* 2005, pan. 295, obs. P.-M. Le Corre ; *JCP E,* 2005, chron. 31, p. 27, n° 4, obs. M. Cabrillac et Ph. Pétel ; *Bull. Joly* 2005/1, § 2, p. 27, note A. Cérati-Gauthier.
5. Cass. com., 12 juill. 2004, n° 01-16.034, *RD banc. et fin.* 2004/6, p. 415, n° 255, obs. F.-X. Lucas.

Section II
L'exécution du plan par le débiteur

Le législateur a réglementé précisément l'exécution des obligations du plan (Sous-section I), mais aussi les difficultés d'exécution de ce même plan (Sous-section II).

Sous-section I
L'exécution des obligations du plan

Le débiteur, dans le cadre de l'exécution du plan, a souscrit envers le tribunal, divers engagements qu'il doit respecter, et cela sous peine d'encourir la résolution du plan. Une des obligations essentielles du débiteur tient au paiement de son passif. C'est la question des dividendes du plan (§ 1). Pour rendre plus sûr le paiement de ces dividendes, le législateur a instauré des garanties d'exécution (§ 2).

De façon innovante, la loi de sauvegarde des entreprises a prévu un constat de la complète exécution du plan. Le tribunal sera saisi en ce sens par le débiteur, mais aussi par le commissaire à l'exécution du plan ou encore par tout intéressé. Il pourra s'agir d'un créancier n'ayant pas déclaré sa créance au passif, et en conséquence non payé pendant le plan (C. com., art. L. 622-26, al. 1) et désireux de retrouver son droit de poursuite. Cette décision, qui ressemble à un jugement de clôture, est en réalité, *a priori*, un acte d'administration judiciaire non susceptible de voie de recours. L'intérêt de la solution est de faire disparaître facilement les mentions d'existence d'une procédure collective, ce qui devrait également permettre à l'entreprise d'obtenir rapidement une meilleure « cotation Banque de France ».

§ 1. Les dividendes du plan

Pour que puisse intervenir le paiement des dividendes du plan (Sous-paragraphe 2), il convient d'abord de déterminer les droits des créanciers (Sous-paragraphe 1).

Sous-paragraphe 1. Détermination par la juridiction des droits des créanciers

257. Donné acte des délais et remises. L'article L. 626-18, alinéa 1, du Code de commerce dispose que « *le tribunal donne acte des délais et remises acceptés par les créanciers dans les conditions prévues au 2e alinéa de l'article L. 626-5 et à l'article L. 626-6* ». La première de ces dispositions organise la consultation des créanciers en dehors des comités de créanciers, sur les délais et remises qu'ils entendent consentir au débiteur. La seconde intéresse spécifiquement les créanciers publics.

L'acceptation des délais peut être explicite, le créancier consulté ayant répondu dans le délai de 30 jours à la consultation. L'acceptation peut être tacite, le législateur indiquant que le défaut de réponse emporte acceptation.

Le tribunal peut simplement entériner l'accord intervenu sur les délais et remises. Il ne peut aggraver la situation pour le créancier acceptant [1]. Les remises ne sauraient davantage être modifiées dans un sens défavorable au créancier.

Le fait pour une juridiction d'imposer des délais plus importants et des remises de dettes plus lourdes aux créanciers acceptant constitue un excès de pouvoir. Les créanciers sont recevables à former tierce-opposition réformation, cette dernière étant ouverte par la loi de sauvegarde des entreprises.

Cependant, la juridiction peut estimer que les délais et remises acceptés par le créancier sont excessifs par rapport à la situation du débiteur, par référence à la morale des affaires. L'article L. 626-18, alinéa 1, du code, en ce sens, dispose que *« ces délais et remises peuvent, le cas échéant, être réduits par le tribunal »*.

Dans les procédures avec comités de créanciers, il sera identiquement donné acte aux créanciers hors comité, des délais et remises acceptés. En ce qui concerne les créanciers dans les comités, le tribunal qui arrêtera le plan de sauvegarde ou de redressement après vote favorable des comités de créanciers donnera acte aux créanciers des délais et remises acceptés à la majorité, les créanciers n'ayant pas accepté les propositions étant tenus par la loi de la majorité (C. com., art. L. 626-31, al. *in fine*).

258. Choix du créancier en cas de propositions alternatives. Il se peut que la consultation faite par le mandataire judiciaire intègre un choix multiple. En ce cas, le tribunal se contente de donner acte au créancier de son choix. En revanche, le code envisage pour sa part une hypothèse où le tribunal, dans la décision arrêtant le plan, prévoit un choix pour le créancier. L'article L. 626-19, alinéa 1, du Code de commerce prévoit, en son alinéa 1, que « *le plan peut prévoir un choix pour les créanciers comportant un paiement dans des délais uniformes plus bref mais assorti d'une réduction proportionnelle du montant de la créance* ». La réduction de créance devra aussi être acceptée par le créancier. Elle aura pour contrepartie un paiement plus rapide.

La réduction de la créance, doit être, indique le texte, proportionnelle, ce qui ne peut se comprendre que par référence au temps gagné par rapport au sort réservé aux créanciers qui seront payés à 100 %. La réduction proportionnelle semble intégrer un calcul de réactualisation de la créance. On peut suggérer, à la suite d'auteurs, de retenir le taux de l'intérêt légal, au jour de l'arrêté de la décision [2].

259. Créanciers n'ayant pas accepté. Si les créanciers consultés répondent négativement à la consultation, le tribunal tient de la loi le pouvoir de leur imposer certains sacrifices. Le tribunal impose des délais uniformes de paiement, sous réserve, en ce qui concerne les créances à terme, des délais supérieurs stipulés par les parties avant l'ouverture de la procédure. Les « autres créanciers » sont ceux qui n'ont pas accepté, c'est-à-dire tout à la fois ceux qui ont explicitement refusé et ceux qui n'ont pas été consultés.

---

1. V. CA Douai, 22 janv. 1987, *Gaz. Pal.* 1987, I, 190, note B. Soinne ; *JCP E*, 1987, II, 16619, n° 19, obs. Cabrillac et Vivant ; *Rev. proc. coll.* 1987/2, 47, obs. B. Soinne.
2. V. B. Soinne, *op. cit.*, n° 1591 ; Derrida, Godé et Sortais, *op. cit.*, n° 550 ; Ph. Pétel, *op. cit.*, n° 274 ; F. Pérochon et R. Bonhomme, *op. cit.* n° 327.

Les délais imposés pourront excéder la durée du plan (C. com., art. L. 626-18, al. 1).

Les créanciers non acceptant peuvent se voir imposer des délais de paiement, dont la longueur est laissée à l'appréciation souveraine des juges du fond [1]. Mais le tribunal doit ici respecter un principe égalitaire entre ces créanciers : il leur « *impose des délais uniformes de paiement...* » (C. com., art. L. 626-18, al. 1). Le non-respect de cette règle par la juridiction pourra être sanctionné. Les créanciers pourront faire constater l'excès de pouvoir commis par la juridiction, cependant que le recours à la tierce-opposition nullité, de première importance sous l'empire de la législation antérieure, est devenu inutile du fait de l'ouverture de la tierce-opposition réformation. Dans la logique du système établi par l'article L. 626-18, les créanciers qui n'ont pas accepté les propositions devraient se voir imposer des délais plus longs que les créanciers ayant accepté [2]. Il n'y a en tout cas aucun excès de pouvoir pour le tribunal à considérer que les créanciers non acceptant seront réglés sur un délai plus long que les créanciers acceptant [3].

Le plan de sauvegarde ou de redressement, qui doit permettre au débiteur de payer son passif sur un certain délai ne peut, bien évidemment, emporter déchéance du terme. C'est dans cette logique que l'article L. 626-18, alinéa 1, du code, après avoir posé le principe du traitement égalitaire entre les créanciers n'ayant pas accepté, pose une restriction pour les créanciers à terme ayant stipulé des délais plus longs que ceux du plan. Il faut prendre en compte la durée restant à courir au jour du plan.

Si le tribunal peut imposer des délais aux créanciers non acceptant, il ne peut en revanche leur imposer des remises [4]. La question de la continuation du cours des intérêts sera abordée ultérieurement (V. ss n°s 377 et s.)

260. Créances salariales et petits créanciers. L'article L. 626-20-I du Code de commerce dispose que par dérogation aux dispositions des articles L. 626-18 et L. 626-19, certaines créances ne peuvent faire l'objet de remise ou de délai. En conséquence, le tribunal ne saurait donner acte des délais ou remises consentis par ces créanciers [5]. *A fortiori*, ne saurait-il leur en être imposé [6].

L'article L. 626-20-I, 1°, du code vise tout d'abord les créances garanties par le privilège établi aux articles L. 143-10, L. 143-11, L. 742-6 et L. 751-15 du Code du travail, c'est-à-dire le super-privilège des salaires.

---

1. Cass. com., 3 juin 1997, arrêt n° 1426-D.
2. En ce sens, Ripert et Roblot par Delebecque et Germain, *op. cit.*, n° 3188 ; *contra* : B. Soinne, *op. cit.*, n° 1588 ; C. Saint-Alary-Houin, *op. cit.*, n° 876.
3. Cass. com., 3 juin 1997, *Rev. proc. coll.* 1998, 360, n° 29, obs. B. Soinne ; *adde* : CA Versailles, 19 mai 1988, *D.* 1988, 562, concl. Challe ; *JCP E*, 1988, II, 15300 et 15301, obs. M. Cabrillac et M. Vivant ; *Gaz. Pal.* 1988, II, 590, note H. de Guillenshmidt ; comp. CA Bordeaux, 11 mai 1987, *Rev. proc. coll.* 1988, 68, n° 4, obs. B. Soinne.
4. Cass. com., 28 févr. 1995, *Bull. civ.* IV, n° 61 ; CA Nancy, 10 juin 1987, *Rev. proc. coll.* 1988, 316, n° 10, obs. B. Soinne ; CA Versailles, 15 janv. 1988, *JCP* 1988, II, 21002, note A. Martin-Serf.
5. Comp. B. Soinne, *op. cit.*, n° 1595, qui s'appuie sur la lettre du texte et sur l'impossibilité d'élaborer des plans de continuation pour autoriser les conventions avec l'AGS, afin de convenir de délais de remboursement des différentes sommes ; *adde* : Derrida, Godé et Sortais, *op. cit.*, n° 550 ; Y. Chaput, *op. cit.*, n° 415.
6. V. CA Caen, 26 janv. 1989, *Rev. proc. coll.* 1990, 155, n° 12, obs. P.-M. Le Corre, statuant sur l'imposition de délais à l'AGS ; CA Colmar, 23 sept. 1992, cité in C. Saint-Alary-Houin, *op. cit.*, note 158.

L'article L. 626-20-I, 2°, vise les créances résultant des contrats de travail garanties par le privilège prévu au 4° de l'article 2331 (anciennement 2101) et 2° de l'article 2375 (anciennement 2104) du Code civil, c'est-à-dire le privilège général des salaires, lorsque le montant de ces créances n'a pas été avancé par l'AGS et n'a pas fait l'objet d'une subrogation.

Enfin, l'article L. 626-20-II vise les petites créances, c'est-à-dire, selon l'article 145 du décret du 28 décembre 2005, les créances dont le montant est inférieur à 300 euros. Ces créances sont remboursables immédiatement et sans remise, dans la limite de 5 % du passif estimé. Si la somme des créances inférieures à 300 euros est supérieure à 5 % du passif estimé, le texte prévoit que, dans la limite de 5 % du passif estimé, elles sont payées dans « l'ordre croissant de leur montant ».

Cette faveur pour les petites créances n'est réservée qu'au créancier d'origine et non au créancier subrogé dans ses droits, ou à celui qui a effectué un paiement pour autrui. En outre, elle est inapplicable lorsque le créancier en question détient plus de 0,5 % du passif estimé.

Sous-paragraphe 2. Le paiement des dividendes du plan

261. Règles générales relatives au temps du paiement des dividendes du plan. Le paiement des dividendes du plan est prévu, dans ses modalités, par le jugement arrêtant le plan de sauvegarde ou de redressement. Le code reste muet sur la périodicité des dividendes.

Les délais du plan constituent un report d'exigibilité de la créance. Il en résulte qu'ils doivent profiter tant au débiteur, qu'à ses héritiers [1].

L'article L. 626-21, alinéa 3, du code prévoit que « *sauf disposition législative contraire, les paiements prévus par le plan sont portables* ». Cette disposition écarte le droit commun des obligations posé par l'article 1247, alinéa 3, du Code civil prévoyant le principe de quérabilité des créances.

Les créanciers antérieurs sont consultés, en période d'observation. La procédure de vérification du passif est parfois commencée, mais en tout cas rarement achevée, au moment de la consultation. Le législateur en tient compte en posant, à l'article L. 626-21, alinéa 1, du code que « *l'inscription d'une créance au plan et l'octroi de délais ou remises par le créancier ne préjugent pas l'admission définitive de la créance au passif* ». L'intéressé est consulté en tant que créancier présomptif. Il y a deux procédures autonomes : celle de consultation des créanciers dans le cadre de l'élaboration du plan et celle de la vérification du passif. Les droits du créancier consulté ne doivent, dès lors, être pris en compte que dans la mesure de son admission au passif.

Il est exclu d'utiliser la remise de dette consentie par le créancier pour limiter les droits de celui-ci dans le cadre de l'admission au passif de sa créance [2].

---

1. Cass. com., 4 janv. 2000, *JCP E et A*, 2000, chr. 700, n° 2-a-5, obs. P. Pétel.
2. Cass. com., 14 juin 1994, *Bull. civ.* IV, n° 216 ; *D.* 1995, som. 6, obs. F. Derrida ; *RTD com.* 1995, 481, obs. A. Martin-Serf.

Les droits du créancier, dans le cadre du plan, sont fonction du montant de son admission au passif. Le législateur prohibe, par principe, le versement de dividendes avant admission définitive de la créance. Les lenteurs de la procédure de vérification du passif ont toutefois conduit le législateur à autoriser le versement, à titre provisionnel, de dividendes (C. com., art. L. 626-21, al. 2). Si le créancier, au titre du dividende, perçoit plus que ce à quoi il a droit, compte tenu de son admission ultérieure au passif, il y a lieu pour lui à répéter l'indu [1].

Dans le souci de protéger les créanciers, le législateur a posé en règle l'interdiction de prévoir un premier paiement au-delà d'un délai d'un an (C. com., art. L. 626-18, al. 2) qui commence à courir à partir de la décision arrêtant le plan. Ce délai est cependant écarté lorsque le plan est arrêté après vote favorable des comités de créanciers (C. com., art. L. 626-30, al. 4). En outre, à compter de la deuxième année d'exécution du plan, les dividendes doivent correspondre au moins à 5 % de la créance, sauf en cas d'exploitation agricole (C. com., art. L. 626-18, al. 3). La règle est sans application, lorsque le plan est arrêté après vote favorable des comités de créanciers (C. com., art. L. 626-30, al. 4).

262. Règles particulières au temps du paiement des dividendes en cas de réalisations de biens grevés de sûreté pendant le plan. Si le bien vendu en phase d'exécution du plan est grevé d'une sûreté spéciale, l'article L. 626-22 du Code de commerce a vocation à s'appliquer, dans la mesure seulement où sa réalisation était prévue par le plan [2]. Dans le cas contraire, le débiteur revenu *in bonis* a le droit d'appréhender le prix [3]. Selon cette disposition, en cas de vente d'un bien grevé d'un privilège spécial, d'un nantissement ou d'une hypothèque, les créanciers bénéficiaires de ces sûretés ou titulaires d'un privilège général sont payés sur le prix après le paiement des créances garanties par le super-privilège des salaires.

La vente de ces biens obéit, dans une large mesure, au droit commun.

La règle a un domaine strictement identique à celle de l'article L. 622-8, alinéa 1, du code.

La réalisation d'un bien grevé de sûreté spéciale non assortie d'un droit de rétention conduit à affecter le prix de vente au désintéressement des créanciers privilégiés.

Cependant, le paiement ne peut intervenir immédiatement. La quote-part du prix, qui correspond aux créances garanties, doit être consignée à la Caisse des dépôts et consignations. La solution se justifie par l'obligation d'accomplir la procédure de purge et de respecter la procédure d'ordre.

L'article 147, alinéa 1, du décret du 28 décembre 2005 prévoit que la répartition du prix doit être faite par le commissaire à l'exécution du plan.

Le créancier titulaire de la sûreté spéciale va subir le concours des autres créanciers.

Certains créanciers titulaires d'un privilège général priment les créanciers titulaires de sûretés spéciales, sur le prix de vente du bien vendu. Il en est ainsi du privilège

---

1. Derrida, Godé et Sortais, *op. cit.*, n° 557 ; B. Soinne, *op. cit.*, n° 1602.
2. Cass. com., 21 févr. 2006, pourvoi n° 04-10.187, arrêt n° 256 FS-P+B.
3. A. Lienhard, *op. cit.*, n° 1029.

des frais de justice, mais aussi des créanciers postérieurs éligibles au traitement préférentiel [1].

L'article L. 626-22, alinéa 2, du code procède à une coordination des dispositions qui arrêtent le plan et qui prévoient le versement de dividendes, avec le règlement de la créance du titulaire de la sûreté ou du privilège bénéficiant du paiement immédiat. Ces créanciers « *reçoivent les dividendes à échoir d'après le plan, réduits en fonction du paiement anticipé, suivant l'ordre de préférence existant entre eux* ».

La notion de réduction proportionnelle doit, selon nous, s'interpréter comme signifiant qu'il y a lieu, si le créancier qui a reçu son paiement immédiat n'est pas complètement payé, à calculer le solde de sa créance en le divisant par le nombre de dividendes restant à échoir, ce qui aboutit, ainsi que l'exige le texte, à réduire proportionnellement le montant de sa créance en fonction du paiement anticipé. Il n'y a, en revanche, pas place à un calcul de réactualisation de la créance, lequel serait nécessairement arbitraire faute d'indicateur légal du taux de réactualisation de la créance [2].

Comme l'avait fait le législateur à l'article L. 622-8, alinéa 3, pendant la période d'observation, le législateur, après avoir posé le principe du règlement des créanciers titulaires de sûreté spéciale, envisage l'hypothèse d'une substitution de garanties [3], laquelle tiendra en échec le paiement immédiat [4]. Le domaine de la règle est identique, quant aux créanciers concernés, à celui de l'article L. 622-8, alinéa 3, du code. Si les parties ne sont pas d'accord sur la substitution de garantie, elle peut être ordonnée par le tribunal.

La substitution à la sûreté spéciale d'une garantie doit être, pour le créancier, équivalente. La radiation de l'ancienne sûreté interviendra après constitution de la garantie nouvelle.

263. Règles particulières au moment du paiement des dividendes et levée d'option du contrat de crédit-bail pendant l'exécution du plan. Selon une disposition classique des contrats de crédit-bail, l'option d'achat appartenant au locataire ne peut être levée que si toutes les obligations nées du contrat ont été exécutées. Une difficulté se présente si, parmi ces obligations, figurent des créances antérieures au jugement d'ouverture. En effet, elles ne peuvent être payées à l'échéance. Si le débiteur obtient un plan de sauvegarde ou de redressement, il a le droit et même l'obligation de régler les dividendes selon les dispositions du plan, ce qui peut alors contrarier le mécanisme de la levée d'option d'achat. Pour répondre à cette difficulté, le législateur prévoit à l'article L. 626-18, alinéa 4, du Code de commerce que, « *pour les contrats de crédit-bail, ces délais prennent fin si, avant leur expiration, le crédit-preneur lève l'option d'achat. Celle-ci ne peut être levée si, sous déduction des remises acceptées, l'intégralité des sommes dues en vertu du contrat n'a pas été réglée* ».

---

1. Derrida, Godé et Sortais, op. cit., n° 553 ; F. Pérochon et R. Bonhomme, *op. cit.*, n° 329.
2. *Contra* : B. Soinne, n° 1613 ; M. Sénéchal, « La distribution du prix de vente d'un immeuble grevé de sûretés par le commissaire à l'exécution du plan de continuation », *LPA* 12 mai 2004, n° 95, p. 4 et s., spéc. p. 15, n° 19.
3. Le détail de cette question est abordé dans le cadre de la période d'observation (V. ss n° 232).
4. P. Le Cannu, *op. cit.*, n° 731.

Le mécanisme législatif institue une déchéance des délais du plan, sans qu'il y ait lieu de distinguer selon que les délais ont été acceptés par le créancier, dans le cadre du vote à la majorité des créanciers ou qu'ils lui ont été imposés par le tribunal. Dans les deux cas, le locataire débiteur doit s'acquitter immédiatement de l'intégralité des sommes dues, qu'il s'agisse de créances antérieures ou postérieures au jugement d'ouverture.

L'intégralité des sommes dues au crédit-bailleur doit lui être versée, sous la seule déduction des remises qu'il aurait acceptées, dans le cadre de la consultation individuelle ou dans le cadre des comités de créanciers, ainsi que lorsque les comités de créanciers auront voté favorablement sur les propositions, rendant obligatoire alors pour le crédit-bailleur une remise qu'il n'aurait pas acceptée. Que décider pour les créances antérieures qui n'ont pas fait l'objet d'une admission au passif [1]? Ces dernières ne sont pas éteintes, mais seulement inopposables à la procédure et non au débiteur souhaitant lever l'option d'achat. Or, le débiteur est revenu *in bonis* par l'arrêté du plan et si le créancier ne peut pendant l'exécution de celui-ci percevoir de dividendes, il ne semble pas en aller de même du paiement des sommes arriérées nécessaire à la levée de l'option d'achat [2].

264. Exécution forcée du paiement des dividendes du plan. Le créancier antérieur, dont la créance a été admise au passif, a le droit d'être payé des dividendes du plan, à leurs échéances.

Ce droit lui ouvrait, sous l'empire de la législation antérieure, la possibilité d'agir en justice, pour faire condamner le débiteur au paiement [3]. Ayant obtenu un titre, le créancier non payé d'un dividende pouvait recourir à toute forme de saisie pour se faire payer [4].

La loi de sauvegarde des entreprises semble avoir modifié la solution, par un texte applicable à compter du 1er janvier 2006, aux plans de continuation en cours (LSE, art. 191).

L'article L. 626-27-I du code indique que « *lorsque l'inexécution résulte d'un défaut de paiement des dividendes par le débiteur et que le tribunal n'a pas prononcé la résolution du plan, le commissaire à l'exécution du plan procède, conformément aux dispositions arrêtées, à leur recouvrement* ». Ce texte semble conférer un pouvoir exclusif de recouvrement au commissaire à l'exécution [5], rendant irrecevable la demande émanant d'un créancier, dans la droite ligne de l'article L. 626-21, alinéa 4, édictant que les dividendes du plan doivent être versés entre les mains du commissaire à l'exécution du plan, qui les répartit.

---

1. Sous le régime antérieur à la LSE, E. Le Corre-Broly, *Crédit-bail mobilier et procédure collective — Contribution à l'étude du contrat de crédit-bail mobilier en cas de redressement ou de liquidation judiciaire du locataire*, thèse dactylographiée, Lille, 1997, n° 475.

2. Les auteurs du présent ouvrage ne sont cependant pas unanimes sur cette question ; en ce sens, E. Le Corre-Broly ; *contra* : P.M. Le Corre, *op. cit.*, n° 522, 41.

3. CA Paris, 8 nov. 1991, *RJDA* 1992, n° 197 ; *contra* : Grenoble, Ch. Urg., 19 nov. 1991, *Rev. proc. coll.* 1993, 83, n° 11, obs. B. Soinne.

4. Cass. com., 14 mars 1995, *JCP E,* 1995, I, 487, n° 2, obs. M. Cabrillac ; *adde :* B. Soinne, *op. cit.*, n° 1605 ; E. Kerckhove, *op. cit.*, n° 747.

5. V. aussi en ce sens, A. Jacquemont, *op. cit.,* n° 667.

§ 2. Les garanties d'exécution du plan

265. L'interdiction bancaire atteignant le débiteur. Le législateur, pour sécuriser le paiement des dividendes du plan, a posé une première règle : celle de la levée de l'interdiction d'émettre des chèques. Mais, alors que le texte ancien issu de la loi du 10 juin 1994 prévoyait une suspension facultative devant être sollicitée par le débiteur, la loi de sauvegarde des entreprises pose une levée de plein droit de l'interdiction (C. com., art. L. 626-13), qui est donc définitive et obligatoire.

L'interdiction doit résulter de l'émission de chèques antérieurement au jugement d'ouverture de la sauvegarde ou du redressement. La levée de l'interdiction ne saurait concerner l'émission de chèques après jugement d'ouverture [1], pas plus que celle intervenue après arrêté du plan.

266. Mesures d'inaliénabilité. Le plan de sauvegarde ou de redressement tend prioritairement au sauvetage de l'entreprise et des emplois. Le débiteur pourrait compromettre cet objectif en aliénant des biens nécessaires à la poursuite de l'activité. En outre, les biens de l'entreprise constituent, si le débiteur est une personne morale, le gage exclusif des créanciers et, si le débiteur est une personne physique, une partie du gage de ces mêmes créanciers. Il est logique de se préoccuper de la sécurité qui devra entourer l'exécution du plan. Telle est la justification primordiale des clauses d'aliénabilité [2].

Dans le jugement arrêtant le plan, — mais aussi dans celui le modifiant — le tribunal déterminera « *les biens qu'il estime indispensables à la continuation de l'entreprise* » et qui ne pourront être aliénés sans son autorisation (C. com., art. L. 626-14, al. 1). La levée de l'inaliénabilité sera possible sur décision du tribunal, laquelle est enfermée dans les conditions de la modification du plan, dont elle représente un exemple [3].

Les mesures d'inaliénabilité sont publiées (C. com., art. L. 626-14, al. 2) à la diligence du commissaire à l'exécution du plan. Pour les immeubles, la publicité est faite conformément aux dispositions de l'article 28 du décret n° 55-2 du 4 janvier 1955 portant réforme de la publicité foncière.

Les mesures d'inaliénabilité emportent insaisissabilité [4]. L'article L. 626-14, alinéa 3, du code prévoit que « *tout acte passé en violation des dispositions du premier alinéa est annulé à la demande de tout intéressé, ou du ministère public présentée dans le délai de trois ans à compter de la conclusion de l'acte. Lorsque l'acte est soumis à publicité* (immeubles, fonds de commerce et biens mobiliers d'équipement), *le délai court à compter de celle-ci* ». La méconnaissance de l'inaliénabilité est ainsi sanctionnée par une nullité d'ordre public, relayée sur le terrain pénal par l'article L. 654-8, 2°, du code, qui érige en délit passible d'une peine d'emprisonnement de

---

1. B. Soinne, *op. cit.*, n° 1519 ; E. Kerckhove, *op. cit.*, n° 737.
2. V. interv. Badinter, 2e séance, déb. Ass. nat. 9 avr. 1984, *JO déb. Ass. nat.* p. 1311.
3. B. Soinne, *op. cit.*, n° 1575.
4. V. en ce sens en droit commun, Cass. civ. 1re, 9 oct. 1985, *Bull. civ.* I, n° 252 ; en ce sens pour les mesures d'inaliénabilité spécifiques au plan de continuation, Derrida Godé et Sortais, *op. cit.*, n° 440 ; B. Soinne, *op. cit.*, n° 1572 ; E. Kerckhove, *op. cit.*, n° 739 ; Ripert et Roblot par Delebecque et Germain, *op. cit.*, n° 3185 ; F. Pérochon et R. Bonhomme, *op. cit.*, n° 322.

deux ans et d'une amende de 30 000 euros, le fait pour le débiteur de procéder à une aliénation sans l'autorisation du tribunal. Cette sanction frappe également le cocontractant du débiteur, dès lors du moins qu'il a agi en connaissance de l'inaliénabilité frappant le bien.

Sous-section II
Les difficultés d'exécution

Lorsque le débiteur rencontre des difficultés d'exécution, il peut d'abord solliciter une modification du plan (§ 1). Sous cette réserve, les difficultés d'exécution du plan pourront conduire à sa résolution (§ 2).

§ 1. LA MODIFICATION DU PLAN DE SAUVEGARDE OU DE REDRESSEMENT

267. Modifications substantielles dans les moyens du plan. L'article L. 626-26, alinéa 1, du Code de commerce énonce qu'« *une modification substantielle dans les objectifs et les moyens du plan ne peut être décidée que par le tribunal, à la demande du débiteur et sur le rapport du commissaire à l'exécution du plan* ». La modification du plan doit être « substantielle » et porter sur les « objectifs et moyens du plan ». Elle peut négativement se définir comme toute modification qui n'est pas de détail [1].

Toute modification de détail ne nécessitera pas la saisine du tribunal. Le chef d'entreprise la mettra en œuvre [2], en sollicitant cependant le commissaire à l'exécution du plan, qui pourra porter son appréciation sur le caractère substantiel ou non de la modification envisagée [3].

La modification doit porter sur les objectifs et les moyens du plan. On rappellera que le plan de sauvegarde ou de redressement tend à la sauvegarde de l'entreprise, des emplois, et à l'apurement du passif. Toute modification affectant l'un de ces trois éléments doit, à notre sens, être considérée comme portant sur les objectifs du plan.

Mais la modification envisagée ne doit pas permettre de contrarier l'autorité de chose jugée attachée à la décision arrêtant le plan. C'est pourquoi, seul un élément nouveau par rapport aux éléments existants au jour de l'arrêté du plan pourra motiver la modification [4].

---

1. V. discussion amend. n° 48, déb. Ass. nat. 2e séance, 9 avr. 1984, *JO déb. Ass. nat.*, E. 1309.
2. V. rapp. Gouzes, Ass. nat. n° 1872, p. 94 ; *adde* : C. Saint-Alary-Houin, *op. cit.,* n° 902 ; Ripert et Roblot par Delebecque et Germain, *op. cit.,* n° 3180 ; E. Kerckhove, *op. cit.* n° 730 ; F. Pérochon et R. Bonhomme, *op. cit.,* n° 312 ; P. Pétel, *op. cit.*, n° 317.
3. Rapp. Thyraud, Sénat, n° 332, p. 122.
4. V. en plan de continuation, CA Paris, 3e ch. C, 25 nov. 1994, *Rev. proc. coll.* 1995, 145, n° 23, obs. B. Soinne ; CA Paris, 3e ch. A, 10 mai 1995, *D.* 1995, IR, 162 ; *Rev. proc. coll.* 1995, 435, n° 24, obs. B. Soinne ; *adde* : Derrida, Godé et Sortais, *op. cit.*, n° 535 ; B. Soinne, *op. cit.*, n° 1543 ; *contra* : CA Chambéry, ch. civ., 1er avr. 1997, *Rev. proc. coll.* 1998, 349, n° 21, obs. B. Soinne ; v. en plan de cession, CA Paris, 3e ch. A, 11 mai 1993, *Rev. proc. coll.* 1993, 487, n° 63, obs. B. Soinne ; 10 mai 1995, *Rev. proc. coll.* 1995, 435, n° 24, obs. B. Soinne.

De plus, la modification ne doit pas rendre possible ce qui était interdit lors de l'arrêté du plan [1]. Ainsi, il ne saurait être question d'imposer à des créanciers une remise de dette, à l'occasion de la modification du plan [2].

Pour tenir compte du caractère souverain des comités de créanciers, le code prévoit que toute modification d'un plan arrêté après vote favorable des comités de créanciers ne pourra intervenir que dans les conditions de l'arrêté de ce plan (C. com., art. L. 626-31, al. 2). Il en résulte que les comités devront être réunis et consultés sur la proposition de modification. Seul un vote favorable à la double condition de majorité des deux comités de créanciers rendra possible la modification projetée.

268. Modalités procédurales de la modification du plan. La demande de modification du plan doit émaner du débiteur. Le tribunal ne statue qu'après avoir eu communication du rapport du commissaire à l'exécution du plan.

La demande doit être présentée, en application de l'article 156, alinéa 1 du décret du 28 décembre 2005, par déclaration du débiteur au greffe du tribunal. L'article 156, alinéa 2, du décret prévoit la convocation du débiteur, des contrôleurs, du représentant du comité d'entreprise ou à défaut des délégués du personnel. Il avise de la date de l'audience le ministère public, ainsi que le commissaire à l'exécution du plan.

Les créanciers, *a priori*, n'ont pas à être convoqués. Il n'en ira autrement que si la modification porte sur les modalités d'apurement du passif. En cette hypothèse, l'article 156, alinéa 3, du décret prévoit que le greffier du tribunal doit informer les créanciers intéressés. Ceux-ci disposent alors d'un délai de quinze jours pour faire valoir leurs observations par lettre recommandée avec demande d'avis de réception, adressée au commissaire à l'exécution du plan.

La décision de modification du plan appartient au tribunal.

L'article 157 du décret prévoit que le jugement fait l'objet des publicités prévues à l'article 63 du décret. En conséquence, le jugement de modification de plan fait l'objet d'un avis d'insertion au BODACC.

Il est susceptible d'appel de la part du débiteur, du commissaire à l'exécution du plan, des institutions représentatives du personnel et du ministère public. Il peut également faire l'objet d'une tierce opposition de la part des tiers, spécialement des créanciers (C. com., art. L. 661-3).

§ 2. La résolution du plan de sauvegarde ou de redressement [3]

Il convient d'envisager successivement les conditions de la résolution (Sous-paragraphe 1) avant d'envisager ses effets (Sous-paragraphe 2).

---

1. V. en ce sens, CA Paris, 3e ch. B, 10 mars 1995, *Rev. proc. coll.* 1995, 444, n° 34, obs. B. Soinne, statuant sur l'impossibilité d'augmenter les charges souscrites.

2. Trib. com. Paris, 7 nov. 1988, *JCP E,* 1989, II, 15468, n° 9, obs. M. Cabrillac et M. Vivant ; *adde* : Ripert et Roblot par Delebecque et Germain, *op. cit.*, n° 3180 ; C. Saint-Alary-Houin, *op. cit.,* n° 903 ; E. Kerckhove, *op. cit.,* n° 730.

3. Sur la question, J.-L. Vallens, « La résolution du plan de redressement », *JCP E*, 1988, II, 14979 ; Y. Chaput, « L'échec des plans de continuation et de cession », *LPA* 1991, 19 ; F. Pérochon, « Le contrôle du plan de redressement », *LPA* 22 déc. 1993, p. 10.

Sous-paragaphe 1. Conditions de la résolution du plan

269. Pouvoir d'appréciation de la juridiction ou obligation pour le tribunal de prononcer la résolution du plan. L'article L. 626-27-I, alinéa 1, du Code de commerce énonce que « *le tribunal qui a arrêté le plan peut, après avis du ministère public, en décider la résolution si le débiteur n'exécute pas ses engagements dans les délais fixés par le plan* ». Le texte ouvre ainsi au tribunal une faculté. Comme la résolution judiciaire d'un contrat, la juridiction prononcera la résolution du plan si l'inexécution est d'une certaine gravité [1].

Il n'y aura pas place à résolution si, au jour où la juridiction statue, l'inexécution a disparu, la tardiveté de l'exécution ne devant pas conduire à la résolution [2].

Le tribunal ne pourra accorder au débiteur des délais de grâce, pour l'exécution de son plan, sur le fondement de l'article 1244-1 du Code civil [3], car ce texte est inapplicable en dehors des obligations conventionnelles [4], auxquelles il n'est pas possible d'assimiler les engagements du plan de continuation qui sont « arrêtés » par le tribunal et non homologués par celui-ci.

L'article L. 626-27-I, alinéa 1, du code ne précise pas la nature des engagements inexécutés. Tout engagement inexécuté peut être source de résolution. Il pourrait s'agir tant d'engagements sociaux, que d'engagements financiers.

L'alinéa 2 de l'article L. 626-27-I du code prévoit cependant que « *lorsque la cessation des paiements du débiteur est constatée au cours de l'exécution du plan, le tribunal qui a arrêté ce dernier décide, après avis du ministère public, sa résolution et prononce la liquidation judiciaire* ».

Les alinéas 1 et 2 de l'article L. 626-27-I du code envisagent deux situations distinctes. Dans la première, il n'y a pas cessation des paiements. La résolution du plan est ici facultative. Dans la seconde, il y a cessation des paiements. La résolution est alors obligatoire.

Par comparaison, on rappellera que, sous l'empire de la législation antérieure, la résolution était facultative et pouvait intervenir indépendamment de la cessation des paiements [5].

Indiquons que l'article L. 626-27 du Code de commerce est applicable aux plans de continuation en cours à la date du 1er janvier 2006 (LSE, art. 191).

270. Conditions de forme. Seul le tribunal de la faillite est compétent pour prononcer la résolution. Cette solution posée par la jurisprudence antérieure [6] résulte aujourd'hui de la lettre des alinéas 1 et 2 de l'article L. 626-27-I.

---

1. Derrida, Godé et Sortais, *op. cit.*, n° 49 ; F. Kerckhove, *op. cit.*, n° 748 ; Ripert et Roblot, par Delebecque et Germain, *op. cit.*, n° 3194-1 ; P. Pétel, *op. cit.*, n° 319.
2. CA Toulouse, 2e ch., 6 juin 1988, *Rev. proc. coll.* 1989, 524, n° 25, obs. B. Soinne ; Chambéry, ch. civ., 25 sept. 1995, *Rev. proc. coll.* 1996, 452, n° 31, obs. B. Soinne.
3. *Contra :* Ripert et Roblot, par Delebecque et Germain, *op. cit.*, n° 3194.
4. B. Soinne, *op. cit.*, n° 1623.
5. Cass. com., 23 mai 1995, *Bull. civ.* IV, n° 154 ; *Rev. proc. coll.* 1996, 87, n° 1, obs. B. Soinne ; 23 mai 1998, arrêt n° 1608-D.
6. Cass. com., 9 déc. 1997, *JCP* 1998, IV, 1218 ; *JCP E*, 1998, 205.

La saisine aux fins de résolution du plan est régie par l'article L. 626-27-II.

La demande de résolution du plan peut intervenir d'office.

La saisine peut également être l'œuvre d'un créancier. Peu importera le montant de la créance détenue par ce créancier. Mais l'opportunité de la décision de résolution du plan étant laissée au tribunal, seul un créancier important aura quelques chances d'aboutir dans sa demande, à moins qu'il ne caractérise l'état de cessation des paiements, auquel cas la résolution du plan sera obligatoire. L'obligation pour le créancier de présenter sa demande par voie de requête semble interdire une demande subsidiaire en paiement, alors surtout qu'il ne peut, selon notre analyse, assigner en paiement des dividendes du plan (v. ss n° 264).

La saisine du tribunal pourra être l'œuvre du commissaire à l'exécution du plan.

Enfin, la saisine du tribunal aux fins de résolution du plan pourra être l'œuvre du ministère public.

La saisine du tribunal par un créancier ou par le commissaire à l'exécution du plan prendra la forme d'une requête (Décr. 28 déc. 2005, art. 159, al. 1).

En revanche, la saisine du tribunal sur demande du ministère public ou d'office conduira la juridiction à convoquer le débiteur, dans les mêmes conditions que pour l'ouverture de la procédure, c'est-à-dire en respectant l'article 172 du décret du 28 décembre 2005, s'il y a saisine d'office, l'article 173 du décret si la saisine émane du ministère public (v. ss n°s 70 et 68).

Si le plan a été arrêté au profit d'un débiteur employant au moins 20 salariés ou réalisant au moins 3 000 000 d'euros de chiffres d'affaires hors taxes par an, la présence du ministère public à l'audience est obligatoire, comme elle l'était lors de l'arrêté du plan (Décr. 28 déc. 2005, art. 159, al. 1, renvoyant à C. com., art. L. 626-9).

Sous-paragraphe 2. Effets de la résolution du plan

271. Distinction de la résolution avec ou sans cessation des paiements. Lorsque la résolution du plan intervient sans cessation des paiements, l'article L. 626-27-I, alinéa 1, du Code de commerce ne prévoit pas l'ouverture d'une nouvelle procédure. Le plan prend fin. Il emporte spécialement, ainsi que le précise l'article L. 626-27-I, alinéa 3, fin des délais de paiement. Les dettes échues avant le jugement arrêtant le plan doivent donc être immédiatement payées. Il peut donc y avoir survenance de la cessation des paiements après la résolution du plan. En ce cas, il semble qu'il y ait place à une nouvelle procédure, qui peut être un redressement ou une liquidation judiciaire.

Au contraire, si la résolution s'accompagne de la cessation des paiements, l'article L. 626-27-I, alinéa 2, prévoit explicitement l'obligation pour le tribunal de prononcer la résolution du plan et de prononcer une liquidation judiciaire. De manière redondante, l'article 159, alinéa 2, du décret du 28 décembre 2005 précise que dans le jugement qui prononce la résolution du plan, le tribunal prononce la liquidation judiciaire.

La résolution du plan n'était pas, sous l'empire de la législation antérieure, susceptible d'arrêt de l'exécution provisoire [1]. La solution nous semble modifiée si la résolution du plan intervient avec cessation des paiements. En ce cas, en effet, il y a prononcé d'une liquidation judiciaire. Or, l'article 328, alinéa 3, du décret du 28 décembre 2005 rend possible l'arrêt de l'exécution provisoire des jugements mentionnés au I de l'article L. 661-1 du code.

272. Remise des créanciers en l'état antérieur au plan. En cas de résolution du plan, les délais du plan prennent fin (C. com., art. L. 626-27-I, al. 3). En revanche, le texte reste muet sur la restauration des droits des créanciers, au contraire de la solution posée sous l'empire de la législation antérieure. Mais un autre texte, l'article L. 626-19, alinéa 2 du code indique que la réduction de créance n'est acquise qu'après versement du dernier dividende. Toutefois, force est de constater que ce texte a un domaine restreint d'application, puisqu'il ne concerne que l'hypothèse du créancier qui accepte une réduction de créance proposée par le tribunal, en contrepartie d'un paiement plus rapide. L'absence de volonté législative affirmée lors des travaux préparatoires de la loi de sauvegarde des entreprises pour modifier sur ce point la législation nous incline à ne pas modifier la solution antérieure et à considérer, en conséquence, que les remises seront supprimées en cas de résolution du plan.

273. Déclaration de créance après ouverture d'une procédure consécutive à la résolution du plan. En rupture très nette avec les solutions de la législation antérieure qui obligeaient le créancier admis au plan à déclarer à nouveau sa créance, déduction faite des paiements déjà reçus, l'article L. 626-27-III, applicable aux plans de continuation en cours au 1er janvier 2006, dispense le créancier admis au passif dans le cadre de la procédure ayant débouché sur le plan de sauvegarde ou de redressement de déclarer à nouveau sa créance. Ce créancier sera admis de plein droit au passif, déduction faite des paiements reçus. Sa créance ne sera même pas vérifiée. Cette solution vaut non seulement pour le cas de résolution du plan avec cessation des paiements, qui entraîne le prononcé de la liquidation judiciaire, mais aussi pour le cas d'une procédure — de redressement ou de liquidation judiciaire — ouverte suite à l'apparition de l'état de cessation des paiements après prononcé de la résolution du plan. C'est l'interprétation qu'invite à faire la lettre de l'article L. 626-27-III, évoquant l'« ouverture ou (le) prononcé de la nouvelle procédure » après résolution du plan.

La restauration des droits des créanciers se fait cependant sans rétroactivité [2]. Les créanciers conservent les sommes versées puisqu'ils ne retrouvent leur droit que « déduction faite des sommes perçues ». L'absence de rétroactivité attachée à la résolution du plan justifie aussi le maintien des obligations souscrites par les cautions du plan [3].

---

1. Cass. com., 23 janv. 1998, *D.* 1999, som. 71, obs. A. Honorat ; *RJDA* 1998/11, p. 947, n° 1263.
2. Posant le principe de non rétroactivé, v. CA Paris, 3e ch. A, 5 mars 1996, *D.* 1996, IR, 101, énonçant qu'il n'y a pas de mise à néant du premier jugement de redressement judiciaire et des conséquences d'ordre public qui y sont attachées ; *adde* : C. Saint-Alary-Houin, *op. cit.*, n° 913.
3. E. Kerckhove, *op. cit.*, n° 748 ; B. Soinne, *op. cit.*, n° 1633 ; Jeantin, *op. cit.*, n° 733 ; Y. Chaput, *op. cit.*, n° 260 ; *adde* sur la question : CA Paris, 5 juill. 1996, *RJDA* 1997, n° 125.

Les créanciers non admis au passif de la première procédure pour défaut de déclaration régulière, sous l'empire de la législation antérieure, encouraient l'extinction de leur créance. Ils ne pouvaient donc être admis au passif de la seconde procédure, l'extinction de la créance jouant définitivement [1]. La solution doit être abandonnée, puisque la créance non déclarée n'est plus éteinte. Rien ne s'oppose donc à ce que le créancier n'ayant pas déclaré soit admis au passif de la seconde procédure, en déclarant correctement sa créance dans la seconde procédure [2]. En revanche, le créancier rejeté après contestation de sa créance dans la première procédure encourt une extinction de sa créance, qui joue définitivement à notre sens.

Les créanciers postérieurs de la première procédure éligibles au traitement préférentiel deviennent des créanciers antérieurs, dans la seconde procédure, astreints à déclarer leurs créances au passif, comme sous l'empire de la législation antérieure [3], mais avec une différence notable, qui tient au maintien de leur privilège, qu'ils mentionneront dans leur déclaration de créance [4].

1. B. Soinne, *op. cit.*, n° 1630 ; comp. C. Saint-Alary-Houin, *op. cit.*, n° 915.
2. V. aussi en ce sens, A. Jacquemont, *op. cit.*, n° 675.
3. Cass. com., 28 juin 1994, *Bull. civ.* IV, n° 244 ; *RTD com.* 1995, 486, obs. A. Martin-Serf ; Cass. com., 12 juill. 1994, *Bull. civ.* IV, n° 264 ; *D.* 1995, som. 9, obs. F. Derrida ; *RTD com.* 1995, 486, obs. A. Martin-Serf ; *Rev. proc. coll.* 1995, 297, obs. C. Saint-Alary-Houin ; *Dr. sociétés* 1994, n° 156, obs. Y. Chaput ; *JCP E,* 1995, I, 417, n° 19, obs. Pétel ; *LPA* 2 déc. 1994, p. 13, note J. Brandeau ; Cass. com., 10 oct. 1995, *Rev. proc. coll.* 1996, 88, n° 2, obs. B. Soinne ; Cass. com., 20 juin 2000, *Dict. perm. difficultés des entreprises*, *Bull.* 202 (4 sept. 2000), p. 6238, v° *Déclaration et vérification des créances*, n° 28.
4. V. aussi en ce sens, A. Lienhard, *op. cit.*, n° 1044.

Chapitre 2

La liquidation judiciaire

274. Objectifs et critères de la liquidation judiciaire. La loi de sauvegarde des entreprises a défini les objectifs de la liquidation judiciaire. Cette procédure, qui oblige à la désignation d'un organe spécifique, le liquidateur (v. ss n°s 135 et s.), est destinée à mettre fin à l'activité de l'entreprise ou à réaliser le patrimoine du débiteur par une cession globale ou séparée de ses droits et de ses biens. Le détournement du courrier peut être ordonné.

La loi de sauvegarde des entreprises modifie ainsi la vision restrictive des finalités de la liquidation judiciaire, orientée antérieurement vers la satisfaction des créanciers, même si l'objectif de sauvetage de l'entreprise n'était pas complètement absent de la liquidation judiciaire, sous l'empire de la législation antérieure, avec les cessions d'unité de production. Tout en supprimant les cessions d'unité de production, la loi de sauvegarde fait basculer, par principe, le plan de cession dans la liquidation judiciaire, pour le faire apparaître comme une technique de réalisation des actifs du débiteur. Cependant, la finalité du plan de cession n'a pas changé. Il est toujours question de sauver l'entreprise, les emplois et de payer les créanciers. De la sorte, l'idée de sauver l'entreprise envahit la liquidation judiciaire, mais techniquement cela constitue une modalité de réalisation des actifs du débiteur.

La liquidation judiciaire, depuis la loi du 10 juin 1994, peut être immédiate. Il en sera ainsi parce que l'entreprise n'aura aucune chance de se redresser. La liquidation judiciaire est donc une procédure subsidiaire.

La liquidation judiciaire peut intervenir également sur conversion d'un redressement judiciaire, mais aussi d'une sauvegarde, si apparaît l'état de cessation des paiements et si le redressement s'avère impossible.

En outre, la résolution d'un plan de sauvegarde ou de redressement, accompagnée d'un état de cessation des paiements, entraîne nécessairement l'ouverture d'une nouvelle procédure, qui est obligatoirement une liquidation judiciaire (C. com., art. L. 626-27-I, al. 2).

275. Modalités entourant le jugement de liquidation judiciaire. Alors que la demande de mise en liquidation judiciaire immédiate obéit aux conditions classiques de saisine du tribunal aux fins d'ouverture de la procédure (v. ss n°s 63 et s.), la demande de conversion du redressement en liquidation judiciaire est réservée à l'administrateur, au mandataire judiciaire, aux contrôleurs, au débiteur et au ministère public. Elle peut également intervenir d'office (C. com., art. L. 631-15-II). Les mêmes modalités sont posées pour la conversion de la sauvegarde en liquidation judiciaire (C. com., art. L. 622-10, al. 2), ce qui postule qu'il y ait eu apparition de la cessation des paiements en sauvegarde. Si la conversion résulte du constat, après l'ouverture de la sauvegarde, d'une préexistence de l'état de cessation des paiements, la conversion est possible dans les mêmes conditions, sous une réserve : les contrôleurs n'ont plus qualité pour saisir à cette fin le tribunal (C. com., art. L. 621-12, al. 2).

Le jugement de liquidation judiciaire fait l'objet des publicités prévues par l'article 63 du décret du 28 décembre 2005. Il est donc notamment publié au BODACC (sur l'exécution provisoire, v. ss n° 84).

L'étude de la liquidation judiciaire commande d'abord de porter son attention sur les effets du jugement de liquidation judiciaire (Sous-chapitre 1). Il conviendra ensuite de s'intéresser à la question de la réalisation des biens du débiteur (Sous-chapitre 2), et enfin, d'examiner la fin de la liquidation judiciaire (Sous-chapitre 3).

Sous-chapitre 1

Les effets du jugement de liquidation judiciaire

Il convient d'abord d'envisager les effets du jugement de liquidation judiciaire sur l'activité de l'entreprise (Section I), avant d'examiner ses incidences sur la personne du débiteur (Section II).

Section I

Les effets sur l'activité de l'entreprise

§ 1. LE PRINCIPE D'ARRÊT DE L'ACTIVITÉ

276. Le principe de l'arrêt de l'activité de l'entreprise. L'arrêt de l'activité, par suite du prononcé de la liquidation judiciaire, résulte d'une interprétation *a contrario* d'un texte d'exception, en l'occurrence l'article L. 641-10, alinéa 1, du Code de commerce qui énonce que « *le maintien de l'activité peut être autorisé par le tribunal* ». Il faut donc en déduire que, dans le cas contraire, il y a arrêt de l'activité.

À défaut d'autorisation de poursuite d'activité par le tribunal, la continuation de l'activité qui interviendrait serait irrégulière. La solution est d'importance pour le cocontractant du débiteur, qui ne saurait bénéficier du traitement préférentiel réservé aux créanciers postérieurs, car la créance ne peut naître « régulièrement » d'une poursuite irrégulière d'activité.

L'arrêt de l'activité a nécessairement une influence sur les contrats. Nous avons vu que le liquidateur ne tenait pas de la loi la possibilité de continuer les contrats, si l'activité a cessé. Une dérogation est apportée par l'article L. 622-12 du code. Son alinéa 1 prévoit en effet que la liquidation judiciaire n'entraîne pas résiliation du bail des immeubles professionnels.

En outre, la liquidation judiciaire n'entraîne pas rupture des contrats de travail. C'est pourquoi, à défaut de poursuite de l'activité, le liquidateur, pour permettre une prise en charge par l'AGS, doit procéder aux licenciements des salariés dans les quinze jours de la liquidation judiciaire (V. ss n° 179).

§ 2. LE MAINTIEN PROVISOIRE DE L'ACTIVITÉ

277. Le maintien provisoire de l'activité. Au principe d'arrêt de l'activité, l'article L. 641-10, alinéa 1, du Code de commerce apporte des exceptions. Il y aura d'abord, comme sous l'empire de la législation antérieure, poursuite provisoire de l'activité si l'intérêt public ou celui des créanciers l'exige. La notion d'intérêt public est bien vague. On peut penser à la volonté d'éviter des licenciements par mesure de protection des salariés [1]. L'intérêt des créanciers est plus facile à déterminer. Il s'agira ici d'éviter l'augmentation du passif par des éventuelles condamnations à des dommages et intérêts résultant de l'inexécution de travaux ainsi que de parvenir à la meilleure réalisation possible des actifs, par exemple pour la vente de fonds de commerce de proximité qui s'accommode mal d'une fermeture provisoire.

La loi de sauvegarde a introduit une exception d'une portée beaucoup plus grande au principe de l'arrêt de l'activité par l'effet de l'ouverture ou du prononcé de la liquidation judiciaire. Il s'agit de la possibilité d'un plan de cession totale ou partielle. En ce cas, la déchéance du terme attachée par principe à la liquidation judiciaire est écartée (C. com., art. L. 643-1, al. 1)

La poursuite provisoire de l'activité ne peut excéder trois mois (C. com., art. L. 641-10, al. 1, et Décr. 28 déc. 2005, art. 231, al. 1), sauf si le débiteur est à la tête d'une exploitation agricole. En ce cas, la poursuite d'activité peut perdurer jusqu'à la fin du cycle cultural ou d'élevage. La poursuite provisoire d'activité peut en outre être prolongée une fois pour une période identique, à la demande du ministère public.

Pendant la poursuite provisoire de l'activité, l'administration de l'entreprise est confiée à l'administrateur (C. com., art. L. 641-10, al. 2), la présence de ce dernier étant obligatoire, dès lors que l'entreprise emploie au moins 20 salariés ou réalise au moins 3 000 000 d'euros de chiffres d'affaires hors taxes. À défaut, elle appartiendra au liquidateur.

L'article L. 641-10, alinéa 1, indique que les dispositions de l'article L. 641-13 s'appliquent alors aux créances nées pendant cette période. Il faut comprendre qu'il y a place à attribution du traitement préférentiel.

Le jugement de liquidation judiciaire, qui a des effets sur l'activité de l'entreprise, ne reste pas sans incidence sur la personne du débiteur.

Section II
Les effets sur la personne du débiteur

Les effets sur la personne du débiteur sont au nombre de deux. L'un intéresse tous les débiteurs. C'est le dessaisissement (§ 1). Le second concerne les sociétés. C'est la question de la dissolution (§ 2). Précisons que le détournement de courrier peut être prescrit en liquidation judiciaire.

§ 1. LE DESSAISISSEMENT DU DÉBITEUR

278. Dessaisissement résultant de la liquidation judiciaire. Aux termes de l'article L. 641-9-I, alinéa 1, du Code de commerce, *« le jugement qui ouvre ou*

1. P. Le Cannu, *op. cit.*, n° 776 ; C. Saint-Alary-Houin, *op. cit.*, n° 1027 ; Y. Guyon, *op. cit.*, n° 1300.

prononce la liquidation judiciaire emporte de plein droit, à partir de sa date, dessaisissement pour le débiteur de l'administration et de la disposition de ses biens, même de ceux qu'il a acquis à quelque titre que ce soit tant que la liquidation judiciaire n'est pas clôturée. Les droits et actions du débiteur concernant son patrimoine sont exercés pendant toute la durée de la liquidation judiciaire par le liquidateur ».

Le dessaisissement désigne la réduction des pouvoirs du débiteur résultant de l'effet de saisie collective [1] des droits patrimoniaux du débiteur par la procédure, laquelle désigne chacun des créanciers antérieurs, ainsi que le représentant de leur intérêt collectif, le liquidateur.

Le dessaisissement a une durée identique à celle de la procédure de liquidation judiciaire. Il commence très exactement à zéro heure du jugement qui prononce la liquidation judiciaire [2]. Le dessaisissement cesse avec le jugement de clôture de la procédure, qu'elle intervienne pour extinction du passif ou pour insuffisance d'actif. À compter de cette date, le débiteur retrouve pouvoir pour introduire des actions en justice [3].

La lettre du texte implique de considérer que le dessaisissement à une portée générale. Il vise en effet les « *biens acquis à quelque titre que ce soit* ». Peu importe donc que les biens en cause soient ou non liés à l'activité professionnelle le débiteur [4]. Le dessaisissement a nécessairement un impact sur la possibilité de représentation des personnes morales (v. ss n° 280).

Le dessaisissement s'applique tant aux actes juridiques qu'aux actions en justice.

Les actes juridiques accomplis au mépris du dessaisissement ne sont pas nuls. Ils sont inopposables à la procédure collective [5]. Cette sanction, qui ne peut être mise en œuvre que par le liquidateur [6], joue indépendamment de la mauvaise foi des tiers [7].

Les actions en justice intentées au mépris des règles du dessaisissement par le débiteur sont irrecevables, pour défaut de capacité à ester en justice [8]. La même solution s'applique pour les voies de recours.

---

1. J. Vallansan, p. 289 ; *adde : M.* Sénéchal, *Essai sur la saisie collective du gage commun des créanciers,* Litec 2002, Bibl. dr. de l'entreprise, t. 59.
2. Cass. com., 17 mai 1989, *Bull. civ.* IV, n° 152 ; *JCP* 1990, II, 21464, note M. Beaubrun.
3. Cass. com., 17 oct. 2000, *JCP E et A,* 2001, chron. 176, n° 2-C-8, obs. P. Pétel ; *D.* 2001, som. 619, obs. A. Honorat ; *Act. proc. coll.* 2000/18, n° 232, note T. Bonneau ; *D.* 2000, jur. p. 411, note A. Lienhard.
4. En faveur de la portée générale du dessaisissement quant aux biens du débiteur, v. Derrida, Godé et Sortais, *op. cit.*, n° 258.
5. Cass. com., 23 mai 1995, *Bull. civ.* IV, n° 150 ; *D.* 1995, 413, note F. Derrida ; *Dr. sociétés* 1995, n° 165, obs. Y. Chaput ; *Rev. proc. coll.* 1995, 345, obs. B. Durueil ; Cass. com., 14 oct. 1997, *RJ com.* 1998, 293, n° 90, obs. C. Saint-Alary Houin ; Cass. com., 1er févr. 2000, *RJDA* 2000/5, n° 577 ; Cass. com., 26 avr. 2000, *JCP E et A,* 2000, pan. rap. 971 ; *Act. proc. coll.* 2000/10, n° 126.
6. Cass. com., 22 janv. 2002, *Act. proc. coll.* 2002/8, n° 103 ; *RJDA* 2002/5, n° 532 ; Cass. com., 7 juin 2005, n° 04-12.739, *Gaz. proc. coll.* 2005/3, p. 31, obs. D. Voinot.
7. Cass. com., 2 avr. 1996, *Bull. civ.* IV, n° 103 ; *D.* 1996, som. 338, obs. A. Honorat ; *JCP E,* 1996, I, 584, n° 5, obs. M. Cabrillac ; Cass. com., 22 oct. 1996, *Dr. sociétés* 1996, n° 232, obs. Y. Chaput ; *adde* : rép. min. n° 54461, *JOAN Q* 25 mai 1992, p. 2358.
8. V. ainsi sur l'impossibilité pour les dirigeants sociaux déclarés à titre personnel en liquidation judiciaire d'agir contre le banquier dispensateur de crédit de la société débitrice, du fait de leur dessaisissement, CA Paris, 3e ch. B, 23 janv. 1998, *Rev. proc. coll. civ. et com.* 1999, 188, n° 3, obs. A. Martin-Serf.

L'action en justice intentée contre le débiteur seul est également irrégulière. Le jugement rendu dans ces conditions sera réputé, par application de l'article 369 du nouveau Code de procédure civile, non avenu (NCPC, art. 372) [1].

279. Exceptions au dessaisissement. Les règles relatives au dessaisissement sont restrictives de droits et méritent, à ce titre, une interprétation restrictive. Il faut d'abord décider que les biens déclarés insaisissables par la loi échappent logiquement au dessaisissement. Il en est par exemple ainsi des indemnités et créances à caractère alimentaire [2]. Une difficulté particulière se présente pour l'immeuble du débiteur personne physique ayant fait l'objet d'une déclaration notariée d'insaisissabilité. La doctrine, majoritairement, penche pour la possibilité de saisie de l'immeuble dès lors que le liquidateur représente au moins un créancier auquel la déclaration est inopposable, c'est-à-dire soit un créancier antérieur à la déclaration notariée, soit un créancier non professionnel postérieur à la déclaration [3].

Ensuite, ne sont visés que « *les droits et actions du débiteur concernant son patrimoine* ». *A contrario*, il faut décider que les droits et actions n'intéressant pas le patrimoine du débiteur continuent à lui appartenir.

Il en est d'abord ainsi des droits extra-patrimoniaux, notamment toutes les actions relatives à l'état des personnes, telle la possibilité pour le débiteur de divorcer. Les actions mixtes méritent une précision. Si le débiteur y figure en qualité de demandeur, la demande ne pourra émaner que de lui, mais l'action supposera, pour sa régularité, la présence à ses côtés du liquidateur. Ainsi a-t-il été jugé que le débiteur peut seul divorcer, mais que la convention définitive de divorce ne pourra être conclue par le débiteur seul [4].

Le droit d'accorder une succession ou d'y renoncer est attaché à la personne du débiteur et peut donc être exercé seul par le débiteur. Mais, en application de l'article 788, alinéa 2, du Code civil, le liquidateur, représentant les créanciers, peut agir en nullité de l'option successorale si elle est préjudiciable aux créanciers [5].

Les indemnités et créances à caractère alimentaire doivent être exclues du domaine du dessaisissement [6].

Le débiteur a également le droit de se constituer partie civile. Cependant, son intervention était, sous l'empire de la législation antérieure, limitée au déclenchement de l'action publique et ne pouvait tendre à obtenir une indemnisation [7]. La solution a été modifiée. Désormais, l'article L. 641-9-I, alinéa 2, du code autorise de façon

---

1. Cass. civ. 2e, 6 mars 1991, *Bull. civ.* II, n° 78 ; *D.* 1992, som. 90, obs. F. Derrida.
2. Cass. com., 5 févr. 2002, *D.* 2002, AJ, 887 ; *Dr. et patr.* 2002, n° 106, p. 107, obs. M.-H. Monsérié-Bon ; *Rev. proc. coll.* 2002, 257, obs. Ch. Lebel.
3. V. not. F. Vauvillé, « La déclaration notariée d'insaisissabilité », *Defrénois* 2003, art. 37813, p. 1197, spéc. 1203, n° 14 ; A. Jacquemont, *op. cit.*, n° 805.
4. Cass. com., 26 avr. 2000, *Act. proc. coll.* 2000/10, n° 126 ; *D.* 2000, jur. p. 263, obs. A. Lienhard ; *JCP E et A,* 2000, chron. 1562, n° 2-c-5, obs. P. Pétel ; Cass. civ. 1re, 25 janv. 2000, *RD bancaire et fin.* 2000/2, n° 71, note F.-X. Lucas.
5. Cass. com., 3 mai 2006, n° 04.10.115, arrêt n° 555FS-P+B+I+R, *D.* 2006, AJ, 1368, obs. A Lienhard ; *Act. proc. coll.* 2006/10, n° 118, note C. Régnant-Moutier ; LXB n° NO179AL, note P.-M. Le Corre.
6. Cass. com., 5 févr. 2002, *D.* 2002, AJ, 887 ; *Dr. et patr.* 2002, n° 106, p. 107, obs. M.-H. Monsérié-Bon ; *Rev. proc. coll.* 2002, 257, obs. Ch. Lebel.
7. Cass. crim., 21 mars 2000, *RTD com.* 2000, 729, obs. J.-L. Vallens.

générale le débiteur à se constituer partie civile. La question se pose alors de connaître le sort du produit de l'action. La logique semble conduire à décider que le débiteur pourra en conserver le produit [1].

De même qu'il conserve ses droits extra-patrimoniaux, le débiteur conserve ses droits propres. Ainsi, le débiteur peut-il agir en diffamation [2]. De même, il peut utiliser toutes les voies de recours que lui reconnaît le code [3]. On citera, pour illustration, le droit pour le débiteur d'interjeter appel du jugement de report de la date de cessation des paiements [4] ou de l'ordonnance d'admission d'une créance au passif [5], ainsi que d'exercer le recours — autrefois l'appel et désormais l'opposition — à l'encontre d'une ordonnance de relevé de forclusion [6].

§ 2. La dissolution des sociétés

280. La dissolution des sociétés par l'effet de la liquidation judiciaire. Par application de l'article 1844-7-7e du Code civil, la société est dissoute par l'effet du jugement prononçant la liquidation judiciaire. La personnalité morale subsiste cependant pour les besoins de sa liquidation au sens du droit des sociétés, ce qui permet d'englober toute la période de liquidation judiciaire. Cette solution n'est pas applicable aux personnes morales autres que les sociétés. La solution a par exemple été posée pour une association [7] qui, en l'absence de disposition contraire des statuts, n'est pas dissoute par le prononcé de la liquidation judiciaire.

Nous avons vu que le débiteur en liquidation judiciaire conserve, malgré son dessaisissement, la possibilité d'exercer des droits propres, ce qui lui permet d'exercer des actions en justice ou d'y défendre, mais encore de former des voies de recours. Si le débiteur est une société, sa dissolution met logiquement fin au pouvoir de représentation de ses organes statutaires. Faute de coordination de cette règle du droit des sociétés avec les règles des procédures collectives, il en était résulté de très importantes difficultés procédurales, dont la plus singulière était sans doute celle privant le dirigeant social de faire appel du jugement plaçant la société en liquidation judiciaire. La Cour de cassation, ajoutant à cette singularité, avait cru, en outre,

---

1. *Contra* : A. Jacquemont, *op. cit.*, n° 701.
2. CA Paris, 1re ch. A, 16 oct. 2000, *JCP E et A*, 2000, pan. rap. 1789.
3. J. Vallansan, *op. cit.*, p. 292.
4. Cass. com., 1er mars 2005, n° 03-19.956, *D.* 2005, AJ, 953, obs. A. Lienhard ; *Act. proc. coll.* 2005, n° 75, note C. Régnaut-Moutier ; *Dr. et proc.* 2005/5, p. 277, note P.-M. Le Corre ; *Gaz. proc. coll.* 2005/2, p. 12, obs. P.-M. Le Corre ; LXB n° N4224AIB, note P.-M. Le Corre ; Cass. com., 24 mai 2005, n° 02-13.800, *Gaz. proc. coll.* 2005/3, p. 13, n° 3, obs. Ch. Lebel ; — Cass. com., 15 nov. 2005, n° 04-13.938, *Gaz. proc. coll.* 2006/1, p. 13, n° 2, obs. Ch. Lebel.
5. Cass. com., 11 mai 1993, *Bull. civ.* IV, n° 180 ; Cass. com., 15 févr. 2000, *Act. proc. coll.* 2000/7, n° 84 ; Cass. com., 9 janv. 2001, *Act. proc. coll.* 2001/6, n° 81 ; Cass. civ. 3e, 17 nov. 2004, n° 03-10.308, *D.* 2004, AJ, 3143, *D.* 2005, pan. p. 295, obs. P.-M. Le Corre ; *Bull. Joly* 2005/3, p. 362, § 70, note F.-X. Lucas ; *Rev. sociétés* 2005/3, p. 690, note P.-M. Le Corre.
6. Cass. com., 15 févr. 2000, *Act. proc. coll.* 2000/7, n° 84 ; Cass. com., 25 juin 2002, *Act. proc. coll.* 2002/15, n° 198 ; Cass. com., 28 janv. 2004, n° 01-01.966.
7. Cass. com., 8 juill. 2003, n° 01-02.050, *D. 2003, AJ, 2173 ; Act. proc. coll.* 2003/15, n° 201, obs. J.-P. Legros ; *Bull. Joly* 2004/1, p. 103, § 16, note Ph. Neau-Leduc ; *JCP E,* 2004, chron. 151, p. 175, n° 7, obs. Ph. Pétel ; *Rev. proc. coll.* 2003, 345, n° 1, obs. Ch. Lebel ; Cass. com., 14 déc. 2004, n° 02-11.024 et n° 02-16.094, *JCP E,* 2005, 640, p. 713, note F.-X. Lucas ; Cass. com., 15 mars 2005, n° 01-01.419, *Gaz. proc. coll.* 2005/2, p. 17, obs. D. Voinot.

devoir juger que le représentant légal de la société, bien que privé du droit de représenter celle-ci en justice, demeurait néanmoins une personne habilitée à recevoir la signification des actes intéressant la société et notamment celle du jugement plaçant la société en liquidation judiciaire. Ainsi, le délai d'appel pouvait-il courir à l'encontre d'une personne privée du droit d'agir [1]. Il en était de même du délai de pourvoi en cassation [2].

En réalité, cette privation du droit d'action n'était pas totale. En effet, un mandataire *ad hoc* ou un liquidateur au sens du droit des sociétés pouvait être nommé pour exercer les droits propres du débiteur. En pratique, cependant, ce droit restait fort théorique, s'il s'agissait de contester le jugement de liquidation judiciaire, du fait des délais classiques de nomination d'un mandataire *ad hoc* ou d'un liquidateur amiable.

De manière extrêmement pragmatique, l'article L. 641-9-II, alinéa 1, du Code de commerce prévoit que « *lorsque le débiteur est une personne morale, les dirigeants sociaux en fonction lors du prononcé du jugement de liquidation judiciaire le demeurent* ». Ainsi, toute difficulté liée à cette jurisprudence se trouve-t-elle supprimée, à mois que, comme l'envisage cette disposition, une solution contraire ait été prévue par les statuts ou par une décision de l'assemblée générale. En cette dernière occurrence, l'article L. 641-9-II, alinéa 1, du code poursuit en indiquant que « *en cas de nécessité, un mandataire peut être désigné en leur lieu et place par ordonnance du président du tribunal sur requête de tout intéressé, du liquidateur ou du ministère public* ».

Les effets les plus importants du jugement de liquidation judiciaire sont d'emporter obligation pour le liquidateur de réaliser les actifs du débiteur.

---

1. Cass. com., 23 nov. 2004, pourvoi n° 03-14. 066 ; Cass. com., 18 janv. 2005, pourvoi n° 02-18.070 ; Cass. com., 12 avr. 2005, pourvoi n° 04-11.994 ; Cass. com., 15 nov. 2005, pourvoi n° 04-19.293.

2. Cass. com., 30 juin 2004, pourvoi n° 03-12. 627, *D.* 2004, AJ, 2043, obs. A. Lienhard ; *D.* 2004, Jur. 2429, note F. Derrida, P. Julien et J.-F. Renucci ; *Act. proc. coll.* 2004/16, n° 203, note M.-H. Monsérié-Bon ; *Dr. et procédures* 2004/6, p. 330, note E. Putman ; *JCP E*, 2005, chron. 31, p. 27, n° 5, obs. Ph. Pétel ; *Procédures* 2004/10, p. 19, n° 212, note C. Laporte ; *Rev. sociétés* 2004/4, p. 959, note P. M. Le Corre ; Cass. com., 30 juin 2004, pourvoi n° 02-14. 259 et pourvoi n° 03-11. 587.

Sous-chapitre 2

La réalisation des biens du débiteur

Le législateur envisage deux types de réalisation d'actifs, le premier pouvant être qualifié de réalisation d'actifs isolés (Section II), par opposition au second type qui est celui du plan de cession, qui représente une technique de réalisation globale des actifs. Mais le plan de cession est plus qu'une simple opération de réalisation des actifs, puisqu'il est question de sauver une entreprise et les emplois qui y sont attachés. Son importance justifie, comme le fait d'ailleurs le législateur, que l'étude commence par son examen (Section I). La réalisation des biens du débiteur permettra de procéder à la distribution du produit des réalisations d'actifs (Section III).

Section I
La réalisation globale des biens du débiteur par le plan de cession

281. Le nouveau positionnement du plan de cession dans la procédure collective. Le plan de cession est sans doute l'innovation la plus spectaculaire de la loi du 25 janvier 2005. Voie royale du redressement de l'entreprise, très utilisé pour le sauvetage des grandes entreprises, alors que le plan de continuation était réservé aux petites structures, le plan de cession était l'illustration paroxystique de la distinction du sort de l'homme et de l'entreprise.

Le plan de cession a été conçu par le législateur de 1985 comme une technique de redressement de l'entreprise. « *La cession a pour but d'assurer le maintien d'activités susceptibles d'exploitation autonome, de tout ou partie des emplois qui y sont attachés et d'apurer le passif* ».

La cession doit porter sur une entreprise, c'est-à-dire sur une « activité économique autonome organisée par les moyens nécessaires à l'exercice de cette activité ». La cession doit permettre le maintien de branches autonomes d'activité. S'il n'est question que de reprendre une masse d'actifs hétérogènes, sans véritable projet d'entreprise, il ne peut y avoir plan de cession [1]. Ainsi, le critère distinctif semble être celui de la présence de salariés repris [2].

1. CA Paris, 3e ch. A, 21 févr. 1995 et 10 mai 1995, *Rev. proc. coll.* 1995, 156, n° 37, obs. B. Soinne.
2. V. ainsi CA Paris, 14 déc. 1993, *D.* 1996, som. 5, obs. F. Derrida ; CA Chambéry, ch. civ. 15 mai 1995, *Rev. proc. coll.* 1995, 157, n° 37, obs. B. Soinne ; CA Paris, 7 juill. 1995, *Dr. sect.* 1995,

La cession peut porter sur une ou plusieurs branches autonomes d'activité, notion évoquant le concept d'apport partiel d'actif [1].

Le législateur était peut-être allé trop loin, en oubliant de donner la priorité à un plan de continuation par rapport à un plan de cession, si les conditions du premier étaient réunies. Il en résultait une possibilité d'expropriation pour cause d'intérêt privé totalement injustifiée lorsque les dirigeants de l'entreprise débitrice pouvaient espérer se redresser par un plan de continuation.

En outre, le législateur de 1985 avait exclusivement raisonné par rapport à l'entreprise, oubliant toutefois que la procédure collective n'était pas ouverte contre ou au profit d'une entreprise mais au préjudice ou au bénéfice d'un débiteur. La remarque n'est pas anodine, dès lors que cette absence de prise en compte du sort du débiteur avait été la source de difficultés pratiques, par exemple celle liée à la question du dessaisissement. Dès lors qu'un plan de cession totale est arrêté, économiquement cela signifie la mort du débiteur. Aussi, la vision de la loi de sauvegarde des entreprises nous apparaît-elle plus adaptée, lorsqu'elle considère que le plan de cession marque la mort économique du débiteur et qu'il convient en conséquence de prononcer sa liquidation. Peut-être n'était-il cependant pas utile de considérer le plan de cession comme une simple technique de réalisation des actifs d'un débiteur en liquidation judiciaire, comme le fait le législateur, en déplaçant la réglementation du plan en liquidation judiciaire et plus spécialement dans le chapitre intéressant la réalisation des actifs du débiteur en liquidation judiciaire. En effet, le prononcé de la liquidation judiciaire apparaît comme la conséquence du plan de cession totale, et n'avait pas nécessairement à en marquer le point de départ.

La question du moment de l'arrêté du plan de cession a été l'une des plus débattues lors du vote de la loi de sauvegarde. À la suite d'un amendement, un assouplissement a été introduit dans le texte, qui rend possible l'arrêté d'un plan de cession en phase de redressement judiciaire. Mais le caractère exceptionnel de la solution n'a pas été noté dans la loi. Il est dès lors fort probable que la majorité des plans de cession soit arrêtée en redressement judiciaire. En revanche, un plan de cession totale est inconcevable dans la procédure de sauvegarde. En cette phase, l'entreprise n'est pas à vendre. Seules sont envisageables, dans la perspective de la sauvegarde, des cessions partielles.

Le déplacement de principe du plan de cession en liquidation judiciaire a eu cependant au moins deux conséquences de principe. Il en est résulté d'abord l'énoncé du caractère subsidiaire du plan de cession en redressement judiciaire par rapport au plan de redressement. En effet, l'article L. 631-22 du code dispose que « *le tribunal peut ordonner la cession totale ou partielle de l'entreprise si le débiteur est dans l'impossibilité d'en assurer lui-même le redressement* ». La seconde conséquence du déplacement en liquidation judiciaire du plan de cession est la suppression de la technique de la cession d'unité de production, que la Chambre sociale de la Cour de cassation avait auparavant condamné à mort en rendant inopérants les licenciements effectués antérieurement par le liquidateur [2].

---

n° 240, obs. Y. Chaput ; *Rev. proc. coll.* 1996, 467, obs. B. Soinne ; *adde* : F. Pérochon et R. Bonhomme, *op. cit.*, n° 334.

1. J. Vallansan, *op. cit.*, sous art. 81, p. 137.

2. Cass. soc., 19 avr. 2005, pourvoi n° 03-43.240, *D.* 2005, AJ, 1352, obs. A. Lienhard ; *D.* 2005, som. comm. 2017, obs. F.-X. Lucas.

282. Finalité et nature juridique du plan de cession. Bien que la loi de sauvegarde fasse apparaître le plan de cession comme une technique de réalisation des actifs en liquidation judiciaire, la finalité du plan de cession n'a pas changé. Elle résulte clairement de l'article L. 642-5, alinéa 1, du Code de commerce selon lequel « *le tribunal retient l'offre qui permet dans les meilleures conditions d'assurer le plus durablement l'emploi attaché à l'ensemble cédé, le paiement des créanciers et qui présente les meilleures garanties d'exécution* ». Pour sa part, l'article L. 642-1, alinéa 1, du code prévoit que « *la cession de l'entreprise a pour but d'assurer le maintien d'activités susceptibles d'exploitation autonome, de tout ou partie des emplois qui y sont attachés et d'apurer le passif* ».

Ainsi, il apparaît que le plan de cession a pour finalité première le maintien de l'exploitation et par là même, de l'emploi.

Un grand débat doctrinal a été mené sur la nature juridique du plan de cession. Certains ont estimé que la cession avait une nature essentiellement contractuelle [1]. D'autres ont estimé qu'elle avait une nature essentiellement judiciaire [2]. Des solutions intermédiaires ont été soutenues [3].

Dans le domaine voisin de la cession d'unité de production en liquidation judiciaire, la Cour de cassation a nettement pris parti en faveur de la thèse judiciaire de la cession [4]. Puis, en matière de plan de cession, la Cour de cassation a précisé la nature de la responsabilité du cessionnaire qui refusait de signer les actes de cession. Pour la Cour de cassation, il s'agit d'une responsabilité quasi contractuelle, le visa de l'article 1371 du Code civil imposant la solution [5].

La nature judiciaire de la cession semble ainsi s'imposer. En effet, le tribunal n'homologue pas une offre de cession. Il arrête le plan, ce qui lui permet notamment d'imposer judiciairement la cession de contrat dont ne voudrait pas le repreneur (v. ss n° 298). Cette solution est inconciliable avec la nature simplement contractuelle de la cession.

La nature judiciaire de la cession conduit à écarter le jeu des vices du consentement affectant l'offre de cession [6]. De même, la vente ayant un caractère forcé, ne peuvent

1. F. Derrida et Amalvy, « Plan de cession de l'entreprise et vices du consentement », *D.* 1988, 208, n° 3 ; Derrida, Godé et Sortais, *op. cit.*, n° 449.
2. A. Pirovano, « La contestation du plan de cession d'entreprise », *D.* 1988, 273, n° 11 ; B. Soinne, *op. cit.*, n° 1667.
3. V. ainsi H. Le Nabasque, « La cession de l'entreprise en redressement judiciaire », *JCP E,* 1990, II, 15770, n° 61.
4. Cass. com., 12 oct. 1993, *Bull. civ.* IV, n° 331 ; *Rev. proc. coll.* 1993, 496, n° 25, p. 1994, p. 211, n° 30, obs. B. Soinne ; *JCP E*, 1994, 348, n° 6, obs. P. Pétel, statuant sur la question voisine de la cession d'unité de production ; *adde* : B. Soinne, *op. cit.*, n° 1669.
5. P. Pétel et M. Cabrillac, obs. sous Cass. com., 26 oct. 1999, préc.
6. CA Versailles, 13e ch., 9 févr. 1989, *Juris-data* n° 040201 ; C. Saint-Alary-Houin, *op. cit.*, n° 954-955. Comp. Amalvy et Derrida, « Plan de cession de l'entreprise et vice du consentement », *D.* 1988, chron. 208 ; Derrida, Godé et Sortais, *op. cit.*, n° 449 ; *adde* : CA Bordeaux, 27 févr. 1990, *D.* 1994, som. 5, obs. F. Derrida ; CA Paris, 5e ch. B, 22 nov. 1990, *Rev. loyers* 1991, 153, note C.-H. Gallet, semblant admettre cette recevabilité à l'intérieur du délai de recours sur le jugement arrêtant le plan de cession. V. aussi, B. Soinne, *op. cit.*, n° 1668, admettant les vices du consentement même après le plan de cession pour justifier le refus de passer les actes.

jouer les garanties nées de la vente [1], sauf clause contraire de l'acte de cession [2]. Ce caractère est aussi exclusif du jeu de la rescision pour cause de lésion [3].

La cession n'est pas une vente de droit commun. C'est une opération forfaitaire qui implique l'existence d'un aléa exclusif de l'application des garanties prévues dans le droit commun de la vente.

En outre, le plan de cession a un caractère forfaitaire. Tout en reprenant des actifs contre un prix de cession, le repreneur reprend également des engagements sociaux ainsi que d'autres contrats. Il est donc impossible de chiffrer avec précision la valeur de chacun des actifs repris. Cela rend impossible l'exercice des droits de préférence ou de préemption [4]. Cela exclut aussi la possibilité du jeu de la surenchère, par exemple celle en matière de fonds de commerce [5].

Ces précisions apportées, il convient d'envisager la préparation du plan de cession (Sous-section I), avant de s'intéresser à la décision arrêtant le plan de cession (Sous-section II).

Sous-section I
La préparation du plan de cession

283. Publicités aux fins de réceptionner des offres de cession. L'administrateur judiciaire, dans la période d'observation du redressement judiciaire, mais non de la sauvegarde, va susciter des offres de cession de la part des tiers. En liquidation judiciaire, terrain d'élection — aux yeux du législateur en tout cas — du plan de cession, l'administrateur ou à son défaut le liquidateur va faire paraître des publicités sur l'entreprise dont il est envisagé la cession. Des règles précises sont ici posées. En effet, « *toute cession d'entreprise et toute réalisation d'actif doivent être précédées d'une publicité dont les modalités sont déterminées par un décret en Conseil d'État en fonction de la taille de l'entreprise et de la nature des actifs à vendre* » (C. com., art. L. 641-22). Il est symptomatique de remarquer que ce texte de la procédure de liquidation judiciaire, dont le contenu est plutôt de nature réglementaire, se situe dans la partie législative. C'est assez dire l'importance que le législateur attache à la règle. La publicité de toute cession d'entreprise doit être faite par voie électronique. En outre, toute cession d'entreprise doit être précédée d'une publicité par voie de presse, dont l'étendue est précisée par le juge-commissaire (Décr. 28 déc. 2005, art. 286, al. 2).

---

1. En matière de garantie des vices cachés, v. CA Amiens, 3e et 4e ch. réunies, 20 févr. 1995, *Rev. proc. coll.* 1996, 476, no 51, obs. B. Soinne ; *adde* : Y. Chaput, *op. cit.*, no 458 ; Y. Guyon, *op. cit.*, no 1286. Ces deux auteurs fondent la solution sur le constat que la cession est une volonté de l'autorité de justice. Or l'article 1649 du Code civil exclut la garantie des vices cachés en cette matière ; *contra*, en matière de garantie d'éviction : CA Nîmes, 30 juin 1994, *Rev. proc. coll.* 1996, 476, no 52, obs. B. Soinne ; *adde* : Y. Guyon, *op. cit.*, no 1286.
2. V. ainsi, Cass. com., 9 nov. 1993, *Rev. proc. coll.* 1994, 236, no 46, obs. B. Soinne.
3. CA Versailles, 13e ch., 9 févr. 1989, *Rev. proc. coll.* 1993, 94, no 20, obs. B. Soinne. *Adde*, C. Saint-Alary-Houin, *op. cit.*, no 953 ; *contra* : Derrida, Godé et Sortais, *op. cit.*, no 456.
4. Cass. civ. 3e, 1er avr. 1998, *D. Affaires* 1998, 805, obs. A. L.
5. C. Saint-Alary-Houin, *op. cit.*, no 954-955 ; Ripert et Roblot, par Delebecque et Germain, *op. cit.*, no 3198 ; B. Soinne, *op. cit.*, no 1735 ; P. Le Cannu, *op. cit.*, no 745 ; A. Couret, « La cession d'entreprise dans le cadre d'une procédure collective », *Bull. Joly* mars 1996, 289 ; *contra* : Y. Guyon, *op. cit.*, no 1288 ; Derrida, Godé et Sortais, *op. cit.*, no 456.

Il est possible de s'intéresser aux offres de cession (§ 1), avant d'examiner le choix des offres (§ 2).

§ 1. Les offres de cession

284. Auteur de l'offre : un tiers [1]**.** L'offre de reprise doit émaner d'un tiers (C. com., art. L. 642-3), c'est-à-dire d'une personne qui n'est pas le débiteur, un dirigeant de droit ou de fait de la personne débitrice [2], un parent ou allié jusqu'au 2e degré de ces dirigeants ou du débiteur personne physique. Le texte étant restrictif de droits, il doit recevoir une interprétation stricte. Aussi convient-il de décider que seuls les dirigeants en place au jour de la formulation de l'offre sont irrecevables à présenter une offre [3].

Pour rendre plus effective l'interdiction, la loi de sauvegarde des entreprises ajoute qu'*« il est fait interdiction à ces personnes d'acquérir, dans les cinq années suivant la cession, tout ou partie des biens dépendant de la liquidation, directement ou indirectement, ainsi que d'acquérir des parts ou titres de capital de toute société ayant dans son patrimoine, directement ou indirectement, tout ou partie de ces biens, ainsi que des valeurs mobilières donnant accès, dans le même délai, au capital de cette société »*.

Le législateur pose ainsi une présomption irréfragable d'interposition de personnes [4]. La question de la preuve de cette interposition n'aurait pas manqué de générer du contentieux, si cette présomption n'avait pas été créée par le législateur.

La loi de sauvegarde des entreprises interdit également, sous peine de sanction pénale, les offres émanant des contrôleurs.

Le texte réserve cependant les offres intéressant la reprise de l'exploitation agricole, sous réserve que, même en ce cas, l'interdiction d'acquérir continue à frapper les contrôleurs.

Mais, en même temps que la loi de sauvegarde des entreprises allonge la liste des personnes ne pouvant se porter acquéreur, elle rend possible les offres d'acquisition, sauf de la part des contrôleurs, de la part des personnes qui sont par principe frappées par l'interdiction. Une requête en ce sens devra être présentée par le ministère public et le tribunal devra rendre une décision spécialement motivée, après avoir recueilli l'avis des contrôleurs.

L'alinéa 4 de l'article L. 642-3 sanctionne d'une nullité pouvant être demandée par tout intéressé ou par le ministère public l'acte passé en méconnaissance de

---

1. Sur la question, G. Teboul, « Le tiers acquéreur dans le cadre de la procédure collective », *Rev. jurispr. com.* 1999, 101 et s.
2. A été considéré comme un dirigeant, un huissier nommé administrateur provisoire de l'étude d'un confrère : Cass. com., 13 nov. 2002, n° 99-10.631, *Act. proc. coll.* 2002/20, n° 268 ; *D.* 2003, jur. 269, note F. Derrida ; *LPA* 29 avr. 2003, n° 85, p. 18, note F. Derrida ; *Dr. et patr.* 2003, n° 113, p. 96, obs. M.-H. Monsérié-Bon ; *Rev. sociétés* 2003, p. 366, note B. Bouloc ; *Bull. Joly* 2003, n° 77, p. 396, note F.-X. Lucas ; *JCP E,* 2003, chron. 760, p. 850, n° 6, obs. Ph. Pétel ; *Rev. proc. coll.* 2004, p. 272, n° 12, obs. M.-P. Dumont ; Cass. com., 4 oct. 2005, n° 04-15.060.
3. *Contra* : B. Soinne, *op. cit.,* n° 1444-1.
4. V. Rap. Houillon, doc. Ass. nat. 1993, n° 411, p. 32.

l'interdiction éditée par l'article L. 642-3. L'action est enfermée dans une prescription triennale courant à compter de la conclusion de l'acte ou de sa publicité s'il est soumis à publicité.

L'administrateur, ou à son défaut le liquidateur, doit donner au tribunal tous éléments permettant d'apprécier la qualité de tiers (C. com., art. L. 642-4, al. 1).

La réglementation établie constitue un élément central de la moralisation des plans de cession. Il faut interdire à un ancien dirigeant de la personne morale débitrice de reprendre les actifs et de recommencer l'activité, après s'être débarrassé de son passif. Il ne lui est pas interdit de continuer l'activité. Mais, pour cela, il doit présenter un plan de redressement et payer le passif qu'il a créé.

285. Contenu des offres. Le contenu de l'offre est étroitement réglementé par l'article L. 642-2 du Code de commerce.

L'offre doit contenir l'indication :

1° De la désignation précise des biens, des droits et des contrats inclus dans l'offre. Cette exigence est une nouveauté introduite par la loi de sauvegarde des entreprises, qui semblerait accréditer l'idée que le repreneur aurait davantage de maîtrise sur les contrats à reprendre.

2° Des prévisions d'activité et de financement. Alors que les prévisions à court terme doivent être précises, celles à moyen terme présenteront un caractère largement indicatif [1].

3° Du prix de cession et de ses modalités de règlement. Ces dernières auront une grande importance lorsque le repreneur entend payer à terme le prix de cession.

4° De la date de réalisation de la cession. Cette précision est de grande importance si la cession est précédée d'une période de location-gérance. Mais elle revêt aussi un grand intérêt car la date de passation des actes constituera, par principe, la date du transfert de propriété des actifs repris et, par le fait même, la date de début des obligations du repreneur envers le prêteur en cas de jeu du transfert de la charge de la sûreté. Elle marquera également, par principe, la date de début des obligations du repreneur à l'égard du cocontractant cédé.

5° Du niveau et des perspectives d'emploi justifiés par l'activité considérée. Cette précision de l'offre est essentielle pour les salariés, surtout depuis la loi du 10 juin 1994 qui sanctionne l'inexécution des engagements sociaux de la même façon que les inexécutions financières. Le repreneur devra donc indiquer, d'une part, le nombre de licenciements auquel il subordonne son offre et, d'autre part, dans l'avenir, le nombre de salariés qu'il entend conserver pour poursuivre l'activité reprise. Seules les prévisions à court terme peuvent cependant être fournies [2].

6° Des garanties souscrites en vue d'assurer l'exécution de l'offre. Ces garanties sont spécialement utiles si le cessionnaire obtient des délais de paiement du prix de cession. Elles constituent alors, en quelque sorte, les garanties d'un crédit-vendeur.

7° Des prévisions de cession d'actifs au cours des deux années suivant la cession. Cette précision est un apport de la loi du 10 juin 1994, qui s'inscrit dans la volonté

---

1. Y. Guyon, *op. cit.*, n° 1276.
2. Y. Guyon, *op. cit.*, n° 1278.

de moralisation des plans de cession. Il s'agit d'éviter la revente de l'entreprise par appartements, afin de dégager des plus-values exclusives de la volonté de préserver l'activité et les emplois. Le législateur écarte ainsi, *a priori*, les risques de « dépeçage de l'entreprise » [1] par la possibilité de liquidations-cessions.

8° De la durée de chacun des engagements pris par l'auteur de l'offre.

Tenant compte de l'extension de procédures collectives aux professionnels libéraux, l'article L. 642-3-III du code, dans la rédaction que lui donne la loi de sauvegarde des entreprises, prévoit que « *lorsque le débiteur exerce une profession libérale soumise à un statut législatif ou réglementaire, ou dont le titre est protégé, l'offre doit en outre comporter l'indication de la qualification professionnelle du cessionnaire* ». Il s'agit là d'anticiper sur l'impossibilité pour un tiers d'acquérir l'entreprise libérale s'il ne remplit pas les conditions de diplôme et plus généralement de qualification professionnelle.

À l'offre, doivent être joints, si son auteur est tenu de les établir, ses comptes annuels relatifs aux trois derniers exercices et ses comptes prévisionnels (Décr. 28 déc. 2005, art. 252-I). Cette obligation doit permettre au tribunal d'apprécier la surface financière du candidat à la reprise, pour éviter de céder l'entreprise à un repreneur dans une situation comparable à celle du débiteur.

Ces mentions sont destinées à assurer une exacte information de la juridiction. Elles ne sont pas prescrites à peine d'irrecevabilité automatique de l'offre [2], mais le tribunal appréciera si l'offre incomplète lui apparaît recevable.

286. Irrévocabilité et intangibilité des offres. L'offre présente toutes les caractéristiques de la manifestation unilatérale de volonté devant conduire à la formation d'un contrat, même si la réalité est différente (v. ss n° 282). L'article L. 642-2-V du code prévoit que l'offre ne peut être retirée. Elle lie son auteur jusqu'à la décision du tribunal arrêtant le plan.

Le principe d'irrévocabilité doit cependant être combiné avec la possibilité de présenter une offre conditionnelle [3], dès lors que la condition porte sur l'objet cédé et non sur la personne du repreneur [4]. Il pourra s'agir par exemple de l'obtention d'une autorisation administrative ou d'un agrément ou encore de l'existence du droit au bail commercial. Cependant, la multiplication des conditions suspensives altère singulièrement le sérieux de l'offre de reprise [5], qui peut n'être alors qu'à l'état larvaire, ce qu'appréciera le tribunal lorsqu'il choisira l'offre (v. ss n° 289).

---

1. F. Pérochon, « Halte au détournement de la cession judiciaire d'entreprise », *LPA* 9 mai 1990, p. 44.
2. Comme permettent de s'en convaincre les travaux préparatoires de la loi du 10 juin 1994 ; v. ainsi l'amendement Gouzes n° 22, *JO déb. Ass. nat.* p. 1258, qui introduisait la sanction de l'irrecevabilité de l'offre incomplète et qui a été finalement écarté.
3. Cass. com., 25 mai 1993, *Bull. civ.* IV, n° 206 ; *D.* 1994, som. 4, obs. F. Derrida ; Cass. com., 24 oct. 1995, *RJDA* 1996, 103 ; Cass. com., 14 mai 1996, *RJDA* 1996, n° 1263 ; *Rev. proc. coll.* 1996, 369, obs. B. Soinne.
4. C. Saint-Alary-Houin, *op. cit.*, n° 487.
5. F. Pérochon et R. Bonhomme, *op. cit.*, n° 338 ; *adde* : B. Soinne, *op. cit.*, n° 1450.

La commission des lois du Sénat, pour tenir compte de la possibilité de présenter un plan de cession en liquidation judiciaire [1], a modifié la date buttoir à partir de laquelle l'offre ne pourrait plus être modifiée. Il s'agit du dépôt de l'offre, et non plus du rapport de l'administrateur, comme sous l'empire de la législation antérieure [2].

La modification des offres doit être communiquée aux personnes devant être rendues destinataires des offres (v. ss n° 288). L'interdiction pour son auteur de retirer et de modifier l'offre après son dépôt et jusqu'à ce que le tribunal statue (C. com., art. L. 642-2-V, al. 1) ne fait cependant pas obstacle, comme sous l'empire de la législation antérieure, à une modification de l'offre à la hausse, c'est-à-dire au bénéfice des salariés et/ou des créanciers. L'article L. 642-2-V du code précise ainsi clairement que « *l'offre ne peut être ni modifiée, sauf dans un sens plus favorable aux objectifs mentionnés au premier alinéa de l'article L. 642-1 [...]* ». À peine d'irrecevabilité, aucune modification ne peut cependant être apportée à une offre postérieurement à l'audience au cours de laquelle il en a été contradictoirement débattu (Décr. 28 déc. 2005, art. 252-II, al. 2).

Le tribunal ne peut imposer à son auteur une modification de son offre [3]. Si l'auteur de l'offre n'accepte pas la modification envisagée par la juridiction, il est en droit de retirer son offre [4].

En cas d'appel, seul le cessionnaire retenu par le tribunal reste lié par son offre (C. com., art. L. 642-2-V, al. 2)

287. Présentation des offres. Les offres devront être écrites et signées de leur auteur [5]. L'offre doit être dépourvue d'équivoque [6]. Les offres devront être communiquées à l'administrateur, dans le délai qu'il a fixé, en redressement judiciaire. En revanche, en liquidation judiciaire, le délai de présentation des offres est précisé par le tribunal. En cas de renvoi de l'affaire, un nouveau délai de présentation des offres peut être fixé par le tribunal (Décr. 28 déc. 2005, art. 252-II, al. 3)

Il se peut que l'offre de cession soit reçue en période d'observation, mais que la conversion en liquidation judiciaire soit intervenue, alors que le tribunal n'a pas statué sur la possibilité d'arrêter un plan de cession. En ce cas, le liquidateur ou, s'il en a été nommé un, l'administrateur, n'est pas tenu de recommencer la procédure d'appel d'offres et le tribunal n'a pas à fixer de délai de présentation des offres.

288. Communication et dépôt au greffe des offres. Le liquidateur ou, s'il en a été nommé un, l'administrateur informe le débiteur, les contrôleurs, et le représentant des salariés sur le contenu des offres (C. com., art. L. 642-2-IV). Le cas échéant, les offres sont notifiées à l'ordre ou à l'autorité compétente dont le débiteur professionnel libéral relève.

L'administrateur ou le liquidateur communique également au juge-commissaire et au procureur de la République les offres de cession (Décr. 28 déc. 2005, art. 251-I).

---

1. Rapp. J.-J. Hyest, n° 335, p. 398.
2. Cass. com., 9 juin 1992, *Bull. civ.* IV, n° 232 ; *Defrénois* 1993, 521, obs. J.-P. Sénéchal ; *D.* 1994, som. 4, obs. F. Derrida.
3. CA Paris, 3e ch. A, 4 févr. 1997, *LPA* 4 mai 1998, n° 53, p. 7, note F. Derrida.
4. Cass. com., 2 oct. 1990, *Bull. civ.* IV, n° 223.
5. Trib. com. Paris, 19 nov. 1986, *LPA* 10 déc. 1986.
6. F. Pérochon et R. Bonhomme, *op. cit.*, n° 242.

Les offres doivent faire l'objet d'un dépôt au greffe. L'article L. 642-2-IV du code prévoit que, après le dépôt au greffe des offres de cession par l'administrateur judiciaire ou le liquidateur, « tout intéressé peut en prendre connaissance ». Il s'agit donc d'une véritable mesure de publicité, alors que sous l'empire de la législation antérieure, il ne s'agissait que d'un procédé d'enregistrement.

§ 2. Le choix des offres de cession par le tribunal

289. Choix des offres de cession par le tribunal. Le tribunal doit choisir, dans le respect de l'article L. 642-5, alinéa 1, du Code de commerce « *l'offre qui permet dans les meilleures conditions d'assurer le plus durablement l'emploi attaché à l'ensemble cédé, le paiement des créanciers et qui présente les meilleures garanties d'exécution* ».

L'offre ne peut être retenue par le tribunal que si elle présente un caractère sérieux. Pour éclairer le tribunal, l'article L. 642-4 du code oblige le liquidateur ou l'administrateur, s'il en a été désigné un, à donner tout élément permettant de vérifier ce caractère. Le sérieux de l'offre s'apprécie notamment par rapport au prix de cession. Certes, le paiement des créanciers n'est pas une priorité. Cependant, il doit exister [1]. La Cour de cassation a rapidement décidé que le désintéressement complet des créanciers n'était pas une condition de l'arrêté du plan de cession [2]. Cependant, la jurisprudence exige un prix sérieux [3]. Le plus souvent, l'insuffisance du prix de cession amènera le tribunal à considérer que l'offre n'est pas sérieuse [4].

Le caractère sérieux de l'offre s'apprécie également par rapport à la probabilité d'exécution des engagements souscrits par le repreneur. La faisabilité du plan sur le terrain social [5] et la solvabilité financière du repreneur [6] sont des éléments d'appréciation du sérieux de l'offre. La loi de sauvegarde en tient d'ailleurs compte en ajoutant aux critères de choix entre les offres le fait qu'elles doivent présenter les « meilleures garanties d'exécution » (C. com., art. L. 642-5, al. 1).

Sous-section II
La décision arrêtant le plan de cession

290. Rendu — Signification et publicité du jugement arrêtant le plan. Diverses personnes doivent être convoquées à l'audience au cours de laquelle le tribunal doit

---

1. Sur les effets anti-concurrentiels d'une reprise d'actifs à vil prix, v. E. Le Corre-Broly, « Droit de la concurrence et procédures collectives », *JCP E et A*, 2000, *Cah. dr. entr.* n° 3, p. 40 et s.
2. Cass. com., 26 juin 1990, *Rev. proc. coll.* 1991, 320, obs. B. Soinne ; *JCP E*, 1991, 355, obs. M. Cabrillac et P. Pétel.
3. V. ainsi CA Versailles, 23 juill. 1986, *Gaz. Pal.* 1986, II, 781 ; CA Metz, 3 août 1988, *D.* 1991, som. 17 ; CA Orléans, 5 janv. 1993, *Rev. proc. coll.* 1993, 505, obs. B. Soinne.
4. CA Versailles, 23 juill. 1986, *Gaz. Pal.* 1986, II, 87 ; *adde* : C. Saint-Alary-Houin, *op. cit.*, n° 931.
5. C. Saint-Alary Houin, *op. cit.*, n° 930.
6. T. com. Valenciennes, 25 févr. 1994, *Rev. proc. coll.* 1995, 155, n° 36, obs. B. Soinne, refusant l'offre compte tenu des difficultés du candidat repreneur à obtenir une garantie bancaire. V. aussi, CA Chambéry, ch. civ., 13 mars 1995, *Rev. proc. coll.* 1996, 468, n° 46, obs. B. Soinne, refusant l'offre émanant d'une entreprise en état de cessation des paiements ; *adde* : CA Versailles, 13e ch., 26 oct. 1995, *Rev. proc. coll.* 1996, 468, n° 46, obs. B. Soinne, refusant l'offre au motif que le bilan était défavorable. *Adde*, C. Saint-Alary Houin, *op. cit.*, n° 930.

statuer sur l'arrêté du plan de cession. L'article L. 642-5, alinéa 1, du code oblige le tribunal à entendre ou appeler le débiteur, le liquidateur, l'administrateur lorsqu'il en a été désigné, les représentants du comité d'entreprise ou à défaut des délégués du personnel et les contrôleurs. En outre, si la cession judiciaire des contrats ou le transfert de la charge des sûretés est envisagé, les cocontractants ainsi que les prêteurs concernés doivent être convoqués (Décr. 28 déc. 2005, art. 260).

La loi de sauvegarde des entreprises rend obligatoire la présence du ministère public à l'audience au cours de laquelle il est statué sur l'arrêté du plan de cession, lorsque le débiteur emploie au moins 20 salariés ou réalise au moins 3 000 000 d'euros de chiffres d'affaires hors taxes par an.

Le jugement arrêtant le plan est signifié par le greffier aux personnes autres que le procureur de la République, le cocontractant ou le bailleur, ayant la qualité pour interjeter appel (Décr. 28 déc. 2005, art. 255, al. 2). L'article 330, alinéa 2, du décret précise que, pour ces personnes, qui sont des parties et qui peuvent donc faire appel du jugement arrêtant le plan de cession, le greffier notifie, par lettre recommandée avec demande d'avis de réception (Décr. 28 déc. 2005, art. 336-2°), dans les quarante-huit heures de son prononcé, le jugement.

Ce jugement fait l'objet des publications visées à l'article 63 du décret (Décr. 28 déc. 2005, art. 255, al. 1). En conséquence, il est publié au BODACC.

291. Force de la décision arrêtant le plan. La décision arrêtant le plan est dotée d'une force particulière.

L'article L. 642-5, alinéa 3, du Code de commerce dispose que « *le jugement qui arrête le plan en rend les dispositions opposables à tous* ».

Cela signifie d'abord que ses dispositions ne pourront être méconnues par le débiteur, ainsi que par le repreneur.

L'opposabilité du plan à tous oblige aussi les créanciers à en respecter les dispositions.

L'opposabilité à tous des dispositions arrêtant le plan ne signifie pas pour autant que le plan pourrait contenir des dispositions restrictives ou augmentatives des droits des tiers [1]. La décision arrêtant le plan ne peut d'abord porter atteinte aux droits des tiers [2]. C'est pourquoi, elle ne peut régler les conflits de propriété entre le débiteur et un tiers [3], spécialement en matière de revendication. En sens inverse, l'opposabilité à tous du jugement arrêtant le plan de cession a permis à un crédit-bailleur d'opposer son droit de propriété à la procédure collective du locataire repreneur, alors pourtant qu'aucune publication du contrat de crédit-bail n'avait été effectuée sur le repreneur [4]. La procédure ne pouvait prétendre ignorer le droit de propriété du crédit-bailleur, car le jugement arrêtant le plan de cession avait transféré au repreneur le contrat de crédit-bail le liant au débiteur d'origine, disposition opposable à tous.

---

1. V. B. Soinne, *op. cit.*, n° 1526.
2. Derrida, Godé et Sortais, *op. cit.*, n° 246.
3. B. Soinne, *op. cit.*, n° 1526.
4. Cass. com., 11 févr. 1997, *Rev. proc. coll.* 1997, 189, n° 1, obs. B. Soinne.

292. Personnes tenues d'exécuter le plan. La personne tenue d'exécuter le plan est le cessionnaire retenu par le tribunal. Il ne peut se voir imposer des charges non souscrites dans son offre. Si le tribunal méconnaît cette règle, le repreneur a le droit d'interjeter appel de la décision arrêtant le plan [1] (C. com., art. L. 661-6-II), alors que son appel est irrecevable, à défaut d'augmentation des charges souscrites [2].

Par principe, le repreneur est tenu d'exécuter personnellement le plan. Mais une substitution à la personne désignée dans le plan peut-elle intervenir? Sous l'empire de la législation antérieure, les textes restaient muets. La jurisprudence avait décidé que la substitution était possible dès lors, d'une part, que l'offre du candidat repreneur comportait cette faculté de substitution, et que, d'autre part, le tribunal l'avait prévue dans sa décision. À défaut, la substitution opérée était nulle [3].

Toutefois, la substitution pouvait être décidée dans un jugement ultérieur, le tribunal devant alors être saisi d'une demande de modification substantielle dans les objectifs et les moyens du plan [4].

La substitution envisagée dans l'offre n'aura cependant pas d'effet novatoire et le repreneur substitué restera garant de l'exécution du plan [5], ce qui, selon la Cour de cassation, ne l'obligera pas à garantir l'exécution des contrats judiciairement cédés [6].

La loi de sauvegarde a fait sienne ces solutions jurisprudentielles sous une réserve : le repreneur substitué restera désormais garant de l'exécution des contrats judiciairement cédés, la notion « engagements qu'il a souscrits » autorisant l'interprétation (C. com., art. L. 642-9, al. 3).

Se présente au tribunal qui arrête le plan une diversité de solutions (§ 1). Il doit en outre, en conformité avec l'offre présentée par le candidat repreneur, déterminer le périmètre de la cession (§ 2).

§ 1. La diversité des solutions

Le tribunal peut arrêter un plan de cession totale ou partielle (A). Il peut faire précéder la cession d'une période de location-gérance (B).

---

1. Pour une application, v. Cass. com., 28 févr. 1995, *Rev. proc. coll.* 1995, 135, n° 14, obs. B. Soinne.

2. V. déclarant irrecevable l'appel formé par le cessionnaire du jugement interprétatif du plan de cession, lequel suit le même régime que le jugement arrêtant le plan de cession : Cass. com., 12 févr. 1991, *Bull. civ.* IV, n° 68.

3. Cass. com., 6 juin 1995, *Rev. proc. coll.* 1996, 95, n° 10, obs. B. Soinne.

4. E. Kerckhove, *op. cit.*, n° 762.

5. Cass. com., 8 déc. 1998, *Bull. civ.* IV, n° 296 ; *RJDA* 1999/2, p. 158, n° 202 ; *D. Affaires* 1999, 80 ; *RJ com.* 2000, 214, n° 1557, note J.-L. Courtier ; *Rev. proc. coll.* 2001, 71, n° 2, obs. B. Soinne ; *adde :* C. Vincent, « Portée de la garantie de l'auteur de l'offre de reprise assortie d'une faculté de substitution », *D.* 2004, chron. 686.

6. Cass. com., 7 janv. 2003, *D.* 2003, AJ, 276 ; *Act. proc. coll.* 2003/3, n° 37 ; *JCP E,* 2003, chron. 760, p. 851, n° 7, obs. Ph. Pétel.

A. Plan de cession totale ou plan de cession partielle

293. Les trois possibilités de plan de cession. Le tribunal, suivant en cela les offres présentées par les candidats repreneurs, peut décider d'arrêter un plan de cession totale, plusieurs plans de cession partielle ou encore, si le plan est arrêté en période d'observation, un plan de cession partielle.

Le plan de cession totale, malgré son appellation, n'a pas à porter sur la totalité des actifs du débiteur. S'il est arrêté en période d'observation du redressement judiciaire — il est inconcevable dans la procédure de sauvegarde — le débiteur devra, par un jugement subséquent, être placé en liquidation judiciaire. La solution résulte clairement de l'article 209 du décret du 28 décembre 2005 qui prévoit qu'en cas de cession totale, la procédure est poursuivie aux fins de prononcé de la liquidation judiciaire du débiteur. La solution n'est pas très heureuse. Il eut été plus simple de décider qu'en cas de plan de cession totale, le jugement le prononçant emportait également mise en liquidation judiciaire du débiteur, puisque tout redressement est impossible si l'entreprise fait l'objet d'un plan de cession totale.

Le tribunal peut ainsi décider d'arrêter plusieurs plans de cession partielle (C. com., art. L. 642-5, al. 1). Le plan de cession partielle désigne la cession qui porte sur une ou plusieurs branches complètes et autonomes d'activité. Il faut donc supposer que le débiteur exerçait plusieurs activités ou exerçait des activités sur plusieurs sites. La cession de l'une des branches d'activité ou la cession de l'activité exercée sur un site constitue une cession partielle. Toutefois, le plan de cession partielle n'a pas d'autonomie juridique, dès lors qu'il ne s'accompagne pas d'un plan de redressement partiel.

En effet, la troisième possibilité offerte au tribunal est d'arrêter un plan de cession partielle en période d'observation du redressement judiciaire [1]. En ces cas, l'article 209 du décret indique que la procédure est poursuivie, dans les limites de la période d'observation, aux fins d'arrêté d'un plan de redressement. Il ne semble pas possible toutefois d'arrêter un plan de redressement partiel n'ayant comme objectif que de permettre au débiteur de payer son passif sur des délais. Le plan doit tendre au maintien de l'activité [2].

La cession partielle peut également accompagner un plan de sauvegarde. La logique n'est pas ici la même. Il doit d'abord être envisagé un plan de sauvegarde comportant le détachement d'une ou de plusieurs branches d'activité. La cession partielle est donc conçue ici comme une technique de sauvegarde en ce qu'elle permet la réorganisation de l'entreprise.

294. Régime du plan de cession partielle accompagnant un plan de sauvegarde ou de redressement. Lorsque le tribunal arrête un plan de cession partielle à l'occasion d'un plan de sauvegarde ou lorsque le tribunal arrête un plan de cession partielle accompagnant un plan de redressement, deux régimes doivent être combinés. Le prix de cession doit être remis au débiteur, sous réserve de l'application de l'article L. 626-22 (C. com., art. L. 626-23), texte de la sauvegarde applicable en

1. V. n'admettant pas cette possibilité, A. Jacquemont, *op. cit.*, n° 757.
2. Comp. A. Lienhard, *op. cit.*, n° 1616 ; Ph. Froehlich, « L'ambivalence du plan de cession totale dans la loi de sauvegarde des entreprises », *D.* 2005, doctr. 2678, spéc. p. 2682 ou 2878 et 2882.

redressement judiciaire (C. com., art. L. 631-19-I). L'article L. 626-22 règle la question de la vente des biens grevés de sûretés en phase d'exécution du plan de sauvegarde. Il faut donc comprendre que le prix de cession doit être amputé de la quote-part du prix correspondant aux créances garanties par la sûreté grevant le bien cédé. Cette quote-part est placée en compte de dépôts à la caisse des dépôts et consignations. Le commissaire à l'exécution du plan de sauvegarde répartira alors le prix entre les créanciers inscrits en tenant compte d'éventuels créanciers prioritaires (Décr. 28 déc. 2005, art. 147, al. 1). Seul le solde sera remis, en conséquence, au débiteur.

Le débiteur ayant par hypothèse obtenu un plan de sauvegarde ou de redressement ne sera pas, contrairement à l'hypothèse du plan de cession totale arrêté en redressement judiciaire, placé en liquidation judiciaire. Il paiera son passif selon les conditions prévues au plan, sous réserve du jeu de l'article L. 626-22.

B. Location-gérance précédant la cession

295. Location-gérance, préalable à la cession. Selon l'article L. 642-13, alinéa 1, du Code de commerce, le plan organisant la cession totale ou partielle de l'entreprise peut inclure une période de location-gérance.

Dans ce cas, le contrat de location-gérance comporte l'engagement d'acquérir à son terme.

La location-gérance ne constitue ici qu'un préalable à la cession [1]. Aussi, le contrat de location-gérance ne peut-il être conclu qu'avec le repreneur retenu par le tribunal [2]. Le contrat pourra être conclu nonobstant toute clause conventionnelle interdisant la location-gérance dans le bail des immeubles d'exploitation, comme l'indique l'article L. 642-13, alinéa 1, du code [3]. La durée de la location-gérance ne peut excéder deux ans puisque l'entreprise devra, dans ce délai, être cédée [4].

L'article L. 642-7, alinéa 2, du code prévoit explicitement que le jugement qui arrête le plan emporte cession des contrats même lorsque la cession est précédée d'une location-gérance.

L'article L. 642-14 du code écarte le jeu de diverses dispositions du régime de la location-gérance posé par le Code de commerce. Sont ainsi rendus inapplicables les articles L. 144-3 et L. 144-4 du Code de commerce. La location-gérance pourra être autorisée, même si le débiteur est commerçant depuis moins de 7 ans et même s'il n'exploite pas le fonds depuis plus de deux ans. L'article L. 144-7 est également inapplicable. Il n'y aura donc pas place à solidarité entre le locataire-gérant et le bailleur du fonds de commerce pour les dettes nées entre la conclusion du contrat de location-gérance et les six premiers mois qui suivent sa publication.

---

1. CA Versailles, 13e ch., 16 déc. 1987, *Rev. proc. coll.* 1988, 317, no 12, obs. B. Soinne ; *RJ com.* 1988, 232, obs. A. Martin-Serf.

2. Y. Guyon, *op. cit.*, no 1293 ; B. Soinne, *op. cit.*, no 1653 ; F. Pérochon et R. Bonhomme, *op. cit.*, no 368.

3. V. Guerin, « La cession de bail et la location-gérance dans la nouvelle procédure de redressement judiciaire », *JCP E,* 1985, 14547.

4. Pour le respect du délai de 2 ans, v. CA Versailles, 13e ch., 16 déc. 1987, *Rev. proc. coll.* 1988, 317, no 12, obs. B. Soinne ; *RJ com.* 1988, 232, note A. Martin-Serf.

Le liquidateur doit veiller à la bonne exécution du contrat par le locataire-gérant (C. com., art. L. 642-17, al. 1). Si une inexécution est constatée, le liquidateur en fera rapport et le tribunal, d'office, ou à la demande du liquidateur ou du ministère public, pourra ordonner la résiliation du contrat de location-gérance et la résolution du plan. La saisine n'appartient pas au débiteur [1].

Au terme de la location-gérance, le locataire-gérant a l'obligation d'acquérir l'entreprise. Sous l'empire de la législation antérieure, s'il n'exécutait pas cette obligation, l'article L. 621-101 du Code de commerce prévoyait la possibilité pour le commissaire à l'exécution du plan, le procureur de la République et tout intéressé — ce qui permettait d'englober les salariés ou les créanciers —, de solliciter la mise en redressement judiciaire du locataire-gérant, sans avoir à constater l'état de cessation des paiements de ce dernier. Cette procédure-sanction a été supprimée par la loi de sauvegarde des entreprises. Désormais, l'article L. 642-17, alinéa 1, prévoit la possibilité pour le tribunal, d'office ou à la demande du liquidateur ou du ministère public, d'ordonner la résiliation du contrat de location-gérance et la résolution du plan sans préjudice de tous dommages et intérêts.

Le locataire-gérant pourra refuser d'acquérir l'entreprise aux conditions arrêtées dans le plan de cession s'il justifie, pour une cause qui ne lui est pas imputable, qu'il ne peut acquérir aux conditions initiales. Il y aura alors place, selon l'article L. 642-17, alinéa 2, du code, à une modification des conditions d'acquisition, sous réserve de l'impossibilité de modifier le prix de cession ainsi que la durée maximale de la période de location-gérance.

§ 2. Périmètre de la cession

Le plan de cession emporte tout à la fois transfert d'actifs et de contrats. C'est la raison pour laquelle il y a place à détermination des biens compris dans la cession (A) et à détermination des contrats compris dans la cession (B).

A. La détermination des biens compris dans la cession

296. La détermination des biens compris dans la cession. Le jugement qui arrête le plan de cession précise les biens qui seront cédés. L'offre de cession doit comporter l'indication des biens repris. Le tribunal en tiendra compte.

Si les biens cédés sont grevés d'un droit de rétention, le repreneur ne pourra s'en émanciper qu'en payant le rétenteur. La solution s'impose, faute de disposition contraire dans la loi (v. aussi ss n° 309).

Les biens cédés, qui doivent appartenir au débiteur, et non à ses associés par exemple [2], doivent être nécessaires à l'exploitation [3], ce qui ne peut être le cas d'un immeuble d'habitation du débiteur ou d'un véhicule de tourisme utilisé à des fins non professionnelles.

---

1. CA Paris, 2 mars 1990, *D.* 1991, som. 16, obs. F. Derrida.
2. Cass. com., 3 mars 1992, *D.* 1992, 345, note G. Bollard ; *Defrénois* 1992, 1380, obs J.-P. Sénéchal.
3. Cass. com., 3 mars 1992, *Bull. civ.* IV, n° 103.

Si le jugement n'est pas suffisamment précis pour déterminer les biens cédés, il y aura lieu de se référer aux offres de cession, dès lors que le dispositif du jugement renvoie au contenu de ces offres [1].

Si le plan de cession est arrêté en liquidation judiciaire, le sort des biens non compris dans le plan de cession n'est pas spécifiquement prévu. La solution s'explique : il suffira d'appliquer les modalités de réalisation des biens meubles et immeubles du débiteur en liquidation judiciaire, le plan de cession ne constituant selon la vision du législateur lui-même qu'une technique de réalisation des biens du débiteur. Si le plan de cession est arrêté en redressement judiciaire, deux possibilités sont à distinguer. Si le plan de cession partielle s'accompagne d'un plan de redressement partiel, les biens non compris dans le plan de cession restent au débiteur. Ils ne sont pas cédés. La solution est la même pour le plan de cession partielle qui accompagne un plan de sauvegarde. Si le plan de cession n'est pas accompagné d'un plan de redressement partiel, le débiteur doit être placé en liquidation judiciaire. Mais il ne le sera pas nécessairement tout de suite. C'est pourquoi la solution posée par l'article L. 642-21 du code est précieuse. L'article L. 642-21 du code indique que « *lorsqu'il a été fait application des dispositions de l'article L. 631-22 et que le débiteur ne peut obtenir du tribunal l'arrêté d'un plan de redressement, les dispositions du présent titre sont applicables. Les biens non compris dans le plan de cession sont cédés dans les conditions de la présente section* ». Ici encore, les biens non compris dans le plan de cession seront réalisés selon les modalités de la liquidation judiciaire.

De façon restrictive, l'article L. 642-1, alinéa 1, du Code de commerce précise que si le débiteur, personne physique, exerce une profession libérale soumise à un statut législatif ou réglementaire, ou dont le titre est protégé, la cession ne peut porter que sur des éléments corporels. Toutefois, lorsqu'il s'agit d'un officier public ou ministériel, le liquidateur peut exercer le droit du débiteur de présenter son successeur au garde des sceaux, ministre de la justice. Ce texte semble méconnaître le principe de cessibilité aujourd'hui reconnu des clientèles civiles. Il n'est pas applicable en cas de vente isolée du fond libéral.

B. La détermination des contrats compris dans la cession

297. La cession judiciaire du contrat [2], une innovation du législateur de 1985. La poursuite de l'activité de l'entreprise cédée dans le cadre du plan de cession se révélerait le plus souvent impossible sans le maintien de certains contrats liant l'entreprise débitrice à ses partenaires contractuels. Fort de cette constatation, le

---

1. Derrida, Godé et Sortais, *op. cit.*, n° 249.

2. V. notamment sur la cession judiciaire de contrat : D. Fabiani, *La cession judiciaire des contrats*, colloque CRAJEFE, Nice, 1990, préface F. Derrida ; Montredon, « La théorie générale du contrat à l'épreuve du nouveau droit des procédures collectives », *JCP E,* 1988, II, 15156, p. 268, n° 31 ; Zuin, « La transmission judiciaire des contrats dans les procédures collectives : premières décisions de justice », *Gaz. Pal.* 1989, 1, doctr. 110 ; E.-M. Bey, « Cession des contrats de crédit-bail », *RJDA* 8-9/92, p. 651 ; D. Martin, « La sécurité contractuelle à l'épreuve du redressement judiciaire », *JCP N,* 1986, I, 80 ; J.-M. Calendini, « La détermination des contrats cédés en application de l'article 86 », *RJ com.* 1992, n° péc., « Le sort des contrats en cours dans le redressement judiciaire », p. 110 ; Ph. Delebecque, « Le régime des contrats cédés en application de l'article 86 de la loi du 25 janvier 1985 », *RJ com.* 1992, n° spéc., p. 134 et s.

législateur de 1985 a instauré une cession autoritaire de certains contrats nécessaires à la poursuite de l'activité. Cette cession des contrats peut être ordonnée par le tribunal même lorsque la cession est précédée de la location-gérance. La solution est reproduite par la loi de sauvegarde des entreprises.

Cette cession judiciaire des contrats a été instaurée par le législateur pour répondre à l'inadaptation des cessions conventionnelle et légale. En effet, la cession conventionnelle exige que soit recueilli l'accord des différents protagonistes. Or, dans le contexte de la procédure collective, le transfert conventionnel du contrat se heurtera très souvent au refus du cocontractant cédé.

La cession légale, quant à elle, aurait été inadaptée du fait de son caractère systématique. La cession légale existera cependant, en cas de cession du fonds de commerce dans le cadre du plan de cession, pour le contrat de bail de l'immeuble professionnel.

Le bail rural pourra être cédé nonobstant son incessibilité de principe si l'existence d'un ensemble essentiellement constitué du droit à un bail rural est constatée (C. com., art. L. 642-1, al. 3).

Le jeu de l'article L. 122-12 du Code du travail est écarté en plan de cession. Seul les salariés envisagés dans l'offre de cession seront repris. Les autres seront licenciés.

La cession judiciaire du contrat est régie par les dispositions de l'article L. 642-7 du Code de commerce.

Ces dispositions sont d'ordre public, de sorte qu'il est impossible d'insérer une clause interdisant toute cession et plus généralement des clauses restrictives de la cession [1], tels les pactes de préférence [2] ou les droits de préemption, la solution étant justifiée par la considération selon laquelle l'aliénation ici intervenue n'est pas volontaire, mais judiciaire [3]. Il s'agit par là de ne pas laisser la cession au bon vouloir du cocontractant.

Il convient d'abord d'examiner la décision de cession du contrat (1°), laquelle conduira à l'application d'un régime spécifique (2°).

1° La décision de cession du contrat

298. L'identification et le choix des contrats cessibles. L'article L. 642-7, alinéa 1, du Code de commerce précise les contrats cessibles dans le cadre du plan de cession en énonçant que « *le tribunal détermine les contrats de crédit-bail, de location ou de fourniture de biens et services nécessaires au maintien de l'activité...* ». Malgré cette liste de contrats cessibles, la notion de contrats de fourniture est tellement vaste que presque tous les contrats sont concernés [4].

Pour être cédé, le contrat doit être en cours au jour de la cession. Bien que cet article exige que les contrats cédés soient continués aux conditions en vigueur au jour

1. V. ainsi, CA Paris, 25e ch. A, 17 mars 2000, *D.* 2000, AJ 249, obs. P. Pisoni.
2. CA Chambéry, 13 nov. 1995, *Rev. proc. coll.* 1998, 381, n° 46, obs. B. Soinne.
3. Pour un bail rural, v. Cass. civ. 3e, 1er avr. 1998, *Bull. inf. C. cass.* 1998, 805 ; Ripert et Roblot, par Delebecque et Germain, *op. cit.*, n° 3197 ; C. Saint-Alary-Houin, *op. cit.*, n° 960.
4. B. Soinne, *op. cit.*, n° 1702, p. 1352 ; Derrida, Godé, Sortais, *op. cit.*, n° 464, p. 342 ; D. Fabiani, « Les conditions de la cession judiciaire des contrats dans la loi sur le redressement et la liquidation judiciaires des entreprises », *RJ. com.* 1987, n° 4, p. 43.

de l'ouverture de la procédure, le contrat qui n'existait pas encore à ce moment doit pouvoir être cédé [1]. N'étant plus en cours [2], le contrat arrivé à terme pendant la période d'observation n'est pas susceptible de cession.

De même, le contrat résilié dès avant le jugement d'ouverture de la procédure ne pourra être cédé. Il en sera de même lorsque, après le jugement d'ouverture, la résiliation de plein droit à défaut de paiement comptant ou pour non-continuation du contrat sera intervenue. Ainsi, seul le contrat en cours est judiciairement cessible, le tribunal n'ayant pas le pouvoir de faire renaître un rapport contractuel disparu [3].

Aux termes de l'article L. 642-7, alinéa 1, du code, ne sont susceptibles de cession que les contrats nécessaires au maintien de l'activité [4]. Observons que ce caractère n'est pas exigé pour la continuation des contrats en cours.

Même s'il a été conclu en considération de la personne, le contrat est judiciairement cessible [5]. Il faut semble-t-il réserver l'hypothèse d'*intuitus personae* de l'objet du contrat, qui rendra impossible la cession [6].

À la lecture du texte de l'article L. 642-7, alinéa 1, du code, il apparaît que le tribunal apprécie et détermine seul, d'autorité, le caractère nécessaire du contrat au maintien de l'activité de l'entreprise [7] et peut ainsi refuser la cession du contrat ou l'imposer, non seulement au cocontractant [8], mais également au repreneur [9], même si ce dernier ne le souhaite pas [10].

---

1. En ce sens, v. D. Fabiani, « La cession judiciaire des contrats », colloque CRAJEFE, Nice, 1990, préface F. Derrida, n° 31, p. 25 ; Derrida, Godé, Sortais, *op. cit.*, n° 464, *in fine*, p. 344 ; Ph. Delebecque, « Le régime des contrats cédés en application de l'article 86 de la loi du 25 janvier 1985 », *RJ com.* 1992, n° spéc., n° 5, p. 137 ; Y. Guyon, *op. cit.*, n° 1290, p. 336 ; CA Paris, 3e ch. B, 16 janv. 1987, *D.* 1987, IR, 30 ; *RJ com.* 1988, 21, note D. Fabiani.

2. Sur la notion de contrat en cours, v. B. Soinne, *op. cit.*, n° 1327, p. 995, et n° 1696, p. 1348 ; F. Derrida, « La notion de contrat en cours à l'ouverture de la procédure de redressement judiciaire », *RJDA* 6/1993, p. 399, et *LPA* 5 nov. 1993, p. 4.

3. Cass. com., 11 déc. 1990, *RJDA* 1991, n° 241.

4. Sur l'approche du critère légal de « contrat nécessaire au maintien de l'activité », v. M.-H. Monsérié, *Les contrats dans le redressement et la liquidation judiciaires des entreprises*, Litec, 1994, n° 362 et s., p. 339.

5. Pour un contrat de concession automobile, CA Douai, 8 mars 1990, *Rev. proc. coll.* 1991-3, 326, n° 43, obs. B. Soinne ; *D.* 1990, IR, 87 ; *contra :* Trib. com. Marseille, 7 sept. 1987, *Rev. proc. coll.* 1988-1, 73, n° 7, obs. B. Soinne ; pour un contrat de franchise, Trib. com. Paris, 18 avr. 1988, *Rev. proc. coll.* 1988-4, 393, n° 17, obs. B. Soinne ; CA Versailles, 13e ch., 23 juin 1988, *Gaz. Pal.* 1989, 1, som. 111 ; CA Versailles, 12e ch., 13 mai 1993, *Rev. proc. coll.* 1995-2, n° 45, p. 172, obs. B. Soinne ; *contra* : CA Paris, 15 déc. 1992, *D.* 1993, IR, 45 ; *Rev. jurispr. com.* 1993, 151, note A. Martin-Serf ; *JCP* 1994, II, 22205, note Ch. Jamin ; *JCP E*, 1993, I, 275, n° 6, obs. Ph. Pétel ; sur la paralysie de l'*intuitu personae*, v. M.-H. Monsérié, *Les contrats dans le redressement et la liquidation judiciaires des entreprises*, Litec, 1994, nos 265 et s., p. 255.

6. En ce sens, v. Montredon, « La théorie générale du contrat à l'épreuve du nouveau droit des procédures collectives », *JCP E*, 1988, II, 15156, p. 268, n° 35, p. 274.

7. En ce sens, B. Soinne, *op. cit.*, n° 1709, p. 1357 ; Derrida, Godé, Sortais, *op. cit.*, n° 467, p. 347 ; CA Riom, 28 avr. 1988, *Gaz. Pal.* 1988, 2, som. 368.

8. CA Paris, 3e ch., sect. B, 18 oct. 1991, *D.* 1992, IR, 19. Sur l'absence de consentement du cédé, v. M.-H. Monsérié, *Les contrats dans le redressement et la liquidation judiciaires des entreprises*, *op. cit.*, n° 311 et s., p. 296.

9. En ce sens, D. Schmidt, « La poursuite des contrats en cours dans le redressement judiciaire », *RJ com.* 1991, 382 ; Derrida, Godé, Sortais, *op. cit.*, n° 467 ; M.-H. Monsérié, *Les contrats dans le redressement et la liquidation judiciaires des entreprises*, Litec, 1994, n° 315, p. 298 ; CA Aix-en-Provence 9 déc. 1990, *D.* 1990, som. 3, obs. F. Derrida ; *contra :* CA Colmar, 13 juin 1990,

S'il ne faut pas minimiser la portée des propos théoriques ci-dessus rapportés, il faut bien savoir qu'en pratique, l'initiative de la cession des contrats appartient au cessionnaire et les tribunaux n'imposeront généralement pas la cession de contrats sans l'accord du repreneur. Il n'en ira pas de même à l'égard du cocontractant lequel, dépourvu de toute maîtrise du sort de son contrat, se verra imposer contre son gré la cession du contrat qui le liait au débiteur. Ajoutons que, depuis la loi de sauvegarde des entreprises, le repreneur doit indiquer dans son offre les contrats dont il envisage la cession (C. com., art. L. 642-2, II, 1°). En outre, la Cour de cassation a rendu une décision dans laquelle elle a considéré qu'il n'y avait pas d'excès de pouvoir pour une juridiction à accepter la demande de modification du périmètre des contrats cédés [1]. Ce faisant, si la Cour de cassation admet que le repreneur puisse faire modifier la liste des contrats cédés, *a fortiori* faut-il admettre qu'il puisse imposer au tribunal la liste des contrats dont il envisage la cession.

L'accord des intéressés n'étant pas nécessaire, il importe peu que cette cession soit matérialisée par un acte authentique ou sous seing privé, le jugement valant cession des contrats [2]. Le cocontractant pourra obtenir l'exécution du contrat, de la part du cessionnaire, sur la simple exhibition du contrat conclu avec le débiteur, d'une part, et du jugement, d'autre part. En effet, l'article L. 642-5, alinéa 3, du code dispose que le jugement qui arrête le plan en rend les dispositions opposables à tous.

Ainsi, par essence, la cession judiciaire du contrat permettra, par suite du jugement de cession, à un tiers, le cessionnaire, d'accéder, sans le consentement du cocontractant, au rang de partie au contrat.

299. Les modalités procédurales de la cession. Le cocontractant disposera de deux voies aux fins de faire valoir ses observations auprès du tribunal : par l'intermédiaire de l'administrateur ou du liquidateur, selon le cas, et directement devant le tribunal lors de l'audience.

Aux termes de l'article L. 642-7, alinéa 1, du code, « *le tribunal détermine les contrats de crédit-bail (...) nécessaires au maintien de l'activité au vu des observations des cocontractants du débiteur transmises au liquidateur ou à l'administrateur lorsqu'il en a été désigné* ».

L'article 260 du décret du 28 décembre 2005 prévoit que lorsque le tribunal est appelé à se prononcer sur la cession du contrat, le cocontractant est convoqué quinze

---

D. 1991, 97, note D. Fabiani ; *contra :* Ripert et Roblot par Delebecque et Germain, *op. cit.*, n° 3196, p. 1214 ; B. Soinne, *op. cit.*, n° 1709, p. 1358. Par suite d'une lecture erronée de l'article 62 de la loi (devenu C. com., art. L. 621-63), Y. Guyon, *op. cit.*, n° 1290, p. 335. Un auteur (D. Fabiani, *La cession judiciaire des contrats*, colloque CRAJEFE, Nice, 1990, n° 18, p. 14) s'étonne d'ailleurs qu'il soit encore question de « contrat » alors que le lien créé par le tribunal a pu l'être indépendamment de la volonté de chacune des personnes intéressées à l'opération.

10. Cette solution a été vivement critiquée par un auteur : D. Fabiani, *La cession judiciaire des contrats*, colloque CRAJEFE, Nice, 1990, n° 222 et s., p. 138 et s. ; D. Fabiani, « Les conditions de la cession judiciaire des contrats dans la loi du 25 janvier 1985 sur le redressement et la liquidation judiciaires des entreprises », *RJ. com.* 1987, n° 13, p. 49.

1. Cass. com., 3 mai 2006, n° 04-15.760, arrêt n° 556 FS-P+B+R+I, *D.* 2006, AJ, 1369, obs. A. Lienhard ; LXB n° NO179AL9, note E. Le Corre-Broly.

2. En ce sens, M.-H. Monsérié, *Les contrats dans le redressement et la liquidation judiciaires des entreprises,* Litec, 1994, n° 322, p. 305.

jours au moins avant la date d'audience par lettre recommandée avec demande d'avis de réception.

L'article L. 661-6-II du code ouvre au cocontractant cédé la voie de l'appel sur le jugement arrêtant le plan de cession. Est irrecevable l'appel formé par le cocontractant dont le contrat n'a pas été cédé dans le cadre du plan [1].

Cet appel est limité à la seule partie du jugement emportant cession du contrat, en l'occurrence la partie de la décision qui détermine les contrats qui sont nécessaires au maintien de l'activité [2]. Le cocontractant ne peut conclure à un rejet total du plan. L'appel du cocontractant cédé ne permet pas au repreneur d'être délié de son offre, et ce même si le contrat cédé dont la cession est remise en cause par l'appel du cocontractant, est un élément essentiel de l'offre du cessionnaire [3].

L'appel du cocontractant cédé doit être formé dans les dix jours, non plus comme sous l'empire de la législation antérieure à compter du prononcé du jugement arrêtant le plan de cession (Décr. 27 déc. 1985, art. 157), mais à compter de la notification de la décision (Décr. 28 déc. 2005, art. 330, al. 3).

2° Le régime de la cession

Il résulte de la cession judiciaire du contrat une répartition des obligations entre le débiteur et le cessionnaire (a), cependant qu'une règle particulière a été posée par le législateur pour la levée d'option du contrat de crédit-bail (b).

a) Le principe de répartition des obligations entre le débiteur et le cessionnaire

300. Relations débiteur cédé — cessionnaire. La première question qui se pose ici est celle de la détermination du point de départ des obligations du repreneur. Faut-il le placer à la date du jugement arrêtant le plan de cession, comme semblerait le laisser croire la lettre du texte de l'article L. 642-7, alinéa 2, du code, qui dispose que « *le jugement qui arrête le plan emporte cession de ces contrats, même lorsque la cession est précédée de la location-gérance prévue à l'article L. 642-13* »? La Cour de cassation répond négativement : *« s'il n'en est autrement décidé par le jugement arrêtant le plan, le transfert des biens et des droits compris dans le plan s'opère à la date de passation des actes »* [4]. Cette solution aboutit *a priori* à un transfert des contrats lors de la passation des actes. Il en découle que la créance issue du contrat ultérieurement cédé ayant couru entre la date du jugement d'arrêté de plan

---

1. Cass. com., 22 nov. 1994, *RJDA* 3/95, n° 356, p. 285.

2. Sur la critique de cette limitation au droit d'appel du cocontractant, v. B. Soinne, *op. cit.*, n° 707, p. 500.

3. *Contra :* CA Paris, 15 déc. 1992, *D.* 1994, som. 4, obs. F. Derrida.

4. Cass. com., 26 janv.1993, *LPA* 2 avr. 1993, p. 14, note F. Derrida ; *Quot. jur.* 18 févr. 1993, p. 2 ; *D.* 1993, jurispr. 205, note F. D. ; *Rev. proc. coll.* 1993-1, n° 14, p. 86, obs. B. Soinne ; *RJDA* 6/93, n° 567 ; Cass. com., 25 mai 1993 ; *Rev. proc. coll.* 1994, n° 43, p. 234, obs. B. Soinne ; Cass. com., 13 oct. 1993, *RJDA* 3/94, n° 336, p. 270 ; Cass. com., 3 mai 1994, *RJDA* 1994/11, n° 1214 ; *Rev. proc. coll.* 1995, 174, n° 45, obs. B. Soinne ; Cass. com., 6 déc. 1994, *RJDA* 1995/4, n° 502 ; Cass. com., 6 janv. 1998, *JCP E,* 1998, chron. 654, n° 2-6, obs. M. Cabrillac ; Cass. com., 26 mai 1999, *Sofidis c/Sovac Entreprises*, inédit.

et la date de prise de possession par le cessionnaire sera couverte par les dispositions assurant au créancier un traitement préférentiel (C. com., art. L. 622-17 et L. 641-13) [1].

L'article L. 642-7, alinéa 3, du code énonce que le contrat doit être exécuté aux conditions en vigueur au jour du jugement d'ouverture. Il pose ainsi le principe de l'intangibilité du lien contractuel sous réserve de délais de paiement que pourra imposer le tribunal. La cession du contrat s'inscrit également dans un contexte de rupture puisque la cession implique le transfert de l'entreprise du patrimoine du cédant à celui du cessionnaire sans entraîner la transmission corrélative du passif. Il en résultera que chacun des patrimoines ne répondra que de la gestion que leur titulaire (cédant ou cessionnaire) aura successivement exercée. Ainsi, les rapports entre le cédé et le cessionnaire peuvent être appréhendés sous l'angle de deux principes dégagés par la doctrine [2] : le principe de rupture et le principe d'intangibilité.

À moins qu'il ne s'y soit engagé personnellement [3], le cessionnaire n'est pas tenu du passif et donc des sommes dues au titre du contrat antérieurement à la cession [4]. Le cessionnaire ne doit répondre que des inexécutions de la convention dont il porte la responsabilité. Ainsi, le tribunal ne peut-il subordonner le transfert des contrats à l'obligation pour le cessionnaire de payer au cocontractant les prestations fournies avant le jugement de redressement judiciaire [5] ou même pendant la période d'observation et avant le jugement de cession de l'entreprise [6].

Le principe de rupture commande encore que le cocontractant cédé ne puisse pas demander la résiliation du contrat, motif pris d'une inexécution antérieure à la cession.

La cession judiciaire du contrat ne saurait être une novation et en conséquence, on ne saurait lui en attacher les effets [7]. La convention qui lie, après la cession, le cessionnaire au « cédé » n'est en aucune façon un autre contrat, mais bien le contrat originaire lui-même qui liait le cédant au cédé, lequel devra l'exécuter aux conditions

---

1. Sous l'empire de l'article 40 de la loi du 25 janvier 1985, Cass. com., 6 déc. 1994, arrêt n° 2276P.
2. Sur les principes de rupture et d'intangibilité entourant la cession judiciaire des contrats, V. D. Fabiani, *La cession judiciaire des contrats*, colloque CRAJEFE, Nice, 1990, n° 302, p. 191 et s., et n° 406, p. 263 et s.
3. Cass. com., 30 nov. 1993, *RJDA* 5/94, n° 585, p. 458 ; Cass. com., 3 janv. 1995, *RJDA* 5/95, n° 649, p. 493, dans une espèce où le cessionnaire avait pris l'engagement de payer une dette antérieure dans une clause spéciale de l'acte de cession.
4. Cass. com., 14 avr. 1992, *JCP E*, 1993, II, 391, note Lévy ; *JCP* 1993, I, 236, n° 12 ; Cass. com., 11 oct. 1994, *Bull. Joly* 1994, 1340, note Le Cannu ; CA Paris, 3e ch. B, 11 juill. 1986, *Gaz. Pal.* 1988, 1, 87, note E.-M. Bey.
5. CA Paris, 3e ch, sect. A, 14 sept. 1994, *Juris-data* n° 022694 ; CA Paris, 11 juill. 1986, *Rev. proc. coll.* 1993-1, p. 95, n° 23, obs. B. Soinne.
6. Cass. com., 16 oct. 1990, *Rev. proc. coll.* 1993-1, p. 95, n° 23, obs. B. Soinne ; Cass. com., 14 avr. 1992, *Bull. civ.* IV, n° 158 ; *JCP* 1992, II, 21957, obs. Lévy ; *JCP* 1992, IV, 1796 ; *Rev. proc. coll.* 1993-1, p. 95, n° 23, obs. B. Soinne.
7. Cass. com., 12 oct. 1993, *Bull. civ.* IV, n° 333, p. 240 ; *RJDA* 2/94, n° 211, p. 175 ; *JCP E*, 1994, I, 348, n° 2, p. 191, obs. M. Cabrillac et Ph. Pétel ; *Rev. proc. coll.* 1993-4, n° 31, p. 512, obs. B. Soinne ; *JCP* 1994, I, 3744, n° 17, obs. M. Billiau ; *JCP E*, 1994, I, 365, n° 8, p. 283, obs. Simler et Delebecque ; *D.* 1994, 353, note O. Playoust ; *Rev. Banque* 1994, 91, obs. Guillot ; *D.* 1993, IR, 245 ; *JCP* 1993, IV, 2623 ; Cass. com., 14 juin 1994, *RJDA* 1/95, n° 71, p. 56 ; *adde* : Cass. com., 12 déc. 1993, *Juris-data* n° 002413.

initiales. Toutefois, sous l'empire de la législation antérieure à la loi de sauvegarde des entreprises, le tribunal pouvait accorder des délais de paiement au repreneur (C. com., art. L. 621-88, al. 3). Cette possibilité a logiquement été supprimée par la loi de sauvegarde, qui est partie du postulat que les délais de grâce accordés à un repreneur l'auraient fait passer pour débiteur malheureux, ce qui est un comble pour le repreneur d'une entreprise en difficulté...

301. Relations cédé-cédant judiciaire. Les obligations nées du contrat jusqu'au jour de la cession pèsent sur le débiteur-cédant. Ainsi, les sommes dues au titre du contrat antérieurement au jugement d'ouverture auront été déclarées au passif du débiteur et les sommes dues au titre du contrat continué du jour du jugement d'ouverture au jour de la cession doivent faire l'objet d'un paiement par le débiteur dans le cadre des dispositions des articles L. 622-17 et L. 641-13 du Code de commerce.

Le débiteur-cédant ne doit pas répondre à l'égard du cocontractant cédé de la gestion postérieure à la cession de l'entreprise et est ainsi déchargé des obligations nées du contrat postérieurement à la cession [1]. Cette solution s'impose dans la mesure où il est impossible d'appliquer à la cession judiciaire les raisons qui, dans la cession conventionnelle, obligent le cédant à garantir le cessionnaire. Contrairement à la cession conventionnelle, la volonté des parties est absente de la notion de cession judiciaire. M. Aynès a cerné la raison de l'obligation de garantie du cédant dans la responsabilité qu'il porte à l'occasion du choix qu'il a fait du cessionnaire [2]. Ainsi, dans la cession conventionnelle, le cédant doit-il répondre du cessionnaire parce qu'il l'a choisi. Dans le domaine de la cession judiciaire, le cédant ne doit pas répondre du cessionnaire car il ne l'a pas choisi, le choix appartenant au tribunal seul.

Ainsi, la cession judiciaire entraîne-t-elle la libération du débiteur [3]. De ce fait, le débiteur cédant ne saurait être tenu des dettes nées du contrat après la cession de celui-ci, lesquelles ne sont qu'à la charge du cessionnaire. La solution est importante pour les cautions (v. ss n° 386).

En matière de cession de contrat de bail, de location ou de crédit-bail, une ventilation doit s'opérer au moment du transfert de l'entreprise. Ainsi, le loyer doit être divisé selon la date de prise d'effet de la cession entre les deux exploitants successifs. Une règle de trois devra être appliquée au loyer couvrant partiellement une période de jouissance du débiteur et du cessionnaire, afin de pouvoir déterminer les obligations de chacun.

---

1. D. Fabiani, *La cession judiciaire des contrats*, colloque CRAJEFE, Nice, 1990, n° 468 et s. ; Derrida, Godé, Sortais, *op. cit.*, n° 468, p. 347 ; B. Soinne, *Rev. proc. coll.* 1993-4, p. 514 ; TGI Béthune, 31 janv. 1990, *Rev. proc. coll.* 1991-3, p. 327, obs. B. Soinne ; *Rev. proc. coll.* 1993-4, p. 515, obs. B. Soinne.
2. L. Aynès, *La cession de contrat et les opérations juridiques à trois personnes*, Economica, 1984, préface Ph. Malaurie, n° 237 et s.
3. Cass. com., 12 oct. 1993, *Rev. proc. coll.* 1993-4, p. 512, n° 31, obs. B. Soinne ; *D.* 1993, IR, 245 ; *Bull. inf. C. cass.* 15 nov. 1993, p. 11, n° 1255 ; *Rev. huissiers* 1993, 1442 ; *JCP* 1993, IV, 2623 ; *JCP E*, 1993, pan. 1983 ; *Rev. Banque* janv. 1994, 91 ; *Dr. sociétés* 1994, com. 6 ; *Vie judiciaire* 24-30 janv. 1994, p. 10 ; *Quot. jur.* 20 janv. 1994, p. 4 ; *D.* 1994, 353, obs. Playoust ; TGI Béthune, 31 janv. 1990, *Rev. proc. coll.* 1991-3, p. 327, obs. B. Soinne.

b) La réglementation de la levée de l'option d'achat du crédit-bail en plan de cession [1]

302. Réglementation de la levée d'option d'achat du crédit-bail en plan de cession. Les contrats de crédit-bail prévoient en général une clause de style selon laquelle, pour pouvoir lever l'option d'achat, le locataire devra avoir acquitté toutes les obligations nées du contrat. Une difficulté se présente alors si, parmi ces obligations, figure celle de régler des créances antérieures au jugement d'ouverture ou même des créances nées pendant la période d'observation. En effet, le repreneur ne doit payer que le prix de cession et n'a pas à prendre en charge le passif né du chef du débiteur. Dans le cadre de la cession judiciaire du contrat, la date limite de ces obligations est fixée à la date d'entrée en jouissance. Le repreneur est substitué au débiteur dans l'exécution du contrat, de sorte qu'une difficulté se présente si des impayés nés du chef du débiteur sont constatés. C'est l'objet de la réglementation établie par le législateur du 10 juin 1994 qui a modifié l'article 86 de la loi du 25 janvier 1985 (devenu C. com., art. L. 621-88) en y ajoutant un alinéa 4 réglant cette difficulté. Cette solution est désormais retranscrite, sous réserve de quelques modifications, à l'article L. 642-7, alinéa 4, du code : « *En cas de cession d'un contrat de crédit-bail, le crédit-preneur ne peut lever l'option d'achat qu'en cas de paiement des sommes restant dues dans la limite de la valeur du bien fixée d'un commun accord entre les parties ou, à défaut, par le tribunal à la date de la cession* ». Ainsi, le législateur exige-t-il que le repreneur ait payé l'intégralité des sommes restant dues par le débiteur, outre les sommes qu'il doit lui-même, pour pouvoir lever l'option d'achat. Cependant, une difficulté se présente si les sommes restant dues par le débiteur excèdent la valeur du bien. Ces sommes s'entendent des sommes demeurant impayées du chef du débiteur, sans que le repreneur puisse s'émanciper du paiement des sommes lui incombant personnellement [2]. Le tribunal, précise désormais l'article 261, alinéa 1, du décret du 28 décembre 2005, peut fixer lui-même cette valeur au besoin après expertise dans le jugement arrêtant le plan.

La date à prendre en compte pour déterminer la valeur du bien semble être celle de la cession, ce qui doit s'entendre comme celle de la levée d'option d'achat. En effet, c'est à ce jour que se pose la question du choix pour le repreneur de lever l'option d'achat en payant les sommes dues ou de ne pas la lever. En outre, à défaut de levée de l'option d'achat par le repreneur, l'établissement de crédit-bail sera confronté à l'obligation de réaliser le bien à sa valeur, à cette date.

L'alinéa 2 de l'article 261 du décret du 28 décembre 2005 prévoit que les sommes qui restent dues au sens de l'article L. 642-7 sont, à peine de nullité du paiement, versées par le cessionnaire au liquidateur qui les remet sans délai au crédit-bailleur. Ces sommes viennent en déduction de la créance admise du crédit-bailleur lorsqu'elles sont relatives à des loyers impayés au jour du jugement d'ouverture.

---

1. E. Le Corre-Broly, « Le régime de la levée de l'option d'achat du contrat de crédit-bail judiciairement cédé », *LPA* 10 juin 1996, n° 70, p. 4 et s.
2. Cass. com., 23 nov. 2004, n° 03-13.035, *D.* 2005, AJ, 79, obs. A. Lienhard ; *D.* 2005, Jur. 510, note E. Le Corre-Broly ; *D.* 2005, pan. 294, obs. P.-M. Le Corre ; *D.* 2005, som. comm. 2088, obs. P. Crocq ; *Act. proc. coll.* 2005/1, n° 12, note J. Vallansan ; *JCP E*, 2005, chron. 639, p. 708, n° 6, obs. Ph. Pétel ; LXB n° N4128ABI, note E. Le Corre-Broly.

Sous-section III
Les suites de la décision d'arrêté de plan de cession

Le plan de cession étant arrêté, il convient d'envisager l'exécution de la décision (§ 1). Si cette dernière n'intervient pas correctement, il y aura lieu de s'intéresser aux difficultés d'exécution du plan de cession (§ 2).

§ 1. L'EXÉCUTION DE LA DÉCISION

303. La surveillance de l'exécution du plan de cession. Sous l'empire de la législation antérieure, un organe spécifique, le commissaire à l'exécution du plan, était nommé par le tribunal, à l'occasion de la décision arrêtant le plan, pour surveiller l'exécution de celui-ci. Le déplacement de principe du plan de cession en liquidation judiciaire a conduit à supprimer cet organe. La mission de surveillance de l'exécution du plan incombe désormais au liquidateur.

La solution résulte de l'article L. 642-11, alinéa 1, du Code de commerce selon lequel « *le cessionnaire rend compte au liquidateur de l'application des dispositions prévues par le plan de cession* ».

Mais la solution est conservée lorsque le plan de cession est arrêté en redressement judiciaire. En ce cas, une distinction s'impose selon que le plan de cession est doublé ou non d'un plan de redressement. En cas de plan de redressement partiel et de plan de cession partielle, la surveillance de l'exécution du plan de cession est confiée au mandataire judiciaire, dans la mesure où ce dernier exerce les missions dévolues au liquidateur (C. com., art. L. 631-22). La solution est la même pour le plan de cession partielle arrêté dans la procédure de sauvegarde lorsque le débiteur a obtenu un plan de sauvegarde. À défaut de plan de redressement partiel, le débiteur sera placé en liquidation judiciaire. C'est alors le liquidateur qui surveillera l'exécution du plan de cession.

Le liquidateur, dans le cadre de cette mission de surveillance a alors la possibilité de saisir le tribunal aux fins de résolution du plan de cession (C. com., art. L. 642-11, al. 2).

Cependant, le liquidateur, en présence d'un administrateur judiciaire et la solution est identique pour le mandataire judiciaire, a le pouvoir de surveiller l'exécution du plan, non celui de passer les actes de cession (Sous-paragraphe 1). L'exécution de la décision permettra de procéder au paiement des créances (Sous-paragraphe 2).

Sous-paragraphe 1. La rédaction des actes de cession

304. Les actes de cession. L'article L. 642-8, alinéa 1, prévoit que « *en exécution du plan arrêté par le tribunal, le liquidateur ou l'administrateur lorsqu'il en a été désigné passe tous les actes nécessaires à la réalisation de la cession* ». Si le plan de cession est arrêté en période d'observation, l'administrateur, qui demeurera en fonction à cette fin, passera les actes de cession (C. com., art. L. 631-22). La présence du débiteur à l'acte est inutile [1].

Les actes de cession ne sont que les actes nécessaires à l'exécution de la cession selon le code. Ils ne peuvent donc contredire le dispositif du jugement [2] ou en réduire la portée [3].

Les actes de cession seront par principe des actes sous seing privé, à moins que le recours à la forme notariée ne soit nécessaire à l'opposabilité aux tiers de la cession, par exemple en cas de mutation immobilière.

Si l'acte de cession ne peut être passé pour un fait extérieur au repreneur, par exemple la défaillance d'une condition suspensive telle une autorisation administrative [4], il y aura place à caducité du plan par suite de l'impossibilité de passer l'acte de cession. La juridiction pourra arrêter un nouveau plan de cession [5].

Si l'acte de cession ne peut être passé du seul fait de la volonté du repreneur, une décision de justice pourra suppléer la carence du cessionnaire pour venir constater la cession [6]. Le tribunal pourra cependant préférer constater l'inexécution du plan et prononcer sa résolution [7]. Il pourra enfin prononcer une condamnation du repreneur à des dommages-intérêts, sur le fondement quasi-contractuel [8]. Le montant des dommages et intérêts semble pouvoir être fixé à la différence de valeur entre l'offre du candidat ne donnant pas suite et l'offre nouvelle, si un plan de cession est subséquemment arrêté. Dans le cas contraire, il y a place à détermination du préjudice subi par les créanciers, ce qui nécessitera une expertise.

Parce que la rédaction des actes de cession peut ne pas intervenir rapidement après le jugement arrêtant le plan de cession, il peut paraître nécessaire d'organiser la période s'étendant du jour du jugement jusqu'au jour de la rédaction des actes de cession.

305. La période comprise entre l'arrêté du plan de cession et la passation des actes de cession. Il sera rare que le repreneur entre en possession au jour de l'arrêté du plan de cession, sauf si le jugement arrêtant le plan de cession en décide ainsi. Il se peut cependant que le repreneur veuille assurer la gestion dès le jugement arrêtant

---

1. Y. Guyon, *op. cit.*, n° 1284 ; Derrida, Godé et Sortais, *op. cit.*, n° 455.
2. Cass. com., 23 mai 2000, *RJDA* 2000/11, n° 1019.
3. Cass. com., 9 janv. 1996, *JCP* 1996, I, 3935, n° 8, obs. M. C. ; *D.* 1998, som. 11, obs. F. Derrida ; *LPA* 1997, n° 10, p. 31, note J. L. Courtier.
4. Pour des difficultés de cette nature, v. CA Bordeaux, 2e ch., 7 oct. 1993, *Rev. proc. coll.* 1995, 170, n° 42, obs. B. Soinne ; CA Douai, 2e ch., 27 juin 1996, *Rev. proc. coll.* 1996, 465, n° 41, obs. B. Soinne.
5. B. Soinne, *op. cit.*, n° 1547.
6. CA Douai, 2e ch. civ., 11 janv. 1994, *Rev. proc. coll.* 1996, 471, n° 48, obs. B. Soinne ; CA Aix-en-Provence, 8e ch. A, 23 oct. 1997, *Bull. inf. C. cass.* 1er avr. 1998, p. 21, n° 391. *Contra*, Derrida, Godé et Sortais, *op. cit.*, n° 296.
7. Cass. com., 5 déc. 1995, *Rev. proc. coll.* 1996, 471, obs. B. Soinne.
8. Cass. com., 26 oct. 1999, *Bull. civ.* IV, n° 193 ; *JCP E et A*, 1999, chron. 127, n° 7, obs. M. Cabrillac et P. Pétel ; *Act. proc. coll.* 1999/19, n° 254, note B. Saintourens ; *D. Affaires* 1999, jur. 67, obs. A. Lienhard. 1999 ; *D.* 2000, 383, note A. Pélissier ; *Defrénois* 2000, 1128, n° 71, obs. P. Delebecque.

le plan de cession, sans attendre la rédaction des actes de cession. La demande de gérer de façon anticipée l'entreprise ne peut d'ailleurs émaner que du cessionnaire [1].

Sous l'empire de la législation antérieure, l'article L. 621-89, alinéa 2, du code prévoyait que, dans l'attente de l'accomplissement de ces actes, l'administrateur pouvait, sous sa responsabilité, confier au cessionnaire la gestion de l'entreprise cédée. Cette solution n'était pas très opportune puisque le risque d'une mauvaise gestion pesait sur l'administrateur et que le cessionnaire, inversement, pouvait accomplir des actes dont il n'assumait pas la responsabilité. Cette solution a donc été abandonnée par la loi de sauvegarde.

L'article L. 642-8, alinéa 1, du code, dans la rédaction que lui donne la loi de sauvegarde des entreprises, prévoit que dans l'attente de l'accomplissement de ces actes et sur justification de la consignation du prix de cession ou d'une garantie équivalente, le tribunal peut confier au cessionnaire, à sa demande et sous sa responsabilité, la gestion de l'entreprise cédée. La décision appartient donc désormais au tribunal. Corrélativement, la responsabilité de l'administrateur n'est plus envisagée, la gestion étant sous la seule responsabilité du repreneur, qui aura à répondre du passif créé.

Dans l'exécution de la cession, le paiement des créanciers revêt une importance certaine, même s'il n'est pas la finalité première d'un plan de cession.

Sous-paragraphe 2. Le paiement des créanciers

Les créanciers seront par principe payés grâce au prix de cession. Il convient donc d'examiner les règles générales de répartition du prix de cession (B). Des règles spéciales sont posées pour les créanciers titulaires de sûreté spéciale (C). De façon préalable, il convient d'examiner les moyens juridiques assurant aux créanciers un paiement rapide (A).

A. Les moyens juridiques assurant aux créanciers un paiement rapide

306. L'indisponibilité et l'inaliénabilité des biens cédés, techniques de garantie du paiement du prix de cession. L'article L. 642-9, alinéa 1, du Code de commerce prévoit que « *tant que le prix de cession n'est pas intégralement payé, le cessionnaire ne peut, à l'exception des stocks, aliéner ou donner en location-gérance les biens corporels ou incorporels qu'il a acquis* ». La disposition a pour objectif d'assurer une protection aux créanciers [2]. L'indisponibilité entraîne insaisissabilité des biens cédés [3].

Le tribunal peut lever l'indisponibilité de certains biens (C. com., art. L. 642-9, al. 2) sur requête présentée par le cessionnaire. Le liquidateur — ou le mandataire judiciaire — devra faire rapport après avoir consulté le comité d'entreprise ou, à défaut, les délégués du personnel. Le tribunal appréciera les garanties offertes par le

---

1. Rapp. J.-J. Hyest, n° 335, p. 406.
2. Sur cet objectif de protection des créanciers, v. rap. Gouzes, *JO doc. adm.* n° 1872, p. 111 ; rap. Thyraud, *JO doc. adm* n° 332, p. 140 ; *adde* : Jeantin, *op. cit.*, n° 749 ; D. Randoux, *JCP N*, 1990, 195, n° 37.
3. Derrida, Godé et Sortais, *op. cit.*, n° 470.

cessionnaire pour vérifier si le paiement du prix de cession peut être remis en cause par la décision prise.

La cession intervenue au mépris de l'indisponibilité entraîne nullité absolue, qui peut être recherchée dans un délai de trois ans courant à compter de l'acte ou, si celui-ci est soumis à publicité, à compter de cette dernière (C. com. art. L. 642-9, al. 4).

Une fois le prix de cession payé, l'indisponibilité cesse. Cependant, il se peut que l'exécution, au regard des aspects sociaux essentiellement, du plan de cession soit mise en péril par la vente de certains biens. C'est pourquoi le législateur a prévu la possibilité d'inclure dans le plan de cession une clause d'inaliénabilité, qui peut dépasser le temps du paiement du prix de cession [1]. L'inaliénabilité a pour objet d'assurer la complète exécution du plan. Elle frappera, selon la volonté du tribunal, tout ou partie des biens cédés et pour la durée qu'il fixe. Cette clause fait l'objet d'une publication (C. com., art. L. 642-10, al. 2), dans les mêmes conditions que celles intéressant le plan de continuation (v. ss n° 266). La méconnaissance de la clause d'inaliénabilité entraîne nullité absolue de l'acte dans un délai de trois ans de l'acte ou, si celui-ci est soumis à publicité, dans les trois ans de cette dernière (C. com. art. L. 642-9, al. 4).

307. La déchéance du terme, moyen technique de répartition du prix de cession. Pour les créanciers, le plan de cession, sous l'empire de la législation antérieure, apparaissait déjà comme une technique liquidative. La solution est affirmée par la loi de sauvegarde des entreprises. Il s'agit de répartir, entre les créanciers selon leur rang, le produit d'une vente.

Cependant, pour payer les créanciers, encore faut-il que leurs créances soient exigibles. Afin de faciliter les répartitions, et aussi de les accélérer, le législateur, sous l'empire de la législation antérieure, avait posé à l'article L. 621-94 du code la règle de la déchéance du terme en cas de plan de cession totale. La solution n'a pas exactement été reprise par la loi de sauvegarde des entreprises.

Tout d'abord, si le plan de cession partielle est accompagné d'un plan de redressement ou de sauvegarde, pas plus que par le passé, il n'y a déchéance du terme.

Si un ou plusieurs plans de cession partielle sont arrêtés en période d'observation, et si le débiteur n'a pas obtenu un plan de redressement, le débiteur sera placé en liquidation judiciaire. La déchéance du terme résultera en ce cas du jugement plaçant le débiteur en liquidation judiciaire.

En revanche, si le plan de cession est arrêté en liquidation judiciaire, il y a place à déchéance du terme, ainsi que le précise l'article L. 643-1 du code.

Le jeu de la déchéance du terme va permettre de procéder à la répartition du prix de cession.

---

1. B. Soinne, *op. cit.*, n° 1746.

B. Les règles générales de répartition du prix de cession

308. Le prix de cession, limite de principe de l'engagement du repreneur. Le repreneur ne contracte pas l'obligation de payer le passif du débiteur. Il doit seulement payer le prix de cession. La jurisprudence n'exige pas, sauf à rendre impossible tout plan de cession, que l'intégralité du passif soit payée par le prix de cession. Il est seulement exigé que l'offre soit sérieuse, ce qui est inconciliable avec un prix de cession ridicule.

La répartition du prix de cession est l'œuvre du liquidateur, sous réserve des solutions propres au plan de cession partielle accompagnant un plan de sauvegarde ou de redressement (v. ss n° 294). Elle peut intervenir alors même que l'intégralité du prix n'a pas encore été versée [1].

Le prix de cession est réparti entre les créanciers selon leur rang. En pratique, les créanciers chirographaires participeront rarement à la répartition du prix de cession.

Si le repreneur n'est tenu, par principe, qu'au paiement du prix de cession, rien ne lui interdit de souscrire un engagement particulier en dehors du plan, à l'égard d'un créancier, par une clause spéciale de l'acte de cession [2]. L'acceptation de pareille pratique est dangereuse car, *in fine*, cela contribue à minorer l'enveloppe globale affectée par le repreneur au paiement du prix de cession et, par voie de conséquence, spolie la collectivité des créanciers au profit d'un seul.

C. Les règles spéciales aux créanciers titulaires de sûreté spéciale

309. L'éclatement du prix de cession, première technique de protection des créanciers titulaires de sûreté. L'article L. 642-12, alinéa 1, du Code de commerce dispose que « *lorsque la cession porte sur des biens grevés d'un privilège spécial, d'un nantissement ou d'une hypothèque, une quote-part du prix est affectée par le tribunal à chacun de ces biens, pour la répartition du prix et l'exercice du droit de préférence* ». L'objet de cette disposition est de respecter, dans une certaine mesure, les règles de protection des créanciers titulaires de sûreté spéciale, supposant le respect d'une assiette spéciale, tout en tenant compte du caractère forfaitaire du prix de cession.

Le texte vise certaines sûretés spéciales. Faut-il exclure les autres? Spécialement, le texte a-t-il vocation à s'appliquer au créancier gagiste rétenteur? Une réponse affirmative conduirait à décider que le droit de rétention serait éteint en contrepartie du paiement d'une simple quote-part. Faute de texte en ce sens, le droit commun du droit de rétention ne peut être mis en échec. C'est la solution retenue justement par la Cour de cassation [3]. Peu importe que le droit de rétention soit réel ou fictif [4].

---

1. CA Versailles, 18 nov. 1993, *RJDA* 1994, n° 1073.

2. Cass. com., 30 nov. 1993, *Rev. sociétés* 1994, n° 28, obs. Y. Chaput ; Cass. com., 17 mai 1994, *Rev. proc. coll.* 1995, 138, n° 16, obs. B. Soinne ; Cass. com., 3 janv. 1995, *Rev. proc. coll.* 1995, 138, n° 16, obs. B. Soinne ; *JCP E,* 1995, I, 455, obs. M. Cabrillac et P. Pétel.

3. Cass. com., 20 mai 1997, *LPA* 22 oct. 1997, n° 127, p. 10 ; *LPA* 19 avr. 1999, n° 77, p. 10, note F. Derrida ; *D.* 1999, som. 5, obs. F. Derrida ; *RJ com.* 1997, 308, rap. J.-P. Rémery, note C. Saint-Alary-Houin ; *JCP E,* 1997, I, 681, n° 5, obs. M. Cabrillac ; *adde* : B. Soinne, *op. cit.*, n° 1750 ; Ripert et Roblot par Delebecque et Germain, *op. cit.*, n° 3204 ; D. Martin, « De la survie

L'affectation d'une quote-part pour l'exercice des droits de préférence des créanciers titulaires de sûreté spéciale ne semble plus avoir vocation à jouer en cas de plan de cession partielle, contrairement à la solution posée sous l'empire de la législation antérieure. En effet, l'article L. 626-23 du code, texte de la sauvegarde applicable en redressement, qui réglemente les cessions partielles, ne fait réserve que du jeu de l'article L. 626-22, non de l'article L. 642-12. Il en résulte que les créanciers titulaires de sûretés seront payés sur le prix de cession dans la mesure où la quote-part du prix de cession correspondant aux créances garanties doit leur être versée. Il ne s'agit pas là de la quote-part du prix de cession affectée par le tribunal, mais de la quote-part du prix de cession qui correspond effectivement aux créances.

L'article L. 642-12, alinéa 1, du code oblige le tribunal à affecter une quote-part du prix de cession à chacun des biens grevés. La quote-part sera suggérée par l'administrateur judiciaire, le liquidateur ou le repreneur. Le repreneur ne peut cependant ériger en condition de son offre la ventilation des quotes-parts qu'il aurait suggérées au tribunal [1].

A priori, le créancier mécontent de la faible quote-part qui lui est attribuée ne disposait pas de voie de recours, sous l'empire de la législation antérieure. La tierce-opposition réformation lui était explicitement fermée par le code. Or, cette erreur d'appréciation commise par le tribunal ne saurait être assimilée à un excès de pouvoir susceptible d'ouvrir les portes de la tierce-opposition nullité.

Une difficulté particulière se pose si le tribunal omet d'affecter une quote-part au profit d'un créancier inscrit sur un bien cédé au repreneur. La technique de l'omission de statuer, à laquelle on aurait pu penser, ne peut être utilisée [2] car la fixation ultérieure par le tribunal d'une quote-part au profit d'un créancier porterait atteinte aux droits d'autres créanciers.

Le prix de cession est déposé à la Caisse des dépôts et consignations. L'effet de l'affectation de la quote-part du prix de cession, au profit du créancier qui en est titulaire, rend applicable l'article 2435 (anciennement 2154-1) alinéa 3, du Code civil. Il en résulte que le renouvellement de l'inscription de sûreté ne s'impose plus après la consignation du prix [3].

---

du gage à la cession de l'entreprise », *RJ com.* 1987, 81 ; « De la rétention d'actifs au cas de cession de l'entreprise », *Gaz. Pal.* 1988, I, doctr. 161 ; F.-J. Credot, « Procédures collectives, la cession de l'entreprise et le droit de rétention », *LPA* 6 juin 1987 ; P.-M. Le Corre, « Le gage avec droit de rétention face au plan de cession (rien ne sert de concourir, il faut à point retenir) », *LPA* 22 oct. 1997, n° 127, p. 5.

4. V. CA Grenoble, ch. urg., 30 mai 1995, *Rev. proc. coll.* 1996, 483, n° 60, obs. B. Soinne, *contra* : B. Soinne, *op. cit.*, n° 1750.

1. Cass. com., 14 janv. 1997, *Rev. proc. coll.* 1998, 331, n° 3, obs. B. Soinne. *D.* 1997, IR, 67 ; *adde* : CA Colmar, 8 mars 1994, *LPA* 22 juin 1994, p. 17, note Calendini ; *adde* : L. C. Henry et D. Fabiani, « L'article 93 de la loi du 25 janvier 1985 », *LPA* 20 sept. 2000, n° 188, p. 22 et s., spéc. p. 24, n° 8.

2. Cass. com., 11 oct. 1994, *Rev. proc. coll.* 1995, 179, n° 53, obs. B. Soinne ; *JCP E*, 1995, I, 435, obs. M. Cabrillac et P. Pétel ; *adde*, sur cette question de l'impossibilité, par la technique de l'omission de statuer, de toucher aux droits acquis d'autres personnes, Cass. ass. plén. 1er avr. 1994, *Bull. Ass. plén.*, n° 3.

3. Cass. com., 1er févr. 2000, *Bull. civ.* IV, n° 25 ; *D.* 2000, som. 331, obs. A. Honorat ; *JCP E et A*, 2000, jur. 702, note J. P. Rémery ; *JCP E et A,* 2000, chron. 1708, n° 15, obs. P. Delebecque.

La quote-part du prix de cession détermine la limite des droits du créancier. Cependant, sur cette quote-part, s'exerceront les droits de préférence d'autres créanciers, tel le superprivilège des salaires ou encore le privilège de la conciliation. Dès lors, la quote-part ne sera pas le droit effectif à répartition du créancier.

Le superprivilège des salaires ou le privilège de la conciliation sont des privilèges généraux (v. ss n°s 210 et 347). Il en résulte que, en cas de conflit avec un créancier inscrit sur un immeuble, il y a place à application de l'article 2376 (anciennement 2105) du Code civil qui pose la règle de la subsidiarité sur les immeubles. Les créanciers titulaires de privilèges généraux devront être payés prioritairement sur le prix de vente des actifs mobiliers, amputant à due concurrence les quotes-parts des créanciers inscrits sur ces biens et, en cas d'insuffisance des meubles, la quote-part des créanciers inscrits sur les immeubles.

Les créanciers postérieurs éligibles au traitement préférentiel seront payés dans l'ordre de classement des créanciers postérieurs en liquidation judiciaire. En effet, les règles de la liquidation judiciaire auront vocation à jouer, même si le plan de cession est arrêté en redressement. En effet, il ne pourra, pour que la question se pose, être question que d'un plan de cession totale. Le débiteur sera donc placé en liquidation judiciaire et lorsque la répartition sera effectuée, il sera bien question de payer les créanciers postérieurs dans le cadre de la liquidation judiciaire.

310. La résurgence du droit de suite sur l'ayant cause du repreneur, deuxième technique de protection des créanciers titulaires de sûreté. Les créanciers inscrits sur les biens cédés n'ont pas de droit de suite à l'encontre du repreneur. L'article L. 642-12, alinéa 2, du Code de commerce indique que « *le paiement du prix de cession fait obstacle à l'exercice, à l'encontre du cessionnaire, des droits des créanciers inscrits sur ces biens* ». Sauf le jeu de l'article L. 642-12, alinéa 4, qui institue la règle du transfert de la charge la sûreté (v. ss n° 311), les créanciers ne peuvent être payés que sur le prix de cession. Une fois ce paiement intervenu, leur droit de suite à l'encontre du repreneur disparaît. C'est dans cette logique que l'article 257, alinéa 2, du décret du 28 décembre 2005 prévoit la radiation des inscriptions grevant le fonds de commerce après paiement du prix de cession. La procédure de purge n'a pas à être effectuée. Cette radiation n'interviendra cependant pas en cas de jeu de l'article L. 642-12, alinéa 4, du code, qui prévoit le transfert de la charge de la sûreté au profit du cessionnaire.

L'article L. 642-12, alinéa 3, du code complète la solution en indiquant que « *jusqu'à paiement complet du prix qui emporte purge des inscriptions grevant les biens compris dans la cession, les créanciers bénéficiant d'un droit de suite ne peuvent l'exercer qu'en cas d'aliénation du bien cédé par le cessionnaire* ». Ainsi, il résulte clairement du texte que les créanciers inscrits n'ont pas de droit de suite sur le repreneur mais que, si le repreneur vend le bien grevé alors qu'il n'a pas intégralement payé le prix de cession, les créanciers inscrits retrouvent leur droit de suite sur le tiers acquéreur.

311. Transfert de la charge de la sûreté, troisième technique de protection des créanciers titulaires de sûreté. Aux termes de l'article L. 642-12, alinéa 4, du Code de commerce, « *toutefois, la charge des sûretés immobilières et mobilières spéciales garantissant le remboursement d'un crédit consenti à l'entreprise pour lui permettre* *le financement d'un bien sur lequel portent ces sûretés est transmise au cessionnaire. Celui-ci sera alors tenu d'acquitter entre les mains du créancier les échéances convenues avec lui et qui restent dues à compter du transfert de la propriété ou, en cas de location-gérance, de la jouissance du bien sur lequel porte la garantie. Il peut être dérogé aux dispositions du présent alinéa par accord entre le cessionnaire et les créanciers titulaires des sûretés* ». L'article L. 642-12, alinéa 4, du code institue une cession légale de dettes jouant à l'identique d'une délégation [1]. Par cette règle, le sort du contrat de prêt assorti de sûreté spéciale se rapproche sensiblement d'une cession judiciaire de contrat synallagmatique, en ce qui concerne ses effets, du moins dans les rapports du repreneur et du créancier concerné.

La sûreté doit venir garantir « *le remboursement d'un crédit consenti à l'entreprise pour lui permettre le financement d'un bien sur lequel porte sur ces sûretés* ». Il pourra s'agir tant de prêt que d'ouverture de crédit. Mais les crédits devront être affectés et prévoir la constitution de la sûreté [2]. L'affectation de la sûreté doit donc être concomitante au crédit consenti.

Le crédit doit permettre le financement du bien sur lequel porte la sûreté. Le texte n'exige pas que le crédit serve à l'acquisition du bien. Il pourra donc servir à son amélioration ou à son entretien [3].

Le mécanisme légal est sans application pour les gages assortis de droit de rétention. En effet, décider le contraire reviendrait à permettre l'extinction d'un droit de rétention en contrepartie d'un paiement simplement partiel de la créance, ce que le législateur n'a pas prévu, sans qu'il y ait lieu de distinguer entre droit de rétention réel et droit de rétention fictif.

La règle a pour objet d'obliger le cessionnaire à acquitter entre les mains du créancier « *les échéances convenues avec lui et qui restent dues à compter du transfert de la propriété, ou en cas de location-gérance, de la jouissance du bien sur lequel porte la garantie* ». À concurrence de ces sommes, le créancier échappe à la règle du concours [4]. C'est la date de naissance des obligations du repreneur qui marquera le point de départ des échéances qu'il aura à payer directement au créancier inscrit. Si le jugement prévoit la date du transfert de propriété, cette date sera celle de début des obligations du repreneur envers le créancier inscrit. Dans le silence du jugement sur ce point, le transfert de propriété interviendra au jour de la passation des

---

1. J.-P. Sénéchal, « L'inclusion d'un matériel nanti dans un plan de cession », *Mélanges Derruppé*, p. 367 ; comp., évoquant une cession de contrat, M. Cabrillac et Ph. Pétel, « Juin 1994, le printemps des sûretés réelles », *LPA* 14 sept. 1994, n° 110, p. 59 et s., spéc. p. 63, n° 30 ; *adde*, évoquant également une cession légale de contrat : CA Bordeaux, 2e ch., 22 mars 1995, *Rev. proc. coll.* 1996, 105, n° 22, obs. B. Soinne.

2. Cass. com., 23 nov. 2004, n° 02-12.982, *D.* 2005, AJ, 142 note A. Lienhard ; *D.* 2005, pan. 294, obs. P.-M. Le Corre ; *D.* 2005, som. comm. 2017, obs. F.-X. Lucas ; *RD banc. et fin.* 2005/1, p. 23, n° 17, note F.-X. Lucas ; *JCP E,* 2005, chron 639, p. 709, n° 7, obs. M. Cabrillac ; *JCP E,* 2005, Jur. 407, p. 433, note P.-M. Le Corre ; LXB n° N4127ABH, note P.-M. Le Corre.

3. Y. Guyon, *op. cit.*, n° 1289 ; L. C. Henry et D. Fabiani, « L'article 93 de la loi du 25 janvier 1985 », *LPA* 20 sept. 2000, n° 188, p. 22 et s., spéc. p. 26, n° 21.

4. P. M. Le Corre, *Les créanciers gagistes face au redressement judiciaire et la règle du concours*, *Rev. proc. coll.* 1990, p. 21 et s., spéc. p. 25, n° 5.

actes de cession [1]. Une règle différente est posée en cas de location-gérance. Le repreneur sera alors tenu d'acquitter les échéances qui restent dues à compter de son entrée en jouissance.

La règle du transfert de la charge de la sûreté joue de plein droit [2], sans même que le tribunal ait à la prévoir [3]. Peu importe que le repreneur ignore l'existence de la sûreté [4]. Le repreneur ne saurait écarter de son offre le jeu de la règle du transfert de la charge la sûreté, règle automatique et d'ordre public, sauf à voir son offre rejetée [5]. Le tribunal acceptant pareille prétention commettrait un excès de pouvoir [6].

Tant que la totalité des échéances mises à charge du repreneur, par le jeu du transfert de la charge de la sûreté n'aura pas été payée, la purge de la sûreté ne pourra intervenir [7]. La règle déroge au droit commun de l'article L. 642-12, alinéa 2, du code prévoyant une purge des inscriptions après complet paiement du prix de cession (v. ss n° 310).

Le fait que le créancier inscrit bénéficie de la possibilité d'obtenir directement du repreneur prise en charge de certaines échéances n'a pas pour effet de supprimer, à son profit, le jeu de l'affectation de la quote-part du prix de cession pour l'exercice de son droit de préférence. Les alinéas 1 et 4 de l'article L. 642-12 du code sont d'application cumulative [8]. La position de la Cour de cassation semble bien en ce sens lorsqu'elle énonce que « *le cessionnaire n'est pas fondé à soutenir que la charge du nantissement est comprise dans le prix de cession qu'il appartenait au tribunal d'affecter à chacun des biens suivant l'alinéa 1 du même article* » [9]. Cependant, par le jeu de l'application cumulative des alinéas 1 et 4 de l'article L. 642-2 du code, le créancier inscrit ne pourra percevoir plus que ce qui lui est dû.

Si avant complet paiement des échéances restant dues le repreneur fait l'objet d'une procédure collective, le créancier inscrit ne pourra opposer aux créanciers de ce dernier sa sûreté qu'autant qu'elle aura été inscrite de son chef, ce qui supposera une modification de l'inscription initiale. Il a été spécialement jugé que la caution

---

1. B. Soinne, *op. cit.*, n° 1730 ; M. Cabrillac et Ph. Pétel, « Juin 1994, le printemps des sûretés réelles », *LPA* 14 sept. 1994, n° 110, p. 59 et s., spéc. p. 64, n° 35 ; P.-M. Le Corre, « La transmission de la charge de la sûreté en plan de cession », *LPA* 7 oct. 1994, n° 120, p. 4 et s., spéc. p. 8.
2. Cass. com., 4 janv. 2005, n° 02-19.099, *Gaz. proc. coll.* 2005/1, p. 44, n° 1, obs. P.-M. Le Corre ; Cass. com., 4 oct. 2005, n° 04-16.019.
3. Cass. com., 23 nov. 1993, *LPA* 26 janv. 1994, n° 11, p. 13, obs. B. Soinne ; *JCP* 1994, I, 3759, obs. M. Cabrillac ; *JCP* 1994, I, 3765, n° 21, obs. P. Simler et Ph. Delebecque ; *RTD civ.* 1994, 910, obs. M. Bandrac ; *Defrénois* 1994, 1240, obs. J.-P. Sénéchal.
4. CA Aix-en-Provence, 20 juin 2000, *Act. proc. coll.* 2000/17, n° 220, note C. Régnaut-Moutier.
5. CA Metz, ch. civ., 4 juill. 1996, *Rev. proc. coll.* 1998, 402, n° 67, obs. B. Soinne.
6. CA Aix-en-Provence, 4 avr. 2000, *Act. proc. coll.* 2000/17, n° 220, note C. Régnaut-Moutier.
7. Cass. com., 23 nov. 1993, *LPA* 26 janv. 1994, n° 11, p. 13, obs. B. Soinne ; *JCP* 1994, I, 3759, obs. M. Cabrillac ; *JCP* 1994, I, 3765, n° 21, obs. P. Simler et P. Delebecque ; *RTD civ.* 1994, 910, obs. M. Bandrac ; *Defrénois* 1994, 1240, obs. J. -P. Sénéchal.
8. M. Cabrillac et Ph. Pétel, « Juin 1994, le printemps des sûretés réelles », *LPA* 14 sept. 1994, n° 110, p. 59 et s., spéc. p. 65, n° 40 ; *adde* : C. Saint-Alary-Houin, *op. cit.*, n° 974 ; B. Soinne, *op. cit.*, n° 1759 ; *contra* : CA Caen, 1re ch., 1er oct. 1987, *Rev. proc. coll.* 1988, p. 320, n° 15, obs. B. Soinne.
9. Cass. com., 23 nov. 1993, *LPA* 26 janv. 1994, n° 11, p. 13, obs. B. Soinne ; *JCP* 1994, I, 3759, obs. M. Cabrillac ; *JCP* 1994, I, 3765, n° 21, obs. Ph. Simler et P. Delebecque ; *RTD civ.* 1994, 910, obs. M. Bandrac ; *Defrénois* 1994, 1240, obs. J. P. Sénéchal.

pourrait s'emparer du défaut d'inscription de la sûreté sur le repreneur pour prétendre être déchargée par application de l'article 2314 (anc. art. 2037) du Code civil [1].

In fine, l'article L. 642-12, alinéa 4, alinéa du code autorise le repreneur et le créancier inscrit à aménager le jeu de la règle. Le créancier inscrit a donc la possibilité d'y renoncer ou de limiter ses prétentions à une partie seulement des échéances que, légalement, doit prendre en charge le repreneur.

Le tribunal avait la possibilité, sous l'empire de la législation antérieure, d'accorder des délais de paiement au repreneur, dans les mêmes conditions que les délais de paiement accordés au cocontractant, en cas de cession judiciaire du contrat (v. ss n° 300). Comme en matière de cession de contrat, cette possibilité n'existe plus depuis la loi de sauvegarde des entreprises.

§ 2. Les difficultés d'exécution du plan de cession [2]

Sous-paragraphe 1. La modification du plan de cession

312. Modifications substantielles dans les moyens du plan. La modification du plan est envisagée par l'article L. 642-6, alinéa 1, du Code de commerce, qui énonce que « *toute modification substantielle dans les objectifs et les moyens du plan ne peut être décidée que par le tribunal, à la demande du cessionnaire* ». La modification du plan de cession doit, comme la modification du plan de sauvegarde ou de redressement (v. ss n° 267) être « substantielle ».

La modification doit porter sur les objectifs et les moyens du plan. On rappellera que le plan de cession tend à assurer le maintien d'activités susceptibles d'exploitation autonome, de tout ou partie des emplois qui y sont attachés et d'apurer le passif.

Toute modification affectant l'un de ces trois éléments doit, à notre sens, être considérée comme portant sur les objectifs du plan.

La Cour de cassation a admis que la modification du périmètre de la cession judiciaire des contrats acceptée par une juridiction ne constituait pas un excès de pouvoir [3].

Mais la modification envisagée ne doit pas permettre de contrarier l'autorité de chose jugée attachée à la décision arrêtant le plan. C'est pourquoi, seul un élément nouveau par rapport aux éléments existant au jour de l'arrêté du plan pourra motiver la modification [4].

---

1. Cass. com., 3 févr. 1998, *D.* 1998, 583, note Chazal ; *D.* 1999, som. 7, obs. F. Derrida ; *LPA* 15 mars 1999, n° 52, p. 13, note F. Derrida ; *D. Affaires* 1998, 478, *JCP E et A*, 1998, chron. 2-B-7, obs. M. Cabrillac ; *Defrénois* 1999, art. 36944, p. 280, note S. Piedeliévre.

2. M.-C. Piniot, « Plan de cession : responsabilité du repreneur infidèle à ses engagements », *RJDA* 2000/7 et 8, p. 594.

3. Cass. com., 3 mai 2006, n° 04-15.760, arrêt n° 556 FS-P+B+R+I.

4. V. en plan de continuation, CA Paris, 3e ch. C, 25 nov. 1994, *Rev. proc. coll.* 1995, 145, n° 23, obs. B. Soinne ; CA Paris, 3e ch. A, 10 mai 1995, *D.* 1995, IR, 162 ; *Rev. proc. coll.* 1995, 435, n° 24, obs. B. Soinne ; *adde* : Derrida, Godé et Sortais, *op. cit.*, n° 535 ; B. Soinne, *op. cit.*, n° 1543 ; *contra* : CA Chambéry, ch. civ., 1er avr. 1997, *Rev. proc. coll.* 1998, 349, n° 21, obs. B. Soinne ; v. en

De plus, la modification ne doit pas rendre possible ce qui était interdit lors de l'arrêté du plan [1]. Ainsi, il ne saurait être question d'imposer à des créanciers une remise de dette, à l'occasion de la modification du plan [2].

L'un des objectifs de la cession, à savoir l'apurement du passif, ne peut cependant pas faire l'objet de modification. En effet, l'article L. 642-6, alinéa 3, du code prévoit que « *le montant du prix de cession [...] ne peut être modifié* ».

Conformément au droit commun de la modification du plan, il faut que l'exécution du plan soit rendue impossible. Il ne s'agira pas ici d'accorder une faveur au repreneur au détriment de ses partenaires économiques.

313. Modalités procédurales aux fins de modification du plan. L'article L. 642-6, alinéa 1, du Code de commerce énonce d'abord que la demande ne peut émaner que du cessionnaire. Le tribunal ne statue qu'après avoir eu communication du rapport du commissaire à l'exécution du plan.

La demande doit être présentée, en application de l'article 258, alinéa 1, du décret du 28 décembre 2005, par déclaration du cessionnaire au greffe du tribunal de la faillite. Le tribunal ne peut statuer qu'après avoir entendu ou dûment convoqué le liquidateur, l'administrateur judiciaire lorsqu'il en a été désigné, les contrôleurs, les représentants du comité d'entreprise ou, à défaut, des délégués du personnel et toute personne intéressée et après avoir recueilli l'avis du ministère public. Observons que les cocontractants cédés n'ont pas à être convoqués, ce qui semble accréditer, ce que ne partage *a priori* pas la Cour de cassation (v. ss n° 298), que la modification ne peut porter sur la cession judiciaire des contrats.

L'article 258, alinéa 3, du décret prévoit que le jugement modifiant le plan de cession est signifié à la diligence du greffier aux personnes autres que le procureur qui ont qualité pour en interjeter appel. Il s'agit du cessionnaire lorsque le tribunal lui impose des charges non souscrites (v. C. com., art. L. 661-6-III). Le décret ne prévoit pas la publication au BODACC du jugement modifiant le plan.

Sous-paragraphe 2. L'inexécution du plan de cession

314. Inexécution du plan de cession et résolution du plan de cession. La loi du 25 janvier 1985, dans sa rédaction initiale, était restée muette sur la question de la résolution du plan de cession. Dans le silence de la loi, la jurisprudence avait décidé que la résolution pouvait intervenir à titre de sanction du défaut de paiement du prix de cession [3]. Seul le mandataire *ad hoc* [4], désigné par le tribunal sur le fondement de

---

plan de cession, CA Paris, 3e ch. A, 11 mai 1993, *Rev. proc. coll.* 1993, 487, n° 63, obs. B. Soinne ; 10 mai 1995, *Rev. proc. coll.* 1995, 435, n° 24, obs. B. Soinne.

1. V. en ce sens CA Paris, 3e ch. B, 10 mars 1995, *Rev. proc. coll.* 1995, 444, n° 34, obs. B. Soinne, statuant sur l'impossibilité d'augmenter les charges souscrites.

2. Trib. com. Paris, 7 nov. 1988, *JCP E*, 1989, II, 15468, n° 9, obs. M. Cabrillac et M. Vivant ; *adde* : Ripert et Roblot par Delebecque et Germain, *op. cit.*, n° 3180 ; C. Saint-Alary-Houin, *op. cit.*, n° 903 ; E. Kerckhove, *op. cit.*, n° 730.

3. Cass. com., 9 juin 1998, *Gaz. Pal.* 1998, pan. 236 ; *JCP E et A*, 1998, pan. 1335 ; *D.* 1998, IR, 179 ; *adde* : CA Paris, 3e ch. A, 20 févr. 1996, *Rev. proc. coll.* 1998, 403, n° 68, obs. B. Soinne.

4. V. T. com. Orléans, 1er avr. 1988, *Rev. proc. coll.* 1988, 400, n° 23, obs. B. Soinne.

l'article 90 de la loi du 25 janvier 1985 (devenu C. com., art. L. 621-93) et le procureur de la République [1] avaient qualité pour saisir le tribunal à cette fin [2].

La loi du 10 juin 1994 a explicitement prévu la possibilité de résolution du plan. La solution a été conservée par la loi de sauvegarde des entreprises, qui l'a cependant aménagée.

L'article L. 642-11, alinéa 2, du Code de commerce prévoit que « *si le cessionnaire n'exécute pas ses engagements, le tribunal peut, à la demande du ministère public d'une part, du liquidateur, d'un créancier, de tout intéressé* [3] *ou d'office, après avoir recueilli l'avis du ministère public, d'autre part, prononcer la résolution du plan sans préjudice de dommages et intérêts* ».

La résolution ne peut intervenir que si l'inexécution émane du repreneur, non du débiteur [4].

Elle peut, faute de distinction du texte, être fondée sur l'inexécution de tous types d'engagements. Il pourra s'agir d'engagements sociaux, d'engagements financiers [5], tel le non-respect d'apport de capitaux propres. Cette solution contraste avec la solution jurisprudentielle antérieure à la loi du 10 juin 1994 qui cantonnait la résolution du plan à l'hypothèse d'inexécution de l'engagement de payer le prix de cession [6].

Le non-paiement du prix de cession est encore une cause de résolution du plan, mais contrairement à la législation antérieure, elle ne présente plus aucune particularité.

Le tribunal, depuis la loi de sauvegarde des entreprises, a une grande marge de manœuvre dans la sanction à retenir.

Le tribunal a toujours la faculté de prononcer ou non la résolution, le texte de l'article L. 642-11, alinéa 2, du code indiquant « *le tribunal peut [...] prononcer la résolution du plan* ». Il peut se contenter de prononcer contre le repreneur une condamnation à des dommages et intérêts. Pour la Cour de cassation, la nature de la responsabilité à l'égard du cédant est de nature quasi-contractuelle [7], le repreneur ayant certes pris un engagement, ce qui est exclusif d'une responsabilité délictuelle, mais cet engagement a été pris dans un cadre judiciaire et non conventionnel. Les créanciers du débiteur auront également qualité pour faire respecter les engagements

1. T. com. Paris, 30 juill. 1987, *Gaz. Pal.* 11 nov. 1987, note J.-P. Marchi et de Guillenschmitt ; *Rev. proc. coll.* 1989, 178, n° 2, obs. B. Soinne ; *JCP E,* 1988, II, 15114, obs. M. Cabrillac et M. Vivant.
2. V. ainsi, refusant cette possibilité au débiteur, CA Paris, 3e ch. B, 2 mars 1990, *Gaz. Pal.* 29 nov. 1990.
3. Il pourrait s'agir des salariés : Ph. Pétel, *La réforme des plans de redressement*, colloque CRAJEFE, Nice, 27 mars 2004, *LPA* 10 juin 2004, p. 34, n° 39 ; A. Lienhard, *op. cit.*, n° 2014.
4. Cass. com., 6 juin 2000, *RJDA* 2000/11, n° 1020.
5. V. déjà sous l'empire de la loi du 25 janvier 1985 non réformée, Cass. com., 13 janv. 1993, *Rev. proc. coll.* 1994, 237, n° 48, obs. B. Soinne.
6. CA Dijon, 1re ch., 1re sect., 31 janv. 1995, et CA Douai, 12e ch., 28 mars 1996, *Rev. proc. coll.* 1996, 488, n° 64, obs. B. Soinne.
7. Cass. com., 26 oct. 1999, *Bull. civ.* IV, n° 193 ; *JCP E et A,* 2000, jurispr. 563, note F. Delfour ; *D.* 2000, jurispr. 383, note A. Pélissier, et som. 328, obs. A. Honorat ; *Defrénois* 2000, 1128, n° 71, obs. P. Delebecque.

pris par le repreneur. Ils pourront donc agir en justice pour engager la responsabilité du repreneur, sur le terrain délictuel, cette fois [1].

Le tribunal peut aussi prononcer la résolution. En ce cas, il peut adjoindre à cette première sanction, une seconde en prononçant contre le repreneur une condamnation à des dommages et intérêts.

315. Effets de la résolution du plan de cession. Sous l'empire de la législation antérieure, une grande difficulté s'était présentée pour déterminer le sort des actes de cession en cas de résolution du plan. La jurisprudence avait considéré que la résolution du plan de cession n'avait pas d'effet sur les actes de cession, à moins que le jugement prononçant la résolution du plan de cession n'ait décidé le contraire [2]. La loi de sauvegarde des entreprises, de manière innovante, prévoit que le tribunal peut prononcer la résolution ou la résiliation des actes passées en exécution du plan résolu. Il s'agit, là encore, d'une simple faculté. En ce cas, précise l'article L. 641-11, alinéa 3, du Code de commerce, le prix payé par le repreneur reste acquis.

La résolution du plan n'a pas pour effet d'entraîner l'ouverture de la procédure collective contre le repreneur. Le droit commun doit en conséquence trouver application. Si le repreneur est en état de cessation des paiements, le tribunal pourra se saisir d'office aux fins d'ouverture d'un redressement, voire d'une liquidation judiciaire [3]. L'ouverture de la procédure contre le repreneur obligera ses créanciers à déclarer leurs créances à son passif. En revanche, les créanciers du débiteur ne sont pas devenus des créanciers du repreneur. Il faudra cependant réserver les hypothèses de cession judiciaire des contrats et de transfert de charge de la sûreté qui font naître, à la charge du repreneur, des obligations personnelles.

À défaut de cessation des paiements, le repreneur pourra solliciter l'ouverture d'une procédure de conciliation ou d'une sauvegarde, la résolution du plan semblant constituer une difficulté de nature à conduire à la cessation des paiements.

Section II
La réalisation de biens isolés du débiteur

Il convient de s'intéresser aux règles de réalisation des immeubles (Sous-section I), avant d'examiner celles intéressant les meubles (Sous-section II). Mais, préalablement, doivent être indiquées des règles communes (Section préliminaire).

---

1. Cass. com., 28 mars 2000, *D.* 2000, act. jurispr. 210 ; *JCP E et A*, 2000, chr. 1561, n° 2-b-4, obs. P. Pétel ; *RTD com.* 2000, 727, obs. J.-L. Vallens ; *RD bancaire et fin.* 2000/2, n° 72, obs. F. X. Lucas.
2. Cass. com., 22 juin 1993, *Rev. proc. coll.* 1994, 240, obs. B. Seinne ; *JCP* 1993, I, chron. 3721, obs. H. Cabrillac et P. Pétel.
3. Rappr. C. Saint-Alary-Houin, *op. cit.*, n° 999, évoquant l'application du droit commun pour l'ouverture de cette procédure ; *adde* : B. Soinne, obs. sous CA Douai, 13 déc. 1992, *Rev. proc. coll.* 1996, 109, n° 26.

Sous-section préliminaire
Les règles communes aux immeubles et aux meubles

316. La publicité préalable à la vente des biens du débiteur. La loi du 26 juillet 2005, dans le souci d'accroître la transparence de la procédure de liquidation, de faire en sorte que le prix des biens vendus soit juste et que les acquéreurs éventuels puissent tous intervenir [1], pose une obligation de publicité préalable à toute cession d'entreprise ou réalisation d'actif. L'article L. 642-22 dispose en ce sens que « *toute cession d'entreprise et toute réalisation d'actif doivent être précédées d'une publicité dont les modalités sont déterminées par un décret en Conseil d'État en fonction de la taille de l'entreprise et de la nature des actifs à vendre* ».

Les modalités de cette publicité sont déterminées par l'article 286 du décret du 28 décembre 2006, qui indique que la publicité de toute réalisation d'actif doit être faite par voie électronique, ce qui permet d'assurer une publicité nationale et internationale. Il appartient au juge-commissaire de déterminer s'il y a lieu d'effectuer une publicité par voie de presse pour les actifs de faible valeur (Décr. 28 déc. 2005, art. 286, al. 2).

317. L'ordonnance du juge-commissaire autorisant les cessions d'actifs isolés. Les articles L. 642-18 et L. 642-19 du Code de commerce réglementent les ventes isolées d'actifs, dans un cadre liquidatif, par opposition à la vente globale représentée par le plan de cession.

Le juge-commissaire détermine la forme de la vente, par voie d'ordonnance. L'absence d'ordonnance préalable du juge-commissaire entraîne nullité de la vente [2].

L'ordonnance du juge-commissaire est susceptible des voies de recours classiques (v. ss n° 107). Indiquons seulement ici que le candidat évincé est dépourvu de qualité à agir, car il n'émet pas de prétention. Il en est déduit qu'il ne peut former de recours [3], fut-ce en nullité [4].

Le jugement statuant sur opposition est, quant à lui, non susceptible d'appel, sauf de la part du ministère public (C. com., art. L. 661-5). Le recours du candidat repreneur évincé étant jugé irrecevable, son appel-nullité ne peut davantage prospérer sur le jugement rejetant son recours [5].

Sous l'empire de la législation antérieure à la loi de sauvegarde des entreprises, il fallait remarquer que l'acquisition des biens du débiteur par des parents ou alliés, faute de texte contraire, n'était pas interdite [6]. La loi de sauvegarde des entreprises modifie la solution. L'article L. 642-20 du code dispose en effet que « *les dispositions*

---

1. Rapp. Xavier de Roux, n° 2095, p. 392.
2. CA Paris, 19 mai 1995, *D.* 1995, som. 309, obs. A. Honorat.
3. Cass. com., 24 mai 2005, n° 04-11.943, *Gaz. proc. coll.* 2005/3, p. 32, obs. M. Sénéchal.
4. Cass. com., 28 sept. 2004, n° 01-15.977, *D.* 2005, pan. 295, obs. P.-M. Le Corre.
5. Cass. com., 3 déc. 2003, n° 00-20.298, *D.* 2004, AJ, 141 ; *Act. proc. coll.* 2004/2, n° 27 ; *RD banc. et fin.* 2004, p. 106, n° 82, obs. F.-X. Lucas ; *RJ com.* 2004, 186, note J.-P. Sortais ; Cass. com., 30 juin 2004, n° 02-19.127 ; Cass. com., 15 mars 2005, n° 03-14.223 ; Cass. com., 24 mai 2005, n° 04-11.943, *Gaz. proc. coll.* 2005/3, p. 32, obs. M. Sénéchal.
6. V. en ce sens, pour l'acquisition des biens meubles du débiteur, Cass. com., 6 juin 1995, *Dr. sociétés* 1995, n° 139, obs. Y. Chaput.

de l'article L. 642-3 sont applicables aux cessions d'actifs réalisées en application des articles L. 642-18 et L. 642-19. Dans ce cas, les pouvoirs du tribunal sont exercés par le juge-commissaire ». L'interdiction d'acquisition des biens du débiteur posée par la législation issue de la loi de sauvegarde des entreprises à l'encontre de certaines personnes, dans le cadre d'un plan de cession (v. ss n° 284), est ainsi étendue aux cessions isolées. Mais les dérogations existant en plan de cession sont également applicables ici. Ce n'est toutefois pas le tribunal qui autorisera la cession au profit d'une personne *a priori* frappée de l'interdiction d'acquérir, mais le juge-commissaire.

318. Les biens indivis. Le Code de commerce ne réglemente pas la question des biens indivis. La Cour de cassation, par deux décisions remarquables de la même date, est intervenue en distinguant deux hypothèses.

Dans la première situation, l'indivision est apparue avant jugement d'ouverture. Dès lors qu'une personne est créancière de tous les indivisaires — notion préférable à celle de créancier de l'indivision, faute pour cette dernière d'avoir la personnalité morale —, il peut saisir le bien indivis et se faire payer avant tout partage (C. civ., art. 815-17, al. 1) [1]. Cette solution subsiste même si le liquidateur de l'un des indivisaires s'est fait autoriser par le juge-commissaire à vendre le bien [2]. Le liquidateur devra payer le créancier de l'indivision à concurrence de sa créance, sans pouvoir lui opposer l'existence de droits préférentiels. Ainsi, faute de texte contraire, les règles classiques de l'indivision doivent trouver application et la procédure collective s'efface devant l'indivision.

Si la personne n'est pas créancière de la totalité des indivisaires, elle perd le droit de saisir le bien avant tout partage. Elle peut toutefois agir, par la voie oblique, en licitation-partage, en application de l'article 815-17, alinéa 3, du Code civil, ce qui l'autorisera à appréhender la quote-part de l'indivisaire dans le bien indivis. Identiquement, le liquidateur aura cette possibilité et appréhendera quant à lui la quote-part de l'indivisaire en liquidation judiciaire [3]. L'action en licitation-partage ne relève pas de la compétence du juge-commissaire, mais du tribunal de grande instance du lieu de situation du bien [4]. Le juge-commissaire n'a pas à l'autoriser [5]. Mais les coindivisaires ont alors le droit de stopper l'action en partage en payant les sommes dues par l'indivisaire en procédure collective au titre du bien indivis (C. civ., art. 815-17, al. 3). Pour cela, ils devront connaître avec exactitude les sommes dues au créancier de l'indivisaire, ce qui présuppose que la vérification des créances ait été

1. Cass. com., 18 févr. 2003, n° 00-11.008, *D.* 2003, som. comm. 1620, obs. P.-M. Le Corre ; *Procédures* juin 2003, p. 20, n° 149, obs. C. Laporte ; *JCP N,* 2003, Affaires 1597, p. 1701, note F. Vauvillé ; *Rev. proc. coll.* 2003, p. 356, n° 4, obs. M.-P. Dumont ; *RJ com. 2004,* 31, note J.-P. Sortais.
2. Cass. com., 20 sept. 2005, n° 04-10.678, *D.* 2006, som. comm. 82, obs. P.-M. Le Corre ; Cass. com., 20 sept. 2005, n° 03-20.998.
3. Cass. com., 3 déc. 2003, n° 01-01.390, *D.* 2004, AJ, 141 ; *Act. proc. coll.* 2004/2, n° 24 ; *RJPF* 2001/3, p. 18, obs. F. Vauvillé ; CA Paris, 2e ch. B, 24 avr. 2003, RG n° 2002/01078, *RJ com.* 2004, 34, note J.-P. Sortais.
4. CA Versailles, 13e ch., 24 mars 2005, RG n° 2004/6491.
5. CA Versailles, 13e ch., 24 mars 2005, RG n° 2004/6491.

effectuée et que le passif soit ainsi déterminé. Tant que le passif ne sera pas vérifié, l'action en licitation-partage sera irrecevable [1].

Dans la seconde situation, l'indivision est apparue après l'ouverture de la procédure collective. L'effet de saisie collective de la procédure collective emporte alors cette conséquence de soumettre tous les biens qu'elle frappe à celle-ci. L'indivision apparue après l'ouverture de la procédure collective — par exemple celle résultant du décès du débiteur — restera en conséquence inefficace [2]. Le liquidateur aura — sous réserve du jeu de l'article L. 643-2 du Code de commerce qui autorise les créanciers inscrits sur un bien à réaliser celui-ci en cas d'inaction du liquidateur (v. ss n° 332) — seul la possibilité de vendre le bien indivis et appréhendera pour le compte de la procédure collective l'intégralité du prix de vente. L'indivision est ici dominée par la procédure collective qui l'a précédée.

319. Bien grevé d'une clause d'inaliénabilité. Le liquidateur peut-il réaliser un bien du débiteur au mépris d'une clause d'inaliénabilité? Ainsi posée, la question appelle nécessairement une réponse négative. Mais le liquidateur a-t-il la possibilité d'obtenir la mainlevée de l'inaliénabilité?

Après quelques hésitations, la jurisprudence décide aujourd'hui d'une seule voix que le liquidateur est sans qualité pour demander la mainlevée de l'inaliénabilité grevant le bien donné [3]. L'appréciation de l'intérêt supérieur du donataire à faire lever l'inaliénabilité grevant le bien appartient à sa seule appréciation, en ce qu'il constitue un droit propre non soumis au dessaisissement.

Ces règles communes posées, il convient maintenant de s'intéresser aux règles spécifiques aux immeubles et aux meubles, en commençant par les immeubles.

Sous-section I
Règles spécifiques à la réalisation des immeubles

320. Présentation générale de la réalisation des immeubles. L'article L. 642-18 du Code de commerce énonce trois types de réalisation des immeubles. Il appartiendra au juge-commissaire de décider la forme de la vente. L'architecture du texte, mais aussi le caractère indiscutable du procédé, doit conduire à poser en règle que la forme de principe est la saisie immobilière. Mais une autre forme peut être décidée, l'essentiel étant, dans l'intérêt bien compris du débiteur et des créanciers, que le meilleur prix soit tiré de la vente.

---

1. Cass. civ. 1re, 20 déc. 1993, *D.* 1994, 358, note F. Derrida et A. Honorat ; *Rev. proc. coll.* 1995, 81, n° 15, obs. Dureuil ; *Dr. et patrimoine* avr. 1994, n° 512, p. 48, obs. A. Bénabent ; Cass. civ. 1re, 9 juill. 2003, n° 00-21.747 ; CA Paris, 2e ch. A, 23 mars 2005, RG n 2004/6945.

2. Cass. com., 18 févr. 2003, n° 00-13.100, *D.* 2003, som. comm. 1620, obs. P.-M. Le Corre ; *Procédures* juin 2003, p. 21, n° 150, note C. Laporte ; *JCP N,* 2003, Affaires 1597, p. 1701, note F. Vauvillé ; *Rev. proc. coll.* 2003, 356, n° 4, obs. M.-P. Dumont ; *RJ com.* 2004, 31, note J.-P. Sortais.

3. Cass. civ. 1re, 29 mai 2001, *Bull. civ.* I, n° 150 ; *JCP* 2001, I, 360, n° 4, obs. M. Cabrillac ; *RTD civ.* 2001, 644, obs. J. Patarin, et p. 882, obs. J. Mestre et B. Fages ; *RJDA* 2001/10, n° 1006 ; *Rev. proc. coll.* 2002, 257, n° 3, obs. Ch. Lebel ; *Rev. proc. coll.* 2003, 361, n° 11, obs. P. Rubellin ; Cass. civ. 1re, 3 avr. 2002, *RJDA* 2002/10, n° 1064, p. 889 ; *RJ com.* 2003, n° 1622, note J.-P. Sortais ; *RJPF* 2002/7-8, n° 38, obs. J. Casey ; *Rev. proc. coll.* 2003, 361, n° 11, obs. P. Rubellin ; Cass. civ. 1re, 8 mars 2005, n° 03-18.191, *Gaz. proc. coll.* 2005/2, p. 18, obs. D. Voinot.

L'article L. 642-18, alinéa 6, du Code de commerce pose une règle particulière pour les agriculteurs. Le tribunal peut en effet leur accorder des délais de grâce, dont il détermine la durée, pour leur permettre de quitter leur résidence principale. Ces délais seront préalables à la vente [1].

Le caractère forcé de la vente conduit à exclure, au profit de l'administration, le droit de préemption urbain [2].

321. Vente sur saisie immobilière. Les règles de l'ancien Code de procédure civile doivent trouver application, à moins qu'il n'y soit dérogé. Sur plusieurs points, des dérogations sont apportées par le législateur.

Tout d'abord, la vente ne commence pas par un commandement aux fins de saisie immobilière, mais par une requête présentée au juge-commissaire, lequel rend une ordonnance. Cette dernière est notifiée par le greffier au débiteur et aux créanciers inscrits. Le juge-commissaire doit fixer la mise à prix et les conditions essentielles de la vente en déterminant notamment les modalités de publicité. Il doit recueillir les observations des contrôleurs et du débiteur.

Prenant la place du commandement aux fins de saisie, l'ordonnance du juge-commissaire doit être publiée à la conservation des hypothèques dans le délai classique de 90 jours [3]. En cas d'opposition à l'ordonnance, le jugement statuant sur opposition se substituera au commandement, non seulement pour le débiteur en liquidation judiciaire, mais encore pour son conjoint commun en biens [4]. Le délai commencera à courir à compter du jour où la décision ordonnant la vente sera passée en force de chose jugée [5]. À compter de cette publication, l'immeuble deviendra indisponible. Pour faciliter les opérations, l'article 269, alinéa 3, du décret du 28 décembre 2005 prévoit que la publication de l'ordonnance pourra intervenir nonobstant l'existence de commandements de saisie antérieurement publiés.

Contrairement au droit commun, le débiteur n'a pas à être sommé d'avoir à prendre communication du cahier des charges [6]. Si le débiteur n'a pas formé d'opposition à l'ordonnance du juge-commissaire autorisant la vente, il ne pourra plus contester celle-ci par la voie d'un dire [7]. En revanche, la sommation d'avoir à prendre communication du cahier des charges doit être effectuée à l'époux commun en biens resté *in bonis* [8].

Pour tenir compte des difficultés rencontrées sous l'empire de la loi du 25 janvier 1985, la loi du 10 juin 1994 a ouvert une possibilité au liquidateur, conservée par la

---

1. B. Soinne, *op. cit.*, n° 2407.
2. CE 6 oct. 1995, *JCP* 1996, I, 3935, n° 9, obs. Ph. Pétel.
3. Derrida, Godé et Sortais, *op. cit.*, n° 266.
4. Cass. civ. 2e, 16 juin 2004, n° 02-19.138, *RD banc. et fin.* 2004/6, p. 419, n° 262, obs. S. Piedelièvre.
5. Cass. civ. 2e, 30 mars 2000, *JCP E et A*, 2000, pan. 875.
6. Cass. com., 11 avr. 1995, *D.* 1995, IR, 153 ; *Rev. proc. coll.* 1996, 344, n° 4, obs. B. Dureuil ; Cass. ch. mixte, 5 déc. 1997, *D. Affaires* 1998, 29, note A. L., *Quot. jur.* 1998, n° 6, p. 11, obs. P. M. ; *RJ com.* 1998, 293, n° 92, obs. C. Saint-Alary Houin ; *Bull. inf. C. cass.* 15 févr. 1998, p. 8, concl. Monnot.
7. Cass. com., 3 oct. 2000, Act. proc. coll. 2000/19, n° 245 ; Cass. com., 3 déc. 2003, n° 01-11.606 ; *RD banc. et fin. 2004, 108, n° 86, obs. S.* Piedelièvre ; Cass. com., 28 janv. 2004, n° 00-18.724 ; LXB N0084ABQ ; Cass. com., 1er mars 2005, n° 03-19.239.
8. Cass. com., 11 avr. 1995, préc.

loi de sauvegarde des entreprises. Dans la version d'origine de la loi du 25 janvier 1985, si une procédure de saisie immobilière était entamée au jour de la liquidation judiciaire mais qu'elle n'avait pas été jusqu'à son terme, c'est-à-dire jusqu'à la publication du jugement d'adjudication, la règle de l'arrêt des poursuites individuelles conduisait à son anéantissement. Désormais, l'article L. 642-18, alinéa 2, du code prévoit que « *lorsqu'une procédure de saisie immobilière engagée avant l'ouverture de la procédure de sauvegarde, de redressement ou de liquidation judiciaire a été suspendue par l'effet de cette dernière, le liquidateur peut être subrogé dans les droits du créancier saisissant pour les actes que celui-ci a effectués, lesquels sont réputés accomplis pour le compte du liquidateur qui procède à la vente des immeubles. La saisie immobilière peut alors reprendre son cours au stade où le jugement d'ouverture l'avait suspendue* ». La procédure sera engagée dès lors que le commandement aux fins de saisie aura été délivré au débiteur. Le liquidateur aura le choix soit de se substituer au créancier saisissant, soit de laisser ce dernier poursuivre la saisie, puisqu'il peut, par application de l'article L. 643-2, alinéa 1, du code, si le liquidateur n'a pas entrepris la vente du bien grevé dans les trois mois de la liquidation judiciaire, reprendre son droit de poursuite. La « subrogation », improprement qualifiée comme telle puisqu'il ne s'agit en réalité, faute de payer le créancier, que d'une substitution, ne sera possible que si le juge-commissaire autorise le liquidateur à procéder ainsi. La procédure de saisie immobilière reprendra son cours sur ses derniers errements.

322. Cession par voie d'adjudication amiable. Cette technique, qui est une variété de vente aux enchères par-devant notaire, sera utilisée si la cession permet de parvenir à des résultats meilleurs que ceux escomptés dans le cadre d'une procédure de saisie immobilière.

L'ordonnance doit désigner le notaire qui procédera à l'adjudication. Le notaire publiera l'ordonnance à la conservation des hypothèques et procédera à la rédaction du cahier des charges. Il informera les créanciers inscrits d'avoir à prendre communication de ce dernier deux mois au moins avant la date fixée pour l'adjudication. Le cahier des charges sera déposé en l'étude du notaire. Les créanciers pourront former des dires, lesquels ne sont recevables que s'ils ont été inscrits un mois au moins avant la date d'adjudication (D. 28 déc. 2005, art. 277, al. 1).

Le notaire invite également les créanciers inscrits à assister à la vente. Le ministère d'avocat n'est pas obligatoire pour formuler des enchères. La vente interviendra — à l'heure d'Internet! — selon l'archaïque procédure des bougies. À défaut d'enchères atteignant la mise à prix fixée par le juge-commissaire, le notaire constate l'offre la plus élevée et peut adjuger le bien à titre provisoire pour le montant de cette offre. Le juge-commissaire décidera alors, saisi par le notaire ou par tout intéressé, que l'adjudication est définitive ou au contraire qu'il sera procédé à une nouvelle vente sur les modalités de laquelle le juge-commissaire interviendra.

Les articles L. 642-18, alinéa 3, du code et 279, alinéa 1, du décret du 28 décembre 2005 prévoient la possibilité pour toute personne de faire surenchère du dixième. Elle dispose pour cela d'un délai de dix jours à compter de l'adjudication.

Enfin, si l'adjudicataire ne publie pas le jugement d'adjudication dans les deux mois ou s'il ne paie pas le prix dans les trois mois, il y a place à la procédure de folle enchère, l'article 281 du décret du 27 décembre 1985 renvoyant ici aux dispositions des articles 733 à 741-b de l'ancien Code de procédure civile.

323. Cession de gré à gré. L'article L. 642-18, alinéa 3, du Code de commerce rend possible la réalisation des immeubles de gré à gré. Le liquidateur sollicitera l'autorisation du juge-commissaire. L'ordonnance de ce dernier sera notifiée au débiteur et aux créanciers inscrits à domicile élu.

La vente de l'immeuble est parfaite dès l'ordonnance du juge-commissaire qui l'autorise, sous la condition suspensive que la décision acquière force de chose jugée [1], même si elle n'est réalisée que par l'accomplissement d'actes postérieurs à la décision du juge-commissaire. En revanche, le transfert de propriété n'interviendra qu'à la rédaction de l'acte de cession. La loi de sauvegarde ne semble pas avoir modifié cette solution [2], encore que les travaux parlementaires puissent être interprétés en sens contraire.

Bien qu'il s'agisse de cessions de gré à gré, les réalisations doivent se voir reconnaître la qualité de « judiciaire », ce qui exclut l'application des règles de la rescision pour lésion [3]. Il s'agit cependant d'un contrat de vente. En conséquence, il est jugé que la vente doit être faite à un prix sérieux et, dès lors, sous l'empire de la législation antérieure, qu'il ne s'agissait pas d'une unité de production, le fait que l'offre de reprise d'actifs ait prévu la conservation de salariés devait rester indifférent dans le sérieux du prix [4].

Le droit de préemption de la Safer est maintenu en liquidation judiciaire [5] sous réserve du plan de cession, dans le domaine duquel il perd son efficacité. De même, le droit de préemption du locataire devra être respecté. La solution a été spécialement posée pour le droit de préemption du locataire à bail rural [6].

Le Code de commerce reste muet sur le maintien, au profit de l'administration, de son droit de préemption urbain. Il a été jugé que le caractère forcé de la réalisation immobilière devait conduire à son exclusion [7], cependant que les textes, et plus spécialement l'article 213-1 du Code de l'urbanisme, ne l'excluent expressément qu'en cas de plan de cession, ce qui conduit à décider qu'il doit être maintenu en cas de cession isolée d'un ou de plusieurs immeubles [8].

Sous-section II
Les règles spécifiques à la réalisation des meubles

La réalisation des meubles est réputée plus facile et en tout cas plus rapide que celle des immeubles. Le législateur, dans son souci d'accélérer les procédures, non

---

1. Cass. com., 4 oct. 2005, n° 04-15.062, *D.* 2005, AJ, 2593, obs. A. Lienhard.
2. En ce sens, A. Lienhard, *op. cit.*, n° 2016 ; *contra* : A. Jacquemont, *op. cit.*, n° 822.
3. Cass. com., 16 juin 2004, n° 01-17.185, *D. 2004, AJ, 2045 ; JCP E,* 2004, jur. 1772, p. 1931, note M.-A. Rakotovahiny ; *JCP E,* 2005, chron. 31, p. 28, n° 6, obs. M. Cabrillac ; *Defrénois* 2005, art. 38148, note Ph. Roussel Galle.
4. Cass. com., 28 sept. 2004, n° 02-11.210, *D.* 2004, AJ, 2652 ; *D.* 2005, jur. 302, note M.-A. Rakotovahiny ; *Act. proc. coll.* 2004/17, n° 216, note J. Vallansan ; *JCP E,* 2005, chron. 31, p. 29, n° 7, obs. M. Cabrillac.
5. Sur la question, v. J. Lachaud, « Le droit de préemption de la Safer après la loi du 9 juillet 1999 », *Gaz. Pal. 24-25* juill. 2002, doctr. 7.
6. Cass. civ. 3e, 5 févr. 2003, *Act. proc. coll.* 2003/6, n° 75, obs. C. Régnaut-Moutier ; *LPA* 14 juill. 2003, n° 139, p. 8, note Ph. Roussel Galle.
7. CE, 6 oct. 1995, *JCP 1996*, I, 3935, n° 9, obs. P. Pétel.
8. En ce sens, F. Vauvillé, note *JCP N,* 2004, Affaires 1551, p. 1738.

pour permettre aux créanciers d'être plus rapidement payés, mais au débiteur de rebondir plus vite [1] — ce qui peut tout de même laisser perplexe quand l'on songe au sort des créanciers — a imaginé une procédure accélérée, allégée, qualifiée de liquidation judiciaire simplifiée destinée aux petites entreprises n'ayant pas d'immeuble. C'est la procédure de liquidation judiciaire simplifiée (§ 1). Lorsque cette procédure ne sera pas utilisée, d'autres règles sont prévues pour la réalisation des meubles. On peut qualifier ce corps de règles de régime général de la réalisation des meubles en liquidation judiciaire (§ 2).

§ 1. La réalisation des meubles dans la liquidation judiciaire simplifiée

324. Caractère obligatoire ou facultatif des règles de la liquidation judiciaire simplifiée. L'une des innovations majeures de la réforme tient à la création d'une liquidation judiciaire simplifiée. Cette procédure pourrait être appliquée à environ la moitié des entreprises faisant l'objet d'une procédure de liquidation judiciaire [2]. L'idée est ici d'adapter à la faible importance de l'actif exclusivement mobilier, au demeurant facile à réaliser, et pour des entreprises de petite taille, une procédure de liquidation permettant dans un délai raisonnable de réaliser l'actif, de payer les créanciers et de mettre fin à l'activité du débiteur afin de lui permettre d'exercer à nouveau sa capacité d'entreprendre, si le tribunal n'estime pas nécessaire de prononcer à son encontre une mesure emportant interdiction de gérer [3].

Le texte de l'article L. 641-2, alinéa 2, du code qui dispose que sous certaines conditions, « *la procédure de liquidation judiciaire simplifiée prévue au chapitre IV du présent titre est applicable* » fait naître une difficulté d'interprétation. Dès lors que les critères sont réunis, le tribunal a-t-il l'obligation ou dispose-t-il d'une faculté d'appliquer la procédure de liquidation judiciaire simplifiée? La *ratio legis*, qui est ici d'accélérer la clôture de la procédure, ferait plutôt pencher pour une obligation. À l'inverse la lettre du texte autorise à considérer qu'il n'y a là qu'une option. En effet, comme il a été relevé [4], l'article L. 644-2 du code indique que « *Par dérogation aux dispositions de l'article L. 642-19, lorsque le tribunal décide de l'application du présent chapitre, il détermine les biens du débiteur pouvant faire l'objet d'une vente de gré à gré* ». Le tribunal aurait donc le pouvoir de décider d'appliquer les règles de la liquidation judiciaire simplifiée. Un avis de la Cour de cassation a répondu que « *L'application de la liquidation judiciaire simplifiée prévue par l'article L. 641-2, alinéa 2, du Code de commerce est une faculté dont le tribunal peut faire usage dès l'ouverture de la procédure* » [5].

L'article 312, alinéa 1, du décret du 28 décembre 2005 prévoit que « *le tribunal statue, au vu du rapport du liquidateur déposé au greffe, sur l'application à la procédure des règles de la liquidation judiciaire simplifiée, [...] après avoir entendu ou dûment appelé le débiteur* ».

---

1. Exp. motifs, p. 2.
2. Rapp. J.-J. Hyest, n° 335, p. 365.
3. Exp. motifs, p. 2.
4. A. Lienhard, *op. cit.*, n° 2202.
5. Avis Cour cass., 10 juill. 2006, n° 006 0008.

Le jugement qui décide de faire application des règles de la liquidation judiciaire simplifiée est publié comme le jugement d'ouverture, et fait notamment l'objet d'un avis d'insertion au BODACC.

La décision de faire application des règles de la liquidation judiciaire n'est pas irréversible. En effet, si une complication surgit, qui peut tenir, par exemple, à l'existence d'un contentieux en cours, ou à des actifs difficiles à recouvrer pour l'entreprise débitrice, les délais de clôture ne pourront plus être tenus. C'est pourquoi le législateur a prévu une possibilité de passerelle entre le régime de la liquidation judiciaire simplifiée et celui de la liquidation judiciaire générale (C. com., art. L. 644-6). Le jugement mettant fin à l'application des règles de la liquidation judiciaire simplifiée fait l'objet des publicités prévues à l'article 63 du décret (Décr. 28 déc. 2005, art. 315, al. 3).

325. Critères d'application des règles de la liquidation judiciaire simplifiée. Il y a place à liquidation judiciaire simplifiée sous trois conditions négatives cumulatives : l'absence d'immeuble à réaliser, le non-dépassement d'un certain nombre de salariés fixé à 5 et le non-dépassement d'un certain chiffre d'affaires fixé à 750 000 euros.

Pour déterminer ces seuils, l'article L. 641-2, alinéa 1, du Code de commerce oblige le liquidateur, dans le mois du jugement qui le désigne, à établir un rapport à destination du tribunal. La disposition n'est applicable que si le jugement ouvre la procédure de liquidation, non s'il convertit la sauvegarde ou le redressement en liquidation judiciaire. En effet, en ce dernier cas, la période d'observation aura permis d'avoir connaissance de ces éléments.

326. Les règles de réalisation des biens dans la liquidation judiciaire simplifiée. Dans la liquidation judiciaire du régime général, le juge-commissaire ordonne la vente aux enchères publiques ou autorise la vente de gré à gré des biens meubles. Dans la liquidation judiciaire simplifiée, l'intervention du juge-commissaire n'est plus requise pour la vente des meubles. C'est le liquidateur qui procède aux ventes de gré à gré ou aux enchères publiques dans les trois mois de la publication du jugement de liquidation judiciaire au BODACC (C. com., art. L. 644-2, al. 1). À l'issue du délai de trois mois, les biens non encore vendus sont obligatoirement réalisés aux enchères publiques (C. com., art. L. 644-2, al. 2).

Il n'y avait, en l'état du texte adopté à l'Assemblée Nationale, aucun contrôle juridictionnel sur les ventes, ce qui était curieux au regard de l'évolution générale de la matière. La commission des lois du Sénat [1] a proposé un amendement qui a été adopté obligeant le tribunal à déterminer les biens qui seront susceptibles d'être vendus de gré à gré dans le délai de trois mois du prononcé de la liquidation judiciaire. Le principe est donc celui de la vente aux enchères publiques, seuls les biens désignés par le tribunal pouvant être cédés de gré à gré (C. com., art. L. 644-2, al. 1). Le liquidateur ne disposera cependant que d'un délai de trois mois pour réaliser les biens de gré à gré. Passé ce délai, les biens seront nécessairement vendus aux enchères (C. com., art. L. 644-2, al. 2).

---

1. Rapp. J.-J. Hyest, n° 335, p. 438.

327. La vérification des créances dans la liquidation judiciaire simplifiée. La vérification des créances est très allégée en liquidation judiciaire simplifiée. Plutôt qu'une dispense de vérification des créances, on pourrait parler d'une obligation limitée de vérification des créances. Le principe apparaît en effet inversé. Il ne sera procédé à la vérification que des seules créances susceptibles de venir en rang utile dans les répartitions. Cependant, les créances salariales doivent obligatoirement être vérifiées.

La dispense de vérification de la créance n'a nullement pour effet d'entraîner extinction de la créance [1], laquelle n'est ni admise ni rejetée. Le créancier en reste titulaire, à charge de l'établir selon le droit commun, lorsqu'il entend s'en prévaloir à l'égard d'un tiers, par exemple une caution [2], ou, après clôture de la procédure pour insuffisance d'actif, si, se trouvant dans un cas de reprise des poursuites, il veut poursuivre le débiteur.

La loi nouvelle (C. com., art. L. 644-4, al. 1) prévoit utilement l'établissement d'un projet de répartition. Le liquidateur devra déposer son projet de répartition au greffe du tribunal qui a ouvert la procédure. Ce dépôt fait l'objet d'une publicité sous forme d'avis d'insertion au BODACC. Les créanciers peuvent en prendre connaissance et le contester sous la forme d'une requête en contestation du projet de répartition, qui devra être présentée dans un délai d'un mois de l'avis d'insertion au BODACC du dépôt du projet au greffe. À défaut de contestation ou une fois celle-ci tranchée, le liquidateur procédera aux répartitions. Dans le premier cas, la répartition sera conforme au projet. Dans le second, elle sera conforme à la décision judiciaire rendue à la suite de la contestation (C. com., art. L. 644-4, al. 4).

328. Intérêts de la liquidation judiciaire simplifiée. La liquidation judiciaire simplifiée présente des intérêts notables pour le débiteur, qui pourra reprendre plus rapidement une activité indépendante, alors que la loi nouvelle lui interdit expressément cette possibilité tant que la procédure n'est pas clôturée (C. com., art. L. 641-9-III). Cette disposition n'est pas présentée comme une sanction, mais comme une mesure de protection du débiteur [3]. En effet, le principe d'unité du patrimoine interdisant l'ouverture de deux procédures collectives, en cas de difficultés rencontrées dans l'exercice de la seconde activité, l'intéressé ne pourrait pas bénéficier de la protection accordée par la procédure collective [4].

§ 2. LA RÉALISATION DES MEUBLES DANS LA LIQUIDATION JUDICIAIRE DU RÉGIME GÉNÉRAL

Il convient d'abord d'examiner les règles générales de réalisation des meubles (Sous-paragraphe 1), avant d'envisager les règles spéciales aux biens gagés et retenus (Sous-paragraphe 2).

---

1. CA Paris, 3e ch. C, 15 nov. 2002, *RD banc. et fin.* 2003/2, p. 102, n° 76, obs. F.-X. Lucas.
2. CA Douai, 15 juill. 1994, *Rev. proc. coll.* 1996, 130, obs. B. Dureuil.
3. Rapp. J. J. Hyest, n° 335, p. 375.
4. Rapp. Xavier de Roux, n° 2095, p. 368.

Sous-paragraphe 1. Les règles générales de réalisation des meubles

329. Règles communes à la réalisation des meubles dans la liquidation judiciaire du régime général — Archives. L'article L. 642-19 du Code de commerce énonce que « *après avoir recueilli les observations des contrôleurs, le juge-commissaire ordonne la vente aux enchères publiques ou autorise la vente de gré à gré des autres biens du débiteur, ce dernier étant entendu ou dûment appelé* ».

La réalisation des meubles peut d'abord intervenir aux enchères publiques. L'ordonnance du juge-commissaire ne vaudra pas ici vente et n'aura pas à fixer de mise à prix [1]. Les principes classiques de répartition de compétences entre les commissaires-priseurs, les huissiers, notaires et greffiers des tribunaux d'instance et de commerce sont ici respectés.

Les meubles peuvent encore être vendus de gré à gré. Il en sera ainsi des stocks, mais surtout des fonds de commerce. Ici encore, le liquidateur devra solliciter du juge-commissaire une ordonnance pour se faire autoriser à vendre. La vente sera parfaite dès ce moment, peu important que l'acte de cession ne soit pas encore rédigé, sous la condition suspensive que l'ordonnance passe en force de chose jugée [2]. Il en résulte que, dès l'ordonnance, le candidat acquéreur ne peut plus se rétracter [3]. Le liquidateur peut obtenir à son choix constat judiciaire de la vente — la décision judiciaire se substituant alors à l'acte [4] —, ou condamnation de l'acquéreur à des dommages et intérêts s'il refuse de signer les actes de cession et s'il en résulte, pour la collectivité des créanciers, un préjudice [5].

La législation des procédures collectives n'écarte pas la législation des ventes de fonds de commerce. En conséquence, le liquidateur, dans l'acte de cession, devra mentionner les trois derniers chiffres d'affaires réalisés par le débiteur à peine de nullité [6]. La vente entraîne cession du droit au bail. Les clauses restrictives de cession

---

1. Cass. com., 26 oct. 1999, *Bull. civ.* IV, n° 191 ; *D.* 2000, som. 330, obs. A. Honorat ; *LPA* 3 févr. 2000, n° 24, p. 5, note P. M. ; *Act. proc. coll.* 1999/19, n° 262 ; *RTD com.* 2000, 189, obs. A. Martin-Serf.

2. Cass. com., 7 juin 2005, n° 04-10.685. *Adde* sur la question : M.-A. Rakotovahiny, « Le clair-obscur de la vente de gré à gré d'un fonds de commerce dans le cadre d'une liquidation judiciaire », *D.* 2000, chron. 51.

3. Cass. com., 14 juin 1994, *Bull. civ.* IV, n° 210 ; *Quot. jur.* 20 sept. 1994, obs. P. M. ; *Rev. proc. coll.* 1995, 343, obs. B. Dureuil ; Cass. com., 11 mars 1997, *RJ com.* 1998, 293, n° 94, obs. C. Saint-Alary-Houin ; *Defrénois* 1997, art. 36621, p. 941, obs. J.-P. Sénéchal. Il en est tiré la conséquence que l'acquéreur ne peut obtenir restitution de l'acompte sur le prix de vente, sauf à entreprendre une action en résolution de la vente devant le tribunal de la faillite, au motif, par exemple, qu'il a été trompé sur la consistance des biens vendus, Cass. com., 3 oct. 2000, *Act. proc. coll.* 2000/17, n° 221 ; *D.* 2000, jur. 397, obs. A. Lienhard ; *JCP E et A*, 2001, chron. 175, n° 2-c-6, obs. M. Cabrillac.

4. CA Riom, 1re ch. civ., 22 mai 2003, *RD banc. et fin.* 2004, 106, n° 83, obs. F.-X. Lucas.

5. Cass. com., 14 juin 1994, *Bull. civ.* IV, n° 210 ; *Quot. jur.* 20 sept. 1994, obs. P. M. ; *Rev. proc. coll.* 1995, 343, obs. B. Dureuil ; Cass. com., 19 déc. 2000, *Act. proc. coll.* 2001/5, n° 68 ; Cass. com., 5 mai 2004, n° 01-17.809 ; Cass. com., 28 sept. 2004, n° 02-20.676 ; Cass. com., 7 juin 2005, n° 04-10.685, LXB n° N6689AIL, note P.-M. Le Corre.

6. CA Rouen, 2e ch. civ., 5 août 1992, *Juris-data* n° 048156 ; rappr. CA Douai, 2e ch., 13 janv. 2000, *D.* 2000, jur. 117, prononçant la nullité de la vente au motif que le mandataire de justice avait tenu des propos erronés, sans réserve, sur le montant des loyers du bail des locaux professionnels.

sont parfaitement valables. Il faudra donc respecter les pactes de préférence ou le droit de préemption. En outre, le liquidateur pourra souscrire, au nom du débiteur qu'il représente, une clause de non-concurrence.

Le liquidateur doit garantir contre les vices cachés et contre l'éviction [1]. La vente de gré à gré du fonds de commerce autorise les créanciers inscrits et opposants à faire surenchère [2].

Enfin, l'article L. 642-23 réglemente le sort des archives, en prévoyant un droit de préemption au profit de l'administration compétente, avant toute destruction. L'alinéa 2 contient une disposition particulière pour les débiteurs soumis au secret professionnel. Il s'est agi de tenir compte de l'application des procédures collectives aux professionnels libéraux. La destination des archives doit être déterminée par le liquidateur en accord avec l'ordre professionnel ou l'autorité compétente dont relève le débiteur. Il faut en effet tenir compte de l'obligation de conservation des archives pesant sur ces professionnels.

Sous-paragraphe 2. Les règles spéciales aux biens gagés et retenus

330. Règles spéciales à la réalisation des biens gagés ou retenus. L'article L. 642-25 du Code de commerce réglemente la réalisation des biens gagés ou retenus en liquidation judiciaire.

L'alinéa 1 de cet article envisage en liquidation judiciaire le retrait de la chose gagée ou retenue contre paiement du créancier. Il faut ici supposer un gage avec droit de rétention [3], ce qui n'est pas le cas du gage sur matériel et outillage [4], la solution étant étendue aux biens retenus sans gage. Mais peu importe que le droit de rétention soit fictif [5]. Cependant, en ce dernier cas, le retrait ne sert à rien du fait de l'existence du report du droit de rétention sur le prix.

Le liquidateur demandera au juge-commissaire à être autorisé à retirer le gage ou la chose retenue, cependant que rien n'interdit au créancier de saisir le juge-commissaire [6]. Le retrait sera sollicité par le liquidateur dès lors que la vente du bien

1. B. Soinne, *op. cit.*, n° 2444.
2. La procédure de surenchère doit être respectée et est exclusive de la possibilité de proposer une offre concurrente : Cass. com., 10 janv. 2006, n° 03-19.519, arrêt n° 25 F+P+B, *D.* 2006, AJ, 368, obs. A. Lienhard, *Gaz. proc. coll.* 2006/2, p. 35, note M. Sénéchal.
3. Cette rétention n'est plus de l'essence du gage depuis l'ordonnance du 23 mars 2006 réformant le droit des sûretés, l'opposabilité du gage pouvant résulter, à défaut de dépossession, d'une simple publicité (cf. le nouvel article 2337 du Code civil).
4. Cass. com., 4 janv. 2005, n° 02.10.511, *D.* 2005, jur. 970, note A. Aynès ; *D.* 2005, AJ, 430, obs. A. Lienhard ; *D.* 2005, som. comm. 2018, obs. F.-X. Lucas ; *Gaz. proc. coll.* 2005/1, p. 31, n° 2-2, obs. D. Voinot ; *JCP E,* 2005, chron. 639, p. 709, n° 8, obs. M. Cabrillac ; *JCP E,* 2005, chron. 915, p. 1008, n° 20, obs. Ph. Delebecque ; *RTD com.* 2005, 408, n° 6, obs. B. Bouloc ; LXB n° N4887ABM, note P.-M. Le Corre.
5. V. en ce sens, T. com. Paris, 9 janv. 1987, *LPA* 8 juin 1987, n° 68, p. 12, note F. ; J. Crédot ; *adde* : Jeantin, *op. cit.*, n° 787 ; C. Saint-Alary-Houin, *op. cit.*, n° 1063 ; Derrida, Godé et Sortais, *op. cit.*, n° 563 ; F. Pérochon et R. Bonhomme, *op. cit.*, n° 384 ; F. Kerckhove, *op. cit.*, n° 804.
6. V. Y. Chaput, *op. cit.*, n° 576, admettant que le créancier puisse demander lui-même le retrait du gage, après expiration d'un délai d'inertie de 6 mois du liquidateur.

est susceptible de rapporter un prix supérieur au montant de la créance. Le paiement du créancier est la seule justification du retrait, raison pour laquelle il devra être antérieur. Enfin, le retrait est indépendant de l'ordre dans lequel s'exercent les privilèges.

L'article L. 642-25, alinéa 2, du code dispose que « *à défaut de retrait, le liquidateur doit, dans les six mois du jugement de liquidation judiciaire, demander au juge-commissaire l'autorisation de procéder à la réalisation* ». Les règles générales relatives à la vente de biens meubles trouveront application. La règle ici posée doit être coordonnée avec celle de l'alinéa 4, c'est-à-dire la technique du report du droit de rétention sur le prix. Ce n'est donc qu'à défaut de droit de rétention que l'ordre des privilèges trouvera application. Il en ira de même si, nonobstant l'existence d'un droit de rétention, le créancier gagiste prenait l'initiative de la vente. En cette occurrence, il perdrait en effet son droit de rétention et ne serait plus payé que selon l'ordre de préférence. Il faudrait alors tenir compte des dispositions relatives à l'ordre de classement de l'article L. 641-13-III du code posées pour l'hypothèse de la liquidation judiciaire. Les créanciers gagistes rétenteurs qui auront vendu eux-mêmes les biens seront payés après le super privilège des salaires, le privilège de la conciliation, mais avant les créanciers postérieurs privilégiés. L'accord donné par le créancier gagiste au liquidateur de vendre le bien gagé ne vaut pas vente par le créancier gagiste et n'a donc pas pour effet de lui faire perdre son droit de rétention.

L'article L. 642-25, alinéa 4, du code autorise, au profit des créanciers gagistes, l'attribution judiciaire du gage. Bien qu'il ne s'agisse que d'une faculté, la Cour de cassation semble s'orienter vers la décharge de la caution sur le fondement de l'article 2314 du Code civil (ancien art. 2037), si le créancier n'utilise pas cette prérogative et que cela prive la caution de la possibilité de voir minorer sensiblement son engagement [1]. La Chambre mixte de la Cour de cassation a esquivé la question, qui aurait pourtant mérité d'être tranchée clairement [2]. Cette prérogative est réservée aux seuls créanciers gagistes et ne profite pas aux créanciers rétenteurs non gagistes [3]. Pour être gagiste, il faut d'abord être créancier, ce qui postule une déclaration de créance [4], faisant mention du gage. Les créanciers qui en droit commun disposent de l'attribution judiciaire du gage continuent à en disposer en cas de procédure collective. En conséquence, et faute de disposition contraire, il faut décider que

---

1. Pour la décharge, Cass. com., 28 mai 1996, *RD banc. et bourse* 1996, 211, n° 5 ; Cass. com., 13 mai 2003, n° 00-15.404, *RD banc. et fin.* 2003/5, p. 293, n° 192, obs. F.-X. Lucas ; *RD banc. et fin.* 2003/5, p. 287, n° 181, obs. D. Legeais ; *D.* 2004, som. comm. 52, obs. P.-M. Le Corre ; *Act. proc. coll.* 2003/13, n° 173, obs. D. Legeais ; *JCP E*, 2003, chron. 1396, p. 1575, n° 15, obs. M. Cabrillac ; *LPA* 24 nov. 2003, n° 234, p. 10, note D. Houtcieff ; *RTD com.* 2003, 803, n° 6, obs. B. Bouloc ; *RTD com.* 2004, 156, n° 4, obs. A. Martin-Serf ; *LPA* 19 févr. 2004, n° 36, p. 4, note E. Mouial-Bassilana ; *Defrénois* 2004, art. 37969, p. 889, note J. Honorat et J. Hovasse ; Cass. com., 3 déc. 2003, n° 01-14.761, *RD banc. et fin.* 2004, 104, n° 79, obs. F.-X. Lucas ; contre la décharge : Cass. civ. 1re, 8 juill. 2003, n° 01-03.177.

2. Cass. mixte, 10 juin 2005, n° 02-21.296, *D.* 2005, AJ, 1773, obs. X. Delpech ; *D.* 2005, som. comm. 2087, obs. P. Crocq ; *Act. proc. coll.* 2005/12, n° 142, note C. Régnaut-Moutier ; *JCP E*, 2005, 1088, p. 1218, note D. Legeais.

3. Cass. com., 9 juin 1998, *D. Affaires* 1998, 1323, obs. A. L. ; *Banque* oct. 1998, p. 77, note J. L. Guillot ; *JCP E*, 1998, chron. p. 618, n° B 12, obs. M. Cabrillac ; *RTD com.* 1999, 751, obs. A. Martin-Serf.

4. Cela suppose que le créancier ait déclaré sa créance avec indication du gage, Cass. com., 1er févr. 2000, *RJDA* 2000/5, n° 562.

l'attribution judiciaire est indépendante de l'existence d'un droit de rétention. Elle est ouverte au créancier gagiste sur matériel et outillage pourtant non titulaire d'un droit de rétention [1]. L'attribution judiciaire suppose que le bien se retrouve dans le patrimoine du débiteur. Cependant, si le bien a été sinistré, l'attribution judiciaire porte sur l'indemnité d'assurance [2]. Elle peut également porter sur le prix de vente du bien si le liquidateur a vendu le bien grevé nonobstant la demande d'attribution [3]. La demande d'attribution judiciaire n'est prévue qu'en situation de liquidation judiciaire. Elle est donc exclue en période d'observation [4]. La demande ne suppose pas l'admission de la créance, mais seulement sa déclaration [5]. La demande n'émanant pas d'un propriétaire mais d'un créancier, le délai de l'action en revendication n'a pas à être respecté [6]. Seule une décision définitive du juge-commissaire autorisant la vente fera obstacle à la demande d'attribution judiciaire. La demande sera présentée au juge-commissaire [7], la compétence concurrente du tribunal, qui pouvait être admise sous l'empire de la législation antérieure étant désormais exclue puisque l'article L. 642-25, alinéa 3, attribue explicitement la compétence au juge-commissaire.

L'attribution judiciaire présente des effets intéressants pour le créancier. Elle est en effet exclusive de l'ordre dans lequel s'exercent les privilèges et permet en conséquence de tenir en échec non seulement le privilège des créanciers postérieurs [8], mais aussi le super privilège des salaires [9] ou encore le privilège de la conciliation. On précisera cependant que si la valeur attribuée à la chose gagée, par voie d'expertise — l'expertise n'étant pas nécessaire en cas d'accord des parties [10] — dès lors que la valeur ne peut être objectivement déterminée, est supérieure à la créance, le créancier gagiste devra reverser le trop-perçu au liquidateur puisque, conformément au droit commun, un créancier titulaire de sûreté ne peut plus faire valoir ses droits au-delà de sa crème.

Enfin, l'article L. 642-25 du code prévoit en son alinéa 4 que « *en cas de vente par le liquidateur, le droit de rétention est de plein droit reporté sur le prix* ». La règle s'applique à tous les créanciers rétenteurs, fussent-ils ou non gagistes ; peu importe

---

1. Cass. com., 6 mars 1990, *Bull. civ.* IV, n° 67 ; *D.* 1990, 311, note F. Derrida. Cass. com., 9 juill. 1991, *RJDA* 1991, 732 ; Cass. com., 6 janv. 1998, *D. Affaires* 1998, 157, note A. L. ; *RJ com.* 1998, 297, n° 57, obs. C. Saint-Alary-Houin ; *LPA* 8 févr. 1999, n° 27, p. 15, note G. Teilliais.
2. Cass. com., 4 févr. 1986, *SA Foncia credit c/Lorda*, cité dans B. Soinne, *op. cit.*, note n° 8863 ; *adde* : B. Soinne, *op. cit.*, n° 2467.
3. Cass. com., 15 oct. 1991, *D.* 1991, IR, 249 ; *JCP* 1991, IV, 439.
4. Cass. com., 6 mars 1990, *Bull. civ.* IV, n° 67 ; *D.* 1990, 311, note F. Derrida ; Cass. com., 28 mai 1996, *Bull. civ.* IV, n° 144 ; *D.* 1996, som. 385, obs. S. Piedelièvre ; *RD bancaire et bourse* 1996, 211, obs. M.-J. Campana et Calendini.
5. CA Chambéry, 27 sept. 1994, *Gaz. Pal.* 1995, I, 195 ; CA Versailles, 30 janv. 1997, *D. Affaires* 1997, 577.
6. Cass. com., 28 janv. 1997, *Bull. civ.* IV, n° 32 ; *Dr. sociétés* 1997, n° 42, obs. Y. Chaput ; *RJ com.* 1998, 297, n° 57, obs. C. Saint-Alary-Houin.
7. Cass. com., 14 oct. 1997, *Bull. civ.* IV, n° 265 ; *RJ com.* 1998, 298, n° 57, obs. C. Saint-Alary-Houin ; *RD bancaire et bourse* 1998, 25, n° 7, obs. M.-J. Campana et Calendini ; *RTD com.* 1999, 747, obs. A. Martin-Serf ; Cass. com., 14 oct. 1997 ; *adde* : Cass., avis, 1er mai 1996, *Bull. inf. C. cass.* 1er mai 1996, p. 37, M.-J. Cazaro et Calendini.
8. Cass. com., 6 mars 1990, *Bull. civ.* IV, n° 67 ; *D.* 1990, 311, note F. Derrida.
9. Cass. com., 6 janv. 1998, *D. Affaires* 1998 157, note A. L. ; *RJ com.* 1998, 297, n° 57, obs. C. Saint-Alary-Houin ; *LPA* 1999, n° 27, p. 15, note G. Teilliais.
10. Cass. com., 15 nov. 2005, n° 03-18.43, arrêt n° 1418 F-P+B.

également que le droit de rétention ne soit que fictif. La règle a été posée spécialement pour le créancier gagiste sur véhicule automobile par la jurisprudence [1]. Le report du droit de rétention sur le prix est un mécanisme de subrogation réelle [2], ce qui justifie qu'il est indépendant de l'ordre dans lequel s'exercent les privilèges [3].

Section III
La distribution du produit des réalisations d'actifs

Les réalisations d'actifs constituent la première étape de la liquidation judiciaire. Elles précèdent la distribution du produit des réalisations d'actifs.

331. Effets généraux du jugement de liquidation judiciaire sur les créanciers. La finalité de la liquidation judiciaire, sous la réserve du plan de cession, est de payer les créanciers sur le prix de vente des actifs du débiteur.

Pour assurer ce paiement, une règle technique est posée par l'article L. 643-1 du Code de commerce : la **déchéance du terme**. La loi de sauvegarde des entreprises a supprimé comme cause autonome de déchéance du terme l'arrêté d'un plan de cession totale, contrairement à la solution de la législation précédente. En revanche, le prononcé de la liquidation judiciaire n'entraîne plus nécessairement déchéance du terme. Cette dernière est en effet reportée, d'après l'article L. 643-1 du code, en cas de poursuite provisoire d'activité lorsqu'un plan de cession est envisageable, à l'arrêté d'un plan de cession, peu important au demeurant que la cession soit partielle ou totale. Le législateur a d'ailleurs été maladroit, en ne prévoyant pas l'hypothèse d'une décision rejetant le plan de cession. La lecture étroite du texte empêcherait alors toute déchéance du terme, ce qui pourrait paralyser le jeu des distributions. Il faut donc restituer au texte son exacte portée et décider, malgré sa lettre, que la décision statuant sur le plan de cession emportera déchéance du terme, que le plan soit arrêté ou rejeté.

Sous cette réserve, les restrictions classiques attachées à l'ouverture de la procédure collective jouent en liquidation judiciaire. Il en est ainsi de la règle de l'interdiction des paiements des créances antérieures, de celle de l'arrêt ou de la suspension des poursuites individuelles (sous la réserve exprimée au n° 332) et des voies d'exécution ou encore de celle de l'arrêt du cours des intérêts ou de l'inscription des sûretés.

Depuis le décret n° 98-1232 du 29 décembre 1998, il est fait obligation aux mandataires de justice de déposer tous les fonds qu'ils détiennent à la Caisse des dépôts et consignations. En outre, ils doivent présenter un rapport de liquidation sur demande du juge-commissaire ou du procureur de la République, et cela à tout

---

1. Cass. com., 15 oct. 1991, *Bull. civ.* IV, n° 288 ; *RTD com.* 1992, 4564, obs. A. Martin-Serf ; *JCP E,* 1992, I, 138, n° 25, obs. M. Cabrillac et P. Pétel ; *Banque* 1992, 102, obs. J. L. Rives-Lange ; *Rev. proc. coll.* 1992, 102, obs. B. Dureuil.
2. Y. Guyon, *op. cit.*, n° 1344.
3. Cass. com., 15 oct. 1991, *Bull. civ.* IV, n° 288 ; *RTD com.* 1992, 4564, obs. A. Martin-Serf ; *JCP E,* 1992, I, 138, n° 25, obs. M. Cabrillac et P. Pétel ; *Banque* 1992, 102, obs. J. L. Rives-Lange ; *Rev. proc. coll.* 1992, 102, obs. B. Dureuil.

moment. Ce rapport, contient le montant du passif admis, l'état des répartitions faites aux créanciers, les sommes détenues à la Caisse des dépôts et consignations. Il peut être demandé en communication par tout créancier.

332. Reprise des poursuites en cas d'inaction du liquidateur. Selon les dispositions de l'article L. 643-2, alinéa 1, du Code de commerce « *les créanciers titulaires d'un privilège spécial, d'un nantissement ou d'une hypothèque et le Trésor public pour ses créances privilégiées peuvent, dès lors qu'ils ont déclaré leurs créances, même s'ils ne sont pas encore admis, exercer leur droit de poursuite individuelle si le liquidateur n'a pas entrepris la liquidation des biens grevés dans le délai de trois mois à compter du jugement qui ouvre ou prononce la liquidation judiciaire* ».

La loi de sauvegarde des entreprises a en outre entendu coordonner ce droit pour les créanciers titulaires de sûretés de reprendre leurs poursuites individuelles avec la possibilité nouvelle d'arrêter un plan de cession en liquidation. C'est pourquoi, le délai de trois mois doit être combiné avec le délai imparti par le tribunal pour la présentation des offres de cession. Le créancier ne reprendra l'exercice de son droit de poursuite individuelle qu'une fois expiré le délai imparti pour présenter des offres de cession, si l'offre n'intègre pas le bien grevé de la sûreté (C. com., art. L. 643-2, al. 2).

La finalité du texte est d'éviter aux créanciers titulaires d'une sûreté ou d'un privilège général ou d'un privilège spécial l'inaction du liquidateur.

Le texte précise son domaine application. Il régit la situation des créanciers titulaires de sûreté spéciale immobilière. Il a également vocation à s'appliquer aux titulaires de sûreté spéciale mobilière en envisageant les « nantissements ». Le texte ne vise pas les « gages ». L'ordonnance du 23 mars 2006 réformant le droit des sûretés [1] et redéfinissant les termes de « gage » et « nantissement » nous conduit à décider que ces deux sûretés mobilières sont cependant concernées par les dispositions de l'article L. 643-2 al. 1. Le texte ne concerne en revanche pas les créanciers titulaires d'un privilège général, à la seule exception du Trésor public.

Le texte constitue une exception au principe de l'arrêt ou de la suspension des poursuites individuelles. Comme tel, il doit recevoir une interprétation stricte et être cantonné à l'objectif recherché par le législateur, qui est ici de pallier la carence du liquidateur dans les opérations de réalisation des actifs. Dès lors, logiquement, la Cour de cassation décide de son inapplicabilité à l'action résolutoire appartenant au vendeur, ou au créancier subrogé dans les droits du vendeur, tant dans le domaine immobilier [2] que dans le domaine mobilier. L'action résolutoire n'est en effet pas un mécanisme de réalisation du bien grevé puisqu'elle a pour conséquence le retour du bien dans le patrimoine de son titulaire.

---

1. Ordonnance n° 2006-346 du 23 mars 2006 relative aux sûretés, *JO* n° 71 du 24 mars 2006, p. 4475.

2. Cass. com., 19 déc. 1995, *Bull. civ.* IV, n° 305 ; *D.* 1996, 145, note M. J. Campana ; *D.* 1996, som. 390, obs. S. Piedelièvre ; *Defrénois* 1996, 937, obs. J.-P. Sénéchal ; *RTD com.* 1996, 533, obs. A. Martin-Serf , *JCP E,* 1996, I, 554, n° 13, obs. P. Pétel ; Cass. com., 19 janv. 1999, *Act. proc. coll.* 1999/5, n° 73.

Pour reprendre l'exercice de ses poursuites individuelles, le créancier doit avoir déclaré sa créance. Mais il n'est pas exigé que le créancier soit admis au passif.

Pour reprendre l'exercice de son droit de poursuites individuelles, le créancier doit se faire autoriser par le juge-commissaire, par voie d'ordonnance.

Des particularités méritent d'être précisées en ce qui concerne la saisie immobilière. Il a été indiqué (v. ss n° 321) que le liquidateur pouvait décider de reprendre la procédure de saisie immobilière entamée avant le jugement d'ouverture, sur ses derniers errements. S'il n'utilise pas cette faculté de subrogation, le créancier pourra, en se faisant autoriser par le juge-commissaire, continuer la procédure de saisie immobilière après expiration du délai de trois mois courant à compter de la liquidation judiciaire.

Le droit pour le créancier de reprendre ses poursuites individuelles suppose l'inaction du liquidateur. Celui-ci ne doit pas avoir « entrepris » la vente du bien grevé. Cette notion n'est guère juridique. La Cour de cassation exige un commencement d'exécution [1]. Le simple dépôt d'une requête par le liquidateur aux fins d'être autorisé à vendre le bien grevé semble insuffisant [2]. Cependant, si l'ordonnance autorisant le liquidateur à vendre le bien grevé est devenue définitive, l'autorité de la chose jugée s'opposera à la possibilité pour le créancier de reprendre l'exercice de son droit de poursuites individuelles.

Le fait que le créancier réalise lui-même le bien n'a pas pour effet de changer les règles de répartition. Le prix de vente devra être remis au liquidateur qui sera seul chargé d'assurer les distributions.

333. Paiement provisionnel. Reprenant une solution posée en période d'observation (v. ss n° 231), l'article L. 643-3, alinéa 1, du Code de commerce, dispose que « *le juge-commissaire peut, d'office ou à la demande, du liquidateur ou d'un créancier, ordonner le paiement à titre provisionnel d'une quote-part d'une créance définitivement admise* ».

Le texte ne distingue pas, pour l'application de la disposition, selon que le créancier en cause est chirographaire ou titulaire de sûreté. Cependant, la logique du système impose de n'en réserver l'application qu'aux seuls créanciers titulaires de sûreté, dont les droits au paiement apparaissent sérieux.

La demande, qui peut être présentée par le liquidateur, le sera généralement par le créancier qui adressera une requête au juge-commissaire. Le créancier devra être définitivement admis au passif. Le juge-commissaire pourra solliciter du créancier une garantie bancaire s'il estime que la solvabilité du créancier peut être source de difficultés dans l'hypothèse où il devrait restituer ce à quoi il n'a pas droit. Cette garantie ne peut être exigée des organismes fiscaux et sociaux.

L'ordonnance autorisant le paiement provisionnel ou la refusant est susceptible d'un recours devant le tribunal.

---

1. Cass. com., 28 mai 1991, *Bull. civ.* IV, n° 186 ; *D.* 1991, som. 333, obs. A. Honorat ; *JCP E,* 1991, I, 100, n° 6, obs. M. Cabrillac ; *Rev. proc. coll.* 1992, 110, obs. B. Dureuil.
2. *Contra* : B. Soinne, *op. cit.*, n° 2372.

334. Purge des inscriptions immobilières. L'article L. 642-18, alinéa 4, du Code de commerce indique que « *les adjudications réalisées en application des alinéas qui précèdent emportent purge des hypothèques* ». Il en est ainsi pour les ventes sur saisie et les ventes par adjudication amiable.

Au contraire, les ventes immobilières de gré à gré n'emportent pas purge des inscriptions. L'acquéreur du bien aura donc à se préoccuper de notifier aux créanciers inscrits un acte offrant à ceux-ci la possibilité de faire surenchère du dixième, laquelle devra être formée dans les quarante jours de la notification. À défaut de surenchère, il y aura purge des inscriptions.

L'acquéreur pourra cependant obtenir un accord des créanciers inscrits pour le dispenser de la procédure de purge.

335. Purge des inscriptions grevant le fonds de commerce. Il faut d'abord préciser qu'il y aura purge automatique en cas de vente aux enchères [1]. Il n'en sera pas de même en cas de vente de gré à gré. L'acquéreur du fonds de commerce, même s'il ne s'agit pour lui que d'une faculté [2], se préoccupera de rendre définitif et opposable le prix aux créanciers inscrits en effectuant les formalités de la procédure de purge, sauf à s'exposer au droit de suite d'un créancier inscrit. Pour cela, il notifiera à tous les créanciers inscrits la vente intervenue en leur offrant la possibilité de faire surenchère du dixième, par application de l'article L. 143-13 du Code de commerce. Les créanciers inscrits disposent d'un délai de quinze jours à compter de la notification. En outre, faute de disposition contraire, les mesures de publicité de la vente du fonds de commerce ne sont pas écartées en liquidation judiciaire [3]. L'accomplissement de la publicité emporte ouverture de la procédure de surenchère au profit des créanciers opposants (C. com., art. L. 141-19).

336. Procédure d'ordre. L'article L. 641-5 du Code de commerce prévoit que « *le liquidateur [...] établit l'ordre entre les créanciers* ». Cependant, des difficultés se présentent si la vente est intervenue avant jugement d'ouverture. La Cour de cassation décide que si le jugement d'adjudication de l'immeuble est publié au jour du jugement d'ouverture, le juge des ordres demeure compétent pour continuer l'ordre commencé. Il est également compétent pour commencer l'ordre en ce cas [4]. Dans le cas contraire, la compétence exclusive appartiendra au liquidateur. En conséquence, l'adjudicataire est tenu de verser entre ses mains le prix [5].

Le liquidateur est tenu de dresser un état de collocation, en tenant compte, pour les créances antérieures, de l'admission au passif et des inscriptions. À cet égard, il faut

---

1. Derrida, Godé et Sortais, *op. cit.*, n° 287, Y. Chaput, *op. cit.* n° 500 ; P. Le Cannu, *op. cit.*, n° 786 ; B. Soinne, *op. cit.*, n° 2446.
2. Cass. com., 28 avr. 2004, *Bull. civ.* IV, n° 78 ; *D. 2004, 1527 ; RTD com. 2004, 696, n° 4, obs.* B. Saintourens ; *JCP E, 2005, chron.* 179, p. 180, n° 18, obs. Ph. Delebecque.
3. V. J.-P. Sénéchal, obs. *Defrénois* 1998, 252, n° 5.
4. Cass. com., 12 juill. 1994, *Bull. civ.* IV, n° 262 ; *D.* 1994, 569, rap. J.-P. Remery, note A. Honorat ; *Defrénois* 1995, 269, note J.-P. Sénéchal.
5. Les solutions spéciales applicables à certains établissements, tel le Crédit Foncier, sont ici écartées : Cass. com., 9 juin 1992, *Bull. civ.* IV, n° 229, *Rev. proc. coll.* 1992, 440, n° 6 ; *D.* 1992, 388, obs. A. Honorat ; *JCP N,* 1993, prat. 2460, obs. M. Cabrillac ; *RTD com.* 1993, 582, obs A. Martin-Serf ; Cass. com., 19 oct. 1993, *Bull. civ.* IV, n° 342 ; Cass. com., 28 juin 1994, *D.* 1994, 77, obs. A. Honorat ; *Rev. proc. coll.* 1995, 109, n° 6, obs. B. Dureuil.

rappeler que l'article 2154-1 alinéa 3, a pleine vocation à s'appliquer. Il en résulte que, jusqu'au jour de la consignation du prix, le créancier inscrit est tenu de renouveler son inscription. Il ne pourra utilement invoquer, pour s'y soustraire, l'admission à titre privilégié de sa créance.

Le liquidateur, dans l'établissement de l'état de collocation, tiendra également compte des créances postérieures privilégiées.

L'état de collocation, une fois dressé, sera déposé par le liquidateur au greffe du tribunal de la faillite. Le greffier fera publier un avis d'insertion du dépôt au greffe de l'état de collocation dans un journal d'annonces légales et au BODACC. L'insertion au BODACC fera courir le délai de contestation de trente jours (Décr. 28 déc. 2005, art. 298, al. 1).

Les contestations sont formées par déclaration au greffe du tribunal de grande instance devant lequel ou dans le ressort duquel se déroule la procédure de liquidation judiciaire. La contestation est obligatoirement faite par avocat. Elle doit être dénoncée aux créanciers inscrits et au liquidateur, qui doivent constituer avocat dans un délai de quinze jours. À peine d'irrecevabilité de la contestation, sa dénonciation aux créanciers en cause et au liquidateur doit intervenir dans le délai de dix jours de la déclaration, par acte d'huissier (Décr. 28 déc. 2005, art. 298, al. 2).

En cas de contestation, le liquidateur choisira ou non de procéder à l'établissement de l'ordre, en fonction, en réalité, du caractère sérieux de la contestation.

Les créanciers dont le rang est supérieur à ceux contre lesquels la contestation est dirigée peuvent obtenir leurs titres de paiement.

En l'absence de contestation, le liquidateur procédera à la clôture de l'ordre, dans un délai de 45 jours à compter de l'insertion BODACC, de l'avis de dépôt au greffe de l'état de collocation (Décr. 28 déc. 2005, art. 144, al. 1).

337. Distributions. Les distributions sont réglementées par les articles L. 643-4 à L. 643-8 du Code de commerce. Elles sont de la compétence exclusive du liquidateur. Ce dernier engage sa responsabilité en cas d'erreur dans les répartitions. Si le créancier qui reçoit le paiement est chirographaire, la jurisprudence lui impose, par application de la règle de l'égalité des créanciers, de restituer les sommes perçues [1]. Au contraire, si le créancier qui reçoit le paiement est privilégié, l'inapplication de la règle de l'égalité des créanciers conduit à décider qu'il n'a pas à restituer aux créanciers de rang préférable ce qu'il n'aurait pas dû toucher car il n'a pas alors perçu l'indû [2]. La seule ressource de ce créancier sera d'engager la responsabilité du liquidateur.

Le Code de commerce ne met pas à l'écart la règle de l'article 2105 du Code civil qui pose le principe de subsidiarité sur les immeubles. Il en résulte qu'en cas de conflit entre un créancier titulaire d'un privilège général et un créancier inscrit sur

1. Cass. com., 17 nov. 1992, *Rev. proc. coll.* 1994, 124, n° 34, obs. B. Soinne ; *D.* 1993, som. 191, obs. A. Honorat ; *D.* 1993, jur. 341, obs. J.-P. Sortais ; *JCP* 1993, II, 22140, obs. Dagorne ; *adde*, sur la question : S. Pierre, « L'indu et les erreurs dans les répartitions dans le cadre de la liquidation judiciaire », *Rev. proc. coll. civ. et com.* 2000, 1 et s.
2. Cass. com., 30 oct. 2000, *D.* 2000, jur. 430, obs. P. Pisoni, et 2001, som. 620, obs. crit. A. Honorat ; *Act. proc. coll.* 2000/19, n° 242, note J. Vallansan.

l'immeuble, il conviendra de payer le premier prioritairement sur les actifs mobiliers et, s'ils n'y suffisent, sur les actifs immobiliers. À cet égard, il faut rappeler que le super privilège des salaires le privilège accordé à certains créanciers postérieurs et le privilège de la conciliation sont trois variétés de privilèges généraux.

Une difficulté se présente en cas de pluralité d'immeubles doublée d'une pluralité de répartitions. En effet, si les créanciers titulaires de privilèges généraux n'ont pu être payés sur le prix des actifs mobiliers, il faudra les payer sur le prix des actifs immobiliers. Il n'est alors pas neutre que leur paiement intervienne sur le prix de vente de tel immeuble ou de tel autre puisque, a due concurrence, les créanciers titulaires de sûretés immobilières seront primés, par exemple par le super privilège des salaires. Aucune règle n'est posée dans la législation pour régler la difficulté. La prudence semble commander au liquidateur de procéder à une seule répartition s'il ne veut pas voir un créancier titulaire de sûreté immobilière spolié engager sa responsabilité.

Les créanciers chirographaires seront payés au marc-le-franc de leurs créances admises (C. com., art. L. 643-8, al. 1). La masse chirographaire se trouvera alors amputée, par l'application de cette disposition, des subsides accordés au chef d'entreprise, aux dirigeants ou à leur famille et des sommes payées aux créanciers privilégiés.

En ce qui concerne les créanciers privilégiés, une distinction doit être faite selon que la répartition privilégiée précède ou non la répartition chirographaire. En cette hypothèse, s'il n'a pas été complètement désintéressé, le créancier privilégié concourra avec les créanciers chirographaires pour ce qui lui reste dû.

À l'inverse, si une répartition chirographaire précède une répartition privilégiée, le créancier titulaire de la sûreté spéciale concourra dans la répartition privilégiée pour la totalité de sa créance, dans la limite évidemment de ce à quoi il a droit. La solution est imposée par l'article L. 643-4.

Sous-chapitre 3

La fin de la liquidation judiciaire

La procédure de liquidation judiciaire se termine par un jugement de clôture (Section I). Si la clôture de la procédure est intervenue prématurément, il y a place à une réouverture de celle-ci (Section II).

Section I
La clôture de la liquidation judiciaire

338. Les deux formes de clôture de la procédure. Dans le souci d'accélérer les procédures de liquidation judiciaire et de permettre ainsi aux débiteurs personnes physiques de rebondir plus vite [1] — rappelons à cet égard que le débiteur personne physique ne peut, du fait du dessaisissement qui le frappe, exercer aucune activité indépendante pendant la liquidation judiciaire (C. com., art. L. 643-9-III) —, la loi de sauvegarde oblige les tribunaux lors du jugement ouvrant ou prononçant la liquidation judiciaire, à indiquer une date d'audience à laquelle l'affaire sera rappelée pour envisager la clôture (C. com., art. L. 643-9, al. 1, applicable également aux procédures en cours dès le 27 juillet 2005).

La qualité pour saisir le tribunal aux fins de clôture est réglementée, depuis la loi de sauvegarde des entreprises. Dès lors que les conditions de la clôture sont réunies, la saisine aux fins de clôture appartient au tribunal d'office, au liquidateur du débiteur ou au ministère public. Passé un délai de deux ans par rapport au jugement de liquidation judiciaire, la saisine de la juridiction aux fins de clôture appartient à tout créancier (C. com., art. L. 643-9, al. 3). La loi de sauvegarde des entreprises (C. com., art. L. 643-9, al. 4) retarde toutefois la clôture, en cas de plan de cession, au constat par le tribunal du respect de ses obligations par le cessionnaire.

L'article L. 643-9, alinéa 2, du code indique qu'il y a place à clôture de la liquidation judiciaire « *lorsqu'il n'existe plus de passif exigible ou que le liquidateur dispose de sommes suffisantes pour désintéresser les créanciers* ». Il s'agit là de la clôture pour extinction du passif. Cette règle propre à la liquidation judiciaire, sous l'empire de la législation antérieure, a été jugée applicable en redressement

1. Rapp. Xavier de Roux, n° 2095, p. 397.

judiciaire [1]. La loi de sauvegarde a consacré légalement la possibilité de clôture du redressement judiciaire lorsque le débiteur peut payer tous ses créanciers (C. com., art. L. 631-16).

La clôture de la liquidation judiciaire pour extinction du passif postule que tout le passif exigible puisse être payé. Il est loisible à un créancier d'accepter un report d'exigibilité de sa créance pour rendre possible la clôture, sans qu'il y ait là transaction, le débiteur n'ayant ici fait aucune concession [2].

La clôture de la procédure peut également intervenir pour insuffisance d'actif. Classiquement, la doctrine distingue la clôture pour insuffisance d'actif et la clôture par insuffisance d'actif. La première désigne la situation dans laquelle le liquidateur se trouve dans l'impossibilité de continuer les opérations faute de disponibilités. La seconde désigne la situation d'une procédure allant jusqu'à son terme normal et où le constat s'impose de l'impossibilité de payer tous les créanciers après vente de tous les actifs.

Dans les deux situations, la clôture va laisser apparaître des dettes impayées. La solution est spécialement grave pour les créanciers astreints à déclarer leurs créances au passif et privés du droit de poursuites individuelles, qui ne pourront, par principe, retrouver leurs droits de poursuites individuelles contre le débiteur (v. ss n° 340). Il est dès lors logique que des conditions précises entourent l'intervention de cette décision.

Sur le plan procédural d'abord, le jugement de clôture ne pourra intervenir qu'après rapport du juge-commissaire et convocation du débiteur, sous peine de nullité du jugement [3] (C. com., art. L. 643-9, al. 2).

Au fond, la clôture ne peut intervenir que s'il y a impossibilité absolue de poursuivre les opérations de liquidation et non pas simplement gène dans la poursuite des opérations de réalisation des actifs.

339. Effets de la clôture pour le débiteur. La clôture de la procédure de liquidation judiciaire, qu'elle intervienne pour extinction du passif ou pour insuffisance d'actif, a, pour le débiteur personne physique, les mêmes effets. Le dessaisissement cesse et le liquidé retrouve possibilité de contracter et de recommencer une activité nouvelle indépendante — l'activité salariée n'étant pas interdite pendant la liquidation judiciaire —, à moins qu'il n'ait fait l'objet de mesure de sanction de faillite personnelle ou d'interdiction de gérer. Bien que le débiteur doive encore les sommes non payées, les créanciers antérieurs ne peuvent, par principe, plus lui en demander paiement (v. ss n° 340).

Si le débiteur est une société, la clôture de la procédure aura pour effet d'entraîner sa disparition. En cas de clôture pour insuffisance d'actif, il ne peut plus y avoir de

---

1. Cass. com., 8 juill. 2003, n° 00-19.236 ; *D.* 2003, AJ, 2008, obs. A. Lienhard ; *JCP E,* 2004, *JCP E,* 2004, chron. 151, p. 173, n° 3, obs. M. Cabrillac ; *RTD com.* 2003, 814, n° 6, obs. C. Saint-Alary-Houin ; *Rev. proc. coll.* 2004, 74, note P. Canet ; *D.* 2004, som. comm. 57, obs. P.-M. Le Corre.
2. Cass. com., 4 oct. 2005, n° 03-17.619, *D.* 2005, AJ, 2806, obs. A. Lienhard ; *D.* 2006, som. comm. 82, obs. P.-M. Le Corre ; *D.* 2005, AJ, 2806, obs. A. Lienhard ; *D.* 2006, som. comm. 82, obs. P.-M. Le Corre.
3. CA Douai, 13 mai 1993, *Rev. proc. coll.* 1995, 79, n° 13, obs. B. Dureuil.

droits sociaux à liquider et le critère classique de maintien de la personnalité morale en droit des sociétés fait alors défaut. Même si la clôture est prononcée pour extinction du passif, la société reste dissoute [1]. Se pose la question des éventuels *bonis* de liquidation à répartir. Un mandataire *ad hoc* ou le liquidateur amiable sera tenu de procéder à la publication des opérations de clôture de la liquidation au sens du droit des sociétés. Ce n'est qu'après cette publication, qui suivra nécessairement la répartition des bonis de liquidation, qu'il y aura disparition de l'être moral.

340. Effets de la clôture pour les créanciers antérieurs — Principe d'interdiction de reprise des poursuites individuelles après clôture pour insuffisance d'actif. Aux termes de l'article L. 643-11-I du Code de commerce, « *le jugement de clôture de liquidation judiciaire pour insuffisance d'actif ne fait pas recouvrer aux créanciers l'exercice individuel de leurs actions contre le débiteur* ».

Cette règle a pour fondement l'idée qu'il faut placer le débiteur, personne physique, dans la situation d'un dirigeant social qui n'a pas à supporter perpétuellement, du moins par principe, le poids de la dette. Il est possible d'ajouter aujourd'hui que ce texte s'inscrit dans la vision du législateur de lutte contre l'exclusion. Ce principe n'est cependant pas absolu et certaines d'exceptions sont donc posées.

La règle ne concerne que les seuls créanciers astreints à la discipline collective, c'est-à-dire les créanciers antérieurs et, depuis la loi de sauvegarde des entreprises, les créanciers postérieurs non éligibles au traitement préférentiel. La solution est logique puisque eux seuls voient leur droit de poursuites individuelles arrêté ou suspendu. En conséquence, seuls ceux-ci sont concernés par une règle qui leur interdit de reprendre l'exercice de leurs poursuites individuelles. Il en résulte que les créanciers postérieurs bénéficiant du traitement préférentiel, qui bénéficient du principe de liberté des poursuites individuelles (v. ss n° 219), ne peuvent être concernés par la règle [2]. De même, les personnes autorisées à revendiquer leur bien meuble ne peuvent être affectées par la règle. Elles ont le droit d'agir en revendication pendant la procédure collective. Elles ne peuvent donc, à la clôture de la procédure, et alors qu'elles n'auraient pas encore repris le bien objet de leur revendication acceptée, se voir imposer une interdiction de reprise des poursuites [3].

La règle de l'absence de reprise des poursuites individuelles ne peut intéresser que les seules personnes physiques. En effet, par l'effet de la publication de la clôture de la procédure pour insuffisance d'actif, la personnalité morale du débiteur disparaît. Il ne peut donc plus être question de reprendre l'exercice de ses poursuites individuelles contre une personne qui a disparu.

---

1. Cass. com., 26 oct. 1999, *Bull. civ.* IV, n° 196 ; *Bull. Joly* janv., 2000, n° 8, p. 49, note P. Le Cannu ; *Act. proc. coll.* 1999/18, n° 242 ; *D.* 1999, AJ, 77, obs. A. L. ; *LPA* 14 mars 2000, n° 52, p. 11, note J.-L. Courtier ; *RJ com.* 2000, 130, note L. Convert ; *JCP E,* 2000, chron. 128, n° 10, obs. M. Cabrillac et P. Pétel ; *RTD com.* 2000, 124, obs. C. Champaud et D. Danet ; *Defrénois* 2000, art. 37219, n° 3, obs. D. Gibirila.

2. Cass. com., 30 oct. 2000, *Act. proc. coll.* 2000/19, n° 248, note J. Vallansan ; *RJDA* 2001/2, n° 203 ; Cass. com., 20 mars 2001, *D.* 2001, AJ, 1319, obs. A. Lienhard ; *RJDA* 2001/2, n° 203 ; Cass. com., 1er avr. 2003, n° 00-11.570, *Act. proc. coll.* 2003/12, n° 161 ; Cass. com., 24 mars 2004, nos 02-17.816 et 02-18.940, LXB n° N1626ABT, note P.-M. Le Corre.

3. Cass. com., 4 janv. 2005, n° 02-12.240, *Gaz. proc. coll.* 2005/1, p. 45, obs. E. Le Corre-Broly ; LXB n° N4884ABI, note P.-M. Le Corre.

L'absence de reprise des poursuites individuelles équivaut, pour le débiteur, à une suppression de la dette. La situation juridique est cependant différente. Il n'y a pas extinction de la dette mais simple paralysie de l'action, ceci dans un but humanitaire [1]. C'est la raison pour laquelle si la dette ne peut être poursuivie contre le débiteur, elle peut continuer à l'être sur le codébiteur [2] ou encore les cautions [3]. Ce droit est donc strictement personnel au débiteur.

Cette différence a bien été prise en compte par le législateur, à l'occasion de la loi sur l'exclusion du 29 juillet 1998, qui a créé un article 169-1 dans la loi du 25 janvier 1985 (devenu C. com., art. L. 622-33), et repris par la loi de sauvegarde des entreprises (C. com., art. L. 643-12, al. 1) qui dispose « *la clôture de la liquidation judiciaire suspend les effets de la mesure d'interdiction d'émettre des chèques dont le débiteur a fait l'objet au titre de l'article 65-3 du décret du 30 octobre 1935 (C. mon. fin., art. 131-73) mis en œuvre à l'occasion du rejet d'un chèque émis avant le jugement d'ouverture de la procédure* ». Ainsi, le législateur procède-t-il à l'alignement de l'interdiction bancaire sur le droit de poursuite du créancier. Le débiteur n'a pas à régulariser, auprès du banquier, ce que ce dernier ne peut lui demander. Au contraire, si le créancier se trouve dans un des cas d'exception au jeu de l'absence de reprise des poursuites individuelles, l'interdiction d'émettre des chèques retrouve plein effet jusqu'à la régularisation.

341. Effets de la clôture pour les créanciers antérieurs — Énoncé des exceptions à l'interdiction de reprise des poursuites individuelles. L'article L. 643-11 du Code de commerce prévoit la reprise des poursuites individuelles dans un certain nombre de cas.

Il en va d'abord ainsi si la créance résulte d'une condamnation pénale du débiteur, peu important, contrairement à la législation précédente, que celle-ci soit relative à des faits étrangers à l'activité professionnelle du débiteur. Il s'agit ici aux victimes d'infractions commises par le débiteur de recouvrer les sommes auxquelles le débiteur a été condamné dans le cadre de l'action civile.

Ensuite, le créancier retrouve son droit de poursuites individuelles lorsque sa créance résulte de droits attachés à la personne du créancier [4]. Il s'agira des actions et droits à caractère extra-patrimonial, des actions à caractère patrimonial mais dont l'exercice implique des considérations morales prédominantes. La notion sera interprétée comme dans le domaine de l'action oblique.

---

1. B. Soinne, *op. cit.*, n° 2518.
2. Cass. com., 24 mars 2004, n° 01-17.288, *D.* 2004, AJ,. 1593 ; *Rev. proc. coll.* 2004, 232, n° 5, obs. F. Macorig-Venier ; LXB n° N1387ABY, note P.-M. Le Corre, cassant CA Agen, 25 sept. 2001, cité réf. suivante ; Cass. com., 7 déc. 2004, n° 03-15.856.
3. Cass. com., 8 juin 1993, *Bull. civ.* IV, n° 230 ; *RTD civ.* 1994, 36, obs. J. Mestre ; *JCP E,* 1993, I, 275, obs. Ph. Pétel ; *JCP E,* 1993, II, 525, obs. M. Lecène-Marénaud ; *RTD com.* 1993, 583, obs. A. Martin-Serf ; *Bull. Joly* 1993, 911, n° 265, obs. Jeantin ; *JCP* 1993, I, 3717, obs. Ph. Simler ; *JCP* 1993, I, 22074, obs. Ginestet ; *Defrénois* 1994, 577, obs. J.-P. Sénéchal ; *Quot. jur.* 28 oct. 1993, IV, obs. P. M. ; Cass. com., 28 juin 1994, *Dr. sociétés* 1994, n° 155, obs. Y. Chaput ; Cass. com., 28 mars 1995, *Rev. proc. coll.* 1995, 329, n° 6, obs. E. Kerckhove.
4. Cass. com., 31 mars 1992, *Bull. civ.* IV, n° 139 ; *D.* 1992, som. 373, obs. F. Derrida ; *Defrénois* 1992, 1384, obs. P. Le Cannu ; Cass. soc., 11 mars 1993, *Bull. civ.* V, n° 84 ; Cass. com., 11 janv. 1994, *Rev. huissiers* 1994, 477 ; Cass. soc., 23 mai 1996, *Bull. civ.* V, n° 204.

L'article L. 643-11-III dispose encore que les créanciers recouvrent leur droit de poursuite individuelle dans les cas suivants :

1° la faillite personnelle du débiteur a été prononcée ; il faut ici noter que la loi du 26 juillet 2005 a supprimé la condamnation à l'interdiction de gérer en tant que cas de reprise des poursuites individuelles ;

2° le débiteur a été coupable de banqueroute ;

3° le débiteur ou la personne morale dont il a été le dirigeant a été soumis à une procédure de liquidation judiciaire antérieurement clôturée pour insuffisance d'actif moins de cinq ans avant l'ouverture de celle à laquelle il est soumis. Ce texte est plus précis que l'ancien qui avait omis l'adverbe « antérieurement » qu'il fallait sous-entendre pour lui donner un sens. La reprise des poursuites, en cas de débiteur « récidiviste », n'intéressera que les seules créances de la seconde procédure, celles pour lesquelles la reprise des poursuites est autorisée [1] ;

4° la procédure a été ouverte en tant que procédure territoriale au sens du paragraphe 2 de l'article 3 du règlement (CE) n° 1346/2000 du Conseil du 29 mai 2000 relatif aux procédures d'insolvabilité. Il s'est ici agi de tenir compte du Règlement communautaire du 29 mai 2000 et d'empêcher des personnes morales étrangères de fermer en France un établissement très endetté, puis d'en ouvrir un autre exerçant exactement les mêmes activités [2].

L'article L. 643-11-IV prévoit enfin que, « *en cas de fraude à l'égard d'un ou de plusieurs créanciers, le tribunal autorise la reprise des actions individuelles de tout créancier à l'encontre du débiteur. Le tribunal statue lors de la clôture de la procédure après avoir entendu ou dûment appelé le débiteur, le liquidateur et les contrôleurs. Il peut statuer postérieurement à celle-ci, à la demande de tout intéressé, dans les mêmes conditions* ». C'est ici le concept classique de fraude paulienne qui doit s'appliquer. En conséquence, la simple conscience de causer un préjudice au créancier suffit, sans qu'il y ait à caractériser l'intention de nuire. Il importe peu que la fraude soit commise au préjudice d'un seul ou de tous les créanciers [3]. La fraude aux droits d'un créancier antérieur peut être commise même après le jugement d'ouverture [4].

Sous l'empire de la législation antérieure à la loi de sauvegarde des entreprises, le droit exceptionnel de reprise des poursuites individuelles postule que la créance ait été déclarée et ne soit donc pas éteinte. Il a seulement été excepté l'hypothèse de la fraude du débiteur qui faisait naître une créance délictuelle de dommages et intérêts

1. V. justifiant la solution sur le fondement d'un principe d'« étanchéité des procédures », B. Soinne, *op. cit.*, n° 2535.
2. Rapp. Xavier de Roux, n° 2095, p. 400 et 401 ; *adde :* rapp. J.-J. Hyest, n° 335, p. 434.
3. Cass. crim. 7 nov. 1994, *Bull. crim.*, n° 353 ; *Rev. proc. coll.* 1995, 341, n° 1, obs. B. Dureuil ; *contra* : A. Viandier, *Juris-cl. commercial*, fasc. 2770, v° *Redressement et liquidation judiciaires — Clôture pour insuffisance d'actifs*, n° 41 ; Y. Chaput, *op. cit.*, n° 507.
4. Cass. com., 15 févr. 2005, n° 03-14.547, *D.* 2005, AJ, 711, note A. Lienhard ; *D.* 2005, som. comm. 2018, obs. F.-X. Lucas ; *Gaz. proc. coll.* 2005/1, p. 31, n° 2-2, obs. D. Voinot ; *Act. proc. coll.* 2005/6, n° 71, note G. Blanc ; *LXB* n° N3246AI3, note F. Labasque.

remplaçant par novation la créance contractuelle éteinte [1]. Cette construction jurisprudentielle recherchée et audacieuse n'aura plus vocation à prospérer puisque le législateur a supprimé l'extinction des créances non déclarées. Il n'y aura donc pas d'obstacle, si le créancier se trouve dans un cas exceptionnel de reprise des poursuites individuelles, à cette reprise. La solution peut se recommander des termes de l'article L. 643-11-V du Code de commerce qui envisage les modalités procédurales de cette reprise et qui évoque l'hypothèse des créances qui « n'ont pas été vérifiées », formule suffisamment large pour englober l'hypothèse de la créance non déclarée.

342. Effets de la clôture pour les créanciers antérieurs — Modalités procédurales et effets de la reprise des poursuites individuelles. Selon l'article L. 643-11-V, alinéa 4, du Code de commerce, « *les créanciers dont les créances ont été admises et qui recouvrent l'exercice individuel de leurs actions en application du présent article peuvent, si leurs créances ont été admises, obtenir un titre exécutoire par ordonnance du président du tribunal...* ». Le créancier doit donc présenter une requête au président du tribunal. Ce dernier rendra une ordonnance, après avoir entendu ou dûment appelé le débiteur (Décr. 28 déc. 2005, art. 309).

L'ordonnance que rendra le président du tribunal visera l'admission définitive du créancier. Elle portera injonction de payer.

Cette procédure ne peut s'appliquer que si la créance a été vérifiée. Dans le cas contraire, la loi de sauvegarde des entreprises prévoit désormais que le créancier devra saisir la juridiction de droit commun, pour obtenir un titre de condamnation contre le débiteur, après avoir fait juger qu'il était dans un des cas l'autorisant à reprendre l'exercice de ses poursuites individuelles. Le créancier pourra toutefois, par exception, en cas de fraude, avoir été autorisé dans le jugement de clôture (C. com., art. L. 643-11-IV).

Section II
La réouverture de la liquidation judiciaire

343. Réouverture de la procédure. La question est envisagée par l'article L. 643-13 du Code de commerce, texte applicable aux procédures en cours au 1er janvier 2006, qui prévoit que « *si la clôture de la liquidation judiciaire est prononcée pour insuffisance d'actif et qu'il apparaît que des actifs n'ont pas été réalisés ou que des actions dans l'intérêt des créanciers n'ont pas été engagées pendant le cours de la procédure, celle-ci peut être reprise* ». Ces conditions sont restrictives. Le retour à meilleure fortune du débiteur, après la clôture, par exemple dans l'hypothèse d'un héritage subséquent, n'est pas un cas de réouverture de la procédure [2].

---

1. Cass. com., 26 oct. 1999, *JCP E,* 2000, chron. 128, n° 9, obs. P. Pétel ; *JCP E,* 2000, jur. 1660, note P.-M. Le Corre ; *LPA* 3 févr. 2000, n° 24, p. 6, note P. M. ; *D. Affaires* 1999, jur. 94, obs. A. L. ; *Act. proc. coll.* 2000/1, obs. J. Vallansan ; *RJ com. 2000,* p. 209, n° 1556 note J.-L. Courtier ; *RD Banc. et Bourse* 2000/1, n° 23, obs. F.-X. Lucas ; *RTD com.* 2001, 226, obs. A. Martin-Serf.
2. CA Dijon, 6 juill. 1993, *Rev. proc. coll.* 1995, 79, n° 13, obs. B. Dureuil.

La demande aux fins de réouverture a été réglementée par la loi de sauvegarde (C. com., art. L. 643-13, al. 2), Elle appartient au liquidateur précédemment désigné, contrairement à la solution posée sous l'empire de la législation antérieure [1], qui est ainsi restauré dans sa mission qui avait pourtant pris fin. Le ministère public, le tribunal d'office ainsi que les créanciers ont également qualité à cette fin. Le débiteur doit être convoqué (Décr. 28 déc. 2005, art. 311). Le tribunal ne fera suite à la demande du créancier que si ce dernier a préalablement consigné à la Caisse des dépôts et consignations les fonds nécessaires aux frais des opérations (C. com., art. L. 643-13, al. 2) [2].

Si les actifs du débiteur qui n'ont pas été initialement vendus consistent en une somme d'argent, seule la procédure de liquidation judiciaire simplifiée est applicable (C. com., art. L. 643-113, al. 3).

Le jugement de reprise de la procédure est susceptible d'appel de la part du débiteur auquel il est signifié. Le cas échéant, il est notifié au créancier demandeur. Ce jugement peut également faire l'objet d'une tierce-opposition réformation de la part d'un créancier autre que le demandeur [3], le point de départ du délai étant la publication du jugement au BODACC puisque celui-ci y est publié (Décr. 28 déc. 2005, art. 311) [4].

La « reprise » de la procédure semble présenter un caractère rétroactif, les avis divergeant avant la loi de sauvegarde sur ce point [5]. Il n'y a donc pas ouverture d'une nouvelle procédure, mais simple reprise de l'ancienne procédure prématurément clôturée [6]. La réouverture de la procédure, du fait de son caractère rétroactif, permet de contester les opérations effectuées par le débiteur entre la clôture et la reprise de la procédure [7], mais aussi les actes accomplis avant clôture.

---

1. Cass. com., 5 avr. 1994, *Bull. civ.* IV, n° 140 ; *JCP E*, 1994, I, 394, obs. M. Cabrillac ; *Rev. proc. coll.* 1995, 247, obs. B. Dureuil.
2. CA Paris, 3e ch. A, 6 avr. 1993, *D.* 1993, som. 321, obs. A. Honorat ; *contra* : B. Soinne, *op. cit.*, n° 2515.
3. T. com. Paris, 27 sept. 1995, *RJ com.* 1996, 272, note C. H. Gallet.
4. Cass. com., 27 oct. 1998, *D. Affaires* 1999, 36 ; *adde* : CA Paris, 5 mai 1996, *D.* 1996, IR, 101.
5. Dans le sens exprimé, B. Soinne, *op. cit.*, n° 718 ; *contra : Derrida et alii, op. cit.*, n° 326 ; Pérochon et Bonhomme, *op. cit.*, n° 411.
6. Vallansan, *op. cit.*, p. 323.
7. Ripert et Roblot, *op. cit.*, n° 3276.

Titre II

Les partenaires du débiteur

344. Présentation générale de la situation des partenaires du débiteur. Classiquement, notre matière est dénommée « procédures collectives de paiement ». L'étude des issues de la procédure nous a permis de vérifier l'inadéquation de cette expression par rapport aux solutions législatives actuelles. En effet, la procédure est plus orientée vers le sauvetage de l'entreprise et des emplois qui y sont attachés, que vers le paiement de ses créanciers. Cependant, l'expression « procédures collectives » reste pleinement valable car nombreuses sont les règles illustrant le caractère collectif de l'organisation de la procédure de sauvegarde, de redressement ou de liquidation judiciaire.

Nous avons pu observer que les créanciers postérieurs éligibles au traitement préférentiel, qui ont le droit d'être payés à l'échéance, ne subissent pas les contraintes inhérentes à l'organisation collective de la procédure (v. ss n° 219). Sous l'empire de la législation antérieure à la loi de sauvegarde des entreprises, seuls les créanciers antérieurs étaient concernés par cette soumission à la discipline collective. La loi du 26 juillet 2005 a modifié les solutions en alignant largement le sort des créanciers postérieurs non éligibles au traitement préférentiel sur le sort des créanciers antérieurs. La formule législative employée à plusieurs reprises pour évoquer le conglomérat composé des créanciers antérieurs et des créanciers postérieurs non privilégiés est celle de « créance non mentionnée au I de l'article L. 622-17 ». Nous évoquerons pour notre part les titulaires de créances autres que les créanciers postérieurs éligibles au traitement préférentiel (Sous-titre 1).

Parmi les autres partenaires du débiteur, figurent les cocontractants. S'ils sont soumis au bon vouloir des organes de la procédure en ce qui concerne le principe de continuation des contrats en cours, en revanche, une fois prise l'option en faveur de la continuation, le cocontractant est globalement dans la même situation que face à un partenaire *in bonis*. Les conditions contractuelles, dans l'ensemble, s'imposent au débiteur et aux organes de la procédure (v. ss n° 172). Aussi ne peut-on parler à l'égard du cocontractant des contraintes de la procédure.

Au contraire, une autre catégorie de partenaires subit pleinement ces contraintes, qui peuvent être particulièrement lourdes de conséquences, s'ils viennent à s'en affranchir. Il s'agit des propriétaires (Sous-titre 2).

Sous-titre 1

Les titulaires de créances autres que les créanciers postérieurs éligibles au traitement préférentiel

345. Les restrictions attachées aux droits des créanciers antérieurs. Les articles L. 622-21 à L. 622-29, textes de la sauvegarde applicables en redressement et en liquidation judiciaires sont consacrés à la situation des créanciers antérieurs. Il faut y ajouter l'article L. 622-7, les articles L. 643-1, L. 643-2 et L. 643-11. Ces dispositions consacrent autant d'atteintes aux prérogatives de ces créanciers. Soit ils se voient interdire une prérogative, dont dispose en droit commun le créancier, soit ils se voient imposer une démarche particulière, directement corrélée à une interdiction qui les concerne.

L'une des innovations spectaculaires de la loi de sauvegarde des entreprises est d'avoir aligné, sur les points les plus marquants, le sort des créanciers postérieurs non éligibles au traitement préférentiel sur celui des créanciers antérieurs. La solution est posée à trois reprises : à l'article L. 622-7, qui traite de la règle de l'interdiction des paiements, à l'article L. 622-21 qui s'intéresse à l'arrêt des poursuites individuelles et des voies d'exécution, à l'article L. 622-24, alinéa 5, qui oblige ce type de créancier à déclarer ses créances au passif.

Peut ainsi être observé un figement des droits des titulaires de créances autres que les créanciers postérieurs éligibles au traitement préférentiel (Chapitre 1). La situation se débloquera lorsqu'ils seront, peut-être, payés. Pour cela, il est nécessaire qu'il y ait fixation de leurs droits (Chapitre 2).

Ces deux catégories de créanciers étant privés d'un certain nombre de prérogatives sont représentées aux fins de défense de leur intérêt collectif. Ils sont ainsi assez largement, du moins par principe, réduits au rôle de spectateur de leur sort. C'est ce que permettra de vérifier l'étude de la question de la situation générale des titulaires de créances autres que les créanciers postérieurs éligibles au traitement préférentiel (Chapitre préliminaire).

Chapitre préliminaire

La situation générale des titulaires de créances autres que les créanciers postérieurs éligibles au traitement préférentiel

Lorsque le législateur pose des règles intéressant les créanciers antérieurs, en général, il s'agit de règles restrictives de pouvoir. Il en est de même avec la loi de sauvegarde des entreprises pour les créanciers postérieurs auxquels le législateur n'accorde pas le traitement préférentiel. Par principe, ces deux catégories de créanciers resteront largement passives dans le déroulement de la procédure de sauvegarde, de redressement ou de liquidation judiciaire. L'ordre est largement donné à l'article L. 622-20, alinéa 1, du Code de commerce, qui institue au profit du mandataire judiciaire un monopole de défense de l'intérêt collectif des créanciers. L'examen de la question de la structure de la procédure et celle de la mise en œuvre de l'intérêt des créanciers permettra de vérifier le propos (Sous-chapitre 1). Certains créanciers, cependant, retrouveront quelques pouvoirs, sinon d'action, du moins d'investigation et d'information. Il s'agit des contrôleurs (Sous-chapitre 2).

Sous-chapitre 1

La structure de la procédure et la mise en œuvre de l'intérêt des créanciers

346. La vision de la loi du 25 janvier 1985 — De la suppression de la masse des créanciers à la résurgence de la procédure [1]. Sous l'empire de la loi du 13 juillet 1967, qui instaurait une véritable procédure collective de paiement, l'activité du débiteur était poursuivie dans l'intérêt des créanciers. Une personne morale distincte du débiteur lui était substituée : la masse des créanciers. La loi du 25 janvier 1985 a voulu s'attaquer à cette vision. L'activité de l'entreprise n'est plus poursuivie dans l'intérêt des créanciers, mais dans celui de l'entreprise. Elle est orientée vers son redressement. Les travaux préparatoires de cette législation font clairement apparaître que le législateur a entendu supprimer la masse des créanciers [2].

Les conséquences inhérentes à l'existence de la masse des créanciers ont donc *a priori* disparu. Il en est ainsi de la notion de créanciers de la masse remplacée par celle de créanciers de l'article 40, devenu avec la loi de sauvegarde des entreprises, les créanciers visés au I de l'article L. 622-17 du code. Il en est de même des inopposabilités de la période suspecte qui sont aujourd'hui remplacées par des nullités de la période suspecte. L'inopposabilité des inscriptions de sûreté est remplacée par un arrêt du cours de celles-ci.

À la place de la masse des créanciers, il y a un groupement des créanciers qui ne serait plus doté de la personnalité morale.

Le groupement des créanciers ne pourrait donc avoir un patrimoine. Fort logiquement, le législateur décide que le produit des actions en nullité de la période suspecte ou en comblement de passif profite au débiteur.

Le représentant des créanciers représente collectivement les créanciers, non un groupement doté de la personnalité morale.

Cependant, la Cour de cassation semble bien avoir personnifié la « procédure » [3], puisque le droit de propriété des personnes non titulaires de contrats publiés est inopposable à cette dernière, ce qui semblerait supposer qu'elle soit dotée de la

---

1. Sur cette question, v. M. Cabrillac, « L'impertinente réapparition de la masse des créanciers », *Mélanges Gavalda*, Dalloz, 2001, p. 69 ; A. Martin-Serf, « L'intérêt collectif des créanciers ou l'impossible adieu à la masse », in *Mélanges en l'honneur de A. Honorat*, éd. Frison-Roche, 2000, p. 143.

2. V. interv. Badinter, séance 5 juin 1984, *JO Sénat CR* 5 juin 1984, 1274.

3. Sur la notion de procédure, v. ss n° 434.

personnalité morale. De même, les actes accomplis au mépris du dessaisissement sont inopposables à la procédure. C'est en ce sens aussi que nous considérons que la créance non déclarée, qui n'est plus éteinte, est inopposable la procédure. La masse, sous le vocable de « procédure », semble bien ainsi avoir refait son apparition.

347. La mise en œuvre de l'intérêt collectif des créanciers. Aux termes de l'article L. 622-20, alinéa 1, du Code de commerce, « *le mandataire judiciaire désigné par le tribunal a seul qualité pour agir au nom et dans l'intérêt collectif des créanciers* ». La loi de sauvegarde des entreprises précise utilement, en ne faisant que reprendre les solutions jurisprudentielles, qu'il s'agit de l'intérêt collectif des créanciers. Un créancier ne peut donc agir individuellement pour assurer la défense de l'intérêt collectif [1].

Il y a ainsi une action attitrée au mandataire judiciaire, dont le liquidateur est investi des pouvoirs en cas de liquidation judiciaire. L'inaction du mandataire judiciaire n'aura pas pour effet d'ouvrir aux créanciers l'action tendant à la mise en œuvre d'un intérêt collectif [2]. La solution ne sera pas différente si le créancier demande seulement la réparation de sa fraction personnelle du préjudice collectif.

La jurisprudence, sous l'empire de la législation antérieure à la loi de sauvegarde des entreprises a fait du commissaire à l'exécution un organe de défense de l'intérêt collectif des créanciers, en lui reconnaissant, d'une manière contraire au texte, qualité pour introduire des actions tendant à la défense de l'intérêt collectif des créanciers (v. ss n° 256). La loi de sauvegarde des entreprises a officialisé cette solution (C. com., art. L. 626-25, al. 3).

La loi de sauvegarde des entreprises tempère toutefois le monopole confié au mandataire judiciaire en conférant aux contrôleurs un rôle subsidiaire de défense de l'intérêt collectif des créanciers (v. ss n° 351).

348. La mise en œuvre de l'intérêt individuel d'un créancier. Le mandataire judiciaire, sous la réserve introduite par l'article L. 626-20, alinéa 1, du code au profit des contrôleurs, a le monopole des actions tendant à la mise en œuvre de l'intérêt collectif. En revanche, il faut décider qu'il est privé de la possibilité de défendre l'intérêt individuel d'un créancier [3]. Le mandataire judiciaire ne peut défendre un créancier contre les autres, sauf à méconnaître sa mission de défense de l'intérêt collectif. Il ne peut davantage défendre un groupe de créanciers [4].

---

1. Cass. com., 14 déc. 1999, *Act. proc. coll.* 2000/1, n° 9 ; Cass. com., 20 févr. 2001, *RJDA* 2001/6, n° 712 ; *Rev. proc. coll.* 2002, 118, n° 3, obs. A. Martin-Serf ; Cass. com., 10 juill. 2001, *Act. proc. coll.* 2001/17, n° 219 ; Cass. com., 4 déc. 2001, *Act. proc. coll.* 2002/2, n° 30.
2. Cass. com., 3 juin 1997, *Bull. civ.* IV, n° 161 ; *D.* 1997, Jur. 517, note F. Derrida ; *D. Affaires* 1997, 833 ; *JCP E,* 1997, II, n° 988, note M. Béhar-Touchais ; Cass. com., 2 févr. 1999, *Rev. proc. coll. civ. et com.* 2000, 223, n° 41, obs. B. Soinne.
3. Cass. com., 16 mars 1993, *Bull. civ.* IV, n° 106 ; *D.* 1993, 583, obs. F. Derrida ; *Rev. proc. coll.* 1993, 424, n° 8, obs. B. Dureuil ; *Rev. proc. coll.* 1993, 547, n° 1, obs. B. Soinne ; *JCP E,* 1993, I, 277, obs. M. Cabrillac ; Cass. com., 7 janv. 2003, *D.* 2003, AJ, 274, obs. A. Lienhard.
4. Cass. com., 9 nov. 2004, n° 02-13.685, *D.* 2004, AJ, 3069, obs. A. Lienhard ; *D.* 2005, pan. 296, obs. P.-M. Le Corre ; *RTD com.* 2005, 247, obs. B. Saintourens ; *Act. proc. coll.* 2004/20, n° 245, note C. Régnaut-Moutier ; *Dr. et patr.* 2005/4, p. 115, n° 3677, obs. M.-H. Monsérié-Bon.

Le préjudice sera personnel [1] s'il n'est pas inhérent à la procédure collective. Il faut donc qu'il ait pu naître indépendamment de toute procédure collective [2]. Tel ne sera pas le cas de la simple immobilisation de la créance [3] ou même de sa perte [4]. Il n'y a pas davantage préjudice personnel dans la perte de son compte courant par l'associé de la société débitrice [5] ou dans la perte par un associé du capital apporté à la société débitrice [6]. En revanche, il a été admis qu'il y avait préjudice personnel pour un dirigeant social à perdre ses rémunérations de dirigeant, du fait de la procédure [7].

Une catégorie de créanciers se trouve cependant dans une situation particulière : les contrôleurs.

---

1. Pour des exemples de préjudice personnel : Cass. com., 4 juill. 2000, *RJDA* 2001/1, n° 49 ; Cass. com., 23 nov. 2004, n° 03-15.449 ; Cass. com., 28 sept. 2004, n° 03-11.110.
2. Cass. Ass. plén. 9 juill. 1993, *Bull. civ. ass. plén.* n° 13 ; *Rev. proc. coll.* 1993, 135, n° 5, obs. Y. Chaput ; *D.* 1993, 469, obs. F. Derrida et concl. Jeol. ; *JCP* 1993, II, 22122, obs. Pollaud-Dulian et *JCP E,* 1993, I, 298, obs. M. Cabrillac ; *JCP E,* 1993, I, 302, obs. C. Gavalda et J. Stoufflet ; *Dr. sociétés* 1994, n° 26, obs. Y. Chaput.
3. Cass. com., 21 juin 2005, n° 02-17.721 ; *Gaz. proc. coll.* 2005/3, p. 45, n° 4, obs. R. Routier.
4. CA Paris, 15e ch. A, 20 juin 2000, *D.* 2000, Jur. 382, obs. P. Pisoni.
5. CE, 16 juin 1999, *RJDA* 2000/2, n° 167, p. 140 ; CA Paris, 15e ch. B, 22 juill. 2004, RG n° 2002/18876.
6. Cass. com., 23 nov. 2004, n° 03-15.449.
7. CE 16 juin 1999, *RJDA* 2000/2, n° 167, p. 140 ; *contra* : CA Paris, 15e ch. B, 2 juin 2005, RG n° 2004/07221, *Gaz. proc. coll.* 2005/3, p. 36, obs. Ph. Roussel Galle, et p. 46, n° 5, obs. R. Routier.

Sous-chapitre 2

Les contrôleurs [1]

349. Nomination des contrôleurs. Les contrôleurs sont une « vieille institution neuve ». En effet, alors que leur origine est ancienne, ils n'étaient plus guère nommés dans les procédures collectives. L'institution était tombée en désuétude du fait de son inutilité [2].

L'institution a été rénovée par la loi du 10 juin 1994 et devrait être promue à un bel avenir du fait d'un accroissement significatif de ses prérogatives par la loi du 26 juillet 2005.

Le juge-commissaire désigne un à cinq contrôleurs, parmi les créanciers qui lui en font la demande. Toutefois, si le débiteur est un professionnel libéral soumis à un statut législatif ou réglementaire ou dont le titre est protégé, l'ordre professionnel ou l'autorité compétente est d'office contrôleur, ce qui ne laisse donc plus que quatre places pour les autres contrôleurs (C. com., art. L. 621-10, al. 3).

Le créancier doit en faire la demande par déclaration au greffe (D. 28 déc. 2005, art. 74, al. 1). Le créancier devra indiquer le montant de sa ou de ses créances ainsi que la nature des sûretés dont il est titulaire.

Faute de distinction du texte, il faut décider qu'un créancier postérieur peut être nommé contrôleur même si l'institution correspond davantage à l'idée de protection des créanciers antérieurs.

Le créancier pourra présenter sa demande tant que la procédure n'est pas clôturée. Le juge-commissaire ne peut statuer qu'après expiration d'un délai de 20 jours à compter du jugement d'ouverture. Le contrôleur ne peut être parent ou allié du débiteur, ou du dirigeant de la personne morale débitrice jusqu'au quatrième degré inclusivement. En outre, depuis la loi de sauvegarde des entreprises, aucune personne détenant directement ou indirectement tout ou partie du capital de la personne morale débitrice ou dont le capital est détenu en tout ou partie par cette même personne, ne peut être nommé contrôleur ou représentant d'une personne morale désignée comme contrôleur (C. com., art. L. 621-10, al. 2). Si un seul créancier a présenté une demande de nomination, *a priori* il doit être nommé, à moins que le juge-commissaire n'ait de légitime raison de refuser la nomination. Le seul fait que le candidat soit dans

1. M.-A. Frison-Roche, « Le contrôleur », *LPA* n° spécial, 14 juin 1995, p. 8 ; Ph. Roussel Galle, « Les contrôleurs, gardiens de l'intérêt collectif », *Gaz. Pal.* 9-10 sept. 2005, n° spéc., p. 3 ; G. Teboul, « Les contrôleurs, constat et perspectives », *Gaz. Pal.* 4-5 juin 1999, doctr. 9.
2. P. Pétel, *op. cit.*, n° 154.

les liens d'une instance contentieuse avec le débiteur est insuffisant au rejet de la demande [1].

Si plusieurs créanciers présentent des demandes de nomination de contrôleurs, le juge-commissaire pourra en nommer de un à cinq, sous réserve du cas du débiteur professionnel libéral. Si parmi les créanciers candidats figurent des créanciers chirographaires et des créanciers privilégiés, le juge-commissaire devra désigner un contrôleur au sein de chacune de ces catégories [2]. La décision du juge-commissaire sera susceptible d'opposition de la part du candidat qui n'est pas désigné. En cas de désignation, elle est susceptible d'opposition de la part du débiteur [3] et des organes. Par exception, le jugement statuant sur opposition n'est pas susceptible d'appel sauf de la part du ministère public (C. com., art. L. 661-6-I, 1°).

Les contrôleurs autres que le contrôleur d'office des professions libérales ne peuvent être révoqués que par le tribunal et à la seule demande du ministère public.

La loi de sauvegarde des entreprises a écarté les contrôleurs des candidats potentiels à la reprise en plan de cession (C. com., art. L. 642-3). De la même façon, les contrôleurs ne pourront acquérir des biens du débiteur, dans le cadre de réalisations isolées. Dans le prolongement de cette interdiction, la loi punit des peines de l'article 314-2 du Code pénal — peines de l'abus de confiance aggravé —, c'est-à-dire un emprisonnement de sept ans et une amende de 750 000 euros, le fait pour un contrôleur de se rendre acquéreur pour son compte, directement ou indirectement de biens du débiteur ou les utiliser à son profit (C. com., art. L. 654-12, II).

350. Fonctions de principe des contrôleurs. Le contrôleur exerce une fonction gratuite, raison pour laquelle sa responsabilité ne sera engagée qu'en cas de faute lourde (C. com., art. L. 621-10, al. 4). La mission doit être exercée personnellement par le créancier ; si elle est exercée par un tiers, ce dernier devra être avocat. Si le créancier est une personne morale, il peut désigner un de ses préposés pour l'exercice de la fonction.

Le contrôleur n'est pas, du moins dans sa mission classique, un véritable organe en ce que, en cette qualité, il n'est pas personnellement partie au litige [4]. Sa mission de principe est double. Il a d'abord une mission générale de surveillance du déroulement de la procédure et d'assistance du mandataire judiciaire et du juge-commissaire. La solution a spécialement vocation à s'appliquer en matière de vérification des créances (C. com., art. L. 621-11). Son avis est recueilli à toutes les étapes importantes de la procédure, raison pour laquelle il doit être convoqué.

Le contrôleur, du moins par principe, ne représente pas collectivement les créanciers. Il ne défend que ses propres intérêts en ayant accès au dossier. Il ne peut pas faire profiter les autres des informations qu'il recueille puisqu'il est tenu à la

---

1. T. com. Paris, 17e ch., 26 mars 1996 ; CA Reims, 1re ch. civ., 12 févr. 1997, *JCP E,* 1998, 636 ; *Rev. proc. coll.* 1998, 74, n° 12, obs. B. Soinne.
2. Pour une application, v. T. com. Paris, 26 mars 1996, *Rev. proc. coll.* 1996, 330, n° 10, obs. B. Soinne.
3. T. com. Paris, 7 nov. 1995, *RJ com.* 1996, 291, obs. C.-H. Gallet.
4. M. A. Frison-Roche, « Le contrôleur », *LPA* n° spécial, 14 juin 1995, p. 8, n° 12.

confidentialité [1], sanctionnée par les règles de la responsabilité civile (C. com., art. L. 621-11).

Le contrôleur n'étant pas véritablement un organe n'émet pas de prétention juridique. Pour cette raison, la jurisprudence lui dénie, par principe, toute possibilité d'exercice de voie de recours, qu'il s'agisse de l'appel [2] ou de la tierce opposition [3].

Cependant, dès avant la loi de sauvegarde des entreprises, la législation lui a reconnu la possibilité de solliciter la cessation d'activité et la conversion du redressement judiciaire en liquidation judiciaire (C. com., art. L. 621-27), solution maintenue par la loi de sauvegarde des entreprises (C. com., art. L. 622-10, al. 2). Cette prérogative s'analyse en une prétention juridique. Si sa demande est rejetée, il doit pouvoir en tirer la conséquence procédurale en faisant la voie de recours adaptée.

351. Attribution par la loi de sauvegarde des entreprises aux contrôleurs désignés du rôle d'organe subsidiaire de défense de l'intérêt collectif. L'article L. 622-20, alinéa 1, du Code de commerce prévoit que « *en cas de carence du mandataire judiciaire, tout créancier nommé contrôleur peut agir dans cet intérêt dans des conditions fixées par décret en Conseil d'État* ». Ainsi, le contrôleur, mais seulement s'il est désigné, ce qui exclut le contrôleur d'office, est-il investi, de manière subsidiaire, du droit d'agir aux fins de défendre l'intérêt collectif des créanciers. Il est ici à notre sens érigé en organe [4]. Quelles sont les actions envisageables ?

L'article L. 622-20 est très général et son domaine est vaste : on peut penser aux actions en responsabilité contre des tiers ou encore aux actions pauliennes, si la fraude est commise au préjudice de tous les créanciers. On peut penser aussi aux actions en nullités de la période suspecte, alors même que ce sont des actions attitrées.

Pour des raisons de cohérence, les contrôleurs doivent pouvoir poursuivre l'exercice de ces actions et exercer les recours éventuellement nécessaires si le mandataire s'y refuse.

En l'absence de disposition particulière, le contrôleur qui agit doit avancer les frais de la poursuite. L'article L. 651-3 permet seulement aux contrôleurs d'être remboursés par priorité lorsqu'un dirigeant est condamné au paiement des dettes sociales (sanction patrimoniale), solution qui devrait pouvoir être généralisée.

Logiquement, le produit de l'action initiée par le contrôleur entre dans le patrimoine du débiteur et sera réparti entre les créanciers suivant les modalités d'apurement du passif, ce que prévoit explicitement l'article L. 622-20, alinéa 3, du code. Le produit de l'action est donc collectif.

---

1. Et non plus, comme sous l'empire de la législation antérieure, au secret professionnel, pénalement sanctionné (C. com., anc., art. L. 621-13).

2. Cass. com., 9 déc. 1997, *D. Affaires* 1998, 77, n° 11-2, ; *JCP E,* 1998, chron. 653, n° 1-b-3, obs. M. Cabrillac et P. Pétel ; *Rev. proc. coll.* 1998, 75, n° 12, obs. B. Soinne ; Cass. com., 6 juin 2000, *Act. proc. coll.* 2000/15, n° 185.

3. CA Paris, 3e ch. B, 5 avr. 1996, *Rev. proc. coll.* 1996, 331, n° 11, obs. B. Soinne.

4. Comp. Ph. Roussel Galle, « Les contrôleurs, gardiens de l'intérêt collectif », *Gaz. Pal.* 9-10 sept. 2005, n° spéc, p. 7, n° 21.

L'article 93 du décret du 28 décembre 2005 précise la notion de *carence* : l'action du contrôleur n'est recevable qu'après une mise en demeure adressée au mandataire judiciaire par lettre recommandée avec demande d'avis de réception restée infructueuse pendant deux mois à compter de sa réception.

Par exception, lorsqu'il s'agit d'exercer des actions à fins de sanctions, contre les dirigeants ou les débiteurs personnes physiques, cette faculté doit alors être exercée de façon collective, le tribunal étant saisi dans l'intérêt collectif des créanciers « *par la majorité des créanciers nommés contrôleurs* », comme il résulte des articles L. 651-3 (sanctions patrimoniales), L. 653-7 (faillite personnelle) et L. 654-17 (sanctions pénales, la majorité des contrôleurs pouvant se constituer partie civile).

Chapitre 1

Le figement des droits des titulaires de créances autres que les créanciers postérieurs éligibles au traitement préférentiel

Dans la logique de la procédure collective, le figement des droits des créanciers non éligibles au traitement préférentiel réservé à certains créanciers postérieurs n'existe par principe que face au débiteur (Sous-chapitre 1). La liberté est plus grande lorsque le créancier se trouve face aux cautions, aux coobligés et garants autonomes ou à l'époux du débiteur (Sous-chapitre 2).

Sous-chapitre 1

Le créancier antérieur face au débiteur

Dire que les droits des créanciers non éligibles au traitement préférentiel réservé à certains créanciers postérieurs sont figés, une fois la procédure de sauvegarde, de redressement ou de liquidation judiciaire ouverte, signifie que la situation du créancier se trouve cristalisée au jour du jugement d'ouverture. Cette observation peut être vérifiée non seulement quant aux actions (Section I), mais encore quant aux créances (Section II).

Section I

Le figement des actions

L'article L. 622-21 du Code de commerce, texte de la sauvegarde applicable en redressement et en liquidation judiciaires, arrête ou suspend, de la part des créanciers visés, les poursuites individuelles et les voies d'exécution. La règle doit d'abord être exposée (Sous-section I). Cependant, dans certaines situations, le législateur a prévu une reprise des poursuites (Sous-section II).

Sous-section I

La règle de l'arrêt des poursuites individuelles et des voies d'exécution

352. Présentation générale et fondement de la règle de l'arrêt des poursuites individuelles et des voies d'exécution. Aux termes de l'article L. 622-21-I du Code de commerce, « *le jugement d'ouverture interrompt ou interdit toute action en justice de la part de tous les créanciers dont la créance n'est pas mentionnée au I de l'article L. 622-17 et tendant :*

1° à la condamnation du débiteur au paiement d'une somme d'argent ;

2° à la résolution d'un contrat pour défaut de paiement d'une somme d'argent ».

Le II de l'article L. 622-21 du code dispose encore que le jugement d'ouverture « *arrête ou interdit également toute voie d'exécution de la part de ces créanciers tant sur les meubles que sur les immeubles* ».

Le fondement de la règle doit être trouvé dans la volonté d'assurer une organisation collective de la procédure [1]. Il faut donc supprimer les initiatives individuelles [2].

La règle concerne, de façon traditionnelle, tous les créanciers antérieurs à l'exception des salariés [3]. Les titulaires de sûreté spéciale n'en sont pas exceptés [4]. Mais la loi de sauvegarde élargit le domaine subjectif de la règle en l'appliquant, sans exception, également aux créanciers postérieurs, dès lors qu'ils ne sont pas éligibles au traitement préférentiel - les créanciers postérieurs non visés au I de l'article L. 622-17.

Il convient de préciser d'abord le domaine de la règle de l'arrêt des poursuites individuelles et des voies d'exécution (§ 1), avant d'examiner son régime (§ 2).

§ 1. Domaine de la règle de l'arrêt des poursuites individuelles et des voies d'exécution

La règle concerne non seulement les poursuites individuelles (Sous-paragraphe 1), mais encore les voies d'exécution (Sous-paragraphe 2).

Sous-paragraphe 1. Les poursuites individuelles

353. Actions soumises à la règle de l'arrêt des poursuites individuelles. La règle de l'arrêt des poursuites individuelles vise explicitement les actions en justice « *tendant à la condamnation du débiteur au paiement d'une somme d'argent* ». Peu importe la forme choisie par le créancier pour obtenir son paiement. Sont arrêtées, non seulement les actions au fond, par exemple l'injonction de payer [5], mais encore les actions en référé, par exemple le référé-provision [6].

Peu importe l'objet de l'action, dès lors qu'il s'agit d'obtenir paiement d'une somme d'argent. Ainsi sont arrêtées les actions en répétition de l'indû [7], ou en

---

1. B. Soinne, *op. cit.*, n° 1039 ; Y. Guyon, *op. cit.*, n° 1239 ; Derrida Godé et Sortais, *op. cit.*, n° 521 ; J. Vallansan, *Juris.-Cl. comm.*, fasc. 2355, v[is] *Redressement et liquidation judiciaires ; Situation des créanciers ; Arrêt des poursuites individuelles*, n° 5.
2. J. Vallansan, *Juris.-Cl. com.*, fasc. 235-5, n° 5 ; P. Pétel, *op. cit.*, n° 192.
3. Cass. soc., 30 sept. 1997, *Bull. civ.* V, n° 295 ; *Rev. proc. coll. civ. et com.* 1999, 156, n° 2, obs. M. H. Monsérié, statuant sur une instance prud'homale en cours au jour du jugement d'ouverture, qui ne se trouve pas interrompue du fait de l'intervention de ce dernier et peut donc continuer son cours sans qu'il y ait besoin d'une déclaration de créance.
4. Y. Guyon, *op. cit.* n° 1241 ; P. Le Cannu, *op. cit.*, n° 912 ; Ripert et Roblot par Delebecque et Germain, *op. cit.*, n° 2969 ; Y. Chaput, *op. cit.*, n° 519 ; J. Vallansan, *Juris.-Cl. com.*, fasc. 2355, v[is] *Redressement et liquidation judiciaires — Situation des créanciers — Arrêt des poursuites individuelles*, n° 29 ; P. Pétel, *op. cit.*, n° 193 ; E. Kerckhove, *op. cit.*, n° 529.
5. Cass. com., 19 janv. 1993, *RJDA* 1993, n° 558.
6. CA Paris, 14 oct. 1987, *D.* 1988, somm. 146, obs. A. Honorat ; CA Versailles, 14e ch., 7 juin 1991, *RJDA* 1991, 727 ; CA Paris, 14e ch. B, 24 avr. 1998, *D.* 1998, IR, 141 ; *Rev. proc. coll. civ. et com.* 1999, 118, n° 3 obs. F. Macorig-Venier.
7. Cass. soc., 7 mars 1996, *Rev. proc. coll.* 1997, 43, obs. F. Macorig-Vénier.

paiement de dommages et intérêts [1] ou d'un cautionnement [2]. La jurisprudence considère également que les actions tendant à l'exécution d'une obligation de faire sont soumises à la règle car, en cas d'inexécution, elles se résolvent en une condamnation à des dommages et intérêts [3].

L'article L. 622-21-I, 2° vise encore les actions tendant à la résolution d'un contrat pour défaut de paiement d'une somme d'argent. Est ainsi arrêtée l'action du prêteur qui fonde sa demande de résiliation sur le défaut de paiement d'échéances postérieures au jugement d'ouverture [4], lesquelles sont en réalité des créances antérieures. De même, l'action en résolution d'un crédit rentier pour défaut de paiement des arrérages est arrêtée [5].

Il fallait seulement excepter, avant la loi de sauvegarde des entreprises, le jeu de dispositions particulières à certains contrats qui autorisaient la résiliation de contrat pour défaut de paiement de créance antérieure, telles celles relatives au contrat d'assurance [6]. La solution n'est plus d'actualité car le contrat d'assurance obéit désormais au régime général de la continuation des contrats en cours.

Cette règle fait naître une difficulté particulière pour le cocontractant lorsque le contrat n'a pas de rapport avec l'activité et n'est pas susceptible, au titre de sa continuation ou de sa conclusion après jugement d'ouverture, de faire naître des créances éligibles au traitement préférentiel. En effet, dans une large mesure, le cocontractant est prisonnier d'un contrat qu'il ne peut résilier alors pourtant qu'il n'a pas le droit de recevoir la contrepartie attendue du fait de la règle de l'interdiction du paiement des créances postérieures non éligibles au traitement préférentiel (C. com., art. L. 622-7, al. 1).

354. Actions non soumises à la règle de l'arrêt des poursuites individuelles. Ne sont pas concernées par la règle de l'arrêt des poursuites individuelles les actions qui ne sont pas dirigées contre le débiteur, par exemple celles dirigées contre le codébiteur [7] ou les cautions [8]. Il faut toutefois tenir compte de l'interdiction de poursuivre les garants personnes physiques pendant la période d'observation (v. ss n°s 384 et 390).

---

1. Cass. com., 12 févr. 1991, *Bull. civ.* IV, n° 67 ; Cass. com., 28 mars 1995, *Bull. civ.* IV, n° 104 ; *Rev. proc. coll.* 1996, 69, n° 1, obs. F. Macorig-Vénier ; Cass. com., 29 avr. 1996, *Bull. civ.* IV, n° 173.
2. Cass. com., 6 juin 1995, *RJDA* 1995, n° 1441.
3. Cass. com., 6 juin 1995, *Bull. civ.* IV, n° 166 ; *JCP E,* 1995, I, 513, n° 16, obs. P. Pétel ; *RTD com.* 1996, 336, obs. crit. A. Martin-Serf, statuant sur l'engagement pris par une société de se substituer à une caution ; Cass. com., 9 juill. 1996, *Bull. civ.* IV, n° 210 ; *JCP E,* 1987, I, 623, n° 2, obs. M. Cabrillac ; *Rev. proc. coll.* 1997, 67, obs. M. H. Monserié ; Cass. com., 17 juin 1997, *Quot. jur.* 24 juill. 1997, p. 3, note P. M. ; *D.* 1997, somm. 311, obs. A. Honorat, statuant sur une action tendant à la condamnation du débiteur à exécuter un mur de soutènement.
4. CA Rouen, 2e ch. civ., 6 juin 1996, *Rev. proc. coll.* 1998, 291, obs. F. Macorig-Vénier.
5. Cass. com., 28 févr. 1995, *Rev. proc. coll.* 1995, 347, n° 7, obs. B. Dureuil ; Cass. com., 5 janv. 1999, *Act. proc. coll.* 1999/4, n° 46 ; Cass. com., 2 mars 1999, *LPA* 3 févr. 2000, n° 24, p. 11, note P. M. ; *adde* : Derrida, Godé et Sortais, *op. cit.*, n° 52.
6. Cass. com., 26 mai 1999, *LPA* 30 juin 1999, n° 129, p. 10, note P. M. ; *JCP E, et A,* 1999, chron. 1532, n° 1-C-10, obs. crit. P. Pétel ; *Act. proc. coll.* 1999/11, n° 144.
7. Sur la situation du conjoint, v. ss n°s 393 et s.
8. V. ss n° 383.

L'arrêt des poursuites individuelles ne concerne que les actions en justice. Elle n'intéresse pas les techniques jouant comme des exceptions, par exemple le droit de rétention [1] ou encore la compensation. Elle n'intéresse pas davantage les techniques de garantie qui permettent d'échapper au patrimoine du débiteur. Il en est ainsi de l'action directe [2]. Son titulaire n'aura donc pas à déclarer sa créance au passif [3]. L'action oblique n'est pas davantage concernée [4]. Cependant, si le débiteur est dessaisi, l'action devient irrecevable car seul l'administrateur judiciaire ou le liquidateur, selon le cas, aurait pu agir contre le débiteur du débiteur [5].

L'action paulienne n'est pas davantage concernée par l'arrêt des poursuites individuelles [6]. Cette action appartient au créancier démontrant avoir subi un préjudice personnel. [7]. L'acte attaqué ne sera alors inopposable qu'au seul créancier agissant [8]. L'action paulienne pourra cependant être mise en œuvre par le mandataire judiciaire ou le liquidateur, voire le commissaire à l'exécution du plan [9], à condition qu'ils invoquent un préjudice collectif. La reconnaissance par la loi de sauvegarde des entreprises, au profit des contrôleurs, d'un droit d'action subsidiaire pour assurer la défense de l'intérêt collectif des créanciers si le mandataire judiciaire n'agit pas doit conduire à rendre recevable l'action paulienne exercée par un contrôleur en cas d'inaction du mandataire judiciaire. Le produit de l'action sera alors collectif.

Les actions qui ne tendent pas au paiement d'une somme d'argent ne sont pas concernées par la règle de l'arrêt des poursuites individuelles. Il en est ainsi des

---

1. CA Versailles, 13e ch., 27 févr. 1997, *Rev. proc. coll.* 1998, 165, n° 7, obs. B. Soinne ; Derrida, *Rép. civ. Dalloz*, v° *Rétention*, n° 80 ; Vallansan, *Juris.-Cl. com.*, fasc. 2355, n° 35.
2. Pour l'action directe du sous-traitant : J. Gatsi, « L'action directe du sous-traitant dans le cadre de la procédure collective de l'entrepreneur principal », *JCP E et A,* 2000, com. 308 ; pour l'action directe du créancier d'aliments : CA Nancy, 3e ch., 30 avr. 1999, *Bull. inf. C. cass.* 15 nov. 1999, n° 1302. Pour l'action directe du transporteur à l'encontre de l'expéditeur : Cass. com., 10 mai 2005, n° 03-17.618, *D.* 2005, AJ, 1412.
3. Cass. civ. 3e, 12 mai 2004, n° 01-12.293, *D.* 2004, AJ, 1904 ; *Act. proc. coll.* 2004/11, n° 134, note J. Vallansan.
4. *Contra* : B. Soinne *op. cit.*, n° 1057 ; J. Vallansan, *Juris.-Cl. com.*, fasc. 2355, vis *Redressement et liquidation judiciaires — Situation des créanciers — Arrêt des poursuites individuelles*, n° 92 ; *adde*, sur l'interdiction de l'action sous l'empire de la loi du 13 juillet 1967 : Cass. com., 20 avr. 1982, *Bull. civ.* IV, n° 131, solution fondée sur le dessaisissement atteignant le débiteur en règlement judiciaire.
5. Cass. com., 3 avr. 2001, *Act. proc. coll.* 2001, n° 105 ; *Defrénois* 2001, art. 37399, p. 1054, note É. Savaux ; *JCP E,* 2001, chron. 1473, n° 16, obs. Ph. Pétel ; *RD banc. et fin.* 2001/3, p. 164, n° 118, obs. F.-X. Lucas ; *RTD com.* 2001, 771, obs. J.-L. Vallens ; *RTD civ.* 2001, 882, obs. J. Mestre et B. Fages.
6. Cass. com., 26 janv. 1988, *Rev. proc. coll.* 1988, 411, note Y. Guyon.
7. F. Derrida, note sous Cass. com., 8 oct. 1996, *D.* 1997, 87 ; P. Pétel, obs. sous Cass. com., 8 oct. 1996, *JCP E,* 1992, I, 623, n° 10, obs. P. Pétel ; comp. F. Pérochon et R. Bonhomme, *op. cit.*, n° 251.
8. Cass. com., 8 oct. 1996, *Bull. civ.* IV, n° 227 ; *D.* 1997, 87, note F. Derrida ; *JCP E,* 1992, I, 623, n° 10, obs. P. Pétel ; *JCP E,* 1992, II, 914, note Y. Guyon ; *Rev. proc. coll.* 1998, 209, n° 16, obs. B. Lemistre. ; *adde* : P. Pétel, *op. cit.*, n° 368 ; *contra* : CA Douai, 17 déc. 1992, *Rev. proc. coll.* 1994, 257, obs. B. Lemistre.
9. Cass. com., 13 nov. 2001, *D. 2001, AJ, 3617, obs.* A. Lienhard ; *Act. proc. coll.* 2002/1, n° 1, obs. G. Blanc ; *LPA* 7 août 2002, n° 157, p. 8, note M. Sénéchal ; *JCP E, et A,* 2002, jur. 726, p. 765, note G. Blanc ; *JCP E et A,* 2002, chron. 807, p. 853, n° 14, obs. Ph. Pétel ; *RTD com.* 2002, 151, n° 1, obs. C. Saint-Alary-Houin ; *RJ com.* 2003, 234, n° 1618, note J.-P. Sortais ; Cass. com., 9 juill. 2002, *Act. proc. coll.* 2002/17, n° 216 ; *Rev. proc. coll.* 2004, 69, n° 1, obs. G. Blanc.

actions tendant à déterminer la validité de la convention [1], les actions en nullité du contrat [2] ou en rescision pour lésion [3] ou des actions portant sur le renouvellement de la convention [4]. Ne sont pas davantage concernées les actions en délivrance de la chose vendue [5]. Les actions en contrefaçon ou en nullité de marque ne sont pas plus soumises à la règle de l'arrêt des poursuites individuelles [6]. Il en est de même de l'astreinte [7], cependant que la liquidation d'astreinte est quant à elle irrecevable [8].

Certaines actions qui tendent au paiement d'une somme d'argent échappent cependant à la règle de l'arrêt des poursuites individuelles. Le particularisme du droit pénal justifie la solution. Il en est ainsi des amendes et pénalités fiscales au motif qu'elles ont la nature de peine [9], ou encore du cautionnement pénal versé par la personne placée en examen et qui a été mise sous contrôle judiciaire [10].

Les actions en résolution qui n'ont pas pour fondement le non-paiement d'une somme d'argent ne sont pas concernées par la règle de l'arrêt des poursuites individuelles. La solution résulte d'une interprétation *a contrario* de l'article L. 622-21-I, 2°, du code. Ainsi pourra prospérer l'action en résiliation d'un contrat de franchise pour l'inexécution par le franchiseur de son obligation de transmission de son savoir-faire [11]. De même, en matière de bail, toute inexécution autre que le défaut de paiement des loyers, par exemple l'action en résiliation pour non-respect de l'obligation d'assurer le bien loué [12] sera recevable.

Sous réserve de règles spéciales au bail commercial, sera également recevable l'action tendant à la constatation après jugement d'ouverture du jeu d'une clause

---

1. CA Agen, 23 oct. 1996, *Rev. proc. coll.* 1998, 236, n° 3, obs. F. Macorig-Venier.
2. CA Dijon, 25 nov. 1995, *Bull. inf. C. cass.* 1995, n° 841 ; *Rev. huissiers* 1995, 263 ; B. Soinne, *op. cit.*, n° 1042 ; Derrida, Godé et Sortais, *op. cit.*, n° 524 ; *adde*, sous l'empire de la loi du 13 juillet 1967 : Cass. com., 10 oct. 1978, *Gaz. Pal.* 1979, I, pan. 40.
3. Cass. com., 8 déc. 1976, sol. impl., *Bull. civ.* IV, n° 312 ; CA Angers, 12 avr. 1989, *Rev. proc. coll.* 1990, 227, n° 7, obs. C. Saint-Alary-Houin ; CA Paris, 5e ch. B, 13 mai 1993, *Rev. proc. coll.* 1994, 34, n° 4, obs. C. Saint-Alary-Houin ; *contra* : CA Rennes, 1re ch., 20 mai 1992, *Juris-data* n° 044134.
4. Cass. com., 3 juin 1992, *Bull. civ.* IV, n° 182 ; *Defrénois* 1993, 796, *RJDA* 1992, n° 865 ; Cass. civ. 3e, 14 mai 1997, *RJDA* 1997, n° 954 ; *D. Affaires* 1997, 866 ; *Rev. proc. coll.* 1998, 287, n° 4, obs. F. Macorig-Venier.
5. CA Rennes, 1re ch. B, 9 oct. 1997, *Rev. proc. coll. civ. et com.* 1999, 121, n° 13, obs. F. Macorig-Venier ; *adde* : B. Soinne, *op. cit.* n° 1042.
6. CA Versailles, 12e ch., 2e sect., 29 avr. 2004, RG n° 02/05086.
7. Cass. com., 17 oct. 1989, *Bull. civ.* IV, n° 594 ; Cass. com., 12 juin 1991, *Rev. proc. coll.* 1992, 107, obs. B. Dureuil ; Cass. com., 12 juin 1994, *Bull. civ.* IV, n° 261 ; Cass. com., 28 mars 1995, *Bull. civ.* IV, n° 103, *RTD com.* 1996, 338, obs. A. Martin-Serf ; *Rev. proc. coll.* 1996, 70, n° 2, obs. F. Macorig-Vénier.
8. Cass. com., 21 janv. 2003, n° 01-01.761 et n° 01-01.816, *D.* 2003, AJ, 421, obs. A. Lienhard ; *Act. proc. coll.* 2003/5, n° 55, note D. Voinot ; *JCP E,* 2003, chron. 760, p. 855, n° 15, obs. M. Cabrillac ; *RTD com.,* 2003, 371, n° 7, obs. A. Martin-Serf ; *Rev. proc. coll.* 2003, 145, n° 3, obs. C. Saint-Alary-Houin ; *Rev. proc. coll.* 2004, 229, n° 1, obs. F. Macorig-Venier.
9. Cass. com., 31 mars 1992, *Bull. civ.* IV, n° 140 ; B. Soinne, *op. cit.* n° 1043 ; Cass. crim. 13 déc. 2000, *Act. proc. coll.* 2001/6, n° 71.
10. Cass. com., 9 avr. 1991, *Bull. civ.* IV, n° 127 ; *D.* 1992, somm. 257, obs. F. Derrida ; *Rev. proc. coll.* 1992, 162, obs. C. Saint-Alary-Houin ; Cass. com., 28 févr. 1995, *Bull. civ.* IV, n° 59.
11. CA Toulouse, 23 sept. 1987, *Rev. proc. coll.* 1989, 155, n° 12, obs. C. Saint-Alary-Houin.
12. Cass. com., 28 mai 1996, *JCP E,* 1997, I, 623, n° 2, obs. M. Cabrillac.

résolutoire ayant joué avant jugement d'ouverture, même si elle est fondée sur le défaut de paiement d'une créance antérieure [1].

Enfin, les actions prud'homales en cours au jour du jugement d'ouverture peuvent être poursuivies, en application de l'article L. 625-3 du code, après jugement d'ouverture. Il n'y a pas ici reprise de l'instance, au contraire de la solution posée par l'article L. 622-22 du code. L'instance aura pour objet de fixer définitivement la créance du salarié au passif et non pas d'obtenir condamnation de l'employeur au paiement [2]. Pour cette raison, une instance en référé-provision ne peut être poursuivie [3]. Le mandataire judiciaire devra être mis en cause. L'intervention forcée de l'A.G.S. s'impose aux fins que la décision à intervenir lui soit opposable, dans la procédure de redressement ou de liquidation judiciaire, mais non dans la procédure de sauvegarde, puisque l'A.G.S. n'a pas à intervenir en sauvegarde pour garantir les sommes dues avant le jugement d'ouverture au salarié.

Sous-paragraphe 2. Les voies d'exécution [4]

355. Voies d'exécutions soumises à la règle de l'arrêt des voies d'exécution. Selon l'article L. 622-21-II du code, le jugement d'ouverture « *arrête ou interdit également toute voie d'exécution de la part de ces créanciers tant sur les meubles que sur les immeubles* ». Le législateur vise tant l'interdiction des voies d'exécution, ce qui interdit de les entamer, que l'arrêt des voies d'exécution, ce qui interdit de les poursuivre. Les voies d'exécution qui ne peuvent être poursuivies doivent faire l'objet d'une mainlevée de la part des créanciers saisissants [5].

La règle de l'arrêt des voies d'exécution s'applique d'abord aux saisies immobilières si la saisie n'a pas joué au jour du jugement d'ouverture, c'est-à-dire si le jugement d'adjudication n'a pas été publié à la conservation des hypothèques avant cette date [6]. Cependant, en liquidation judiciaire, le liquidateur pourra poursuivre la saisie immobilière entamée avant jugement d'ouverture (v. ss n° 321).

---

1. Cass. com., 12 mai 1992, *Rev. proc. coll.* 1993, 293, n° 4, obs. J. Mestre et A. Laude ; *Rev. proc. coll.* 1993, 402, n° 2, obs. C. Saint-Alary-Houin ; *RTD com.* 1993, 288, obs. M. Pedamon ; *Quot. jur.* 22 oct. 1992, n° 85, p. 3, note P. M. ; Cass. com., 5 avr. 1994, *D.* 1994, IR, 174 ; Cass. civ. 3e, 11 juin 1997, *RJDA* 1997, n° 1262, p. 871 ; *Rev. proc. coll.* 1998, 285, n° 2, obs. F. Macorig-Vénier ; Cass. com., 27 nov. 1997, *Rev. proc. coll. civ. et com.* 1999, 117, n° 1, obs. F. Macorig-Venier ; Cass. com., 8 déc. 1998, *Act. proc. coll.* 1999/2, n° 19.
2. Cass. soc., 6 janv. 1989, *Bull. civ.* V, n° 424 ; Cass. soc., 15 juin 1995, *Rev. proc. coll.* 1996, 121, obs. F. Taquet ; Cass. soc., 27 oct. 1998, *D.* 2001, somm. 114, obs. F. Derrida.
3. CA Aix-en-Provence, 4 janv. 1989, *D.* 1989, somm. 373, obs. crit. A. Honorat ; *contra* : CA Paris, 22 oct. 193, *Bull. inf. C. cass.* 1994, n° 82.
4. J.-P. Sénéchal, « Procédures civiles d'exécution et procédures collectives », *LPA* 22 déc. 1999, n° 254, p. 34.
5. V. CA Paris, 1re ch. A, 12 déc. 1995, *Rev. proc. coll.* 1996, 221, n° 6, obs. P. Canet ; *adde*, pour une saisie conservatoire dont il doit être donné mainlevée, faute de pouvoir la convertir en saisie définitive : Cass. com., 4 janv. 2000, *Act. proc. coll.* 2000/5, n° 48
6. V. ainsi, pour un jugement d'ouverture intervenu entre l'adjudication et la surenchère, Cass. civ. 2e, 24 mars 1993, *Bull. civ.* II, n° 128.

La règle de l'arrêt des voies d'exécution s'applique également aux saisies mobilières. Le fisc est concerné pour ses avis à tiers détenteur [1]. Cependant, l'avis à tiers détenteur aura joué et ne pourra plus être remis en cause dès sa notification au redevable de l'impôt [2], sous réserve de la possibilité d'annulation sur le terrain des nullités facultatives de la période suspecte (v. ss n° 202).

La règle s'applique également aux saisies attributions, à moins qu'elles n'aient joué au jour du jugement d'ouverture, ce qui sera le cas dès lors que la saisie aurait été signifiée au tiers saisi avant cette date, peu important que la dénonciation au débiteur saisi n'ait pas été effectuée [3]. Il faut toutefois tenir compte des règles du dessaisissement qui obligent à dénoncer la saisie sous huitaine de la signification au tiers, soit au liquidateur, soit à l'administrateur judiciaire, lorsque le délai de huitaine a commencé à courir avant le jugement d'ouverture ou la conversion en liquidation judiciaire [4] (v. ss n° 278). Si la saisie attribution a joué avant jugement d'ouverture, ses effets pourront se prolonger après jugement d'ouverture sur des créances à exécution successive [5]. La solution joue identiquement pour les avis à tiers détenteur [6].

La règle concerne également les saisies-ventes. Elle ne pourra plus être remise en cause si elle a joué au jour du jugement d'ouverture, c'est-à-dire si la vente du bien est intervenue à cette date [7] ou, lorsque le débiteur aura sollicité du créancier l'autorisation de vendre à l'amiable le bien saisi, à partir du moment où il y aura eu consignation du prix [8].

---

1. V. Derrida, Godé et Sortais, *op. cit.*, n° 521 ; C. Saint-Alary-Houin, *op. cit.*, n° 755.

2. CA Paris, 2e ch., 4 juin 1992, *JCP N*, 1993, II, 340, obs. D. F.

3. TGI Laval, Jex, 2 avr. 1996, et TGI Laval, Jex, 23 avr. 1996, *D.* 1997, 43, note J. Prévault.

4. V. Cass. com., 4 mars 2003, n° 00-13.020, *D.* 2003, AJ, 907, obs. A. Lienhard ; *Act. proc. coll.* 2003/8, n° 104 ; *D.* 2003, somm. comm. 1623, obs. F.-X. Lucas ; *JCP E*, 2003, chron. 1396, p. 1576, n° 17, obs. Ph. Pételᅠ; *JCP E*, 2003, jur. 708, p. 814, note Ch. Delattre ; *RD banc. et fin.* 2003/3, n° 118, p. 170, obs. J.-M. Delecci ; *Procédures* juill. 2003, p. 10, n° 167, note R. Perrot ; *Gaz. Pal.* 5-6 sept. 2003, somm. 7, note C. Denner ; LXB n° N6797AAY, note P.-M. Le Corre.

5. Cass. ch. mixte 22 nov. 2002, n° 99-13.935 ; *Bull. civ.* n° 7 ; *D.* 2003, 445, note C. Larroumet ; *JCP* 2003, II, 10033, note D. Houtcieff ; *Act. proc. coll.* 2002/20, n° 262, obs. C. Régnaut-Moutier ; *D.* 2002, AJ, 3270, obs. A. Lienhard ; *RD banc. et fin.* 2003/1, p. 22, n° 1, obs. A. Couret et p. 32, n° 37, obs. J.-M. Delleci et p. 22 ; *Dr. et proc.* 2003, p. 90, note E. Putman ; *Gaz. Pal.* 14-15 mars 2003, jur. 16, note C. Brenner ; *Dr. et patr.* 2003, n° 113, p. 93, obs. M.-H. Monsérié-Bon ; *JCP E*, 2003, jur. 397, p. 469, note D. Legeais ; *RTD civ.* 2003, 146, n° 9, obs. R. Perrot ; *LPA* 15 juill. 2003, n° 140, p. 15, note M. Keita ; *LPA* 13 juin 2003, n° 118, p. 15, note J.-L. Courtier ; *LPA* 27 févr. 2004, n° 42, p. 11, note M. Sénéchal ; *RTD com.* 2003, 148, n° 10, obs. D. Legeais ; *RTD civ.* 2003, 331, obs. P. Crocq ; *JCP E*, 2003, chron. 760, p. 854, n° 14, obs. M. Cabrillac ; *RTD com.* 2003, 367, n° 4, obs. A. Martin-Serf ; *Rev. proc. coll.* 2003, 312, n° 5, obs. O. Staes ; *Defrénois* 2003, 1621, n° 130, note Ph. Théry.

6. Cass. com., 8 juill. 2003, n° 00-13.309, *D.* 2003, AJ, 2094, obs. A. Lienhard ; *Act. proc. coll.* 2003/14, n° 185, obs. C. Régnaut-Moutier ; *Dr. et proc.* 2004/1, p. 31, obs. E. Putman ; *JCP E*, chron. 202, p. 229, n° 16, obs. M. Cabrillac ; *RD banc. et fin.* 2003/6, p. 369, n° 234, obs. F.-X. Lucas ; *RTD civ.* 2003, 708, n° 11, obs. J. Mestre et B. Fages ; *RTD com.* 2004, 371, n° 2, obs. A. Martin-Serf ; *AJDI* 2004/5, p. 401, note P.-M. Le Corre ; LXB n° N8967AAD et n° N8370AAA, note P.-M. Le Corre.

7. Cass. civ. 2e, 19 mai 1998, *Bull. civ.* II, n° 161 ; *JCP E et A*, 1998, chron. 1356, n° 1-c-2, obs. M. Cabrillac ; *Rev. proc. coll. civ. et com.* 1999, 109, n° 21, obs. P. Canet ; *D.* 1998, 405, concl. P. Tatu.

8. B. Soinne, *op. cit.*, n° 1051 ; P. Canet, « Les voies d'exécution issues de la loi du 9 juillet 1991 face au redressement et à la liquidation judiciaires », *Rev. proc. coll.* 1995, 272.

La règle de l'arrêt des voies d'exécution conduit à considérer que les saisies conservatoires qui n'ont pas été converties en saisies définitives au jour du jugement d'ouverture ne pourront plus l'être. Il en est ainsi pour les saisies conservatoires préalables aux saisies attribution et pour les saisies conservatoires préalables aux saisies-ventes [1]. L'impossibilité de la conversion oblige le créancier à donner mainlevée [2]. Dès lors, il ne pourra plus se prévaloir de l'affectation spéciale prévue article 2350 (anc. 2075-1) du Code civil et du privilège reconnu aux créanciers saisissants par l'article 2333 (anc. 2073) du Code civil.

§ 2. Régime de la règle de l'arrêt des poursuites individuelles et des voies d'exécution

356. Régime des actions et voies d'exécution soumises à la règle de l'arrêt des poursuites individuelles et des voies d'exécution. D'ordre public, la règle de l'arrêt des poursuites individuelles et des voies d'exécution peut être relevée d'office. Le mandataire de justice ne peut y renoncer [3]. Le moyen peut être soulevé pour la première fois devant la Cour de cassation [4] en tant que fin de non-recevoir [5].

Le jugement rendu au mépris de la règle de l'arrêt des poursuites individuelles sera réputé non avenu. La voie d'exécution effectuée au mépris de la règle de l'arrêt des voies d'exécution sera nulle et il pourra en être demandé la mainlevée [6].

Du fait de l'interdiction des poursuites individuelles, les délais impartis au créancier à peine de déchéance ou de résolution sont suspendus, d'après l'article L. 622-21-III du code. La suspension des délais est un corollaire de la règle de l'arrêt des poursuites individuelles. Logiquement, la règle n'est pas réversible et c'est pourquoi il a été jugé que le délai de prescription, qui viendrait à courir contre le débiteur, ne serait pas suspendu par sa mise sous sauvegarde, sous redressement ou liquidation judiciaire [7].

L'arrêt des poursuites individuelles et des voies d'exécution dure pendant toute la procédure. Après clôture de celle-ci, elle est relayée par la règle de l'interdiction de reprise des poursuites individuelles, sauf exception (v. ss n° 340).

357. Régime des actions et voies d'exécution non soumises à la règle de l'arrêt des poursuites individuelles et des voies d'exécution. L'article L. 622-23 du Code de commerce s'intéresse aux actions et voies d'exécution qui ne sont pas arrêtées par l'effet du jugement d'ouverture. Selon ce texte, elles « *sont poursuivies au cours de la période d'observation à l'encontre du débiteur, après mise en cause de l'admi-*

---

1. Cass. com., 2 févr. 1999, *Act. proc. coll.* 1999/5, n° 66 ; *JCP E,* 1999, pan. 553, note M. Cadiou ; *D.* 1999, IR, 63 ; *Rev. proc. coll. civ. et com.* 1999, 109, n° 21, obs. P. Canet.
2. Cass. com., 22 avr. 1997, *JCP E,* 1997, II, 1013, note J. C. Groslière ; *JCP E,* 1997, I, 681, n° 16, obs. M. Cabrillac ; *RD bancaire et bourse* mai-juin 1997, 134, obs. M.-J. Campana et Calendini ; *Rev. proc. coll.* 1997, 30, n° 2, obs. P. Canet.
3. CA Paris, 1re ch., 30 juin 1981, cité dans B. Soinne, *op. cit.*, note n° 3122.
4. Cass. com., 22 oct. 1996, *Bull. civ.* IV, n° 244.
5. V. Cass. com., 27 mars 1988, *JCP* 1988, IV, 350.
6. Cass. com., 2 févr. 1999, *JCP E et A,* 1999, pan. 553, note M. Cadiou ; *Rev. proc. coll. civ. et com.* 1999, 109, n° 21, obs. P. Canet.
7. Cass. com., 20 sept. 2005, n° 03-17.137 et n° 03-18.473.

nistrateur et du mandataire judiciaire ou après une reprise d'instance à leur initiative ». En liquidation judiciaire, il s'agira du liquidateur. Le jugement d'ouverture est une cause d'interruption de l'instance. L'instance sera reprise soit après assignation en intervention forcée du mandataire judiciaire et le cas échéant de l'administrateur, en sauvegarde et en redressement judiciaire, du liquidateur en liquidation judiciaire, soit après intervention volontaire de leur part. La présence de l'administrateur sera nécessaire quelle que soit la mission qui lui est confiée, faute pour l'article L. 622-23 du code de distinguer. La procédure pourra être régularisée jusqu'à ce que le juge statue [1]. À défaut de régularisation, le jugement rendu serait réputé non avenu [2].

Si la règle ne fait pas difficulté pour la détermination des actions concernées, il n'en va pas de même en ce qui concerne les voies d'exécution. Que faut-il entendre par voie d'exécution « poursuivie » ? En outre, du fait de la généralité de l'article L. 622-21-II qui vise tant les saisies mobilières que les saisies immobilières, il y a une difficulté pour déterminer les saisies non concernées qui peuvent être poursuivies. Il s'agira en réalité des voies d'exécution en cours au jour du jugement d'ouverture et qui poursuivent leurs effets après jugement d'ouverture et qui n'ont pas été remises en cause par l'effet de celui-ci. Il en est ainsi des saisies-attribution de créances à exécution successive ainsi que des actes procéduraux subséquents aux saisies ayant joué au jour du jugement d'ouverture, par exemple les dénonciations des saisies au débiteur. La dénonciation devra être faite, après jugement d'ouverture, aux organes visés par le texte. En sauvegarde et en redressement judiciaire, la dénonciation s'imposera tant au mandataire judiciaire, qu'à l'administrateur judiciaire. À défaut de dessaisissement du débiteur, la dénonciation à ce dernier s'imposera dans le délai de huitaine, sous peine de caducité, nonobstant son redressement judiciaire [3] ou sa sauvegarde. Si l'administrateur judiciaire a mission de représentation, la dénonciation au débiteur ne s'impose plus. En situation de liquidation judiciaire, la dénonciation s'imposera au liquidateur.

Sous-section II
La reprise des poursuites

358. Le principe d'interdiction de reprise des poursuites après l'ouverture de la procédure. Un droit limité de reprise des poursuites individuelles. Nous avons déjà observé que le législateur autorisait les salariés à poursuivre leurs actions après jugement d'ouverture (v. ss n° 352). De même, en cas d'inaction du liquidateur, un droit de reprise des poursuites a été prévu pour les créanciers titulaires de sûretés spéciales (v. ss n° 332). Nous avons aussi pu constater que le droit de poursuite interdit ou interrompu pendant la procédure collective n'était, du moins par principe, pas retrouvé à la clôture pour insuffisance d'actif de la liquidation judiciaire (v. ss n° 340).

---

1. Cass. com., 25 juin 1996 ; *Bull. civ.* IV, n° 195 ; *D.* 1996, 481, rapp. J.-P. Remery.
2. Cass. civ. 3e, 19 mars 1997, *RJDA* 1997, n° 955.
3. V. Cass. com., 13 oct. 1998, *Dict. perm. difficultés des entreprises, Bull.* 177, 10 nov. 1998, 6648, v° *Risques clients*, n° 122.

La seule exception à l'interdiction de poursuivre après jugement d'ouverture son action en justice alors qu'est en cause une obligation financière est celle posée par l'article L. 622-22 du Code de commerce.

359. Reprise des poursuites aux fins de fixation de la créance. Aux termes de l'article L. 622-22 du Code de commerce « *sous réserve des dispositions de l'article L. 625-3, les instances en cours sont interrompues jusqu'à ce que le créancier poursuivant ait procédé à la déclaration de sa créance. Elles sont alors reprises de plein droit, le mandataire judiciaire et, le cas échéant, l'administrateur ou le commissaire à l'exécution du plan [...] dûment appelés, mais tendent uniquement à la constatation des créances et à la fixation de leur montant* ». La règle est destinée à accélérer la procédure de fixation de la créance. La règle s'applique à toutes les instances en cours devant une juridiction du fond [1] et non devant le juge des référés [2] au jour du jugement d'ouverture et tendant à la condamnation du débiteur au paiement d'une somme d'argent. Tel n'est pas le cas d'une action en contestation par le débiteur des honoraires dus à son avocat [3]. L'action doit s'être trouvée interrompue par l'effet de la règle de l'arrêt des poursuites individuelles [4]. La règle n'intéresse pas en revanche des actions entamées après le jugement d'ouverture [5]. Le débiteur doit avoir la situation procédurale de défendeur [6].

Sur le plan procédural, le créancier a le choix de continuer son action ou de s'en désister en se soumettant alors à la procédure de droit commun de la vérification des créances, sans que ce choix procédural puisse lui être reproché par une caution [7].

L'instance n'est pas suspendue, comme l'énonçait par abus de langage le législateur précédent mais, ainsi que l'avait jugé la jurisprudence, interrompue [8]. La solution est désormais explicite (C. com., art. L. 622-22). L'action sera reprise devant la juridiction saisie [9] sur justification de la déclaration de créance et après mise en cause des organes visés au texte, parmi lesquels figure désormais le commissaire à l'exécution du plan. En liquidation judiciaire, le liquidateur devra être mis en cause. Si la créance est éteinte pour défaut de déclaration, sous l'empire de la législation

---

1. Cass. com., 12 oct. 2004, n° 03-12.442.
2. Cass. com., 12 juill. 1994, *Bull. civ.* IV, n° 263 ; *D.* 1995, somm. 28, obs. A. Honorat ; *RTD com.* 1995, 482, obs. A. Martin-Serf ; *JCP E,* 1995, II, 640, note C. H. Gallet ; Cass. com., 14 mars 1995, *Bull. civ.* IV, n° 75 ; CA, Paris, 14e ch. B, 24 avr. 1998, *D.* 1998, IR, 141 ; CA Aix-en-Provence, 29 avr. et CA Aix-en-Provence, 5 juin 1998, *Rev. proc. coll. civ. et com.* 1999, 156, n° 1, obs. M. H. Monsérié ; CA Aix-en-Provence, 4 déc. 1998 et CA Aix-en-Provence, 8 janv. 1999, *Rev. proc. coll. civ. et com.* 2000, 130, n° 1, obs. M. H. Monsérié-Bon ; CA Aix-en-Provence, 23 mai 2000, *RJDA* 2000/11, n° 1018.
3. Cass. com., 24 janv. 2006, n° 02-20.095.
4. Derrida, Godé et Sortais, *op. cit.*, n° 216.
5. Cass. com., 4 janv. 2000, *Act. proc. coll.* 2000/5, n° 47 ; Cass. com., 14 mars 2000, *Act. proc. coll.* 2000/9, n° 103.
6. Cass. com., 19 déc. 1989, *D.* 1990, IR, 33.
7. Cass. com., 4 mars 2003, n° 98-23.377, *Rev. proc. coll.* 2003, 320, n° 12, obs. F.-F. Legrand ; *Rev. proc. coll.* 2004, 238, n° 5, obs. O. Staes.
8. Cass. civ. 2e, 6 mars 1991 ; *Bull. civ.* II, n° 78 ; *D.* 1992, somm. 88, obs. F. Derrida ; Cass. com., 29 oct. 1991, *Bull. civ.* IV, n° 319 ; *D.* 1992, p. 293, note Rossi ; *D.* 1992, somm. p. 254, obs. F. Derrida ; Cass. com., 22 juin 1993, *Bull. civ.* IV, n° 260 ; *D.* 1993, somm. p. 365, obs. A. Honorat ; *JCP E,* 1993, 510, obs. P. Pétel ; Cass. civ. 3e et Cass. com., 9 déc. 1997, *Rev. proc. coll.* 1999, 33, n° 2, obs. M.-H. Monsérié.
9. CA Paris, 2 mai 1990, *D.* 1990, somm. 219, obs. A. Honorat.

antérieure à la loi de sauvegarde des entreprises, il ne saurait y avoir reprise d'instance et l'action ne pourra être que déclarée non fondée, puisque le demandeur n'est plus créancier [1]. La solution ne doit pas, à notre sens, être modifiée, malgré la suppression par la loi de sauvegarde des entreprises de l'extinction des créances non déclarées, l'intéressé ne pouvant plus se présenter comme créancier à la procédure collective.

L'instance ne pourra plus tendre à la condamnation du débiteur. Elle tendra seulement à la fixation de la créance, ce qui interdira alors par la suite sa discussion devant le juge-commissaire. Le montant de la déclaration de créance constituera une limite au montant de la fixation des droits par la juridiction saisie [2].

Section II
Le figement des créances

Après jugement d'ouverture, par principe, la créance antérieure — la loi de sauvegarde ayant dans une certaine mesure étendu la solution aux créances postérieures non privilégiées — n'est plus susceptible d'évoluer. Diverses règles, qui constituent autant de restrictions aux droits des créanciers, sont posées. Certaines intéressent le montant de la créance (Sous-section I). D'autres intéressent la nature de la créance (Sous-section II).

Sous-section I
Le montant de la créance

Après jugement d'ouverture, une créance antérieure n'est plus susceptible d'évolution à la baisse car est posée la règle de l'interdiction du paiement des créances antérieures. La solution est étendue aux créances postérieures non éligibles au traitement préférentiel (§ 1). La créance antérieure n'est pas davantage susceptible d'évolution à la hausse, du fait de la règle de l'arrêt du cours des intérêts. La solution n'est pas étendue aux créances postérieures non éligibles au traitement préférentiel (§ 2).

Sans qu'il s'agisse véritablement d'une règle relative au montant de la créance, il faut en outre préciser que le jugement d'ouverture reste sans incidence sur le moment de l'exigibilité de la créance (§ préliminaire).

§ préliminaire. L'EXIGIBILITÉ DE LA CRÉANCE

360. Absence de déchéance du terme en cas de sauvegarde ou de redressement judiciaire. Le Code de commerce pose le principe selon lequel le jugement d'ouverture de la sauvegarde n'emporte pas déchéance du terme (C. com., art.

---

1. Cass. com., 1er avr. 2003, no 00-14.932.

2. Cass. com., 20 mars 2001, *Bull. civ.* IV, no 62 ; *D.* 2001, AJ, 1468, obs. A. Lienhard ; *Act. proc. coll.* 2001, no 99, obs. C. Régnaut-Moutier ; *Procédures* 2001, no 127, note Ch. Laporte ; *Rev. proc. coll.* 2001, 253, no 6, obs. O. Staes ; Cass. com., 27 mai 2003, no 00-17.931.

L. 622-29). Ce texte de la sauvegarde est applicable en redressement judiciaire. La solution est extrêmement logique, dès lors qu'elle est coordonnée avec l'objectif de redressement recherché par le législateur. S'il est assuré par un plan de sauvegarde ou de redressement, il est évident que la déchéance du terme est inconciliable avec l'idée d'octroyer au débiteur des délais pour payer ses créances antérieures.

En revanche, faute de texte contraire, la déchéance du terme acquise au jour du jugement d'ouverture ne pourra être remise en cause [1].

Le fait qu'il n'y ait pas exigibilité de la créance ne dispense pas le créancier de déclarer celle-ci au passif. C'est l'objet de l'article L. 622-25 du code, qui oblige les créanciers antérieurs à déclarer leur créance exigible et à échoir. La solution est reproduite par l'article L. 622-24, alinéa 5, pour les créances postérieures non éligibles au traitement préférentiel.

Les clauses qui prévoiraient une déchéance du terme pour survenance de la sauvegarde ou du redressement judiciaire sont réputées non écrites, selon l'article L. 622-29 du Code de commerce. La règle, stipulée pour le cas de l'ouverture de la procédure collective du débiteur, n'a pas été explicitement posée pour régler le sort de la caution. Cependant, le droit commun, et plus spécialement la règle de l'article 2290 (anc. 2013) du Code civil, dite règle de l'accessoire, conduit à décider que si la créance n'est pas exigible contre le débiteur principal, elle ne peut l'être contre la caution, toute clause contraire devant également être réputée non écrite. C'est ce que décide la jurisprudence (v. ss n° 383).

361. Déchéance du terme en cas de liquidation judiciaire. L'article L. 643-1 du Code de commerce pose en principe que « *le jugement qui ouvre ou prononce la liquidation judiciaire rend exigible les dettes non échues* ».

Sous l'empire de la législation antérieure, l'arrêté d'un plan de cession totale emportait également déchéance du terme. La solution a été abandonnée, en apparence du moins. En effet, le Code de commerce écarte le jeu de la déchéance en cas de liquidation judiciaire ouverte ou prononcée, lorsqu'une poursuite provisoire d'activité est autorisée sur le fondement qu'un plan de cession est envisagé. C'est alors la décision arrêtant le plan de cession, totale ou partielle, qui emportera déchéance du terme (C. com., art. L. 643-1). Comme il a été déjà indiqué, il faut décider que la déchéance du terme résultera de la décision statuant sur le plan et non de la décision arrêtant le plan, sauf à rendre impossible la déchéance du terme si la décision rejette le plan (v. ss n° 307).

Le fondement de la règle de la déchéance du terme, lors de cette issue liquidative, a une justification d'ordre technique : il s'agit de permettre les répartitions au profit des créanciers, sans attendre la date théorique de l'échéance. Il est donc question d'accélérer les répartitions.

La déchéance du terme concerne tous types de dettes. Cependant, en matière contractuelle, la notion de terme postule l'existence de contrats dont les obligations naissent instantanément. Dans le cas contraire, le caractère successif des obligations impliquera de remplacer la notion de déchéance de terme par celle de résiliation. Ce

---

1. TGI Béthune, ch. com., 16 déc. 1987, *Rev. proc. coll.* 1988, 83 et 185, n° 4, obs. P. Delebecque ; *adde* : C. Saint-Alary-Houin, *op. cit.*, n° 786.

sont donc les règles relatives à la continuation des contrats en cours qui s'appliqueront, non celles relatives au jeu de la déchéance du terme.

La déchéance du terme ne concerne que les créances détenues sur le débiteur, non les créances du débiteur sur des tiers. Aucune raison juridique ne conduit à décider le contraire, même si la jurisprudence le fait classiquement en posant la règle selon laquelle il y a place à déchéance du terme de la créance d'apport détenue par la société sur ses associés [1].

On précisera enfin que la déchéance du terme encourue par le débiteur restera, par principe, sans incidence sur la caution, à moins qu'elle n'ait renoncé par une clause de l'acte de cautionnement au bénéfice d'un terme propre (v. ss n° 383). De la même façon, les codébiteurs pourront continuer à se prévaloir de leur propre terme [2].

§ 1. L'INTERDICTION DU PAIEMENT DES CRÉANCES ANTÉRIEURES

Il convient d'abord d'énoncer le principe d'interdiction du paiement des créances non visées au I de l'article L. 622-17 (Sous-paragraphe 1), avant d'envisager les exceptions (Sous-paragraphe 2).

Sous-paragraphe 1. Le principe d'interdiction du paiement des créances non visées au I de l'article L. 622-17

362. Énoncé du principe d'interdiction du paiement des créances non visées au I de l'article L. 622-17. Aux termes de l'article L. 622-7, alinéa 1, du Code de commerce, « *le jugement ouvrant la procédure emporte, de plein droit, interdiction de payer toute créance née antérieurement au jugement d'ouverture [...]* ». La solution, posée pour la période d'observation, est relayée en liquidation judiciaire par l'article L. 642-3 du Code de commerce. Il s'agit là d'une règle classique du droit des procédures collectives, destinée à assurer une discipline collective, mais aussi à permettre le redressement de l'entreprise.

Du fait de la rétroactivité à zéro heure de sa date du jugement d'ouverture, le paiement fait le jour du jugement d'ouverture est un paiement postérieur au jugement d'ouverture, par conséquent interdit.

La loi de sauvegarde des entreprises, dans son souci de n'assurer un traitement préférentiel qu'à certaines créances postérieures, pose en règle nouvelle que certaines créances postérieures ne pourront davantage être payées après le jugement d'ouverture. Il s'agit des créances non visées au I de l'article L. 622-17 du Code de commerce, c'est-à-dire des créances non éligibles au traitement préférentiel. Ces créances ne pourront donc, contrairement aux créances visées au I de l'article L. 622-17 du code, être payées à l'échéance.

---

1. Cass. civ., 28 mars 1855, *DP* 1855, I, 230 ; Cass. req., 25 oct. 1897, *S.* 1898, I, 177, note Wahl ; Cass. com., 18 juin 1973 ; *Rev. sociétés* 1973, 682, note J.-P. Sortais.
2. CA Bordeaux, 10 mars 1854, *S.* 1854, II, 515.

363. Sanctions du paiement interdit. Le Code de commerce sanctionne par la nullité les paiements interdits. La solution est posée par l'article L. 622-7, alinéa 4. Cette sanction civile est relayée par une sanction pénale, mais uniquement si le paiement intervient en période d'observation (C. com., art. L. 654-8, 2° et 3° — v. ss n° 486).

Sous-paragraphe 2. Les exceptions au principe d'interdiction du paiement des créances non visées au I de l'article L. 622-17

Une première série d'exceptions à la règle de l'interdiction du paiement des créances antérieures est posée en faveur des salariés (A). D'autres exceptions intéressent des créanciers non salariés (B).

A. Les salariés

a) Les privilèges des salariés

364. Le super-privilège des salariés. Parce que les créances salariales présentent un caractère alimentaire marqué, la règle de l'interdiction du paiement des créances antérieures est écartée en faveur des créanciers salariaux. L'article L. 625-8, alinéa 1, du Code de commerce indique que l'administrateur doit régler les créanciers super-privilégiés dans les dix jours du jugement d'ouverture après s'être fait autoriser par le juge-commissaire. Cette règle doit être coordonnée avec celle de l'établissement des relevés de créances salariales. En effet, avant de payer, il convient de savoir combien il est dû aux salariés. Anticipant sur la difficulté liée à un établissement tardif des relevés de créances salariales, il est possible de payer immédiatement un acompte provisionnel au titre des créances super-privilégiées (C. com., art. L. 625-8, al. 2). Il n'en sera cependant ainsi que s'il existe dans l'entreprise des disponibilités suffisantes.

À défaut, il conviendra de solliciter l'intervention de l'assurance de garantie des salaires (A.G.S.), dans la procédure de redressement ou de liquidation judiciaire, l'intervention de l'A.G.S. n'étant pas possible pour les créances antérieures au jugement d'ouverture de la procédure de sauvegarde.

Le super privilège des salaires couvre les 60 derniers jours de travail ou d'apprentissage (C. trav., art. L. 143-10), porté à 90 jours par article L. 751-15 du Code du travail pour les représentants de commerce et par article L. 742-6 pour les marins de commerce. Pour ce dernier, si la période de versement du salaire est supérieure à trois mois, c'est cette période qui sera couverte. Le super-privilège s'applique même si la période de travail ne précède pas immédiatement le jugement d'ouverture. Seront donc couverts les 60 ou 90 derniers jours de travail effectif non payés [1].

---

1. Sur cette solution sous l'empire de la loi du 13 juillet 1967, Cass. soc., 7 mai 1987, *Bull. civ.* IV, n° 285.

Sont garanties les rémunérations de toute nature due aux salariés. Outre les salaires, sont garantis les accessoires présentant la nature de salaire, telle la prime de treizième mois [1]. Cependant, un plafond est posé : deux fois le plafond de la sécurité sociale. Un plafond est également posé pour l'indemnité de congés payés, qui sera toujours l'indemnité légale : le plafond de la sécurité sociale établi pour une période de 30 jours (C. trav., art. L. 143-11, al. 3).

La personne qui paie les créances super-privilégiées est subrogée dans le super-privilège [2].

365. Privilège général des salaires. Les articles 2331-2° et 2331-4° du Code civil accordent aux salariés — auxquels il faut assimiler les apprentis — et aux gens de maison un privilège général sur les biens du débiteur.

Les créances garanties sont les mêmes que celles garanties par le super-privilège (v. ss n° 364), sous quelques réserves.

Le privilège des salariés s'applique à l'indemnité de salaire différé, à laquelle un enfant ayant travaillé dans l'exploitation familiale sans recevoir de salaires, peut prétendre dans la succession de ses parents. Il s'applique également à l'indemnité de licenciement, dès lors qu'elle est due en application d'une convention collective, d'un usage ou de la loi.

La couverture temporelle du privilège est différente de celle du superprivilège. Sont ici garantis les six derniers mois de travail, la période de couverture du superprivilège étant intégrée dans cette période. Les six derniers mois de travail n'ont pas à précéder immédiatement le jugement d'ouverture [3], cependant qu'ils sont nécessairement antérieurs à celui-ci [4]. Cette limitation temporelle à six mois est écartée pour les gens de service ainsi que pour l'indemnité de salaire différé. Dans ces deux cas, l'année échue et l'année courante sont couvertes. L'indemnité de congés payés est garantie sans limitation de délai. Pour sa part, l'indemnité de licenciement est limitée à la portion inférieure ou égale au plafond de la sécurité sociale augmenté du quart de la portion supérieure.

Le privilège général des salaires est primé par le privilège accordé aux créanciers postérieurs ainsi que par le privilège de la conciliation. En tant que privilège mobilier (C. civ., art. 2331-4°), il est primé par les sûretés spéciales mobilières, ainsi que par les privilèges fiscaux, pour venir en concours avec le privilège de la sécurité sociale. En tant que privilège immobilier (C. civ., art. 2375-2°), il prime les privilèges spéciaux.

Cependant, la règle du concours peut être écartée pour les sommes garanties par le privilège général des salaires si le mandataire judiciaire ou le liquidateur, selon le cas, a des disponibilités suffisantes. À défaut de règlement dans les trois mois du jugement d'ouverture, l'intervention de l'A.G.S. doit être sollicitée par ces organes (C. trav., art. L. 143-11-7 al. 2).

---

1. CA Paris, 28 mai 1993, *JCP E*, 1993, pan. 1006

2. Cass. com., 7 févr. 1989, *Rev. proc. coll.* 1989, 580, n° 11 ;

3. Cass. soc., 15 mars 1983, *Bull. civ.* IV, n° 159.

4. Cass. civ. 3e, 23 mai 1995, *Bull. civ.* III, n° 131 ; *RTD civ.* 1996, 206, obs. P. Crocq.

La règle de l'interdiction du paiement des créances antérieures est surtout en pratique écartée pour les salariés grâce au mécanisme de l'intervention de l'assurance de garantie des salaires.

b) L'assurance de garantie de salaires (A.G.S.)

366. Présentation générale de l'A.G.S. Un système d'assurance contre le risque de non-paiement des créances salariales en cas de procédure collective atteignant l'employeur a été créé par la loi du 27 décembre 1973, instituant une assurance de garantie des salaires. Une association pour la gestion du régime d'assurance des créances des salariés gère ce régime d'assurance pour prendre en charge certaines créances que l'employeur ne peut payer sur les fonds disponibles de l'entreprise, dès lors qu'est ouverte une procédure de sauvegarde, de redressement ou de liquidation judiciaire.

L'assurance est financée par les cotisations des employeurs assises sur les rémunérations servant de base au calcul des cotisations d'assurance-chômage.

367. Créances garanties par l'A.G.S. Tout employeur commerçant, artisan, agriculteur, personne morale de droit privé et désormais professionnel libéral occupant un ou plusieurs salariés doit les assurer contre les risques de non-paiement des sommes dues en exécution du contrat de travail pour le cas de survenance d'un jugement de sauvegarde, de redressement ou de liquidation judiciaire (C. trav., art. L. 143-11-1). Ainsi, les personnes non susceptibles de voir ouvertes contre elles des procédures collectives sont exclues du domaine de la garantie. Il en est ainsi des personnes morales de droit public, mais aussi semi-publiques (pour Air France [1], pour la SNCF [2], pour la SEITA [3]). Une règle différente est cependant posée si la personne morale est assujettie à la législation des sociétés commerciales, même si le capital social est majoritairement détenu par l'État ou des personnes morales de droit public [4]. En ce qui concerne les personnes morales de droit privé, une seule exclusion concerne les syndicats de copropriétaires [5].

Le domaine territorial d'intervention de l'A.G.S. est général. Il s'applique aux départements d'outre-mer, mais non aux territoires et collectivités territoriales d'outre-mer.

Les employeurs doivent assurer tous leurs salariés à l'A.G.S., peu important que l'on soit en présence de contrats de travail à durée déterminée ou indéterminée, à temps partiel ou à temps plein [6]. Si les apprentis bénéficient de la garantie, il n'en va pas de même, en revanche, des stagiaires [7].

---

1. Cass. soc., 16 déc. 1987, *Bull. civ.* V, n° 731.
2. Cass. soc., 16 déc. 1987, *Bull. civ.* V, n° 731.
3. Cass. soc., 6 nov. 1991, *Bull. civ.* V, n° 476.
4. Cass. soc., 29 févr. 2000, *D.* 2001, somm. 117, obs. F. Derrida ; *JCP E et A,* 2000, pan. rap. 687, arrêt statuant sur le cas d'une société de télévision et interprété comme constituant un revirement par rapport à l'arrêt du 16 décembre 1987.
5. Instr. UNEDIC n° 11-96, 21 févr. 1996, *JCP E,* 1996, pan. 338.
6. Ripert et Roblot, par Delebecque et Germain, *op. cit.*, n° 3101.
7. V. ainsi, pour les stages d'insertion à la vie professionnelle, dits SIVP, Cass. soc., 20 juin 1990, *Bull. civ.* V, n° 301 ; *D.* 1991, somm. 238, obs. A. Honorat ; *Rev. proc. coll.* 1991, 255, n° 9, obs. E. Kerckhove.

La qualité d'associé du salarié de la personne morale est indifférente au bénéfice de la garantie [1]. Il en est même ainsi de la qualité de dirigeant social, dès lors du moins qu'un véritable contrat de travail régulier a été conclu, ce qui postule spécialement le respect de la législation des sociétés commerciales pour le problème du cumul du mandat social avec le contrat de travail.

L'obligation de garantie s'étend aux travailleurs salariés détachés à l'étranger ainsi qu'aux travailleurs salariés expatriés. Il n'en est ainsi que si le salarié, travaillant à l'étranger, n'y a pas également été embauché [2]. Encore faut-il, cependant, pour que la garantie s'applique, que l'employeur n'ait pas son siège à l'étranger et que la procédure collective n'ait pas été ouverte à l'étranger. En ce cas, en effet, les institutions compétentes pour garantir le paiement des salaires sont celles du lieu d'ouverture de la procédure [3]. Il en ira cependant différemment et l'A.G.S. devra sa garantie si la décision étrangère d'ouverture de la procédure a fait l'objet d'une *exequatur* en France, dès lors que les salariés travaillant à l'étranger exercent ou exerçaient leur travail habituellement en France [4].

La Cour de justice des communautés a jugé que lorsque l'employeur est situé dans un état membre autre que celui dans lequel le salarié exerce son activité, en cas de procédure d'insolvabilité ouverte à l'étranger, sera compétente l'institution de l'État sur le territoire duquel s'exerçait le travail [5]. La directive 2002/74/CE des Communautés européennes du 23 septembre 2002 [6] a consacré la solution.

La garantie est due pour les salariés étrangers travaillant en France [7], et ceci alors même qu'ils n'auraient pas de titre de séjour [8], c'est-à-dire finalement pour les travailleurs en situation irrégulière.

La garantie est due dans le redressement et la liquidation judiciaire, non seulement pour les créances antérieures, mais aussi pour certaines créances postérieures. En revanche, dans la procédure de sauvegarde, la garantie n'est due que pour les créances postérieures au jugement d'ouverture. L'article L. 143-11-1 alinéa 2, du Code du travail procède à l'énoncé des créances garanties.

Le législateur fait bénéficier de la garantie de l'A.G.S. toutes les créances dues au jour du jugement d'ouverture. La jurisprudence considère que les créances doivent

---

1. Cass. soc., 28 juin 2000, *Dict. perm. difficultés des entreprises* 2002, 4 sept. 2000, p. 6236, v[is] *AGS — Garantie des paiements de créances salariales*, n° 15.
2. CA Paris, 26 nov. 1986, *D.* 1988, somm. 41, obs. A. Honorat.
3. Cass. soc., 2 oct. 2001, *Act. proc. coll.* 2001/18, n° 241, obs. C. Régnaut-Moutier ; rappr. Cass. soc., 20 janv. 1998, *Bull. civ. V, n° 25 ; JCP E,* 1998, II, 10086, note E. Kerckhove ; *LPA* 8 juin 1998, p. 17, note J.-L. Vallens, statuant sur l'hypothèse d'une procédure ouverte à l'étranger avec adhésion de l'employeur au système de garantie des salaires du pays d'ouverture de la procédure collective.
4. Cass. soc., 3 juin 2003, n° 00-45.948, *D.* 2004, somm. comm. 58, obs. L.-C. Henry ; *JCP, E,* 2004, jur. 155, p. 180, note F. Mélin ; *Rev. proc. coll.* 2003, 342, n° 10, obs. F. Taquet.
5. CJCE 16 déc. 1999, aff. n° C-198/98, *Everson et Barrass/Bell.*
6. Dir. 2002/74/CE, 23 sept. 2002, *JOCE L.* 270, 8 oct. 2002 ; *Act. proc. coll.* 2002/20, n° 265, obs. L. Fin-Langer ; *Rev. proc. coll. civ. et com.* 2002, 295 ; S. Dion-Loye, « Impact en droit français de la directive du 23 septembre 2002 relative à la protection des travailleurs salariés en cas d'insolvabilité de l'employeur », *LPA* 12 déc. 2003, n° 248, p. 42.
7. À l'exception cependant des départements d'outre-mer.
8. L'article L. 143-11-1 du Code du travail vise en effet l'article L. 341-6-1 du même code, lequel s'intéresse aux travailleurs dont la situation est irrégulière au regard du droit du travail, P. Le Cannu, *op. cit.*, n° 952 ; B. Soinne, *op. cit.*, n° 2269.

être nées en exécution du contrat de travail [1]. Il faut donc qu'il y ait un véritable contrat de travail ce qui n'est pas le cas d'un stage d'insertion à la vie professionnelle des jeunes (S. I. V. P.) [2]. Le contrat de travail ne devra pas être nul [3]. Mais peu importe que le travail ait effectivement commencé, dès lors que le contrat de travail est signé [4]. La garantie s'applique non seulement au salaire lui-même, mais aussi aux accessoires du salaire. Il en est ainsi par exemple de la prime de treizième mois [5].

Les frais de déplacement sont également couverts. Il en est de même de l'indemnité de congés payés [6]. La créance d'indemnité conventionnelle de départ à la retraite, qui se rattache au contrat de travail, est également couverte [7]. Il en est de même des créances représentatives de la contrepartie financière d'une clause de non-concurrence [8].

Les créances de dommages et intérêts dues au salarié en raison de l'exécution par l'employeur d'une obligation résultant du contrat de travail sont également couvertes [9]. Il en est de même de la créance de dommages et intérêts pour licenciement sans cause réelle et sérieuse [10].

Pour que la créance se rattache au contrat de travail, la créance doit avoir son origine dans le contrat de travail. Mais la Chambre sociale de la Cour de cassation a une acception très large de la notion. Toutefois, ne seront pas couvertes les sommes dues au titre de la liquidation d'une astreinte prononcée contre l'employeur pour non remise des bulletins de salaires [11], la créance de dommages et intérêts pour résistance abusive à l'exécution d'une décision de justice [12], ou encore la créance d'article 700 du nouveau Code de procédure civile [13] ou la créance de dépens [14] nées d'une instance opposant le salarié à l'employeur.

L'article L. 143-11-3 du Code du travail étend la garantie aux créances relatives à la participation des salariés aux résultats de l'entreprise. La garantie s'applique

1. Rappr. C. Saint-Alary-Houin, *op. cit.*, n° 623.
2. Cass. soc., 25 oct. 1990, *Bull. civ.* V, n° 498 ; *D.* 1991, somm. 238, obs. A. Honorat.
3. CA Paris, 29 mai 1997, *Rev. sociétés* 1997, 625, obs. Y. Guyon.
4. Cass. soc., 22 mars 1995, *Rev. proc. coll.* 1995, 496, obs. F. Taquet.
5. Cass. soc., 29 sept. 1992, *Gaz. Pal.* 1992, II, pan. 264. Cependant, une difficulté particulière se présente alors, car la créance de treizième mois ne naît qu'au 31 décembre de l'année pour laquelle elle est due. Elle ne sera donc pas née au jour du jugement d'ouverture intervenu la même année, Cass. soc., 14 mai 1997, *Bull. civ.* V, n° 172.
6. Cass. soc., 21 nov. 1989, *Bull. civ.* V, n° 674 ; *JCP E,* 1990, 15832, obs. P. Pétel ; *Rev. proc. coll.* 1990, 295, obs. E. Kerckhove.
7. Cass. soc., 12 avr. 1995, *Bull. civ.* V, n° 132 ; *D.* 1995, somm. 307, obs. A. Honorat ; *Rev. proc. coll.* 1995, 499, obs. F. Taquet.
8. V. ainsi, Cass. soc.,14 déc. 1999, *D.* 2001, somm. 121, obs. F. Derrida, statuant sur une telle clause, les échéances des créances étant devenues antérieures au jugement d'ouverture de la seconde procédure suite à la résolution d'un plan de cession.
9. Cass. soc., 2 mars 1999, *D.* 2001, somm. 119, obs. F. Derrida ; Cass. soc., 16 mars 1999, *Rev. proc. coll.* 1999, 161, n° 1, obs. F. Taquet ; *D.* 2001, somm. 119, obs. F. Derrida.
10. Cass. soc., 8 juin 1999, *D.* 2001, somm. 120, obs. F. Derrida.
11. Cass. soc., 7 nov. 1990, *Bull. civ.* V, n° 522.
12. Cass. soc., 8 oct. 2003, *Act. proc. coll.* 2003/18, n° 231.
13. Cass. soc., 2 mars 1999, *D.* 1999, IR p. 98 ; Cass. soc., 31 oct. 2000, *Act. proc. coll.* 2000/20, n° 260.
14. Cass. soc., 9 mars 2004, n° 02-40.616.

également aux arrérages de préretraite dus à un salarié ou un ancien salarié en application d'un accord professionnel ou interprofessionnel, d'une convention collective ou d'un accord d'entreprise [1]. Le départ à la retraite ne devra pas intervenir avant 55 ans.

L'A.G.S. garantit également, selon l'article L. 143-11-1, alinéa 2, 2e, du Code du travail, les créances résultant de la rupture des contrats de travail intervenant après le jugement d'ouverture. Il en sera d'abord ainsi si le licenciement intervient pendant la période d'observation. Il en sera de même si le licenciement intervient dans le mois suivant le plan de sauvegarde, de redressement ou de cession. Il en sera enfin ainsi si le licenciement intervient dans les quinze jours du jugement de liquidation, à défaut de poursuite provisoire de l'activité. Dans le cas contraire, le licenciement devra intervenir au cours de la période de poursuite d'activité. À défaut de respect de ces délais, l'A.G.S. ne devra pas sa garantie. Le salarié aura alors recours contre le mandataire de justice qui n'a pas été diligent [2].

L'article L. 143-11-1, alinéa 2, 2° *bis*, du Code du travail étend la garantie aux créances résultant de la rupture des contrats de travail des salariés auxquels a été proposée une convention de reclassement personnalisée. La convention aura dû être proposée pendant l'une des périodes au cours desquelles l'organe compétent devra procéder aux licenciements.

Enfin, l'article L. 143-11-2 du Code du travail pose une règle particulière pour les salariés protégés, qui tient compte de formalités supplémentaires pour procéder à leur licenciement. L'A.G.S. devra sa garantie si l'organe compétent pour procéder au licenciement a manifesté son intention de licencier le salarié protégé pendant l'une des périodes ci-dessus visées [3].

368. Intervention de l'A.G.S. *A priori*, l'intervention de l'A.G.S. est subsidiaire. Ce n'est que si les fonds disponibles dans l'entreprise sont insuffisants que l'A.G.S. sera tenue de faire les avances (C. trav., art. L. 143-11-7, al. 3). Cependant, curieusement au regard de ce principe de subsidiarité, la Cour de cassation considère que la garantie est due même si les fonds dans l'entreprise sont suffisants [4]. La loi de sauvegarde des entreprises, sans modifier le principe, pose une règle particulière dans la procédure de sauvegarde, pour tenir compte du fait que cette procédure est ouverte sans cessation des paiements. Le mandataire judiciaire doit justifier à l'A.G.S., lors de sa demande, que l'insuffisance de fonds disponibles est caractérisée (C. trav., art. L. 143-11-7, al. 3).

L'A.G.S. peut contester sa garantie, ainsi que le montant de son intervention.

Si une décision définitive de condamnation de l'employeur est intervenue avant le jugement d'ouverture, l'A.G.S. peut la frapper de tierce-opposition [5]. Si une décision

---

1. Pour une difficulté d'application : Cass. soc., 10 avr. 1991, *Bull. civ.* V, n° 175 ; *D.* 1993, somm. 75, obs. A. Honorat ; Cass. soc., 2 nov. 1993, *Gaz. Pal.* 1993, II, pan. 284.
2. Cass. soc., 18 nov. 1992, *Bull. civ.* V, n° 558 ; CA Paris, 2 juill. 1991, *D.* 1991, IR, 258.
3. Cass. soc., 3 oct. 2001, *Rev. proc. coll.* 2002, p. 109, n° 14, obs. F. Taquet.
4. Cass. soc., 10 déc. 1996, *Bull. civ.* V, n° 434.
5. CA, Paris, 3 juill. 1992, *Bull. inf. C. cass.* 1992, n° 1885.

fixant les droits du salarié a été rendue opposable à l'A.G.S. par la mise en cause de celle-ci dans l'instance, l'A.G.S. ne peut plus contester sa garantie [1].

L'A.G.S. contestera sa garantie en se fondant sur la qualité de l'employeur ou en contestant la qualité de salarié du bénéficiaire. L'A.G.S. pourra également contester sa garantie au regard du type de créances pour lesquels la garantie est sollicitée.

Si l'A.G.S. refuse sa garantie, elle doit le faire savoir au mandataire judiciaire ou au liquidateur, selon le cas. Aucun délai ne lui est imparti. Le mandataire de justice devra alors avertir le salarié concerné ainsi que le représentant des salariés. Il appartiendra alors au salarié d'agir contre l'A.G.S. Pour cela, il saisira sans délai [2] le bureau de jugement du conseil des prud'hommes [3] en mettant en cause le mandataire judiciaire ainsi que l'employeur ou l'administrateur et, en cas de liquidation, le liquidateur. Le salarié pourra se faire assister ou représenter par le représentant des salariés (C. com., art. L. 625-4, al. 3).

L'A.G.S. qui doit sa garantie est enfermée dans des délais pour procéder au règlement de ses avances. L'A.G.S. doit régler les créances super-privilégiées dans les cinq jours de la réception par elle des relevés de créances salariales, lesquels doivent être établis dans les dix jours du jugement d'ouverture. L'A.G.S. doit régler les autres créances antérieures dans les huit jours de la réception des relevés de créances salariales, ces relevés devant eux-mêmes être établis dans les trois mois du jugement d'ouverture.

L'A.G.S. doit régler les créances postérieures au jugement d'ouverture dans les trois mois suivant la période de garantie.

Les règlements doivent intervenir entre les mains du mandataire judiciaire ou du liquidateur, et non entre celles des salariés [4]. Toutes ces personnes sont tenues à un reversement immédiat. Le règlement devra intervenir indépendamment des contestations faites par des tiers.

Les avances ne bénéficient toutefois qu'aux créanciers salariés et non à ceux subrogés dans leurs droits.

La garantie est limitée à des plafonds. L'article L. 143-11-8 du Code du travail dispose que « *le montant maximum de la garantie prévue à l'article L. 143-11-8 du Code du travail est fixé par décret* ». Le décret n° 2003-684 du 24 juillet 2003 [5] est venu modifier l'article D. 143-2 du Code du travail afin de « juguler la dégradation financière de l'A.G.S. [6] accentuée par la généralisation du plafond 13 au détriment du plafond 4 » [7]. Désormais, les salariés ayant moins de six mois d'ancienneté ne pourront bénéficier que du plafond 4. Le plafond 13 est supprimé. Il est remplacé par

---

1. Cass. 2e civ., 21 sept. 2000, *Dict. perm. difficultés des entreprises, Bull.* 205, 2 nov. 2000, p. 6171, vis *AGS — Garantie de paiement des créances salariales*, n° 50.
2. Ripert et Roblot, par Delebecque et Germain, *op. cit.*, n° 3095.
3. Pour cette compétence exclusive, v. Cass. soc., 21 mars 1989, *D.* 1991, somm. 108, obs. F. Derrida ; *JCP E,* 1989, II, 15599, obs. P. Pétel.
4. Cass. soc., 18 oct. 1989, *JCP E,* 1990, 15768, n° 6, obs. P. Pétel ; Cass. soc., 21 mars 1990, *Bull. civ.* V, n° 133 ; Cass. soc., 30 mai 1990, *Bull. civ.* V, n° 253.
5. *JO* 27 juill. 2003, p. 12757.
6. Sur la question, v. B. Soinne, « L'AGS est-elle en faillite ? », *Rev. proc. coll.* 2003, p. 291.
7. C. Régnaut-Moutier, *Act. proc. coll.* 2003/14, n° 182.

les plafonds 5 [1] ou 6 [2]. Le plafond 5 s'appliquera aux salariés embauchés depuis plus de six mois et moins de deux ans. Le plafond 6, enfin, concernera les salariés ayant plus de deux ans d'ancienneté.

369. Remboursement des avances faites par l'A.G.S. Les paiements effectués par l'A.G.S. ne sont que des avances. Dès lors, l'A.G.S. ne peut jamais être condamnée au paiement, mais seulement à une avance [3].

Pour toutes les sommes avancées dans la procédure de sauvegarde, l'A.G.S. sera subrogée dans les droits des salariés (C. trav., art. L. 143-11-9-a).

L'A.G.S. qui a effectué ces avances est subrogée pour deux catégories de créances avancées dans le redressement et la liquidation judiciaires. La première est représentée par les créances super-privilégiées [4]. La seconde catégorie de créances pour lesquelles joue la subrogation est représentée par les créances postérieures à l'ouverture de la procédure. Pour les autres créances salariales avancées, l'A.G.S. n'est pas subrogée dans les droits des salariés qu'elle a payés. En conséquence, elle doit déclarer elle-même les créances dont elle est titulaire à l'encontre de l'employeur débiteur, dans des délais particuliers (sur ces derniers v. ss n° 408).

B. Les créanciers non salariés

Si l'on excepte les salariés, les exceptions à la règle de l'interdiction du paiement des créances non éligibles au traitement préférentiel tiennent d'abord à la volonté d'avantager certains créanciers antérieurs (I). Elles tiennent ensuite à la volonté d'améliorer le sort de certains créanciers postérieurs pourtant non éligibles au traitement préférentiel (II). Enfin, une dernière série d'exceptions tient à la volonté d'éviter une situation de blocage (III).

I. La volonté d'avantager certains créanciers antérieurs

Il s'agit d'abord de la compensation (1°). Il s'agit ensuite du paiement des chèques et des effets de commerce (2°).

1° La compensation

370. Principe d'interdiction de la compensation n'ayant pas joué au jour du jugement d'ouverture. La compensation est un mode extinctif des obligations réciproques à concurrence de la plus faible. Cette définition fait apparaître que la compensation opère ainsi un double paiement, qui vient contrarier la règle de l'interdiction du paiement des créances antérieures. En tant que telle, elle est donc par principe interdite. Pour qu'il en soit ainsi, cependant, encore faut-il qu'elle n'ait pas joué au jour du jugement d'ouverture, sous réserve en ce cas des nullités de la période suspecte, et plus spécialement des paiements par modes anormaux (v. ss n° 197).

---

1. Correspondant au 1er janvier 2005 à 50 320 euros.
2. Correspondant au 1er janvier 2005 à 60 384 euros.
3. Cass. soc., 11 juin 1992, *Bull. civ.* V, n° 384.
4. Cass. com., 6 juill. 1993, *D.* 1993, 530, note M. Ramackers ; *JCP E,* 1993, I, 298, n° 16, obs. M. Cabrillac.

La compensation légale est définie par l'article 1290 du Code civil comme celle qui « *s'opère de plein droit par la seule force de la loi, même à l'insu des débiteurs* ». Il y aura place à compensation légale lorsque créances et dettes réciproques sont toutes deux certaines, liquides et exigibles au plus tard la veille du jugement d'ouverture. En ce cas, la compensation légale ne pourra être remise en cause [1].

La compensation ayant joué au jour du jugement d'ouverture, il en résulte que la créance détenue sur la personne en sauvegarde, en redressement ou en liquidation judiciaire est éteinte. Il n'y a donc aucune créance à déclarer au passif du débiteur [2].

371. Jeu de la compensation après jugement d'ouverture. Si les conditions de la compensation légale ne sont pas réunies au jour du jugement d'ouverture, par principe, elle ne pourra plus jouer. Cependant, reprenant une solution de la législation antérieure, la jurisprudence sous l'empire de la loi du 25 janvier 1985, et en dehors de tout texte, avait admis le jeu de la compensation pour dettes connexes [3]. Cette jurisprudence a été officialisée par le législateur du 10 juin 1994. Cette solution est aujourd'hui reprise à l'article L. 622-7, alinéa 1, du Code de commerce. L'interdiction de payer les créances antérieures et les créances postérieures non éligibles au traitement préférentiel ne fait pas obstacle au paiement par compensation de dettes connexes.

La compensation pour dettes connexes qui jouera après jugement d'ouverture supposera l'existence d'une créance détenue sur la personne en sauvegarde, en redressement ou en liquidation judiciaire. La déclaration de créance s'impose. À défaut, sous l'empire de la législation antérieure à la loi de sauvegarde, la compensation s'avère impossible faute de créances et de dettes réciproques, du fait de l'extinction de la créance non déclarée [4]. La suppression par la loi de sauvegarde des entreprises de l'extinction de la créance non déclarée dans les délais ne doit pas conduire à changer la solution. En effet, en l'absence de déclaration de la créance, la créance est inopposable à la procédure. Faute pour l'intéressé créancier de pouvoir se présenter comme créancier dans la procédure collective, il ne pourra donc exhiber une créance en face de la dette qu'il lui est demandé de payer. La compensation sera donc, à notre sens, impossible.

---

1. Cass. com., 19 déc. 1989, *D.* 1991, 60, obs. J.-P. Sortais ; Cass. com., 24 oct. 1995, *Bull. civ.* IV, n° 252 ; 5 déc. 1995, *RTD com.* 1996, 530, obs. A. Martin-Serf.
2. Cass. com., 17 mai 1994, *Bull. civ.* IV, n° 178 ; Cass. com., 3 juin 1997, *JCP* 1997, II, 22891, rapp. J. P. Rémery ; Cass. com., 20 janv. 1998, *Dict. perm. difficultés des entreprises Bull.* 169, 17 mars 1998, v° *Compensation*, n° 55.
3. Cass. com., 19 mars 1991, *Bull. civ.* IV, n° 105 ; *D.* 1991, 542, note Gubac ; *JCP* 1991, II, 21726, note J. F. Montredon ; *JCP E,* 1991, 174, note D. Legeais et I, 73, n° 23, obs. M. Cabrillac et P. Pétel ; *RD bancaire et bourse* 1991, 155, obs. M. J. Campana et Calendini ; *Rev. proc. coll.* 1991, 211, obs. C. Saint-Alary-Houin ; *D.* 1992, somm. 257, obs. F. Derrida.
4. Cass. com., 15 oct. 1991, *Bull. civ.* IV, n° 290 ; *RD bancaire et bourse* 1992, 37, obs. M.-J. Campana et Calendini ; Cass. com., 25 mai 1993, *D.* 1993, IR, 165 ; Cass. com., 22 févr. 1994, *Bull. civ.* IV, n° 70 ; *D.* 1995, 27, note A. Honorat et M. Romani ; *JCP* 1994, II, 22267, rapp. J.-P. Remery ; Cass. com., 6 févr. 1996, *Bull. civ.* IV, n° 39 ; *D.* 1997, somm. 77, obs. A. Honorat ; *JCP E,* 1996, pan. 488 ; Cass. com., 12 nov. 1996, *RJDA* 1997, 267 ; Cass. com., 28 mai 1997, *D. Affaires* 1997, 900 ; Cass. com., 14 nov. 2000, *Act. proc. coll.* 2001/1, n° 7, note J. Vallansan ; Cass. com., 21 nov. 2000, *Gaz. Pal.* 5 et 6 janv. 2001, pan. 21 ; Cass. com., 3 avr. 2001, *Act. proc. coll.* 2001/10, n° 120 , Cass. com., 9 oct. 2001, *RJDA* 2002/2, n° 174, p. 145 ; Cass. com., 7 janv. 2003, n° 00-10.630, LXB n° A6012A4G ; Cass. com., 4 oct. 2005, n° 04-15.911.

La jurisprudence admet que le créancier puisse opposer le principe de la compensation pour refuser le paiement qui lui est demandé, nonobstant les délais du plan [1].

La question la plus délicate de la matière est celle de la détermination de la notion de dettes « connexes ». Le législateur a en effet observé ici le mutisme. La notion de connexité est une notion sur l'existence de laquelle la Cour de cassation exerce son contrôle [2]. La jurisprudence admet la compensation lorsque les parties ont des créances et dettes réciproques issues d'un contrat synallagmatique [3]. L'article L. 622-13, alinéa 5, du Code de commerce constitue d'ailleurs une illustration de la compensation pour dettes connexes entre dette de dommages et intérêts pour inexécution et dette de restitution d'acompte en sens inverse.

En dehors de dettes issues d'un contrat synallagmatique, la jurisprudence admet le jeu de la compensation si les contrats ayant fait naître les dettes réciproques, bien que distincts, s'inscrivent dans le « cadre du développement de la relation d'affaires ». C'est la notion d'opération économique globale [4], ou encore d'ensemble contractuel unique [5] ou de contrats économiquement liés [6].

Les créances et dettes réciproques doivent avoir un même fondement. La compensation sera en conséquence rejetée si l'une des créances est d'origine contractuelle, l'autre d'origine délictuelle [7] ou quasi contractuelle [8].

---

1. Cass. com., 24 oct. 1995, *Bull. Joly* 1996, 154, note M. H. Monserié ; Cass. com., 25 mars 1997, *RJDA* 1997, 960.
2. V. sous l'empire de la loi du 13 juillet 1967, Cass. com., 22 juin 1983, *Bull. civ.* IV, n° 186 ; *D.* 1983, 560, obs. A. Honorat ; *adde* : Calendini, « La compensation des créances connexes dans le redressement judiciaire », *Banque et droit* 1992, 76, spéc. n°s 15 et s.
3. V. par exemple, en matière de bail, la question du dépôt de garantie, P.-M. Le Corre, « Dépôt de garantie et compensation dans les procédures collectives », *AJDI* 2003/10, p. 657.
4. Cass. com., 9 nov. 1982, *D.* 1983, 466, note A. Honorat ; *RTD civ.* 1983, 356, obs. Remy ; Cass. com., 10 sept 1989, *Bull. civ.* IV, n° 153. Sous l'empire de la loi du 25 janvier 1985, Cass. com., 19 mars 1991, *Bull. civ.* IV, n° 105 ; *D.* 1991, 542, note Gubac ; *JCP* 1991, II, 21726, note J. F. Montredon et *JCP E,* 1991, II, 174, note D. Legeais ; et I, 73, n° 23, obs. M. Cabrillac et P. Pétel ; *RD bancaire et bourse* 1991, 155, obs. M.-J. Campana et Calendini ; *Rev. proc. coll.* 1991, 211, obs. C. Saint-Alary-Houin ; *D.* 1992, somm. 257, obs. F. Derrida ; *RJ com.* 1992, 25, note M. Pédamon ; Cass. com., 5 avr. 1994, *Bull. civ.* IV, n° 142 ; *RJ com.* 1995, 113 ; *D.* 1995, somm. 215, obs. A. Honorat ; Cass. com., 12 avr. 1995, *Juris-data* n° 003698 ; Cass. com., 9 mai 1995, *Bull. civ.* IV, n° 130 ; *D.* 1996, 322, note M. Loiseau ; *JCP E,* 1995, II, 702, rapp. J. P. Rémery ; *RTD com.* 1996, 342, obs. A. Martin-Serf ; *RTD civ.* 1996, 164, obs. J. Mestre ; *RD bancaire et bourse* 1995, 221, obs. M.-J. Campana et Calendini ; Cass. com., 12 déc. 1995, *Bull. civ.* IV, n° 293 ; *RD bancaire et bourse* 1996, 64, obs. M.-J. Campana et Calendini ; Cass. com., 4 juin 1996, *RTD civ.* 1997, 135, obs. J. Mestre ; Cass. com., 1er avr. 1997, *Dr. sociétés* 1997, comm. 102, obs. Y. Chaput ; Cass. com., 6 mai 1997, *JCP* 1997, IV, 1351 ; Cass. com., 13 oct. 1998, *Dict. perm. difficultés des entreprises, Bull.* 177, 10 nov. 1998, 6640, v° *Compensation*, n° 53 ; Cass. com., 23 nov. 1999, *Act. proc. coll.* 2000/1, n° 8.
5. Cass. com., 16 oct. 2001, *Rev. proc. coll.* 2002, 179, n° 13, obs. Ch. Lebel ; Cass. com., 8 oct. 2003, n° 02-13.727.
6. Cass. civ. 3e, 4 juin 2003, n° 01-17.762, *Act. proc. coll.* 2003/13, n° 172 ; *RD banc. et fin.* 2003/5, p. 294, n° 194, obs. F.-X. Lucas ; *LPA* 18 févr. 2004, n° 35, p. 4, note E. Mouial-Bassilana.
7. V. ainsi rejetant la compensation entre une dette de loyer née d'un bail et la dette de dommages et intérêts pour négation abusive du droit au bail, de nature délictuelle, Cass. com., 22 avr. 1997, *Bull. civ.* IV, n° 101 ; *Dr. sociétés* 1997, comm. 102, obs. Y. Chaput ; *JCP* 1997, I, 4054, n° 18, obs. P. Pétel.
8. Cass. com., 29 avr. 2003, n° 00-16.127.

En outre, de manière classique, la jurisprudence admet le jeu de la compensation pour dettes connexes si les créances et dettes réciproques résultent d'un compte unique. Les conventions bancaires de fusion de comptes ou d'unité de compte permettent ainsi le jeu de la compensation [1].

2° Paiement des chèques et des effets de commerce

372. Paiement des chèques et des effets de commerce. En matière de chèques, le transfert de provision est réalisé par l'émission du chèque, c'est-à-dire sa création et sa mise en circulation [2]. La procédure collective du tireur du chèque, postérieurement à l'émission, ne fait pas obstacle au paiement du chèque [3]. Cependant, si le chèque revient impayé, une difficulté se présente. En effet, depuis la réforme des voies d'exécution, le créancier peut obtenir un certificat de non-paiement valant titre exécutoire. Cette possibilité continue-t-elle à lui être reconnue après jugement d'ouverture ? L'admettre contrarierait la règle de l'arrêt des voies d'exécution.

En matière de lettre de change, il faut distinguer. Si la traite n'est pas acceptée, le tireur en reste le débiteur principal. L'existence de la provision avant jugement d'ouverture autorisera le paiement après celui-ci. En outre, l'article L. 511-38 du Code de commerce autorise le porteur à réclamer le paiement avant l'échéance à ses garants, en cas de faillite du tireur. Au contraire, si la traite a été acceptée, la provision est sortie définitivement du patrimoine du tireur. Peu importera sa procédure collective ultérieure [4]. En cas de faillite du tiré, l'article L. 511-38 du Code de commerce autorise le porteur de l'effet à poursuivre le garant, même avant l'échéance.

II. Exceptions au principe d'interdiction du paiement des créances postérieures non éligibles au traitement préférentiel

373. Créances postérieures de nature alimentaire ou correspondant aux besoins de la vie courante. Le Code de commerce excepte deux catégories de créances de nature postérieure non éligibles au traitement préférentiel dont le paiement reste possible : les créances alimentaires et les créances correspondant aux besoins de la vie courante du débiteur personne physique.

La première catégorie est celle des créances alimentaires. La solution posée par l'article L. 622-7, alinéa 1, du Code de commerce fait naître un problème d'interprétation, qu'avait pourtant entendu éviter le législateur. Celui-ci, en posant l'exception, avait cru faire écho à une jurisprudence de la Cour de cassation qui a posé en règle que la créance de pension alimentaire, qui fait naître à la charge du débiteur en procédure collective, une dette personnelle, n'a pas à être déclarée au passif et son

---

1. Cass. com., 14 déc. 1981, *Bull. civ.* IV, n° 440 ; *D.* 1982, IR, 335, obs. M. Vasseur.
2. Cass. com., 18 déc. 1990, *D.* 1991, somm. 276, obs. Chr. Gavalda ; *Banque* 1991, 870, obs. J.-L. Rives-Lange ; Cass. com., 18 oct. 1994, *RD bancaire et bourse* 1994, 263, obs. F. J. Crédot et Y. Gérard.
3. Cass. com., 18 déc. 1990, préc. ; Cass. com., 16 juin 1992, *JCP* 1992, IV, 260.
4. V. Sur cette question, Cass. com., 4 janv. 2005, n° 01-16.827, *Gaz. proc. coll.* 2005/1, p. 42, n° 2, obs. R. Bonhomme.

paiement peut être assuré par le débiteur sur les biens dont il conserve la disposition [1] sans préjudice cependant de la possibilité, pour le créancier d'aliment, de déclarer sa créance au passif pour participer aux répartitions et dividendes, en se soumettant alors aux règles de la procédure collective [2]. La solution est identiquement applicable aux créances de prestation compensatoire au motif qu'elles présentent pour partie un caractère alimentaire [3]. Le législateur, en réalité a fait naître une difficulté car loin de faire écho à cette jurisprudence, il fait désormais naître la question de savoir si la solution n'a vocation à jouer que pour les dettes de nature alimentaire postérieures au jugement d'ouverture ou aussi pour celles antérieures audit jugement. La logique voudrait que l'on ne distingue pas et que la solution jurisprudentielle, que le législateur a voulu consacrer, demeure.

Le code excepte également du principe d'interdiction du paiement des créances postérieures non éligibles au traitement préférentiel une deuxième catégorie : celles des dettes correspondant aux besoins de la vie courante du débiteur personne physique. La dette ne devra pas être somptuaire et doit permettre au débiteur de vivre au quotidien. Il s'agit, par exemple, d'assurer son logement et les dettes y afférentes. Il peut encore être question du véhicule familial.

Curieusement, si le législateur autorise le paiement de telles dettes, en revanche, il n'ouvre pas au créancier une action en paiement. En revanche, il dispense le créancier postérieur d'aliments de l'obligation de déclarer sa créance au passif (C. com., art. L. 622-24, al. 5), cependant qu'il ne pose pas la même dispense pour le créancier titulaire d'une créance correspondant aux besoins de la vie courante du débiteur.

---

1. Cass. com., 8 oct. 2003, n° 00-14.760, *D.* 2003, AJ, 2637, obs. A. Lienhard ; *D.* 2004, somm. comm. 54, obs. F.-X. Lucas, et somm. comm. 1965, obs. A. Denis-Fatôme ; *Act. proc. coll.* 2003/18, n° 230, note M. Storck ; *JCP E,* 2004, chron. 212, p. 227, n° 12, obs. M. Cabrillac et Ph. Pétel ; *JCP* 2004, II, 10012, note S. Becqué-Ickowicz ; *JCP N,* 2004, 1243, note I. Fosset-Lefebvre ; *Dr. fam.* 2003, n° 132, note H. Lécuyer ; *RJPF* 2003/12, p. 24, note S. Valory ; *Rev. proc. coll.* 2003, p. 353, n° 2, obs. M.-P. Dumont ; *Dr. et proc.* 2004/2, p. 87, note P. Crocq ; *LPA* 17 févr. 2004, n° 34, p. 7, note A.-F. Zattara et *LPA* 3 mai 2004, n° 88, p. 16, note J. Massip ; *JCP E,* 2004, jur. 336, p. 376, note S. Becqué-Ickowicz ; *Rev. proc. coll.* 2004, p. 22, note I. Fosset-Lefebvre ; *Rev. proc. coll.* 2004, p. 242, n° 1, obs. C. Saint-Alary-Houin ; *Gaz. Pal.* jur. 2 à 4 nov. 2003, p. 3, note P.-M. Le Corre ; *Gaz. Pal.* 7 juill. 2004, n° 135, p. 15, note A. Flasaquier ; *RTD com.* 2004, p. 368, n° 1, obs. A. Martin-Serf ; LXB n° N9277AAT, note P.-M. Le Corre.

2. Cass. com., 13 juin 2006, n° DS-17.081, arrêt n° 785 FS-P+B+I+R.

3. Cass. com., 8 oct. 2003, n° 99-21. 682 ; *D.* 2003, AJ, 2637, obs. A. Lienhard ; *D.* 2004, somm. comm. 1965, obs. A. Danis-Fatôme ; *Act. proc. coll.* 2003/18, n° 230, note M. Storck ; *RJ pers. et fam.* 2003/12, p. 24, note S. Valory ; *JCP E* chron. 202, p. 227, n° 12, obs. M. Cabrillac et Ph. Pétel ; *Rev. proc. coll.* 2003, 353, n° 2, obs. M.-P. Dumont ; *Dr. et procédures* 2004/2, p. 87, note P. Crocq ; *LPA* 17 févr. 2004, n° 34, p. 7, note A.-F. Zattara et *LPA* 3 mai 2004, n° 88, p. 16, note J. Massip ; *JCP E,* 2004, Jur. 336, p. 376, note S. Becqué-Ickowicz ; *JCP N* 2004, 1243, note I. Fosset-Lefebvre ; *Rev. proc. coll.* 2004, p. 22, note I. Fosset-Lefebvre ; *Rev. proc. coll.* 2004, 242, n° 1, obs. C. Saint-Alary-Houin ; *Gaz. Pal.* 7 juill. 2004, n° 135, p. 15, note A. Flasaquier ; *RTD com.* 2004, 368, n° 1, obs. A. Martin-Serf ; *adde* : Cass. com., 19 nov. 2003, n° 01-00. 431, *Act. proc. coll.* 2004/2, n° 19 ; Cass. com., 30 juin 2004, n° 03-12. 002 ; Cass. com., 30 juin 2004, n° 03-10. 986 ; Cass. com., 1er févr. 2005, n° 01-13.943, *D.* 2005, AJ, 490, obs. A. Lienhard ; *Act. proc. coll.* 2005/4, n° 44, note L.-C. Henry ; *Gaz. proc. coll.* 2005/1, p. 33, n° 3-1, obs. P.-M. Le Corre ; Cass. com., 30 mars 2005, n° 03-20.424 ; Cass. com., 10 mai 2005, n° 03-10.971, *Gaz. proc. coll.* 2005/3, p. 53, obs. F. Vauvillé ; Cass. com., 15 nov. 2005, n° 04-17.112, arrêt n° 1438 F-D.

III. Exceptions à la règle de l'interdiction du paiement des créances antérieures destinées à l'éviction d'une situation de blocage

374. Blocage d'une action en revendication au titre d'une clause de réserve de propriété par le paiement. L'article L. 624-16 du Code de commerce énonce les conditions sous lesquelles un vendeur sous clause de réserve de propriété peut reprendre possession des biens vendus dans la faillite de son acheteur.

La créance de prix de vente est une créance antérieure au jugement ouverture dès lors que la délivrance de la chose est elle-même antérieure (v. ss n° 207). En conséquence, par principe, l'acheteur, son administrateur ou le liquidateur ne peuvent payer cette créance. Cependant, la règle peut être préjudiciable à l'entreprise ou aux créanciers de celle-ci. C'est pourquoi le législateur prévoit à l'article L. 624-16, alinéa 4, du Code de commerce qu'il n'y a pas lieu à revendication si le prix est payé immédiatement. Une autorisation du juge-commissaire comparable à celle existant pour le paiement de la chose retenue ou gagée (C. com., art. L. 622-7, al. 3 — v. ss n° 376) est nécessaire. Le vendeur, mais aussi le prêteur subrogé dans ses droits, peuvent accorder des délais de paiement, qui devront figurer dans l'ordonnance du juge-commissaire. Le paiement du prix est alors assimilé à celui d'une créance née régulièrement après le jugement d'ouverture et bénéficiant du traitement préférentiel. Par une fiction légale, la règle de l'interdiction du paiement des créances antérieures est ainsi tournée.

375. Paiement de la créance antérieure pour la levée de l'option d'achat d'un contrat de crédit-bail. La question de la levée de l'option d'achat d'un contrat de crédit-bail est réglée par le législateur en cas de plan de sauvegarde et de redressement (v. ss n° 263) et en cas de plan de cession (v. ss n° 302). En revanche, curieusement, le législateur est resté muet dans l'hypothèse où le contrat de crédit-bail arrive à terme en période d'observation ou en phase de liquidation judiciaire. La question est cependant d'importance car, à défaut de levée d'option d'achat, la restitution du bien crédit-baillé au crédit-bailleur s'imposera, privant l'entreprise d'un bien qui pourrait lui être utile pendant la période d'observation et pouvant rendre ensuite impossible son redressement ou privant, le cas échéant, les créanciers de la procédure collective du produit de la vente d'un actif qui aurait pu être acquis à moindre frais par le liquidateur.

Pour sortir de l'impasse apparente résultant, d'une part, de l'obligation de payer l'intégralité des sommes dues au titre du contrat pour pouvoir lever l'option d'achat, selon les stipulations contractuelles qu'il faut nécessairement respecter dans le cadre de la continuation du contrat en cours, et d'autre part, de la règle de l'interdiction du paiement des créances antérieures, il semble que le recours au juge-commissaire s'impose. La Cour de cassation a en tout cas nettement jugé que l'interdiction de payer n'équivalait pas au paiement et que, faute de paiement, la levée de l'option d'achat se révélait impossible [1]. Identiquement, la Cour de cassation a décidé que la

---

1. Cass. com., 26 nov. 2002, *D.* 2003, jur. 22, note P.-M. Le Corre ; *Act. proc. coll.* 2003/2, n° 14, obs. J.-Ch. Boulay ; *Dr. et proc.* 2003/3, p. 161, obs. P. Crocq ; *JCP E*, 2003, chron. 760, p. 852, n° 11, obs. Ph. Pétel ; *Rev. proc. coll.* 2003, p. 236, n° 3, obs. Ph. Roussel Galle.

levée d'option est impossible à défaut de paiement de loyers postérieurs au jugement d'ouverture [1].

Une transaction nous semble pouvoir intervenir [2], sur la base de l'article L. 622-7, alinéa 4, du Code de commerce qui consisterait pour le crédit-bailleur à renoncer à la reprise du bien, en contrepartie, pour l'administrateur ou le chef d'entreprise, du paiement des créances restées impayées avant jugement d'ouverture. À défaut d'ordonnance du juge-commissaire, la levée de l'option ne pourra intervenir car le contrat ne pourra être continué aux conditions prévues, spécialement pour la levée d'option d'achat puisque des créances antérieures seraient restées impayées et que, en outre, le paiement ne pourrait intervenir sauf à violer la règle posée par l'article L. 622-7, laquelle est au demeurant relayée sur le terrain pénal.

En situation de liquidation judiciaire, une distinction s'impose. En cas de poursuite provisoire de l'activité, il y aura possibilité pour le liquidateur, pendant cette période, de lever l'option d'achat du crédit-bail. Cependant, ici encore, il devra acquitter l'intégralité des créances antérieures. N'ayant pas ce droit, il devra pour cela se faire autoriser par le juge-commissaire, par voie d'ordonnance. Seule la voie de la transaction est concevable. Le crédit-bailleur devra donc donner son accord. Si les sommes en jeu dépassent le taux du ressort, la transaction autorisée par le juge-commissaire devra faire l'objet d'une homologation par le tribunal.

En dehors de la poursuite provisoire d'activité, même si le contrat ne se trouve pas résilié par le prononcé de la liquidation judiciaire, il n'apparaît pas possible de le continuer (v. ss n° 166). La levée d'option d'achat n'apparaît pas concevable [3]. En outre, l'interdiction de payer les créances antérieures, qui existe également en liquidation judiciaire, fera obstacle à la levée d'option d'achat si des loyers sont impayés à l'ouverture de la procédure collective.

376. Paiement de la créance antérieure pour retirer le gage ou la chose retenue. L'article L. 622-7, alinéa 3, du Code de commerce énonce que « *le juge-commissaire peut les* [le chef d'entreprise ou l'administrateur judiciaire] *autoriser à payer des créances antérieures au jugement, pour retirer le gage ou une chose légitimement retenue, lorsque ce retrait est justifié par la poursuite de l'activité* ».

Gage et droit de rétention sont ici placés sur un même plan. Le droit de rétention pourra donc exister indépendamment du gage. En revanche, seul le gage avec droit de rétention est concerné [4]. À défaut il n'y a pas de chose retenue et, par voie de conséquence, pas de droit de rétention à éteindre en contrepartie d'un paiement. La solution a ainsi été posée en matière de gage sur matériel et outillage [5]. En revanche, il n'y aura pas à distinguer selon que le gage est assorti d'un droit de rétention réel

---

1. Solution posée en liquidation judiciaire : Cass. com., 7 juill. 2004, n° 02-14.866.
2. *Contra* : M. Cabrillac, obs. sous Cass. com., 26 nov. 2002, *JCP E*, 2003, chron. 760, p. 853, n° 11.
3. CA Nancy, 2e ch., 18 mars 1998, *D. Affaires* 1998, 1114, note E. Le Corre-Broly.
4. Rappelons que, depuis l'ordonnance du 23 mars 2006, la dépossession n'est plus de l'essence du gage, l'opposabilité du gage pouvant être assurée par une simple publicité (cf. C. civ., art. 2337, nouv.).
5. Cass. com., 4 janv. 2005, n° 02.10.511, *D.* 2005, Jur. 970, note A. Aynès ; *D.* 2005, AJ, 430, obs. A. Lienhard ; *D.* 2005, somm. comm. 2018, obs. F.-X. Lucas ; *Gaz. proc. coll.* 2005/1, p. 31, n° 2-2,

ou fictif. Le droit de rétention peut d'ailleurs ne porter que sur des documents administratifs [1]. La jurisprudence admet ainsi l'efficacité du droit de rétention sur des cartes grises indépendamment de l'inscription du gage sur véhicule automobile [2]. En ce cas, le créancier ne peut entrer en possession des biens eux-mêmes, sauf prévision contractuelle [3].

En situation de période d'observation, l'administrateur judiciaire ou, en son absence, le chef d'entreprise présentera une requête au juge-commissaire pour être autorisé à retirer le bien. En cas de liquidation judiciaire, cette tâche appartiendra au liquidateur.

L'autorisation de procéder au retrait pourra être antérieure à l'admission de la créance. Cependant, si la créance est ensuite rejetée, le créancier rétenteur ou gagiste devra nécessairement restituer le paiement reçu.

Ce paiement est exclusif de l'ordre dans lequel s'exercent les privilèges. Fondamentalement, il ne s'agit pas de payer un créancier prioritaire par rapport à d'autres, mais d'éteindre un droit de rétention. La situation de fait justifie la mise hors concours du créancier rétenteur, gagiste ou non.

Si, après le jugement d'ouverture, la créance non éligible au traitement préférentiel réservé aux créances postérieures ne peut plus évoluer en montant à la baisse du fait de l'interdiction de son paiement, la créance antérieure ne peut davantage évoluer à la hausse. La raison en est trouvée dans la règle de l'arrêt du cours des intérêts.

§ 2. L'arrêt du cours des intérêts

L'article L. 622-28, alinéa 1, du Code de commerce pose le principe de l'arrêt du cours des intérêts (A), en réservant des exceptions (B).

A. Le principe de l'arrêt du cours des intérêts

377. Principe de l'arrêt du cours des intérêts. Selon l'article L. 622-28, alinéa 1, du Code de commerce, « *le jugement d'ouverture arrête le cours des intérêts légaux et conventionnels, ainsi que de tous intérêts de retard et majorations, à moins qu'il ne s'agisse des intérêts résultant de contrats de prêt conclus pour une durée égale ou supérieure à un an ou de contrats assortis d'un paiement différé d'un an ou plus* ».

---

obs. D. Voinot ; *JCP E* 2005, chron 639, p. 709, n° 8, obs. M. Cabrillac ; *JCP E* 2005, chron. 915, p. 1008, n° 20, obs. Ph. Delebecque ; *RTD com.* 2005, 408, n° 6, obs. B. Bouloc ; LXB n° N4887ABM, note P.-M. Le Corre.

1. V. E. Le Corre-Broly, « Le droit de rétention sur documents d'immatriculation », *D. Affaires* 1998, 1802 et s., et 1838 et s.

2. Cass. com., 22 mars 2005, n° 02-12.881, *D.* 2005, somm. comm. 2089 ; *JCP* 2005, I, 135, n° 17, obs. Ph. Delebecque ; *JCP E* 2005, chron. 915, p. 1007, n° 17, obs. Ph. Delebecque.

3. V. ainsi, Cass. com., 11 juill. 2000, *JCP E* 2000, chron. 1708, n° 16, obs. P. Delebecque et P. Simler ; *D.* 2001, somm. 465, obs. S. Piedelièvre.

Le fondement du texte doit être recherché dans l'idée de simplification de la procédure collective et plus spécialement des règles de répartition [1].

Il n'est pas distingué selon que la créance est chirographaire ou privilégiée, et la règle a donc vocation à s'appliquer aux créances salariales [2].

La règle s'applique non seulement aux intérêts conventionnels, mais aussi aux intérêts moratoires [3]. On réservera cependant les majorations fiscales et sociales de retard dues avant jugement d'ouverture, qui sont écartées par application des articles 1740 *octies* du Code général des impôts, L. 243-5 du Code de la sécurité sociale et L. 1143-2 du Code rural. Encore faut-il qu'il s'agisse de sommes dues à des organismes de sécurité sociale, ce qui n'est pas le cas d'une caisse de congés payés [4].

La règle ne concerne que les intérêts courant après jugement d'ouverture. Ceux ayant couru avant jugement d'ouverture devront être déclarés et ne pourront être remis en cause [5].

Le texte ne concerne pas les clauses d'indexation [6] ou les clauses pénales [7].

L'arrêt du cours des intérêts ne concerne, sous l'empire de la législation antérieure à la loi de sauvegarde des entreprises, que les seuls créanciers antérieurs, et non point les créanciers postérieurs [8]. La solution n'a pas été modifiée par la loi de sauvegarde des entreprises, alors même que cette législation soumet les créanciers postérieurs non éligibles au traitement préférentiel à la règle de l'interdiction des paiements et à l'obligation de déclarer leurs créances au passif. Ainsi, l'assimilation de cette variété de créanciers à des créanciers postérieurs n'est-elle pas complète. Il est d'ailleurs singulier de ne pas arrêter le cours des intérêts à propos de créances ne pouvant pourtant pas être payées.

La règle de l'arrêt du cours des intérêts ne concerne, dans la procédure de redressement ou de liquidation judiciaire, que les rapports du créancier et du débiteur, non ceux du créancier et de la caution. Une solution différente a été posée dans la procédure de sauvegarde (v. ss n° 388).

La règle déborde la phase de période d'observation et s'applique en liquidation judiciaire. La solution résulte de l'article L. 641-3, alinéa 1, du code. Le fait que le texte vise un « arrêt du cours des intérêts », non une suspension, conduit à décider que

1. B. Soinne, *op. cit.*, n° 1986 ; P. Pétel, *op. cit.*, n° 208 ; F. Pérochon et R. Bonhomme, *op. cit.*, n° 186 ; E. Kerckhove, *op. cit.*, n° 538.
2. Cass. soc., 13 janv. 1999, *Act. proc. coll.* 1999/4, n° 57 ; — Cass. soc., 9 juill. 2003, n° 01-44.196.
3. Cass. com., 8 juin 1999, *Act. proc. coll.* 1999/16, n° 217.
4. Cass. soc., 11 juin 2003, n° 01-15.724, *Rev. proc. coll.* 2003, 343, n° 15, obs. F. Taquet.
5. Cass. com., 3 févr. 1999, *Act. proc. coll.* 1999/6, n° 81.
6. B. Soinne, *op. cit.*, n° 1988 ; Derrida, Godé et Sortais, *op. cit.*, note 2405 ; Y. Chaput, *op. cit.*, n° 524 ; C. Saint-Alary-Houin, *op. cit.*, n° 777 ; P. Le Cannu, *op. cit.*, n° 905 ; E. Kerckhove, *op. cit.*, n° 538.
7. CA Rennes, 28 juill. 1987, *Gaz. Pal.* 1987, II, 615, note X. Massart ; CA Angers, 27 nov. 1989, *RJ com.* 1990, 344, 1re esp., note Calendini ; B. Soinne, *op. cit.*, n° 1996 ; Y. Chaput, *op. cit.*, n° 524 ; C. Saint-Alary-Houin, *op. cit.*, n° 777 ; P. Le Cannu, *op. cit.*, n° 905 ; Derrida, Godé et Sortais, *op. cit.*, note 2405 ; E. Kerckhove, *op. cit.*, n° 538.
8. Cass. com., 11 juill. 1995, *Bull. civ.* IV, n° 210 ; *Quot. jur.* 5 oct. 1995, p. 4. ; *D.* 1996, somm. 222 obs. F. Pérochon ; Cass. com., 20 juin 2000, *JCP E* 2001, chron. 220, n° 14, obs. M. Cabrillac ; *adde : Soinne, n° 1991 ; Juris.-Cl. com.*, J. Vallansan, fasc. 2362, (Redressement et liquidation judiciaires — Situation des créanciers), n° 11 ; obs. Pérochon et Bonhomme, n° 186.

la règle continue à jouer en phase d'exécution d'un plan de sauvegarde ou de redressement [1]. L'arrêt du cours des intérêts dure donc ce que dure la procédure collective [2].

B. Les exceptions à la règle de l'arrêt du cours des intérêts

378. Exceptions à la règle de l'arrêt du cours des intérêts. L'article L. 622-28, alinéa 1, du Code de commerce prévoit que la règle de l'arrêt du cours des intérêts est écartée pour les titulaires de « *contrats de prêt conclus pour une durée égale ou supérieure à un an* », ainsi que les titulaires « *de contrats assortis d'un paiement différé d'un an ou plus* ». Il s'agit ici de favoriser les crédits à moyen terme par rapport aux crédits à court terme [3]. L'interprétation stricte du texte d'exception s'impose. En conséquence, il faudra qu'il s'agisse de prêts au sens strict ou d'opérations assorties d'un paiement différé d'un an ou plus. Les opérations de crédit-bail seront exclues [4], à moins que l'exigibilité du premier loyer ne soit différée d'au moins un an. Il en est de même des ouvertures de crédit à durée indéterminée [5]. Au contraire, l'ouverture de crédit à durée déterminée au moins égale à un an permet de bénéficier de l'exception à la règle de l'arrêt du cours des intérêts [6].

Seule la durée stipulée est prise en compte, non la durée restant à courir. Un prêt conclu pour une durée initiale de six mois n'autorisera pas le prêteur à bénéficier de la continuation du cours des intérêts, en dépit d'un avenant de report d'échéances pour une durée totale de plus d'un an [7].

La continuation du cours des intérêts joue tant dans les rapports du créancier et du débiteur, que dans ceux du créancier et de la caution.

La continuation du cours des intérêts jouera en toutes phases de la procédure. Une difficulté particulière se présente toutefois en cas de plan de sauvegarde ou de redressement. *A priori*, le plan ne peut pas prévoir qu'un créancier bénéficiant du cours des intérêts sera privé de ceux-ci. Il y aurait là, à notre sens, excès de pouvoir. La suppression des intérêts s'analyse en effet en une remise prohibée [8].

---

1. Sur cette solution, pour un plan de continuation, Cass. soc., 10 déc. 1996, *Dr. sociétés* 1997, n° 7, obs. Y. Chaput.
2. Y. Guyon, *op. cit.*, n° 1242.
3. Ripert et Roblot, par Delebecque et Germain, *op. cit.*, n° 2988 ; Derrida, Godé et Sortais, *op. cit.*, n° 533 ; Y. Guyon, *op. cit.*, n° 1242.
4. CA Aix-en-Provence, 8e ch., 5 juill. 1991, *Juris-data* n° 049220 ; CA Paris, 5e ch. B, 22 oct. 1993, *Juris-data* n° 024116 ; CA Paris, 9 oct. 1997, *RJDA* 1998/1, n° 72.
5. Cass. com., 6 mai 1997, *JCP E* 1997, II, 996, note D. Legeais ; *Quot. jur.* 10 juin 1997, p. 4, note J.-P. D.
6. Cass. com., 19 mars 1996, *D.* 1996, IR, 111 ; *RD banc. et bourse* 1996, 127, obs. M.-J. Campana et Calendini ; *Rev. proc. coll.* 1996, 490, n° 2, obs. E. Kerckhove ; *RTD com.* 1996, 720, obs. A. Martin-Serf ; Cass. com., 9 janv. 2001, *D.* 2001, AJ, 923, obs. V. Avena-Robardet ; *RTD com.* 2001, 748, n° 13, obs. M. Cabrillac ; *RTD com.* 2001, 975, obs. A. Martin-Serf ; *RD banc. et fin.* 2001/3, p. 165, n° 119, obs. F.-X. Lucas ; Cass. com., 26 juin 2001, *Act. proc. coll.* 2001/16, n° 206 ; *RTD com.* 2001, 748, n° 13, obs. M. Cabrillac ; Cass. com., 4 févr. 2003, *Act. proc. coll.* 2003/7, n° 85 ; Cass. com., 28 sept. 2004, n° 02-13.885.
7. Cass. com., 29 avr. 2003, n° 99-15.544, *D.* 2003, AJ, 1436 ; *Act. proc. coll.* 2003/10, n° 126 ; *JCP E* 2003, chron. 1396, p. 1569, n° 1, obs. M. Cabrillac ; *RTD com.* 2003, 818, n° 13, obs. A. Martin-Serf ; *RD banc. et fin.* 2003/6, p. 370, n° 235, obs. F.-X. Lucas.
8. CA Colmar 10 janv. 1990, *D.* 1991, somm. 111, obs. F. Derrida ; Y. Chaput, *op. cit.*, n° 524.

Dans le silence du plan sur la question, il semble qu'il y ait place à continuation automatique du cours des intérêts [1].

En cas de continuation du cours des intérêts, aucune disposition du code ne prévoit la mise à l'écart de la capitalisation des intérêts, c'est-à-dire de l'anatocisme. Celle-ci doit donc pouvoir jouer [2].

De même qu'après jugement d'ouverture la créance peut ne plus évoluer en montant, de même, elle ne peut changer de nature.

Sous-section II
La nature de la créance

Après jugement d'ouverture, la créance ne peut changer de nature. Cette solution prend corps avec la règle de l'arrêt du cours des inscriptions. Il conviendra d'exposer la règle (§ 1), puis d'examiner les exceptions à la règle (§ 2).

§ 1. L'EXPOSÉ DE LA RÈGLE DE L'ARRÊT DU COURS DES INSCRIPTIONS DE SÛRETÉ

379. Évolution et fondement de la règle. La question des actes et décisions judiciaires translatifs ou constitutifs de droits réels. L'article L. 622-30, alinéa 1, du Code de commerce énonce que « *les hypothèques, nantissements et privilèges ne peuvent plus être inscrits postérieurement au jugement d'ouverture du redressement judiciaire. Il en va de même des actes et des décisions judiciaires translatifs ou constitutifs de droits réels, à moins que ces actes n'aient acquis date certaine ou que ces décisions ne soient devenues exécutoires avant le jugement d'ouverture* ». Dans sa rédaction initiale, l'article 57 de la loi du 25 janvier 1985 prévoyait un arrêt des inscriptions des actes et décisions judiciaires translatifs ou constitutifs de droits réels. Il s'agissait des actes visés à l'article 28-1 du décret du 4 janvier 1955 réglementant la publicité foncière. Sur l'intervention pressante du notariat, la règle a été abandonnée par la loi du 10 juin 1994. Mais, partant du constat qu'un certain nombre de fraudes ont été commises, consistant à antidater des contrats de vente pour permettre à leurs bénéficiaires d'en poursuivre l'exécution après le jugement d'ouverture, la règle a été réintroduite par la loi de sauvegarde des entreprises [3]. De la sorte, le législateur interdit de publier à la conservation des hypothèques un droit acquis avant jugement d'ouverture. Mais le code réserve deux cas : les actes à publier ont acquis date certaine avant jugement d'ouverture ou à cette même date, les décisions judiciaires à publier sont devenues exécutoires.

La règle de l'arrêt du cours des inscriptions de sûretés, pour sa part, a pour fondement la volonté législative de « geler le patrimoine du débiteur », comme les

---

1. CA Amiens, 4e ch. com., 4 avr. 2000, RG n° 99/01375, *Lemoine c/Interbrew France*.

2. CA Paris, 3e ch. B, 27 févr. 1998, *D. Affaires* 1998, 583 ; *adde* : B. Soinne, *op. cit.*, n° 2000 ; G. Gauthier, « La continuation du cours des intérêts dans le cadre de la liquidation judiciaire », *Gaz. Pal.* doct. 28 févr. et 1er mars 2001, p. 53 ; *contra* : CA Versailles, 20 sept. 1990, *Bull. inf. C. cass.* 1991, n° 333.

3. Rapp. J.-J. Hyest, n° 335, p. 227.

travaux préparatoires de la loi du 25 janvier 1985 en attestent [1]. En outre, même si tel n'est pas son fondement, la règle assure la règle de l'égalité entre les créanciers, en interdisant un créancier chirographaire de devenir, après jugement d'ouverture, privilégié.

380. Domaine de la règle de l'arrêt du cours des inscriptions de sûreté. Sont visés les hypothèques, nantissements et privilèges. Ainsi, toutes les sûretés réelles soumises à publicité, immobilières ou mobilières, sont concernées.

Il n'y a pas à distinguer selon l'origine conventionnelle, judiciaire ou légale de l'hypothèque.

L'antichrèse, ainsi que les divers privilèges immobiliers spéciaux sont soumis à la règle.

La règle est également générale dans le domaine des sûretés mobilières. Seront concernés les hypothèques maritimes, fluviales ou sur aéronef, le gage sur matériel ou outillage ou encore le gage sur véhicule automobile. Il en est de même du nantissement sur fonds de commerce ou encore des divers warrants soumis à publicité, tel le warrant agricole (L. 30 avr. 1906, art. 3 et 4). Les privilèges généraux mobiliers soumis à publicité sont également concernés par la règle, sous la réserve existant pour les privilèges fiscaux (v. ss n° 382).

La règle, générale quant aux sûretés, est également générale quant aux biens. Deux précisions doivent cependant être apportées.

La première question est de savoir s'il est possible d'inscrire une sûreté du chef d'un coindivisaire *in bonis*, alors qu'un des coindivisaires est en sauvegarde, en redressement ou en liquidation judiciaire. La réponse affirmative n'est pas douteuse [2]. La sûreté sera valable à concurrence de la part détenue par le coindivisaire sur le bien grevé.

La seconde question est de savoir s'il est possible d'inscrire une sûreté sur un bien commun du chef de l'époux resté *in bonis*. La réponse négative s'impose ici (v. ss n° 396).

381. Effets de la règle de l'arrêt du cours des inscriptions. Pour être valable, l'inscription de la sûreté devra intervenir au plus tard la veille du jugement d'ouverture. Encore faut-il cependant réserver le jeu des nullités de la période suspecte (v. ss n° 199). La sanction adéquate à la transgression de l'interdit semble être la nullité, laquelle serait absolue [3], du fait du caractère d'ordre public de la règle

---

1. Rap. Gouzes Ass. nat. n° 1872, p. 85 ; *adde* : B. Soinne, *op. cit.*, n° 1076.
2. Cass. com., 20 juin 1995, *Bull. civ.* IV, n° 183 ; *D.* 1997, 1, rapp. J.-P. Remery ; *D.* 1996, somm. 205, obs. S. Piedelièvre ; *LPA* 17 avr. 1996, p. 11, note A. Honorat et C. Henry ; *adde* : S. Grosjean, « Le sort des inscriptions hypothécaires sur les immeubles appartenant concurremment au débiteur en redressement judiciaire et à d'autres personnes », *Defrénois* 1999, art. 36891, 1345 et s., spéc. n°s 7 et s.
3. J.-J. Fremont, « Les nouvelles procédures de règlement collectif au regard de la publicité foncière », *JCP N*, 1997, p. 1 et s., n° 77 ; C. Saint-Alary-Houin et F. Macorig-Venier, *Juris.-Cl. com.* fasc. 2365, préc., n° 7.

transgressée. Les organes de la procédure ne pourront y renoncer [1] et tout intéressé pourrait se prévaloir de la nullité [2]. Mais une simple inopposabilité à la procédure, à l'identique de la solution posée pour la violation des règles du dessaisissement, semble concevable [3]. Seule la procédure collective pourrait alors se prévaloir de l'inopposabilité.

Si la sûreté dont la nullité est recherchée a été publiée à la conservation des hypothèques, il y aura place à publier à la conservation des hypothèques l'assignation, et ce dans les trois mois, pour respecter le décret du 4 janvier 1955. À défaut de publication, la juridiction saisie ne pourra sanctionner l'inscription interdite [4]. Il restera alors à l'organe ayant initié la demande à procéder à une nouvelle assignation et à la publier à la conservation des hypothèques, cette fois.

§ 2. Les exceptions à la règle de l'arrêt du cours des inscriptions de sûreté

382. Exceptions à la règle de l'arrêt du cours des inscriptions de sûreté. Quatre exceptions résultent du Code de commerce, deux d'entre elles étant directement inscrites à l'article L. 622-30 du code.

Selon l'article L. 622-30, alinéa 2, du code, « *le Trésor public conserve son privilège pour les créances qu'il n'était pas tenu d'inscrire, à la date du jugement d'ouverture et pour les créances mises en recouvrement après cette date, si ces créances sont déclarées dans les conditions prévues à l'article L. 622-24* ». Indiquons que, selon l'article 1929 *quater* 3, 4°, du Code général des impôts, tel qu'il résulte de la rédaction que lui a donnée la loi de sauvegarde des entreprises, « *la publicité est obligatoire lorsque les sommes dues, au titre d'un semestre civil, par un redevable à un même poste comptable ou service assimilé et susceptibles d'être inscrites demeurent impayées* ». Cette possibilité ouverte au Trésor public ne sera utilisable que si, d'une part, le Trésor public a déclaré ses créances, et si, d'autre part, le recouvrement des créances n'a été entamé qu'après le jugement d'ouverture [5].

La deuxième exception posée par article L. 622-30, alinéa 3, du Code de commerce concerne le vendeur du fonds de commerce. En droit commun, le privilège de vendeur de fonds de commerce ne peut être inscrit que dans la quinzaine de l'acte de vente (C. com., art. L. 141-6, al. 1). L'exception est donc de modeste portée, puisqu'il faut supposer que la vente est intervenue moins de quinze jours avant la procédure collective de l'acheteur.

---

1. Kornmann, « Procédures collectives, publicité foncière et sûretés immobilières — à propos de l'article 57 de la loi de 1985 », *LPA* 1990, n° 92-93.
2. Ripert et Roblot par Delebecque et Germain, *op. cit.*, n° 2977.
3. CA Colmar, ch. civ. 1re et 2e sect., 16 mars 1998, *Rev. proc. coll. civ.* 2001, 249, n° 5, obs. F. Macorig-Venier ; T. com. Paris, 2 avr. 1998, *Rev. proc. coll.* 2000, 15, n° 12, obs. F. Macorig-Venier.
4. CA Paris, 3e ch. B, 28 mai 1999, *D. Affaires* 1999, 1118.
5. Cass. com., 18 févr. 2003, n° 00-12.974, *D. 2003, AJ, 1294 ; Act. proc. coll.* 2003/9, n° 114 ; *JCP E* 2003, chron. 1396, p. 1570, n° 5, obs. Ph. Pétel; *Rev. proc. coll.* 2003, p. 322, n° 16, obs. F.-F. Legrand ; Cass. com., 24 juin 2003, n° 00-18.828 ; *D.* 2003, AJ, 2012 ; *Act. proc. coll.* 2003/17, n° 220, note C. Régnaut-Moutier ; *JCP E,* chron. 202, p. 228, n° 13, obs. M. Cabrillac ; *JCP E,* 2004, chron. 1246, p. 1344, n° 17, obs. Ph. Delebecque.

La troisième exception, qui n'est pas posée par l'article L. 622-30 du code, résulte de l'article L. 622-7, alinéa 2, du code qui permet à l'administrateur ou au débiteur de se faire autoriser par le juge-commissaire à consentir une sûreté. Logiquement, malgré le mutisme du texte sur la question, si le débiteur peut consentir une sûreté après jugement d'ouverture, il est évident que le créancier doit pouvoir la publier.

La quatrième exception est posée par l'article L. 622-8, alinéa 3, du code qui permet à l'administrateur ou au débiteur de solliciter du juge-commissaire qu'il ordonne une substitution de sûreté. Ici encore, la sûreté substituée ne sera efficace que si elle est publiée.

D'autres exceptions, non posées par le texte, tiennent à l'idée que la situation du créancier doit rester inchangée. Il est d'abord possible aux créanciers de prendre les inscriptions en renouvellement de sûreté [1]. Cependant, l'inscription initiale devra être valable [2].

La jurisprudence admet également la possibilité pour un créancier de prendre, après jugement d'ouverture, l'inscription définitive correspondant à une sûreté judiciaire provisoire constituée avant jugement d'ouverture [3]. La solution est justifiée par la rétroactivité attachée à l'inscription définitive [4].

---

1. C. Saint-Alary-Houin et F. Macorig-Venier, *Jurs.-Cl. com.*, fasc. 2365, préc., n°s 105 et s ; B. Soinne, *op. cit.*, n° 1090 ; C. Saint-Alary-Houin, *op. cit.*, n° 768 ; Jeantin, *op. cit.*, n° 909 ; Ripert et Roblot par Delebecque Germain, *op. cit.*, n° 2978 ; Derrida, Godé et Sortais, *op. cit.*, n° 536 ; E. Kerckhove, *op. cit.* n° 543, F. Pérochon et R. Bonhomme, *op. cit.*, n° 187 ; P. Pétel, *op. cit.*, n° 193.
2. Trib. civ. Bourganeuf, 22 juin 1894, *DP* 1895, II, 190.
3. V. également, F. Pérochon et R. Bonhomme, *op. cit.*, n° 187 ; P. Pétel, *op. cit.*, n° 193 ; comp. B. Soinne, *op. cit.*, n° 1079.
4. Cass. com., 17 nov. 1992, *Bull. civ.* IV, n° 358 ; *D.* 1993, 96, obs. F. Derrida ; *RTD com.* 1993, 717, obs. A. Martin-Serf ; *JCP* 1993, I, 3672, n° 20, obs. M. Cabrillac et 3680, n° 17, obs. P. Simler et P. Delebecque ; Cass. com., 11 avr. 1995, *RJDA* 1995, n° 1162.

Sous-chapitre 2

Le créancier antérieur face aux cautions, aux coobligés et à l'époux du débiteur

Les règles restrictives de droits ne concernent par principe que le créancier confronté au débiteur. Elles sont sans application si le créancier entend exercer ses droits sur des tiers, tels des garants. Cette solution de principe est toutefois altérée par la loi de sauvegarde des entreprises, notamment parce qu'elle a voulu rendre spécialement attractive la procédure de sauvegarde en accordant aux garants du débiteur sous sauvegarde des cadeaux dont ne disposeront pas les garants d'un débiteur en redressement ou en liquidation judiciaire. Le législateur a introduit une discrimination positive, pour favoriser la sauvegarde, ce qui complique assez sensiblement l'énoncé des règles relatives aux cautions et coobligés (Section I). La question des époux (Section II), en revanche, a été peu affectée par la réforme.

Section I
Cautions et coobligés

Nous étudierons successivement le sort des cautions (Sous-section I) puis celui des coobligés (Sous-section II).

Sous-section I
Le sort des cautions

Le créancier va tenter d'obtenir paiement de la part de la caution. C'est l'objectif de sa poursuite (§ 1). Si la caution paie, se pose la question de ses recours (§ 2).

§ 1. LA POURSUITE DE LA CAUTION

383. Application du droit commun du cautionnement sauf règle contraire du droit des procédures collectives — Règle de l'accessoire. En l'absence de règles particulières du droit des procédures collectives de paiement, les règles du cautionnement doivent trouver pleine application. Il en est spécialement ainsi de la règle de l'accessoire. Aux termes de l'article 2290 du Code civil, « *le cautionnement ne peut excéder ce qui est dû par le débiteur, ni être contracté sous des conditions plus onéreuses* ». De cette règle, il est d'abord déduit que si la dette principale n'est pas exigible, la caution ne peut être poursuivie [1]. On rappellera à cet égard que l'ouverture d'une sauvegarde ou d'un redressement judiciaire n'entraîne pas déchéance du terme, laquelle, au contraire, résulte du prononcé d'une liquidation judiciaire, sauf l'hypothèse de la poursuite d'activité autorisée pour permettre l'adoption d'un plan de cession, cas dans lequel la déchéance du terme est retardée à la date de la décision statuant sur le plan (v. ss n° 361). La jurisprudence a eu à préciser que toute clause de déchéance du terme pour survenance du redressement ou de la liquidation judiciaire du débiteur, à l'encontre de la caution, était réputée non écrite [2]. La solution est évidemment transposable à la clause visant l'ouverture d'une sauvegarde.

Faut-il à l'inverse décider que la déchéance du terme à l'encontre du débiteur principal emporte nécessairement déchéance du terme contre la caution ? Ici encore, faute de texte contraire, le droit commun du cautionnement doit trouver pleine application. La caution bénéficie, en droit commun, d'un terme propre. Le droit des procédures collectives de paiement ne le lui supprime pas. Dès lors, si la caution n'a pas renoncé au bénéfice d'un terme propre, cette renonciation étant parfaitement efficace [3], la seule déchéance du terme contre le débiteur principal n'entraînera pas déchéance du terme contre la caution [4]. On indiquera que la plupart des actes de cautionnement donnés au profit d'un établissement de crédit renferme une telle clause de style.

Le respect de la règle de l'accessoire conduit aussi à décider que la disparition de la créance principale entraînera disparition du cautionnement (v. ss n° 387). Cette règle est au contraire sans application en matière de garantie autonome ou de garantie à première demande où, par définition, la règle de l'accessoire ne joue pas [5]. La solution est la même en matière de garantie professionnelle que la jurisprudence

---

1. Cass. com., 14 nov. 1989, *Bull. civ.* IV, n° 285 ; *RTD com.* 1990, 494, n° 2, obs. A. Martin-Serf ; *JCP E,* 1990, 15832, n° 21, obs. M. Cabrillac ; *Rev. proc. coll.* 1990, 394, obs. P. Delebecque ; *Rev. dr. banc. et bourse* 1990, 88, obs. Contamine-Raynaud et Calendini ; *LPA* 9 mars 1990, 14, note P. Boutellier ; Cass. com., 2 mars 1993, *Bull. civ.* IV, n° 79 ; *D.* 1993, som. 309, obs. L. Aynès ; *JCP* 1993, I, 3680, n° 5, obs. Ph. Simler ; Cass. com., 3 janv. 1995, *Bull. civ.* IV, n° 1 ; *Rev. dr. banc. et bourse* 1995, 117, obs. Campana et Calendini ; *RTD com.* 1995, 849, obs. A. Martin-Serf ; Cass. com., 16 avr ; 1996, *Bull. civ.* IV, n° 119.

2. Cass. com., 14 nov. 1989, préc.

3. Cass. civ. 1re, 30 oct. 1984, *Bull. civ.* I, n° 230 ; Cass. civ. 1re, 11 juill. 1988, *Bull. civ.* IV, n° 236 ; *Gaz. Pal.*1989, I, 375, note E.-M. Bey ; *adde* : Ripert et Roblot par Delebecque et Germain, *op. cit.*, n° 3235.

4. V. ainsi Cass. com., 8 mars 1994, *Bull. civ.* IV, n° 96 ; *Rev. dr. banc. et bourse* 1994, 186, obs. M.-J. Campana et Calendini ; *D.* 1994, 557, note E. Bazin ; *JCP* 1994, I, 3781, obs. M. Billiau ; 17 déc. 1996, *Rev. dr. banc. et bourse* 1997, n° 60, obs. Contamine-Raynaud ; Cass. civ. 1re, 13 oct. 1999, *Rev. proc. coll. civ. et com.* 2000, 55, n° 2, obs. E. Kerckhove ; Cass. com., 26 oct. 1999, *Act. proc. coll.* 1999/18, n° 242 ; *Rev. proc. coll. civ. et com.* 2000, 132, n° 2, obs. E. Kerckhove ; 7 déc. 1999, *ibid.*

5. TGI Paris 8 mars 1995, *Rev. dr. banc.* 1995, 191, obs. M. Contamine-Raynaud ; CA Nancy, 22 sept. 1997, *RTD com.* 1998, 655, n° 12, obs. M. Cabrillac.

écarte aujourd'hui, dans l'analyse, du cautionnement [1], par exemple la garantie financière des agents immobiliers [2].

384. Moment de la poursuite — Interdiction de poursuivre les cautions personnes physiques pendant la période d'observation. Nous avons vu (v. ss n° 352) que l'ouverture de la procédure collective entraînait l'arrêt des poursuites individuelles contre le débiteur principal. Cette règle est une conséquence de l'organisation collective de la procédure de redressement ou de liquidation judiciaire. Elle est strictement réservée au débiteur et ne profite, en conséquence, pas à la caution, laquelle pourra donc être poursuivie, par principe, sous les réserves ci-après exprimées, dès le jugement d'ouverture [3].

Cette règle est cependant théorique à l'égard d'une caution simple car l'existence à son profit du bénéfice de discussion conduira souvent le créancier à différer le moment de la poursuite contre elle car il devra démontrer l'inexistence d'actifs à recouvrer contre le débiteur principal, ce qui, la plupart du temps, ne sera le cas qu'au jour de la clôture de la procédure contre le débiteur principal, sauf pour le créancier à avoir obtenu du mandataire de justice un certificat d'irrecouvrabilité.

Sous cette réserve, cautions simples et cautions solidaires ne pourront différer le moment de la poursuite à leur encontre au jour de l'admission de la créance [4]. Cependant, toute contestation de la créance par le débiteur principal sera un motif pour les cautions à demander qu'il soit sursis à statuer dans la poursuite contre elles, et ce dans l'intérêt de l'administration d'une bonne justice [5].

La règle ci-dessus exprimée de la possibilité de poursuivre les cautions dès le jugement d'ouverture subit, depuis la loi du 10 juin 1994, une dérogation importante. En effet, le créancier ne peut plus poursuivre les cautions personnes physiques pendant la période d'observation. L'avaliste, variété de caution solidaire, profite de la règle [6]. Sous l'empire de la législation antérieure à la loi de sauvegarde des entreprises, les cautions réelles pouvaient être poursuivies. La loi de sauvegarde des

---

1. V. ainsi, Cass. civ. 3e, 3 oct. 2001, *D.* 2001, AJ, 3121, obs. A. Lienhard ; *Act. proc. coll.* 2001, n° 260, obs. P.-M. Le Corre ; *RD banc. et fin.* 2002/1, p. 19, n° 15, obs. A. Cerles ; *RD banc. et fin.* 2002/1, p. 22, n° 18, obs. F.-X. Lucas ; *JCP E,* 2002, chron. 175, p. 172, n° 10, obs. Ph. Pétel ; *JCP E,* 2002, chron. 763, p. 807, n° 11, obs. M. Cabrillac ; *RJDA* 2002/1, p. 50, n° 68 ; *RTD com.* 2002, 368, n° 4, obs. A. Martin-Serf.

2. Cass. Ass. plén. 4 juin 1999, *Act. proc. coll.* 1999/12, n° 162, obs. M. Béhar-Touchais ; *RTD civ.* 1999, 665, obs. M. Bandrac et P. Crocq ; *D. Affaires* 1999, 1082, obs. A. L. ; *LPA* 27 déc. 1999, n° 257, p. 9, note F. Lemaitre-Basset et J.-B. Schroeder ; *Rev. proc. coll.* 2000, 56, n° 4, obs. E. Kerckhove ; *LPA* 10 févr. 2000, n° 29, p. 16, note C. I. Féviliyé-Dawey ; *RTD com.* 2000, 175, obs. A. Martin-Serf ; Cass. com., 23 mai 2000, *Act. proc. coll.* 2000/12, n° 147 ; Cass. civ. 1re, 12 déc. 2000, *RD banc. et fin.* 2001/3, p. 161, n° 113.

3. Cass. com., 27 mars 1990, *Bull. civ.* IV, n° 97 ; *D.* 1990, 494, obs. A. Honorat ; *Rev. proc. coll.* 1990, 393, obs. P. Delebecque ; 16 févr. 1993, *Bull. civ.* IV, n° 58 ; *D.* 1993, som. 310, obs. L. Aynes ; 28 mai 1993, *Bull. civ.* IV, n° 178 ; Cass. civ. 1re, 31 mars 1998, *Bull. civ.* I, n° 135 ; *Rev. proc. coll. civ. et com.* 1999, 123, n° 2, obs. F. Macorig-Venier ; *D. Affaires* 1998, 805 ; *D.* 1998, IR. 119 ; *JCP E*, 1998, Pan. 875.

4. CA Pau 25 oct. 1988, *Rev. dr. banc.* 1989, 142, obs. F. Dekeuwer-Defossez ; CA Paris 9 févr. 1989, *D.* 1989, IR, 82 ; CA Aix-en-Provence 14 févr. 1989, *Rev. proc. coll.* 1989, 534, obs. E. Delebecque.

5. Cass. com., 19 janv. 1993, *Bull. civ.* IV, n° 15 ; *D.* 1993, som. 309, obs. L. Aynès.

6. CA Paris, 4e ch., 11 juin 1999, *D. Affaires* 1999, 1218 ; *RJDA* 1999/10, n° 1100, p. 883 ; *JCP E et A*, 2000, chr. 411, n° 5, obs. P. Simler et P. Delebecque ; *RTD com.* 2000, 723, obs. A. Martin-Serf ; *contra* : Trib. com. Paris, ord. réf., 19 oct. 1998, *Gaz. Pal.*, som. 15 et 16 oct. 1999, p. 5.

entreprises ne limite plus l'interdiction de poursuite aux seules cautions personnelles. En outre, la Chambre mixte de la Cour de cassation a mis fin à la notion de cautionnement réel, analysant en une simple sûreté réelle la constitution d'une garantie par un tiers, dans laquelle ce dernier ne prend pas l'engagement personnel de payer la dette d'autrui [1].

La règle en cause ne concerne que les cautions personnes physiques et non les cautions données par des personnes morales. L'idée qui a inspiré le législateur est d'éviter que les dirigeants sociaux ne diffèrent par trop le dépôt de bilan par peur d'être immédiatement poursuivis par les créanciers.

L'article L. 622-28, alinéa 2, du Code de commerce suspend « *toute action* », terme suffisamment large pour englober non seulement les actions en justice, mais aussi, et par argument *a fortiori*, les actions tendant à l'exécution des titres, c'est-à-dire les voies d'exécution. L'article 101, alinéa 1, du décret du 28 décembre 2005 confirme d'ailleurs la solution en visant les « *voies d'exécution suspendues* ».

La durée de la suspension est égale à celle de la période d'observation.

Cependant, le législateur, afin d'éviter que les cautions n'organisent leur insolvabilité pendant la période d'observation, a réservé la possibilité pour les créanciers de prendre des mesures conservatoires. C'est l'objet de l'article L. 622-28, alinéa 3, du code. Une difficulté particulière se présente si l'assignation qui permettra de valider la mesure conservatoire n'a pas été introduite avant le jugement d'ouverture. En ce cas, en effet, en application de l'article 215 du décret du 31 juillet 1992, le créancier devra, dans le mois de l'ordonnance autorisant la mesure conservatoire, assigner au fond le débiteur. Or, l'assignation au fond est paralysée par l'article L. 622-21-I, 1° du code. La deuxième chambre civile de la Cour de cassation a estimé qu'en pareille situation, le créancier ne pouvait lancer son assignation. En conséquence, sa mesure conservatoire devient caduque [2]. Au contraire, la chambre commerciale de la Cour de cassation, qui a restauré l'esprit du texte autorisant après jugement d'ouverture la prise de mesure conservatoire contre la caution, a décidé qu'« *en application du deuxième de ces textes* [D. 31 juill. 1992, art. 215], *si ce n'est dans le cas où elle a été pratiquée avec un titre exécutoire, le créancier qui a été autorisé à pratiquer une mesure conservatoire contre une caution personnelle personne physique doit, dans le mois qui suit l'exécution de la mesure, à peine de caducité, introduire une procédure ou accomplir les formalités nécessaires à l'obtention d'un titre exécutoire, même si le débiteur principal a fait l'objet d'un redressement judiciaire ; que dans ce cas l'instance engagée est suspendue jusqu'au jugement arrêtant le plan de redressement ou prononçant la liquidation judiciaire du débiteur principal* » [3]. Ainsi, malgré

---

1. Cass. ch. mixte, 2 déc. 2005, pourvoi n° 03-18210.

2. Cass. civ. 2e, 30 avr. 2002, n° 00-20.372, *Bull. civ.* II, n° 85 ; *D.* 2002, AJ, 2260, obs. A. Lienhard ; *JCP E* et *A*, 2002, chron. 1380, p. 1521, n° 3, obs. Ph. Pétel ; *Act. proc. coll.* 2002/11, n° 140, obs. Ph. Pétel ; *Dr. et patr.* 2002, n° 108, p. 114, obs. M.-H. Monsérié-Bon ; *RTD com.* 2003, 163, n° 2, obs. A. Martin-Serf ; *Defrénois* 2003, art. 37752, p. 779, note Ph. Théry ; *Rev. proc. coll.* 2004, 230, n° 2, obs. F. Macorig-Venier.

3. Cass. com., 24 mai 2005, n° 03-21.043, *D.* 2005, AJ, 1632, obs. A. Lienhard ; *D.* 2005, somm. comm. 2084, obs. P. Crocq ; *JCP E* 2005, chron. 1274, p. 1423, n° 5, obs. Ph. Pétel ; *Dr. et proc.* 2005/5, p. 282, note P. Crocq ; *Act. proc. coll.* 2005/11, n° 132, note J. Vallansan ; Cass. com., 24 mai 2005, n° 00-19.721, *D.* 2005, somm. comm. 2084, obs. P. Crocq ; *Dr. et proc.* 2005/5, p. 282, note P. Crocq ; *Act. proc. coll.* 2005/11, n° 132, note J. Vallansan ; *Gaz. proc. coll.* 2005/3, p. 49, obs. P.-M. Le Corre.

l'ouverture de la procédure collective contre le débiteur, le créancier peut assigner la caution dans l'unique but de permettre la validation de la mesure conservatoire.

L'action interdite ou, selon le cas, suspendue contre la caution personne physique pourra être reprise une fois prononcé le jugement arrêtant le plan ou la liquidation judiciaire.

385. Les délais du plan de sauvegarde ou de redressement et les cautions. La dernière règle relative au moment de la poursuite de la caution concerne l'hypothèse d'obtention par le débiteur principal d'un plan. La loi de sauvegarde des entreprises, dans le souci d'améliorer la situation des cautions personnes physiques de débiteurs en sauvegarde, oblige à distinguer entre le plan de redressement et le plan de sauvegarde.

Si le débiteur obtient un plan de redressement, les cautions simples [1] ou solidaires, personnes physiques ou morales, ne peuvent se prévaloir des dispositions du plan (C. com., art. L. 631-20). Cela signifie clairement que les délais de paiement accordés au débiteur par la juridiction lui sont strictement personnels, solution qui est identique dans l'hypothèse où les délais du plan auront été acceptés par le créancier, dans le cadre de la consultation préparatoire à son adoption, voire imposés dans le cadre de la consultation dans les comités de créanciers. Il en résulte que la caution devra payer le créancier indépendamment des délais du plan de redressement, c'est-à-dire, selon le cas, selon l'échéancier initial si la caution n'a pas encore subi la déchéance du terme, immédiatement, dans le cas contraire.

Si le débiteur obtient un plan de sauvegarde, les délais du plan profiteront aux cautions personnes physiques, simples ou solidaires (C. com., art. L. 626-11, al. 2).

386. Durée de la poursuite. L'article L. 643-11-I du Code de commerce pose le principe d'interdiction, pour le créancier antérieur et le créancier postérieur non éligible au traitement préférentiel, de reprise de l'exercice de son droit de poursuite individuelle contre le débiteur, après clôture de sa liquidation judiciaire pour insuffisance d'actif. La règle n'est explicitement posée qu'à l'égard du débiteur. Dans ces conditions, la jurisprudence a rapidement décidé que la règle de l'arrêt des poursuites individuelles ne concerne que le débiteur. La créance n'est pas éteinte. Seul le droit d'agir est supprimé. Dès lors, il n'y a pas d'obstacle à décider que le créancier peut, malgré la clôture de la procédure pour insuffisance d'actif, continuer à poursuivre la caution [2]. L'article L. 643-11-II du code oblige d'ailleurs à poser cette solution puisqu'il prévoit que la caution peut recourir, après clôture pour insuffisance d'actif, contre le débiteur, ce qui postule bien évidemment qu'elle ait payé.

---

1. Ce qui n'était pas le cas pour ce type de caution sous l'empire de la législation antérieure à la LSE.

2. Cass. com., 8 juin 1993, *Bull. civ.* IV, n° 230 ; *RTD civ.* 1994, 36, obs. J. Mestre ; *JCP E,* 1993, I, 275, obs. P. Pétel, et II, 525, obs. M. Lecène-Marénaud ; *RTD com.* 1993, 583, obs. A. Martin-Serf ; *Bull. Joly* 1993, 911, n° 265, obs. Jeantin ; *JCP* 1993, I, 3717, obs. P. Simler et 22074, obs. Ginestet ; *Defrénois* 1994, 577, obs. J.-P. Sénéchal ; *Quot. jur.* 28 oct. 1993, IV, obs. P. M. ; Cass. com., 28 juin 1994, *Dr. sociétés* 1994, n° 155, obs. Y. Chaput ; Cass. com., 28 mars 1995, *Rev. proc. coll.* 1995, 329, n° 6, obs. E. Kerckhove ; *adde* sur la question Deneuville : les incidences de la clôture de la liquidation judiciaire par insuffisance d'actifs sur le cautionnement : *JCP* 1996, I, 3961.

La question de la durée de la poursuite se pose encore dans l'hypothèse de la cession judiciaire des contrats. Cette cession ne peut concerner que les contrats à exécution successive (v. ss n° 298). Le contrat cédé, qui était valablement cautionné, reste-t-il cautionné après sa cession judiciaire en plan de cession ? Le droit commun du cautionnement permet d'apporter un principe de solution, en distinguant obligation de règlement et obligation de couverture. Les dettes nées du chef du débiteur, c'est-à-dire celles dont le fait générateur est antérieur à la cession judiciaire du contrat restent dues par le débiteur et, par voie de conséquence, restent valablement cautionnées. En revanche, les dettes dont le fait générateur est postérieur à la cession judiciaire du contrat sont des dettes nées du chef du repreneur. L'obligation de couverture de la caution disparaît à l'exact moment de la cession du contrat. Il faut, en conséquence, décider que la caution n'est pas tenue de cautionner les dettes nées du chef du repreneur [1].

La solution posée en matière de cession judiciaire de contrat doit être, *mutatis mutandis*, être transposée en présence du jeu du transfert de la charge de la sûreté en plan de cession, ce qui conduit à des conséquences très différentes (v. ss n° 311).

387. Application de la règle de l'accessoire et montant de la poursuite. Par application de l'article 2290 du Code civil, la caution ne peut devoir plus que ce que doit le débiteur principal. Cette règle, qui pose clairement le principe de l'accessoire, oblige à considérer, conformément au droit commun, que l'accessoire suit le sort du principal.

Il en résulte que l'extinction de la créance principale entraînera l'extinction du cautionnement.

L'extinction de la créance résultait d'abord, sous l'empire de la législation antérieure à la loi de sauvegarde des entreprises, de son absence de déclaration dans les délais, sauf relevé de forclusion. La jurisprudence a décidé rapidement que si la créance est éteinte par suite de son absence de déclaration régulière, le cautionnement disparaît par accessoire [2]. La solution était maintenue même si la caution avait été condamnée par décision définitive, dès lors d'une part qu'elle n'avait pas payé le

---

1. En ce sens V. Cass. com., 12 oct. 1993, *D.* 1994, 353, obs. O. Playoust ; *JCP* 1994, I, 3765, obs. P. Simler et P. Delebecque ; *Rev. dr. banc.* 1994, 135, obs. Campana et Calendini ; *RTD com.* 1995, 848, obs. A. Martin-Serf ; *JCP* 1994, I, 3759, n° 2, obs. M. Cabrillac et P. Pétel ; *Banque* 1994, 91, obs. J.-L. Guillot ; Cass. com., 12 déc. 1993, *JCP* 1994, I, 3765, obs. P. Simler et P. Delebecque ; Cass. com., 14 févr. 1995, *Banque* 1995, 92, obs. J.-L. Guillot ; *Rev. proc. coll.* 1995, 171, n° 44, obs. B. Soinne ; 21 nov. 1995, *Bull. civ.* IV, n° 267 ; *JCP* 1996, I, 3935, n° 7, obs. M. Cabrillac ; *JCP E* 1996, II, 826, obs. C. Jamin et M. Billau, *D.* 1996, som. 396, obs. L. Aynès et 1997, som. 5, obs. F. Derrida ; *RTD com.* 1996, 36, obs. Campana et Calendini ; *Rev. proc. coll.* 1996, 229, obs. B. Soinne.

2. Cass. com., 17 juill. 1990, *Bull. civ.* IV, n°s 214 et 215 ; *Gaz. Pal.* 1990, II, 678, note A. Piedelièvre ; *RD banc. et bourse* 1990, 246, obs. M.-J. Campana et Calendini ; *JCP E,* 1991, II, 101, note G. Amlon ; *RTD com.* 1990, 642, n° 2, obs. A. Martin-Serf ; *D.* 1990, p. 494, note A. Honorat ; *Rev. proc. coll.* 1991, 110, n° 2, obs. Ph. Delebecque ; *D.* 1991, somm. 12, obs. F. Derrida ; Cass. com., 23 oct. 1990, *Bull. civ.* IV, n° 244 ; Cass. com., 30 mars 1993, *Bull. civ.* IV, n° 124 ; Cass. com., 6 juill. 1993, *Rev. huissiers* 1994, 93, note D. Vidal ; Cass. com., 12 juill. 1994, *Bull. civ.* IV, n° 260 ; Cass. com., 5 août 1994, *Rev. proc. coll.* 1995, 326, n° 4, obs. E. Kerckhove ; Cass. com., 22 oct. 1996, *Rev. sociétés* 1997, 596, note P. Didier ; Cass. civ. 1re, 7 oct. 1998, *Bull. civ.* I, n° 238 ; *Rev. proc. coll.* 2000, 56, n° 4, obs. E. Kerckhove ; Cass. com., 10 déc. 2002, n° 01-02.486, *Rev. proc. coll.* 2003, 331, n° 12, obs. Ch. Leguevaques.

créancier à la date de l'ouverture de la procédure et que, d'autre part, l'extinction de la créance préexistait à sa condamnation [1].

La loi 26 juillet 2005 écarte l'extinction de la créance non déclarée dans les délais. L'équation clairement posée sous l'empire de la législation antérieure — créance éteinte par suite de non-déclaration = cautionnement éteint — doit logiquement être abandonnée.

Mais la caution, qui ne pourra plus tirer argument de l'extinction de la créance principale, sera cependant en droit de soulever le jeu de l'exception de subrogation de l'article 2314 du Code civil (anciennement art. 2037) [2], si, du fait de la non-participation du créancier aux répartitions, il en résulte, par subrogation, un préjudice pour elle. Tel sera le cas chaque fois que le créancier, par l'admission de sa créance, aurait pu participer aux répartitions pendant la procédure collective. La décharge de la caution sera totale, sauf pour le créancier à démontrer que l'impossible subrogation dans un droit préférentiel constitue pour la caution un préjudice inférieur au montant susceptible de lui être demandé par le créancier. En outre, il semble que la caution puisse reprocher au créancier de ne pas voir déclarer sa créance lorsque le débiteur aura obtenu un plan de sauvegarde, qui aurait permis à la caution de bénéficier des délais et remises du plan applicables au créancier. Le jeu du droit commun de la responsabilité civile semble ici concevable.

L'extinction de la créance principale pourra être fondée sur son rejet. En ce cas, la décision de justice rejetant la créance pourra être invoquée par la caution, pour prétendre être tenue dans l'exacte limite de l'admission de la créance, c'est-à-dire à rien en cas de rejet total. Il nous semble que cette solution n'a vocation à régir que les seuls rapports du créancier avec une caution solidaire et s'explique par la théorie de la représentation mutuelle des coobligés, selon laquelle la chose jugée dans l'instance opposant un créancier au débiteur s'impose à tous les obligés solidaires, ce qui englobe les cautions solidaires. La théorie de la représentation mutuelle des coobligés fait ainsi échec à l'effet relatif de la chose jugée.

Du fait de l'autorité de la chose jugée attachée à la décision d'admission, la caution solidaire se voit privée de la possibilité de soulever toutes les exceptions inhérentes à la dette [3], c'est-à-dire celles qui touchent à l'existence, au montant et à la nature de la créance, tous éléments couverts par l'autorité de la chose jugée attachée à l'admission d'une créance au passif. Pour éviter le jeu de la représentation mutuelle

---

1. Cass. com., 5 déc. 1995, *Bull. civ.* IV, n° 277 ; *Quot. jur.* 1er févr. 1996, p. 6, note P. M. ; *Rev. proc. coll.* 1996, 226, n° 2, obs. E. Kerckhove ; *JCP E,* 1996, I, 554, n° 18, obs. M. Cabrillac ; *RD banc. et bourse* 1996, 210, obs. M. Contamine-Raynaud ; *D.* 1996, somm. 268, obs. L. Aynès ; Cass. com., 25 févr. 1997, *RD banc. et bourse* 1997, 126, n° 2, obs. M.-J. Campana et Calendini ; Cass. com., 23 oct. 1998, *RJDA* 1998/11, p. 969, nos 1294 et 1295 ; Cass. com., 6 juin 2000, *Act. proc. coll.* 2000/14, n° 181, note J.-L. Vallens ; *RD banc. et fin.* 2000/5, n° 201, obs. F.-X. Lucas ; Cass. com., 5 mars 2002, *Act. proc. coll.* 2002/10, n° 126 ; Cass. com., 10 déc. 2002, *Act. proc. coll.* 2002/4, n° 45 ; Cass. com., 8 juill. 2003, n° 00-17.708, *RD banc. et fin.* 2004/1, p. 29, n° 30, obs. F.-X. Lucas.

2. Rapp. Xavier de Roux, n° 2095, p. 236 ; *Adde,* sur l'articulation de l'exception de subrogation avec le droit des procédures collectives : P.-M. Le Corre, *Droit et pratique des procédures collectives,* Dalloz Action 2006/2007, nos 712.71 à 712.78.

3. Cass. com., 9 janv. 1996, *Rev. proc. coll.* 1996, 492, n° 3, obs. E. Kerckhove ; Cass. com., 11 juin 1996, *Bull. civ.* IV, n° 167 ; *Rev. proc. coll.* 1996, 492, n° 3, obs. E. Kerckhove ; Cass. com., 20 mai 1997, *D.* 1997, som. 313, obs. A. Honorat ; Cass. com., 13 avr. 1999, *Rev. proc. coll. civ. et com.* 2000, 57, n° 6, obs. E. Kerckhove.

des coobligés, privatif de la possibilité pour la caution de soulever les exceptions inhérentes à la dette, la caution solidaire devra faire réclamation à l'état des créances (sur la réclamation, v. ss n°...). Si elle obtient gain de cause dans le cadre de la réclamation, elle retrouvera la possibilité de soulever toutes les exceptions inhérentes à la dette, outre les exceptions qui lui sont personnelles.

Signalons toutefois que la position de la Chambre commerciale de la Cour de cassation n'est pas clairement établie pour savoir si la décision d'admission peut aussi être opposée à une caution simple, cependant que nous n'en voyons pas alors le fondement.

Si la créance n'est pas vérifiée, le créancier établira ses droits à l'encontre de la caution selon les voies du droit commun, devant le juge du cautionnement. La caution, pour sa part, pourra soulever, outre les exceptions qui lui sont personnelles et qu'elle peut continuer à invoquer malgré l'admission de la créance — disproportion, mention manuscrite, défaut d'information annuelle, etc., — toutes les exceptions inhérentes à la dette.

388. Dérogations à la règle de l'accessoire et montant de la poursuite. La règle de l'article 2290 du Code civil conduit à décider, par référence à la notion d'accessoire, que la caution ne peut être tenue à plus que le débiteur principal. Cette règle de principe est écartée dans deux hypothèses.

Tout d'abord, en cas de plan de redressement, l'article L. 631-20 du Code de commerce indique que les dispositions du plan de redressement ne profitent pas aux cautions. Il en résulte que les cautions, qu'elles soient simples [1] ou solidaires, personnes physiques ou morales, ne pourront bénéficier des remises accordées au débiteur. Il n'y a évidemment pas à tenir compte du fait que la remise aura été consentie par le créancier dans le cadre de la consultation faite par le mandataire de justice pour l'élaboration du plan [2]. Il n'y aura pas davantage à distinguer selon que la remise a été consentie ou imposée dans le cadre des comités de créanciers.

La remise ne profitera pas davantage à la caution si elle intervient dans le cadre du jeu de l'application de l'article L. 626-19 (réduction proportionnelle de la créance proposée par le tribunal contre paiement plus rapide). La réduction de la dette qui résulte de l'anticipation du paiement reçu par le créancier ne profite qu'au débiteur [3].

Au contraire, l'article L. 626-11, alinéa 2, permet aux personnes physiques cautions, simples ou solidaires, de bénéficier des dispositions du plan. Ces cautions pourront en conséquence bénéficier des remises de dettes consenties dans le cadre de l'élaboration du plan de sauvegarde.

---

1. Les cautions simples bénéficiaient des remises du plan sous l'empire de la législation antérieure : Cass. com., 23 nov. 2004, n° 03-17.235, *Bull. civ.* IV, n° 203 ; *D.* 2004, AJ, 3220, note A. Lienhard ; *D.* 2005, 653, note C. Lisanti ; *D.* 2005, somm. comm. 2083, obs. P. Crocq ; *RD banc. et fin.* 2005/2, p. 22, obs. F.-X. Lucas ; *Banque et droit* 2005, n° 99, p. 60, obs. N. Rontchevsky ; *JCP E* 2005, chron. 639, p. 708, n° 5, obs. M. Cabrillac ; *JCP* 2005, I, 135, n° 9, obs. Ph. Simler et *JCP E,* 2005, chron. 915, n° 9, obs. Ph. Simler ; *RTD civ.* 2005, 429, obs. P. Crocq ; *RTD com.* 2005, 159, n° 11, obs. D. Legeais.
2. Cass. com., 26 mai 1999, *Rev. proc. coll. civ. et com.* 2000, 57, n° 7, obs. E. Kerckhove.
3. E. Kerckhove, *op. cit.,* n° 713.

La deuxième dérogation à la règle de l'accessoire résulte de l'article L. 631-14-II du Code de commerce. Par principe, le jugement d'ouverture arrête le cours des intérêts à l'encontre du débiteur principal. Cette règle ne profite pas aux cautions dans la procédure de redressement judiciaire. Il y a ainsi continuation du cours des intérêts contre les cautions, simples ou solidaires, personnes physiques ou morales. La règle continuera à jouer pendant l'exécution du plan de redressement ainsi qu'en cas de conversion du redressement en liquidation judiciaire. En pratique, le créancier devra donc établir un décompte à l'encontre du débiteur principal lorsqu'il déclarera sa créance, et un décompte à l'encontre de la caution tenant compte de la continuation du cours des intérêts, pourtant arrêté contre le débiteur principal. La loi de sauvegarde des entreprises, dans le souci de rendre plus attractive la procédure de sauvegarde, pose une règle différente en cas d'ouverture d'une sauvegarde. Le cours des intérêts arrêté contre le débiteur est identiquement stoppé contre les cautions personnes physiques, qu'elles soient simples ou solidaires (C. com., art. L. 622-28, al. 2). Les effets de la règle seront prolongés en cas de plan de sauvegarde.

Lorsque le créancier n'est pas concerné par la règle de l'arrêt du cours des intérêts (prêt à plus d'un an ou paiement différé d'un an ou plus), la caution, par voie d'accessoire, reste identiquement tenue. Pour cela, cependant, le créancier aura dû réserver dans sa déclaration de créance les intérêts dont le cours n'est pas arrêté contre le débiteur principal.

Si la caution n'a pas réussi à éviter le paiement, se pose la question de son recours.

§ 2. Les recours de la caution

389. Recours de la caution. La caution, étant un débiteur accessoire, n'a pas vocation à supporter le poids final de la dette. C'est pourquoi le Code civil lui ouvre deux recours après paiement et un recours avant paiement.

L'article 2306 du Code civil (anciennement art. 2029) ouvre d'abord à la caution un recours subrogatoire. L'article 2305 du Code civil (anciennement art. 2028) lui ouvre un recours personnel.

Il est d'abord indiscutable que si la caution paye avant jugement d'ouverture, elle est obligée de déclarer sa créance au passif du débiteur principal pour recourir contre lui sur le fondement du recours subrogatoire. Elle seule a d'ailleurs qualité pour déclarer la créance en cas de paiement complet [1].

La Cour de cassation va plus loin et oblige la caution, quel que soit le recours fondant la créance de remboursement, personnel ou subrogatoire, à déclarer sa créance de recours, dont le fait générateur n'est pas dans le paiement, mais dans le contrat de cautionnement (v. ss n° 208). La solution emporte cette conséquence que « *la créance dont la caution dispose par subrogation contre le débiteur principal est celle du subrogeant et peut donner lieu à une autre admission au passif du débiteur*

---

1. Cass. com., 13 avr. 1999, *Act. proc. coll.* 1999/10, n° 133 ; *D. Affaires* 1999, 906, obs. V.A.R. ; *JCP E et A*, 1999, chr. 1534, n° 13, obs. M. Cabrillac ; *LPA* 8 juin 1999, n° 113, p. 6, note P. M.

principal au profit de cette caution en sa qualité de subrogée dans les droits du créancier garanti » [1].

Selon l'article 2309 du Code civil (anciennement art. 2032), « *la caution, même avant d'avoir payé, peut agir contre le débiteur, pour être par lui indemnisée* ». Le texte continue en indiquant qu'il en est ainsi « *lorsque le débiteur a fait faillite ou est en déconfiture* ». Une clause de non-recours permet au créancier de faire renoncer la caution à ce recours [2].

Le recours avant paiement est un recours indemnitaire anticipé [3]. En pratique, il autorise la caution à prendre sur les biens du débiteur une mesure conservatoire, ce qui est inconcevable en cas de procédure collective du fait de la règle de l'arrêt des poursuites individuelles et des voies d'exécution. C'est pourquoi, en cas de procédure collective, le recours anticipé de la caution se résume à une déclaration de créance au passif du débiteur, laquelle est possible [4], et qui remplace l'action indemnitaire arrêtée par la règle de l'arrêt des poursuites individuelles.

Sous-section II
Les coobligés et les garants autonomes

390. La situation des coobligés dans les procédures collectives. En matière civile, par principe, l'obligation à sujets multiples est conjointe. Il y a place à division de la dette par parts viriles. La solidarité peut cependant, d'après l'article 1202, alinéa 1, du Code civil, être stipulée. En matière commerciale, la solidarité est présumée.

La coobligation à la dette est la juxtaposition de plusieurs débiteurs de même rang. Il n'y a pas ici, contrairement à la matière du cautionnement, une dette principale et une dette accessoire. La conséquence de cette différence est particulièrement sensible en cas de procédure collective cependant que la loi de sauvegarde des entreprises obscurcit la question en alignant largement le sort des codébiteurs sur celui des cautions, sans distinguer selon qu'ils sont conjoints ou solidaires.

Il était admis, sous l'empire de législation antérieure, que l'extinction de la dette de l'un des débiteurs par suite d'absence de déclaration dans les délais laissait subsister la dette d'un autre codébiteur. La solution n'a plus de portée puisque la créance non déclarée au passif de l'un des codébiteurs n'est désormais plus éteinte.

Si la créance est éteinte contre l'un des codébiteurs, par suite du rejet, elle doit identiquement être éteinte contre les autres, dès lors qu'ils sont solidaires. S'applique ici, comme pour les cautions, la théorie de la représentation mutuelle des coobligés (v. ss n° 387).

La remise de dette consentie à l'un des codébiteurs, dans le cadre de l'élaboration d'un plan de redressement restera, sans incidence sur les autres, qu'elle intéresse des coobligés solidaires ou conjoins. Cette règle résulte explicitement de l'article

---

1. Cass. com., 4 oct. 2005, n° 04-11.390, arrêt n° 1260 F-P+B.
2. M. Cabrillac et Mouly, *op. cit.*, n° 237.
3. *Ibid.*
4. Cass. com., 5 nov. 2003, n° 00-17. 442, *Act. proc. coll.* 2003/20, n° 259 ; Cass. com., 12 oct. 2004, n° 03-13. 855 ; Cass. com., 29 nov. 2005, n° 04-18.253, arrêt n° 1499 F-D.

L. 631-20 du code. En revanche, dans le souci de rendre plus attractive la procédure de sauvegarde, la remise de dette accordée au codébiteur en sauvegarde profitera aux autres codébiteurs, conjoints ou solidaires, dès lors qu'ils sont des personnes physiques (C. com., art. L. 626-11, al. 2).

La solution applicable pour les remises de dettes vaut identiquement pour les délais du plan.

Les codébiteurs personnes physiques, conjoints ou solidaires, bénéficieront comme les cautions personnes physiques de l'interdiction des poursuites pendant la période d'observation, sous la seule réserve de la possibilité de pratiquer à leur encontre des mesures conservatoires (v. ss n° 384).

La règle de l'arrêt du cours des intérêts dont profite par principe le débiteur est sans application au codébiteur, par application de l'article L. 631-14-II du code, dans la procédure de redressement judiciaire. En revanche, l'article L. 622-28, alinéa 2, permet au codébiteur personne physique, conjoint ou solidaire, de bénéficier de la règle de l'arrêt du cours des intérêts posée pour le débiteur.

La mise à l'écart de la règle de l'accessoire, constatée en matière de hauteur de la poursuite du codébiteur resté *in bonis*, peut aussi être observée en ce qui concerne le moment de la poursuite. La déchéance du terme du codébiteur en liquidation judiciaire est sans application au codébiteur *in bonis*, qui continue à bénéficier de son terme.

Le codébiteur pourra être poursuivi après clôture de la procédure de liquidation judiciaire pour insuffisance d'actif du codébiteur en procédure collective [1]. La solution peut d'ailleurs s'inférer de l'article L. 643-11-II du code qui prévoit le recours du codébiteur, ce qui postule qu'il ait payé, sans distinguer le moment du paiement.

391. Pluralité de codébiteurs en procédure collective. Si deux codébiteurs au moins sont en sauvegarde, en redressement ou en liquidation judiciaire, il y aura lieu d'appliquer l'article L. 622-31 du Code de commerce, qui prévoit que le créancier déclarera, dans chaque procédure, l'intégralité de sa créance. Le dispositif législatif a pour fondement la volonté de renforcer les garanties des créanciers tout en accélérant le rythme des répartitions [2].

Si le créancier perçoit des sommes dans une procédure, il conserve le droit de maintenir sa déclaration intégrale au passif des autres codébiteurs [3]. Le codébiteur qui aura payé a, en droit commun, par application de l'article 1214, alinéa 1, du Code civil, une action en répétition contre les autres, pour ce qui excède sa part contributive. Cette règle est écartée par l'article L. 622-32 du code selon lequel « *aucun recours pour les paiements effectués n'est ouvert aux coobligés soumis à une procédure de sauvegarde les uns contre les autres* ». Cependant, le texte précise que si « *la réunion des sommes versées en vertu de chaque procédure excède le montant total de la créance, en principal et accessoires* », les recours entre codébiteurs sont alors à nouveau ouverts.

---

1. Cass. com., 24 mars 2004, n° 01-17.288, *D.* 2004, AJ, 1593 ; *Rev. proc. coll.* 2004, 232, n° 5, obs. F. Macorig-Venier ; LXB n° N1387ABY, note P.-M. Le Corre ; Cass. com., 7 déc. 2004, n° 03-15.856.
2. A. Jacquemont, 4e éd., *op. cit.,* n° 428.
3. Y. Guyon, *op. cit.*, n° 1229.

L'article L. 622-33 du code règle enfin l'hypothèse d'un paiement partiel effectué par l'un des codébiteurs avant jugement d'ouverture d'un autre. En ce cas, le créancier ne pourra déclarer sa créance que sous déduction de ce qu'il a reçu. Le coobligé *solvens* pourra, par application de l'article L. 622-33, alinéa 2, du code, déclarer sa créance au passif du codébiteur en sauvegarde, en redressement ou en liquidation judiciaire, à hauteur du paiement effectué.

392. La situation des garants autonomes dans les procédures collectives. Sous l'empire de la législation antérieure à la loi de sauvegarde des entreprises, aucune réglementation n'avait été posée en ce qui concerne la poursuite des garants autonomes à l'occasion de la procédure collective du constituant de la garantie. Les règles dégagées étaient naturellement inspirées par l'idée d'autonomie entre l'engagement du constituant de la garantie en procédure collective et le garant *in bonis*. C'est ainsi que la règle de l'arrêt des poursuites individuelles ne pouvait être opposée au créancier pour différer sa poursuite contre le garant. Le garant ne pouvait bénéficier de la règle de l'accessoire qui l'autorisait à bénéficier des délais et remises du plan arrêté au profit du débiteur.

Dans le souci d'éviter le recours à des garanties plus dures que le cautionnement, mais aussi de rendre attractive la procédure de sauvegarde, la loi de sauvegarde des entreprises, empreinte d'un grand pragmatisme, n'a pas hésité à dépasser les catégories juridiques en introduisant une dose non négligeable d'accessoire dans une garantie dite autonome.

Trois règles spéciales ont été posées, au seul profit de garants autonomes personnes physiques.

Tout d'abord, la règle de l'arrêt du cours des intérêts contre le débiteur profitera aux garants autonomes dans la procédure de sauvegarde (C. com., art. L. 622-28, al. 2), mais non dans celle de redressement judiciaire (C. com, art. L. 631-14-II).

Ensuite, les délais et remises du plan de sauvegarde bénéficieront aux garants autonomes dans le plan de sauvegarde (C. com., art. L. 626-11, al. 2), mais non dans le plan de redressement (C. com., art. L. 631-20).

Enfin, la règle de l'interdiction des poursuites contre les cautions pendant la période d'observation (v. ss n° 384) s'applique également aux garants pendant la période d'observation, cependant que le créancier pourra pratiquer à leur encontre des mesures conservatoires.

L'époux est souvent un garant, généralement un codébiteur. Mais sa situation particulière mérite d'être évoquée du fait de la conciliation nécessaire et délicate des règles des procédures collectives avec celles des régimes matrimoniaux.

Section II
L'époux

393. La problématique des droits des créanciers sur le conjoint. Le droit des régimes matrimoniaux oppose classiquement les règles du régime primaire aux règles spéciales propres à chacun des régimes matrimoniaux. Le premier corps de règles se trouve-t-il affecté par le droit des procédures collectives ? La réponse à la question passe, de façon plus générale, par la détermination du périmètre des biens soumis à la procédure collective. Ainsi, les règles du dessaisissement permettent-elles de justifier la possibilité pour le liquidateur de vendre seul l'immeuble servant au logement familial sans avoir besoin de solliciter l'accord du conjoint resté *in bonis* [1].

Sous réserve de la solution retenue pour le logement familial, les règles propres à chacun des régimes matrimoniaux doivent conduire à la détermination des pouvoirs de chacun dans la gestion des biens. Si les époux sont mariés sous un régime séparatiste, le conjoint *in bonis* conserve la libre gestion de ses biens. En revanche, si les époux sont mariés sous un régime communautaire, la possibilité de principe reconnue à chacun des époux de gérer la communauté conduit, par transposition, à décider que si l'un des époux est dessaisi de l'administration de ses droits, soit parce qu'il est flanqué d'un administrateur judiciaire ayant mission de représentation, soit parce qu'à ses côtés figure un liquidateur judiciaire, l'époux *in bonis* cesse de pouvoir gérer à sa guise les biens communs. On rappellera que le dessaisissement dure ce que dure la procédure.

Des difficultés particulières se présentent si les biens sont indivis entre les époux, peu important alors leur régime matrimonial. Les règles de l'indivision vont alors imprimer leurs solutions. Il n'y aura pas alors de particularité par rapport à la situation décrite pour la réalisation des biens indivis (v. ss n° 318), le fait que les biens soient indivis entre des époux ne conduisant pas à changer les solutions retenues.

Les règles ci-dessus énoncées supposent que le conjoint ne soit pas lui-même déclaré en redressement ou liquidation judiciaire. Tel ne sera pas le cas s'il est fait usage des règles de la coexploitation.

394. Le conjoint coexploitant [2]. Il y a place à déclaration personnelle du conjoint en redressement ou en liquidation judiciaire [3] si, de manière indépendante, il accomplit des actes de commerce, à titre de profession habituelle [4]. Identiquement, il pourrait — l'initiative lui appartenant seul — demander à être placé sous sauvegarde. Depuis la loi du 10 juillet 1982, le conjoint peut choisir un statut de collaborateur, d'associé ou de salarié. Ce statut crée une présomption simple de non-commercialité. L'intéressé n'étant pas inscrit au registre du commerce ne pouvait, sous l'empire de la législation antérieure, solliciter sa mise en redressement ou en liquidation judiciaire [5]. La solution nous semble avoir été modifiée du fait du visa du professionnel indépendant par la loi de sauvegarde (v. ss n° 36).

---

1. Cass. com., 11 mai 1993, *Rev. proc. coll.* 1995, 72, n° 4, obs. B. Dureuil ; Cass. civ. 1re, 21 mai 1997, *D. Affaires* 1997, 905 ; CA Grenoble, 1re ch. civ., 23 nov. 1999, *JCP E et A*, 2000, pan. 588 ; *RD banc. et fin.* 2000/3, n° 122, obs. F.-X. Lucas.

2. F. Pérochon, « Le bénéfice sélectif de la procédure collective », in *Mélanges Mouly 1998*, t. II, p. 401 ; J.-J. Daigre, « Le risque d'extension de la procédure collective à l'époux *in bonis* », *LPA Affiches* 26 août 1998, n° 102, p. 5 et s.

3. Sur la question, v. J.-J. Daigre, « Le risque d'extension de la procédure collective à l'époux *in bonis* », *LPA* 26 août 1998, n° 102, p. 5 et s.

4. C. com. art. L. 121-3 ; *adde*, pour une application : Cass. com., 15 oct. 1991, *Bull. civ.* IV, n° 286 ; *JCP E*, 1992, I, 136, n° 1, obs. P. Pétel.

5. Cass. com., 1er oct. 2002, *Act. proc. coll.* 2002/18, n° 230 ; *Act. proc. coll.* 2002/19, n° 257.

En outre, les tiers pourront rapporter la preuve que l'intéressé exerce le commerce [1]. Il faudra alors démontrer que le conjoint est sorti du mandat général d'administration que lui confère son statut [2].

Dans tous les cas, il faudra qu'il y ait coexploitation, ce qui suppose que l'exploitation ait commencé [3]. Les conditions d'ouverture de la procédure devront être réunies en la personne du coexploitant, tant en ce qui concerne la qualité exigée — accomplissement d'actes de commerce à titre indépendant à titre de profession habituelle —, qu'en ce qui concerne la cessation des paiements si est sollicitée l'ouverture du redressement ou de la liquidation judiciaire [4], les difficultés de nature à conduire à la cessation des paiements s'il demande l'ouverture d'une sauvegarde.

Pour le surplus, la détermination du sort de l'époux lorsque son conjoint est sous sauvegarde, en redressement ou en liquidation judiciaire suppose de s'intéresser d'abord aux droits des créanciers sur le conjoint (Sous-section I), et, ensuite, de déterminer les droits du conjoint (Sous-section II).

Sous-section I
Droits des créanciers sur le conjoint

395. Le droit de poursuite à l'encontre du conjoint *in bonis* [5]. L'article L. 622-21-I du Code de commerce pose la règle de l'interdiction des poursuites individuelles après jugement d'ouverture pour obtenir paiement d'une créance antérieure ou d'une créance postérieure non éligible au traitement préférentiel. Cette interdiction s'applique-t-elle à l'encontre du conjoint resté *in bonis* ?

Si le conjoint est tenu à la dette, soit conventionnellement, soit par le jeu de la solidarité pour les dettes ménagères, le droit de poursuite dépendra en réalité du statut du bien sur lequel s'exerce la poursuite.

Si le bien est propre à l'époux *in bonis*, le droit de poursuite du créancier ne peut être altéré, sauf le cas du logement familial (v. ss n° 393).

Si le bien est indivis, le droit de poursuite peut s'exercer si le créancier est créancier des deux époux. Dans le cas contraire, le droit de poursuite est limité à la quote-part détenue par l'époux *in bonis* dans le bien indivis [6], et ne pourra s'exercer qu'après une licitation-partage.

---

1. Cass. com., 21 mai 1996, *D.* 1996, IR, 162.
2. V. ainsi, CA Paris, 3e ch. C, 5 mars 1999, *JCP E et A*, 1999, chron. 1529, n° 1-A-1, obs. M. Cabrillac ; *Rev. proc. coll. civ. et com.* 2000, 120, obs. J.-M. Deleneuville.
3. Cass. com., 21 mai 1996, *D.* 1996, IR, 162 ; Cass. com., 13 mai 1997, *Bull. civ.* IV, n° 139, et sur renvoi, CA Angers, aud. sol., 15 mai 1998, *Rev. proc. coll. civ. et com.* 2000, 120, n° 1, obs. J. M. Deleneuville.
4. Cass. com., 15 mars 2005, n° 03-19.359, *D.* 2005, AJ, 952, note A. Lienhard ; *D.* 2005, somm. comm. 2013, obs. F.-X. Lucas ; *Act. proc. coll.* 2005/7, n° 81, note J. Vallansan ; *Rev. sociétés* 2005/3, p. 684, note P.-M. Le Corre ; *Gaz. proc. coll.* 2005/2, p. 12, obs. P.-M. Le Corre ; LXB n° N4240AIU, note P.-M. Le Corre ; Cass. com., 4 oct. 2005, n° 04-14.394, *Gaz. proc. coll.* 2006/1, p. 15, obs. Ch. Lebel.
5. V. C. Saint-Alary-Houin, « Les dangers pour les créanciers de l'époux *in bonis* de l'ouverture d'une procédure collective contre son conjoint », *LPA* 26 août 1998 ; — F. Derrida, « La situation des créanciers personnels du conjoint », *D.* 1997, chron. 117.
6. V. ainsi, pour des époux communs en bien ayant acquis un immeuble avant jugement d'ouverture, Cass. com., 20 juin 1995, *Rev. proc. coll.* 1996, 128, obs. B. Dureuil.

En revanche, le créancier ne pourra poursuivre l'exécution sur les biens communs que dans la mesure où il a ce droit à l'encontre du conjoint en liquidation judiciaire. Par principe, en conséquence, la poursuite ne sera pas possible, du fait de la règle de l'arrêt des poursuites individuelles. L'époux débiteur a en effet engagé par ses actes la communauté (C. civ., art. 1413). En conséquence, les biens communs sont assujettis à la procédure collective. Les créanciers antérieurs peuvent en revanche poursuivre le conjoint codébiteur *in bonis* si, par application de l'article L. 643-2 du Code de commerce — reprise des poursuites pour le créancier privilégié en cas d'inaction du liquidateur —, ils ont le droit de poursuivre le débiteur en liquidation judiciaire [1].

Si le créancier astreint à déclarer sa créance ne procède pas à la déclaration, sa créance, sous l'empire de la législation antérieure, est éteinte. Pendant toute la procédure, il est privé du droit d'exercer ses poursuites sur les biens communs, même du chef de l'autre époux *in bonis* [2]. Il ne pourra pas bénéficier de la règle instituée par l'article L. 643-2 du code et n'est plus en position d'exercer ses poursuites contre le débiteur, ce qui le prive du droit d'exercer ses poursuites sur le conjoint codébiteur. À la clôture de la procédure, son droit de créance à l'encontre du conjoint n'aura cependant pas disparu. Les règles applicables aux codébiteurs justifient la solution [3] (v. ss n° 390). La suppression de l'extinction des créances non déclarées par la loi de sauvegarde ne doit pas conduire à changer la solution, car le créancier ne peut, pendant la procédure collective, se présenter comme tel.

Précisons enfin que le créancier postérieur éligible au traitement préférentiel (C. com., art. L. 622-17 et L. 641-13) pouvant poursuivre le débiteur a identiquement le droit de poursuivre le conjoint codébiteur.

Si le conjoint n'est pas tenu à la dette, la poursuite de ce dernier sur ses biens propres est inconcevable. En revanche, le créancier pourra faire valoir ses droits sur les biens communs du chef de l'époux qui n'est pas son codébiteur. La soumission des biens communs à la procédure collective justifie la possibilité pour le créancier de déclarer sa créance au passif du conjoint qui n'est pourtant pas son débiteur et de participer ainsi aux répartitions sur les biens communs [4].

396. L'inscription des sûretés du chef du conjoint *in bonis*. Deux règles des procédures collectives affectent les inscriptions de sûretés.

La première est relative au jeu des nullités de la période suspecte et plus spécialement à l'article L. 632-1, 6° du Code de commerce, qui prévoit l'anéantissement des sûretés réelles constituées en garantie de créances antérieures. Si la sûreté est prise du chef du conjoint en redressement ou en liquidation judiciaire, la sûreté est

---

1. Cass. Ass. plén. 23 déc. 1994, *D.* 1995, jur. 145, rap. Y. Chartier, et note F. Derrida ; *JCP N* 1995, II, 423, note. D. Randoux ; *JCP E,* 1995, II, 660, note P. Pétel ; *RJ com.* 1995, 55, obs. M. Storck ; *Quot. jur.* 7 févr. 1995, p. 5, note. P. M. ; *Banque* 1995, 91, obs. J.-L. Guillot ; Cass. com., 17 juin 1997, *D. Affaires* 1997, 901.
2. Cass. com., 28 janv. 2004, n° 02-17.779.
3. Cass. com., 14 mai 1996 et 26 oct. 1999, préc. ; *adde* : C. Saint-Alary-Houin, *op. cit.*, n° 1060-1.
4. Cass. com., 14 oct. 1997, *JCP* 1998, n° 5, 183, obs. B. Beignier ; *D. Affaires* 1997, n° 40 ; Cass. com., 25 févr. 2004, n° 01-03.620, *D.* 2004, somm. comm. 2147, obs. P.-M. Le Corre.

nulle. Il en est de même si elle est prise du chef des deux époux [1], du fait de l'impossibilité d'isoler des quotes-parts pendant la durée de la communauté. La solution n'est pas différente si elle est prise du chef du conjoint resté *in bonis*. L'effet de saisie réelle [2] du jugement d'ouverture justifie la solution.

La deuxième règle est posée par l'article L. 622-30 du code qui prévoit l'arrêt du cours des inscriptions de sûreté après jugement d'ouverture. L'effet de saisie réelle du jugement d'ouverture justifie ici encore l'inefficacité de la sûreté prise du chef du conjoint *in bonis*, le bien commun étant intégré dans le périmètre de la procédure collective [3]. Il en ira différemment si la sûreté a été prise sur un bien indivis. Elle restera alors efficace sur la quote-part de l'époux *in bonis* [4].

Sous-section II
Les droits du conjoint

397. Reprises du conjoint. Les reprises ont pour objet de permettre à un époux de soustraire au patrimoine apparent de son conjoint en sauvegarde, en redressement ou en liquidation judiciaire les biens qui sont sa propriété personnelle. Sous l'empire de la législation antérieure, une interrogation existait pour savoir si le conjoint était obligé de respecter les délais de l'action en revendication. Une juridiction avait répondu par la négative [5]. Mais de nombreux auteurs étaient d'un avis différent [6]. La loi de sauvegarde des entreprises oblige désormais clairement le conjoint à respecter les modalités de l'action en revendication (C. com., art. L. 624-5 — v. ss n°s 430 et s.), ce qui contraindra celui-ci à présenter dans le délai de trois mois de la publication au BODACC du jugement d'ouverture sa demande en acquiescement de revendication au mandataire de justice compétent ou au débiteur selon le cas, puis, à défaut d'acquiescement, à saisir sous peine de forclusion le juge-commissaire d'une requête en revendication.

L'article L. 624-5 du code prévoit que le conjoint établira la consistance de ses biens personnels « *conformément aux règles des régimes matrimoniaux* ». En régime de communauté, il y a présomption d'acquêt, c'est-à-dire de bien commun. Le conjoint *in bonis* devra combattre cette présomption, par application des règles de l'article 1402 alinéa 2, du Code civil. Le principe est celui de la preuve préconstituée. En régime séparatiste, il y a, selon l'article 1538, alinéa 3, du Code civil, présomption

---

1. Cass. com., 14 mai 1996, *Bull. civ.* IV, n° 106 ; *D.* 1996, 460, obs. F. Derrida ; *RTD civ.* 1996, 666, obs. P. Crocq ; *JCP E*, 1996, I, 584, n° 9, obs. Ph. Pétel ; *Rev. proc. coll.* 1996, 427, n° 15, obs. B. Soinne.
2. Pour un remarquable exposé de cette thèse, v. M. Sénéchal, *L'effet réel de la procédure collective. Essai sur la saisie collective du gage commun des créanciers*, Litec, 2002, spéc. n° 147 à 179.
3. Cass. com., 3 févr. 1998, *Rev. proc. coll.* 2000, p. 10, obs. F. Macorig-Venier.
4. Cass. com., 20 juin 1995, *LPA* 1996, n° 47, p. 11, obs. A. Honorat et C. Henry ; *Rev. proc. coll.* 1996, 128, obs. B. Dureuil.
5. TGI Limoges, 1re ch., 7 févr. 1991, *D.* 1991, somm. 331, obs. crit. A. Honorat ; *Rev. proc. coll.* 1991, 481, n° 4, obs. B. Soinne ; *adde* : Pérochon et Bonhomme, *op. cit.*, n° 297 ; Ripert et Roblot, *op. cit.*, n° 3166.
6. Derrida *et alii*, n° 340 ; *Juris.-Cl. com.*, M. Storck, fasc. 3170 (Redressement et liquidation judiciaires — Droit patrimonial de la famille et procédures collectives de paiement, n° 22) ; Kerckhove, *op. cit.*, n° 699 ; Pétel, *op. cit.*, n° 369 ; Chaput, *op. cit.*, n° 539.

de propriété indivise. En régime de participation aux acquêts, l'état descriptif permettra d'établir la consistance des biens personnels du conjoint.

L'article L. 624-7 du code prévoit que la reprise ne s'effectuera « *qu'à charge des dettes et hypothèques, dont ces biens sont légalement grevés* ». Le conjoint n'aura ainsi pas la possibilité de reprendre des actifs sans se préoccuper des dettes, la reprise n'ayant pas pour effet d'entraîner purge des inscriptions.

L'article L. 624-6 du code accorde au mandataire judiciaire et à l'administrateur — la règle est étendue au liquidateur par l'article L. 641-14, alinéa 1 — une action en rapport, ayant un effet rétroactif [1], qui leur permet de combattre le jeu classique des règles de preuve des régimes matrimoniaux. L'organe compétent établira « *par tous les moyens que les biens acquis par le conjoint du débiteur l'ont été avec des valeurs fournies par celui-ci* ». Il pourra ainsi demander que les acquisitions faites par le conjoint soient réunies à l'actif. Les règles de l'accession peuvent toutefois venir contrarier la solution. Ainsi, si un immeuble est construit avec des deniers communs sur un terrain appartenant au conjoint resté *in bonis*, les dispositions de l'article L. 621-112 du Code de commerce, devenu l'article L. 624-6 avec la loi de sauvegarde des entreprises, sont inapplicables, le fait que les valeurs aient été fournies par la communauté n'ayant pas d'incidence sur le statut de bien propre de l'immeuble, sauf récompense à la communauté. En cas d'aliénation, le mandataire de justice de l'autre époux ne peut donc en appréhender le prix [2].

398. Avantages matrimoniaux. Selon l'article L. 642-8 du Code de commerce, « *le conjoint du débiteur qui, lors de son mariage, dans l'année de celui-ci ou dans l'année suivante, était commerçant, immatriculé au répertoire des métiers, agriculteur ou qui exerçait toute autre activité professionnelle indépendante, ne peut exercer dans la procédure de sauvegarde aucune action à raison des avantages faits par l'un des époux à l'autre, dans le contrat de mariage ou pendant le mariage. Les créanciers ne peuvent, de leur côté, se prévaloir des avantages faits par l'un des époux à l'autre* ». La solution est rendue applicable en liquidation judiciaire par l'article L. 641-14, alinéa 1, du code.

Sous l'empire de la législation antérieure, la règle ne concernait que le commerçant. Elle concerne maintenant tous les professionnels indépendants.

Le texte est d'une interprétation délicate. Il semble qu'il faille comprendre que le conjoint du débiteur ne pourra se prévaloir des avantages matrimoniaux s'il était éligible aux procédures de sauvegarde, de redressement ou de liquidation judiciaire avant son mariage ou si son mariage est intervenu, non seulement l'année au cours de laquelle il est devenu éligible aux procédures collectives, mais encore l'année suivante.

---

1. E. Kerckhove, *op. cit.*, n° 704 ; Ripert et Roblot, par Delebecque et Germain, *op. cit.*, n° 3167.
2. Cass. com., 24 juin 2003, n° 00-14.645 ; *D.* 2003, AJ, 2012, et jur. 2167, note Ph. Delmotte, et *D.* 2004, somm. comm. 51, obs. P.-M. Le Corre ; *Act. proc. coll.* 2003/14, n° 188 ; *RJPF* 2003/12, p. 18, obs. F. Vauvillé ; *Defrénois* 2004, p. 71, art. 37586, note G. Champenois ; *JCP E* chron. 202, p. 225, n° 8, Ph. Pétel ; *Rev. proc. coll.* 2003, 359, n° 9, obs. P. Rubellin ; *Dr. et patr.* 2004, n° 127, p. 37, note V. Brémond.

La règle édictée est bilatérale. De la sorte, les créanciers ne pourront se prévaloir des avantages faits par l'un des époux pour obliger ce dernier à libérer l'avantage consenti.

399. Modification du régime matrimonial. Aucune disposition particulière du Code de commerce ne se préoccupe de réglementer la question du changement de régime matrimonial juste avant ou pendant la procédure collective. Pourtant, il est tentant pour des époux communs en biens d'adopter un régime séparatiste, afin de faire passer sur la tête du conjoint qui restera *in bonis*, l'essentiel des biens, pour faire échapper ces derniers au périmètre de la procédure collective.

Si le changement de régime matrimonial intervient avant l'ouverture de la procédure de redressement ou de liquidation judiciaire, il pourra être remis en cause sur le fondement des nullités de la période suspecte. Observons en revanche que l'ouverture d'une sauvegarde ne permettra pas sa remise en cause, sauf le jeu de la fraude paulienne. En réalité, le régime matrimonial restera valablement adopté. Mais, si le partage consécutif à celui-ci est défavorable au débiteur, il y a place au jeu de l'article L. 632-1, 2° du Code de commerce pour convention déséquilibrée [1] ou sur le fondement de l'article L. 632-1, 1° du code, permettant de remettre en cause les actes à titre gratuit translatifs de propriété, dès lors que le partage, préjudiciable au débiteur, peut s'analyser en une libéralité déguisée [2].

Le changement de régime matrimonial intervenu avant la date de cessation des paiements ne peut plus tomber sous le coup des nullités de la période suspecte, mais le droit commun de l'article 1397, alinéa 6, du Code civil autorisera les créanciers à former une tierce-opposition à l'encontre du jugement d'homologation du changement de régime matrimonial fait en fraude de leurs droits, dans le délai d'un an qui court à compter de l'apposition en marge des actes de mariage du changement de régime matrimonial et de la mention de ce changement au registre du commerce pour les commerçants. Le mandataire judiciaire ou le liquidateur pourra exercer cette voie de recours. *A priori*, cependant, la fraude doit être préjudiciable à l'intégralité des créanciers.

Si le changement de régime commun est intervenu depuis moins de trois mois par rapport à l'ouverture la procédure, il est inopposable au créancier. La solution a été posée sous l'empire de la législation du 13 juillet 1967 [3], mais est reconductible.

Le changement de régime matrimonial est un acte mixte. Il en résulte que la demande sera présentée conjointement par le débiteur dessaisi et par son représentant, qui pourra être l'administrateur judiciaire ayant mission d'administration ou le liquidateur [4].

Terminons en indiquant que le changement de régime matrimonial peut résulter d'une demande de séparation judiciaire de biens. L'article 1443 du Code civil prévoit

---

1. Cass. com., 9 juill. 2002, n° 99-14.400, *RJPF* 2002/12, p. 22, obs. F. Vauvillé.
2. Cass. com., 28 mars 1995, *Bull. civ.* IV, n° 111 ; *D. 1996, somm.* 81, obs. A. Honorat ; *Defrénois* 1995, 970, obs. J.-P. Sénéchal ; *Rev. proc. coll.* 1995, 448, n° 3, obs. B. Lemistre.
3. Cass. civ. 1re, 9 juill. 1991, *Bull. civ.* I, n° 235 ; *D.* 1992, somm. 372, obs. A. Honorat ; *RTD civ.* 1992, 437, n° 2, obs. F. Lucet et B. Vareille.
4. CA Nîmes, 30 avr. 1990, *LPA* 1991, n° 25, p. 17, note D. Martin ; *Rev. huissiers* 1991, 124, note D. Martin.

que « *si par le désordre des affaires d'un époux [...], il apparaît que le maintien de la communauté met en péril les intérêts de l'autre conjoint, celui-ci peut poursuivre la séparation de biens en justice* ». La démonstration doit être rapportée qu'il y a désordre des affaires d'un époux.

La seule ouverture de la procédure collective est à cet égard insuffisante. Il a même été estimé que le prononcé de la liquidation judiciaire n'établit pas, à lui seul, la mise en péril des intérêts du conjoint *in bonis*, dès lors que la séparation de biens ne modifie les droits des créanciers que pour l'avenir, ce qui rend impossible la demande d'attribution préférentielle au conjoint *in bonis* de l'immeuble, seul élément d'actif [1].

---

1. Cass. civ. 1re, 19 oct. 2004, nº 02-13.659, *Act. proc. coll.* 2004/19, nº 233, note J. Vallansan et J. Leprovaux ; *RJPF* 2005/1, p. 20, note F. Vauvillé ; *JCP E*, 2005, Jur 238, p. 239, note J. Leprovaux ; *RJPF* 2005/1, p. 20, note F. Vauvillé ; *Dr. et proc.* 2005/2, p. 89, note E. Putman ; LXB nº N4134ABQ, note P.-M. Le Corre.

Chapitre 2

Fixation des droits des créanciers antérieurs

Reprenant une solution classique des procédures collectives de paiement, le législateur oblige le créancier antérieur à faire fixer ses droits. Pour cela, il doit procéder à la déclaration de sa créance (Sous-chapitre 1). Ensuite, sa créance sera ou non vérifiée et sera ainsi soumise ou non à une décision du juge-commissaire. C'est la question de la vérification et de l'admission de la créance (Sous-chapitre 2).

Sous-chapitre 1

La déclaration de la créance

400. Nature juridique de la déclaration de créance [1]. La déclaration de créance pouvait être définie, avant la loi de sauvegarde des entreprises, comme le mode introductif d'une instance tendant à faire admettre dans la procédure collective du débiteur, la créance antérieure détenue par le créancier. La loi de sauvegarde des entreprises, de manière innovante et pour tirer les conséquences de la sélection qu'elle opère entre les créances postérieures, oblige le créancier postérieur non éligible au traitement préférentiel à déclarer sa créance au passif, comme un créancier antérieur. Ainsi, désormais, la déclaration de créance émanera non seulement des créanciers antérieurs, mais aussi des créanciers postérieurs non privilégiés.

L'obligation de déclaration des créances dans la procédure collective est d'ordre public interne et international [2].

La Cour de cassation assimile la déclaration de créance à une demande en justice [3].

Comme toute demande en justice, la déclaration de créance est interruptive de prescription [4]. L'effet interruptif se produira jusqu'à la clôture de la procédure [5]. La déclaration de créance a également pour effet d'empêcher le jeu d'une forclusion, telle celle issue de l'article L. 331-37 du Code de la consommation. Par application de la théorie de la représentation mutuelle des coobligés (v. ss. n° 387), l'effet

---

1. Sur la question, v. A. Ghozy, « Nature juridique de la production des créances dans la procédure collective », *RTD com.* 1978, 1 et s. ; B. Soinne, « La double nature de la déclaration de créance, *Banque* 1993, 94 ; « La guerre du pouvoir s'achève... (à propos des déclarations de créances) », *LPA* 29 juin 2000, n° 129, p. 24.

2. Cass. civ. 1re, 29 sept. 2004, n° 02-16.754, *D.* 2004, AJ, 2717 ; *D.* 2005, Jur. 2159, note L.-C. Henry ; *Act. proc. coll.* 2004/18, n° 221, note H. Péroz.

3. Cass. com., 14 déc. 1993, *Bull. Joly* 1994, 196, note Jeantin ; *JCP E*, 1994, II, 573, note M.-J. Campana et Calendini ; *JCP* 1994, II, 22000, note J.-P. Rémery ; *Banque* févr. 1994, 93, obs. J.-L. Guillot ; *Rev. sociétés* 1994, 100, note Y. Chartier ; *RTD com.* 1994, 367, obs. A. Martin-Serf ; Cass. com., 14 févr. 1995, 4 arrêts : *Bull. civ.* IV, n° 43 ; *Bull Joly* 1995, 442, note J.-J. Daigre ; *contra* : Derrida, Godé et Sortais, *op. cit,* n° 211, considérant la déclaration de créance comme un simple acte procédural et non comme une demande en justice ; comp., sur l'ambiguïté de la nature juridique de la déclaration de créance : A. Jacquemont, 4e éd., *op. cit.*, n° 412.

4. Cass. com., 15 mars 2005, n° 03-17.783, *D.* 2005, AJ, 1286, obs. A. Lienhard ; *D.* 2005, somm. comm. 2016, obs. F.-X. Lucas.

5. Cass. com., 4 oct. 2005, n° 04-15.047.

interruptif de prescription à l'égard du débiteur joue identiquement à l'encontre des autres obligés à la dette, codébiteurs ou cautions [1]. Au contraire, la représentation mutuelle des coobligés n'aura pas pour effet d'empêcher le jeu d'une forclusion, telle celle atteignant l'action contre une caution solidaire alors que la déclaration de créance a été effectuée au passif du débiteur principal [2].

Bien qu'elle soit assimilée à une demande en justice, la déclaration de créance n'interdit pas une action civile ou pénale. La règle « *electa una via* » est ici sans application, compte tenu du caractère obligatoire de la déclaration de créance, exclusif de la manifestation d'un choix pour le créancier [3].

L'assimilation de la déclaration de créance en une demande en justice a un effet important sur l'auteur de la déclaration de créance.

401. Auteur de la déclaration de créance. Le créancier peut d'abord décider de déclarer personnellement sa créance.

Si le créancier est une personne physique, il peut déclarer lui-même sa créance. Une difficulté se présente, en revanche, si le créancier est une personne morale. Que signifie, pour le créancier, effectuer lui-même la déclaration de créance ? Il est d'abord évident que l'organe légal de représentation de la personne morale pourra valablement déclarer la créance, peu important au demeurant que sa désignation ait été régulièrement publiée au registre du commerce et des sociétés [4]. La question est ici de savoir si un préposé a identiquement pouvoir pour déclarer la créance. À ce sujet, un contentieux s'était instauré sous l'empire de la loi du 25 janvier 1985, dans sa rédaction initiale. La Cour de cassation avait finalement décidé que la personne morale pouvait valablement déclarer sa créance par l'intermédiaire d'un préposé, dès lors que ce dernier y avait été habilité par le représentant légal. Le représentant légal pouvait identiquement déléguer à un préposé ayant lui-même faculté de subdélégation. La subdélégation devait alors être prévue dans la délégation de pouvoir conférée par le représentant légal au délégataire de premier rang. Ces solutions jurisprudentielles ont été reprises par le législateur du 10 juin 1994. Les solutions ne sont pas modifiées par la loi de sauvegarde des entreprises. L'article L. 622-24, alinéa 2, du Code de commerce dispose que « *la déclaration des créances peut être faite par le créancier ou par tout préposé ou mandataire de son choix* ».

La délégation de pouvoir conférée à un préposé peut être générale et n'a pas à avoir date certaine. La preuve de l'habilitation sera établie au plus tard au jour où le juge statue [5], c'est-à-dire au jour où une juridiction du fond pourra connaître de la preuve de l'habilitation conférée. En pratique, il faut donc décider que l'administration de cette preuve peut être faite jusque devant la cour d'appel.

---

1. Cass. com., 24 sept. 2003, *Act. proc. coll.* 2003/19, n° 242 ; Cass. com., 4 oct. 2005, n° 04-15.047.
2. Cass. com., 19 nov. 1996, *RTD com.* 1997, 327, obs. A. Martin-Serf.
3. Cass. crim. 4 oct. 1974, *D.* 1975, 328, note A. Honorat ; Y. Guyon, *op. cit.*, n° 7.
4. Cass. com., 12 juill. 2004, n° 02-17.255, *D.* 2004, AJ, 2153 ; *Act. proc. coll.* 2004/14, n° 170, obs. C. Régnaut-Moutier ; *RD banc. et fin.* 2004/6, p. 410, n° 243, obs. F.-X. Lucas ; *RTD com.* 2005, 168, n° 2, obs. A. Martin-Serf.
5. Cass. com., 11 juin 2003, *Bull. Joly* 2003/10, p. 1024, n° 217, note J.-J. Barbiéri.

La preuve de cette habilitation pourra résulter d'une attestation du dirigeant [1], le cas échéant établie postérieurement au délai de déclaration de créance [2], cependant que l'habilitation devrait exister au plus tard au jour de la déclaration de créance [3]. En cas de délégation de pouvoir et de subdélégations, le signataire de la déclaration de créance doit établir, par une chaîne ininterrompue de délégations de pouvoirs qu'il tient du dirigeant, le pouvoir de déclarer la créance [4]. La qualité occupée par le déclarant au sein de la personne morale sera insuffisante à rapporter la preuve de son habilitation à déclarer les créances [5].

Une règle particulière est posée pour les obligataires. Il appartient au représentant de la masse des obligataires, en vertu de l'article L. 228-84 du Code de commerce, de déclarer les créances de tous les obligataires.

Que le créancier soit une personne physique ou une personne morale, il peut également décider de faire déclarer sa créance par un tiers. Si le tiers est un avocat, il est dispensé de rapporter la preuve du pouvoir qui lui était consenti. Si le tiers n'est pas avocat, le déclarant doit être muni d'un pouvoir spécial [6], fût-il huissier [7] ou encore avoué [8]. L'exigence d'un mandat spécial existe même pour la société-mère qui déclare la créance de l'une de ses filiales [9] ou encore, comme l'a jugé l'Assemblée plénière de la Cour de cassation [10] pour le chef d'un pool bancaire qui doit être muni d'un pouvoir spécial de la part des autres banques du pool.

---

1. L'attestation émanant d'une personne, dont il n'est pas établi qu'elle soit investie du pouvoir de déclarer les créances, est insuffisante : Cass. com., 15 févr. 2000, *Act. proc. coll.* 2000/7, n° 71.

2. Cass. com., 8 déc. 1998, *Act. proc. coll.* 99/2, n° 18.

3. Cass. com., 25 mars 1997, *Rev. dr. banc. et bourse* 1997, 126, n° 1, obs. M.-J. Campana et Calendini ; Cass. com., 7 déc. 1999, *RJDA* 2000/3, n° 311.

4. V. sur la preuve de la subdélégation : Cass. com., 5 mars 1996, *D. Affaires* 1996, 523 ; Cass. com., 26 mai 1999, *LPA* 5 août 1999, n° 155, p. 6, note P. M.

5. Pour le directeur des services contentieux, v. Cass. com., 22 oct. 1996, *Bull. civ.* IV, n° 248 ; *Rev. dr. banc.* 1996, n° 241, obs. M.-J. Campana et M. Calendini ; *Bull. Joly* 1997, 160, note P. Le Cannu ; *RTD com.* 1997, 511, obs. A. Martin-Serf ; *JCP E*, 1997, I, 651, p. 188, n° 9, obs. P. Pétel ; Cass. com., 25 févr. 1997, *RTD com.* 1997, 511, obs. A. Martin-Serf.

6. Cass. civ. 1re, 13 juin 1995, *RJDA* 1996, n° 126 ; Cass. com., 19 mars 1996, *RTD com.* 1996, 713, obs. A. Martin-Serf ; Cass. com., 17 déc. 1996, *Bull. civ.* IV, n° 313 ; *JCP E*, 1997, II, 941, note M. Béhar-Touchais ; Cass. com., 5 janv. 1999, *Act. proc. coll.* 99/4, n° 48 ; Cass. com., 30 mars 1999, *LPA* 25 mai 1999, n° 103, p. 7, note P. M.

7. Cass. com., 15 oct. 1991, *Rev. proc. coll.* 1992, 185, n° 4, obs. B. Dureuil ; *JCP* 1992, I, 3594, obs. M. Cabrillac ; *Banque* 1992, 1058, obs. J.-L. Rives-Lange ; Cass. com., 11 oct. 1994, *Juris-data* n° 001854 ; Cass. com., 13 nov. 2002, n° 99-19.421, *Act. proc. coll.* 2002/20, n° 260 ; *D.* 2003, AJ, 204 ; *RD banc. et fin.* 2003/1, p. 27, n° 28, obs. F.-X. Lucas ; *Dr. et patr.* 2003, n° 113, p. 95, obs. M.-H. Monsérié-Bon ; *Rev. proc. coll.* 2003, 317, n° 2, obs. F.-F. Legrand ; *Dr. et proc.* 2003, 90, note P.-M. Le Corre ; LXB n° N4866AAH, note P.-M. Le Corre ; *LPA* 3 avr. 2003, n° 67, p. 14, note O. Tafanelli ; *Procédures* juin 2003, p. 19, note C. Laporte ; *RTD com.* 2003, 563, n° 1, obs. A. Martin-Serf ; Cass. com., 7 déc. 2004, n° 03-16.364.

8. Cass. com., 28 juin 2005, n° 04-14.651, *D. 2005, AJ, 1940, obs. A.* Lienhard ; *JCP* 2005, II, 10113, note J.-P. Rémery ; Cass. com., 29 nov. 2005, n° 04-16.362, arrêt n° 1496 F-P+B.

9. CA Toulouse, 2e ch., 2e sect., 6 mai 1999, *Act. proc. coll.* 1999/7, n° 226, statuant dans une hypothèse de détention à 100 % du capital social par la société mère.

10. Cass. com., 17 déc. 1996, *Rev. dr. banc. et bourse* 1997, 77, n° 2, obs. M.-J. Campana et Calendini ; *RTD com.* 1997, 513, obs. A. Martin-Serf ; *JCP E*, 1997, I, 651, n° 8, obs. P. Pétel, et II, 941, note M. Behar-Touchais et sur renvoi après cassation : CA Amiens, ch. sol., 8 mars 1999, *RJDA* 2000, n° 188, p. 165, considérant que la preuve du mandat spécial obéit aux règles du droit civil, de sorte qu'en l'absence d'un écrit parfait, il y a commencement de preuve par écrit pouvant être complété par tout moyen ; Cass. com., 30 mars 1999, *D. Affaires* 1999, 763, obs. A. L ; *Act. proc.*

Le mandat spécial, qui n'a pas à avoir date certaine [1], devra cependant avoir été communiqué dans les délais de la déclaration de créance [2].

Ces précisions apportées, il convient de s'intéresser au domaine de la déclaration de créance (Section I), avant de s'intéresser aux modalités de la déclaration de créance (Section II).

Section I
Le domaine de la déclaration de créance

402. Créance antérieure de somme d'argent détenue sur le débiteur. Selon l'article L. 622-24, alinéa 1, du Code de commerce, « *tous les créanciers dont la créance est née antérieurement au jugement d'ouverture, à l'exception des salariés, adressent la déclaration de leurs créances au mandataire judiciaire* ». Il résulte de ce texte que seuls les créanciers dont la créance est née antérieurement au jugement d'ouverture sont obligés de déclarer leurs créances. Le créancier postérieur, sous l'empire de la législation antérieure, n'était donc jamais concerné [3]. La situation a été modifiée (v. ss n° 404).

L'intéressé doit être créancier. La créance ne doit donc pas être éteinte [4]. Il faut seulement réserver l'hypothèse où le paiement serait intervenu à la suite d'une décision ne statuant pas au fond du droit, par exemple un référé-provision. Le paiement n'étant que provisionnel, la déclaration de créance s'impose [5].

Seules les créances de somme d'argent sont concernées par l'obligation de déclaration de la créance. Sont par exemple exclues les créances représentatives d'un droit de réserve héréditaire [6] puisqu'elles n'ont pas pour objet le paiement d'une somme d'argent.

Les créanciers titulaires de sûretés personnelles, par exemple des cautionnements, sont astreints à l'obligation de déclarer la créance au passif de la caution [7]. Il en est de même en matière de lettre d'intention [8]. En revanche, l'Assemblée plénière de la Cour de cassation a décidé, à propos de la garantie financière des agents immobiliers, que les créances de garanties professionnelles n'avaient pas à être déclarées au passif de l'assuré [9]. Le caractère *sui generis* de cette garantie justifierait la solution, cette garantie étant plus proche d'une assurance que d'un cautionnement.

---

coll. 99/8, n° 101, obs. J.-P. Legros ; *LPA* 25 mai 1999, n° 103, p. 7, note P.M. ; *RTD com.* 1999, 732, n° 5, obs. M. Cabrillac ; *Bull. Joly* 1999, 764, n° 168, note J.-J. Daigre.

1. Cass. com., 24 sept. 2003, n° 01-03.721, LXB n° N9279AAW, note P.-M. Le Corre.

2. Cass. com., 10 mai 2005, n° 04-12.332.

3. Cass. com., 3 févr. 1998, *JCP E*, 1998, I, 708, rap. J.-P Rémery ; *adde* : C. Saint-Alary-Houin, *op. cit.,* n° 794 ; Jeantin, *op. cit.,* n° 811, note 3.

4. Cass. civ. 3e, 31 mai 2000, *Act. proc. coll.* 2000/12, n° 150.

5. Cass. civ. 2e, 7 mars 2002, *Act. proc. coll.* 2002/9, n° 110, obs. O. Salvat.

6. CA Douai, 24 mai 1997, *LPA* 5 août 1998, n° 93, p. 18, note B. Soinne. Le co-héritier pourra agir en réduction de libéralité excédentaire, sans être concerné par l'arrêt des poursuites individuelles et n'aura donc pas à déclarer sa créance.

7. Cass. com., 19 janv. 1993, *Bull. civ.* IV, n° 17 ; *Dr. sociétés* 1994, n° 92, obs. Y. Chaput.

8. CA Besançon, 29 sept. 1995, *Banque et droit*, mars-avr. 1996, n° 33.

9. Ass. plén. 4 juin 1999, *Act. proc.* 1999/12, n° 162, obs. M. Behar-Touchais ; *RTD. civ.* 1999, 665, obs. M. Bandrac et P. Crocq ; *D. Affaires* 1999, 1082, obs. A. L. ; *LPA* 27 déc. 1999, n° 257, p. 9,

Il importe peu que la créance intéresse l'activité professionnelle du débiteur ou quelle soit de nature extra professionnelle [1]. C'est ainsi qu'une personne doit déclarer la créance due au titre de l'état liquidatif de divorce contre son ex-époux [2].

La déclaration de créance s'impose tant aux créanciers chirographaires qu'aux créanciers privilégiés.

Le créancier sous condition suspensive doit déclarer sa créance [3]. Si la condition se réalise, il y aura place à admission pure et simple. Si elle défaillit, il y aura rejet.

Le créancier titulaire d'une créance simplement éventuelle doit également déclarer sa créance [4]. La solution a été spécialement posée en matière de créances de garanties, telle celle de la garantie des vices cachés [5], peu important que le vice caché ne se révèle qu'après le jugement d'ouverture, le fait générateur de la créance étant trouvé dans la délivrance de la chose en matière de vente (v. ss n° 207). Le créancier déclarera, ainsi que le précise l'article L. 622-24, alinéa 3, du code « sur la base d'une évaluation », ce qui ne signifie pas qu'il déclare à titre provisionnel [6], la précision légale n'étant que la reprise d'une solution jurisprudentielle antérieure. Il devra donc déclarer le maximum de ce à quoi il peut prétendre, car il ne pourra être admis pour plus que ce qu'il a déclaré dans les délais légaux.

Il importe peu que la créance soit ou non couverte par un titre.

Pour être déclarée au passif, la créance doit être détenue, par principe, sur le débiteur soumis à la procédure collective. Seule l'obligation personnelle de créance est soumise à déclaration. L'obligation réelle, telle celle résultant d'un droit de suite, est exclue de l'obligation de déclaration [7]. Deux précisions doivent cependant être apportées.

La première concerne l'hypothèse d'une extension de procédure. Si l'extension intervient sur le fondement de la confusion des patrimoines ou de la fictivité, la déclaration de créance au passif du débiteur vaudra identiquement pour les personnes auxquelles la procédure a été étendue [8], ce qui autorisera le créancier à être payé sur la totalité des masses actives. Il faut toutefois réserver l'hypothèse d'une déclaration de créance effectuée par erreur au passif d'une personne autre que le débiteur avant

---

note F. Lemaitre-Basset et J.-B. Schroeder ; *Rev. proc. coll. civ. et com.* 2000, 56, n° 4, obs. E. Kerckhove ; *LPA* 10 févr. 2000, n° 29, p. 16, note C.-I. Féviliyé-Dawey ; *RTD com.* 2000, 175, obs. A. Martin-Serf ; *adde* : Cass. com., 23 mai 2000, *Act. proc. coll.* 2000/12, n° 147 ; CA Amiens, 1re ch. civ., 26 févr. 1999, *Gaz. Pal.* 19-20 nov. 1999, jurispr. 34.

1. Cass. com., 10 mai 2000, *Act. proc. coll.* 2000/13, n° 163 ; Cass. civ. 1re, 15 févr. 2005, n° 03-19.069.

2. Cass. com., 16 févr. 1999, *D. Affaires* 1999, 523, obs. P. P ; *Act. proc. coll.* 99/5, n° 167.

3. Jeantin, *op. cit.*., n° 811 ; Y. Chaput, *op. cit.*, n° 553 ; B. Soinne, *op. cit.*, n° 2165.

4. Jeantin, *op. cit.*, n° 811 ; Y. Guyon, *op. cit.*, n° 1226 ; v. pour la déclaration faite sur le fondement de l'article 1857 du Code civil au passif par l'associé de SCI, avant exigibilité de la dette contre la SCI : Cass. com., 9 mai 1995, *Gaz. Pal.* 1996, I, pan. 73.

5. V. ainsi en matière de garantie des vices cachés, Cass. com., 8 juin 1999, *D. Affaires* 1999, 1116, obs. A. L. ; *LPA* 30 juin 1999, n° 129, p. 11, note P.M. ; *JCP E et A*, 2000, chron. 131, n° 5-B-17, obs. M. Cabrillac.

6. En ce sens, A. Lienhard, *op. cit.*, n° 1107 ; *contra* : S. Becqué-Ickowicz, *LPA* 8 févr. 2006, n° spéc., sous la dir. de F.-X. Lucas et H. Lécuyer, p. 59 ; A. Jacquemont, *op. cit.*, 4e éd., n° 425.

7. Cass. com., 6 juin 2000, *Act. proc. coll.* 2000/16, n° 208, obs. C. Régnaut-Moutier.

8. Cass. com., 1er oct. 1997, *D. Affaires* 1997, 1222 ; 27 oct. 1998, *Dict. perm. difficultés des entreprises*, *Bull.* 179 (14 déc. 1998), p. 6618, vis *Déclaration* et *Vérification des créances*, n° 28.

extension de la procédure. En ce cas, la déclaration de créance ne vaudra pas dans la procédure étendue [1]. Si l'extension résulte de la coexploitation, il y aura place à déclaration de créance au passif de la personne à laquelle la procédure aura été étendue, car il ne s'agit ici nullement d'une extension, mais bien d'une procédure collective ouverte de manière autonome [2].

Ensuite, bien que la créance soit détenue contre un époux *in bonis*, la déclaration de créance s'imposera au passif de l'autre époux non débiteur afin que le créancier préserve ses droits sur les biens communs (v. ss n° 395).

403. Dispense de déclaration de créance de la part de certains créanciers antérieurs. De manière traditionnelle, tout d'abord, les salariés n'ont pas à déclarer leur créance au passif. En revanche, l'A.G.S. qui assurerait leur règlement aura cette obligation.

La loi de sauvegarde des entreprises dispense ensuite, de manière innovante, en application de l'article L. 626-27-III, les créanciers soumis au plan de sauvegarde de déclarer leurs créances et sûretés. Cette disposition est applicable aux procédures en cours au 1er janvier 2006. Les créances inscrites à ce plan sont en effet admises de plein droit, déduction faite des sommes déjà perçues. La règle est rendue applicable en cas d'arrêté d'un plan de redressement qui sera ensuite résolu (C. com., art. L. 631-21, al. 1). Au contraire, sous l'empire de la législation antérieure, les créanciers admis au passif de la première procédure devaient déclarer au passif de la seconde procédure ouverte suite à la résolution du plan [3].

Le Code monétaire et financier dispense le fonds de garantie et les déposants de l'obligation de déclarer leur créance entrant en tout ou en partie dans le champ d'intervention du fonds (C. mon. fin., art. L. 613-30, al. 1).

Enfin, la jurisprudence, sous l'empire de la législation antérieure, de manière prétorienne, a dispensé le créancier d'aliments ou de prestation compensatoire de déclaration au passif. La loi de sauvegarde des entreprises reprend maladroitement la solution (C. com., art. L. 622-24, al. 5 ; v. ss n° 373).

404. Créance postérieure de somme d'argent détenue sur le débiteur non éligible au traitement préférentiel. La loi de sauvegarde des entreprises a opéré une sélection entre les créances nées régulièrement après le jugement d'ouverture pour n'attribuer le traitement préférentiel qu'à certaines d'entre elles (v. ss n° 216). Logiquement, elle a opéré, du moins quant au régime applicable, une disqualification pour les créances postérieures non éligibles. Ces créances sont traitées comme des créances antérieures. La solution a déjà été posée à propos de la règle de l'interdiction des paiements (v. ss n° 362) et de celle de l'arrêt des poursuites individuelles et des voies d'exécution (v. ss n° 352). Dans le prolongement de ces deux règles, l'article

---

1. Cass. com., 19 févr. 2002, *D.* 2002, AJ, 956 ; *JCP E* 2002, chron. 763, p. 806, n° 7, obs. Ph. Pétel ; *Act. proc. coll.* 2002/6, n° 71, obs. C. Régnaut-Moutier ; *RJ com.* 2002, 229, n° 1598, note J.-L. Vallens ; *Dr. et proc.* 2002/4, p. 227, obs. P. Crocq ; *Bull. Joly* 2002, p. 782, n° 174, obs. Ph. Pétel ; *adde* sur la question : P.-M. Le Corre, « Le sort des créances en cas d'extension d'une procédure collective », *D.* 2002, chron. 1122.

2. Cass. com., 7 déc. 1999, *Dict. perm. difficultés des entreprises*, *Bull.* 194 (13 févr. 2000), p. 6330, v^is *Déclaration* et *Vérification des créances*, n° 9.

3. CA Paris, 3e ch. A, 20 juin 1995, *Rev. proc. coll.* 1996, 88, n° 2, obs. B. Soinne.

L. 622-24, alinéa 5, oblige les créanciers postérieurs dont la créance n'est pas éligible au traitement préférentiel à déclarer leur créance au passif. Les délais sont évidemment aménagés (v. ss nº 410).

Afin d'éviter aux créanciers titulaires de créances issues d'un contrat à exécution successive, de déclarer de multiples créances au fur et à mesure de leur naissance, le code (C. com., art. L. 622-24, al. 5) les autorise à déclarer — mais aussi les oblige — leur créance pour la totalité des sommes qui leur seront dues sur la base d'une évaluation. Ici encore, il ne s'agit pas d'une déclaration à titre provisionnel qui serait suivie d'une déclaration à titre définitif, mais simplement d'une déclaration par évaluation.

Le législateur assouplit toutefois un peu le système pour tenir compte des difficultés inévitables d'appréciation sur le point de savoir si, d'une part, la créance est antérieure ou postérieure et si d'autre part, lorsqu'elle est postérieure, elle est ou non éligible au traitement préférentiel. C'est pourquoi, le créancier qui a suivi entièrement le processus permettant à une créance postérieure d'être privilégiée (v. ss nºs 222 et 223) et qui est rejeté de la liste des créances privilégiées par le juge-commissaire, est considéré comme ayant régulièrement déclaré sa créance (Décr. 28 déc. 2005, art. 90, al. 4), comme il aurait dû le faire en tant que créancier postérieur non éligible au traitement préférentiel.

Section II
Les modalités de la déclaration de créances

Deux questions principales se posent ici : celle des modalités formelles de déclaration des créances (§ 1) et celle des délais de déclaration des créances (§ 2).

§ 1. MODALITÉS FORMELLES DE DÉCLARATION DES CRÉANCES

Même si aucune forme sacramentelle n'entoure la déclaration de créance, il convient d'apporter des précisions sur la forme de la déclaration de créance (A), avant de préciser son contenu (B).

A. Forme de la déclaration de créance

405. Forme de la déclaration de créance. Les articles L. 622-25 du Code de commerce et 98 du décret du 28 décembre 2005 n'exigent pas explicitement un écrit. Toutefois, la réglementation du contenu de la déclaration de créance ne peut être respectée que si un écrit est établi.

En pratique, il s'agira généralement d'une lettre recommandée avec demande d'avis de réception. Cependant, la déclaration de créance faite par télécopie sera valable [1]. Il en ira de même de la déclaration de créance effectuée par coursier [2]. Le

1. Trib. com. Lyon, Ord. JC, 20 oct. 1993, *Rev. proc. coll.* 1995, 54, nº 3, obs. B. Dureuil.
2. CA Versailles, 2 mai 1996, *D. Affaires* 1996, 1038.

problème résultera alors de la preuve de la déclaration de créance. Or, la preuve de la réception de la déclaration de créance par le mandataire de justice, dans les délais, incombe au créancier [1]. C'est pourquoi la technique de l'envoi en recommandé avec avis de réception est la pratique la plus répandue. Le créancier doit donc se réserver la preuve de l'expédition, la date de celle-ci étant seule prise en compte pour savoir si le créancier a adressé sa déclaration dans les délais [2].

La déclaration de créance devra être adressée, en sauvegarde et en redressement judiciaire, au mandataire judiciaire et, en liquidation judiciaire, au liquidateur. Une déclaration de créance faite entre les mains de l'administrateur judiciaire ne sera pas valable [3]. Rien n'interdit cependant à l'administrateur judiciaire de retransmettre le courrier de déclaration de créance au mandataire judiciaire. Il y aura alors valable déclaration de créance si cette retransmission est faite dans le délai de la déclaration de créance [4]. L'administrateur judiciaire n'a cependant aucune obligation de sorte qu'en cette hypothèse il n'engagerait pas sa responsabilité à ne pas retransmettre la déclaration de créance au représentant des créanciers [5].

La déclaration de créance est assimilée à une demande en justice. Il faut donc qu'elle comporte une véritable demande pour que soit assurée la prise en compte des droits du créancier dans la procédure collective [6]. L'envoi de relevés comptables non accompagnés d'une demande précise ne constitue pas une déclaration de créance [7]. De même, le courrier d'un avocat visant une déclaration de créance précédemment effectuée par son client ne peut être considéré comme une déclaration de créance [8]. Le courrier de réponse à consultation dans le cadre de l'élaboration du plan de continuation — désormais de sauvegarde ou de redressement — ne peut équivaloir à une déclaration de créance [9].

L'article L. 622-25, alinéa 3, prévoit, si la créance ne résulte pas d'un titre exécutoire, que le créancier la certifie sincère. Il n'y a cependant pas de sanction prévue au défaut de certification sincère [10]. En outre, le juge-commissaire peut solliciter du créancier qu'il fasse apposer sur la déclaration de créance le visa du

1. Cass. com., 9 juill. 2002, n° 98-17.877, *Act. proc. coll.* 2002/17, n° 219 ; *Rev. proc. coll.* 2003, p. 318, n° 6, obs. F.-F. Legrand.
2. Cass. com., 1er févr. 2005, n° 03-13.047, *Gaz. proc. coll.* 2005/1, n° 3-1, obs. P.-M. Le Corre.
3. Cass. com., 22 juin 1993, *Bull. civ.* IV, n° 260 ; *D.* 1993, somm. 365, obs. A. Honorat ; *Rev. proc. coll.* 1993, 150, obs. B. Dureuil ; *JCP* 1993, I, 3721 obs. P. Pétel ; 14 févr. 1995, *Bull. civ.* IV, n° 42.
4. Cass. com., 8 oct. 1996, *Rev. sociétés* 1996, n° 210, obs. Y. Chaput ; *Rev. dr. banc.* 1996, 241, obs. M.-J. Campana et Calendini ; Cass. com., 6 janv. 1998, *Bull. civ.* IV, n° 3 ; *JCP E*, 1998, pan. 297, et chron. 656, n° 3-b-10, obs. P. Pétel ; *RTD com.* 2000, 718, obs. A. Martin-Serf.
5. CA Versailles, 13e ch., 27 janv. 2000, *D.* 2000, act. jurispr. 172 ; *RTD com.* 2000, 718, obs. A. Martin-Serf.
6. V. exigeant une déclaration claire et non équivoque du créancier : Cass. com., 5 oct. 1993, *Dr. sociétés* 1993, n° 222, obs. Y. Chaput ; Cass. com., 9 mars 1996, *RJDA* 1996/6, n° 821, p. 594 ; 8 oct. 1996, *RJDA* 1997, n° 120 ; Cass. com., 17 févr. 1998, *D. Affaires* 1998, 765.
7. Cass. com., 18 janv. 2000, *RD bancaire et fin.* 2000/3, n° 121.
8. CA Lyon, 3e ch., 7 nov. 1997, *LPA* 30 oct. 1998, n° 113, p. 19, obs. B. Soinne.
9. Cass. com., 18 janv. 2000, *RD bancaire et fin.* 2000/3, n° 121, obs. F.-X. Lucas.
10. Cass. com., 1er déc. 1992, *Bull. civ.* IV, n° 382 ; Cass. com., 8 mars 1994, *Bull. civ.* IV, n° 97 ; *Rev. proc. coll.* 1995, 227, n° 6, obs. B. Dureuil ; Cass. com., 17 déc. 1996, *JCP E*, 1997, II, 941, note M. Béhar-Touchais.

commissaire aux comptes ou à défaut de l'expert-comptable. Ici encore, l'absence de visa du commissaire aux comptes est sans incidence [1].

B. Contenu de la déclaration de créance

406. Contenu de la déclaration de créance du créancier antérieur. La déclaration de créance doit contenir, selon l'article 98-1° du décret du 28 décembre 2005, les éléments de nature à prouver l'existence et le montant de la créance, dès lors qu'elle ne résulte pas d'un titre exécutoire.

L'article 98, dernier alinéa, du décret du 28 décembre 2005 énonce que « *à cette déclaration sont joints sous bordereau les documents justificatifs ; ceux-ci peuvent être produits en copie* ». La déclaration de créance ne sera pas nulle au prétexte que les pièces la justifiant ne l'accompagnent pas [2]. Il appartiendra au mandataire judiciaire ou au liquidateur, selon le cas, de demander les justificatifs. Il n'y aura pas là contestation de créance. En revanche, si le créancier ne défère pas à l'injonction de produire les justificatifs, la créance pourra ensuite valablement être contestée.

La déclaration de créances doit être chiffrée. L'article 98, 2°, du décret indique que le créancier doit déclarer le principal de la créance, augmenté des intérêts échus au jour du jugement d'ouverture. Si la créance n'est pas liquide, la seule possibilité pour le créancier, en dehors des organismes sociaux et fiscaux autorisés à déclarer à titre provisionnel (v. ss n° 420), est de faire une estimation en déclarant le maximum de ce à quoi il peut prétendre. La solution est aujourd'hui explicitement posée (Décr. 28 déc. 2005, art. 98-1°).

Des demandes additionnelles peuvent être présentées. Cependant, conformément au droit commun, elles devront l'être dans les délais, en l'occurrence les délais de la déclaration de créance [3], y compris pour les créanciers qui déclareront leur créance par évaluation [4], ce qui doit soigneusement, à notre sens, être distingué de la déclaration provisionnelle ouverte aux seuls créanciers autorisés à se délivrer des titres exécutoires à eux-mêmes. La déclaration rectificative est admise, dès lors qu'il ne s'agit que d'une erreur purement matérielle, tel le mauvais emplacement d'une virgule, alors même que le délai de déclaration de créance serait expiré [5]. En revanche, le fait qu'un créancier ait oublié de préciser la sûreté assortissant la créance ne pourra être rectifié par cette technique.

Des précisions particulières doivent être apportées pour les créances non exigibles. Le créancier devra, selon l'article L. 622-25, alinéa 1, du code, déclarer au passif les sommes échues et les sommes à échoir, en distinguant chacune des deux catégories. Pour les sommes à échoir, il devra préciser la date des échéances.

---

1. Cass. com., 1er déc. 1992, préc. ; Cass. com., 8 mars 1994, préc ; Cass. com., 17 déc. 1996, préc.
2. Cass. com., 17 déc. 1996, *Dict. perm. difficultés des entreprises*, *Bull.* 155 (8 janv. 1997) p. 7027, vis *Déclaration* et *Vérification des créances*.
3. Cass. com., 26 mai 1998, *Gaz. Pal.* somm. 26-27 juin 1998, p. 21 ; *adde* : Derrida, Godé et Sortais, *op. cit.*, n° 208 ; Cass. com., 4 juill. 2000, *Dict. perm. difficultés des entreprises*, *Bull.* 202 (4 sept. 2000), p. 6239, vis *Déclaration* et *Vérification des créances*, n° 29.
4. *Contra* : A. Jacquemont, 4e éd., *op. cit.*, n° 455, estimant possible la déclaration ultérieure à la hausse même en dehors du délai de déclaration des créances.
5. Cass. com., 26 mai 1998, *Act. proc. coll.* 98/4, n° 54.

Il ne faut cependant pas confondre l'obligation de déclarer les créances non exigibles avec l'obligation de déclarer les créances qui ne sont pas nées au jour du jugement d'ouverture. Seules les créances antérieures — sous réserve de ce qui sera expliqué pour les créances postérieures non éligibles au traitement préférentiel (v. ss n° 407) — doivent être déclarées [1]. L'article L. 622-25, alinéa 1, du code ne peut en effet être interprété qu'à la lumière de l'article L. 622-24, alinéa 1, qui détermine les créances devant être déclarées au passif : les créances antérieures. Cette combinaison impérative des deux textes exclut l'obligation de déclarer les créances issues de contrats à exécution successive, tel le bail [2], qui naissent après jugement d'ouverture et qui ne sont donc pas des créances antérieures à échoir [3].

Le créancier devra également déclarer les intérêts échus au jour du jugement d'ouverture. S'il bénéficie, par exception, de la continuation du cours des intérêts (v. ss n° 378), il devra mentionner les intérêts à échoir dont le cours n'est pas arrêté. L'article 98-2° du décret du 28 décembre 2005 précise que le créancier devra mentionner les « *modalités de calcul des intérêts dont le cours n'est pas arrêté, cette indication valant déclaration pour le montant ultérieurement arrêté* ». Est donc interdite la déclaration des intérêts « pour mémoire » sans mention de la base de calcul ni du taux applicable [4] ou « sauf à parfaire » [5] ou la déclaration à titre provisionnel. Ces déclarations doivent être distinguées d'une déclaration véritable des intérêts contenant les exigences légales, mais dont l'auteur indiquerait par erreur qu'elle est faite à titre provisionnel. En ce cas, la déclaration sera efficace [6]. Les intérêts dont le cours n'est pas arrêté et qui ne sont pas déclarés sont perdus.

Les autres accessoires devront être également déclarés par le créancier, dans le délai de la déclaration de créance. Il en est ainsi spécialement des sûretés qui assortissent la créance. À défaut, le créancier perdra sa sûreté et deviendra chirographaire [7].

La jurisprudence tempère la rigueur du texte qui ne distingue pas selon le type de sûreté. D'abord, si la garantie n'est pas une véritable sûreté, tel le droit de rétention,

---

1. Comp. A. Jacquemont, *op. cit.*, 4e éd., n° 425, assimilant sur cette question la déclaration des créances antérieures et celle des créanciers postérieurs non éligibles au traitement préférentiel.
2. CA Douai, 2e ch., 12 déc. 1996, aff. *SNC Pakatrans c/Mercedes Benz Financement*, inédit ; *contra* : C. Saint-Alary-Houin, *op. cit.*, n° 798.
3. E. Le Corre-Broly, « La déclaration de créance du bailleur financier et du crédit-bailleur — l'abus de déclaration peut être dangereux pour la santé financière », *Gaz. proc. coll.* 2005/1, p. 14, spéc. 17.
4. Cass. com., 9 juill. 2002, *Act. proc. coll.* 2002/17, n° 223 ; Cass. com., 21 janv. 2003, *Act. proc. coll.* 2003/6, n° 68.
5. Cass. com., 27 oct. 1998, *Act. proc. coll.* 98/13, n° 171 ; Cass. com., 24 nov. 1998, *Act. proc. coll.* 99/1, n° 2 ; *D. Affaires* 1999, 34.
6. Cass. com., 28 juin 2005, n° 04-14.578, *D. 2005, AJ, 1939, obs.* A. Lienhard ; *Gaz. proc. coll. 2005/3, p. 41, n° 4, obs.* P.-M. Le Corre.
7. Cass. com., 2 mai 1990, *Rev. proc. coll.* 1991, 352, obs. B. Dureuil ; 4 févr. 1992, *Bull. civ.* IV, n° 56 ; *D.* 1992, somm. 250, obs. Derrida ; Cass. com., 17 juin 1997, *Rev. proc. coll.* 1998, 49, n° 13, obs. M. Cadiou ; Cass. com., 27 oct. 1998, *Act. proc. coll.* 98/13, n° 172 ; Cass. com., 8 juin 1999, *RJDA* 1999/8 et 9, n° 964 ; *JCP E et A*, 2000, chron. 130, n° 3-B-13, obs. M. Cabrillac, et 459, obs. P. Delebecque ; *RTD com.* 1999, 968, obs. A. Martin-Serf ; Cass. com., 6 juill. 1999, *D.* 2000, somm. 327, obs. A. Honorat ; Cass. com., 20 juin 2000, *Dict. perm. difficultés des entreprises*, *Bull.* 202 (4 sept. 2000), p. 6238, vis *Déclaration* et *Vérification des créances*, n° 28.

elle n'a pas à être déclarée [1]. En revanche, si le droit de rétention n'est qu'un attribut du gage, le défaut de déclaration du gage emportera disparition du droit de rétention [2].

De même, le défaut de précision d'un cautionnement ne sera pas sanctionné par la perte de celui-ci [3].

Ces solutions jurisprudentielles ont un fondement identique : si l'admission ou le rejet de la sûreté n'emporte pas de conséquence sur l'ordre des répartitions, l'indication de la sûreté reste sans conséquence. C'est pourquoi il faut également décider que l'absence d'indication d'une clause de réserve de propriété devrait rester sans conséquence [4].

La déclaration de créance libellée en monnaie étrangère doit être déclarée en euros selon le cours du change au jour du jugement d'ouverture (C. com., art. L. 622-25, al. 2).

407. Contenu de la déclaration de créance du créancier postérieur non éligible au traitement préférentiel. Le contenu de la déclaration de la créance postérieure non éligible au traitement préférentiel est directement conditionné par l'observation que la prise en compte des droits de l'intéressé aura ici lieu en une seule fois. Il n'est plus question de distinguer ce qui est né avant de ce qui est né après jugement d'ouverture.

Si la naissance naît en une seule fois, elle doit être intégralement déclarée, à compter de sa date d'exigibilité (C. com., art. L. 622-24, al. 5).

Le législateur oblige en outre le créancier à déclarer l'intégralité des créances postérieures non éligibles au traitement préférentiel qui lui seront dues au titre du contrat à exécution successive (C. com., art. L. 622-24, al. 5). Il doit déclarer sa créance par évaluation des sommes échues et de celles à échoir, que le contrat soit conclu avant (Décr. 28 déc. 2005, art. 97, al. 1) ou après le jugement d'ouverture (Décr. 28 déc. 2005, art. 97, al. 2).

§ 2. Les délais de déclaration des créances

Il convient d'abord de procéder à l'énoncé des délais (A), avant d'envisager la question du dépassement du délai (B).

A. L'énoncé des délais

408. Énoncé des délais pour les créanciers antérieurs. L'article 99 du décret du 28 décembre 2005 oblige le créancier à déclarer sa créance dans certains délais. Ces

---

1. Cass. com., 20 mai 1997, *D. Affaires* 1997, n° 24, p. 763 ; *LPA* 1er juin 1998, n° 65, p. 8, note R. Corlay ; *JCP* 1997, I, 4054, obs. M. Cabrillac ; *contra* : CA Besançon, 2e ch. com., 6 juin 1997, *Rev. jurispr. com.* 2000, 69, n° 1150, note L. Haennig.
2. Cass. com., 8 juin 1999, *Bull. civ.* IV, n° 125 ; *D.* 2000, somm. 390, obs. S. Piedelièvre ; Cass. com., 18 janv. 2005, n° 03-14.600, *Gaz. proc. coll.* 2005/1, p. 34, n° 3-1, obs. P.-M. Le Corre.
3. Civ. 1re, 1er févr. 2000, *Rev. proc. coll. civ. et com.* 2000, 134, n° 4, obs. E. Kerckhove.
4. *Contra* : B. Soinne, *op. cit.*, n° 2162.

délais sont préfix [1], ce qui ne devrait pas mettre en échec la possibilité d'invoquer la règle *contra non valentem*, solution vers laquelle ne semble cependant pas s'orienter la Cour de cassation [2].

Conformément au droit commun, le point de départ du délai est le jour de publication au BODACC. En application de l'article 641 du NCPC, le délai expirera le jour du dernier mois qui porte le même quantième que le jour de l'événement faisant courir le délai. À défaut de quantième identique, le délai expirera le dernier jour du mois.

L'application de l'article 642 du NCPC conduit également à décider que si le délai de déclaration de créance expire un samedi, un dimanche, un jour férié ou chômé, le créancier pourra encore déclarer sa créance le premier jour ouvrable suivant [3].

Si la déclaration de créance intervient par voie postale, s'appliquent les articles 668 et 669 du NCPC. Il y aura donc respect du délai de déclaration de créance dès lors que le créancier a envoyé dans le délai sa déclaration, peu important que le destinataire ne l'ait reçue que postérieurement [4].

Le délai de déclaration de créance court à compter de la publication du jugement d'ouverture au BODACC. Il en résulte que le délai de déclaration de créance n'a pas commencé à courir si le jugement d'ouverture n'est pas publié au BODACC, peu important que, postérieurement, à la suite de la conversion du redressement en liquidation judiciaire, le jugement de liquidation judiciaire soit publié au BODACC [5]. La solution serait, à notre sens, identique en cas de conversion d'une procédure de sauvegarde en redressement ou en liquidation judiciaire.

L'irrégularité de la publication du jugement d'ouverture équivaut à une absence de publication. Le délai de déclaration de créance n'a donc jamais commencé à courir [6]. S'applique ici le régime des formalités substantielles. Peu importe donc le grief causé au créancier. C'est ainsi, par exemple, que l'erreur sur la date du jugement d'ouverture a été sanctionnée [7].

La déclaration de créance effectuée dans une première procédure, alors que le jugement d'ouverture est réformé ou annulé par la cour d'appel et qu'il y a ouverture d'une nouvelle procédure restera efficace. Le créancier n'aura donc pas à déclarer à

---

1. CA Paris, 6 déc. 1991, *Rev. proc. coll.* 1992, 83, obs. B. Dureuil ; 25 juin 1993, *D.* 1993, IR, 223.
2. Cass. com., 26 oct. 1999, *RD banc. et fin.* 2000/1, n° 20, obs. F.-X. Lucas.
3. Cass com. 17 févr. 1998, *JCP E*, 1998, pan. 587, *D. Affaires* 1998, 429.
4. Cass. com., 1er oct. 1991, *JCP E*, 1992, 136, n° 12, obs. M. Cabrillac et P. Pétel ; Cass. com., 28 janv. 1997, *Bull. civ.* IV, n° 30 ; *D.* 1997, somm. 214, obs. A. Honorat ; *JCP E*, 1997, I, 651, p. 189, n° 13, obs. P. Pétel ; *Rev. dr. banc.* 1997, 78, n° 4, obs. M.-J. Campana et Calendini ; Cass. com., 28 avr. 1998, *D. Affaires* 1998, 1004.
5. Cass. com., 9 janv. 2001, *Act. proc. coll.* 2001/6, n° 72 ; *JCP E,* 2001, chron. 753, n° 10, obs. P. Pétel ; *D.* 2001, AJ, 548, obs. A. Lienhard ; *RD banc. et fin.* 2001/2, n° 68, obs. F.-X. Lucas ; *RJ com.* 2001, 318, n° 1586, obs. J.-L. Courtier ; *RTD com.* 2002, 365, n° 2, obs. A. Martin-Serf.
6. Cass. com., 14 févr. 1995, *Bull. civ.* IV, n° 47 ; *Rev. proc. coll.* 1995, 309, n° 5, obs. B. Dureuil ; *D.* 1996, somm. 85, obs. A. Honorat ; *Rev. proc. coll.* 1995, 309, n° 5, obs. B. Dureuil.
7. Cass. com., 12 avr. 2005, n° 03-20.691, *D.* 2005, AJ, 1227, obs. A. Lienhard ; *Gaz. proc. coll.* 2005/2, p. 26, obs. P.-M. Le Corre.

nouveau sa créance [1]. Mais, du fait de l'annulation du jugement d'ouverture de la première procédure, le créancier qui n'a pas déclaré sa créance à cette procédure restera recevable à déclarer sa créance dans la seconde procédure [2].

Le délai de droit commun pour déclarer la créance est posé par l'article 99, alinéa 1, du décret du 27 décembre 1985 : deux mois à compter de la publication du jugement d'ouverture au BODACC. Ce délai est applicable tant pour les créanciers chirographaires que pour les créanciers privilégiés. Cependant, une règle particulière est posée pour les créanciers titulaires de sûretés et les titulaires de contrats publiés, lorsque ces créanciers ne sont pas avertis par le mandataire ou le liquidateur, selon le cas, d'avoir à déclarer leurs créances (v. ss n° 409).

Ce délai est allongé de deux mois pour les créanciers domiciliés hors de la France métropolitaine, lorsque la procédure est ouverte en France métropolitaine (Décr. 28 déc. 2005, art. 99, al. 2), même si ces créanciers ont élu domicile en France [3].

En revanche, lorsque la procédure était ouverte hors France métropolitaine, le délai de deux mois restait, sous l'empire de la législation ancienne, applicable aux créanciers domiciliés en France métropolitaine [4]. Le décret du 28 décembre 2005 abandonne la solution et rend désormais symétriques les deux situations : le délai de déclaration est augmenté de deux mois pour les créanciers ne demeurant pas dans le département ou sur le territoire non métropolitain (art. 99, al. 3).

Rien n'interdit au créancier de déclarer sa créance avant le commencement du cours du délai [5].

L'article 119, alinéa 2, du décret du 27 décembre 1985 prévoyait qu'en cas de liquidation judiciaire, le tribunal ordonnait l'allongement du délai de déclaration de créances. Le décret du 28 décembre 2005 n'a pas repris cet allongement du délai de déclaration des créances en cas de conversion en liquidation judiciaire.

La loi de sauvegarde des entreprises a introduit un délai particulier de déclaration de créance au profit de la victime d'une infraction, qui s'est constituée partie civile. La lettre de l'article L. 622-24 alinéa 6, du Code de commerce prévoit que le délai de déclaration, par une partie civile, des créances nées d'une infraction pénale court à compter de la date de la décision définitive qui en fixe le montant.

L'article 96, alinéa 2, du décret du 28 décembre 2005 prévoit également un délai particulier de déclaration de créance : celui de la déclaration de l'indemnité de résiliation. Il faut supposer ici qu'un contrat est en cours au jour du jugement d'ouverture. S'il y a option pour la non-continuation ou si, après continuation, il y a

---

1. Cass. com., 25 mai 1993, *Bull. Joly* 1993, 716, note Y. Chaput ; *RTD. com.* 1994, 569, obs. A. Martin-Serf ; Cass. com., 1er juill. 1997, *JCP E*, 1998, chron. 31, n° 2, obs. M. Cabrillac ; Cass. com., 10 mai 2005, n° 04-10.523, *D.* 2005, AJ, 1414, obs. A. Lienhard ; *JCP E*, 2005, chron. 1274, p. 1422, n° 3, obs. Ph. Pétel ; *Gaz. proc. coll.* 2005/2, p. 24, obs. P.-M. Le Corre.
2. Rappr. pour le relevé de forclusion : Cass. com., 1er juil. 1997, *JCP E*, 1997, pan. 982.
3. Cass. com., 19 févr. 2002, *D. 2002, AJ, 1141 ; Act. proc. coll.* 2002/6, n° 75 ; *RTD com.* 2002, 546, n° 8, obs. J.-L. Vallens.
4. Cass. com., 23 nov. 1999, *Act. proc. coll.* 1999/20, n° 271 et 2000/1, n° 5 ; *D.* 2000, act. jurispr. 31, obs. A. L. ; *JCP E et A*, 2000, chron. 752, n° 3-b-10, obs. P. Pétel ; *RTD com.* 2000, 185, obs. J.-L. Vallens ; *contra* : B. Soinne, *op. cit.*, n° 2177.
5. CA Toulouse, 10 mai 1989, *Rev. proc. coll.* 1990, 400, obs. B. Dureuil ; *adde* : Ripert et Roblot par Delebecque et Germain, *op. cit.*, n° 3013.

résiliation pour inexécution ou sur décision de mettre fin au contrat, il y a place à déclaration d'une indemnité de résiliation. Cette indemnité devra être déclarée dans le délai d'un mois soit de la résiliation si elle est intervenue de plein droit, soit de la notification de la décision prononçant la résiliation. Ce délai de déclaration de l'indemnité de résiliation ne saurait être inférieur au délai initial de déclaration de créance. Il s'agit, énonce l'article 96, alinéa 2, du décret, d'un délai supplémentaire.

Il faut enfin préciser que l'A.G.S. dispose d'un délai particulier de déclaration de créance. Les salariés sont dispensés d'avoir à déclarer leur créance. L'A.G.S. qui effectue les avances doit en revanche déclarer les créances, même celles dont elle refuserait de faire les avances. L'article 96, alinéa 4, du décret du 28 décembre 2005 prévoit que l'A.G.S. dispose d'un délai de quinze jours qui commence à courir à compter de l'expiration des délais de règlement prévus par l'article L. 143-11-7 alinéa 3, du Code du travail. Chacun des délais de règlement fait courir à l'encontre de l'A.G.S. un délai particulier de déclaration de créance.

409. Point de départ particulier du délai de déclaration de créance pour les créanciers titulaires de sûretés publiées et les titulaires de contrats publiés non avertis d'avoir à déclarer leurs créances. La loi du 25 janvier 1985, dans sa rédaction d'origine, prévoyait l'obligation pour le représentant des créanciers d'avertir les créanciers titulaires de sûretés d'avoir à déclarer leur créance. Mais aucune sanction n'était posée par l'article 50, alinéa 1 de cette loi en cas de défaut d'accomplissement de cette formalité. La seule ressource du créancier était alors d'assigner le mandataire de justice défaillant en responsabilité civile [1]. La loi du 10 juin 1994, dans le souci de restaurer les droits de certains créanciers — les établissements de crédit — a repris cette obligation, mais en l'étendant aux crédit-bailleurs et surtout en l'assortissant d'une sanction : la forclusion n'est pas opposable au créancier qui n'est pas averti dans le délai de quinze jours du jugement d'ouverture. La Cour de cassation, pour donner un sens au texte, de façon toute prétorienne, a décidé de fixer le point de départ du délai de déclaration de créance au jour de l'avertissement [2].

C'est cette solution que reproduit fidèlement l'article L. 622-24, alinéa 1, *in fine,* du Code de commerce : « *les créanciers titulaires d'une sûreté publiée ou liés au débiteur par un contrat publié sont avertis personnellement ou, s'il y a lieu, à domicile élu. Le délai de déclaration court à l'égard de ceux-ci à compter de la notification de cet avertissement* ». La loi nouvelle étend l'obligation d'avertissement à tous les titulaires de contrats publiés et ne se contente pas des titulaires de crédit-bail publié. Tous les créanciers titulaires d'une sûreté publiée doivent être

1. V. ainsi, Cass. com., 23 mai 2000, *Act. proc. coll.* 2000/11, n° 131 ; *RD banc. et fin.* 2000/3, n° 120, obs. F.-X. Lucas ; *JCP E*, 2000, jur. 1140, note P.-M. Le Corre ; Cass. com., 2 mai 2001, *Act. proc. coll.* 2001/11, n° 135.

2. Cass. com., 14 mars 2000, *Bull. civ.* IV, n° 56 ; *D.* 2000, AJ, 168, obs. A. Lienhard ; *Act. proc. coll.* 2000/8, n° 88 ; *LPA* 6 mars 2001, n° 46, p. 15, note J.-L. Courtier ; Cass. com., 1er avr. 2003, n° 01-16.054, *Act. proc. coll.* 2003/10, n° 123 ; *RD banc. et fin.* 2003/4, p. 214, n° 148, obs. F.-X. Lucas ; Cass. com., 1er avr. 2003, n° 01-15.403 ; Cass. com., 12 oct. 2004, n° 02-20.367 ; *adde :* CA Paris, 3e ch. C, 6 juin 2003, RG n° 2002/18333.

avertis, peu important que la sûreté confère à son titulaire un privilège général [1]. Au contraire, les créanciers titulaires de sûretés non publiées ne peuvent bénéficier du texte [2]. Certaines solutions de la législation antérieure seront reprises. Il en est ainsi de la sanction de l'obligation d'avertir le créancier en la forme recommandée. Si cette formalité substantielle n'est pas respectée, le créancier sera considéré comme n'étant pas averti [3]. L'avertissement peut être fait au créancier personnellement ou à son domicile élu.

Si le créancier non averti déclare sa créance mais en commettant des erreurs, il ne pourra rectifier celles-ci en prétendant que le délai n'a pas commencé à courir. Le mécanisme de protection ne s'applique plus à lui, a décidé la jurisprudence sous l'empire de la législation antérieure [4]. La solution nous semble devoir être reconduite [5].

Le créancier non averti n'a donc pas de délai pour déclarer sa créance. Si un contentieux s'instaure entre le créancier et le mandataire de justice sur l'applicabilité du dispositif, il appartiendra au créancier de saisir le juge-commissaire pour faire trancher le litige, par une requête en constat de la non-forclusion [6]. L'ordonnance sera susceptible du recours classique devant le tribunal dans le délai de dix jours (Décr. 28 déc. 2005, art. 67, al. 4), à charge d'appel.

410. Énoncé des délais pour les créanciers postérieurs non éligibles au traitement préférentiel. L'obligation de déclaration pèse sur certains créanciers postérieurs — ceux dont la créance n'est pas éligible au traitement préférentiel —. Le législateur a institué un délai particulier de déclaration des créances pour ce type de créanciers. Une distinction s'impose selon que la créance est ou non issue d'un contrat à exécution successive.

Si la créance n'est pas issue d'un contrat à exécution successive — il peut s'agir d'une créance non contractuelle —, le créancier doit procéder à la déclaration de celle-ci dans les deux mois de l'exigibilité de cette créance (C. com., art. L. 622-24, al. 5).

---

1. V. ainsi pour les créanciers titulaires du privilège du Trésor public : Cass. com., 4 juill. 2000, *D.* 2000, act. jurispr. 353, obs. P. Pisoni ; *Act. proc. coll.* 2000/14, n° 179 ; *RD banc. et fin.* 2000/5, n° 200, p. 302, obs. F.-X. Lucas.

2. CA Paris, 3e ch. B, 30 oct. 1998, *D.* 1998, IR, 264 ; *JCP E,* 1999, chron. 810, 3-b-4, obs. M. Cabrillac ; *adde* : P. Dupuis, « Privilège du syndicat des copropriétaires et liquidations judiciaires des sociétés », *Gaz. Pal.* 2 et 3 févr. 2000, p. 3.

3. Cass. com., 14 mars 2000, *D.* 2000, AJ, 169, obs. A. Lienhard ; *Act. proc. coll.* 2000/8, n° 88 ; *JCP E,* 2000, chron. 1563, n° 3-b-6, obs. P. Pétel ; *RTD com.* 2000, 716, obs. A. Martin-Serf ; *RD banc. et fin.* 2000/2, n° 69, obs. F.-X. Lucas ; Cass. com., 2 mai 2001, *Act. proc. coll.* 2001/11, n° 136 ; Cass. com., 17 juill. 2001, *Act. proc. coll.* 2001/18, n° 234 ; *Rev. proc. coll.* 2002, p. 97, n° 13, obs. F.-F. Legrand ; Cass. com., 24 juin 2003, n° 00-16.658.

4. Cass. com., 13 mai 2003, n° 00-12.354, *Bull. civ.* IV, n° 76 ; *D.* 2003, AJ, 1563, obs. A. Lienhard ; *Act. proc. coll.* 2003/12, n° 158, obs. H.-D. Modi Koko Bebey ; *JCP E,* 2003, chron. 1396, p. 1571, n° 8, obs. Ph. Pétel ; *RTD com.* 2003, 818, n° 10, obs. A. Martin-Serf ; *RD banc. et fin.* 2003/6, p. 368, n° 233, obs. F.-X. Lucas ; LXB n° N8100AAA, obs. P.-M. Le Corre ; Cass. com., 15 nov. 2005, n° 04-15.363, arrêt n° 1413 F-D.

5. *Contra* : A. Jacquemont, 4e éd., *op. cit.*, n° 445.

6. Comp. A. Lienhard, *op. cit.*, n° 1106, estimant qu'en ce cas, la requête en relevé de forclusion doit être utilisée.

Si la créance est issue d'un contrat à exécution successive, une nouvelle distinction s'impose. Dans le premier cas, le contrat a été conclu avant jugement d'ouverture. Le créancier doit alors déclarer ses créances dans les deux mois de la publication au BODACC du jugement d'ouverture (Décr. 28 déc. 2005, art. 97, al. 1). Il doit donc respecter le délai de droit commun, mais sous cette observation importante, qu'il devra déclarer non seulement ses créances antérieures échues, mais encore ses créances nées après le jugement d'ouverture, échues et à échoir, sur la base d'une évaluation. Dans le second cas, le contrat a été conclu après le jugement d'ouverture. Le créancier doit déclarer toutes ses créances échues et à échoir, sur la base d'une évaluation, dans les deux mois de la première échéance impayée, qu'elle ait été régularisée ou non. *A priori*, la première échéance impayée sera la première échéance, du fait de l'interdiction de payer après jugement d'ouverture des créances postérieures non éligibles au traitement préférentiel (C. com., art. L. 622-7, al. 1).

B. Le dépassement des délais

411. L'action en relevé de forclusion. Le créancier qui n'a pas déclaré sa créance dans le délai de déclaration initial de droit commun de deux mois, qui court à compter la publication du jugement d'ouverture au BODACC pourra se faire relever de forclusion. La solution résulte de l'article L. 622-26, alinéa 2, du code.

Pour cela, il saisira le juge-commissaire par requête, dans le délai de principe de six mois qui court à compter de la publication au BODACC du jugement d'ouverture, ce délai remplaçant l'ancien délai d'un an à compter du jugement d'ouverture. Par exception, les créanciers disposeront d'un délai d'un an si, comme l'indique l'article L. 622-26, alinéa 2, du code, ils sont « *placés dans l'impossibilité de connaître l'existence de leur créance avant l'expiration du délai de six mois précité* ».

Pour l'A.G.S., le délai court à compter de l'expiration du délai pendant lequel les créances résultant du contrat de travail sont garanties par elle.

L'article L. 622-26, alinéa 2, du Code de commerce indique enfin que le délai de l'action en relevé de forclusion court pour les créanciers titulaires de sûretés publiées ou de contrats publiés à compter de la notification de l'avertissement d'avoir à déclarer leur créance. Mais il faut bien comprendre que ces créanciers ont, par hypothèse, été avertis. Ils auront en conséquence les plus grandes difficultés à démonter qu'ils se trouvent dans l'un des deux cas de relevé de forclusion prévus par le code.

Le délai de l'action en relevé de forclusion, qui est préfix [1], ne peut être augmenté pour les créanciers domiciliés hors France métropolitaine, car il ne s'agit pas d'un délai de comparution ou de recours [2].

Le premier cas classique de relevé de forclusion suppose la démonstration par le créancier que la défaillance à déclarer dans les délais n'est pas due à son fait (C. com., art. L. 622-26, al. 1). Il s'agit là d'une question de fait relevant du pouvoir souverain

---

1. Cass. com., 1er juill. 1997, *JCP E*, 1998, chron. 32, n° 3-b-3 obs. M. Cabrillac ; Cass. com., 27 oct. 1998, *D. Affaires* 1999, 37.
2. *Contra* : CA Rennes, 2e ch., 15 déc. 1999, *RD banc. et fin.* 2000/2, n° 67, obs. F.-X. Lucas ; CA Paris, 3e ch., 17 déc. 1999, *D.* 2000, act. jurispr. 117.

des juges du fond [1]. La jurisprudence apprécie différemment cette question selon que le créancier est ou non doté d'un service contentieux organisé. Si tel est le cas, la jurisprudence érige ce créancier en lecteur obligatoire du BODACC [2]. Au contraire, la jurisprudence est plus souple à l'égard d'un créancier non doté d'un service contentieux organisé. Sera recherché, au cas par cas, si le créancier a pu avoir une connaissance personnelle de la procédure collective.

Le fait que le créancier ne soit pas averti par le représentant des créanciers, alors qu'il en avait l'obligation en qualité de créancier connu (D. 28 déc. 2005, art. 96, al. 1) ne constitue pas un motif de relevé de forclusion. En revanche, il y a place à engagement de la responsabilité du représentant des créanciers ou du liquidateur, selon le cas, pour ne pas avoir averti un créancier connu. Dans le dernier état de la jurisprudence, le créancier connu sera celui que certaines circonstances particulières empêchent le mandataire de justice d'ignorer [3].

On aurait pu penser que le fait pour le débiteur de cacher au mandataire de justice l'existence d'un créancier serait constitutive d'un cas de relevé de forclusion. La jurisprudence ne l'a pas admis [4], à moins que ne soit caractérisée une véritable fraude. Dès lors prend toute son importance le second cas de relevé de forclusion.

Le second cas de relevé de forclusion a été créé par la loi de sauvegarde des entreprises : il s'agit de l'omission volontaire. Selon l'article L. 622-26, alinéa 1, du code, les créanciers seront relevés de forclusion s'ils « *établissent que leur défaillance n'est pas due à leur fait ou qu'elle est due à une omission volontaire du débiteur lors de l'établissement de la liste prévue au deuxième alinéa de l'article L. 622-6* ». La difficulté résultera de l'exigence de démontrer, de la part du débiteur, non pas une fraude, mais au moins la volonté de ne pas indiquer a un mandataire de justice l'existence de tel ou tel créancier. Or, la recherche de la volonté d'une partie est toujours délicate, et cette difficulté probatoire risque de vider le texte d'une grande partie de sa portée.

La rédaction du texte fait apparaître que ce cas de relevé de forclusion est autonome [5], ce qui conduit à considérer que, si la démonstration est rapportée de l'omission volontaire du débiteur, le juge-commissaire perd son pouvoir d'appréciation sur le point de savoir si le créancier démontre que sa défaillance n'est pas due à son fait.

---

1. Cass. com., 27 mars 1990, *Bull. civ.* IV, n° 92 ; *Rev. proc. coll.* 1991 ; *Rev. dr. banc.* 1990, 173, obs. M.-J. Campana et M. Calendini, 357, obs. B. Dureuil ; Cass. com., 4 oct. 2005, n° 04-15.535.
2. V. ainsi, CA Douai, 2e ch. civ., 14 déc. 1989 ; *Rev. proc. coll.* 1990, 405, n° 13, obs. B. Dureuil ; CA Rennes, 2e ch., 24 oct. 1990, *Rev. proc. coll.* 1991, 487, n° 87, obs. B. Dureuil.
3. Cass. com., 23 mai 2000, *Act. proc. coll.* 2000/11, n° 131 ; *RD banc. et fin.* 2000/3, n° 120, obs. F.-X. Lucas ; *JCP E et A*, 2000, jurispr. 1140, note P.-M. Le Corre ; rappr. Cass. com., 18 janv. 2000, *Act. proc. coll.* 2000/13, n° 171 ; *Rev. proc. coll.* 2000, 85, n° 21, obs. B. Soinne ; *RD banc. et fin.* 2000/3, n° 120, obs. F.-X. Lucas.
4. Cass. com., 23 juin 1998, *Gaz. Pal.* 1998, pan. 248 ; *D. Affaires* 1998, 1363, obs. J. F ; *RTD com.* 2000, 172, obs. A. Martin-Serf ; 13 avr. 1999, *Act. proc. coll.* 1999/10, n° 130 ; Cass. com., 26 oct. 1999, *RTD com.* 2000, 188, obs. A. Martin-Serf ; Cass. com., 7 déc. 1999, *Act. proc. coll.* 2000/1, n° 4 ; *JCP E et A*, 2000, chron. 752, n° 3-b-11, obs. P. Pétel ; ces décisions considèrent que la créance est éteinte, nonobstant cette attitude du débiteur.
5. V. rapp. J.-J. Hyest, n° 335, p. 53 et p. 218 ; *adde* : A. Lienhard, *op. cit.*, n° 1109.

412. Les suites de l'action en relevé de forclusion. La décision qui statue sur le relevé de la forclusion doit être notifiée au créancier et au débiteur, ce dernier ayant un droit propre, échappant en conséquence au dessaisissement, pour la contester (v. ss n° 279). L'ordonnance du juge-commissaire est susceptible d'un recours devant le tribunal dans le délai de dix jours de sa notification (Décr. 28 déc. 2005, art. 67, al. 4). La solution de l'appel, dérogatoire au droit commun, explicitement posée par la législation antérieure (C. com., art. L. 621-46, al. 3), doit donc être abandonnée. Le jugement statuant sur le recours sera, quant à lui, conformément au droit commun retrouvé en la matière, susceptible d'appel.

Si le créancier est relevé de forclusion, il est autorisé à déclarer sa créance. Le juge-commissaire doit en effet d'abord statuer sur le relevé de forclusion [1], puis sur l'admission de la créance, le cas échéant après vérification et contestation de celle-ci. Cependant, si le créancier a déclaré sa créance en même temps qu'il a demandé à être relevé de forclusion, la jurisprudence admet qu'il n'ait pas à formaliser une nouvelle déclaration de créance [2].

Le créancier relevé de forclusion participera aux répartitions comme les créanciers ayant déclaré dans les délais sous la seule réserve qu'il sera privé des répartitions déjà effectuées (C. com., art. L. 622-26, al. 1).

Au contraire, si le créancier n'était pas relevé de forclusion, sa créance, sous l'empire de la législation antérieure à la loi de sauvegarde des entreprises, était éteinte. La solution résultait de l'article L. 621-46, alinéa 4, qui disposait que « *les créances qui n'ont pas été déclarées et n'ont pas donné lieu à relevé de forclusion sont éteintes* ». Cette phrase ne figure plus dans la législation nouvelle. D'évidence, la créance non déclarée dans les délais n'est plus éteinte. Il s'est agi, par cette suppression, de mettre fin à une particularité du droit français et de tirer les conséquences de l'article 5 du règlement communautaire n° 1346/2000 du 29 mai 2000, selon lequel « *l'ouverture de la procédure d'insolvabilité n'affecte pas le droit réel d'un créancier ou d'un tiers sur des biens corporels ou incorporels, meubles ou immeubles [...] et qui se trouvent au moment de l'ouverture de la procédure sur le territoire d'un autre État membre* ». Il n'y avait donc pas contrariété directe du droit français à la législation européenne mais, indirectement, dans certaines situations, le droit français entrait en contradiction avec cette législation. Il en était ainsi lorsque la créance se trouvait éteinte en France, pour défaut de déclaration dans les délais, alors que le droit réel portant sur le bien se trouvant à l'étranger n'était pas affecté par la loi de l'autre état membre [3].

Comment analyser cette mise à l'écart de l'extinction de la créance non déclarée ? L'article L. 622-26, alinéa 1, tire deux conséquences de l'absence de déclaration de la créance dans les délais : le créancier ne peut participer aux répartitions et dividendes. Il s'agit là en réalité d'affirmer que les deux modes classiques de paiement des créanciers antérieurs dans les procédures collectives ne sont plus accessibles aux créanciers. Ne faut-il pas, de manière plus générale énoncer en règle que le créancier

---

1. Cass. com., 26 oct. 1999, arrêt n° 1724-D, *Dict. perm. difficultés des entreprises*, jurispr. 1999, p. 24.
2. Cass. com., 24 sept. 2003, n° 01-00.504 ; *Act. proc. coll.* 2003/19, n° 243 ; LXB n° N9278AAU, note P.-M. Le Corre.
3. Rapp. Xavier de Roux, n° 2095, p. 235.

qui n'a pas déclaré sa créance ne pourra se faire payer pendant la procédure collective ? Une réponse positive nous semble devoir être posée. On peut suggérer l'idée que la créance devient inopposable à la procédure collective [1], c'est-à-dire aux créanciers et à leur représentant, à l'identique de la solution existant pour un propriétaire en l'absence d'exercice de l'action en revendication. En cette matière, la Cour de cassation affirme que, à défaut de revendication acceptée, le droit de propriété devient inopposable à la procédure [2], l'inopposabilité du droit de propriété devant être distinguée de sa perte (v. ss n° 434).

413. Les conséquences de l'absence d'extinction de la créance non déclarée. Quelles sont les conséquences prévisibles de l'absence d'extinction des créances non déclarées dans les délais ?

Pendant la procédure collective, il est d'abord exclu que le créancier qui n'a pas déclaré dans les délais, puisse bénéficier des droits attachés à l'admission de la créance. Ainsi que l'indique l'article L. 622-26, alinéa 1, du code, le créancier qui n'a pas déclaré sa créance ne pourra prétendre à des répartitions ou même au versement des dividendes du plan de sauvegarde ou de continuation. Il nous semble en revanche, que ce créancier, qui peut faire constater que l'exécution du plan est achevée (C. com., art. L. 626-28), pourra à ce moment reprendre ses poursuites, sous réserve que sa créance ne soit pas prescrite.

Il nous semble de façon plus générale que les prérogatives attachées à la qualité de créancier ne pourront être utilisées pendant la procédure collective, à défaut de déclaration des créances. C'est ainsi, par exemple, que la compensation pour dettes connexes ne peut profiter au créancier qui n'a pas déclaré sa créance, ne pouvant se présenter à la procédure collective comme créancier. Il sera en conséquence, à notre sens, astreint à payer ce qu'il doit sans pouvoir soulever l'exception de compensation. De même, le créancier qui a entamé avant jugement d'ouverture une action en paiement contre le débiteur ne pourra la poursuivre après jugement d'ouverture puisque la poursuite de cette action postule une déclaration de créance (C. com., art. L. 622-22).

Après clôture de la procédure, la créance n'est pas éteinte. Le créancier sera donc autorisé à poursuivre, selon les voies du droit commun, le recouvrement de sa créance, contre le débiteur personne physique [3], si, du moins, il se trouve dans les cas exceptionnels de reprise des poursuites individuelles en cas de clôture pour insuffisance d'actif [4].

Son droit de poursuite reste également intact si le débiteur obtient une clôture de la procédure par extinction du passif, l'existence de cette créance qui ne peut être payée pendant la procédure n'apparaissant pas de nature à faire obstacle à ce type de clôture.

En cas de résolution d'un plan de sauvegarde ou de redressement, l'idée d'inopposabilité de la créance à la procédure n'interdira plus, contrairement à la

1. *Adde* en ce sens : Ph. Pétel, 4e éd., n° 382 ; A. Lienhard, *op. cit.*, n° 1108 ; A. Jacquemont, 4e éd., *op. cit.*, n° 459.
2. Par ex., Cass. com., 3 déc. 2003, pourvoi n° 01-02. 777.
3. Rapp. J.-J. Hyest, n° 335, p. 220 et 221.
4. Rapp. Xavier de Roux, n° 2095, p. 236 et 237.

solution du droit antérieur, aux créanciers de faire valoir leurs droits de créance dans la seconde procédure, une liquidation judiciaire, ouverte suite à la résolution du plan [1]. L'inopposabilité à la première procédure n'empêchera pas au créancier d'opposer son droit à la seconde procédure, à l'identique de la solution posée en droit positif, en matière de revendication [2]. Ici encore, le problème de la prescription pourra se poser pour le créancier, qui n'aura pu être antérieurement évitée, faute de déclaration de créance initiale.

Dans les rapports du créancier avec le repreneur en plan de cession, on peut, semble-t-il, tirer des conséquences de la mise à l'écart de l'extinction de la créance, lorsque, par exception, le repreneur se trouve contraint de payer tout ou partie d'une dette du débiteur d'origine. La question de la levée d'option du contrat de crédit-bail peut être prise pour illustration. Le repreneur est obligé de payer toutes les sommes restant dues par le débiteur, dans la limite de la valeur du bien au jour de la levée d'option, pour lever cette dernière (v. ss n° 302). La dette du débiteur n'étant plus éteinte faute de déclaration, il nous semble possible de poser en règle que le repreneur devra payer l'arriéré restant dû par le débiteur pour que puisse s'opérer à son profit le transfert de propriété, nonobstant l'absence de déclaration de créance au passif du crédit-bailleur. L'interdiction de paiement pendant la procédure, qui résulte de l'inopposabilité de la créance, ne vaut pas dispense de paiement, à l'identique de la solution posée par la Cour de cassation lorsque la levée d'option intervient pendant la période d'observation [3].

Les conséquences de l'absence d'extinction des créances non déclarées dans les délais sont spécialement sensibles et évidentes dans les rapports du créancier avec une caution. Sous l'empire de la législation antérieure, l'équation créance éteinte = cautionnement éteint était devenue classique. La solution n'est qu'une application particulière de la règle générale imprégnant le droit du cautionnement et retranscrite aux articles 2290 et 2313 du Code civil : la règle de l'accessoire. Si la créance principale est éteinte, la créance accessoire de cautionnement suit le même sort. Il est aisé d'apercevoir que la mise à l'écart de l'extinction de la créance entraînera, par voie accessoire, mise à l'écart de l'extinction du cautionnement, lorsque la créance principale n'aura pas été déclarée. L'absence d'extinction de la créance autorisera, en conséquence, le créancier à poursuivre la caution [4]. Toutefois, les restrictions attachées au droit de poursuivre la caution auront vocation à s'appliquer au créancier, qu'il ait ou non déclaré sa créance. On pense spécialement à la règle de l'interdiction de poursuivre les cautions pendant la période d'observation (v. ss n° 384).

La possibilité de poursuivre la caution nonobstant l'absence de déclaration au passif conduira le créancier à établir ses droits contre la caution, dans les conditions du droit commun, c'est-à-dire comme s'il n'y avait pas eu procédure collective.

---

1. Rapp. Xavier de Roux, n° 2095, p. 236.
2. Cass. com., 20 juin 1995, *Rev. proc. coll.* 1995, 482, obs. crit. B. Soinne ; Cass. com., 20 mai 1997, *D. Affaires* 1997, 860.
3. Cass. com., 26 nov. 2002, *D.* 2003, jur. 22, note P.-M. Le Corre ; *Act. proc. coll.* 2003/2, n° 14, obs. J.-Ch. Boulay ; *Dr. et proc.* 2003/3, p. 161, obs. P. Crocq ; *JCP E,* 2003, chron. 760, p. 852, n° 11, obs. Ph. Pétel ; *D.* 2003, jur. 22, note P.-M. Le Corre.
4. Rapp. J.-J. Hyest, n° 335, p. 221.

La caution, pour sa part, semble parfaitement fondée à opposer au créancier le jeu de l'article 2314 du Code civil (anciennement art. 2037). Cette opinion émise [1] a été reprise lors des travaux préparatoires de la loi de sauvegarde des entreprises [2]. Le jeu de l'article 2314 du Code civil supposera conformément au droit commun du cautionnement que le créancier ait perdu le bénéfice d'un droit préférentiel, un droit qui l'aurait placé dans une situation différente de celle d'un simple créancier chirographaire. On peut penser au créancier titulaire d'un cautionnement et simultanément d'une hypothèque. Si l'immeuble hypothéqué est vendu dans la procédure de liquidation judiciaire ouverte à l'encontre du débiteur, le créancier ne percevra pas les sommes qu'il aurait pu percevoir s'il avait déclaré sa créance à titre hypothécaire. La caution sera évidemment en droit de le lui reprocher. On peut également penser au créancier titulaire d'un cautionnement qui viendrait à perdre un droit de rétention, autonome ou attribut d'un gage.

On peut peut-être aller plus loin et se demander si la caution ne pourra reprocher à faute au créancier le fait de ne pas avoir déclaré sa créance, lorsque le débiteur aura obtenu un plan de sauvegarde. En cette occurrence, en effet, la caution, personne physique, peut bénéficier des dispositions du plan et notamment profiter des délais et remises accordés au débiteur principal. Cependant, faute d'avoir déclaré sa créance au passif, le créancier ne pourra participer aux dividendes. Il serait alors curieux qu'il puisse obtenir immédiatement paiement de la totalité de sa créance par la caution, alors que s'il avait déclaré sa créance au passif et si celle-ci avait été admise, il n'aurait pu être payé par la caution que selon les dispositions du plan. Il apparaît inconcevable de mieux traiter le créancier fautif, qui n'a pas déclaré sa créance au passif, que le créancier diligent qui a été admis au passif. La caution doit pouvoir lui reprocher, sur le terrain de la responsabilité civile de droit commun cette faute, en faisant état de la perte d'une chance de payer moins et plus tard. Mais alors une difficulté se présente : quel est le montant de son préjudice ? Quel aurait été le montant de la remise accordée par le créancier s'il avait été consulté dans le cadre de l'élaboration du plan de sauvegarde ? Quels auraient été les délais accordés le cas échéant ? Autant d'éléments qui resteront sans réponse, ce qui rend ici difficile la tâche de la caution dans sa démonstration pourtant nécessaire du préjudice que lui fait subir le créancier. Il ne semble pas, en effet, en pareille hypothèse, que le montant du préjudice subi par la caution doive être prouvé par le créancier, comme cela est la règle en application de l'article 2314 du Code civil. Ce texte est en effet dérogatoire au regard de la charge de la preuve et les solutions qui ont été posées dans son domaine d'application ne nous semblent pas exportables en dehors du strict jeu de l'article 2314 du Code civil.

Ainsi, s'il est incontestable que l'absence d'extinction de la créance non déclarée dans les délais améliore la situation du créancier, la prudence commandera toujours au créancier, afin qu'il puisse exercer les droits les plus complets, qu'il déclare correctement, et dans les délais, sa créance.

---

1. P.-M. Le Corre, *Les créanciers antérieurs dans le projet de sauvegarde des entreprises*, Interv. colloque CRAJEFE, Nice, 27 mars 2004, *LPA* 10 juin 2004, n° 116, p. 25 et s., spéc. 31, n° 17 ; *adde* : A. Jacquemont, *op. cit.*, n° 461.
2. Rapp. Xavier de Roux, n° 2095, p. 236.

Sous-chapitre 2

La vérification et l'admission des créances

Par principe, il y a d'abord place à vérification de la créance (Section I). Ensuite, interviendra une décision du juge-commissaire (Section II).

Section I
La vérification des créances

Si le principe est celui de la vérification (Sous-section II), par exception, il peut y avoir dispense de vérification (Sous-section I).

Sous-section I
Dispense de vérification des créances

414. Dispense de vérification des créances. L'article L. 641-4, alinéa 2, du Code de commerce prévoit qu'« *il n'est pas procédé à la vérification des créances chirographaires s'il apparaît que le produit de la réalisation de l'actif sera entièrement absorbé par les frais de justice et les créances privilégiées, à moins que, s'agissant d'une personne morale, il n'y ait lieu de mettre à la charge des dirigeants sociaux de droit ou de fait tout ou partie du passif conformément aux articles L. 651-2 et 652-1* ».

La décision de dispense de vérification du passif appartient au juge-commissaire qui est saisi par le liquidateur selon le cas. Il s'agit ici d'éviter un travail long et coûteux pour la collectivité des créanciers, qui serait inutile.

La dispense de vérification du passif ne peut intervenir en période d'observation. Elle est strictement cantonnée à la liquidation judiciaire.

En outre, la dispense ne concerne que les créances chirographaires. Les créances assorties de privilèges généraux, spéciaux ou de sûreté spéciale doivent être vérifiées. La Cour de cassation admet toutefois que, malgré la dispense de vérification des créances chirographaires, certaines créances chirographaires puissent être vérifiées. Il en est ainsi des créances assorties d'un droit de rétention, car, affirme la Cour de cassation, « *si le droit de rétention n'est pas un privilège, il en a les effets, en ce qu'il est opposable à la procédure collective et confère à son titulaire le droit de refuser la restitution de la chose jusqu'à complet paiement de sa créance ou d'être payé sur son prix en cas de vente par le liquidateur* » [1].

Ensuite, la dispense de vérification du passif suppose qu'aucune décision de condamnation à combler le passif ou à l'obligation aux dettes sociales ne soit envisagée à l'encontre d'un dirigeant social. La solution est logique car le dirigeant social sera condamné à supporter tout ou partie de l'insuffisance d'actif ou des dettes sociales, selon le cas, ce qui suppose que le passif soit exactement fixé, ce dernier étant l'un des éléments de la détermination du préjudice subi par les créanciers de la personne morale débitrice.

La loi de sauvegarde des entreprises a en outre créé deux nouveaux cas de dispense de vérification des créances.

Dans un souci de simplification de la tâche des créanciers antérieurs, l'article L. 626-27-III du code décide désormais qu'« *après résolution du plan et ouverture ou prononcé de la nouvelle procédure, les créanciers soumis à ce plan sont dispensés de déclarer leurs créances et sûretés. Les créances inscrites à ce plan sont admises de plein droit, déduction faite des sommes déjà perçues* ». Le créancier n'ayant pas à déclarer sa créance, corrélativement celle-ci n'est pas soumise à vérification.

Enfin, la vérification des créances est très allégée en liquidation judiciaire simplifiée. Plutôt qu'une dispense de vérification des créances, on pourrait parler d'une obligation limitée de vérification des créances. Le principe apparaît en effet inversé. Il ne sera procédé à la vérification que des seules créances susceptibles de venir en rang utile dans les répartitions. Cependant, les créances salariales doivent obligatoirement être vérifiées (C. com., art. L. 644-3).

La dispense de vérification du passif n'a aucun effet sur la créance. Elle n'a pas pour effet d'empêcher le jeu de l'interruption de la prescription, jusqu'à la clôture de la procédure, attachée à la déclaration de créance [2]. Bien évidemment, celle-ci ne sera pas admise. Pour autant, elle n'est pas éteinte [3].

Par principe, la solution est sans importance pour le créancier dans ses rapports avec le débiteur puisque, après clôture de la procédure de liquidation judiciaire pour insuffisance d'actif, il ne pourra reprendre l'exercice de son droit de poursuites individuelles (v. ss n° 340). Si le créancier se trouve dans les cas d'exception au jeu de l'interdiction de la reprise des poursuites individuelles, il lui appartiendra d'obtenir un titre de condamnation contre le débiteur (v. ss n° 342). Si le créancier entend poursuivre une caution, cette dernière disposera de la possibilité d'invoquer toutes les exceptions inhérentes à la dette (v. ss n° 387).

Sous-section II
Vérification des créances

Il convient d'exposer les règles générales (§ 1) avant d'exposer les règles spéciales aux créances salariales (§ 2).

---

1. Cass. com., 21 mars 2006, n° 04-19.794, arrêt n° 377 F-D, LXB n° N7541AKI, note E. Le Corre-Broly.
2. Cass. com., 15 mars 2005, n° 03-17.783, *JCP E, 2005, chron.* 1274, p. 1425, n° 13, obs. M. Cabrillac ; *Gaz. proc. coll. 2005/2, p. 29, obs.* P.-M. Le Corre.
3. CA Paris, 3e ch. C, 15 nov. 2002, *RD banc. et fin.* 2003/2, p. 102, n° 76, obs. F.-X. Lucas.

§ 1. Les règles générales relatives à la vérification des créances

415. Déroulement général de la procédure de vérification des créances. Par principe, il y a place à vérification des créances. C'est le travail, en sauvegarde et en redressement judiciaire, du mandataire judiciaire et, en liquidation judiciaire, du liquidateur. Seules les créances déclarées dans les délais, sauf relevé de forclusion, sont soumises à vérification.

La vérification des créances est un préalable nécessaire à la saisine du juge-commissaire. Elle ressemble en cela, à une phase d'instruction.

L'article L. 624-1, alinéa 1, du Code de commerce prévoit que, « *dans le délai fixé par le tribunal, le mandataire de justice établit [...] la liste des créances déclarées [...]* ». Le texte nouveau, contrairement au texte ancien (Décr. 27 déc. 1985, art. 72, al. 2), reste muet sur la possibilité d'obtenir un nouveau délai de vérification des créances. Le tribunal qui serait saisi de pareille demande semble devoir la rejeter, sauf à commettre un excès de pouvoir.

Le législateur a posé une sanction originale au défaut de respect de ce délai : si le mandataire de justice ne procède pas à la vérification des créances dans le délai que lui impartit le tribunal, dans le jugement d'ouverture, l'article L. 624-1, alinéa 2, du code prévoit que *« le mandataire judiciaire ne peut être rémunéré au titre des créances déclarées ne figurant pas sur la liste établie dans le délai mentionné ci-dessus »*.

Le délai de l'article L. 624-1 imparti au mandataire de justice pour procéder à la vérification des créances est un délai butoir pour les créanciers admis à déclarer à titre provisionnel leurs créances puisque, dans ce délai, ils devront déclarer à titre définitif.

L'administrateur judiciaire, lorsqu'il a reçu en redressement judiciaire une mission de représentation, participe à la vérification des créances (Décr. 28 déc. 2005, art. 103, al. 2). Les contrôleurs sont également convoqués à cette fin. Le débiteur doit pouvoir former ses observations sur les créances déclarées. Si le mandataire judiciaire n'est pas obligé de suivre la contestation émise par le débiteur [1], il est néanmoins obligé de faire convoquer par le greffier les créanciers à une audience de créanciers contestés. En outre, même si le débiteur ne conteste pas les créances, le mandataire judiciaire reste libre de le faire.

Les opérations de vérification des créances se terminent par l'établissement d'une liste dressée par le mandataire judiciaire ou le liquidateur, selon le cas. L'article 104, alinéa 1, du décret du 28 décembre 2005 prévoit que « *la liste des créances contenant les indications prévues à l'article L. 622-25 du Code de commerce et à l'article 98 du présent décret, ainsi que les propositions du mandataire judiciaire et les observations du débiteur est déposée au greffe pour être sans délai remise au juge-commissaire. Elle est communiquée à l'administrateur, s'il en a été désigné, et, le cas échéant, au commissaire à l'exécution du plan* ».

---

1. B. Soinne, *op. cit.*, n° 2180.

416. Règles générales relatives à la contestation des créances. Selon l'article L. 622-27 du Code de commerce, « *S'il y a discussion sur tout ou partie d'une créance autre que celles mentionnées à l'article L. 625-1, le mandataire judiciaire en avise le créancier intéressé en l'invitant à faire connaître ses explications. Le défaut de réponse dans le délai de trente jours interdit toute contestation ultérieure de la proposition du mandataire judiciaire* ».

Il n'y a véritable contestation que si sont en cause, la nature, le montant, ou l'existence même de la créance. La discussion sur la régularité de la déclaration de créance n'est pas une contestation au sens du code [1]. De même, la lettre par laquelle le mandataire de justice demande des justificatifs ne peut être considérée comme lettre de contestation [2].

Une lettre de contestation, qui n'est pas conforme au prescrit de l'article L. 622-27 du code, est irrégulière et ne pourra valoir contestation privative de l'exercice des voies de recours. Il en est ainsi d'une lettre de contestation qui ne rappellerait pas le délai de réponse imparti au créancier ou la sanction du défaut de réponse [3]. La lettre qui ne précise pas l'objet de la contestation est identiquement irrégulière [4]. Enfin, la lettre qui ne contient pas la proposition de rejet total ou partiel ne peut valoir contestation [5].

La contestation peut être faite en une ou plusieurs fois [6].

L'article L. 622-27 du code oblige le créancier à répondre à la lettre de contestation dans un délai de 30 jours. Ce délai court à compter de la réception de la lettre [7]. Si la créance a été déclarée par mandataire, la lettre de contestation pourra valablement être envoyée à celui-ci et fera ainsi courir le délai de contestation [8].

Le délai de réponse de 30 jours n'est pas prolongé pour les créanciers domiciliés hors France métropolitaine [9]. Le délai de réponse court contre le créancier contesté. Le premier jour du délai est le lendemain de la réception du courrier de contestation [10]. Il aura respecté le délai de 30 jours s'il a envoyé sa lettre de réponse dans le délai, peu importans une réception par le mandataire de justice après expiration de ce délai [11].

---

1. Cass. com., 7 juill. 1998, *D. Affaires* 1998, 1322, obs. A.L. ; *JCP E et A*, 1998, pan. 1231 ; *D.* 1998, IR, 209 ; *RJDA* 98/11, p. 945, n° 1260 ; Cass. com., 5 janv. 1999, *Act. proc. coll.* 99/4, n° 51.
2. Cass. com., 14 mai 1996, *Bull. civ.* IV, n° 130 ; CA Paris, 20 sept. 1996, *JCP E*, 1996, pan. 1110.
3. Cass. com., 5 déc. 1995, *Bull. civ.* IV, n° 282 ; *Dr. sociétés* 1996, n° 35, obs. Y. Chaput ; *JCP E*, 1996, I, 554, n° 16, obs. P. Pétel.
4. Cass. com., 14 mai 1996, *Bull. civ.* IV, n° 130 ; *JCP* 1996, II, 22657, rap. J.-P. Rémery ; *JCP E*, 1996, I, 554, n° 8, obs. P. Pétel ; Cass. com., 20 juin 2000, *Act. proc. coll.* 2000/14, n° 180, obs. J. Vallansan ; *RD banc. et fin.* 2000/4, n° 158, obs. F.-X. Lucas.
5. Cass. com., 20 juin 2000, préc.
6. Cass. com., 22 oct. 1996, *Bull. civ.* IV, n° 247.
7. Cass. com., 5 déc. 1995, préc. ; CA Paris, 4 févr. 1997, *Rev. proc. coll.* 1997, 463, n° 1, obs. J. Blanchira.
8. Cass. com., 12 nov. 1997, *JCP E*, 1998, pan. 13 ; *D. Affaires* 1997, 1425, n° 11-1 ; *D.* 1997, IR, 258.
9. CA Paris 16 mars 1993, *RJDA* 1993, n° 563 ; *adde* : B. Soinne, *op. cit.*, n° 2183.
10. Cass. com., 14 janv. 2004, n° 01-02.589.
11. *Contra* : CA Rouen 2 mai 1994, *Rev. proc. coll.* 1995, 318, n° 12, obs. B. Dureuil.

Une réponse incomplète ne peut être assimilée à une absence de réponse. Le créancier sera ainsi réputé avoir répondu à la contestation s'il se contente d'indiquer qu'il maintient sa déclaration initiale [1].

Si nonobstant la réponse, la contestation est maintenue, le créancier contesté sera convoqué à une audience dite de créanciers contestés, par-devant le juge-commissaire.

Si le créancier régulièrement contesté n'a pas répondu dans le délai de trente jours à la contestation, une sanction d'ordre procédural l'atteint.

Le greffier du tribunal, qui a l'obligation de convoquer le créancier contesté qui a répondu, a la faculté de convoquer ou non le créancier contesté qui n'a pas répondu. Le juge-commissaire, que le créancier soit ou non convoqué, aura la liberté de suivre ou non la proposition du mandataire de justice [2].

Non seulement le créancier n'a pas à être convoqué devant le juge-commissaire, mais, en outre, l'article L. 624-3, alinéa 2, du code dispose que « *le créancier dont la créance est discutée en tout ou en partie et qui n'a pas répondu au mandataire judiciaire dans le délai mentionné à l'article L. 622-27 ne peut exercer de recours contre la décision du juge-commissaire lorsque celle-ci confirme la proposition du mandataire judiciaire* ». La Cour de cassation a jugé, de manière nuancée, que la privation du droit d'appel ne s'applique pas au créancier convoqué devant le juge-commissaire dans le délai de trente jours et ayant comparu devant lui, peu important l'absence de réponse à la lettre de contestation du représentant des créanciers [3]. Ainsi, sous cette réserve, le créancier contesté qui n'a pas répondu, ne pourra former appel ou pourvoi en cassation, selon le cas, si le juge-commissaire confirme purement et simplement la proposition de rejet. En revanche, si le juge-commissaire aggrave la proposition du mandataire ou l'adoucit, la voie de recours est à nouveau ouverte au créancier [4].

§ 2. LES RÈGLES SPÉCIALES À LA VÉRIFICATION DES CRÉANCES SALARIALES

417. Déroulement général de la procédure de vérification des créances salariales. Depuis la loi du 25 janvier 1985, les salariés n'ont plus l'obligation de déclarer leurs créances. Cependant, l'A.G.S. qui a fait les avances au profit des salariés doit déclarer ses créances de remboursement, pour toutes les créances salariales nées avant le jugement d'ouverture.

---

1. Cass. com., 15 mars 2005, n° 03-19.733, *Gaz. proc. coll.* 2005/2, p. 28, obs. P.-M. Le Corre.
2. Cass. com., 8 mars 1994, *Bull. civ. IV, n° 99 ; Rev. proc. coll.* 1995, 57, n° 7, obs. B. Dureuil ; Cass. com., 16 oct. 2001, *Dict. perm. difficultés des entreprises*, *Bull.* 218, 3 déc. 2001, p. 5967, v^is^ *Déclaration* et *vérification des créances*, n° 61 ; Cass. com., 1er avr. 2003, n° 99-18.545, *Act. proc. coll.* 2003/10, n° 125 ; LXB n° N8101AAB, note P.-M. Le Corre ; Cass. com., 9 nov. 2004, n° 03-12.333.
3. Cass. com., 7 déc. 2004, n° 03-16.321 ; *D.* 2005, AJ, 80, obs. A. Lienhard ; *Act. proc. coll.* 2005/2, n° 23, note D. Voinot ; *RD banc. et fin.* 2005/1, p. 25, n° 19, note F.-X. Lucas ; *RTD com.* 2005, 175, n° 10, obs. J.-L. Vallens ; LXB n° N4130ABL, note P.-M. Le Corre.
4. Cass. com., 30 mars 1993, *Bull. civ.* IV, n° 128 ; Cass. com., 28 mars 2000, *Act. proc. coll.* 2000/11, n° 132.

La vérification des créances salariales s'impose même s'il y a dispense de vérification du passif chirographaire, ainsi que dans la procédure de liquidation judiciaire simplifiée. La vérification ne portera que sur les créances n'ayant pas fait l'objet d'instance en cours au jour du jugement d'ouverture [1]. Elle est faite à partir des documents qui sont remis au mandataire de justice par les salariés, le débiteur, l'administrateur et le représentant des salariés. La convocation du débiteur s'impose.

Après vérification des créances, le mandataire judiciaire procède à l'établissement des relevés de créances salariales qu'il soumet pour vérification au représentant des salariés (C. com., art. L. 625-1, al. 1). Ce dernier signe ensuite les relevés de créances salariales, le cas échéant en apportant toutes observations ou réserves.

L'établissement des relevés de créances salariales doit se faire dans les délais de l'article L. 143-11-7 du Code du travail.

Les relevés de créances super privilégiées devront être effectués dans les dix jours à compter du jugement d'ouverture. Les autres sommes dues à la date du jugement d'ouverture devront faire l'objet de relevés établis dans les trois mois du jugement d'ouverture. Pour les créances de salaire et de congés payés dues aux salariés au titre de la période d'observation, du mois suivant le jugement arrêtant le plan, des quinze jours suivant la liquidation judiciaire et de la période de poursuite provisoire de l'activité autorisée en liquidation judiciaire, les relevés de créances salariales devront être établis dans les dix jours qui suivent l'expiration de la période de garantie de l'A.G.S.. Enfin, pour les autres créances de l'article L. 622-17 et L. 641-13 du code, le délai d'établissement des relevés de créances salariales sera de trois mois après l'expiration de la garantie due par l'A.G.S.

L'article 119 du décret du 28 décembre 2005 réglemente le contenu des relevés de créances salariales. Ces derniers devront d'abord comporter certaines mentions relatives aux salariés. Ils devront ensuite comporter des indications relatives aux créances.

L'article 118, alinéa 3, du décret du 28 décembre 2005 prévoit que le juge-commissaire, à la diligence du mandataire judiciaire, doit viser les relevés de créances salariales. Le juge-commissaire n'a pas ici une fonction juridictionnelle [2].

Après visa par le juge-commissaire, les relevés de créances salariales sont transmis à l'A.G.S. par le mandataire judiciaire ou le liquidateur qui a sollicité son intervention.

L'article 120, alinéa 1, du décret du 28 décembre 2005 prévoit que le mandataire judiciaire doit informer les salariés par tout moyen de l'admission de leurs créances. Les créanciers dont la créance est rejetée en tout en partie doivent également être informés. Une publicité est ici prévue par l'article L. 626-1, alinéa 1, du code et réglementée par l'article 120, alinéa 3, du décret du 28 décembre 2005. Il s'agit d'une publicité dans un journal annonces légales du département dans le ressort duquel l'entreprise a son siège ou son adresse ainsi que dans un journal d'annonces légales

---

1. Cass. soc., 10 déc. 1996, *Bull. civ.* V, n° 434.

2. F. Pérochon et R. Bonhomme, *op. cit.*, n° 281-3 ; J. Vallansan, *op. cit.*, sous art. 123, p. 190 ; P. Le Cannu, *op. cit.*, n° 936 ; *adde* évoquant un visa à valeur administrative : C. Saint-Alary-Houin, *op. cit.*, n° 609 ; E. Kerckhove, *op. cit.*, n° 590 ; Ripert et Roblot, par Delebecque et Germain, *op. cit.*, n° 3092 ; comp. Derrida, Godé et Sortais, *op. cit.*, n° 225.

du département de chacun des établissements secondaires. Cette publicité est faite sous forme d'avis selon lequel les relevés des créances salariales ont été déposés au greffe. Cette publicité fait courir pour les salariés le délai de saisine du conseil des prud'hommes si l'une de leurs créances ne figure pas, en tout ou en partie, sur les relevés. À défaut de publicité, le délai de saisine du conseil des prud'hommes ne peut commencer à courir [1], cependant que rien n'interdit au salarié de saisir le conseil des prud'hommes avant même la publicité [2], dès lors qu'il aura été informé par le mandataire judiciaire ou le liquidateur, de façon individuelle.

418. Règles spéciales relatives à la contestation des relevés de créances salariales. Aux termes de l'article L. 625-1, alinéa 2, du Code de commerce, « *le salarié dont la créance ne figure pas, en tout ou en partie sur un relevé peut saisir à peine forclusion le conseil des prud'hommes dans un délai de deux mois à compter de l'accomplissement de la mesure de publicité mentionnée à l'alinéa précédent. Il peut demander au représentant des salariés de l'assister ou de le représenter devant la juridiction prud'homale* ».

La saisine du conseil des prud'hommes doit intervenir dans le délai de deux mois de la publicité dans un journal d'annonces légales du dépôt au greffe des relevés de créances salariales. Il y a compétence exclusive du bureau de jugement, qui a pour effet d'interdire le référé provision [3], la phase de conciliation étant supprimée par l'article L. 625-5 du Code de commerce [4]. Le conseil des prud'hommes fixera la créance, sans condamner au paiement [5]. La créance pourra ensuite être portée sur l'état des créances.

L'action est toujours dirigée contre le mandataire judiciaire ou le liquidateur, selon le cas [6]. L'action n'est pas dirigée contre l'A.G.S. mais celle-ci doit être appelée, dans les procédures de redressement et de liquidation judiciaires, mais non dans celle de sauvegarde, afin que la décision lui soit déclarée commune, ce qui lui interdira ensuite de former tierce-opposition ou réclamation [7].

Ce texte s'applique au salarié qui a obtenu, après l'ouverture la procédure, la condamnation de son employeur au titre d'une action engagée avant le jugement d'ouverture sans mise en cause du mandataire judiciaire. En effet, la décision obtenue est réputée non avenue, ce qui oblige le salarié à contester le relevé des créances sur

---

1. Cass. soc., 9 mars 1994, *D.* 1994, 455, note F. Derrida ; *JCP E*, 1995, I, 417, n° 16, obs. P. Pétel ; Cass. soc., 27 juin 1995, *Bull. civ.* V, n° 299 ; ces deux décisions statuent sous l'empire de l'ancienne modalité de publicité consistant en un affichage à la porte des locaux de l'entreprise et, en cas d'impossibilité en mairie.
2. Cass. soc., 10 oct. 1990, *D.* 1990, 532 ; *JCP E*, 1991, I, 46, n° 19, obs. P. Pétel.
3. Cass. soc., 17 juin 1992, *Bull. civ.* V, n° 406 ; *JCP* 1993, I, 3672, n° 18, obs. P. Pétel ; *Rev. proc. coll.* 1993, 327, n° 11, obs. E. Kerckhove ; Cass. soc., 3 mars 1993, *Rev. jurispr. soc.* 1993, n° 401.
4. Cass. soc., 21 mars 1989, *JCP E*, 1989, 15599, n° 18, obs. P. Pétel ; Cass. soc., 4 déc. 1991, *Bull. civ.* V, n° 550 ; *JCP E*, 1992, I, 138, n° 20, obs. P. Pétel ; *Rev. proc. coll.* 1992, 212, n° 19, obs. E. Kerckhove.
5. Cass. soc., 6 juin 1989, *Bull. civ.* V, n° 424 ; Cass. soc., 15 juin 1995, *Rev. proc. coll.* 1996, 121, obs. F. Taquet ; Cass. soc., 12 juin 1997, *Rev. proc. coll.* 1997, *Rev. proc. coll.* 1997, 473, obs. F. Taquet.
6. Cass. soc., 16 janv. 1991, *Bull. civ.* V, n° 14 ; 16 déc. 1992, *Bull. civ.* V, n° 596.
7. CA Riom, 5 sept. 1986, *Rev. proc. coll.* 1989, 585.

lequel il ne figurerait pas [1]. En revanche, ce texte est inapplicable au salarié poursuivant, devant le conseil des prud'hommes, l'indemnisation d'un licenciement irrégulier [2].

La contestation peut ne porter que sur le caractère chirographaire ou privilégié de la créance salariale.

Section II
Les décisions du juge-commissaire

Les décisions du juge-commissaire sont multiples. Il convient d'abord de procéder à l'énoncé des solutions offertes au juge-commissaire (Sous-section I), avant d'envisager les voies de recours ouvertes sur les décisions du juge-commissaire (Sous-section II).

Sous-section I
Énoncé des solutions offertes au juge-commissaire

419. Décisions d'admission pure et simple. L'énoncé des solutions offertes au juge-commissaire résulte de l'article L. 624-2 du Code de commerce, qui prévoit que celui-ci décide de l'admission ou du rejet des créances ou constate qu'une instance est en cours ou que la contestation ne relève pas de sa compétence.

Malgré le caractère limitatif de ses possibilités, rien n'interdit au juge-commissaire de surseoir à statuer [3]. La solution s'impose d'autant plus qu'il lui est interdit de prononcer une admission conditionnelle [4].

Si le juge-commissaire admet à titre définitif une créance, dès lors qu'aucune contestation de celle-ci n'est intervenue, il n'y a pas besoin de convoquer les parties [5].

Le juge-commissaire n'a pas à statuer sur les décisions passées en force de chose jugée après reprise d'instance puisqu'elles sont portées sur l'état des créances par le greffier du tribunal d'ouverture de la faillite, en application de l'article 110-2° du décret du 28 décembre 2005.

Rien n'interdit au juge-commissaire d'admettre une clause pénale. Le droit commun s'impose ici de sorte qu'il pourra la réduire, même d'office, en cas de caractérisation d'un excès manifeste par rapport au préjudice. Serait en revanche privée d'effet une clause pénale majorant les obligations du débiteur pour cause de survenance de sauvegarde, de redressement ou de liquidation judiciaire de celui-ci [6].

---

1. Cass. soc., 16 déc. 1998, *D.* 2001, somm. 115, obs. F. Derrida ; Cass. soc., 29 févr. 2000, *D.* 2001, somm. 115, obs. F. Derrida ; *Dr. soc.* 2000, 562, note C. Radé.
2. Cass. soc., 28 juin 2000, *Act. proc. coll.* 2000/16, n° 210 ; Cass. com., 4 juill. 2000, *Act. proc. coll.* 2000/14, n° 183 ; *D.* 2001, somm. 114, obs. F. Derrida.
3. CA Paris, 3e ch. A, 15 févr. 2005, RG n° 2004/3107, *Gaz. proc. coll.* 2005/2, p. 29, obs. P.-M. Le Corre.
4. Cass. com., 9 mai 1995, *Bull. civ.* IV, n° 132 ; *D.* 1995, IR, 153.
5. Cass. com., 3 oct. 2000, *Act. proc. coll.* 2000/17, n° 224.
6. Cass. com., 5 janv. 1999, *Act. proc. coll.* 1999/4, n° 47, obs. J.-J. Fraimont.

Dans le montant de l'admission, le juge-commissaire ne prendra pas en compte les paiements intervenus après jugement d'ouverture émanant de personnes autres que débiteur [1]. La solution a spécialement vocation à s'appliquer en matière de paiements effectués par des cautions [2].

L'admission de la créance n'a pas à tenir compte des remises de dettes effectuées dans le cadre de l'élaboration du plan de sauvegarde ou de redressement, les procédures de vérification et d'admission des créances étant distinctes de la procédure d'élaboration du plan, la solution ayant été posée en matière de plan de continuation sous l'empire de la législation antérieure [3].

Les décisions d'admission sans contestation sont notifiées par le greffe aux créanciers ou à leurs mandataires, dans les prévisions de l'article 105, alinéa 2, du décret du 28 décembre 2005.

L'admission de la créance est une véritable décision de justice. L'autorité de la chose jugée s'y attachera, une fois les voies de recours expirées. Il en résulte que la créance admise ne pourra plus être remise en cause ni en son principe, ni en son montant, ni quant à sa nature [4].

Bien que l'autorité de la chose jugée soit relative, l'application de la théorie de la représentation mutuelle des coobligés aux cautions et codébiteurs solidaires empêche ces derniers de soulever des exceptions inhérentes à la dette, à moins qu'ils n'introduisent une réclamation à l'état des créances (v. ss n° 426).

L'admission de la créance a un effet interversif de prescription qui, conformément au droit commun, devient alors trentenaire [5]. En revanche, cet effet reste sans conséquence sur le jeu d'une forclusion, telle celle issue du Code de la consommation [6].

L'irrévocabilité de la décision d'admission ne sera tenue en échec que par la théorie générale de la fraude si l'admission a été obtenue par fraude [7]. La technique du recours en révision sera alors utilisée [8]. Conformément au droit commun, l'irrévocabilité de la décision d'admission ne fait pas davantage obstacle au jeu d'une rectification d'erreur purement matérielle [9], d'une omission matérielle ou d'une omission de statuer.

---

1. Cass. com., 2 févr. 1999, *D. Affaires* 1999, 636, obs. J. F. ; *JCP* 1999, I, 139, n° 5, obs. M. Cabrillac ; *RTD com.* 1999, 974, obs. A. Martin-Serf.
2. Cass. com., 2 févr. 1999, *D. Affaires* 1999, 636, obs. J. F. ; *JCP* 1999,I, 139, n° 5, obs. M. Cabrillac ; *RTD com.* 1999, 974, obs. A. Martin-Serf ; Cass. com., 24 juin 2003, n° 02-11.062.
3. V. ainsi Cass. com., 6 janv. 1998, *D. Affaires* 1998, 205, n° 11-1 ; *D.* 1998, IR, 39, considérant qu'une créance admise au passif devra être réglée dans le cadre du plan de continuation, même si elle n'a pas été prise en compte dans celui-ci.
4. V. sous l'empire de la loi de 1967 : Cass. com., 13 juin 1989, *Rev. proc. coll.* 1989, 565, obs. B. Dureuil ; *adde* : B. Soinne, *op. cit.*, n° 2197.
5. Cass. com., 16 avr. 1996, *D. Affaires* 1996, 686 ; 12 mai 1998, *D. Affaires* 1998, 1006 ; Cass. com., 7 juin 2005, n° 04-13.849.
6. Cass. com., 19 nov. 1996, *Bull. civ.* IV, n° 276 ; *D.* 1997, somm. 165, obs. L. Aynès, *Quot. Jur.* 5 déc. 1996, p. 6, note P. M. ; *RTD com.* 1997, 327, obs. A. Martin-Serf.
7. Y. Guyon, *op. cit.*, n° 1315 ; Y. Chaput, *op. cit.*, n° 556 ; Ripert et Roblot par Delebecque et Germain, *op. cit.*, n° 3024.
8. B. Soinne, *op. cit.*, n° 2204.
9. Cass. civ. 2e, 23 sept. 1998, *Dict. perm. difficultés des entreprises*, *Bull.* 177 (10 nov. 1998), p. 6645, v° *Juge-commissaire*, n° 42.

Bien que la décision d'admission ait autorité de chose jugée quant à la nature de la créance, notamment quand à sa nature privilégiée, l'admission à titre privilégié ne dispense pas le créancier, avant consignation ou paiement, par application de l'article 2435 (anc. 2154-1), alinéa 3, du Code civil, de renouveler avant péremption l'inscription de sa sûreté [1].

420. Décision d'admission à titre provisionnel. Selon l'article L. 622-24, alinéa 3, du Code de commerce, les créances du Trésor public et des organismes de prévoyance et de sécurité sociale qui n'ont pas fait l'objet d'un titre exécutoire au moment de la déclaration sont admises à titre provisionnel pour leur montant déclaré.

Le texte poursuit en indiquant que « *les déclarations du Trésor et de la sécurité sociale sont toujours faites sous réserve des impôts et autres créances non établies à la date de la déclaration. Sous réserve des procédures judiciaires ou administratives en cours, leur établissement définitif doit, à peine de forclusion, être effectué dans le délai prévu à l'article L. 624-1* ».

Ce texte est strictement cantonné aux créances détenues par le Trésor public et les organismes de sécurité sociale, et plus précisément aux créanciers publics autorisés à se délivrer à eux-mêmes des titres exécutoires [2]. Le juge-commissaire ne peut donc admettre à titre provisionnel d'autres types de créanciers [3].

Le Trésor public et les organismes de prévoyance ou de sécurité sociale titulaires de créances couvertes par des titres exécutoires, doivent les déclarer dans les conditions classiques à titre définitif.

Pour les créances non couvertes par un titre exécutoire, ces créanciers déclareront leurs créances à titre provisionnel dans le délai classique de deux mois à compter de la publication au BODACC. Puis, dans le délai imparti par le tribunal au mandataire de justice pour vérifier les créances, ces créanciers devront s'être délivrés à eux-mêmes un titre exécutoire couvrant leur créance. La règle de l'arrêt des poursuites individuelles est donc ici sans application [4]. Ils devront ensuite, dans le délai imparti, pour la vérification des créances, déclarer leur créance à titre définitif, ce qui ne présuppose pas la saisine du juge-commissaire mais simplement l'envoi au mandataire judiciaire ou au liquidateur, selon le cas, de la déclaration de créance à titre définitif [5]. Le créancier ne pourra déclarer à titre définitif plus que ce qu'il avait

---

1. Cass. com., 9 juill. 1991, *D.* 1991, somm. 331, obs. A. Honorat ; *adde* : Ripert et Roblot, par Delebecque et Germain, *op. cit.*, n° 3025 ; B. Soinne, *op. cit.*, n° 2197.
2. Cass. com., 5 juill. 2005, n° 03-18.947, *Act. proc. coll.* 2005/16, n° 204, note C. Régnaut-Moutier ; *Gaz. proc. coll.* 2005/3, p. 41, n° 5, obs. P.-M. Le Corre.
3. Cass. com., 16 mars 1999, *Act. proc. coll.* 1999/9, n° 119.
4. Cass. com., 17 sept. 2002, n° 99-16.840, *D.* 2002, AJ, 2805, obs. A. Lienhard ; *Act. proc. coll.* 2002/17, n° 218, obs. P.-M. Le Corre ; *Dr. et patr.* 2003, n° 113, p. 96, obs. M.-H. Monsérié-Bon ; *JCP E, 2003, chron.* 231, p. 268, n° 9, obs. Ph. Pétel ; LXB n° N4094AAU, note P.-M. Le Corre ; Cass. com., 3 déc. 2003, n° 01-10.012 ; Cass. com., 5 juill. 2005, n° 03-14.347.
5. Cass. com., 3 avr. 2002, *D. 2002, AJ, 1421, obs.* A. Lienhard ; *Act. proc. coll.* 2002/9, n° 111, obs. J. Vallansan ; *JCP E et A,* 2002, chron. 1380, p. 1524, n° 10, obs. M. Cabrillac ; *RTD com.* 2002, 539, n° 4, obs. A. Martin-Serf ; Cass. com., 14 mai 2002, *RJDA* 2002/10, n° 1059, p. 896 ; *Rev. proc. coll.* 2003, 143, n° 14, obs. F.-F. Legrand ; Cass. com., 23 nov. 2004, n° 02-15.115.

déclaré à titre provisionnel, sauf relevé de forclusion au titre de sa déclaration à titre provisionnel [1].

Pour tenir compte des difficultés d'établissement définitif des créances détenues par ces créanciers publics, lesquels reposent sur des déclarations informatives de leurs débiteurs, le code apporte deux assouplissements.

Tout d'abord, l'article L. 622-24, alinéa 3, du code prévoit que la déclaration à titre définitif dans les délais de la vérification des créances ne s'impose que si le créancier public n'est pas dans les liens d'une instance en cours.

La décision de constat d'une instance en cours a pour effet de dessaisir le juge-commissaire [2]. Pareille décision fait obstacle tant à l'admission définitive de la créance [3] qu'à son rejet. Le juge-commissaire ne pourra que constater qu'une instance est en cours et non se déclarer incompétent [4].

Il reste à déterminer, et c'est là l'objet d'un contentieux relativement important, ce qu'est une instance en cours.

En présence d'une créance fiscale, il n'y aura instance en cours que s'il y a eu réclamation contentieuse de la part du contribuable [5].

En présence d'une créance de cotisations sociales, pour qu'il y ait instance en cours, un contentieux devra exister à la suite de la délivrance d'une contrainte, soit sur opposition devant le tribunal des affaires de sécurité sociale, soit devant la cour d'appel suite à la décision du tribunal des affaires de sécurité sociale.

À défaut de déclaration initiale à titre provisionnel dans les délais classiques de déclaration des créances, et à défaut de déclaration à titre définitif de la créance déclarée d'abord à titre provisionnel, le créancier encourt la forclusion et sa créance, qui n'est désormais plus éteinte, sera inopposable à la procédure.

421. Décision de rejet. La décision de rejet d'une créance imposera au juge-commissaire de respecter le principe du contradictoire [6], dès lors du moins que le créancier contesté aura répondu au courrier de contestation. Le principe de motivation s'imposera au juge-commissaire, sous peine de nullité de son ordonnance.

Le principe du contradictoire s'impose identiquement si le juge-commissaire entend admettre à titre chirographaire une créance privilégiée [7].

La décision du juge-commissaire doit être notifiée aux parties ou à leur mandataire par le greffier dans les huit jours, en application de l'article 105, alinéa 1, du décret

---

1. Cass. com., 13 déc. 2005, n° 03-16.571, *Gaz. proc. coll.* 2006/2, p. 45, n° 2, obs. P.-M. Le Corre.
2. Cass. com., 12 avr. 2005, n° 03-16.754, *Gaz. proc. coll.* 2005/2, p. 28, obs. P.-M. Le Corre ; Cass. com., 12 avr. 2005, n° 03-16.755, *Gaz. proc. coll. 2005/2, p. 28, obs.* P.-M. Le Corre.
3. Cass. com., 12 juill. 2004, n° 03-11.418 ; Cass. com., 18 janv. 2005, n° 02-20.931, *D.* 2005, AJ, 357, note A. Lienhard ; *Act. proc. coll.* 2005/5, n° 57, note J.-C. Boulay ; *JCP E,* 2005, chron. 639, p. 710, n° 10, obs. M. Cabrillac ; *Gaz. proc. coll.* 2005/1, p. 36, n° 3-1, obs. P.-M. Le Corre ; Cass. com., 12 avr. 2005, n° 03-20.633.
4. Cass. com., 10 mai 2005, n° 03-19.988.
5. Cass. com., 15 oct. 2002, n° 99-17.031, *Rev. proc. coll.* 2003, p. 322, n° 15, obs. F.-F. Legrand ; Cass. com., 8 juill. 2003, n° 00-16.093 ; *Act. proc. coll.* 2003/16, n° 209 ; Cass. com., 18 janv. 2005, n° 02-20.931.
6. Cass. com., 19 janv. 1999, *Dict. perm. difficultés des entreprises, Bull.* 183 *bis* (mars 1999), p. 3, v° *Juge-commissaire*, n° 37.
7. CA Chambéry, 25 févr. 1992, *Bull. inf. C. Cass.* 1992, n° 1497.

du 28 décembre 2005. La notification en la forme recommandée s'impose, malgré le silence de l'article 105 du décret du 28 décembre 2005, car il s'agit de la règle de principe posée par l'article 336-2° du décret du 28 décembre 2005. L'administrateur judiciaire et le mandataire judiciaire ou, en liquidation judiciaire, le liquidateur devront être rendus destinataires d'un avis contre récépissé (Décr. 28 déc. 2005, art. 105, al. 4)

Le rejet de la créance entraînera extinction de celle-ci à hauteur du rejet, et par voie d'accessoire, du cautionnement qui la garantissait [1].

422. Décision d'incompétence ou de constat d'une instance en cours. Le mandataire judiciaire ou le liquidateur soulèveront, *in limine litis*, devant le juge-commissaire, l'incompétence de ce dernier. Ce dernier pourra également d'office relever son incompétence, après avoir cependant respecté la règle du contradictoire (Décr. 28 déc. 2005, art. 206, al. 1). Il ne peut cependant y avoir incompétence que s'il y a place à discussion sur la créance [2].

Les décisions d'incompétence sont notifiées au débiteur et aux créanciers ou à leurs mandataires par le greffier dans les huit jours par lettre recommandée avec demande d'avis de réception. La notification ouvre au créancier, au débiteur et au mandataire judiciaire un délai d'un mois pour saisir la juridiction compétente, et ce à peine de forclusion (D. 28 déc. 2005, art. 107). Le contredit, voie de recours classique sur la compétence, est cependant ouvert.

Une fois la décision rendue, le créancier fera parvenir une expédition de la décision de la juridiction compétente au greffier du tribunal de la faillite qui portera celle-ci sur l'état des créances (Décr. 28 déc. 2005, art. 110).

En application de l'article L. 624-2 du code, le juge-commissaire peut constater qu'une instance est en cours. Pour cela, l'affaire devra être placée au rôle d'une autre juridiction. La juridiction saisie pourra fixer la créance, mais aussi statuer sur le caractère privilégié au non de celle-ci [3]. Si le litige est soumis à arbitrage, l'instance est en cours à partir du moment où les arbitres ont accepté leur mission [4]. Ici encore, le juge-commissaire n'aura pas à se prononcer sur l'admission de la créance [5]. Le créancier devra, sans être enfermé dans un délai [6], faire parvenir une expédition de la décision au greffe pour que la créance soit portée d'office sur l'état des créances.

423. État des créances. L'état des créances est le recueil des décisions de justice rendues par le juge-commissaire, par lesquelles il a admis ou rejeté les créances, s'est déclaré incompétent ou a constaté qu'une instance était en cours.

L'état des créances ne constitue pas un titre exécutoire. Il en résulte par exemple, que l'état des créances ne peut permettre d'obtenir la saisie des rémunérations du

---

1. Cass. com., 19 oct. 1993, *RJDA* 1994, 175 ; comp. pour le codébiteur, ss n° 390.
2. Derrida, Godé et Sortais, *op. cit.*, n° 215.
3. Trib. com. Paris, 7 nov. 1986, *Gaz. Pal.* 1987, I, 68, note de Granvilliers ; CA Lyon, 7 mai 1992, *Bull. inf. C. cass.* 1993, n° 79 ; *Rev. proc. coll.* 1994, 29, obs. B. Dureuil.
4. Cass. civ. 1re, 30 mars 2004, n° 01-11.951, *Act. proc. coll.* 2004/9, n° 112, note J. Vallansan ; *Rev. proc. coll.* 2004, 236, n° 2, obs. O. Staes.
5. Cass. com., 13 nov. 2001, *Act. proc. coll.* 2002/1, n° 4.
6. Cass. com., 21 févr. 2006, n° 04.20.135, *D.* 2006, AJ, 719, obs. A. Lienhard ; *Gaz. proc. coll.* 2006/2, p. 46, n° 3, obs. P.-M. Le Corre.

dirigeant salarié de la société débitrice [1]. Le fait pour le créancier de figurer sur l'état des créances lui permet toutefois d'apporter la démonstration qu'il a été admis au passif, ce qu'il peut utiliser pour être autorisé à reprendre ses poursuites contre le débiteur après clôture de la procédure pour insuffisance d'actif [2]. L'état des créances présente une nature juridictionnelle. Il est en effet susceptible d'une réclamation (v. ss n° 426), variété de tierce opposition [3].

L'état des créances est déposé au greffe du tribunal (Décr. 28 déc. 2005, art. 109, al. 2). Il est complété par les décisions du juge-commissaire rendues après relevé ou constat de non-forclusion ainsi que par celles rendues par d'autres juridictions, soit après reprise d'instance, soit après décision d'incompétence du juge-commissaire.

Le juge-commissaire qui omet de statuer sur l'admission d'une créance déclarée dans les délais n'épuise pas sa saisine [4]. Il pourra donc rendre une décision autonome.

Après avoir examiné les solutions offertes au juge-commissaire, il convient de s'intéresser aux voies de recours ouvertes sur ces décisions.

Sous-section II

Voies de recours ouvertes sur les décisions du juge-commissaire

424. Voies de recours ouvertes aux parties sur les décisions statuant sur la créance. L'article 108 du décret du 28 décembre 2005 énonce que « *le recours contre les décisions du juge-commissaire statuant sur l'admission des créances est porté devant la Cour d'appel* ». L'article L. 624-3, alinéa 1, du code prévoit qu'il « *est ouvert au créancier, au débiteur, à l'administrateur lorsqu'il a pour mission d'assurer l'administration ou au mandataire judiciaire* ». Cette liste doit être considérée comme limitative. En cas de liquidation judiciaire, il faut y ajouter le liquidateur, par application de l'article L. 641-14, alinéa 1, du code.

Nonobstant le dessaisissement qui le frappe, le débiteur a toujours qualité pour exercer une voie de recours sur les décisions statuant sur les créances. Il s'agit là d'un droit propre [5].

Par principe, si la décision d'admission intervient sans contestation, il n'y a pas place à voie de recours car personne n'a succombé. Spécialement, le débiteur sera privé d'exercer un recours s'il n'avait pas émis de contestation pendant la phase de vérification [6]. Il faut cependant, pour toutes les parties, réserver la possibilité d'une rectification purement matérielle si une erreur s'est produite dans la décision d'admission ainsi que, le cas échéant, la réparation de l'omission de statuer si, par

---

1. Cass. com., 2 mai 2001, *Bull. civ.* IV, n° 82 ; *Act. proc. coll.* 2001/11, n° 143, note O. Salvat ; *RTD com.* 2001, 773, obs. J.-L. Vallens.
2. Cass. com., 10 mai 2005, n° 04-11.582.
3. P. PÉTEL, *op. cit.*, 4e éd., n° 387.
4. Cass. com., 17 oct. 2000, *Act. proc. coll.* 2000/18, n° 236 ; *D.* 2000, act. jurispr. 412, obs. A. Lienhard.
5. Cass. com., 11 mai 1993, *Bull. civ.* IV, n° 180 ; Cass. com., 28 juin 1994, *Rev. proc. coll.* 1995, 313, n° 9, obs. B. Dureuil ; Cass. com., 15 févr. 2000, *Act. proc. coll.* 2000/7, n° 84.
6. Cass. com., 4 févr. 1992, *Bull. civ.* IV, n° 55 ; *D.* 1992, 264, note F. Derrida ; Cass. com., 14 janv. 1997, *Bull. civ.* IV, n° 13 ; *JCP E*, 1997, I, 651, p. 189, n° 12, obs. P. Pételt ; *Quot. Jur.* 6 févr. 1997, p. 7, note P. M. ; Cass. com., 3 oct. 2000, *Act. proc. coll.* 2000/17, n° 224 ; *JCP E et A*, 2000, pan. rap. 1790.

exemple, le juge-commissaire a omis d'admettre les intérêts qui avaient été correctement déclarés.

Si la décision intervient après contestation, les parties pourront faire appel, sous réserve du créancier qui n'aurait pas répondu à la lettre de contestation, dans l'hypothèse où le juge-commissaire aurait purement et simplement confirmé la proposition présentée par le représentant des créanciers ou le liquidateur (C. com., art. L. 624-3, al. 2 ; v. aussi ss n° 416).

Le délai d'appel est de dix jours à compter de la notification de la décision. L'opposition sera, quant à elle, irrecevable, ce dont il résulte que l'appel formé sur le jugement statuant sur opposition est tout aussi irrecevable [1].

Par exception, si le juge-commissaire a statué en dernier ressort, la voie de recours sera le pourvoi en cassation.

425. Voies de recours ouvertes aux parties sur les dossiers ne statuant pas sur la créance. On précisera d'abord que la voie de recours ouverte sur des décisions rendues après reprise d'instance obéit au droit commun. La voie de recours sera donc celle du droit commun. Il en ira de même du délai de la voie de recours, les restrictions du droit des procédures collectives de paiement n'ayant pas vocation ici à s'appliquer.

Les décisions statuant sur la compétence et qui font droit à l'exception d'incompétence, sont susceptibles de contredit, la solution étant explicitement posée par l'article 107, alinéa 1, du décret du 28 décembre 2005, contrairement à une solution jurisprudentielle antérieurement posée [2].

Les décisions de constat d'une instance en cours relèvent des actes d'administration judiciaire et, en conséquence, ne sont pas susceptibles de voie de recours [3].

Les voies de recours sur le relevé de forclusion (v. ss n° 412) ou le constat de non-forclusion (v. ss n° 409) ont déjà été précisées.

426. Voie de recours ouverte aux tiers. En droit commun, la voie de recours ouverte à des personnes qui ne sont pas des parties est la tierce-opposition. En matière d'admission des créances, une voie de recours particulière est prévue par le législateur : la réclamation à l'état des créances. Il s'agit en réalité d'une variété de tierce-opposition [4].

Ces tiers doivent évidemment avoir un intérêt à agir. Ils doivent être des personnes non parties mais intéressées par la décision d'admission intervenue. Il pourra s'agir, par exemple, de cautions solidaires ou de codébiteurs solidaires — qui au demeurant, ne sont pas de véritables tiers —. Il s'agira également des autres créanciers. Ont été en revanche déclarés irrecevables à former réclamation, d'une part, l'administrateur

---

1. Cass. com., 15 févr. 2000, *JCP E et A*, 2000, pan. rap. 680, note P. Cagnoli.
2. Cass. com., 10 oct. 1995, *Bull. civ.* IV, n° 225 ; *D.* 1996, somm. 87, obs. A. Honorat ; *JCP E*, 1996, I, 554, n° 17, obs. P. Pétel.
3. Jeantin, *op. cit.*, n° 823 ; Derrida, *op. cit.*, n° 218 ; C. Saint-Alary-Houin, *op. cit.*, n° 816 ; B. Soinne, *op. cit.*, n° 2192.
4. Cass. com., 10 mars 2004, n° 01-00.860 ; *adde :* Pétel, 4e éd., n° 387.

judiciaire qui n'a pas reçu mission d'administrer l'entreprise [1] et, d'autre part, le commissaire à l'exécution du plan [2].

La réclamation sur l'admission d'une créance salariale est également ouverte par l'article L. 625-6 du code. Il s'agit des personnes autres que le débiteur, le salarié, le représentant des créanciers, l'administrateur s'il a mission d'administration, le liquidateur, et l'A.G.S.

L'état des créances est déposé au greffe du tribunal. Information en est donnée par le greffier, qui fait publier une insertion au BODACC informant de cet événement. Cette insertion constitue le point départ du délai de réclamation d'un mois — au lieu des quinze jours de la législation précédente — à compter de cette publication. La réclamation doit être formée, selon l'article 111 du décret du 28 décembre 2005, par déclaration au greffe du tribunal. Il s'agira d'une déclaration orale contre récépissé ou par lettre recommandée avec demande d'avis de réception. L'instance en réclamation se déroule devant le juge-commissaire. Le greffier doit notifier la décision par lettre recommandée avec demande d'avis de réception et ce dans les huit jours. La notification fait courir le délai d'appel de dix jours.

La réclamation, comme toute tierce-opposition, a pour effet d'entraîner rétractation de la décision intervenue. La solution est spécialement importante pour les cautions solidaires qui pourront ainsi, par cette technique, retrouver le droit de soulever des exceptions inhérentes à la dette.

Une véritable tierce-opposition est en outre ouverte à l'encontre de la décision émanant d'une juridiction autre que le juge-commissaire, après décision d'incompétence. Le délai pour former tierce-opposition est ici d'un mois à compter de la transcription de la décision sur l'état des créances au greffe du tribunal (Décr. 28 déc. 2005, art. 107, al. 2). Le jugement rendu sur tierce-opposition sera susceptible d'appel [3] dans le délai de droit commun.

Faute de texte particulier, la décision rendue après reprise d'instance par la juridiction de droit commun est susceptible de tierce-opposition, dans le délai trentenaire de droit commun.

---

1. Cass. com., 28 févr. 1995, *Rev. proc. coll.* 1995, 291, obs. B. Dureuil.

2. Cass. com., 13 oct. 1998, *JCP E*, 1998, chron. 2067, n° 3-c-13, obs. M. Cabrillac ; *RTD com.* 1999, 970, obs. A. Martin-Serf ; comp. posant une solution pouvant faire naître le doute sur cette question : Cass. com., 5 déc. 1995, *Bull. civ.* IV, n° 281 ; *Rev. huissiers* 1997, 446, note J.-L. Courtier.

3. Derrida, Godé et Sortais, *op. cit.*, n° 220.

Sous-titre 2

Les propriétaires

De façon générale, les propriétaires restent largement en dehors des contraintes de la procédure de redressement ou de liquidation judiciaire. L'affirmation mérite certes d'être nuancée en fonction du type de propriétaires, ce qui peut être vérifié d'abord par l'examen de la situation générale des propriétaires de meubles (Chapitre 1), puis par celle des situations particulières (Chapitre 2).

Chapitre 1

La situation générale des propriétaires de meubles

427. L'évolution résultant de la loi du 10 juin 1994. Sous l'empire de la loi du 25 janvier 1985 dans sa rédaction initiale, les propriétaires mobiliers étaient tenus, afin de faire reconnaître leur droit de propriété, de procéder à une action en revendication auprès du juge-commissaire, saisi par voie de requête. Cette action devait être introduite dans le délai unique de l'article 115 de la loi du 25 janvier 1985, c'est-à-dire un délai de trois mois à compter du jugement d'ouverture [1].

La Cour de cassation, dans deux arrêts du 6 décembre 1994 [2] avait jugé que, lorsque le contrat était poursuivi, l'intéressé n'avait pas à exercer l'action en revendication. Ainsi, la continuation du contrat en cours constituait-elle une reconnaissance du droit de propriété rendant la revendication inutile.

Le dispositif établi concernait tous les propriétaires de meubles, sans qu'il y ait à distinguer selon que le contrat était ou non publié. La solution avait spécialement été appliquée aux contrats de crédit-bail [3].

La solution était rigoureuse et a conduit au constat de pertes considérables par les sociétés de location financière et de crédit-bail. Ces dernières ont été pressantes pour qu'un changement législatif intervienne. Il a été réalisé par la loi du 10 juin 1994.

---

1. Cass. com., 15 oct. 1991, *Bull. civ.* IV, n° 291 ; *D.* 1991, 632, note F. Derrida ; *RTD com.* 1992, 251 note A. Martin-Serf ; *JCP* 1992, II, 21805, note C. Larroumet ; *JCP E,* 1992, II, 250, note E.-M. Bey ; *D.* 1993, somm. 285, obs. F. Perochon ; *Rev. sociétés* 1992, 105, note Leveneur et D. Paclot ; *adde*, sur la question : J.-L. Rives-Lange et Rachez, « L'article 115 a-t-il une vocation universelle », *D.* 1991, chron. 270 ; P.-M. Le Corre, « La propriété de l'établissement de crédit face à l'article 115 de la loi du 25 janvier 1985 », *Rev. proc. coll.* 1992, 1 et s. ; *LPA* 4 mars 1992 ; J.-L. Courtier, « Le crédit-bail mobilier et l'action en revendication de l'article 115 de la loi du 25 janvier 1985 », *Quot. jur.* 1990, n° 52, p. 3 ; J. C. Amiot, « Le délai de l'article 115 s'applique-t-il au crédit-bail mobilier », *RD bancaire et bourse* 1988, 182.

2. Cass. com., 6 déc. 1994, *Rev. proc. coll.* 1995-2, p. 211, n° 21, obs. B. Soinne ; *Rev. proc. coll.* 1995-4, 480, n° 18, obs. B. Soinne ; *Rev. jurispr. com.* 1995, 850, obs. A. Martin-Serf ; *LPA* 23 janv. 1995, p. 10, note B. Soinne, et 22 mai 1995, p. 14, note Courtier ; *Quot. jur.* 12 janv. 1995, p. 5, note P.M. ; *JCP E,* 1995, I, 457, n° 14, obs. Ph. Pétel ; *Bull. civ.* IV, n° 365 et 367 ; *D.* 1995, IR, 6 ; *JCP* 1995, IV, 363 ; *Contrats Conc. Consom.* avr. 1995, p. 1, note Leveneur (crédit-bail : du baume au cœur pour les crédit-bailleurs) ; Cass. com., 23 janv. 1995, *Rev. huissiers* 1995, 449, note Courtier ; *JCP E,* 1995, II, 698, note Leveneur.

3. Cass. com., 15 oct. 1991, préc.

Les dispositions de la loi du 10 juin 1994 sont globalement conservées par la loi de sauvegarde des entreprises. Le dispositif conduit à distinguer entre les propriétaires non titulaires d'un contrat publié qui sont soumis à l'action en revendication (Sous-chapitre 1) et les propriétaires titulaires d'un contrat publié qui sont dispensés de revendiquer et peuvent se contenter de présenter, facultativement, une demande en restitution (Sous-chapitre 2).

Sous-chapitre 1

L'action en revendication

428. Nature juridique de l'action en revendication. L'article L. 624-10 du Code de commerce prévoit que « *le propriétaire d'un bien est dispensé de faire reconnaître son droit de propriété lorsque le contrat portant sur ce bien a fait l'objet d'une publicité* ». Cette disposition formulée sous forme négative permet de poser une définition de l'action en revendication.

Cette action tend, pour le propriétaire, à « faire reconnaître son droit de propriété » [1]. Elle emporte également demande de restitution du bien revendiqué, ainsi que le précise l'article 114, alinéa 4, du décret du 28 décembre 2005. L'action en revendication contenant ainsi une demande en restitution ne peut pas être engagée tant que le contrat est en cours. Elle ne peut être mise en œuvre qu'à partir du moment où la restitution du bien objet du contrat peut intervenir, c'est-à-dire en cas de résiliation ou de survenance du terme du contrat.

Ainsi, depuis la réforme du 10 juin 1994, une dissociation nette est-elle opérée entre l'action en revendication, laquelle tend à faire reconnaître le droit de propriété et doit être exercée rapidement par le propriétaire, et l'action en restitution, laquelle est exercée par le propriétaire dont le droit de propriété est déjà reconnu.

Ces précisions apportées, il convient de s'intéresser aux conditions de la revendication (Section I), puis à ses effets (Section II).

Section I
Les conditions de la revendication

Certaines conditions sont relatives au bien objet de la revendication (§ 1). D'autres intéressent la demande en revendication (§ 2).

§ 1. Le bien objet de la revendication

429. Bien objet de la revendication. Le bien qui peut être revendiqué est un bien meuble, corporel ou incorporel [2], introduit dans les actifs apparents du débiteur avant

1. Cass. com., 20 oct. 1992, *Bull. civ.* IV, n° 316 ; *Dr. sociétés* 1994, n° 93, obs. Y. Chaput.
2. Cass. com., 29 févr. 2000, *RJDA* 2000/5, n° 572 (fonds de commerce vendu avec clause de réserve de propriété) ; Cass. com., 21 nov. 1995, *Bull. civ.* IV, n° 266 ; *D.* 1996, 211, note C. Regnaut-Moutier ; *D.* 1996, somm. 214, obs. F. Pérochon ; *Rev. huissiers* 1996, 326, note

le jugement d'ouverture de sa procédure collective. Les immeubles ne sont pas concernés par cette action.

Deux conditions classiques de la revendication tiennent, d'une part, à l'existence en nature du bien qui en est l'objet et, d'autre part, à son identification. Ces deux questions seront étudiées dans le cadre de la clause de réserve de propriété (v. ss n° 442 et n° 443), car, en pratique, c'est là leur terrain d'élection.

§ 2. La demande en revendication

430. Demande en acquiescement de revendication. L'article 114, alinéa 1, du décret du 28 décembre 2005 précise que la demande en revendication doit être faite par lettre recommandée avec demande d'avis de réception. Cette demande, qui s'inscrit dans un cadre non contentieux n'est pas, selon la Cour de cassation, une demande en justice [1], ce qui entraîne la conséquence que son auteur est dispensé de justifier de sa qualité à agir. Cette analyse peut apparaître curieuse, dès lors que le destinataire de la demande peut y acquiescer, ce qui semble bien impliquer la nature de demande en justice. Quoi qu'il en soit, est seul compétent pour se prononcer sur la demande, la personne visée par les textes. Il s'agit de l'administrateur en sauvegarde (Décr. 28 déc. 2005, art. 114, al. 1), en redressement judiciaire (Décr. 28 déc. 2005, art. 199) et même en liquidation judiciaire (Décr. 28 déc. 2005, art. 242). L'administrateur ne peut acquiescer à la demande qu'avec l'accord du débiteur. À défaut d'administrateur judiciaire, la demande est adressée en sauvegarde et en redressement judiciaire au débiteur. Copie est adressée au mandataire judiciaire. Le débiteur ne peut acquiescer qu'avec l'avis conforme du mandataire judiciaire. Enfin, en liquidation judiciaire, la demande en revendication doit être adressée au liquidateur, à défaut d'administrateur judiciaire, lequel ne peut acquiescer qu'avec l'accord du débiteur, ce qui, du fait du dessaisissement atteignant le débiteur, pourrait peut-être être repensé.

La Cour de cassation a jugé que la demande en acquiescement de revendication adressée au mandataire compétent est une étape obligatoire de la procédure. En conséquence, la demande présentée directement au juge-commissaire est irrecevable [2].

La demande, que nous qualifierons de demande en acquiescement de revendication, doit être introduite dans le délai de trois mois prévu à l'article L. 624-9 du code. Ce délai unique a un point de départ variable. Pour les contrats en cours au jour du jugement d'ouverture, c'est-à-dire des contrats susceptibles d'être continués et qui ne sont ni résiliés ni arrivés à terme à cette date, le point de départ du délai est la

---

J.-L. Courtier (fonds de commerce donné en location-gérance) ; Cass. com., 22 oct. 1996, *Bull. civ.* IV, n° 252 (droit de propriété industrielle).

1. Cass. com., 6 mars 2001, *Act. proc. coll.* 2001/7, n° 91, obs. J. Vallansan ; *D.* 2001, AJ, 1009, obs. A. Lienhard.

2. Cass. com., 2 oct. 2001, *D.* 2001, AJ, 3043, obs. A. Lienhard ; *Act. proc. coll.* 2001/19, n° 250, obs. F. Pérochon ; *JCP E*, 2001, pan. 1746 ; *Dr. et proc.* 2002/1, p. 29, J. 006, obs. J.-L. Courtier ; *JCP E*, 2002, chron. 175, p. 173, n° 13, obs. M. Cabrillac et Ph. Pétel ; *RTD com.* 2002, 360, n° 3, obs. B. Bouloc ; *RTD com.* 2002, 159, n° 9, obs. A. Martin-Serf ; Cass. com., 28 janv. 2004, n° 01-03.240.

résiliation du contrat ou son arrivée à terme. Si le contrat n'est pas en cours au jour du jugement d'ouverture, le point de départ du délai de revendication est la publication du jugement d'ouverture au BODACC. Tel sera systématiquement le cas pour le vendeur sous réserve de propriété [1] ou le prêteur subrogé dans ses droits [2], ces contrats n'étant pas susceptibles d'être continués après jugement d'ouverture.

Le délai de l'article L. 624-9 du code est préfix [3]. Le revendiquant retardataire ne peut pas être relevé de la forclusion encourue à l'égard de son action en revendication. Toutefois, la règle « *contra non valentem agere non currit praescriptio* », selon laquelle la prescription est suspendue chaque fois que le propriétaire ou le créancier est dans l'impossibilité absolue d'agir [4] trouve à s'appliquer en la matière [5].

Indiquons pour terminer que les règles ci-dessus exposées sont sans application si la revendication a été commencée avant jugement d'ouverture [6]. Elle est alors continuée, dans les termes de l'article L. 622-23 du code [7], en tant que voie d'exécution non soumise à la règle des poursuites individuelles.

431. Requête en revendication. À défaut d'acquiescement à la demande en revendication, c'est-à-dire en cas de silence gardé par l'organe compétent, mais aussi *a fortiori* juge la Cour de cassation, lorsque la réponse est explicitement négative [8], le propriétaire doit présenter sa demande, par voie de requête, au juge-commissaire. La procédure devient alors contentieuse et la question du pouvoir ou de l'habilitation pour présenter la requête, telle qu'elle se présente en matière de déclaration de créance (v. ss n° 401), existe ici également. Le texte prévoit expressément la compétence exclusive du juge-commissaire pour statuer sur les droits du propriétaire. Toutefois, et conformément aux dispositions de l'article 67, alinéa 2, du décret du 28 décembre 2005, si le juge-commissaire n'a pas statué dans un délai raisonnable, le tribunal peut être saisi à la demande d'une partie ou du ministère public, mais ne peut plus, contrairement au texte ancien (Décr. 27 déc. 2005, art. 25, al. 2) se saisir d'office.

L'article 114, alinéa 2, du décret du 28 décembre 2005 précise le délai dans lequel doit être saisi le juge-commissaire. À défaut d'acquiescement du mandataire ou du débiteur, selon le cas, dans le délai d'un mois à compter de la réception de la demande en acquiescement de revendication, le propriétaire doit, sous peine de forclusion,

---

1. Cass. com., 3 avr. 2001, *D.* 2001, AJ, 1621, obs. V. Avéna-Robardet ; *Act. proc. coll.* 2001/9, n° 110, obs. J. Vallansan ; *JCP E*, 2001, chron. 1472, 1431, n° 13, obs. M. Cabrillac et P. Pétel ; *RTD com.* 2002, 160, n° 11, obs. A. Martin-Serf ; *RTD civ.* 2001, 631, obs. P. Crocq ; *Rev. proc. coll.* 2002, 101, n° 5, obs. C. Saint-Alary-Houin ; Cass. com., 5 mai 2004, nos 01-17.201 et 01-17.590, *D.* 2004, AJ, 1525, obs. A. Lienhard ; *Act. proc. coll.* 2004/11, n° 139, note F. Pérochon ; *JCP E,* 2004, chron. 1292, 1387, n° 11, obs. M. Cabrillac.
2. Cass. com., 28 sept. 2004, n° 03-13.696.
3. Sur la notion de délai préfix, v. M. Vasseur, « Délais préfix, délais de prescription, délais de procédure », *RTD civ.* 1950, 439.
4. À propos de l'application de cette règle, voir Cass. civ. 1re, 4 févr. 1986, *JCP* 1987, II, 20818, note Boyer.
5. Cass. com., 2 mars 1999, *RD banc. et fin.* 2000/1, n° 20, obs. F.-X. Lucas ; *RJDA* 1999, n° 578 ; en l'espèce, le bien crédit-baillé avait été remis au débiteur pour réparation par le cocontractant de l'établissement de crédit-bail ; *adde* : Derrida, Godé et Sortais, obs., n° 344.
6. Cass. com., 3 déc. 2003, n° 01-02.497.
7. Cass. com., 9 juill. 1996, *Bull. civ.* IV, n° 208 ; Cass. com., 3 déc. 2003, n° 01-02.497.
8. Cass. com., 2 nov. 2005, n° 04-16.593.

saisir le juge-commissaire dans un délai d'un mois, qui court alors de l'expiration du délai de réponse imparti au mandataire [1]. Il résulte de ces dispositions que, même dans l'hypothèse où le mandataire répond immédiatement à la demande en acquiescement, le propriétaire peut attendre un mois après l'expiration du délai théorique de réponse pour saisir le juge-commissaire. Toutefois, si le destinataire légal de la demande en revendication acquiesce à celle-ci en dehors du délai qui lui est imparti, mais avant expiration du délai de présentation de la requête, cette dernière est inutile [2].

L'article 114, alinéa 2, du décret institue un délai de forclusion autonome, lequel n'est pas visé par les dispositions légales. En conséquence, cet article pouvait apparaître comme une disposition illégale [3], ce que la Cour de cassation, statuant sous l'empire du texte ancien (Décr. 27 déc. 1985, art. 85-1, al. 2) a cependant refusé de considérer [4].

432. Les suites de la demande — Voies de recours sur les demandes en revendication. Le recours à l'encontre des ordonnances du juge-commissaire est classiquement porté devant le tribunal. La pratique évoque l'opposition. Cette voie de recours, qui peut être formée soit par déclaration orale au greffe, soit par lettre recommandée, doit être exercée dans le délai de dix jours de la notification à l'intéressé de l'ordonnance (Décr. 28 déc. 2005, art. 67, al. 4). L'appel directement formé à l'encontre de l'ordonnance du juge-commissaire est irrecevable [5].

Le jugement statuant sur opposition ou tierce-opposition est, conformément à la solution de principe posée par la loi de sauvegarde des entreprises, susceptible d'appel dans les dix jours de sa notification.

Section II
Effets de la revendication

Il convient ici de distinguer selon qu'il y a eu admission de l'action en revendication (§ 1), ou absence d'admission de cette même action (§ 2).

§ 1. L'ADMISSION DE L'ACTION EN REVENDICATION

433. Succès de la demande en revendication. La demande en revendication « *emporte de plein droit demande en restitution* » (Décr. 28 déc. 2005, art. 114, al. 4).

---

1. CA Poitiers, 2e ch. civ., 7 sept. 2004, *D.* 2004, AJ, 2572.
2. Cass. com., 7 févr. 2006, n° 04.11.867, *D.* 2006, AJ, 576, obs. A. Lienhard ; *JCP E* 2006, chron. 1569, p. 671, n° 8, obs. M. Cabillad ; *Act. proc. coll.* 2006/5, n° 51, note J. Callasesan ; *Gaz. proc. coll.* 2006/2, p. 50, n° 2, obs. E. Le Corre-Broly.
3. En ce sens, F. Pérochon, « Revendications et restitutions selon le décret du 21 octobre 1994 », in *La réforme du droit des entreprises en difficulté : les principales innovations du décret du 21 octobre 1994,* coll. CRAJEFE, p. 126.
4. Cass. civ. 1re, 16 mai 2000, *D.* 2000, AJ, 291, obs. A. Lienhard ; *JCP éd. E et A,* 2000, chron. 1564, n° 3-c-8, obs. Ph. Pétel.
5. Cass. com., 12 avr. 2005, n° 03-18.216, *Gaz. proc. coll.* 2005/2, p. 47, obs. E. Le Corre-Broly.

Ainsi, le succès de la demande en revendication entraîne-t-il nécessairement la restitution du bien qui en est l'objet.

L'admission des actions relatives au droit de propriété n'aura, par principe, aucune influence sur le montant de la créance de celui qui se trouve être à la fois propriétaire et créancier. Le principe est, en la matière, celui de l'indépendance entre les actions relatives au droit de propriété et la créance.

Cependant, ce principe d'indépendance se trouve affaibli dans deux hypothèses dans lesquelles la récupération du bien va avoir une incidence sur le montant de la créance.

La première est celle dans laquelle, contractuellement, le prix de revente du bien est inclus dans la créance. C'est le cas en matière de contrat de crédit-bail. L'indemnité de résiliation qui constitue la majeure partie de la créance du crédit-bailleur intègre dans sa formule de calcul le montant du prix de revente du bien récupéré. En effet, l'indemnité de résiliation est généralement égale à l'intégralité des loyers restant à courir suite à la résiliation du contrat, sous déduction du montant du prix de revente du bien crédit-baillé. Il en résulte qu'en cas d'admission de l'action relative au droit de propriété du crédit-bailleur, le montant de la créance de celui-ci devra être réduit du montant du prix de revente du bien crédit-baillé.

La deuxième exception concerne l'hypothèse dans laquelle le droit de propriété est un accessoire de la créance de prix. Une interaction certaine existe alors entre l'action en revendication ou en restitution exercée par le vendeur sous réserve de propriété et le montant de la créance de ce dernier. La propriété étant un accessoire de la créance, ce droit de propriété ne pourra être exercé qu'à hauteur de la créance du vendeur s'étant réservé la propriété. En conséquence, si le vendeur obtient la restitution du bien — ou celle de son prix —, ce ne pourra être que dans la mesure du montant de sa créance [1].

§ 2. L'ABSENCE D'ADMISSION DE L'ACTION EN REVENDICATION

434. L'absence d'admission de l'action en revendication et son incidence sur le droit de propriété. La Cour de cassation s'est employée, dans un arrêt du 20 octobre 1992 [2], à déterminer la nature juridique de l'action en revendication laquelle tend, pour le propriétaire, à faire « *reconnaître à l'égard de la procédure collective son droit de propriété sur les biens mobiliers donnés en crédit-bail au moyen de l'action en revendication* ». La sanction du défaut ou du rejet de la revendication était ainsi implicitement posée : à défaut de reconnaissance du droit de propriété, celui-ci est nécessairement inopposable à la procédure. Cette solution, réaffirmée par la loi du 10 juin 1994, est reprise par la loi de sauvegarde des entreprises, qui prévoit que le propriétaire titulaire d'un contrat publié n'a pas à faire reconnaître son droit de propriété, qui est automatiquement opposable, au contraire du propriétaire dont le contrat n'est pas publié. L'action en revendication tendant à rendre opposable le droit de propriété, il en résulte que la sanction de l'échec de cette action ne peut être trouvée que dans l'inopposabilité du droit de propriété à la procédure collective.

---

1. Cass. com., 23 janv. 2001, *Act. proc. coll.* 2001/4, n° 52, obs. C. Régnaut-Moutier ; *JCP E et A*, 2001, chron. 755, n° 13, obs. M. Cabrillac.
2. Cass. com., 20 oct. 1992, *Bull. civ.* IV, n° 316 ; *Dr. sociétés* 1994, n° 93, obs. Y. Chaput.

Le terme de « procédure collective » — à l'égard de laquelle le revendiquant doit faire reconnaître son droit de propriété — employé par la Cour suprême pose difficulté. En effet, depuis la loi du 25 janvier 1985, la masse des créanciers a disparu [1]. En outre, il ressort de l'article L. 622-20, alinéa 2, du code — lequel énonce que le produit des actions exercées par le mandataire judiciaire entre dans le patrimoine du débiteur — que, faute pour le groupement des créanciers d'avoir un patrimoine et une personnalité morale, celui-ci ne peut pas être bénéficiaire du produit des actions du mandataire judiciaire.

Certains auteurs qui se sont penchés sur la question de la sanction du défaut de revendication dans le délai de l'article 115 de la loi du 25 janvier 1985 ont estimé que « *même si l'on reconnaît qu'un créancier qui n'a pas agi dans le délai imparti par la loi perde son action, c'est-à-dire au sens de l'article 30 du nouveau Code de procédure civile* [2], *le droit, ou plutôt le pouvoir,* « d'être entendu sur le fond de celle-ci afin que le juge la dise bien fondée », *aucun fondement juridique ne justifie que, une fois le propriétaire démuni de son action, l'entreprise ou le liquidateur puisse bénéficier du bien* » [3].

Toutefois, un parallèle doit être ici effectué avec la situation du crédit-bailleur qui n'a pas effectué la publicité ou qui ne l'a pas effectuée conformément aux articles L. 313-10 du Code monétaire et financier et 1er du décret du 4 juillet 1972. Dans cette hypothèse, le droit de propriété du crédit-bailleur est inopposable aux créanciers et le bien peut être vendu par le liquidateur au profit de ceux-ci [4].

Le terme de « procédure collective » à l'égard de laquelle il convient de faire reconnaître le droit de propriété, n'a aucune définition légale ou jurisprudentielle. Afin de pouvoir cerner les conséquences de la sanction attachée au rejet de la revendication, il convient toutefois de tenter de donner une définition de ce concept employé par la Cour de cassation.

Plusieurs définitions de la procédure collective sont envisageables. Une conception large de la notion de procédure collective tend à englober dans celle-ci toute personne qui y intervient. Dans le cadre de cette définition, en cas de rejet des actions assurant la mise en œuvre du droit de propriété, le droit de propriété serait inopposable au débiteur [5], aux organes de la procédure, à tous les créanciers, ainsi qu'à tout

---

1. V. sur la disparition de la masse des créanciers et ses incidences dans le cadre des revendications : P.-M. Le Corre, « Les locations financières à l'épreuve de l'article 115 de la loi du 25 janvier 1985 », *Rev. proc. coll.* 1992, 2 et s. ; voir également les travaux préparatoires de la loi du 25 janvier 1985 : interv. Badinter, Sénat séance du 5 juin 1984, *JO* p. 1274 : « *la masse des créanciers qui recueillait l'administration et la disposition des biens du débiteur et qui, de ce fait, avait un patrimoine propre, disparaît* » ; rapp. Gouzes, n° 1872, p 76 et 77 : « les créanciers ne sont plus groupés en une masse dotée de la personnalité morale et détentrice d'un patrimoine ».
2. Wiederkehr, « La notion d'action en justice selon l'article 30 du NCPC », *Mélanges Hébraud,* 1981, p. 949.
3. F. Auque-Warembourg et B. Lemistre, sous CA Douai, Cass. civ. 2e, 23 janv. 1992, *JCP E,* 1992, II, 294.
4. Cass. com., 17 mai 1988, *Rev. proc. coll.* 1992-4, p. 417, obs B. Soinne ; *Rev. proc. coll.* 1989-2, p. 205, obs. B. Soinne ; *JCP E,* 1988, II, 15287, *JCP* 1988, II, 21117, note E.-M. Bey ; *JCP N,* 1989, II, 126.
5. En ce sens, CA Douai, 2e ch., 14 sept. 1995, *Me Soinne es-qual. SARL Nil's Trans c/SA Bail Actéa,* inédit.

acquéreur éventuel du bien qui, en procédant à son achat, s'introduirait dans la procédure [1].

Une définition plus étroite de la notion de procédure collective est également envisageable. Celle-ci pourrait englober les créanciers du débiteur sous procédure collective et le défenseur de l'intérêt collectif de ceux-ci (c'est-à-dire le mandataire judiciaire ou le liquidateur). Il découle de cette analyse que le droit de propriété, inopposable à ces personnes, resterait efficace, en revanche, à l'égard du débiteur et de l'administrateur.

Cette dernière définition, tirée d'une conception étroite de la notion de procédure collective, doit être retenue, et ce pour deux motifs. Le premier est tiré d'une comparaison jurisprudentielle. Sous l'empire de la loi du 13 juillet 1967, avant la loi du 12 mai 1980, le juge déclarait inopposable à la masse la clause de réserve de propriété non acceptée par le débiteur [2]. Dans le cadre de la législation du 25 janvier 1985, la Cour de cassation a déclaré la clause de réserve de propriété acceptée « opposable à la procédure collective » [3]. Cette constatation conduit à penser que la procédure collective est en quelque sorte le successeur de la masse, de sorte qu'il convient de donner à l'expression de « procédure collective » le sens le plus proche de celui de masse existant sous l'empire de la législation de 1967. La masse étant constituée par le groupement des créanciers, il s'avère que l'ensemble constitué des créanciers ainsi que leur représentant tend désormais à s'apparenter à la masse des créanciers existant sous l'empire de la loi de 1967.

Le deuxième motif conduisant à l'adoption de la définition étroite de la notion de procédure collective tient à des considérations terminologiques. Cette expression de « procédure collective » a pour origine le fait qu'il était procédé à la vente des biens du débiteur au profit de la collectivité des créanciers [4]. Cette expression a été souvent complétée pour devenir « procédure collective de paiement » — sous-entendu « des créanciers » —. Il semble bien que cette appellation veuille dénommer, dans notre contexte, les créanciers du débiteur envisagés dans une sorte de groupement, alors même que la masse existant sous l'empire de la loi de 1967 et dotée de la personnalité morale a disparu. Cette appellation doit également comprendre le mandataire judiciaire ou le liquidateur eu égard à leur rôle de représentation des créanciers.

Ainsi, la « procédure collective » doit-elle être considérée comme constituée des créanciers et de leur représentant. En conséquence, en cas d'inopposabilité du droit de propriété à la procédure, le droit de propriété demeure toutefois opposable au débiteur [5] ainsi qu'à l'administrateur.

L'inopposabilité du droit de propriété en tant que sanction de l'absence de revendication, est incontestablement moins sévère pour le propriétaire que la perte pure et simple du droit de propriété. L'intérêt de la distinction est évident si le débiteur obtient un plan de sauvegarde ou de redressement. Le droit de propriété

---

1. En ce sens, B. Soinne, *op. cit.*, n° 1961. Selon cet auteur, à défaut de revendication ou en cas de rejet de celle-ci, le droit de propriété « est devenu inopposable au débiteur et au groupement des créanciers ».

2. Cass. com., 11 mai 1984, *Bull. civ.* IV, n° 154.

3. Cass. com., 6 juin 1989, *Bull. civ.* IV, n° 175.

4. Sur la finalité collective du droit de la faillite, v. B. Soinne, *op. cit.*, n° 5.

5. *Contra* : B. Soinne, *op. cit.*, n° 1961.

restant efficace dans les rapports du propriétaire et du débiteur [1], il en résulte que la reprise du bien pourra intervenir si le débiteur n'exécute pas correctement ses obligations, par une mesure d'exécution de droit commun. En outre, si le plan est résolu, l'inopposabilité du droit de propriété à la première procédure n'interdira pas au propriétaire de faire déclarer opposable à la seconde procédure son droit de propriété [2]. L'indépendance des deux procédures justifie la solution. Cela supposera cependant que, dans le cadre de la seconde procédure, le propriétaire exerce une action en revendication [3]. Symétriquement, eu égard au principe d'indépendance des deux procédures, la jurisprudence décide que la revendication dans la première procédure ne dispense pas de revendiquer dans la seconde procédure [4].

La sanction du défaut ou du rejet de la revendication ne pouvait être la perte du droit de propriété [5]. En effet, cette solution se serait heurtée à un principe constitutionnel. La déclaration des Droits de l'Homme et du citoyen contenue dans le préambule de la Constitution pose en principe l'inaliénabilité du droit de propriété, principe qui ne peut être qu'exceptionnellement écarté en cas « de nécessité publique légalement constatée » [6]. La sanction du rejet de l'action en revendication — ou de son défaut d'exercice dans le délai de l'article L. 624-9 du code — n'étant pas la perte du droit de propriété, mais l'inopposabilité de celui-ci, aucune incompatibilité n'existe entre les dispositions de l'article L. 624-9 et celles de la Convention européenne des Droits de l'Homme ou encore celles de la Déclaration des droits de l'Homme et du Citoyen [7].

435. L'absence d'admission de l'action en revendication et son incidence sur la créance. Il convient d'examiner la question de l'influence, dans le cadre d'une procédure de redressement judiciaire, du rejet de la revendication ou du rejet de la demande en restitution pour un motif autre que celui tenant à l'impossibilité matérielle de restitution du bien, sur la créance antérieure au jugement d'ouverture.

Certains propriétaires sont titulaires de deux droits : d'une part, un droit de propriété sur le bien objet du contrat, qui est un droit réel créant un rapport direct

---

1. Cass. com., 4 janv. 2000, *Act. proc. coll.* 2000/4, n° 40 ; *D.* 2000, jur. 533, note E. Le Corre-Broly ; *RJ. com.* 2000, 266, n 1561, note C. Dumesnil-Rossi et L. Santana ; Cass. com., 24 mars 2004, n° 02-18.048, *D.* 2004, AJ, 1084, obs. A. Lienhard ; *Act. proc. coll.* 2004/8, n° 105, obs. C. Régnaut-Moutier ; *JCP E,* 2004, chron. 1292, p. 1384, n° 2, obs. M. Cabrillac ; *Rev. proc. coll.* 2004, 378, n° 1, obs. M.-H. Monsérié-Bon ; LXB n° N1628ABW, note E. Le Corre.

2. Cass. com., 20 juin 1995, *Rev. proc. coll.* 1995, 482, n° 21, obs. B. Soinne ; Cass. com., 20 mai 1997, *D. Affaires* 1997, 860.

3. Cass. com., 14 mars 1995, *Rev. proc. coll.* 1995, 219, n° 28, obs. B. Soinne.

4. Cass. com., 14 mars 1995 : Dr. Sociétés 1995, 121, obs. Y. Chaput ; Cass. com., 20 mai 1997 : *RTD com.* 1998, 685, obs. A. Martin-Serf.

5. *Contra* : CA Caen, 1re ch. sect. civ. et com., 13 oct. 1994, aff. *Bazin Bariteaud c/DIAC*, inédit. Cette juridiction a jugé que par suite du défaut de la revendication dans le délai légal, la société de crédit-bail a perdu son droit de propriété qui est transféré au locataire.

6. Article 17 de la Déclaration des droits de l'Homme et du Citoyen.

7. V. en ce sens, sous l'empire de l'article 115 de la loi du 25 janvier 1985, Cass. com., 8 mars 1994, *Bull. civ.* IV, n° 101, p. 78 ; *La Vie judiciaire* 23 mai 1994, p. 9, n° 13829 ; *JCP* E,1994, pan., 678 ; *RJDA* 7/94, n° 862, p. 672 ; Cass. com., 3 mai 1995 : *Dict. perm. difficultés des entreprises*, *Bull.* 135, p. 7384 ; Cass. com., 9 mai 1995, *Bull. civ.* IV, n° 135, p. 120 ; *Rev. proc. coll.* 1995-4, p. 478, n° 17, obs. B. Soinne ; *Gaz. Pal.* 1996, Pan. 75 ; *Quot. jur. recueil* 2e sem. 1995, p. 35 ; *D.* 1995, IR, 143 ; *RJDA* 11/95, n° 1294, p. 1 000 ; Cass. com., 5 déc. 1995, *RJDA* 3/96, n° 423, p. 291 ; *RTD com.* 1996, p. 321, obs. Bouloc ; *JCP* 1996, éd. *E*, Pan. 180.

entre sujet et objet, et d'autre part, un droit portant sur la créance qui est un droit personnel mettant en relation deux sujets, créancier et débiteur [1]. Le droit de propriété, droit réel, est tout à fait distinct et indépendant de la créance, droit personnel. La perte de la possibilité d'opposer le droit de propriété fait-il disparaître la créance et inversement ?

Dans le cadre de la procédure de redressement judiciaire, la Cour suprême a eu l'occasion d'évoquer cette question en matière de réserve de propriété et a estimé que la revendication était recevable, même en l'absence de déclaration de créance dans les délais et donc d'extinction de celle-ci [2]. Cette solution posée en matière de vente comportant une clause de réserve de propriété [3] a été critiquée par la doctrine [4] constatant que la disparition de l'obligation de payer le prix qui résulte de l'extinction de la créance non déclarée doit entraîner nécessairement le transfert de la propriété, puisque ce transfert est subordonné au paiement intégral du prix, auquel doit être assimilée l'extinction de la créance. Si le principe de l'indépendance des deux droits de créance et de propriété peut effectivement, *a priori,* paraître critiquable en matière de vente avec réserve de propriété [5], tel n'est pas le cas en matière de location financière, car la créance devant être déclarée ne représente pas le prix du bien dont le paiement est garanti par la propriété, mais seulement des loyers dus pour une période de jouissance antérieure au jugement d'ouverture et éventuellement l'indemnité de résiliation du contrat. Il apparaît à l'évidence que le défaut de déclaration de la créance n'influe en rien sur la qualité de propriétaire de l'intéressé et en conséquence, sur sa faculté de revendiquer. La solution s'impose d'autant plus depuis la loi de sauvegarde des entreprises, qui a supprimé l'extinction de la créance non déclarée.

À notre sens, la réciproque doit également être affirmée. En effet, compte tenu du maintien de l'opposabilité du droit de propriété à l'égard du débiteur nonobstant le rejet des actions relatives à la mise en œuvre du droit de propriété, les créances de loyers et d'indemnité de résiliation n'en sont pas moins nées à l'égard du débiteur, font partie de son passif et doivent, en conséquence, être admises [6]. Les finalités de l'action en revendication et de la déclaration de créance sont tout à fait distinctes et

---

1. V. sur cette distinction, *J.-Cl. civ.* art. 516, « Biens-Distinction », n° 32, par D. Lefebvre.

2. Cass. com., 20 oct. 1992, *Rev. proc. coll.* 1992, p. 425, n° 7, obs B. Soinne ; *Rev. proc. coll. 1*993, 132, n° 18, obs. B. Soinne ; *D.* 1993, somm. 288, obs. F. Pérochon ; dans le même sens : Cass. com., 29 janv. 1991, *Rev. proc. coll.* 1993-4, p. 573, n° 28, obs. B. Soinne ; *RJDA* 1991, n° 435, p. 486 ; *D.* 1993, somm. 288, obs. F. Pérochon ; en matière immobilière : Cass. com., 9 janv. 1996, *JCP E*, 1996, I, 554, n° 19, obs. M. Cabrillac ; *RJDA* 7/96, n° 972, p. 702 ; *D. Affaires* n° 20/1996, chron. II. 1, p. 616. V. sur la question, Ch. Larroumet, Le vendeur bénéficiaire d'une clause de réserve de propriété peut-il revendiquer sans avoir déclaré sa créance à la procédure collective de l'acheteur ?, *D Affaires* n° 20/1996, art. p. 603.

3. Cette solution repose sur la constatation que les parties avaient fixé un terme pour le transfert de propriété, en l'occurrence le paiement du prix. Ce paiement n'ayant pas été effectué, la propriété n'a pu être transférée.

4. B. Soinne, note sous Cass. com., 20 oct. 1992, *Rev. proc. coll.* 1992, p. 425, n° 7 ; *Rev. proc. coll.* 1993, p. 132, n° 18 ; F. Pérochon, obs. sous Cass. com., 20 oct. 1992, *D.* 1993, somm. 288 ; Derrida, Godé, Sortais, *op. cit.*, notes 1410 et 1412.

5. En ce sens, B. Soinne, *Rev. proc. coll.* 1992-4, p. 418, n° 2.

6. En ce sens, CA Paris, 3 févr. 1995, *Rev. proc. coll.* 1995-4, p. 488, n° 29, obs. B. Soinne ; CA Paris, 10 nov. 1994, *D. Affaires* n° 1/1996, chron. II.1, p. 24 ; CA Paris, 3e ch. C, 25 nov. 1994, *D.* 1995, IR, 6 ; CA Paris, 5e ch. A, 25 janv. 1995, *D.* 1995, IR, 98 ; *contra* : CA Rennes, 2e ch., 8 juin 1994 : aff. *DIAC c/Briant*, inédit (l'indemnité de résiliation ne peut être intégrée dans le montant de l'admission de la créance du fait du rejet de l'action en revendication).

n'ont pas d'interaction. L'action en revendication est une action tendant à l'opposabilité du droit de propriété à l'égard de la procédure alors que la déclaration de créance est une action tendant à permettre la participation du créancier aux dividendes et répartitions. Si le droit de propriété est inopposable à la procédure, il demeure toutefois opposable au débiteur à l'égard duquel le droit de créance reste donc efficace.

Contrairement à la créance antérieure, la créance postérieure au jugement d'ouverture sera affectée par le rejet des actions relatives à la mise en œuvre du droit de propriété. Toutefois, l'influence subie ne sera limitée qu'à certaines phases de la procédure. L'action en revendication étant une action tendant à rendre opposable à la procédure collective le droit de propriété du revendiquant, et le débiteur ne faisant pas, par définition, partie du groupement des créanciers, le droit de propriété lui est toujours opposable. En conséquence, le propriétaire du bien garde sa qualité de cocontractant vis-à-vis du débiteur. Il sera donc impossible de lui réclamer les sommes perçues depuis l'ouverture de la procédure puisque celles-ci n'auront pas été indûment versées. Il résulte de cette analyse que, pendant la période d'observation ainsi qu'en cas d'adoption d'un plan de sauvegarde ou de redressement, le débiteur auquel est demeuré opposable le droit de propriété devra régler au propriétaire les sommes dues — ou indemnités d'utilisation en cas de résiliation du contrat ou de contrat arrivé à terme — résultant de la jouissance du bien postérieure au jugement d'ouverture.

Les rigueurs constatées en matière d'action en revendication sont écartées en présence des actions en restitution.

Sous-chapitre 2

La demande en restitution

436. Objet des demandes en restitution — Sort du bien n'ayant pas fait l'objet d'une demande en restitution. Contrairement à l'action en revendication, qui tend à rendre opposable à la procédure collective le droit de propriété, l'action en restitution a pour objet, comme son nom l'indique, la restitution du bien à son propriétaire.

Le défaut d'exercice de la demande en restitution instaurée par le législateur n'entraîne aucune sanction. Toutefois, la demande en restitution n'étant enfermée dans aucun délai, il apparaissait nécessaire, afin de ne pas geler la situation, de prévoir le sort du bien en cas d'inertie du propriétaire, dans la procédure de liquidation judiciaire, seule procédure dans laquelle il est envisagé de vendre les biens du débiteur. La solution aura vocation à s'appliquer toutefois en plan de cession arrêté en redressement judiciaire, si le débiteur, qui n'a pas obtenu de plan de redressement partiel, est placé en liquidation judiciaire. Mais il en sera de même si le débiteur obtient un plan de redressement partiel. Il sera en effet possible d'intégrer le bien qui n'a pas fait l'objet de la demande en restitution dans le plan de cession partielle, car l'article 243 du décret du 28 décembre 2005, qui précise le sort du bien qui n'a pas fait l'objet d'une demande en restitution de la part de son propriétaire, indique que ce bien pourra être vendu selon les formes prévues pour la liquidation judiciaire, ce qui permet d'englober les règles relatives au plan de cession. En application de l'article 243, alinéa 1, du décret du 28 décembre 2005, le bien pourra être vendu par le liquidateur à l'expiration d'un délai d'un mois après l'envoi d'une mise en demeure par lettre recommandée avec demande d'avis de réception au propriétaire, si ce dernier ne réagit pas en présentant une demande en restitution.

Une fois le bien vendu, le propriétaire du bien vendu devient créancier du prix de vente. L'article 243, alinéa 2, du décret du 28 décembre 2005 prévoit que le prix de vente est consigné par le liquidateur à la Caisse des dépôts et consignations et, sous déduction des frais, tenu à la disposition du créancier. Le texte prévoit également qu'après clôture de la procédure, le montant ainsi consigné est restitué au créancier ou à ses ayants droit sur ordonnance du président.

Un auteur a indiqué que si le créancier ancien propriétaire n'a pas réclamé ces sommes à l'issue d'une prescription trentenaire, les sommes sont acquises par la Caisse des Dépôts et consignations, c'est-à-dire par l'État [1].

Ces précisions apportées, il convient de s'intéresser au domaine des actions en restitution (Section I), avant d'envisager leurs modalités procédurales (Section II).

---

1. B. Soinne, *op. cit.*, n° 1962-8.

Section I
Le domaine des actions en restitution

437. Contrats visés : contrats publiés. Du fait de la publicité de son contrat, le législateur a dispensé le propriétaire d'exercer l'action en revendication.

Il faut ici distinguer selon que le contrat est obligatoirement publié aux fins d'opposabilité ou ne l'est que facultativement par application de l'article 117 du décret du 28 décembre 2005.

Sont obligatoirement publiés les contrats de crédit-bail et de location-gérance. L'absence de publication du crédit-bail est sanctionnée par l'inopposabilité du droit de propriété. Le défaut de publication n'entraînera pas seulement soumission de l'intéressé à l'obligation de revendiquer. En matière de crédit-bail, il sera astreint à démontrer la connaissance par les créanciers de son droit de propriété [1], ce qui en pratique est quasiment impossible [2]. Il a été jugé en ce sens que, en l'absence de publication d'un contrat de crédit-bail mobilier, la preuve de la connaissance du droit de propriété sur le bien objet du contrat de crédit-bail par chacun des créanciers ne résulte ni de la continuation par l'administrateur judiciaire du contrat, ni de la déclaration de créance du crédit-bailleur au passif du redressement judiciaire [3].

La publicité devra être régulière, ce qui suppose que soient identifiés le bien objet du contrat et la personne du locataire. Tout changement intervenant dans la personne de ce dernier devra faire l'objet d'une modification en marge du bordereau de publication. La Cour de cassation a cependant réservé l'hypothèse de cession du contrat de crédit-bail dans le cadre d'un plan de cession. L'opposabilité à tous du jugement arrêtant le plan de cession et l'avis d'insertion au BODACC de son intervention ont permis de laisser sans sanction le défaut de modification relative à l'identité du crédit-preneur [4]. En outre, la Cour de cassation considère que de simples erreurs orthographiques dans la publication sont insuffisantes pour invalider celle-ci [5].

L'article 117, alinéa 1, du décret du 28 décembre 2005 prévoit que pour bénéficier de la dispense de revendication, « *les contrats qui y sont mentionnés doivent avoir été publiés avant le jugement d'ouverture selon les modalités qui leur sont applicables* ». Ce texte vise l'hypothèse des contrats soumis à publication obligatoire, tels les contrats de crédit-bail, de location-gérance ou encore de licences de brevets. Le texte issu du décret reprend la solution posée sous l'empire de la législation antérieure par la Cour de cassation qui a jugé que la dispense de revendication pouvait bénéficier au bailleur d'un fonds de commerce, dès lorsqu'il avait publié son contrat conformément aux dispositions légales régissant la publicité des contrats de location-gérance de fonds de commerce [6].

---

1. Décr. 4 juill. 1972, art. 8.
2. V. E. Le Corre-Broly, « La publicité du contrat de crédit-bail et sa sanction en cas de redressement ou de liquidation judiciaire », *JCP E*, 1997, I, 621.
3. Cass. com., 7 déc. 2004, n° 02-14.088, *Gaz. proc. coll.* 2005/1, p. 48, note E. Le Corre-Broly.
4. Cass. com., 11 févr. 1997, *Rev. proc. coll.* 1997, 189, n° 1, obs. B. Soinne ; *RJDA* 1997/6, n° 843.
5. Cass. com., 16 mai 1995, *Rev. proc. coll.* 1995, 467, n° 4 obs. B. Soinne.
6. Cass. com., 15 mars 2005, n° 00-18.550, *D.* 2005, AJ, 890, note A. Lienhard ; *Act. proc. coll.* 2005/8, n° 102, note F. Pérochon ; *Gaz. proc. coll.* 2005/2, p. 48, obs. E. Le Corre-Broly ; *JCP E,* 2005, chron. 1274, p. 1426, n° 16, obs. M. Cabrillac ; LXB n° N2977AI4, note P.-M. Le Corre.

L'article 117, alinéa 2, du décret du 28 décembre 2005 s'intéresse ensuite à l'hypothèse des contrats non soumis à publicité obligatoire. Il en est ainsi par exemple des contrats de location financière, de vente avec clause de réserve de propriété ou encore des contrats de prêts contenant subrogation dans la clause de réserve de propriété. Ces contrats peuvent, à titre facultatif, être publiés, aux seules fins de dispenser leur titulaire d'avoir à revendiquer. La publicité sera effectuée, selon le cas, au registre mentionné à l'article R. 313-4 du Code monétaire et financier, c'est-à-dire le registre de publication des contrats de crédit-bail tenu par le greffe du tribunal de commerce ou du tribunal de grande instance statuant commercialement ou au registre prévu au troisième alinéa de l'article 63 du décret du 28 décembre 2005, c'est-à-dire le registre spécial ouvert au greffe du tribunal de grande instance.

À défaut de publicité de ces contrats, l'intéressé ne voit pas déclarer son droit de propriété inopposable. La dispense de revendication ne s'applique plus à lui. Il est donc contraint de procéder à une demande en revendication selon les modalités ci-dessus examinée (v. ss n°s 430 et s.). Les irrégularités affectant la publicité obligeront l'intéressé, qui aurait facultativement publié son contrat, à se soumettre à la procédure de revendication. En outre, si le bien objet du contrat publié ne se retrouve pas entre les mains du cocontractant du propriétaire, mais entre celles d'un tiers, la demande en restitution ne pourra prospérer dans la procédure collective de ce dernier. Seule une demande en revendication sera alors recevable.

Section II
Les modalités des actions en restitution

438. Demande en acquiescement de restitution. Commençons par indiquer que l'action en restitution de meubles engagée avant l'ouverture de la procédure n'est pas soumise aux dispositions spécifiques aux demandes en restitution exercées après l'ouverture de la procédure collective [1], à l'identique de la solution posée pour l'action en revendication (v. ss n° 430). L'article L. 624-10 du Code de commerce établit clairement que cette demande est facultative : « *le propriétaire [...] peut réclamer la restitution de son bien [...]* ».

L'article 116, alinéa 1, du décret du 28 décembre 2005 précise que lorsque le propriétaire d'un bien est dispensé de faire reconnaître son droit de propriété, en raison de la publicité du contrat portant sur le bien, « *la demande en restitution est faite par le propriétaire du bien par lettre recommandée avec demande d'avis de réception [...]* ».

La demande en restitution est adressée à l'administrateur, quelle que soit la procédure ouverte. Il ne peut acquiescer à la demande qu'avec l'accord du débiteur. À défaut d'administrateur, en sauvegarde et en redressement judiciaire, la demande en restitution est adressée au débiteur, qui ne peut acquiescer qu'avec l'accord dumandataire judiciaire. En liquidation, la demande sera envoyée au liquidateur qui devra également obtenir l'accord du débiteur pour acquiescer.

1. Cass. com., 30 juin 2004, n° 02-18.353.

La demande en restitution, pas plus que la demande en acquiescement de revendication (v. ss n° 430), ne peut être considérée comme une demande en justice.

Si la demande en acquiescement n'aboutit pas dans le cadre de cette phase extrajudiciaire, il y aura place à une phase judiciaire.

439. Requête en restitution. Dans l'hypothèse d'un défaut de réponse du mandataire de justice, dans le délai d'un mois à compter de la réception de la demande en restitution, ou en cas de contestation explicite de celle-ci, le propriétaire peut (Décr. 28 déc. 2005, art. 116, al. 2) saisir le juge-commissaire afin qu'il soit statué sur ses droits. En outre, en cas d'absence de présentation par le propriétaire de la demande en restitution au mandataire de justice ou au débiteur, selon le cas, ces derniers pourront saisir le juge-commissaire — et lui seul — afin qu'il soit statué sur les droits du propriétaire.

Alors que la saisine du juge-commissaire en cas de défaut d'acquiescement à la demande en revendication est enfermée, sous peine de forclusion, dans le délai d'un mois à compter de l'expiration du délai de réponse imparti au mandataire, la saisine du juge-commissaire, en cas de défaut d'acquiescement à la demande en restitution, n'est enfermée dans aucun délai. La solution est logique dès lors que la saisine du juge-commissaire, comme la demande en acquiescement de restitution, est facultative.

La question se pose de savoir si la phase de la demande en restitution adressée au mandataire constitue un préalable obligatoire avant toute saisine du juge-commissaire ou si, au contraire, ce dernier peut être saisi directement afin de statuer sur les droits du propriétaire. En d'autres termes, la demande présentée directement par le propriétaire au juge-commissaire sans demande en acquiescement de restitution préalable est-elle recevable ? La logique aurait commandé une réponse positive [1], mais la Cour de cassation y est hostile [2]. Il faut bien voir là une complication inutile, alors surtout qu'en matière de demande en restitution, le rejet de la demande par le juge-commissaire au motif d'un défaut de demande en acquiescement préalable est sans grande conséquence, car la demande n'étant enfermée dans aucun délai, il suffit au propriétaire de présenter une demande en acquiescement, dès lors que celui-ci n'a pas obtenu du juge-commissaire une ordonnance l'autorisant à disposer du bien. Le défaut d'acquiescement subséquent à cette demande autoriserait le propriétaire à saisir le juge-commissaire. Il n'y aurait pas autorité de chose jugée, dès lors que les dispositions de la première ordonnance de rejet contiennent explicitement le visa de l'absence de demande en acquiescement préalable. Toutes les difficultés pourraient en tout cas être « court-circuitées » si, ainsi que l'a suggéré un auteur [3], le juge-commissaire, directement saisi par le propriétaire, adresse la demande qui lui est faite au mandataire en le priant de prendre position sur cette demande.

Les décisions rendues en matière de restitution sont soumises à des voies de recours identiques à celles rendues en matière de revendication (v. ss n° 432).

---

1. En ce sens, F. Pérochon, débats reproduits sous son intervention intitulée « Revendications et restitutions selon le décret du 21 octobre 1994 », coll. CRAJEFE, préc. ; — B. Soinne, *op. cit.*, n° 1962-7 ; *contra* : P. Crocq, *Propriété et garantie*, LGDJ, 1995, n° 520, p. 464.
2. Cass. com., 5 juill. 2005, n° 04-11.320 : *Gaz. proc. coll.* 2005/3, p. 55, obs. F. Pérochon ; *D.* 2005, jur. 2165, note E. Le Corre-Broly.
3. F. Derrida, Débats sous l'intervention de F. Pérochon, préc., p. 137.

Chapitre 2

Les situations particulières

Parmi les situations particulières, il est possible d'isoler celle du vendeur réservataire de propriété (Sous-chapitre 1), par rapport aux autres situations (Sous-chapitre 2).

Sous-chapitre 1

Le vendeur réservataire de propriété

Des règles spéciales sont posées pour le vendeur ayant stipulé une clause de réserve de propriété. Il est possible d'envisager d'abord les conditions d'efficacité de la clause de réserve de propriété (Section I), avant d'envisager sa mise en œuvre (Section II).

Section I
Les conditions d'efficacité de la clause de réserve de propriété

440. Une clause subordonnant le transfert de propriété au paiement intégral du prix. Pour bien comprendre la portée de l'insertion dans un contrat de vente d'une clause de réserve de propriété, il faut d'abord rappeler le principe du consensualisme dans la vente. La vente est parfaite, selon l'article 1583 du Code civil, dès qu'on est convenu de la chose et du prix. Le paiement du prix n'est pas une condition de perfection de la vente [1]. Le caractère consensuel de la vente n'est cependant pas de son essence. Il peut donc être écarté par le jeu de clauses spécifiques. Tel est notamment l'objet de la clause de réserve de propriété. L'efficacité de la clause résulte de la loi du 12 mai 1980, qui a successivement été insérée dans la loi du 13 juillet 1967, puis dans celle du 25 janvier 1985 et désormais dans celle du 26 juillet 2005 (C. com., art. L. 624-16, al. 2).

La clause, qui *a priori* n'intéressait que les seuls contrats de vente, a été validée par la Cour de cassation en matière de contrats d'entreprise [2], cependant qu'elle ne l'avait pas admise en matière de contrat de coopération [3]. Puis, par une décision de principe, la Cour de cassation a énoncé que « *l'action en revendication des biens dont la*

---

1. Sur cette question, J.-P. Chazal et S. Vincente, « Le transfert de propriété par l'effet des obligations dans le Code civil », *RTD civ.* 2000, 493.
2. V. Rejetant la clause pour motif tiré de l'incorporation du bien, et non pour absence de validité de la clause insérée dans un contrat d'entreprise, Cass. com., 2 mars 1999, *Bull. civ.* IV, n° 50 ; *D. Affaires* 1999, 597, n° 11, obs. A. Lienhard ; *Act. proc. coll.* 1999/6, n° 82 ; *D.* 2000, somm. 69 et 72, obs. F. Pérochon et D. Mainguy ; *JCP E et A,* 1999, jur. 1968, note C. Cutajar ; *RTD com.* 1999, 945, obs. B. Bouloc ; *RTD com.* 1999, 442, obs. P. Crocq ; *RTD civ.* 2000, 866, n° 1, obs. T. Revet.
3. Cass. civ. 1re, 13 févr. 2001, AJ, 861 ; *Act. proc. coll.* 2001/6, n° 77.

propriété est réservée en application d'une clause contractuelle peut être exercée quelle que soit la nature juridique du contrat dans lequel elle figure » [1]. Ainsi, la clause de réserve de propriété peut-elle désormais assortir tout type de contrats.

La clause doit subordonner le transfert de propriété au complet paiement du prix. La discussion demeure sur la nature de terme suspensif ou de condition suspensive de la clause.

La clause de réserve de propriété est en tout cas analysée par la Cour de cassation en une sûreté [2]. Elle apparaît comme étant au service exclusif de la créance de prix qu'elle garantit. Elle en est un accessoire.

441. Une clause convenue dans un écrit établi au plus tard au jour de la livraison et acceptée par l'acheteur. Pour être opposable à la procédure collective, c'est-à-dire au groupement des créanciers et à son représentant, la clause doit être convenue dans un écrit établi au plus tard au moment de la livraison. Cette solution posée par le Code de commerce (art. L. 624-16, al. 2) n'est plus exactement celle du droit commun posée par le nouvel article 2368 du Code civil, qui prévoit, pour sa part, que la clause doit être convenue par écrit.

La forme de l'écrit importe peu. Cependant, l'exigence d'antériorité ou de concomitance par rapport à la livraison conduit à exclure les factures car le vendeur aura des difficultés à rapporter la preuve de l'antériorité ou de la concomitance par rapport à la livraison. Il apparaît dès lors préférable de faire figurer la clause de réserve de propriété sur les bons de commandes [3] ou sur les bons de livraison. Si la clause figure sur les bons de commande, elle sera, par le fait-même, acceptée par l'acheteur. En revanche, si elle ne figure que sur des bons de livraison, le problème de son acceptation subsiste, si ces derniers ne sont pas signés par l'acheteur. La jurisprudence admet cependant que l'acceptation pourra résulter de l'exécution du contrat en connaissance de cause [4], à défaut d'acceptation expresse. L'attention de l'acquéreur aura dû être cependant suffisamment attirée par le document comportant stipulation de la clause de réserve de propriété [5].

Depuis la loi du 10 juin 1994, la clause peut figurer dans un écrit régissant un ensemble d'opérations commerciales convenues entre les parties (C. com., art. L. 624-16, al. 2). Il est donc désormais possible de prévoir le jeu d'une clause de

---

1. Cass. com., 19 nov. 2003, n° 01-01.137, *Bull. civ.* IV, n° 162 ; *D.* 2004, AJ, 3049, obs. A. Lienhard ; *D.* 2004, jur. 801, note A. Lucas et F.-X. Lucas ; *JCP E,* 2004, chron. 783, p. 860, n° 11, obs. M. Cabrillac ; *Act. proc. coll.* 2004/2, n° 20, note C. Alleaume ; *LPA* 19 févr. 2004, n° 36, p. 9, note H. Lécuyer ; *RD banc. et fin.* 2004/2, p. 99, n° 70, obs. D. Legeais ; *RTD com.* 2004, 363, n° 7, obs. B. Bouloc et p. 599, n° 5, obs. A. Martin-Serf ; *Rev. proc. coll.* 2004, 379, n° 2, obs. M.-H. Monsérié-Bon.

2. Cass. com., 9 mai 1995, *Rev. proc. coll.* 1995, 487, n° 28, obs. B. Soinne ; *RTD civ.* 1996, 441, obs. P. Crocq ; Cass. com., 23 janv. 2001, *Act. proc. coll.* 2001/4, obs. C. Régnaut-Moutier ; *JCP E et A*, 2001, chron. 755, n° 13, obs. M. Cabrillac ; *D.* 2001, AJ, 702, obs. A. Lienhard.

3. Cass. com., 5 oct. 2004, n° 02-17.324.

4. Cass. com., 3 juin 1997, *RJDA* 1997/11, n° 1414 ; Cass. com., 13 oct. 1998, *D.* 2000, somm. 65, obs. F. Pérochon et D. Mainguy ; CA Paris, 3e ch. A, 11 janv. 2000, *RJDA* 2000/5, n° 575.

5. V. ainsi, rejetant la revendication car la clause figurait en petits caractères au milieu des conditions contractuelles, Cass. com., 14 juin 1994, *Rev. huissiers* 1994, 1287 ; *Rev. proc. coll.* 1995, 194, n° 7, obs. B. Soinne ; Cass. com., 11 juill. 1995, *Rev. proc. coll.* 1995, 470, n° 7, obs. B. Soinne ; *adde* : CA Paris, 3e ch. C, 12 sept. 1999, *D.* 2000, somm. 65, obs. F. Pérochon et D. Mainguy ; CA Versailles, 13e ch., 20 janv. 2000, *RJDA* 2000/5, n° 575.

réserve de propriété par accord général, solution qui n'était pas celle de la jurisprudence avant la loi du 10 juin 1994 [1].

Enfin, en cas de discordance entre les conditions générales de vente du vendeur et les conditions générales d'achat de l'acheteur, la clause de réserve de propriété restait efficace, dès lors que les deux parties, par écrit, n'avaient pas convenu de l'écarter ou de la modifier. Cette solution, introduite par une loi du 1er juillet 1996, est abandonnée par l'ordonnance du 23 mars 2006 (art. 48-I), qui réforme le droit des sûretés, et qui modifie l'article L. 624-16 du Code de commerce. Cette suppression rend donc pleine efficacité aux clauses contractuelles par lesquelles l'acheteur refuse par avance les clauses de réserve de propriété.

Section II
Mise en œuvre de la clause de réserve de propriété

442. Existence en nature du bien. Une condition classique de la revendication tient à l'existence en nature du bien qui en est l'objet. Cette condition, laissée à l'appréciation souveraine des juges du fond, doit exister à la date du jugement d'ouverture [2].

En cas d'utilisation du bien après jugement d'ouverture, le revendiquant bénéficie d'une créance couverte par les dispositions de l'article L. 622-17 [3], la créance étant née de la poursuite d'activité et pouvant donc être considérée comme née pour les besoins de la période d'observation. Le caractère obligatoire de l'inventaire, dès l'ouverture de la procédure, facilitera la tâche du revendiquant, à qui incombe la démonstration de l'existence en nature du bien. À défaut d'inventaire, l'organe de la procédure devra démontrer que le bien n'existait pas en nature au jour du jugement d'ouverture [4].

Le bien ne doit pas être transformé. Cependant, la revendication reste possible si le bien n'a pas changé de nature. Ainsi, une simple modification d'aspect, par exemple celle tenant à sa couleur, est insuffisante [5]. Au contraire, le fait de transformer des peaux en vêtements interdira la revendication.

L'incorporation du bien pourra également faire obstacle à sa revendication. Il n'en sera cependant ainsi que si, selon l'article L. 624-16, alinéa 3, du code, le bien ne peut être démonté sans occasionner au bien revendiqué et au bien dans lequel il est incorporé des dommages. Dans ce contexte, des batteries [6] ou des pneumatiques

---

1. Cass. com., 17 mars 1992, *D.* 1993, somm. 290, obs. F. Pérochon ; Cass. com., 3 nov. 1992, *Bull. civ.* IV, n° 346 ; *D.* 1993, somm. 287 et 290, obs. F. Pérochon.

2. Cass. com., 15 déc. 1992, *Bull. civ.* IV, n° 412 ; Cass. com., 7 juin 2005, n° 04-14.670.

3. V. Statuant en application de l'article 40 de la loi du 25 janvier 1985, Cass. com., 11 juill. 1995, *JCP E,* 1995, 513, n° 5, obs. M. Cabrillac ; Cass. com., 11 mars 1997, *Bull. civ.* IV, n° 70 ; *Dr. et patrimoine* juin 1997, p. 85, obs. M.-H. Monsérié ; *D.* 2000, somm. 77, obs. F. Pérochon et D. Mainguy.

4. Cass. com., 13 avr. 1999, *Act. proc. coll.* 1999/10, n° 135, note M. H. Monsérié-Bon ; *JCP E et A,* 1999, chron. 1534, n° 3-b-14, obs. M. Cabrillac ; *LPA* 8 juin 1999, n° 113, p. 8, note P. M. ; *D.* 2000, somm. 73, obs. F. Pérochon et D. Mainguy ; *RTD civ.* 1999, 885, obs. P. Crocq ; *RTD com.* 1999, 944, obs. B. Bouloc. *Contra* : B. Soinne, *op. cit.*, n° 1935.

5. Cass. com., 6 mars 1990, *Rev. proc. coll.* 1991, 223, obs. B. Soinne.

6. Cass. com., 29 janv. 1991, *Rev. proc. coll.* 1991, 225, n° 11, obs. B. Soinne.

montés sur des véhicules [1] seront susceptibles de revendication. Il a été jugé au contraire que les opérations de démontage des commandes numériques qui impliquaient le débranchement de câbles, l'extraction de cartes informatiques, le démontage du tableau de commande, le débranchement et le démontage de moteurs électriques et la sauvegarde des programmes, étaient complexes, ce qui justifie le rejet de la revendication [2].

Si le bien a été sinistré, l'indemnité d'assurance appartient au propriétaire, sans qu'il y ait place à revendication ni à déclaration de créance [3].

443. Identification du bien. Le bien doit encore être identifié, l'identification étant une question de fait. Le propriétaire doit démontrer que le bien qu'il revendique est celui-là même qu'il a introduit dans les magasins de son cocontractant.

Sous l'empire de la loi du 25 janvier 1985 non réformée, une discussion s'était élevée pour savoir si les choses fongibles pouvaient faire l'objet de revendication. La Cour de cassation avait finalement apporté une réponse positive, dès lors que le propriétaire avait pris le soin d'isoler et d'identifier, par l'apposition de marques ou de signes, les biens qu'il revendiquait [4]. Par souci de simplification et de protection du propriétaire, la loi du 10 juin 1994 a posé clairement la possibilité de revendiquer les choses fongibles. La loi de sauvegarde a maintenu la solution (C. com., art. L. 624-16, al. 3).

Sont fongibles des biens qui sont mesurés par leur qualité et quantité et susceptibles d'être remplacés par d'autres [5]. Des difficultés sérieuses existent en matière de médicaments [6], que la Cour de cassation se refuse à régler définitivement en considérant que la fongibilité est une question de fait abandonnée en conséquence au pouvoir souverain des juges du fond [7].

---

1. Cass. com., 18 juill. 1989, *Bull. civ.* IV, n° 228 ; *D.* 1991, somm. 45, obs. F. Pérochon.
2. Cass. com., 24 mars 2004, n° 01-10.820, *Rev. proc. coll.* 2004, 215, n° 13, obs. Ch. Lebel ; *RD banc. et fin.* 2004/5, p. 332, n° 212, obs. F.-X. Lucas ; *Rev. proc. coll.* 2004, p. 380, n° 5, obs. M.-H. Monsérié-Bon.
3. Cass. com., 22 avr. 1997, *Bull. civ.* IV, n° 103 ; *D. Affaires* 1997, 736 ; *RTD civ.* 1997, 696, obs. F. Zenati.
4. Cass. com., 25 mars 1997, *Bull. civ.* IV, n° 84 ; *JCP E,* 1997, II, 991, note Ph. Pétel ; *D.* 1997, 481, note D. R. Martin.
5. R. Cabrillac (dir.), *Dictionnaire du vocabulaire juridique*, Litec 2002, v^is *Chose fongible*, p. 66.
6. V. ainsi, CA Lyon, 3e ch., 5 nov. 1999, *Act. proc. coll.* 2000/18, n° 230 ; *JCP E,* 2000, pan. 1737 ; *JCP E,* 2001, chron. 220, n° 13, obs. Ph. Pétel ; CA Paris, 3e ch. C, 12 mai 2000, *D.* 2000, AJ, 329, obs. A. Lienhard ; *JCP E,* 2001, chron. 220, n° 13, obs. P. Pétel ; CA Paris, 3e ch. B, 19 sept. 2003, RG n° 2002/14771, reproduit partiellement dans la note de A. Lienhard, sous Cass. com., 15 mars 2005, n° 03-20.332, *D.* 2005, AJ, 1083, obs. A. Lienhard ; *Gaz. proc. coll.* 2005/2, p. 45, obs. E. Le Corre-Broly ; CA Rouen, 7 oct. 2003, RG n° 02/04302, *Rev. proc. coll.* 2004, 212, n° 7, obs. Ch. Lebel ; CA Paris, 3e ch. A, 22 mars 2005, RG n° 2003/975, *Gaz. proc. coll.* 2005/2, p. 46, obs. E. Le Corre-Broly.
7. Cass. com., 15 févr. 2000, *Bull. civ.* IV, n° 30 ; *RTD com.* 2000, 709, n° 8, obs. B. Bouloc ; *D.* 2000, AJ, 127, obs. A. Lienhard ; Cass. com., 5 mars 2002, *D.* 2002, AJ, 1139, obs. A. Lienhard. ; *Act. proc. coll.* 2002/9, n° 115, note D. Mainguy ; *RD banc. et fin.* 2002/3, p. 128, n° 91, obs. D. Legeais ; *RTD civ.* 2002, 339, obs. P. Crocq ; *RTD civ.* 2002, 327, obs. Th. Revet ; *JCP E* et *A,* 2002, chron. 1380, p. 1525, n° 12, obs. M. Cabrillac ; *RTD com.* 2002, 544, n° 7, obs. A. Martin-Serf ; *Rev. proc. coll.* 2003, p. 307, n° 5, obs. M.-H. Monsérié-Bon Cass. com., 8 juill. 2003, n° 00-19.685 ; Cass. com., 15 mars 2005, n° 03-20.332, *D.* 2005, AJ, 1083, note A. Lienhard ; *D.* 2005, jur. 1718, note P.-G. Marly ; *D.* 2005, somm. comm. 2019, obs. F.-X. Lucas ; *JCP E,* 2005, chron. 1274, p. 1426, n° 15, obs. M. Cabrillac ; *Gaz. proc. coll.* 2005/2, p. 46, obs. E. Le Corre-Broly.

La règle instituée n'est pas de preuve, mais de fond [1]. En conséquence, il importe peu que l'un des propriétaires démontre sa propriété exclusive sur les marchandises revendiquées. Il suffit au revendiquant de prouver qu'il revendique un « bien de même espèce et de même qualité » [2]. En cas de conflit entre plusieurs revendiquants, les propriétaires semblent pouvoir se faire payer de façon proportionnelle aux biens restés entre les mains du débiteur par rapport aux quantités non payées qu'ils ont livrées [3], ce qui les place dans une situation plus proche de celle de créanciers que de propriétaires.

Indiquons enfin que la revendication est exclue pour la chose la plus fongible qui soit : l'argent. En effet, à la suite d'une évolution [4], la Cour de cassation considère, sous la forme d'un principe, qu'« *une demande de restitution de fonds ne peut être formée par voie de revendication, la seule voie ouverte au créancier d'une somme d'argent étant de déclarer sa créance à la procédure collective de son débiteur* » [5].

Toute demande portant sur une somme d'argent oblige donc à considérer l'intéressé comme un créancier, soumis comme tel à la règle de l'arrêt des poursuites individuelles et corrélativement astreint à devoir déclarer sa créance antérieure au passif.

444. Revente du bien. Dès lors que le débiteur vend un bien qui ne lui appartient pas — par exemple un bien vendu sous réserve de propriété dont le prix n'a pas encore été payé —, le véritable propriétaire du bien se heurte au jeu de l'article 2279 du Code civil disposant qu'« *en fait de meubles, la possession vaut titre* », dès lors que le sous-acquéreur est de bonne foi, c'est-à-dire qu'il est resté dans l'ignorance que son vendeur n'était pas propriétaire du bien. Le véritable propriétaire ne peut donc revendiquer utilement le bien entre les mains du tiers acquéreur. Afin d'améliorer le sort du propriétaire dépossédé, l'article L. 624-18 du Code de commerce accorde à ce dernier la possibilité de revendiquer « *le prix ou la partie du prix des biens visés à l'article L. 624-16 qui n'a été ni payé, ni réglé en valeur, ni compensé en compte courant entre le débiteur et l'acheteur, à la date du jugement d'ouverture* ». Il s'agit alors, pour le propriétaire, de revendiquer la créance du prix de revente laquelle est « *née sur la tête du débiteur puis entrée, par subrogation*

---

1. Cass. com., 5 mars 2002, *D.* 2002, AJ, 1139, obs. A. Lienhard ; *Act. proc. coll.* 2002/9, n° 115, note D. Mainguy ; *RD banc. et fin.* 2002/3, p. 128, n° 91, obs. D. Legeais ; *RTD civ.* 2002, 339, obs. P. Crocq ; *RTD civ.* 2002, 327, obs. Th. Revet ; *JCP E* et *A,* 2002, chron. 1380, p. 1525, n° 12, obs. M. Cabrillac ; *Rev. proc. coll.* 2003, 307, n° 5, obs. M.-H. Monsérié-Bon.

2. Cass. com., 13 nov. 2002, *Act. proc. coll.* 2003/1, n° 7 ; *JCP E,* 2003, jur. 667, p. 764, note F. Forgues ; *RTD com.* 2003, p. 571, n° 8, obs. A. Martin-Serf ; *Rev. proc. coll.* 2003, 308, n° 5, obs. M.-H. Monsérié-Bon.

3. F. Pérochon, « La revendication des biens fongibles par le vendeur », *LPA* 14 sept. 1994, p. 82, n°s 9 et s., évoquant la « néo-revendication ».

4. V. déjà, Cass. com., 10 mai 2000, *D.* 2000, AJ, 277, obs. A. Lienhard *JCP E,* 2000, chron. 1566, n° 11, obs. Ph. Pétel ; *JCP E,* 2001, jur. 521, note L. Courtot et F. Marmoz ; *RD banc. et fin.* 2000/4, n° 161, obs. F.-X. Lucas ; *adde* : F. Pérochon, *DP, Recouvrement de créances et procédures d'exécution* (2 févr. 2001), *Clause de réserve de propriété et revendications*, n° 13 ; F.-X. Lucas, obs. *RD banc. et fin.* 2003/4, p. 218, n° 154.

5. Cass. com., 4 févr. 2003, n° 00-13.356, *D.* 2003, AJ, 1230, obs. A. Lienhard ; *Act. proc. coll.* 2003/10, n° 128, obs. C. Régnaut-Moutier ; *RD banc. et fin.* 2003/4, p. 218, n° 154, obs. F.-X. Lucas ; *JCP E,* 2003, Jur. 1363, p. 1536, note D. Robine ; *Defrénois* 2003, art. 37810, p. 1163, note R. Libchaber ; *RTD com.* 2003, 572, n° 9, obs. A. Martin-Serf ; *Rev. proc. coll.* 2003, p. 306, n° 2, obs. M.-H. Monsérié-Bon ; *Dr. et proc.* 2003/5, p. 292, note P.-M. Le Corre.

réelle, dans le patrimoine du revendiquant aux lieu et place de la chose vendue » [1]. Cette subrogation est désormais consacrée en droit commun, le nouvel article 2372 du Code civil issu de l'ordonnance du 23 mars 2006 disposant en effet que « *le droit de propriété se reporte sur la créance du débiteur à l'égard du sous-acquéreur [...] »*.

Dès lors qu'au jour de la revendication du prix de revente, tout ou partie de celui-ci n'a pas encore été versé au débiteur-revendeur, la demande devra être dirigée à la fois contre le débiteur et le sous-acquéreur.

Pour que cette revendication de la créance du prix de revente prospère, les conditions de fond et de forme attachées à la revendication devront être respectées [2]. Ainsi, le bien revendu doit l'avoir été dans son état d'origine, peu important cependant que le bien ait été transformé ultérieurement par le sous-acquéreur [3]. En outre, la demande en acquiescement de revendication doit avoir été présentée dans la procédure collective du revendeur dans le délai de trois mois posé à l'article L. 624-9 du Code de commerce [4], peu important en revanche que l'action exercée ultérieurement à l'encontre du sous-acquéreur ne le soit pas dans ce délai [5].

L'action du vendeur initial exerçant une revendication sur le prix est indépendante du sort de la créance née de la revente du bien par l'acheteur-revendeur au sous-acquéreur. Il a en effet été jugé et que le vendeur réservataire de propriété « *peut revendiquer le prix impayé par le sous-acquéreur en redressement ou liquidation judiciaires, peu important que la créance détenue par l'acquéreur initial à l'encontre du sous-acquéreur soit éteinte pour n'avoir pas été déclarée au passif de ce dernier* » [6].

Le conflit entre le vendeur réservataire de propriété et un banquier cessionnaire Dailly ou un affactureur s'étant vu transmettre par l'acquéreur-revendeur la créance de prix de revente est tranché au profit du vendeur réservataire de propriété,

---

1. F. Pérochon, « Clause de réserve de propriété et revendications », *Dict. perm. recouvrement de créances et procédures d'exécution*, n° 61.
2. Cass. com., 24 mai 2005, pourvoi n° 04-13.464, *D.* 2005, AJ, 1633, obs. A. Lienhard ; *Gaz. proc. coll.* 2005/3, p. 57, obs. F. Pérochon.
3. Cass. com., 5 nov. 2003, pourvoi n° 00-21. 357, *JCP E,* 2004, chron. 783, p. 861, n° 13, obs. M. Cabrillac ; *RD banc. et fin.* 2004/1, p. 23, n° 20, obs. D. Legeais ; *Act. proc. coll.* 2004/1, n° 7, note A. Jacquemont ; *RTD com.* 2004, p. 601, n° 6, obs. A. Martin-Serf.
4. Cass. com., 2 oct. 2001, *D.* 2001, AJ, 3043, obs. A. Lienhard ; *Act. proc. coll.* 2001/19, n° 250, obs. F. Pérochon ; *JCP E,* 2001, pan. 1746 ; *Dr. et proc.* 2002/1, p. 29, 006, obs. J.-L. Courtier ; *JCP E,* 2002, chron. 175, p. 173, n° 13, obs. M. Cabrillac et Ph. Pétel ; Cass. com., 15 mars 2005, pourvoi n° 00-12.563, *D.* 2005, AJ, 1351, obs. A. Lienhard ; *Act. proc. coll.* 2005/8, n° 103, note C. Régnaut-Moutier, *Gaz. proc. coll.* 2005/2, p. 46, obs. E. Le Corre-Broly. ; Cass. com., 12 avr. 2005, pourvoi n° 03-14.261, *Act. proc. coll.* 2005/8, n° 103, note C. Régnaut-Moutier ; *Gaz. proc. coll.* 2005/2, p. 46, obs. E. Le Corre-Broly ; Cass. com., 21 juin 2005, pourvoi n° 04-10.128, *Gaz. proc. coll.* 2005/3, p. 58, obs. F. Pérochon.
5. Cass. com., 9 janv. 1996, *Rev. proc. coll.* 1997, 319, n° 23 ; Cass. com., 24 nov. 1998, *Bull. civ.* IV, n° 279 ; *Act. proc. coll.* 1999/1, n° 11 ; *D. Affaires* 1999, 522, obs. A. L. ; *JCP E,* 1999, chron. 811, n° 6 ; *D.* 2000, somm. 76, obs. F. Pérochon et D. Mainguy ; *Rev. proc. coll.* 2001, 19, n° 12, obs. B. Soinne ; Cass. com., 15 févr. 2000, *RTD com.* 2001, 517, obs. A. Martin-Serf.
6. Cass. com., 21 févr. 2006, pourvoi 04-19.672, *D.* 2006, AJ, 718, obs. A. Lienhard ; *JCP E* 2006, chron. 1569, p. 672, n° 9, obs. M. Cabrillac ; *Act. proc. coll.* 2006/7, n° 81, note Vallaman ; *Gaz. proc. coll.* 2006-2, p. 49, obs. E. Le Corre-Broly et 2006/3, p. 45, obs. F. Pérochon.

dès lors du moins que le sous-acquéreur n'a pas déjà payé l'affactureur ou le cessionnaire Dailly [1].

445. Paralysie de la demande en restitution ou en revendication par le paiement. L'article L. 624-16, alinéa 4, du code dispose qu'il n'y a pas lieu à revendication si le prix est payé immédiatement. La solution ne fait pas difficulté si le prix est déjà exigible. En revanche, dans le cas contraire, le jeu de cette disposition conduit à écarter la stipulation du terme. La revendication ne sera paralysée que si l'organe compétent ou le débiteur paye immédiatement le prix restant dû.

Le vendeur réservataire, ou celui subrogé dans ses droits, peut accorder des délais de paiement, avec l'autorisation du juge-commissaire qui sera saisi par voie de requête. L'article L. 624-16, alinéa 4, du code prévoit que « *le paiement du prix est alors assimilé à celui des créances mentionnées au I de l'article L. 622-17* ». Il y a ainsi une véritable exception à la règle selon laquelle le créancier ne peut obtenir paiement, après jugement d'ouverture, d'une créance née avant jugement d'ouverture. En effet, la Cour de cassation pose très clairement la règle selon laquelle le contrat de vente avec clause de réserve de propriété n'est pas un contrat en cours au sens du code (v. ss n° 164). Dès lors, il n'est pas susceptible de faire naître des créances postérieures. C'est pourquoi la précision du législateur est de première importance : la créance du prix payable à terme est, par une fiction légale, réputée être une créance postérieure éligible au traitement préférentiel. Elle sera donc payée, en application de l'article L. 622-17-I, à son échéance [2]. À défaut, elle sera payée par privilège, le vendeur sous réserve de propriété, ainsi que le prêteur subrogé dans ses droits devant se soumettre aux contraintes inhérentes à la conservation du privilège attaché aux créances postérieures (v. ss n° 221 et 223).

446. Circulation de la clause de réserve de propriété. La Cour de cassation, par des décisions remarquées du 15 mars 1988 [3], a clairement analysé la clause de réserve de propriété comme un accessoire de la créance du prix de vente. Simple accessoire de cette dernière, la clause de réserve de propriété peut circuler avec elle. Ainsi, la clause de réserve de propriété peut-elle être transmise en même temps que la créance du prix de vente, par voie de cession de créance par bordereau Dailly ou par voie de mobilisation par lettre de change [4]. En cas de conflit entre le vendeur d'origine et le cessionnaire de la créance, le premier l'emportera [5].

La clause de réserve de propriété peut aussi circuler par voie de subrogation conventionnelle. C'est l'application très ingénieuse résultant de l'imagination des

1. Cass. com., 10 juill. 2001, *Act. proc. coll.* 2001, 14, p. 1, note D. Mainguy et n° 181.
2. Comp. toutefois, A. Lienhard, *op. cit.*, n° 1143.
3. Cass. com., 15 mars 1988, *D.* 1988, 330, note F. Pérochon ; *Banque* juin 1988, p. 699, obs. J. L. Rives-Lange ; *Gaz. Pal.* 1982, 1348, note M. L. Morançais-Demester ; *RTD civ.* 1988, 791, obs. M. Bandrac, I, 244, note B. Soinne ; *RD bancaire et bourse* 1988, n° 7, p. 103, obs. F. Dekeuwer-Défossez ; *RD bancaire et bourse* 1988, n° 8, p. 129, obs. J. Credot et Y. Gerard ; *JCP* 1989, II, 21348, note M.-L. Morançais-Demester ; *RTD civ.* 1988, 791, obs. M. Bandrac.
4. Cass. com., 11 juill. 1988, *Bull. civ.* IV, n° 241 ; *RTD com.* 1988, 656, obs. M. Cabrillac et B. Teyssié ; *Banque* 1982, 932, obs. J.-L. Rives-Lange.
5. Cass. com., 20 juin 1989, *Bull. civ.* IV, n° 205 ; *JCP E,* 1990, 15668, n° 15, obs. M. Cabrillac ; *D.* 1989, 431, note F. Pérochon ; *Banque* 1989, 760, note J.-L. Rives-Lange ; Cass. com., 26 avr. 2000, *JCP E et A,* 2000, pan. 970 ; *D.* 2000, AJ, 278, obs. P. Pisoni.

praticiens [1], de l'article 1250, 1°, du Code civil. La subrogation devra être expresse et concomitante au paiement. Il est possible de prévoir la subrogation dans un même *instrumentum* : le vendeur subrogeant, le prêteur subrogé et l'acheteur emprunteur s'accordent sur le schéma. Il est possible de prévoir dans la quittance subrogative le principe de la subrogation en différant le jeu effectif de celle-ci au moment du paiement [2].

La subrogation dans la clause de réserve de propriété emporte subrogation du prêteur dans le bénéfice de la clause et non dans les droits et obligations du vendeur. Il en résulte deux conséquences fondamentales. D'une part, le prêteur n'aura pas à restituer les acomptes versés au comptant par l'acheteur puisqu'il ne les a pas perçus [3]. D'autre part, le prêteur perçoit des échéances d'un crédit, non des acomptes d'un prix de vente. Il n'a donc pas à restituer celles-ci [4]. Mais, la clause de réserve de propriété étant une sûreté, le prêteur ne peut espérer conserver plus que les sommes restant dues. Dès lors, il ne conservera la créance du prix de revente qu'à hauteur du montant des sommes restant dues [5].

Le prêteur devra revendiquer dans le délai de trois mois de la publication du jugement d'ouverture au BODACC, le contrat de prêt contenant subrogation dans la clause de réserve de propriété n'étant pas un contrat en cours au jour du jugement d'ouverture [6].

Cependant, le prêteur a la possibilité de publier son contrat au greffe du tribunal (v. ss n° 437). En ce cas, il n'est pas soumis à l'obligation de revendiquer. Il pourra présenter une demande en acquiescement de restitution.

1. Les auteurs ont ici une pensée toute particulière pour leur ami Casimir Cymbalista, ancien directeur des services juridiques du Crédit général industriel.
2. Cass. civ. 1re, 28 mai 2002, *Act. proc. coll.* 2002/13, n° 162, obs. Ch. Alleaume.
3. Cass. com., 9 mai 1995, *Rev. proc. coll.* 1995, 487, n° 28, obs. B. Soinne ; CA Besançon, 2e ch. com., 3 déc. 1997, *RJ com.* 1999, 453, n° 1544, note L. Haennig.
4. Cass. com., 23 janv. 2001, *Act. proc. coll.* 2001/4, n° 52, obs. C. Régnaut-Moutier ; *JCP E et A*, 2001, chron. 755, n° 13, obs. M. Cabrillac.
5. Cass. com., 23 janv. 2001, préc.
6. Cass. com., 28 sept. 2004, n° 03-13.696, *D.* 2005, pan. 299, obs. P.-M. Le Corre.

Sous-chapitre 2

Les autres situations

Deux autres situations peuvent être décrites. Il en est d'abord ainsi de celle du vendeur de meubles non réservataire de propriété (Section I), puis de celle du propriétaire d'effets de commerce ou d'autres titres impayés (Section II).

Section I
Le vendeur de meubles non réservataire de propriété

447. Le vendeur de meubles non réservataire de propriété. Selon l'article L. 624-11 du Code de commerce, « *le privilège et le droit de revendication établis par le 4º de l'article 2332 (anc. 2102) 2102 du Code civil, au profit du vendeur de meubles ainsi que l'action résolutoire ne peuvent être exercés que dans la limite des dispositions des articles L. 624-12 à L. 624-18 du présent code* ».

Il faut d'abord préciser que l'action résolutoire est fermée au profit du vendeur. La vente n'est pas un contrat en cours au jour du jugement d'ouverture, dès lors que la délivrance à l'acheteur est intervenue avant celui-ci (v. ss nº 164). Le droit commun de la faillite conduit à écarter le jeu de la résolution, après jugement d'ouverture, pour défaut de paiement du prix.

L'article L. 624-12, alinéa 1 du code permet la revendication des marchandises dont la vente a été résolue avant jugement d'ouverture. Le vendeur étant redevenu propriétaire, il s'agit d'une véritable action en revendication.

L'article L. 624-12, alinéa 2, du code autorise encore la revendication des marchandises dont la vente a été résolue après jugement d'ouverture, dès lors que l'action en résolution a été intentée avant jugement d'ouverture. Il faut ici supposer que la résolution a été prononcée ou constatée pour une cause autre que le défaut de paiement du prix. Cela suppose en pratique une résolution sur demande de l'acheteur.

L'article L. 624-13, alinéa 1, du code permet également la revendication des marchandises expédiées au débiteur, tant que la tradition n'a point été effectuée dans ses magasins ou dans ceux d'un commissionnaire chargé de les vendre pour son compte. Les marchandises doivent être *in transitu*, c'est-à-dire en cours de transport. La revendication sera possible entre le moment où le transport a commencé et le moment de la prise de possession par l'acheteur. Cependant, la revendication des marchandises cesse d'être possible, si les marchandises ont été revendues [1] pendant le transport. La revendication du prix sera alors possible (v. ss n° 444).

Section II
Le propriétaire d'effets de commerce et d'autres titres impayés

448. Le propriétaire d'effets de commerce et d'autres titres impayés. Selon l'article L. 624-15 du Code de commerce, « *peuvent être revendiqués, s'ils se trouvent encore dans le portefeuille du débiteur, les effets de commerces et autres titres non payés, remis par leurs propriétaires pour être recouvrés ou pour être spécialement affectés à des paiements déterminés* ». Les titres ici visés doivent pouvoir faire l'objet d'un endossement pignoratif, c'est-à-dire à titre de procuration ou de remises en gage [2]. L'affectation spéciale à des paiements déterminés doit être l'œuvre du propriétaire de l'effet. En outre, les effets ne doivent pas être remis en compte courant car, dès l'inscription en compte courant, ils deviennent la propriété du récepteur [3].

Cette disposition est d'application rare. Elle a essentiellement pour but de protéger les clients d'un banquier ou d'un agent de change, contre une procédure collective atteignant ses derniers. Son intérêt est en outre amoindri depuis la dématérialisation des titres [4].

---

1. Sur la revente, D. Mainguy, *La revente*, Litec 1996.
2. Ripert et Roblot, par Delebecque et Germain, *op. cit.*, n° 3145 ; J. Vallansan, *J.-Cl. Commercial*, fasc. 2550, « Redressement et liquidation judiciaires — Situation du vendeur de meubles », n°s 89 et s.
3. Cass. req., 14 mai 1862, *DP* 1863, I, 173.
4. Saint-Alary-Houin, n° 714.

Sous-partie 3

Les sanctions

449. Présentation générale des sanctions — Plan suivi. Lorsque le débiteur connaît des difficultés pour payer ses créanciers, il n'est pas rare qu'il commette des actes dont l'orthodoxie peut apparaître douteuse. Le droit de la faillite, de tout temps, a été marqué par son aspect sanctionnateur. À l'origine, c'était là-même presque son unique objectif. Les temps ont changé, mais l'idée de sanction n'est pas absente de la législation.

Certaines sanctions ont pour objectif d'écarter de la vie des affaires certains débiteurs ou dirigeants de personnes morales débitrices. D'autres sanctions ont pour objet de mettre à la charge des dirigeants de la personne morale débitrice le passif de celle-ci, aux seules fins de payer les créanciers. La loi de sauvegarde a en outre entendu régir la question de la responsabilité des personnes qui consentent des concours à une entreprise. Toutes ces sanctions ont en commun d'être de nature civile (Titre I).

Le débiteur ou les dirigeants de la personne morale débitrice peuvent aussi se rendre coupables de faits plus gravement répréhensibles. Il en est de même de certains acteurs de la procédure collective, qu'il s'agisse des partenaires du débiteur ou même des organes. C'est là l'objet des sanctions pénales (Titre II).

Titre I

Les sanctions civiles

En suivant le traitement de la question par le Code de commerce, il est possible de distinguer les sanctions civiles atteignant les tiers (Sous-titre 1) des sanctions et responsabilités civiles atteignant le débiteur et les dirigeants de la personne morale débitrice (Sous-titre 2).

Sous-titre 1

Les sanctions civiles atteignant les tiers

450. Présentation générale de la responsabilité des tiers. Le domaine de prédilection de la responsabilité des tiers est celui des établissements de crédit, qui engagent leur responsabilité pour soutien abusif ou pour rupture abusive. Si, sur ce dernier terrain, seuls les établissements de crédit sont concernés du fait d'une réglementation particulière contenue dans le Code monétaire et financier (C. mon. et fin., art. L. 313-12), il n'en va pas de même du soutien abusif. Sous l'empire de la législation antérieure à la loi de sauvegarde, tout tiers peut être rendu responsable du préjudice subi par la collectivité des créanciers par son soutien abusif. Il peut s'agir des fournisseurs de biens ou de services [1]. Mais il peut aussi s'agir des créanciers publics qui accordent trop généreusement des délais de paiement et contribuent à accréditer l'idée d'une solvabilité apparente du débiteur. La solution a été posée à propos d'un organisme social [2]. La loi de sauvegarde des entreprises a posé une réglementation particulière du soutien abusif, qui a vocation à intéresser toute personne qui consent un concours à une entreprise.

Les tiers qui occasionnent par leur faute un préjudice à la collectivité des créanciers ne peuvent être actionnés que par le défenseur de l'intérêt collectif des créanciers, c'est-à-dire le mandataire judiciaire ou le liquidateur. La solution résulte de l'article L. 622-20, alinéa 1, du Code de commerce, qui confère au mandataire judiciaire un monopole de défense de l'intérêt collectif des créanciers (v. ss n° 347). La solution est reprise en liquidation judiciaire, pour le liquidateur, par l'article L. 641-4, alinéa 3, rendant applicable en liquidation judiciaire l'article L. 622-20. Il faut toutefois réserver le pouvoir subsidiaire des contrôleurs désignés pour agir aux fins de défendre l'intérêt collectif des créanciers si le mandataire judiciaire ou le liquidateur, selon le cas, n'agit pas (v. ss n° 351).

Nous envisagerons successivement la question de la rupture abusive de crédit (Chapitre 1), puis celle de l'octroi fautif d'un concours (Chapitre 2).

---

1. Pour un franchiseur, Cass. com., 27 mars 2001, *RJDA* 2001/8-9, n° 879 ; pour un concédant, Cass. com., 30 juin 2004, n° 01-13.512 et n° 01-13.607.

2. Cass. com.,10 déc. 2003, n° 01-03.746, *D.* 2004, AJ, 136, note X. Delpech ; *JCP E,* 2004, jur. 252, p. 282, note D. Legeais et chron. 783, 863, n° 17, obs. M. Cabrillac ; *Act. proc. coll.* 2004/4, n° 53, note C. Réganut-Moutier ; *RTD com.* 2004, 139, n° 5, obs. D. Legeais ; *Bull. Joly* avr. 2004, § 93, p. 491, note F.-X. Lucas ; *RTD civ.* 2004, 736, n° 14, obs. J. Mestre et B. Fages ; LXB N 0080ABL, note P.-M. Le Corre. Dans cette affaire, la condamnation n'est cependant pas intervenue car la démonstration que le créancier savait ou aurait dû savoir que son partenaire était dans une situation irrémédiablement compromise et que ce soutien a causé un préjudice n'avait pas été faite.

Chapitre 1

La rupture abusive de crédit

451. La condamnation de l'établissement de crédit pour rupture abusive de crédit. L'article L. 313-12 du Code monétaire et financier réglemente les modalités de rupture des concours bancaires. Le principe est que l'établissement de crédit ne peut rompre ses concours à durée déterminée. Il doit attendre l'échéance. Au contraire, il a la faculté de mettre fin aux concours à durée indéterminée en respectant un préavis minimum, que l'article D. 313-14-1 du Code monétaire et financier fixe uniformément, depuis le décret du 30 décembre 2005, fixe à 60 jours. Ce texte est applicable à compter du 1er juin 2006. L'ouverture d'une procédure collective n'interdit pas la rupture sur le fondement de l'article 313-12, alinéa 1, du Code monétaire et financier [1]. De même, l'arrêté d'un plan de redressement ou de sauvegarde ne fera pas obstacle à la rupture du concours sur le fondement de l'article L. 313-12, alinéa 1, du Code monétaire et financier [2]. Il en ira différemment si le banquier s'est engagé dans le cadre du plan, à maintenir ses concours. En effet, il a alors transformé son concours à durée indéterminée en un concours à durée déterminée, ce qui le prive alors de la faculté de rupture sur le fondement de l'article L. 313-12, alinéa 1, du Code monétaire et financier.

Par exception, l'établissement de crédit est autorisé à rompre unilatéralement ses concours sans préavis dans deux hypothèses : en cas de comportement gravement répréhensible de son client et lorsque son client est dans une situation irrémédiablement compromise. Il devra néanmoins, dans ces deux cas, dénoncer par écrit la rupture des concours [3].

Le comportement gravement répréhensible [4] évoque la déloyauté contractuelle du client ou, pire, son comportement tombant sous le coup de la loi pénale.

La situation irrémédiablement compromise [5], pour sa part, ne se confond pas avec l'état de cessation des paiements [6]. Elle semblait correspondre à la situation d'une

---

1. Cass. com., 1er oct. 1991, *Bull. civ.* IV, n° 273 ; *JCP* 1992, II, 21854, note Jeantin ; *D.* 1992, somm. 261, obs. F. Derrida ; *RTD com.* 1992, 240, obs. Y. Chaput ; *JCP E,* 1992, n° 138, obs. M. Cabrillac et P. Pétel.
2. M. Cabrillac, « Le maintien des concours bancaires après l'adoption du plan de continuation », *D. 1987, 261.*
3. Cass. com., 26 nov. 2003, n° 02-10.391.
4. V. R. Routier, *Obligations et responsabilité du banquier*, Dalloz Référence 2005, n° 112.52.
5. R. Routier, *op. cit.*, n° 122.53.
6. Cass. com., 23 oct. 2001, *Act. proc. coll.* 2001/20, n° 268.

entreprise n'ayant aucune chance de se redresser [1], l'adverbe « irrémédiablement » utilisé par le législateur impliquant un caractère irréversible. Pourtant, la Cour de cassation a cru devoir juger que l'obtention d'un plan de continuation n'était pas exclusive de la possibilité de caractériser une situation irrémédiablement compromise car seuls des reports d'exigibilité et des mesures de restructuration avaient permis à l'entreprise de se redresser et de continuer son activité [2]. C'est ainsi affirmer que l'irrémédiable ne serait pas définitif... Il y a là, en tout cas, un élément de souplesse particulièrement appréciable pour les établissements de crédit au regard de cette cause immédiate de rupture des concours, dont l'utilisation demeure cependant délicate.

En effet, dès lors que l'établissement de crédit ne respecte pas les dispositions de l'article L. 313-12 du Code monétaire et financier, et sauf à avoir aménagé conventionnellement les conditions d'une rupture sans préavis [3], évidemment fondée sur un motif sérieux, il engage sa responsabilité. Il en sera ainsi s'il ne respecte pas les délais de préavis, sauf à se trouver exactement dans l'un des deux cas de rupture sans préavis. C'est ainsi que si la rupture intervient sur le fondement de la situation irrémédiablement compromise, alors que tel n'est pas le cas, la banque engage sa responsabilité pour rupture abusive [4].

La condamnation du banquier ne pourra porter sur la totalité du préjudice subi par les créanciers antérieurs que s'il est démontré, contre le banquier, que la rupture fautive est la cause exclusive de la procédure collective [5].

Il faut enfin noter que la rupture abusive du concours peut trouver une autre réparation que celle se situant sur le seul terrain indemnitaire : le client du banquier, ou son administrateur judiciaire, peut demander en référé le rétablissement du concours. Il s'agit là en effet de faire cesser un trouble manifestement illicite [6].

---

1. Cass. com., 16 juin 1996, *Rev. proc. coll.* 1997, 180, n° 2, obs. J. Mestre et A. Laude.
2. Cass. com., 19 oct. 1999, *Act. proc. coll.* 1999/18, n° 249, note D. Legeais ; *RTD com.* 2000, 155, obs. M. Cabrillac ; *RD banc. et fin.* 2000/1, n° 6, obs. F.-J. Crédot et Y. Gérard.
3. R. Routier, *op. cit.*, n° 112.63, citant Cass. civ. 1re, 18 févr. 1997, n° 95-12.962.
4. V. ainsi, Cass. com., 28 sept. 2004, n° 02-13.608 et n° 02-18.679.
5. Cass. com., 23 oct. 2001, *Mme Bossut et Me Perin ès qual. La Verderie c/CRCAMN*, arrêt n° 1792 F-D, inédit.
6. Cass. com., 3 déc. 1991, n° 90-13.714, *Banque* 1992, 734, obs. J.-L. Rives Lange : *adde* : R. Routier, *op. cit.*, n° 112.41.

Chapitre 2

La responsabilité pour octroi de concours

452. La situation antérieure à la loi de sauvegarde des entreprises : la responsabilité pour octroi abusif de concours. La jurisprudence, se fondant sur les dispositions générales de l'article 1382 du Code civil, avait instauré un système de responsabilité du dispensateur de crédit — qui au demeurant pouvait être un fournisseur ou même un créancier public (v. ss n° 450) —, lorsqu'un concours était trop généreusement octroyé ou maintenu. Un arrêt de principe rendu peu de temps avant la loi de sauvegarde des entreprises avait permis de déterminer les deux hypothèses dans lesquelles le concours octroyé pouvait être considéré comme abusif et, en conséquence, autorisait l'engagement de la responsabilité du dispensateur de crédit. Selon cette décision, il y a place à engagement de la responsabilité lorsque « *la banque avait ou bien pratiqué une politique de crédit ruineux pour l'entreprise devant nécessairement provoquer une croissance continue et insurmontable de ses charges financières, ou bien apporté un soutien artificiel à une entreprise dont elle connaissait ou aurait dû connaître, si elle s'était informée, la situation irrémédiablement compromise* » [1].

453. La situation issue de la loi de sauvegarde des entreprises. Dans l'idée de permettre à des entreprises en difficulté de trouver des financements, et d'interdire ce faisant aux établissements de crédit de se réfugier derrière le risque, bien réel [2], de condamnation pour soutien abusif [3], il a été imaginé d'introduire dans la législation une limitation très sensible au principe de responsabilité pour faute du banquier pour les financements accordés à une entreprise en difficulté. C'est en ce sens que l'article L. 650-1, alinéa 1, du Code de commerce dispose que « *Les créanciers ne peuvent être tenus pour responsables des préjudices subis du fait des concours consentis, sauf les cas de fraude, d'immixtion caractérisée dans la gestion du débiteur ou si les garanties prises en contrepartie de ces concours sont disproportionnées à ceux-ci* ».

---

1. Cass. com., 22 mars 2005, n° 03-12.922, *D.* 2005, AJ, 1020, note A. Lienhard ; *Gaz. proc. coll.* 2005/2, p. 32, obs. R. Routier.
2. Contrairement à ce qui a été souvent soutenu à partir des seules statistiques des affaires devant la Cour de cassation, ce qui bien évidemment ne permet pas de mesurer l'exacte étendue de la responsabilité pour soutien abusif.
3. Rapp. J.-J. Hyest, au nom de la commission des lois du Sénat, n° 335, p. 137.

Ce texte a été soumis à la censure du Conseil constitutionnel, qui a rejeté en ces termes le recours [1] : « *si la faculté d'agir en responsabilité met en œuvre l'exigence constitutionnelle posée par les dispositions de l'article 4 de la Déclaration des droits de l'Homme et du citoyen de 1789 aux termes desquelles : "La liberté consiste à pouvoir faire tout ce qui ne nuit pas à autrui", cette exigence ne fait pas obstacle à ce que, en certaines matières, pour un motif d'intérêt général, le législateur aménage les conditions dans lesquelles la responsabilité peut être engagée ; Considérant, d'une part, que le législateur a expressément prévu que la responsabilité de tout créancier qui consent des concours à une entreprise en difficulté resterait engagée en cas de fraude, d'immixtion caractérisée dans la gestion du débiteur ou de prise de garanties disproportionnées ; qu'ainsi, contrairement à ce qui est soutenu, il n'a pas supprimé cette responsabilité ; Considérant, d'autre part, qu'en énonçant les cas dans lesquels la responsabilité des créanciers serait engagée du fait des concours consentis, le législateur a cherché à clarifier le cadre juridique de la mise en jeu de cette responsabilité ; que cette clarification est de nature à lever un obstacle à l'octroi des apports financiers nécessaires à la pérennité des entreprises en difficulté ; qu'elle satisfait ainsi à un objectif d'intérêt général suffisant ; Considérant, en second lieu, que les dispositions contestées ne portent pas d'atteinte au droit des personnes intéressées d'exercer un recours effectif devant une juridiction ; que doit être dès lors écarté le grief tiré de la violation de l'article 16 de la Déclaration de 1789* ».

La réponse du Conseil constitutionnel nous semble apporter un peu de clarté dans l'interprétation de ce texte aux objectifs clairs, mais à l'énoncé obscur.

Le principe est clairement affirmé que la personne qui octroie un concours n'engagera pas sa responsabilité pour des concours qu'elle aurait consentis, alors même que ceux-ci seraient fautifs. La notion de responsabilité pour octroi abusif de crédit, telle qu'elle existait auparavant, nous semble ainsi condamnée.

Compte tenu de la notion large de « concours consentis » utilisée par le législateur, sont concernés les concours bancaires, mais encore les crédits inter-entreprises et les crédits fournisseurs [2]. La responsabilité de celui qui octroie le concours ne sera engagée que dans trois cas, qui constituent par conséquent les seules fautes susceptibles d'être retenues contre celui qui octroie le concours. On remarquera que le texte exige que la personne recherchée en responsabilité soit un créancier. Faudra-t-il admettre que celui qui n'est plus créancier au jour de l'ouverture de la procédure collective ne pourra être recherché en responsabilité sur le fondement de l'article L. 650-1 du code ? Cela n'a en tout cas pas été voulu par le législateur, qui par le terme — qu'il croyait générique — de « créancier » a entendu englober des personnes autres que les établissements de crédit.

La première faute pouvant être retenue est celle de la fraude commise par celui qui octroie le concours. Cette réserve de la fraude allait de soi ; elle avait nul besoin d'être prévue par le texte légal puisqu'il s'agit là d'un principe général du droit, d'une valeur supérieure au texte légal. La fraude évoque des comportements relevant du

---

1. Décision n° 2005-522 DC du 22 juillet 2005.

2. D. Legeais, « Les concours consentis à une entreprise en difficulté », *JCP E*, 2005, 1510, p. 1747, n° 6.

droit pénal [1]. Il s'agit par exemple de consentir des crédits ou des avances au débiteur dans un but autre que celui de maintenir l'activité [2]. Il peut encore être question de l'escompte d'effets de complaisance, de la mobilisation par bordereau Dailly de factures ne correspondant pas à des créances réelles — « Dailly creux » — ou encore de la circulation de traites de cavalerie [3].

Le deuxième cas de responsabilité est l'immixtion caractérisée dans la gestion du débiteur. Ce cas évoque incontestablement la direction de fait [4], mais aussi la société de fait et enfin l'influence exercée par le créancier sur son débiteur [5]. L'exclusion dans la limitation de responsabilité est ici plus apparente que réelle, car il peut être observer qu'il s'agit là, dans une large mesure, d'appliquer le droit commun des procédures collectives relativement à la responsabilité des dirigeants de fait.

Le troisième et dernier cas de responsabilité de la personne qui octroie un concours à une entreprise tient à la constitution de garanties disproportionnées par rapport au concours consenti. Il s'agit là d'un nouveau cas de responsabilité civile, que la jurisprudence, du moins par principe, n'utilisait pas pour engager la responsabilité des dispensateurs de crédit. Le texte légal évoque des garanties, terme générique permettant d'englober toutes les sûretés, réelles et personnelles, mais encore d'autres mécanismes tel le droit de rétention portant sur des documents d'immatriculation. Les concours nous semblent devoir être subordonnés à la prise de garanties [6]. La disproportion, terme connu du droit des sûretés, et plus précisément du cautionnement, était jusqu'alors envisagée par rapport aux biens et revenus de la caution. Ici, la disproportion doit exister par rapport au concours consenti. Il y a excès de garantie ou ce que l'on peut appeler « sur garantie ». La disproportion semble devoir être appréciée au moment de l'engagement [7]. Pour le reste, les contours de ce cas de responsabilité sont particulièrement flous, à plusieurs égards.

On remarquera d'abord, de façon générale, que l'article L. 650-1, alinéa 1, du Code de commerce a oublié de préciser que le concours devait être consenti à une entreprise en difficulté. C'est incontestablement ce qui a été voulu par le législateur puisqu'il s'agissait de permettre à des entreprises en pareille situation de trouver un financement. Cela ressort d'une part, des travaux préparatoires de la loi de sauvegarde des entreprises, mais encore, d'autre part, de l'analyse qui en a été faite par le Conseil constitutionnel. Il eut été opportun que le législateur le précisât explicitement.

L'article L. 650-1 du Code de commerce n'entend pas déroger aux critères classiques d'engagement de la responsabilité civile [8]. Il faudra donc que le demandeur à l'action prouve une faute. Il s'agira d'un des trois cas limitativement énoncés par cette disposition. Il faudra encore prouver un préjudice. Ce sera celui subi par la

---

1. Interv. Alain Vidaliès, *JOAN CR*, 2e séance du 3 mars 2005, p. 1635.

2. Rapp. J.-J. Hyest, n° 335, p. 445.

3. Rapp. J.-J. Hyest, n° 335, p. 446.

4. V. Interv. Paul Giaccobi, *JOAN CR*, 2e séance du 3 mars 2005, p. 1634 ; interv. D. Perben, *JOAN CR, 3e séance du 8* mars 2005, p. 1791 ; Rapp. J.-J. Hyest, n° 335, p. 446.

5. Interv. D. Perben, *JOAN CR*, 3e séance du 8 mars 2005, p. 1791.

6. A. Leinhard, *op. cit.*, n° 2202 ; v. aussi E. Joufffin, « Le sort des créanciers antérieurs dans la loi de sauvegarde », *Journal Sociétés* sept. 2005, p. 37 et s., spéc. p. 41.

7. En ce sens, R. Dammann, « La situation des banques titulaires de sûretés, après la loi de sauvegarde des entreprises », *Banque et droit* sept.-oct. 2005, n° 103, p. 16 et s., spéc. p. 21.

8. Rappr. A.-F. Zattara-Gros, in n° spéc., sous la direction de F.-X. Lucas et H. Lécuyer, *LPA* 9 févr. 2006, n° 29, p. 54.

collectivité des créanciers du fait de la faute commise par la personne qui a octroyé le concours. Ce préjudice sera représenté soit par la perte de la chance de continuer l'activité, alors que la situation n'était pas irrémédiablement compromise, soit par l'augmentation du passif entre le moment de l'octroi du concours et la date à laquelle l'ouverture de la procédure collective est intervenue, lorsque le concours a été octroyé alors que la situation de l'entreprise ne le permettait pas. Il faudra enfin démontrer un lien de causalité entre la faute et le préjudice. Cette preuve sera sans doute aisément rapportée dans l'hypothèse de la fraude. En revanche, le fait de s'être immiscé dans la gestion n'entraîne la responsabilité de son auteur que si cette immixtion a été à l'origine de la création d'un préjudice résultant d'une mauvaise décision prise dans la gestion de l'entreprise. Le lien de causalité le plus délicat à rapporter sera sans doute celui exigé en cas de disproportion des garanties. En quoi le fait de prendre des garanties disproportionnées va-t-il conduire à la création d'un préjudice ? Une seule hypothèse nous semble permettre de rapporter la preuve que le fait pour le banquier d'exiger des garanties disproportionnées a entraîné un préjudice pour la collectivité des créanciers : le dispensateur de crédit, après avoir exigé des garanties disproportionnées, refuse de consentir un nouveau concours au prétexte que le débiteur ne peut plus proposer de garantie. Si le débiteur se tourne alors vers d'autres fournisseurs de crédit et si ces derniers refusent leur concours au motif de l'impossibilité pour le débiteur de leur fournir des garanties, alors, la preuve peut être rapportée que l'activité de l'entreprise a été gravement perturbée et que cela a entraîné la cessation des paiements de celle-ci parce que l'entreprise n'a pu obtenir le financement adapté à ses besoins, compte tenu de la ruine de son crédit lié à l'exigence initiale de garanties disproportionnées.

Le législateur évoque, de manière bien peu précise, des garanties disproportionnées par rapport au concours consenti. Aucun *quantum* n'est indiqué. À partir de quand y aura-t-il disproportion ? La réponse à la question est inconnue. Il est en tout cas à peu près certain que la Cour de cassation se réfugiera derrière le pouvoir souverain d'appréciation des juges du fond, en considérant la disproportion comme une question de fait. Cela est extrêmement gênant et ne correspond certainement pas à la prévisibilité de la règle de droit, principe pourtant constitutionnel. Il sera néanmoins possible d'engager la responsabilité d'un dispensateur de crédit alors que dernier, par avance, n'a pas les moyens de déterminer les contours de la faute qu'il commet. Il est en tout cas certain que les établissements de crédit devront redoubler de vigilance dans la prise de garantie, et choisir la bonne garantie et celle-là seulement.

La prudence s'imposera d'autant que l'article L. 650-1, alinéa 2, du Code de commerce ajoute à la sanction première — à savoir la condamnation à des dommages et intérêts — une seconde sanction : « *pour le cas où la responsabilité d'un créancier est reconnue, les garanties prises en contrepartie de ses concours sont nulles* ». Il y a place à une nullité de plein droit, relative pour certains [1], ne laissant aucun pouvoir d'appréciation au juge. Le caractère insolite de cette sanction a été souligné, alors que la réparation d'une responsabilité est classiquement assurée par l'octroi de dommages et intérêts [2].

---

1. A.-F. Zattara-Gros, préc., p. 56.
2. R. Routier, « Le cantonnement de la responsabilité pour soutien abusif », *Gaz. proc. coll. n° spéc. 9-10* sept. 2005, p. 33 et s., spéc. p. 35, n° 13.

Sous-titre 2

Les sanctions et responsabilités civiles atteignant le débiteur et les dirigeants de la personne morale débitrice

Certaines sanctions ou actions en responsabilité civile sont destinées à permettre aux créanciers de toucher leur dû. Il s'agit des sanctions et responsabilités civiles patrimoniales (Chapitre 1). D'autres sanctions ont pour objectif l'assainissement du tissu économique, par l'élimination de la vie des affaires du débiteur ou du dirigeant de la personne morale. Il s'agit de la faillite personnelle et de l'interdiction de gérer (Chapitre 2).

Chapitre 1

Les sanctions et responsabilités pécuniaires

454. Présentation générale et fondement des sanctions et responsabilités pécuniaires. Le Code de commerce consacre ses articles L. 651-1 à L. 652-5 aux responsabilités et sanctions pécuniaires. Le code évoque d'ailleurs, d'une part, une action en responsabilité — la responsabilité pour insuffisance d'actif — et, d'autre part, l'obligation aux dettes sociales, sans que l'on sache ici s'il est question de responsabilité ou de sanction, puisque les articles L. 652-1 à L. 652-5 du code, qui la régissent, sont intégrés dans un chapitre simplement intitulé « *De l'obligation aux dettes sociales* », lequel est situé dans un titre V intitulé « *Des responsabilités et des sanctions* ». La remarque, qui peut paraître bien anodine, peut en réalité être lourde d'implications (v. ss n° 469). La législation antérieure prévoyait une sanction particulière consistant à placer en redressement ou en liquidation judiciaire le dirigeant fautif. Cette fausse extension, qui aboutissait à ouvrir contre le dirigeant fautif une procédure collective, autonome dans une certaine mesure, a été supprimée, du fait de la suppression systématique des extensions-sanctions. Elle a été remplacée par l'obligation aux dettes sociales.

Ces deux séries de dispositions de la législation nouvelle ont pour objet de faire supporter aux dirigeants de personnes morales débitrices les conséquences de leurs fautes. Les créanciers ne doivent pas être les victimes de dirigeants malhonnêtes ou même seulement incompétents. Le sort des dirigeants se trouve en quelque sorte aligné sur celui des débiteurs personnes physiques. L'écran que constitue la personne morale doit disparaître si les dirigeants de cette dernière ne le méritent pas. Cette solution, qui peut apparaître logique au regard d'une justice commutative, met en évidence que la notion de responsabilité limitée aux apports, chère au monde des affaires dans les sociétés de capitaux, n'existe pas véritablement en droit français, puisqu'au moment où les intéressés en ont le plus besoin, elle se dérobe.

La façon dont le législateur va faire supporter aux dirigeants de la personne morale débitrice les conséquences de leur faute nous paraît double : d'une part, la responsabilité pour insuffisance d'actif et, d'autre part, la sanction de l'obligation aux dettes sociales. Seront d'abord exposées les règles communes aux deux actions (Sous-chapitre 1). Seront ensuite examinées les règles spécifiques à chacune des deux actions (Sous-chapitre 2).

Sous-chapitre 1

Règles communes aux actions tendant à emporter condamnation au paiement des dettes sociales

455. La question du cumul des actions. *A priori*, les meures pécuniaires paraissent de nature différente. Dans un cas — l'action en comblement de passif —, il s'agit seulement de faire supporter tout ou partie de l'insuffisance d'actif aux dirigeants de la personne morale débitrice. Dans l'autre — obligation aux dettes sociales, sanction qui remplace le redressement et la liquidation judiciaire à titre personnel —, il y a possibilité de mettre à la charge du dirigeant toutes les dettes de la personne morale, et non plus seulement l'insuffisance d'actif. C'est sans doute la raison qui justifie que si les conditions de l'action la plus rigoureuse, à savoir l'obligation aux dettes sociales, sont réunies, l'action en responsabilité pour insuffisance d'actif fondée sur une faute rendant possible l'obligation aux dettes sociales est irrecevable (C. com., art. L. 652-1, al. dern.).

Le cumul entre l'action en responsabilité pour insuffisance d'actif ou l'obligation aux dettes sociales avec une condamnation pour abus de biens sociaux est en revanche concevable. L'action civile ne pourra cependant pas tendre à réparer deux fois le même préjudice [1].

Ces précisions apportées, il convient d'envisager le domaine des sanctions pécuniaires (Section I), avant d'envisager leurs modalités procédurales (Section II).

Section I
Domaine des sanctions et responsabilités pécuniaires

456. Dirigeants concernés. Selon l'article L. 651-1 du Code de commerce, les sanctions et responsabilités pécuniaires intéressent les dirigeants personnes physiques ou morales ainsi que les personnes physiques représentants permanents de ces dirigeants personnes morales.

Le texte ne distingue pas selon que la personne morale a une activité économique ou non et selon que le dirigeant est ou non rémunéré.

---

1. Cass. com., 29 févr. 2000, *RTD com.* 2001, 239, obs. C. Mascala.

Le texte atteint directement les personnes morales dirigeantes. En outre, la personne morale dirigeante ayant nécessairement un représentant permanent, personne physique, ce dernier peut se voir également appliquer les textes [1]. Il ne sera cependant sanctionné que si la personne morale dirigeante l'a été. Il sera alors tenu solidairement avec elle [2]. En revanche, le dirigeant de la personne morale condamnée, qui n'est pas représentant permanent de celle-ci, ne pourra être condamné [3].

Sont visés les dirigeants de droit, c'est-à-dire les organes statutaires de direction. Il en est ainsi des liquidateurs amiables [4] ou encore des administrateurs provisoires [5]. Tel n'est pas en revanche le cas des membres du conseil de surveillance [6].

Le dirigeant peut être une personne morale de droit public [7], et même l'État [8].

Le dirigeant pourra être condamné même s'il n'est plus en fonction au jour du jugement d'ouverture dès lors que l'ouverture de la procédure résulte directement d'une situation qu'il a créée alors qu'il était en fonction [9]. Peu importe en revanche que son retrait ait fait l'objet des publicités légales dès lors que sa démission n'est pas contestée [10].

Il a été jugé que l'action en responsabilité pour insuffisance d'actif peut être appliquée aux héritiers du dirigeant, personne physique, décédé, dès lors qu'ils ont accepté la succession [11]. La charge de la condamnation est transmissible, solution posée par la Cour de cassation sous l'empire de la loi du 13 juillet 1967 [12] et reconduite par la jurisprudence [13]. Cette solution semble applicable à l'obligation aux dettes sociales créée par la loi de sauvegarde des entreprises.

Sont encore visés les dirigeants de fait, notion de droit sur laquelle la Cour de cassation exerce son contrôle [14].

---

1. Pour une application, v. Cass. com., 3 janv. 1995, *Bull. Joly* 1995, 267, note A. Couret ; *Rev. huissiers* 1996, 210, note J.-L. Courtier ; Cass. com., 25 mars 1997, *D. Affaires* 1997, 579.
2. CA Paris, 3e ch. C, 30 juin 2000, *JCP E et A,* 2000, pan. 1738.
3. Cass. com., 3 oct. 2000, *Act. proc. coll.* 2000/18, no 234.
4. Kerckhove, no 824 ; Chaput, no 622.
5. Soinne, no 2551.
6. D. Martin, « Les membres du conseil de surveillance sont-ils des dirigeants sociaux au sens de la loi du 25 janvier 1985 ? », *Gaz. Pal.* 1991, I, doctr. 24 ; E. Kerckhove, *op. cit.*, no 824 ; C. Saint-Alary-Houin, *op. cit.*, no 1077 ; B. Soinne, *op. cit.*, nos 2550 et 2552 ; *adde*, sous l'empire de la loi du 13 juillet 1967 : CA Paris, 8 juill. 1975, *Rev. sociétés* 1976, 114.
7. Pour une commune, v. T. confl. 2 juill. 1984, *JCP* 1984, II, 20306, note E. Alfandari ; *D.* 1984, 545, note F. Derrida.
8. Cass. com., 16 févr. 1993, *Rev. sociétés* 1993, 644, obs. Y. Guyon, *RTD com.* 1993, 684, obs. E. Alfandari ; *Bull. Joly* 1993, 678, obs. Jeantin ; T. com. Rouen, 10 mars 1981, *D.* 1981, IR, 37, obs. M. Vasseur.
9. Cass. com., 27 avr. 1993, *Rev. sociétés* 1993, 871, note H. Le Nabasque ; Cass. com., 8 juin 1999, *Dict. perm. difficultés des entreprises, Bull.* 188, 1er sept. 1999, p. 6430, vis *Comblement du passif,* no 51-a.
10. CA Paris, 26 sept. 1989, *D.* 1991, 116, obs. F. Derrida ; CA Versailles, 13e ch., 2 déc. 1999, *RJDA* 2000/4, no 456 ; *Bull. Joly* 2000, no 77 ; CA Paris, 3e ch. B, 25 févr. 2000, *RD banc. et fin.* 2000/6, no 231, obs. J.-M. Delecci.
11. Soinne, no 2560.
12. Cass. com., 3 mai 1988, *D.* 1988, IR, 140.
13. CA Versailles, 27 févr. 1997, *JCP E,* 1997, pan. 468.
14. Cass. com., 16 mars 1999, *Bull. civ.* IV, no 64 ; *Bull. Joly* 1999, 768 ; *LPA* 8 avr. 1999, p. 8 ; *Rev. proc. coll.* 2001, 262, obs. A. Martin-Serf ; *RJDA* 1999/5, no 557.

Le dirigeant de fait est la personne qui exerce, directement ou par personne interposée, une activité positive et indépendante d'administration générale d'une personne morale [1], sous le couvert ou aux lieu et place de ses représentants légaux [2].

Il a été jugé que la direction de fait peut être établie par interposition de personne, lorsque la personne salariée qui figure comme dirigeant dans le conseil d'administration d'une société n'est présente que pour servir les intérêts du dirigeant de fait son employeur [3].

La preuve de la direction de fait incombe au demandeur à l'action [4]. Les critères classiquement retenus sont multiples. Dans une jurisprudence pléthorique, quelques illustrations peuvent être données.

Il y a d'abord le pouvoir de signature des comptes bancaires sociaux [5], celui d'engager les finances de la personne morale [6], de discuter des conventions de découvert avec les banquiers [7] ou de donner à ceux-ci des ordres [8].

La détention et l'établissement des documents comptables sont encore un indice de la direction de fait [9].

Il en est encore ainsi du fait de se comporter comme directeur du personnel sans en avoir la qualité [10].

Sauf fonction de directeur commercial, la négociation des contrats est encore un indice de cette direction de fait [11].

---

1. Cass. com., 26 juin 2001, *Act. proc. coll.* 2001/15, n° 201.
2. Ripert et Roblot, n° 3281 ; Kerckhove, n° 127 ; Pétel, n° 419 ; Saint-Alary-Houin, n° 1078.
3. Cass. com., 27 juin 2006, n° 04.15.831, sur appel de CA Versailles, 13ᵉ ch., 29 avr. 2004, RG n° 03-04439, *RD banc. et fin.* 2004/4, p. 271, note F.-X. Lucas ; *Bull. Joly* 2004/10, p. 1201, § 245, note A. Constantin et Y. Lévy ; *JCP E,* 2005, jur. 32, p. 35, note M.-J. Campana ; *Banque et droit* mars-avr. 2005, n° 100, p. 7, note B. Amigues ; *RTD com.* 2005, 403, n° 18, obs. D. Legeais ; *adde* : Ph. Delebecque, « L'administrateur de fait par personne interposée : une notion à définir », *JCP E,* 2005, comm. 234, p. 220.
4. V. sous l'empire de la loi du 13 juillet 1967, Cass. com., 6 mai 1980, *JCP CI,* 1980, I, 8945.
5. Cass. com., 6 juill. 1999, *Dict. perm. difficultés des entreprises, Bull.* 189, 11 oct. 1999, p. 6419, v^is^ *Comblement du passif,* n° 27-c ; Cass. com., 22 janv. 2002, *Dict. perm. difficultés des entreprises, Bull.* 222, 4 mars 2002, p. 5872, v^is^ *Dirigeants et associés,* n° 7 ; Cass. com., 19 févr. 2002, *RJDA* 2002/7, n° 791 ; Cass. com., 17 sept. 2002, *RJDA* 2002/12, p. 1104, n° 1307 ; Cass. com., 24 juin 2003, n° 00-17.700 ; Cass. com., 28 janv. 2004, n° 01-11.647 ; Cass. com.,, 10 mars 2004, n° 01-10.015 ; comp., Cass. com., 9 juill. 2002, *RJDA* 2002/12, p. 1079, n° 1274.
6. Cass. com., 18 janv. 2005, n° 03-10.123, *Gaz. proc. coll.* 2005/1, p. 49, n° 7-A-2, obs. Th. Montéran ; Cass. com., 15 mars 2005, n° 03-17.558 ; CA Paris, 3ᵉ ch. B, 2 mai 2003, RG n° 2001/16046.
7. Cass. com., 15 mars 2005, n° 03-17.558.
8. Cass. com., 30 mars 2005, n° 03-15.761.
9. Cass. com., 22 janv. 2002, *Dict. perm. difficultés des entreprises, Bull.* 222, 4 mars 2002, p. 5872, v^is^ *Dirigeants et associés,* n° 7 ; Cass. com., 24 sept. 2003, n° 00-19.711 ; CA Montpellier, 2ᵉ ch. B, 7 mars 2000, *Act. proc. coll.* 2000/17, n° 222, note C. Régnaut-Moutier ; CA Paris, 3ᵉ ch. B, 22 oct. 2004, RG n° 2001/21941.
10. Cass. com., 6 juill. 1999, *Rev. proc. coll.* 2001, p. 266, n° 6, obs. A. Martin-Serf ; Cass. com.,, 19 févr. 2002, *RJDA* 2002/7, n° 791.
11. Cass. com., 17 sept. 2002, *RJDA* 2002/12, p. 1104, n° 1307 ; Cass. com., 24 juin 2003, n° 00-17.700 ; Cass. com., 24 sept. 2003, n° 00-19.711 ; Cass. com., 15 mars 2005, n° 03-17.558 ; CA Paris, 3ᵉ ch. B, 2 mai 2003, RG n° 2001/16046 ; CA Paris, 3ᵉ ch. B, 10 sept. 2004, RG n° 2004/1325.

Au contraire, la position de l'intéressé dans l'organigramme de la personne morale sera insuffisante à caractériser la direction de fait [1].

Si la qualification a été rejetée dans le cadre d'une instance pénale, le pénal a autorité de chose jugée au civil et empêche ainsi que la qualification soit retenue ensuite au civil [2]. La qualification de dirigeant de fait retenue dans une instance en responsabilité pour insuffisance d'actif ou en obligation aux dettes sociales pourra résulter de ce qu'elle a été établie dans le cadre d'une action en faillite personnelle [3].

457. Procédures concernées. Les solutions diffèrent ici quelque peu entre les deux actions.

Il y a d'abord une constante : les deux actions ne peuvent être engagées pendant la période d'observation et pendant l'exécution des plans de sauvegarde ou de redressement. La solution diffère ici de la législation précédente, qui admettait, d'une manière illogique, la possibilité d'engager une action en comblement de passif en cas d'arrêté d'un plan de continuation, alors pourtant qu'il ne pouvait y avoir en l'occurrence d'insuffisance d'actif. La règle n'est cependant restée que théorique, les mandataires de justice étant alors dépourvus d'intérêt à agir au nom de la collectivité des créanciers qui ne pouvait pour l'heure subir de préjudice.

L'action en responsabilité pour insuffisance d'actif peut être engagée en liquidation judiciaire, mais aussi en cas de résolution d'un plan de sauvegarde ou de redressement (C. com., art. L. 651-2, al. 1). La solution postule que le plan ait été résolu alors que la cessation des paiements n'était pas constatée. Dans le cas contraire, en effet, la résolution du plan emporte obligatoirement prononcé de la liquidation judiciaire (C. com., art. L. 626-27-II). Mais cette distinction sera, en partie, largement théorique.

Au contraire, l'action en obligation aux dettes sociales ne peut être engagée que s'il y a liquidation judiciaire (C. com., art. L. 652-1, al. 1).

Section II
Modalités procédurales des responsabilités et sanctions pécuniaires

458. Saisine aux fins de prononcé des sanctions et responsabilités pécuniaires. Selon l'article L. 651-3, alinéa 1 du Code de commerce, pour le prononcé de l'action en responsabilité pour insuffisance d'actif, « *le tribunal est saisi par le mandataire judiciaire, le liquidateur ou le ministère public* ». L'article L. 652-5 rend applicable pour l'action en obligation aux dettes sociales, l'article L. 651-3. Si la qualité du mandataire judiciaire peut se comprendre pour l'action en responsabilité pour insuffisance d'actif qui peut être exercée en cas de résolution du plan de sauvegarde ou de redressement sans liquidation judiciaire, en revanche, elle est incongrue dans

---

1. Cass. com., 16 mars 1999, *Act. proc. coll.* 1999/7, n° 97 ; *Bull. Joly* 1999, 768, n° 169.
2. E. Kerchkove, *op. cit.*, n° 841 ; v. sous l'empire de la loi du 13 juillet 1967, Cass. com., 2 mai 1977, *Bull. civ.* IV, n° 119.
3. Cass. com., 3 oct. 2000, *Act. proc. coll.* 2000/18, n° 235.

le cadre de l'action en obligation aux dettes sociales, qui ne peut être engagée qu'en liquidation judiciaire.

La saisine du tribunal peut être effectuée par le ministère public non plus seulement, comme dans la législation précédente, par le procureur de la République.

La loi de sauvegarde des entreprises supprime la possibilité pour l'administrateur judiciaire d'agir, ce qui est logique, car il sort de son rôle à vouloir obtenir une condamnation pécuniaire assurant la défense de l'intérêt collectif des créanciers. Le commissaire à l'exécution du plan se voit également supprimer la qualité à agir qu'il avait dans la législation antérieure. La solution s'explique ici techniquement. Les deux actions ne peuvent être engagées pendant l'exécution du plan. Or, après résolution du plan, le commissaire à l'exécution du plan n'est logiquement plus en fonction.

En revanche, tenant compte du pouvoir subsidiaire des contrôleurs désignés — et non du contrôleur d'office des professions libérales — d'agir aux fins de défendre l'intérêt collectif des créanciers, le code leur ouvre la possibilité d'agir en responsabilité pour insuffisance d'actif (C. com., art. L. 651-3, al. 2) et en obligation aux dettes sociales (C. com., art. L. 652-5 rendant applicable l'article L. 651-3). Conformément à la solution classique posée par l'article L. 622-20, alinéa 1 du Code de commerce pour la reconnaissance du pouvoir subsidiaire d'agir des contrôleurs à la place du mandataire judiciaire, une mise en demeure d'engager l'action devra être envoyée à ce dernier et devra rester infructueuse pendant deux mois. Toutefois, dans le souci d'éviter des règlements de compte entre un créancier et le dirigeant social [1], la loi de sauvegarde prévoit que le tribunal devra être saisi par la majorité des créanciers nommés contrôleurs. L'article 317 du décret du 28 décembre 2005 prévoit que la mise en demeure devra être adressée par au moins deux contrôleurs, ce qui ajoute au texte légal, car cela revient à interdire l'assignation si un seul contrôleur a été désigné, alors qu'à lui seul il représente bien la majorité des créanciers nommés contrôleurs. Le texte du décret fait en outre naître une difficulté. Dans l'hypothèse où au moins quatre contrôleurs ont été désignés, la majorité sera de trois. La mise en demeure faite par deux contrôleurs sera-t-elle alors suffisante ? Oui, à lire le texte, à condition ensuite que l'assignation soit délivrée par au moins trois contrôleurs. Indiquons que les contrôleurs devront avancer les frais de la poursuite et en seront remboursés que s'ils obtiennent la condamnation. En ce cas, ils seront colloqués par priorité sur les sommes qui sont versées au titre de la condamnation à l'insuffisance d'actif ou à l'obligation aux dettes sociales. Pour tenir compte du fait que l'action introduite par des créanciers contrôleurs profite à la collectivité, l'article L. 651-3, alinéa 3, prévoit que les frais de justice de justice auxquels a été condamné le dirigeant sont payés par priorité. Il s'agit de frais de conseil et de procédure [2].

Enfin, la loi de sauvegarde supprime la saisine d'office du tribunal, par trop contraire au droit à un procès équitable tel que l'impose l'article 6, § 1, de la Convention européenne de sauvegarde des droits de l'Homme et du citoyen [3].

1. Amend. n° 195, interv. Xavier de Roux, *JOAN CR*, 3e séance du 8 mars 2005, p. 1796.
2. Rapp. Xavier de Roux, n° 2095, p. 413.
3. Rapp. J.-J. Hyest, n° 335, p. 53 et p. 455.

Il importe de remarquer que les modalités de saisine du tribunal s'appliquent aux procédures en cours au 1er janvier 2006, ce qui rend irrecevable, même pour les procédures anciennes à compter de cette date, la saisine du juge aux fins de comblement de passif par l'administrateur judiciaire et le commissaire à l'exécution du plan et rend également impossible la saisine d'office (LSE, art. 191).

L'action étant attitrée, il en résulte l'irrecevabilité de la demande présentée par tout autre intéressé, tel un dirigeant voulant recourir en remboursement contre un autre dirigeant [1]. Les créanciers sont sans qualité pour agir [2].

459. Information du tribunal et déroulement de l'instance. L'article L. 651-4 du Code de commerce prévoit, en son alinéa 1, que pour l'application des dispositions de l'article L. 651-2, d'office ou à la demande de l'une des personnes mentionnées à l'article L. 651-3 (mandataire judiciaire, liquidateur ou ministère public), le président du tribunal peut charger le juge-commissaire ou, à défaut, un membre de la juridiction qu'il désigne, d'obtenir, nonobstant toute disposition législative contraire, communication de tout document ou information sur la situation patrimoniale des dirigeants et des représentants permanents des dirigeants personnes morales de la part des administrations et organismes publics, des organismes de prévoyance et de sécurité sociale et des établissements de crédit.

Comme sous l'empire de la législation antérieure, la désignation d'un juge commis est facultative. S'il est désigné, il lui appartient d'établir un rapport, qui sera déposé au greffe et communiqué par le greffier au ministère public. Ainsi, la solution de la législation antérieure doit-elle être reproduite, à savoir le caractère obligatoire du rapport, mais seulement si un juge a été désigné [3].

Le ou les dirigeants mis en cause dans le cadre d'une action en responsabilité pour insuffisance d'actif ou dans le cadre d'une action en obligation aux dettes sociales seront ensuite convoqués dans les formes prévues au deuxième alinéa de l'article 318 du décret du 28 décembre 2005. Selon ce texte le ou les dirigeants mis en cause sont avertis par le greffier qu'ils peuvent prendre connaissance du rapport et sont convoqués un mois avant leur audition en chambre du conseil, par acte d'huissier de justice. Si la saisine est l'œuvre du ministère public, ce dernier doit présenter une requête indiquant les faits de nature à motiver sa demande. Le président du tribunal, par les soins du greffier, fait convoquer le débiteur ou le dirigeant par acte d'huissier de justice à comparaître dans le délai qu'il fixe. À cette convocation sera jointe la

---

1. Cass. com., 6 juin 1995, *Bull. civ.* IV, n° 168 ; *Bull. Joly* 1995, 986, note P. Le Cannu ; *JCP* 1996, I, 3896, n° 20, obs. P. Pétel ; *Rev. proc. coll.* 1996, 399, n° 1, obs. A. Martin-Serf ; Cass. com., 7 déc. 1999, *Dict. perm. difficultés des entreprises*, *Bull.* 196, 12 mars 2000, p. 6311, v^is^ *Comblement du passif*, n° 62.
2. Cass. com., 28 févr. 1995, *D.* 1995, 390, note F. Derrida ; *JCP* 1995, I, 3871, n° 15, obs. M. Cabrillac et P. Pétel ; *RTD com.* 1995, 663, obs. J. P. Haehl ; Cass. com., 28 mars 2000, *Act. proc. coll.* 2000/9, n° 112 ; *D.* 2000, AJ, 225, obs. P. Pisoni ; *JCP E et A,* 2000, chron. 1567, n° 6-a-14, obs. P. Pétel, énonçant la solution pour la liquidation judiciaire à titre personnel, pour inexécution de la condamnation à combler le passif.
3. Cass. com., 24 sept. 2003, n° 00-11.010, *D.* 2003, AJ, 2440, obs. A. Lienhard ; *Act. proc. coll.* 2003/18, n° 235 ; *JCP E*, chron. 202, p. 230, n° 18, obs. Ph. Pétel ; *Rev. proc. coll.* 2004, p. 270, n° 9, obs. M.-P. Dumont ; *RTD com.* 2004, 603, n° 8, obs. C. Mascala ; LXB n° N9276AAS, note P.-M. Le Corre.

requête du ministère public (Décr. 28 déc. 2005, art. 318, al. 2, renvoyant à l'article 173 du décret).

L'alinéa 3 de l'article 318 du décret du 28 décembre 2005 ajoute que le tribunal statue sur rapport du juge désigné après avoir entendu ou dûment appelé les contrôleurs.

Les débats sur l'action en responsabilité pour insuffisance d'actif ou sur l'action en obligation aux dettes sociales auront, par principe, lieu en audience publique (C. com., art. L. 662-3, al. 2). Le texte réserve cependant la possibilité au président du tribunal de décider que les débats auront lieu en chambre du conseil, si le débiteur le demande avant leur ouverture.

Pour assurer le droit à un procès équitable, la loi de sauvegarde des entreprises prévoit enfin que le juge-commissaire ne peut ni siéger dans la formation de jugement, ni participer à la formation de délibéré qui connaît de l'action en comblement de passif (C. com., art. L. 651-3).

La nullité de l'assignation fera, conformément au droit commun, obstacle à l'effet dévolutif de l'appel.

Aucun sursis à statuer ne s'imposera, du fait d'une instance pénale en cours, lorsqu'est recherchée la responsabilité du dirigeant dans le cadre d'une action en responsabilité pour insuffisance d'actif [1] ou en obligation aux dettes sociales.

Le tribunal compétent pour connaître des sanctions pécuniaires est le tribunal d'ouverture de la procédure à l'encontre de la personne morale débitrice [2] (Décr. 28 déc. 2005, art. 321, al. 1).

Des règles particulières concernent l'État et les collectivités territoriales. Le Tribunal des conflits décide que la compétence des juridictions administratives s'impose si sont en cause des dommages imputables à l'exercice du service public administratif, ce qui sera le cas lorsqu'est en jeu une mission d'intérêt général à caractère administratif [3].

460. Prescription de l'action aux fins de prononcé des responsabilités et des sanctions pécuniaires. L'action en responsabilité pour insuffisance d'actif se prescrit par trois ans à compter du jugement qui arrête le plan ou prononce la liquidation judiciaire (C. com., art. L. 651-2, al. 2). En cas de résolution du plan de redressement ou de sauvegarde, la prescription courra à compter du jugement d'ouverture de la procédure initiale, si les faits reprochés sont antérieurs à l'arrêté du plan [4]. Il en ira différemment si les faits reprochés sont postérieurs à l'arrêté du plan. En ce cas, c'est

---

1. CA Versailles, 4 mai 1995, *JCP E,* 1995, pan. 812. *Contra* : Y. Guyon, *op. cit.*, n° 1380.
2. Pour application de cette règle dérogatoire de compétence, v. Cass. com., 4 janv. 2000, *JCP E et A,* 2000, chron. 698, n° 1-b3, obs. P. Pétel ; Cass. com., 14 mars 2000, *Bull. Joly* 2000, n° 132, note M. Menjucq.
3. T. confl. 15 nov. 1999, *JCP E et A,* 2000, chron. 755, n° 6-a-16, obs. Ph. Pétel ; *Rev. proc. coll. civ. et com.* 2000, 135, n° 3, obs. A. Martin-Serf ; *D.* 2000, AJ, 11, obs. A. L. ; *LPA* 17 avr. 2000, note J.-L. Courtier ; *Bull. Joly* 2000, n° 160 ; à défaut de mission de service public, la compétence doit être reconnue aux juridictions de l'ordre judiciaire : Cass. com., 6 févr. 2001, *Act. proc. coll.* 2001/6, n° 83.
4. V. sous l'empire de la législation antérieure, à propos de la résolution d'un plan de continuation : CA Aix-en-Provence, 16 févr. 1995, *Bull.* 1995, n° 11, p. 210, obs. Vincensini.

le prononcé de la liquidation judiciaire, suite à la résolution du plan, qui fait courir le délai de prescription de l'action [1].

L'action en obligation aux dettes sociales, pour sa part, se prescrit par trois ans à compter du jugement qui prononce la liquidation judiciaire (C. com., art. L. 652-4). Il faut lire en réalité « jugement qui ouvre ou prononce la liquidation judiciaire », le prononcé de la mesure étant possible lorsque la liquidation judiciaire est immédiate.

Seule une assignation régulière arrêtera le jeu de la prescription [2]. Une règle particulière concerne cependant le représentant permanent de la personne morale, du fait de la solidarité légale existant entre cette dernière et le représentant permanent. La prescription sera arrêtée contre le représentant permanent, dès lors qu'une action en responsabilité pour insuffisance d'actif ou en obligation aux dettes sociales aura été intentée contre la personne morale dirigeante [3]. C'est là le jeu de la représentation mutuelle des coobligés.

461. Exécution provisoire et voies de recours sur les décisions de responsabilités et sanctions pécuniaires. Le jugement de condamnation à combler l'insuffisance d'actif et celui condamnant à l'obligation aux dettes sociales, ne sont pas exécutoires de plein droit à titre provisoire (Décr. 28 déc. 2005, art. 328, al. 2), contrairement à la solution classique en droit des procédures collectives et en rupture avec la solution antérieurement posée par la législation (Décr. 27 déc. 2005, art. 155).

Le jugement rendu en matière de responsabilités et sanctions pécuniaires est susceptible d'appel de la part du demandeur. Il l'est également de la part du débiteur lorsque le jugement est contradictoire ou réputé contradictoire. Il peut être frappé d'opposition par le débiteur, dans le cas contraire.

Sur appel de la personne condamnée, la cour d'appel ne pourra augmenter la condamnation prononcée [4].

La loi de sauvegarde des entreprises prévoit enfin que le ministère public peut faire appel des décisions rendues en matière d'action en responsabilité pour insuffisance d'actif ou en obligation aux dettes sociales, même s'il n'a pas agi comme partie principale (C. com., art. L. 661-11), solution spécialement importante en cas de rejet de la demande formée par le mandataire de justice.

Les règles communes étant examinées, il convient maintenant d'examiner les règles spéciales à l'action en responsabilité pour insuffisance d'actif et à l'action en obligation aux dettes sociales.

---

1. Cass. com., 22 avr. 1997, *Bull. civ.* IV, n° 102 ; *JCP* 1997, I, 4054, n° 21, obs. Ph. Pétel ; Cass. com., 20 janv. 1998, *D.* 1998, somm. 326, obs. A. Honorat ; *Rev. proc. coll.* 2000, 25, n° 4, obs. A. Martin-Serf ; *D. Affaires* 1999, 253, obs. A. L. ; Cass. com., 5 mars 2002, *Rev. proc. coll.* 2003, 337, n° 5, obs. A. Barret.

2. CA Dijon, 4 nov. 1992, *Rev. proc. coll.* 1993, 581, obs. J. Blanchard.

3. Cass. com., 2 déc. 1986, *Rev. sociétés* 1987, 409, note A. Honorat.

4. V. sous l'empire de la loi du 13 juillet 1967, Cass. com., 22 mai 1985, *Rev. proc. coll.* 1986, 106, obs. Y. Chaput.

Sous-chapitre 2

Règles spécifiques à l'action en responsabilité pour insuffisance d'actif et à l'action en obligation aux dettes sociales

Suivant en cela l'ordre du législateur, nous examinerons successivement l'action en responsabilité pour insuffisance d'actif (Section I), puis l'action en obligation aux dettes sociales (Section II).

Section I
La responsabilité pour insuffisance d'actif

462. Action en responsabilité pour insuffisance d'actif et action de droit commun. Sous l'empire de la loi du 13 juillet 1967, l'action en comblement de passif présentait un caractère singulier puisque, une fois l'insuffisance d'actif démontrée, il y avait présomption de faute de gestion et du lien de causalité entre la faute de gestion et le préjudice (art. 99 de la loi). Cette double présomption a été supprimée par la loi du 25 janvier 1985. L'action en comblement de passif s'est ainsi rapprochée très sensiblement d'une action en responsabilité civile délictuelle ayant pour objet la réparation du préjudice subi par les créanciers antérieurs [1]. La loi de sauvegarde des entreprises officialise cette vision en qualifiant désormais ouvertement cette action d'action en responsabilité pour insuffisance d'actif.

La distinction de l'action en comblement de passif et de l'action en responsabilité civile délictuelle, sous l'empire de la loi du 13 juillet 1967, avait conduit à la possibilité d'admettre les actions en responsabilité de droit commun, à l'encontre des dirigeants, soit sur le fondement de l'article 1382 du Code civil, soit sur celui des articles 52 et 244 de la loi du 24 juillet 1966 (devenus C. com., art. L 223-22 et L. 225-251). L'alignement de l'action en comblement de passif sur l'action en responsabilité civile délictuelle de droit commun conduit au contraire à mettre à l'écart les solutions. Désormais, la seule action en responsabilité civile recevable, dès lors qu'est invoquée une insuffisance d'actif [2], est l'action en comblement de

1. B. Soinne, *op. cit.*, n° 2582.
2. Cass. com., 28 mars 2000, *Act. proc. coll.* 2000/9, 9, n° 113, note B. Saintourens ; *D.* 2000, AJ, 187, obs. A. Lienhard ; *Rev. proc. coll. civ. et com.* 2000, 135, n° 1, obs. A. Martin-Serf ; *Bull. Joly* 2000, 606, note J.-J. Daigre ; *JCP E et A,* 2000, chron 1566, n° 6-a-12, obs. P. Pétel ; *RTD com.* 2000, 655, obs. C. Champaud et D. Danet ; *RD banc. et fin.* 2000/2, n° 73, obs. F.-X. Lucas ; *Bull. Joly* 2000, n° 135, note J.-J. Daigre.

passif [1] devenue l'action en responsabilité par insuffisance d'actif. L'action en responsabilité civile délictuelle sur le fondement de l'article 1382 du Code civil ou celle fondée sur les articles 52 et 244 de la loi du 24 juillet 1966 (devenus C. com., art. L. 223-22 et L. 225-251) ne pourra prospérer que sur démonstration d'un préjudice strictement personnel au créancier assignant [2] ou ayant pour fondement une faute postérieure au jugement d'ouverture [3], l'action en comblement de passif ne sanctionnant que les fautes antérieures. Cependant, pour que l'action puisse prospérer sur le terrain de ces articles, encore faut-il que la faute du dirigeant soit détachable de ses fonctions [4], ce qui n'est que très rarement le cas, puisqu'il faudra supposer une faute intentionnelle d'une particulière gravité incompatible avec l'exercice normal des fonctions sociales [5].

La notion d'action en responsabilité civile et d'action en responsabilité par insuffisance d'actif amène à étudier les conditions de la responsabilité par insuffisance d'actif (§ 1), puis la question du prononcé de la condamnation (§ 2).

§ 1. Les conditions de la responsabilité pour insuffisance d'actif

463. La faute de gestion. Conformément au droit commun de la responsabilité civile délictuelle, l'action en responsabilité pour insuffisance d'actif suppose la démonstration d'une faute. La particularité est qu'elle émane d'un dirigeant, raison pour laquelle est exigée une faute de gestion. Les juges du fond sont souverains pour l'apprécier [6], mais doivent la caractériser [7]. Les cas de faillite personnelle ou

---

1. Cass. com., 28 févr. 1995, *Bull. Joly* 1995, 544, n° 194 ; *D.* 1995, 390, note F. Derrida ; Cass. com., 11 avr. 1995, *Bull. Joly* 1995, 684, n° 238, note J.-J. Daigre ; Cass. com., 20 juin 1995, *Bull. Joly* 1995, 985, n° 386, note J.-J. Daigre ; *RTD com.* 1995, 663, obs. J. P. Haehl ; Cass. com., 26 mai 1999. *Bull. Joly* 1999, 962, n° 226, note M. Menjucq ; Cass. com., 3 oct. 2000, *Bull. Joly* 2001, 24, n° 4, note P. Le Cannu.

2. Cass. Ass. plén. 9 juill. 1993, *JCP E,* 1993, I, 298, n° 15, obs. Ph. Pétel ; *JCP E,* 1993, II, 509, note F. Pollaud-Dulian ; *D.* 1993, 469, concl. Jéol, rap. J. P. Dumas, note F. Derrida ; CA Paris, 13 janv. 1995, *RJDA* 1995, 241 ; CA Paris, 1re ch. A, 10 mars 1998, *Rev. proc. coll. civ. et com.* 1999, 46, n° 10, obs. A. Martin-Serf ; *Bull. Joly* 1998, n° 259, note N. Rontchevsky ; CA Versailles, 13e ch., 22 juin 2000, *D.* 2000, AJ, 367, obs. A. Lienhard ; *Bull. Joly* 2000, n° 260, note J.-J. Daigre.

3. Cass. com., 14 mars 2000, *Act. proc. coll.* 2000/8, n° 95 ; *D.* 2000, AJ, 188, obs. A. Lienhard ; *Dr. sociétés* mai 2000, n° 75, note Y. Chaput ; *Rev. proc. coll. civ. et com.* 2000, 135, n° 1, obs. A. Martin-Serf ; *JCP E et A,* 2000, jur. 1527, note D. Poracchia ; *RTD com.* 2000, 655, obs. C. Champaud et D. Danet ; *RD banc. et fin.* 2000/2, n° 73, obs. F.-X. Lucas ; CA Lyon, 3e ch., 30 avr. 1999, *D. Affaires* 1999, 1256, obs. A. L. ; *Bull. inf. C. cass.* 15 nov. 1999, n° 1303.

4. Cass. com., 28 avr. 1998, *JCP E,* 1998, jur. 1258, note Y. Guyon ; *JCP* 1998, II, 10177, note D. Ohl ; *Bull. Joly* 1998, 808, note P. Le Cannu ; *Dr. sociétés* 1998, n° 46, note D. Vidal ; *Rev. sociétés* 1998, 767, note B. Saintourens ; CA Versailles, 12e ch., 8 avr. 1999, *D. Affaires* 1999, 996 ; CA Versailles, 13e ch., 22 juin 2000, *D.* 2000, AJ, 367, obs. A. Lienhard ; *Bull. Joly* 2000, n° 260, note J.-J. Daigre.

5. Cass. com., 20 mai 2003, n° 99-17.092, *D.* 2003, AJ, 1502, obs. A. Lienhard et jur. 2623, note B. Dondero ; *Bull. Joly* 2003/7, p. 786, n° 167, note H. Le Nabasque ; *Defrénois* 2003, art. 37801, p. 1067, note M.-H. Maleville-Costedoat ; *RTD civ.* 2003, 509, n° 4, obs. P. Jourdain ; *Gaz. Pal.* 6-7 févr. 2004, jur. p. 22, note J.-F. Clément ; *RTD com.* 2003, 741, n° 3, obs. C. Champaud et D. Danet.

6. Cass. com., 17 nov. 1992, *Rev. sociétés* 1993, 867, obs. B. Bouloc.

7. Cass. com., 17 mars 1998, *Rev. proc. coll. civ et com.* 1999, 46, n° 9, obs. A. Martin-Serf.

d'interdiction de gérer et les cas de banqueroute constituent des fautes de gestion. Il en est de même des cas d'obligation aux dettes sociales, mais le code interdit aux juridictions de les retenir pour condamner sur le terrain de la responsabilité pour insuffisance d'actif (C. com., art. L. 652-1, al. dern.).

La notion de faute de gestion est plus large. Il en est ainsi de l'incompétence manifeste, par exemple les investissements inadaptés ou excessifs [1], de la conclusion d'un contrat se révélant catastrophique pour la société déjà fragile [2] ou de l'emploi d'une masse salariale trop importante [3]. La faute de gestion peut aussi tenir à la passivité du dirigeant [4]. Loin de constituer une cause d'exonération, le fait pour le dirigeant de droit de laisser la direction à un dirigeant de fait engagera sa responsabilité [5].

La faute de gestion est cependant indispensable, quelle que soit l'importance de l'insuffisance d'actif [6].

464. La contribution de la faute à l'insuffisance d'actif. Alors qu'en droit commun de la responsabilité civile délictuelle, la faute doit être unie par un lien de causalité avec le préjudice, le législateur exige seulement la démonstration que la faute de gestion a contribué à l'insuffisance d'actif. Le législateur distend ainsi le lien de causalité. Dès lors, il n'est pas nécessaire que la faute soit à l'origine exclusive du dommage. Elle n'a même pas à en être la cause principale [7]. Il suffit qu'elle soit l'une des causes de celui-ci.

L'insuffisance d'actif constitue le préjudice. C'est la différence entre le montant du passif et le montant de l'actif de la personne morale débitrice. En cas d'extension sur le fondement de la confusion des patrimoines, seule l'insuffisance d'actif de la personne dirigée par la personne condamnée devra être prise en compte [8].

---

1. Cass. com., 19 mars 1996, *Bull. civ.* IV, n° 91 ; *Rev. sociétés* 1996, 840, note Bruguier ; *Bull. Joly* 1996, 613, A. Couret ; *Defrénois* 1996, 935, obs. P. Le Cannu ; *Rev. proc. coll.* 1997, 102, n° 1, obs. A. Martin-Serf ; Cass. com., 8 juin 1999, *Dict. perm. Difficultés des entreprises, Bull.* 188, 1er sept. 1999, p. 6430, Vis *Comblement du passif*, n° 51-b ; Cass. com., 20 juin 2000, *Bull. Joly* 2000, n° 231.
2. Cass. com., 7 juin 2005, n° 04-13.262.
3. Cass. com, 28 mars 2000, *Bull. Joly* 2000, n° 134, note J. J. Daigre ; CA Douai, 13 févr. 1997, *Rev. proc. coll.* 1998, 110, obs. A. Martin-Serf.
4. Cass. com., 31 janv. 1995, *Bull. civ.* IV, n° 29 ; *Rev. proc. coll.* 1998, 304, n° 2, obs. A. Martin-Serf ; *Bull. Joly* 1995, 341, note A. Couret ; *RTD com.* 1996, 543, obs. A. Martin-Serf ; Cass. com., 19 mars 1996 ; *Bull. Joly* 1996, 526, note P. Le Cannu ; *RTD com.* 1996, 542, obs. J. P. Haehl ; *Rev. proc. coll.* 1998, 301, n° 1, obs. A. Martin-Serf ; Cass. com., 14 janv. 1997, *Rev. proc. coll.* 1998, 301, n° 1, obs. A. Martin-Serf ; CA Versailles, 13e ch., 2 déc. 1999, *RJDA* 2000/4, n° 456 ; CA Paris, 3e ch. A, 8 déc. 2000, *RTD com.* 2001, 242, obs. C. Mascala.
5. V. ainsi, Cass. com., 23 juin 1998, *RTD com.* 1999, 983, obs. C. Mascala ; Cass. com., 28 mars 2000, *Bull. Joly* 2000, n° 134, note J.-J. Daigre ; CA Douai, 2e ch., 26 janv. 1995, CA Aix-en-Provence, 8e ch., 30 nov. 1995, CA Paris, 3e ch. B, 17 oct. 1997 et CA Paris, 3e ch. A, 24 févr. 1998, *Rev. proc. coll. civ. et com.* 1999, 182, n° 1, obs. A. Martin-Serf ; CA Paris, 3e ch. B, 19 nov. 1999, *RJDA* 2000/4, n° 459 ; *Bull. Joly* 2000, n° 52, note J.-F. Barbiéri.
6. Cass. com., 19 janv. 1993, *RJDA* 1993, n° 660.
7. Ripert et Roblot par Delebecque et Germain, *op. cit.*, n° 3285.
8. Cass. com., 23 mai 2000, *LPA* 6 févr. 2001, n° 40, p. 9, n° 40, note M. Raimon.

La jurisprudence n'exige pas que le passif soit définitivement déterminé dès lors qu'il apparaît avec évidence que l'actif sera insuffisant par rapport au passif [1]. Cependant, il est indispensable que le passif soit un jour vérifié, puisque la dispense de vérification du passif chirographaire n'existe pas si une action en comblement de passif est envisagée.

Seules les dettes antérieures au jugement d'ouverture doivent être prises en compte dans la détermination de ce passif [2].

Sous l'empire de la législation antérieure, l'action en comblement pouvait en théorie prospérer après arrêté d'un plan de continuation. La solution ne manquait pas de surprendre car tout le passif existant ou, à tout le moins remisé, devra être payé. Dès lors, il ne pouvait en pratique y avoir insuffisance d'actif. La solution a justement été repensée par la loi de sauvegarde des entreprises, qui ne rend possible la condamnation qu'une fois le plan de sauvegarde ou de redressement résolu.

§ 2. LE PRONONCÉ DE LA CONDAMNATION À COMBLER L'INSUFFISANCE D'ACTIF

465. Modalités du prononcé de la condamnation à combler l'insuffisance d'actif. Même si le tribunal constate que les conditions du jeu de l'action en responsabilité pour insuffisance d'actif sont réunies, il a la faculté de prononcer ou non la condamnation. Les juges du fond sont ici souverains. Dans cette appréciation, le tribunal pourra tenir compte d'éventuelles circonstances atténuantes ou exonératoires, telle l'attitude des pouvoirs publics [3]. Il pourra également tenir compte de l'état de santé du dirigeant [4].

De même qu'il peut ou non prononcer la condamnation, le tribunal peut condamner à la totalité ou à une partie de l'insuffisance d'actif (C. com., art. L. 651-2, al. 1). Devant cette faculté discrétionnaire, le tribunal n'a évidemment pas à mettre en adéquation le montant de la condamnation avec la part de responsabilité prise dans la création de l'insuffisance d'actif [5], alors surtout que la faute peut n'avoir que contribué à l'insuffisance d'actif. Le tribunal ne peut dépasser le montant de l'insuffisance d'actif [6] puisqu'il est question seulement de réparer un préjudice.

Le tribunal pourra décider de condamner un ou plusieurs dirigeants. Dans ce dernier cas, il devra rendre, ce qui est nouveau dans la législation, une décision

---

1. Cass. com., 28 mai 1991, *D.* 1992, somm. 184, obs. A. Honorat ; Cass. com., 28 janv. 2004, n° 01-16.355.
2. Y. Guyon, *op. cit.*, n° 1374 ; *contra* : C. Saint-Alary-Houin, *op. cit.*, n° 1088.
3. B. Soinne, *op. cit.*, n° 2611.
4. V. ainsi, refusant de sanctionner un dirigeant social par la prise en compte de l'état psychique de l'intéressé, CA Grenoble, ch. com., 7 janv. 1999, *JCP E et A*, 1999, pan. 745.
5. V. ainsi, Cass. com., 19 mars 1996, *Bull. Joly* 1996, 526, note P. Le Cannu ; *Rev. proc. coll.* 1996, 401, n° 2, obs. A. Martin-Serf ; Cass. com., 28 mars 2000, *Bull. Joly* 2000, n° 134, note J.-J. Daigre ; Cass. com., 6 févr. 2001, *D.* 2001, AJ, 861 ; *Act. proc. coll.* 2001/6, n° 82 ; CA Paris, 3e ch. C., 18 févr. 2000, *RJDA* 2000/11, n° 1023. Ces décisions considèrent que la condamnation peut être totale alors que la faute n'a contribué que partiellement à la réalisation du préjudice.
6. Malgré un jugement d'extension sur le fondement de la confusion des patrimoines, seul le passif de la société dirigée sera pris en compte, Cass. com., 23 mai 2000, *Act. proc. coll.* 2000/11, n° 141 ; *D.* 2000, AJ, 299, obs. A. Lienhard ; *JCP E et A*, 2000, chron. 1567, n° 6-a-13, obs. Ph. Pétel.

motivée, s'il veut les condamner avec solidarité. Le dirigeant *solvens* aura un recours contre les autres dirigeants pour ce qui excède sa part contributive.

L'article 319 du décret du 28 décembre 2005 envisage l'hypothèse d'un dirigeant condamné à combler l'insuffisance d'actif alors qu'antérieurement une procédure de sauvegarde, de redressement ou de liquidation judiciaire non clôturée a été ouverte à son encontre. « *La décision de condamnation est portée par le greffier sur l'état des créances de la procédure à laquelle le dirigeant est soumis ou transmise au greffier compétent pour y procéder* ». Le montant du passif mis à charge du dirigeant est ainsi admis au passif de celui-ci, sans qu'il soit nécessaire pour le mandataire de justice en charge de la procédure de la personne morale de déclarer une créance au passif de ce dirigeant.

La Cour de cassation interdit les transactions sur les condamnations prononcées [1], peu important que le liquidateur ait transigé sur les condamnations prononcées avec un autre dirigeant et qu'il en résulte en conséquence un traitement discriminatoire [2]. La précision de la Cour de cassation qui n'interdit que les transactions sur condamnations prononcées laisse donc intacte la possibilité de transaction avant la condamnation.

466. Le sort des sommes recouvrées au titre de l'action en responsabilité pour insuffisance d'actif. Aux termes de l'article L. 651-2, alinéa 3, du Code de commerce, « *les sommes versées (...) entrent dans le patrimoine du débiteur. En cas de cession ou de liquidation, ces sommes sont réparties entre tous les créanciers au marc-le-franc* ». La solution contraste avec celle posée en matière d'obligation aux dettes sociales (v. ss n° 471).

L'affectation spéciale des sommes conduit à décider de leur indisponibilité et, par voie de conséquence, de leur insaisissabilité.

Il semble que les créanciers postérieurs privilégiés puissent participer aux répartitions du produit des actions en responsabilité pour insuffisance d'actif. Mais de même que le super-privilège des salaires ne peut être opposé dans le cadre de la répartition du produit des actions en comblement de passif [3], de même le privilège des créanciers postérieurs (C. com., art. L. 622-17 et L. 641-13) devra être abandonné.

467. L'inexécution de la décision de condamnation à combler l'insuffisance d'actif. Sous l'empire de la législation antérieure à la loi de sauvegarde des entreprises, en cas d'inexécution de la décision de condamnation à combler le passif, l'article L. 624-4 du Code de commerce prévoyait que « *le tribunal peut ouvrir une procédure de redressement judiciaire ou de liquidation judiciaire à l'égard des dirigeants à la charge desquels a été mis tout ou partie du passif d'une personne morale et qui ne s'acquittent pas de cette dette* ».

---

1. Cass. com., 5 nov. 2003, n° 00-11.876, *D.* 2003, AJ, 2831 ; *JCP E,* 2004, chron 783, p. 857, n° 5, obs. Ph. Pétel et Jur 1058, p. 1154, note M.-P. Dumont-Lefrand ; *Bull. Joly* 2004/2, p. 205, § 30, note Ch. Boillot ; *Rev. proc. coll.* 2004, 271, n° 11, obs. M.-P. Dumont ; *RJ com.* 2004, 188, note J.-P. Sortais ; *RTD com.* 2004, 604, n° 9, obs. C. Mascala ; Cass. com., 15 mars 2005, n° 03-19.488, *Gaz. proc. coll.* 2005/2, p. 52, obs. Th. Montéran.
2. Cass. com., 2 nov. 2005, n° 04-13.085.
3. Cass. com., 20 mai 1997, *Quot. jur.* 3 juill. 1997, p. 8, note P. M. ; *D. Affaires* 1997, 799 ; *Dr. sociétés* 1997, n° 122, note Y. Chaput ; *Rev. proc. coll.* 1997, 487, obs. A. Martin-Serf.

Cette procédure-sanction a été supprimée par la loi de sauvegarde des entreprises. La question se posera de savoir à qui incombera la poursuite du dirigeant pour qu'il s'acquitte de la condamnation prononcée. Avant clôture, il s'agira de l'organe en charge de la défense de l'intérêt collectif des créanciers. Après clôture, il semble que les créanciers doivent se préoccuper de faire nommer un mandataire *ad hoc*, car il serait étonnant qu'un créancier, *ut singuli*, se voie reconnaître ce pouvoir.

L'ouverture de la procédure collective sera néanmoins possible contre un dirigeant social remplissant la qualité exigée pour cela, l'inexécution de la condamnation pouvant constituer le passif exigible caractérisant l'état de cessation des paiements en présence d'un actif disponible inférieur.

Pour faciliter l'exécution de la condamnation et empêcher l'organisation par le dirigeant condamné de son insolvabilité, l'article L. 651-4, alinéa 2, du Code de commerce prévoit la possibilité pour le président du tribunal d'ordonner toute mesure conservatoire sur les biens des dirigeants. Le tribunal se saisira à cette fin d'office ou sera saisi par le mandataire judiciaire, le liquidateur ou le ministère public.

Ne subsiste à titre de sanction de l'inexécution de la condamnation à combler le passif que la faillite personnelle, encore qu'une discussion existe ici pour savoir si la faillite personnelle peut sanctionner l'inexécution de cette condamnation ou s'il faut limiter la faillite personnelle à l'inexécution de la condamnation à l'obligation aux dettes sociales. L'ambiguïté résulte du visa par le législateur du dirigeant de la personne morale « *qui n'a pas acquitté les dettes de celle-ci mises à sa charge* ». La formule du législateur (C. com., art. L. 653-6) est symétrique à celle employée pour les deux types de condamnations, qui visent toutes deux les dettes sociales.

Section II
L'action en obligation aux dettes sociales

L'action en obligation aux dettes sociales remplace l'ouverture sanction contre le dirigeant, en reprenant un certain nombre de cas (§ 1), mais en en changeant radicalement les effets (§ 2).

§ 1. CAS DE PRONONCÉ DE L'OBLIGATION AUX DETTES SOCIALES

468. Cas de prononcé de l'obligation aux dettes sociales. L'article L. 652-1 du Code de commerce énonce cinq cas de condamnation à l'obligation aux dettes sociales, qui constituaient tous des cas de redressement ou de liquidation judiciaire à titre personnel. La jurisprudence rendue antérieurement sur ces cas est reconductible. Le Code n'a pas, en revanche, repris deux cas de cette dernière sanction, ceux relatifs à la comptabilité, qui ne deviennent que des cas de faillite personnelle.

La condamnation à l'obligation aux dettes sociales ne peut être prononcée contre un dirigeant que si la personne morale a été placée en liquidation judiciaire. La résolution d'un plan de sauvegarde ou de redressement, sans cessation des paiements, sera insuffisante, contrairement à la solution posée pour l'action en responsabilité pour insuffisance d'actif.

L'article L. 652-1, 1° du Code de commerce sanctionne d'abord le dirigeant disposant des biens de la personne morale comme des siens propres. Il en est ainsi par exemple du fait d'effectuer des prélèvements importants dans la caisse de la personne morale pour ses besoins personnels [1].

L'article L. 652-1, 2° du Code de commerce sanctionne le dirigeant qui a accompli des actes de commerce sous le couvert de la personne morale masquant ses agissements dans un intérêt personnel. Il s'agit ici de réprimer le fait pour le dirigeant d'ignorer l'existence de la personne morale, en ne réunissant pas les assemblées, comme si la personne morale n'existait pas. Ce cas a été retenu en présence de la création d'une société pour reprendre en location-gérance le fonds déficitaire du dirigeant [2].

L'article L. 652-1, 3° du Code de commerce sanctionne le fait de faire des biens ou du crédit de la personne morale un usage contraire à l'intérêt de celle-ci ou pour favoriser une autre personne morale ou entreprise dans laquelle le dirigeant est directement ou indirectement intéressé. Ce fait correspond à la définition du délit d'abus de biens sociaux [3], sous la réserve que la mauvaise foi n'est pas ici exigée.

L'article L. 652-1, 4° du Code de commerce réprime encore la poursuite abusive dans un intérêt personnel d'une exploitation déficitaire qui ne peut conduire qu'à la cessation des paiements de la personne morale [4]. Une dégradation de la situation de la personne morale débitrice doit ici être constatée par rapport à la date de cessation des paiements. L'intérêt personnel sera caractérisé par la perception d'une rémunération de la part du dirigeant [5] ou par des proches de celui-ci [6]. Il pourra encore être question pour le dirigeant de profiter de cette période de poursuite de l'activité déficitaire pour payer les dettes cautionnées en laissant s'accumuler le passif non cautionné [7].

Enfin, l'article L. 652-1, 5° du Code de commerce punit le dirigeant qui détourne ou dissimule tout ou partie de l'actif ou augmente frauduleusement le passif de la personne morale. Ici encore, il y a un cas de banqueroute. Le détournement portera généralement sur du matériel, le plus souvent sur des véhicules [8].

Rappelons que les faits permettant la condamnation à l'obligation aux dettes sociales ne peuvent autoriser la condamnation à la responsabilité pour insuffisance d'actif.

---

1. V. ainsi, CA Paris, 2 nov. 1988, *Rev. proc. coll.* 1989, 595, obs. Y. Chaput ; CA Bourges, 19 oct. 1988, *Rev. proc. coll.* 1989, 595, obs. Y. Chaput.

2. Cass. com., 5 mars 2002, *Act. proc. coll.* 2002/9, n° 119.

3. C. Saint-Alary-Houin, *op. cit.*, n° 1105 ; Derrida, Godé et Sortais, *op. cit.*, n° 584 ; B. Soinne, *op. cit.*, n° 2632 ; v. L. 24 juill. 1966, art. 425-4 et 437, devenus C. com., art. L. 241-3-4° et L. 242-6-3°.

4. G. Teboul, « La poursuite abusive d'une exploitation déficitaire », *LPA* 14 sept. 1999, n° 183, p. 12.

5. Cass. com., 14 nov. 2000, *RJDA* 2001/3, n° 348 ; Cass. com., 23 janv. 2001, *Rev. proc. coll.* 2002, p. 115, n° 4, obs. A. Barret ; Cass. com.,, 12 juin 2001, *RJDA* 2001/12, n° 1238 ; *Rev. proc. coll.* 2002, p. 115, n° 4, obs. A. Barret ; Cass. com., 5 mai 2004, n° 01-13.209 ; Cass. com.,, 15 mars 2005, n° 03-19.268, *Gaz. proc. coll.* 2005/2, p. 50, obs. Th. Montéran.

6. CA Paris, 3e ch. C, 23 mai 2003, RG n° 002/17129.

7. V. ainsi, Cass. com., 8 oct. 1996, *RJDA* 1997, n° 134 ; Cass. com., 27 mai 2003, n° 01-14.528.

8. CA Paris, 3e ch. C, 2 juill. 2003, RG n° 2002/19262.

§ 2. Effets du prononcé de l'obligation aux dettes sociales

469. Montant de la condamnation à l'obligation aux dettes sociales. Sous l'empire de la législation antérieure, la situation était simple : puisque le dirigeant condamné était déclaré en redressement ou en liquidation judiciaire, le passif de la personne morale devenait le passif du dirigeant. Le projet de loi de sauvegarde entendait conserver la solution, tout en supprimant l'ouverture de la procédure à titre de sanction. Puis, en cours de discussion parlementaire, l'idée a été avancée que ne pourrait être mise à la charge du dirigeant qu'une partie des dettes sociales. La difficulté tient au fait que c'est également la solution retenue pour l'action en responsabilité pour insuffisance d'actif. Dans ces conditions, faut-il distinguer, quant au montant de la condamnation possible, entre les deux actions ?

Une réponse négative ne manquerait pas d'être surprenante. À quoi bon créer deux actions si le montant de la condamnation du dirigeant devait être le même ?

L'examen des travaux préparatoires de la loi nous permet d'observer que l'obligation aux dettes sociales est présentée comme une sanction patrimoniale. Ainsi, dans le rapport Xavier de Roux, peut-on lire que « *le dispositif d'obligation aux dettes sociales se rapprocherait plus d'un régime de sanction que de la simple recherche de responsabilité* » [1]. Il faut aussi se souvenir que l'origine de l'obligation aux dettes sociales est de manière absolument indiscutable trouvée dans le redressement et la liquidation judicaires à titre personnel qu'elle a remplacé. L'action en responsabilité pour insuffisance d'actif oblige à rapporter la preuve que la faute de gestion a contribué à cette insuffisance d'actif. Le déclenchement de l'action en paiement des dettes sociales présuppose seulement que la faute ait contribué à la cessation des paiements. La nature juridique de l'obligation aux dettes sociales, à savoir une sanction et non pas simplement une action en responsabilité civile comme l'action en comblement de passif, semble permettre de soutenir que, dans le respect de la lettre de l'article L. 652-1 du Code de commerce, la juridiction peut condamner le dirigeant à la totalité des dettes de la personne morale débitrice, laquelle peut dépasser le montant de l'insuffisance d'actif. La nature juridique de sanction doit en effet permettre une condamnation supérieure au strict préjudice subi par les créanciers, l'intérêt de la solution étant trouvé dans la possibilité pour les associés de la personne morale débitrice de retrouver leurs apports.

Pour assurer une exécution plus sûre de la condamnation, le législateur, comme en matière d'action en responsabilité pour insuffisance d'actif, prévoit la possibilité pour le président du tribunal d'ordonner des mesures conservatoires sur les biens des dirigeants recherchés en sanction (v. ss n° 467).

470. Condamnation d'un ou de plusieurs dirigeants avec ou sans solidarité. Comme en matière de responsabilité pour insuffisance d'actif, le tribunal peut condamner un ou plusieurs dirigeants à l'obligation aux dettes sociales. Mais, alors que la liberté du tribunal est grande pour apprécier l'importance de la faute commise par les dirigeants en cas de responsabilité pour insuffisance d'actif, la nature de

1. Rapp. X. de Roux, n° 2095, p. 417.

sanction de l'obligation aux dettes sociales a conduit le législateur à exiger du tribunal plus d'attention. En effet, il doit, selon l'article L. 652-2 du Code de commerce, tenir compte de la faute de chacun pour déterminer la part des dettes mises à sa charge. La solution s'écarte ici d'une simple contribution de la faute au préjudice, et semble bien se placer sur le terrain de l'appréciation de la gravité des fautes. Le montant de la condamnation dépendra de l'importance de la faute [1].

Mais, immédiatement après avoir posé cette solution, qui éloigne l'action en obligation aux dettes sociales de l'action en responsabilité pour insuffisance d'actif, le code énonce que le tribunal peut, par décision motivée, déclarer les dirigeants solidairement responsables. Il faudra alors, semble-t-il, exiger la démonstration que les fautes commises par les divers dirigeants soient d'égale gravité.

471. Affectation du produit de l'action en obligation aux dettes sociales. L'affectation du produit de l'action permet d'apercevoir la filiation entre l'obligation aux dettes sociales et l'ouverture des procédures sanctions de la législation précédente. C'est pourquoi, reprenant la solution existant en matière de redressement judiciaire à titre personnel [2], le législateur décide que le produit de l'action sera réparti en tenant compte des sûretés dont disposent les créanciers de la personne morale. Il faut en réalité comprendre que les créanciers de la personne morale titulaires de privilèges généraux — et non de sûretés spéciales [3] — pourront faire valoir ceux-ci dans le cadre de la distribution du produit de l'action en obligation aux dettes sociales, alors que les créanciers participent aux répartitions au marc-le-franc dans le cadre de l'action en responsabilité pour insuffisance d'actif.

À côté des responsabilités et sanctions pécuniaires, le législateur se préoccupe aussi d'assainir le tissu économique par les mesures de faillite personnelle et d'interdiction de gérer.

---

1. V. aussi, en ce sens, A. Lienhard, *op. cit.*, n° 2431 ; A. Jacquemont, *op. cit.*, n° 911.
2. Sur la conservation des privilèges généraux par les créanciers de la personne morale dans le cadre de la procédure ouverte contre le dirigeant, v. Cass. com., 2 mars 1999, *D. Affaires* 1999, 560, obs. A. L. ; *LPA* 1er avr. 1999, n° 65, p. 9, note P. M. ; *Bull. Joly* 1999, 857, n° 201, note J.-P. Sénéchal ; *JCP E,* 1999, chron. 1537, n° 6-A-18, obs. Ph. Pétel ; *Rev. proc. coll.* 1999, 237, n° 4, obs. F. Bach ; *RTD civ.* 1999, 436, n° 1, obs. M. Bandrac et P. Crocq.
3. *Adde*, en ce sens : A. Lienhard, *op. cit.,* n° 2432.

Chapitre 2

La faillite personnelle et l'interdiction de gérer

Certaines règles intéressent indistinctement la faillite personnelle et l'interdiction de gérer (Sous-chapitre 1). D'autres sont spéciales à la faillite personnelle et à l'interdiction de gérer (Sous-chapitre 2).

Sous-chapitre 1

Règles intéressant indistinctement la faillite personnelle et l'interdiction de gérer

Les règles communes aux deux sanctions civiles non pécuniaires intéressent, d'une part, le prononcé des mesures de faillite personnelle et d'interdiction de gérer (Section I), et, d'autre part, la durée des mesures (Section II).

Section I
Prononcé des mesures de faillite personnelle et d'interdiction de gérer

472. Domaine des mesures. Les mesures de faillite personnelle et d'interdiction de gérer sont des mesures d'assainissement [1] qui se rapprochent de mesures de sûreté. N'ayant pas la nature de sanctions pénales, les lois d'amnistie ne les concernent pas, pas plus que les lois nouvelles plus douces ne peuvent s'appliquer rétroactivement à ces mesures.

Elles peuvent être prononcées lorsqu'une procédure de redressement ou de liquidation judiciaire est ouverte (C. com., art. L. 653-1-I). Elles sont en revanche exclues dans la procédure de sauvegarde, cette exclusion répondant au souci de favoriser cette procédure sans état de cessation des paiements afin d'inciter les débiteurs personnes physiques et les dirigeants de personnes morales à anticiper.

La faillite personnelle et l'interdiction de gérer s'appliquent aux personnes physiques, commerçants, agriculteurs, personnes inscrites au répertoire des métiers, ainsi, depuis la loi de sauvegarde des entreprises, qu'aux professionnels indépendants, sous une réserve : les professionnels libéraux soumis à statut ou à ordre professionnel (C. com., art. L. 651-1-I, 3°, al. 2). Cette exclusion a été critiquée de manière véhémente [2]. Deux observations méritent ici d'être posées. Le visa des professionnels indépendants permet d'englober les artisans de fait, sans qu'il soit besoin de s'arrêter à la notion de personnes inscrites au répertoire des métiers. La possibilité pour la juridiction répressive de prononcer à titre de peine complémentaire

---

1. V. Y. Chaput, *op. cit.*, n° 628, évoquant la « police de la direction des entreprises ».
2. F. Pérochon, « Le privilège des notables indélicats : un nouveau privilège ? », *D.* 2005, Point de vue 1146.

de la banqueroute la faillite personnelle permet de sanctionner les professionnels libéraux soumis à des règles disciplinaires [1].

Les mesures de faillite personnelle et d'interdiction de gérer s'appliquent également aux personnes physiques dirigeants de droit ou de fait d'une personne morale (sur ces notions, v. ss n° 456). Peu importe, depuis la loi de sauvegarde, que ces personnes morales aient une activité économique. Sont toutefois exclus, par souci de symétrie avec la solution posée pour les débiteurs personnes physiques, les dirigeants de personnes morales exerçant une activité professionnelle indépendante soumise à des règles disciplinaires. Les mesures s'appliquent enfin aux représentants permanents de personnes morales dirigeantes.

473. Modalités procédurales. La saisine aux fins de prononcé de ces mesures, appartient, selon l'article L. 653-7, alinéa 1, du Code de commerce au mandataire judiciaire, au liquidateur et au ministère public. La plus juste répartition des tâches opérée par la loi de sauvegarde des entreprises a conduit à faire disparaître de la liste l'administrateur judiciaire. Mais la différence notable par rapport à la législation antérieure résulte de la suppression par la loi de sauvegarde des entreprises de la possibilité de saisine d'office par le tribunal. Le droit au procès équitable, dans le respect de l'article 6, § 1, de la CEDH justifie cette suppression.

En outre, la loi de sauvegarde des entreprises, comme pour l'action en responsabilité pour insuffisance d'actif, prévoit la possibilité pour deux contrôleurs au moins, agissant à la majorité, de saisir le tribunal aux fins de prononcé de la faillite personnelle ou de l'interdiction, après avoir mis vainement en demeure le mandataire judiciaire ou le liquidateur de diligenter cette action (C. com., art. L. 653-7, al. 2, et Décr. 28 déc. 2005, art. 324 — v. aussi ss n° 458).

Alors que la législation antérieure se contentait d'indiquer que la faillite personnelle ou l'interdiction de gérer pouvait être prononcée à tout moment de la procédure, la loi de sauvegarde des entreprises a enfermé la saisine aux fins de prononcé de ces mesures dans un délai de prescription de trois ans, qui court à compter du jugement d'ouverture du redressement ou de la liquidation judiciaire (C. com., art. L. 653-1-II). Une difficulté se présente d'ailleurs si le jugement d'ouverture est une sauvegarde, ensuite convertie en un redressement ou en une liquidation judiciaire. Il faut semble-t-il décider alors que seul le prononcé du redressement ou de la liquidation judiciaire, faisant suite à la conversion de la sauvegarde, peut faire courir le délai de prescription.

L'intéressé doit être convoqué dans les formes prévues au deuxième alinéa de l'article 318 du décret du 28 décembre 2005, disposition à laquelle renvoie l'article 324 du décret. Il s'agit des modalités applicables à la convocation du dirigeant pour la mise en œuvre de l'action en responsabilité pour insuffisance d'actif (v. ss n° 459).

La loi de sauvegarde des entreprises, dans le respect du droit à un procès équitable, a prévu que le juge-commissaire ne pouvait siéger dans la formation de jugement ni participer au délibéré (C. com., art. L. 653-7, al. 2), ce qui apparaît logique puisqu'il

---

1. Ph. Pétel, « Le nouveau droit des entreprises en difficulté », *JCP E*, 2005, 1509, p. 1730, sp. p. 1733, n° 11 ; Roussel-Galle, *op. cit.*, n° 36.

a l'obligation d'établir un rapport, en application de l'article 348 du décret du 28 décembre 2005. Il ne semble donc pas ici, contrairement à la solution posée en matière de responsabilité pour insuffisance d'actif, que le tribunal puisse désigner un juge chargé d'établir un rapport, lequel pourrait lui-même se faire assister de la personne de son choix.

Les mesures de faillite personnelle et d'interdiction de gérer sont facultatives. Si par principe elles sont prononcées par le tribunal de la faillite, elles peuvent aussi l'être par la juridiction répressive, à titre de peine complémentaire de la banqueroute [1] (C. com., art. L. 654-6). Il n'en sera cependant ainsi, depuis la loi de sauvegarde des entreprises, qu'autant qu'une juridiction civile ou commerciale n'aura pas déjà prononcé une telle mesure par décision définitive.

La décision est susceptible d'appel de la part de l'intéressé, dans les conditions classiques en notre matière. La cour d'appel ne pourra en ce cas ni augmenter la durée de la mesure prononcée [2], ni substituer la mesure plus sévère de faillite personnelle à l'interdiction de gérer qu'aurait prononcée le tribunal. La loi de sauvegarde des entreprises autorise désormais le ministère public à faire appel des décisions de faillite personnelle et d'interdiction de gérer, même s'il n'a pas agi comme partie principale (C. com., art. L. 661-11).

Contrairement au droit commun des procédures collectives, la décision prononçant la mesure de faillite personnelle ou d'interdiction de gérer n'est pas exécutoire de droit. Le tribunal peut ordonner l'exécution provisoire (C. com., art. L. 653-11, al. 1). Les règles de droit commun de l'article 524 du nouveau Code de procédure civile sont applicables pour demander l'arrêt de l'exécution provisoire [3], sur démonstration de conséquences manifestement excessives [4], puisque l'exécution provisoire est facultative.

Lorsque la décision sera passée en force de chose jugée, elle sera mentionnée au registre du commerce et des sociétés et au répertoire des métiers ou, en Alsace Moselle, au répertoire des entreprises. En outre, si elle est prononcée par la juridiction répressive, elle fait l'objet d'une inscription au casier judiciaire (C. pr. pén., art. 768-5°).

Section II
Durée des mesures

474. Durée des mesures de faillite personnelle et d'interdiction de gérer. Sous l'empire de la législation antérieure à la loi de sauvegarde des entreprises, les mesures de faillite personnelle et d'interdiction de gérer ne pouvaient être inférieures à cinq

---

1. La mesure n'est en revanche pas complémentaire du recel de banqueroute, Cass. crim. 5 août 1998, *Dict. perm. difficultés des entreprises*, *Bull.* 184, 12 avr. 1999, p. 6532, v^is^ *Banqueroute et autres infractions*, n° 12.
2. Cass. com., 3 nov. 1992, *Bull. civ.* IV, n° 343.
3. CA Paris, ord. 1er président, 17 mai 1990, *Rev. huissiers* 1990, 1118 ; CA Agen, 15 déc. 1994, *Bull. inf. C. cass.* 1995, n° 254.
4. CA Agen, 15 déc. 1994, *Bull. inf. C. cass.* 1995, n° 254 ; CA Paris, 28 sept. 1993, *Dr. sociétés* 1994, n° 8, obs. Y. Chaput.

ans. En revanche, aucun plafond n'était instauré et si la durée devait être précisée par le tribunal, celle-ci pouvait être très longue. On a ainsi vu des mesures de faillite personnelle prononcées pour 50 ans [1].

La loi de sauvegarde des entreprises inverse le dispositif. L'article L. 653-11, alinéa 1, du code supprime tout plancher, mais instaure un plafond de quinze ans. Cette limitation à quinze ans s'applique dès la promulgation de la loi (v. ss n° 6).

Par exception, si la mesure est prononcée par la juridiction répressive, en application de l'article L. 654-6 du Code de commerce, le tribunal n'est pas obligé de préciser une durée, faute de renvoi par cette disposition à l'article L. 653-11 [2]. Même si la constitutionnalité de la perpétuité de la mesure a pu être mise en doute, sous l'empire de la législation antérieure [3], la chambre criminelle de la Cour de cassation a maintenu la possibilité de n'enfermer dans aucun délai la faillite personnelle. Il semble que la solution soit reconductible. Ainsi, l'interdiction d'exercer une activité professionnelle prononcée à titre de peine complémentaire de la banqueroute est soit temporaire, auquel cas elle est au maximum de cinq ans, soit définitive [4]. La solution est identique pour l'interdiction de gérer [5].

475. Relèvement des mesures de faillite personnelle et d'interdiction de gérer. Il faut d'abord préciser que, au terme du délai fixé par le tribunal, la mesure cesse de plein droit.

Le rétablissement du débiteur ou du dirigeant survient aussi de plein droit si la clôture de la procédure de redressement ou de liquidation judiciaire intervient pour extinction du passif (C. com., art. L. 653-11, al. 2).

En outre, le tribunal peut — la solution est ici facultative — relever de la mesure de faillite personnelle ou d'interdiction de gérer l'intéressé qui aura apporté une contribution suffisante au paiement de ses dettes ou de celles de la personne morale débitrice. L'intéressé saisira le tribunal par requête à laquelle il joindra les pièces justifiant sa contribution au règlement du passif (Décr. 28 déc. 2005, art. 326, al. 1).

---

1. CA Douai, 2e ch., 3 avr. 2001, *Rev. proc. coll.* 2001, 276, n° 11, obs. A. Barret.
2. V. aussi, en ce sens, A. Lienhard, *op. cit.*, n° 2440 ; cpr C. Mascala, *RTD com.* 2006/1, p. 218.
3. B. Bouloc, obs. sous Cass. crim. 6 août 1996, *RTD com.* 1997, 160.
4. Cass. crim. 8 janv. 2003, n° 02-82.555, *Act. proc. coll.* 2003/7, n° 94, note A. Cerf-Hollender ; *JCP E*, 2003, jur. 904, note J.-H. Robert ; *RTD com.* 2003, 379, n° 13, obs. C. Mascala ; Cass. crim. 25 févr. 2004, n° 03-84.357, *D.* 2004, AJ, 1085, *Act. proc. coll.* 2004/9, n° 119, note A. Cerf-Hollander ; *Bull. Joly* 2004, 779, § 156, note F.-X. Lucas.
5. Cass. crim. 25 févr. 2004, n° 03-84.357, *D.* 2004, AJ, 1085, *Act. proc. coll.* 2004/9, n° 119, note A. Cerf-Hollander ; *Bull. Joly* 2004, 779, § 156, note F.-X. Lucas ; *Rev. sociétés* 2004/4, p. 917, note B. Bouloc ; *RTD com.* 2004, 627, n° 10, obs. B. Bouloc.

Sous-chapitre 2

Règles spéciales à la faillite personnelle et à l'interdiction de gérer

Il conviendra d'envisager d'abord les règles spéciales à la faillite personnelle (Section I), avant d'envisager celles intéressant spécifiquement l'interdiction de gérer (Section II).

Section I
La faillite personnelle

Les cas de faillite personnelle doivent être précisés (§ 1). Il y aura lieu ensuite de s'intéresser aux effets de la faillite personnelle (§ 2).

§ 1. LES CAS DE FAILLITE PERSONNELLE

476. Cas intéressant indistinctement les débiteurs personnes physiques et les dirigeants de personne morale débitrice. Les cas de faillite personnelle intéressant indistinctement les débiteurs personnes physiques et les dirigeants de personne morale débitrice sont énoncés aux articles L. 653-3 et L. 653-5 du Code de commerce.

L'article L. 653-3, 1° punit de la faillite personnelle la poursuite abusive d'une exploitation déficitaire qui ne peut conduire qu'à la cessation des paiements. Ce cas doit être rapproché de celui visé à l'article L. 652-1, 4° du code, rendant possible la condamnation à l'obligation aux dettes sociales (v. ss n° 468). Il s'en distingue cependant sur deux points : d'une part, il peut être commis par un débiteur personne physique et, d'autre part, il ne nécessite pas la démonstration d'un intérêt personnel.

L'article L. 653-3, 3° du code punit de faillite personnelle le fait d'avoir détourné ou dissimulé tout ou partie de l'actif ou d'avoir frauduleusement augmenté le passif. C'est également un cas de banqueroute et, pour le dirigeant d'une personne morale, un cas d'obligation aux dettes sociales.

L'article L. 653-5, 1° du code rend possible le prononcé de la faillite personnelle en cas d'exercice d'une activité commerciale, artisanale ou agricole ou d'une fonction de direction ou d'administration d'une personne morale contrairement à une interdiction prévue par la loi. Il s'agit par-là d'éviter des directions de fait, en s'abritant derrière des dirigeants de droit de pure façade. Cette interdiction est également pénalement réprimée par l'article L. 654-15 du code.

L'article L. 653-5, 2° du code punit de la faillite personnelle le fait de faire des achats en vue d'une revente au-dessous du cours ou d'employer des moyens ruineux pour se procurer des fonds, dans l'intention d'éviter ou de retarder l'ouverture de la procédure. La revente à perte qui résulte de circonstances, non de l'intention de l'intéressé, n'est pas punissable [1]. Il y a là également un cas de banqueroute, dont le banquier peut se rendre complice par la fourniture de crédit ruineux.

L'article L. 653-5, 3° du code sanctionne encore le fait de souscrire, pour le compte d'autrui, sans contrepartie, des engagements jugés trop importants au moment de leur conclusion, eu égard à la situation de l'entreprise ou de la personne morale. Peut ainsi être sanctionné le fait d'accorder généreusement des cautionnements [2].

L'article L. 653-5, 4° du code punit également le fait de payer un créancier au préjudice des autres, après cessation des paiements et en connaissance de celle-ci. La volonté de préjudicier aux droits des autres créanciers doit être établie.

L'article L. 653-5, 5° du code crée un nouveau cas de faillite personnelle en sanctionnant le fait de faire obstacle au bon déroulement de la procédure, en s'abstenant volontairement de coopérer avec les organes de la procédure. Il s'agit là de sanctionner le débiteur ou le dirigeant qui se désintéresse complètement de la procédure et notamment du passif qu'il a créé en ne se rendant pas aux convocations des organes de la procédure et en empêchant notamment d'avertir les créanciers de l'ouverture de celle-ci, faute de remettre au mandataire judiciaire ou au liquidateur la liste de ses créanciers.

Enfin, l'article L. 653-5, 6° du code, en une seule disposition, rassemble tous les cas éparses de la législation précédente relatifs à la comptabilité. Sont désormais punissables indistinctement le débiteur personne physique et les dirigeants de la personne morale qui :

– auront fait disparaître des documents comptables ;

– n'auront pas tenu de comptabilité lorsque les textes applicables, légaux mais aussi désormais réglementaires, en font l'obligation. Ainsi, si la tenue d'une comptabilité n'est pas exigée, ce qui est le cas pour les personnes physiques agriculteurs, il n'y a pas place à sanction [3] ;

– auront tenu une comptabilité fictive, manifestement incomplète ou irrégulière au regard des dispositions applicables.

Si ces cas intéressent indistinctement les dirigeants de personne morale et les débiteurs personnes physiques, d'autres intéressent spécifiquement les premiers.

477. Cas intéressant spécifiquement les dirigeants de personne morale débitrice. L'article L. 653-4 du Code de commerce prévoit la possibilité pour le tribunal de prononcer la faillite personnelle de tout dirigeant de droit ou de fait d'une personne morale qui a commis l'un des faits visés à l'article L. 652-1 du Code de commerce,

---

1. B. Soinne, *op. cit.*, n° 2667.
2. A. Jacquemont, *op. cit.*, n° 447.
3. Y. Guyon, *op. cit.*, n° 1409.

c'est-à-dire les actes rendant possible la condamnation à l'obligation aux dettes sociales (v. ss n° 468).

L'article L. 653-6 du Code de commerce prévoit la possibilité pour le tribunal de prononcer la faillite personnelle du dirigeant de la personne morale qui n'a pas acquitté les dettes de celle-ci mises à sa charge. Ce cas reprend l'article L. 625-6 du code, tel qu'il résultait de la législation antérieure. Il sanctionne le dirigeant qui n'exécute pas la condamnation à combler le passif. Il s'agit là d'une mesure d'incitation du dirigeant à l'exécution de cette décision.

L'existence de cette disposition, sous l'empire de la législation antérieure, et sa rédaction identique, incitent à penser qu'elle peut être appliquée, comme sous l'empire de la législation antérieure, à l'action en responsabilité pour insuffisance d'actif [1], ainsi que, comme ne le laisserait pas nécessairement penser la lettre du texte de l'article L. 653-6 du code, en cas d'inexécution de l'obligation aux dettes sociales.

Les cas de faillite personnelle étant ainsi énoncés, il est possible d'envisager les effets de celle-ci.

§ 2. Les effets de la faillite personnelle

478. Effets de la faillite personnelle. Selon l'article L. 653-2 du Code de commerce, la faillite personnelle emporte interdiction de diriger, gérer, administrer ou contrôler, directement ou indirectement, toute entreprise commerciale ou artisanale, toute exploitation agricole ou toute entreprise ayant toute autre activité indépendante et toute personne morale. Il eut sans doute été plus simple, compte tenu de l'application aux professions libérales de la faillite personnelle, de poser l'interdiction de diriger, administrer ou contrôler toute entreprise indépendante. Observons que la faillite personnelle empêchera la direction, l'administration ou le contrôle d'une entreprise ayant une activité libérale soumise à des règles disciplinaires, alors que la sanction ne peut frapper de tels professionnels libéraux.

L'interdiction est, sur le terrain pénal, relayée par l'article L. 654-15 du code, qui punit le contrevenant à une peine d'emprisonnement de deux ans et/ou à une amende de 375 000 euros. En revanche, les actes accomplis par le failli restent parfaitement valables, la faillite personnelle ne créant aucune mesure d'incapacité [2], pas plus qu'elle n'instaure une incapacité d'ester en justice [3]. Cependant, le failli étant interdit de diriger une personne morale, ne peut valablement représenter celle-ci en justice [4]. En outre, le dirigeant social failli est **obligatoirement** privé du droit de vote dans la personne morale sous procédure collective, ce qui suppose la désignation d'un mandataire *ad hoc* (C. com., art. L. 653-9, al. 1), et **peut** même être évincé de l'actionnariat de la société par un mécanisme de cession forcée des parts (C. com., art. L. 653-9, al. 2).

---

1. A. Jacquemont, *op. cit.*, n° 907.
2. Cass. civ. 3e, 27 janv. 1999, *JCP E et A*, 1999, chron. 1866, obs. J. Moneger ; CA Paris, 13e ch. B, 9 oct. 1998, *D. Affaires* 1998, 1813, obs. A. Lienhard ; *RJ com.* 1999, 170, note Ph. Pétel; *adde :* F. Pérochon et R. Bonhomme, *op. cit.*, n° 442.
3. CA Paris, ord. 1er président, 9 juill. 1998, *RJ com.* 1999, 170, n° 1525, obs. Ph. Pétel.
4. Cass. com., 27 janv. 1998, *LPA* 8 juill. 1998, n° 91, p. 7, note Grosclaude ; CA Paris, 3e ch. B, 9 oct. 1998, *D. Affaires* 1998, 1813, obs. A. L.

Dans la version d'origine de la loi du 25 janvier 1985, l'article 194 prévoyait que la faillite personnelle emportait incapacité d'exercer une fonction publique élective [1]. Le Conseil constitutionnel, par décision du 15 mars 1999, a considéré inconstitutionnelle l'automaticité de l'incapacité d'exercice d'une fonction publique élective [2]. L'ordonnance de codification du 18 septembre 2000 a supprimé l'article 194 de la loi du 25 janvier 1985. La loi de sauvegarde rétablit l'incapacité publique élective en la rendant simplement facultative et en la limitant en outre à cinq ans, quelque que soit, au demeurant, la durée de la mesure de faillite personnelle (C. com., art. L. 653-10).

La loi de sauvegarde des entreprises a en revanche supprimé l'application des diverses déchéances complémentaires d'ordre professionnel, civique et honorifique attachées antérieurement à la faillite personnelle.

Enfin, la faillite personnelle présente un effet patrimonial, qui tient au fait que le débiteur personne physique ne pourra pas bénéficier de la règle instaurée par l'article L. 643-11-I du Code de commerce, édictant à l'encontre des créanciers soumis à la règle de l'arrêt des poursuites individuelles, une interdiction du droit de reprise des poursuites individuelles. La mesure de faillite personnelle a ainsi un impact patrimonial évident sur le débiteur personne physique, que n'a plus désormais, contrairement à la solution du droit antérieur, l'interdiction de gérer. Il s'est agi de ne pas dissuader les tribunaux de prononcer cette dernière mesure, en en limitant les effets, pour mieux distinguer le sort du débiteur incompétent de celui du débiteur malhonnête.

Section II
L'interdiction de gérer

L'interdiction de gérer peut être présentée comme un succédané de la faillite personnelle. Il convient d'en présenter d'abord les cas de prononcé (§ 1), avant d'envisager ses effets (§ 2).

§ 1. Les cas d'interdiction de gérer

479. Cas d'interdiction de gérer. Selon article L. 653-8, alinéa 1, du Code de commerce, le tribunal peut prononcer l'interdiction de gérer au lieu de la faillite personnelle dans tous les cas de prononcé de celle-ci.

En outre, l'article L. 653-8, alinéa 2, du Code de commerce prévoit la possibilité de prononcer cette mesure à l'encontre du débiteur ou du dirigeant de la personne morale qui, de mauvaise foi, n'aura pas remis au mandataire judiciaire, à l'administrateur ou au liquidateur, les renseignements qu'il est tenu de lui communiquer en application de l'article L. 622-6. Les obligations du débiteur ou du dirigeant de la personne morale débitrice sont plus étendues, sous l'empire de la loi de sauvegarde

1. Pour une application, v. Cass. com., 9 juill. 1996, *Bull. civ.* IV, n° 207.
2. Déc. Cons. const. n° 99.410, *JCP E et A,* 1999, chron. 1537, 6-B-19, obs. Ph. Pétel ; *D.* 2000, somm. 116, obs. G. Roujou de Boubée.

des entreprises, que sous l'empire de la législation antérieure. Auparavant, il s'agissait de la remise de la liste complète et certifiée de ses créanciers et du montant de ses dettes, qui devait être effectuée au représentant des créanciers, dans les huit jours du jugement d'ouverture. Désormais, il appartient au débiteur ou au dirigeant, de remettre, dans le mois suivant le jugement d'ouverture, non seulement au mandataire judiciaire, mais également à l'administrateur, la liste de ses créanciers, du montant de ses dettes et des principaux contrats en cours. Il doit en outre informer ces organes des instances en cours auxquelles le débiteur est partie. Ce texte assure une effectivité de la disposition de l'article L. 622-6 du Code de commerce, qui constitue une source très précieuse d'information des organes de la procédure, et qui permet notamment au mandataire judiciaire ou au liquidateur, d'informer les créanciers qui deviennent connus, de leur obligation de déclarer leurs créances.

Observons que ce texte fait partiellement double emploi avec un cas de faillite personnelle, qui tient à l'obligation pour le débiteur ou le dirigeant de la personne morale de collaborer avec les organes de la procédure (v. ss n° 476).

Enfin, constitue un cas d'interdiction de gérer et non plus comme sous l'empire de la législation antérieure, de faillite personnelle, l'omission de déclarer l'état de cessation des paiements dans le délai de quarante-cinq jours suivant l'apparition de cet état (C. com., art. L. 653-8, al. 3). Ce délai remplace l'ancien délai de 15 jours, édicté par la législation antérieure, aux fins de saisine du tribunal pour l'ouverture d'un redressement ou d'une liquidation judiciaire. Il est toutefois logiquement excepté le cas du débiteur ou dirigeant de la personne morale débitrice ayant saisi, dans ce même délai, le président du tribunal aux fins d'ouverture d'une procédure de conciliation (C. com., art. L. 653-8, al. 3, *in fine*), cette procédure ayant pour effet de suspendre ce délai.

Ce cas a été appliqué, sous l'empire de la législation antérieure, aux dirigeants de fait, lesquels ne sont pourtant pas habilités à déclarer l'état de cessation des paiements [1]. La solution est transposable sous l'empire de la législation nouvelle.

La date de cessation des paiements retenue par le tribunal dans le cadre de l'ouverture de la procédure s'imposera à la juridiction qui aura à statuer sur la mesure d'interdiction de gérer (Décr. 28 déc. 2005, art. 323, al. 2), contrairement à la solution de la législation antérieure, sous l'empire de laquelle une autonomie existait entre la fixation de la date de cessation des paiements dans le cadre du traitement des difficultés de l'entreprise et celle pouvant être retenue dans le cadre des sanctions, compte tenu de l'absence d'identité d'objets [2].

Si la mesure prononcée en première instance est une interdiction de gérer, la cour d'appel ne pourra aggraver la solution, sur appel du débiteur ou du dirigeant, en prononçant une faillite personnelle [3], l'inverse étant possible [4].

---

1. Cass. com., 6 janv. 1998, *Quot. jur.* 10 févr. 1998, p. 2 ; *Rev. proc. coll.* 1998, 307, n° 1, obs. F. Bach.
2. Cass. com., 20 mai 1997, *Rev. proc. coll.* 1998, 309, n° 3, obs. F. Bach ; Cass. com., 4 juill. 2000, *Act. proc. coll.* 2000/15, n° 198.
3. Cass. com., 5 avr. 1994, *Bull. Joly* 1994, 1213.
4. V. ainsi, CA Paris, 31 oct. 1997, *Rev. proc. coll.* 1998, 514, n° 5, obs. F. Bach.

L'interdiction de gérer peut, à titre de peine accessoire, être prononcée en cas de banqueroute (C. com., art. L. 654-6).

§ 2. LES EFFETS DE L'INTERDICTION DE GÉRER

480. Les effets de l'interdiction de gérer. L'interdiction de gérer constitue un diminutif de la faillite personnelle. Le tribunal pourra prononcer l'interdiction de diriger, gérer, administrer ou prendre le contrôle de toute entreprise commerciale, artisanale ou agricole, mais non de toute entreprise ayant une activité indépendante. Il peut également prononcer cette interdiction pour toute personne morale. Mais, et c'est l'un des intérêts de la mesure par rapport à la faillite personnelle — sanction non modulable quant à la portée des interdictions —, le tribunal peut décider de n'exclure l'intéressé que de certaines activités, par exemple les activités commerciales, ou encore lui interdire la direction de sociétés [1], en limitant, s'il le décide, l'interdiction à la direction de certaines sociétés [2].

L'interdiction de gérer ne crée pas d'incapacité à l'encontre de la personne qui en est frappée. En revanche, comme en matière de faillite personnelle, l'interdit de gérer, dirigeant social, est privé du droit de vote dans la personne morale débitrice et s'expose à une cession forcée de ses parts et actions (C. com., art. L. 653-9, al. 1 et 2 ; *adde* ss n° 478).

L'interdiction de gérer n'emporte pas l'incapacité publique élective qui n'est facultativement attachée qu'à la faillite personnelle.

De manière innovante, l'article L. 653-11, alinéa 4, du code prévoit que le relèvement de l'interdiction de gérer est possible — il y aura ici un pouvoir d'appréciation du tribunal — si la personne frappée par la mesure d'interdiction de gérer, et non par celle de faillite personnelle, présente toutes garanties démontrant sa capacité à diriger ou contrôler l'une ou plusieurs des entreprises pour lesquelles l'interdiction de gérer a été prononcée. L'article 326, alinéa 1, du décret du 28 décembre 2005 apporte un éclairage sur ces garanties, en prévoyant que cette garantie pourra consister en une formation professionnelle.

---

1. V. ainsi, pour une interdiction limitée à la seule direction des personnes morales pendant 20 ans, CA Paris, 25 sept. 1990, *D.* 1990, IR, 229.
2. V. ainsi, CA Paris, 6 févr. 1996, *Bull. Joly* 1996, 401, note Lepeltier ; CA Paris, 31 oct. 1997, *Rev. proc. coll.* 1998, 514, n° 5, note F. Bach.

Titre II

Les sanctions pénales

De manière traditionnelle, la législation nouvelle contient un arsenal répressif, qui a peu évolué par rapport à la législation précédente, au point qu'un auteur a pu évoquer « la non-réforme des sanctions pénales [1] ».

La banqueroute (Sous-titre 1) est incontestablement la sanction pénale la plus caractéristique du droit des procédures collectives. D'autres infractions peuvent également être relevées à l'encontre de diverses personnes (Sous-titre 2).

Ces sanctions pénales obéissent à certaines règles procédurales qu'il conviendra d'examiner de façon préalable (Sous-titre préliminaire).

1. C. Robaczewski, « La non-réforme des sanctions pénales dans la loi de sauvegarde des entreprises », *Gaz. Pal.* 9-10 sept. 2005, n° spéc. p. 48.

Sous-titre préliminaire

Règles procédurales

481. Prescription de l'action publique — Saisine de la juridiction répressive. L'article L. 654-16 du Code de commerce énonce que, dans le cadre de toutes les infractions envisagées au présent chapitre, « *la prescription de l'action publique ne court que du jour du jugement ouvrant la procédure de sauvegarde, de redressement judiciaire ou de liquidation judiciaire lorsque les faits incriminés sont apparus avant cette date* ». Cette formulation permet de régler une difficulté résultant de la législation précédente tenant à l'absence de visa par la loi du 10 juin 1994 de la liquidation judiciaire immédiate.

Ces infractions qui constituent des délits se prescrivent par trois ans (C. pr. pén., art. 8).

L'article L. 654-17 du Code de commerce précise, de façon limitative [1], les personnes ayant qualité pour saisir la juridiction répressive. La juridiction pénale peut être saisie par l'action publique du ministère public. L'article L. 654-18 du code offre d'ailleurs au ministère public la possibilité de requérir de l'administrateur ou du liquidateur la remise de tous les actes et documents détenus par ces derniers. Cette prérogative a pour objectif d'assurer une effectivité des poursuites.

La juridiction répressive peut également être saisie par la voie d'une constitution de partie civile qui peut être l'œuvre de tous les mandataires de justice (administrateur judiciaire, mandataire judiciaire, liquidateur et commissaire à l'exécution du plan), ou encore du représentant des salariés.

La loi de sauvegarde des entreprises ajoute à cette liste les contrôleurs nommés, qui pourront agir, s'ils sont au moins deux et à la majorité, dans les mêmes conditions que pour le déclenchement de l'action en responsabilité pour insuffisance d'actif (C. com., art. L. 654-17 ; Décr. 28 déc. 2005, art. 327 ; v. ss n° 458).

Sous cette réserve, un créancier ne peut individuellement déclencher l'action civile, à moins que conformément à la règle classique en notre matière, ce créancier

1. Cass. crim. 20 févr. 1997, *Bull. crim.*, n° 72. L'irrecevabilité de l'action sera cependant écartée par le juge du fond, si une ordonnance de renvoi devant le juge correctionnel a été rendue à l'initiative d'une personne sans qualité pour saisir la juridiction, Cass. crim. 5 mai 1997, *Bull. crim.*, n° 72 ; *Rev. sociétés* 1998, 127, obs. B. Bouloc.

ne démontre l'existence d'un préjudice spécial, que ne partage pas la collectivité des créanciers [1].

Aucune disposition ne règle le sort des sommes recueillies dans le cadre de l'action. Elles intègrent le patrimoine du débiteur. Il ne semble pas qu'elles puissent être affectées à la continuation de l'activité [2], de sorte qu'elles doivent faire l'objet d'une distribution immédiate aux créanciers.

Ces quelques règles procédurales précisées, il convient maintenant de s'attacher à l'étude des diverses infractions pouvant être retenues dans le cadre des procédures collectives.

1. Cass. crim. 11 oct. 1993, *Bull. crim.*, n° 283 ; *Rev. sociétés* 1994, 303, note B. Bouloc.
2. *Contra* : Derrida, Godé et Sortais, *op. cit.*, n° 624.

Sous-titre 1

La banqueroute

482. Généralités — Conditions préalables au prononcé de la banqueroute. La banqueroute, dont on trouve l'origine en Italie au temps de la Renaissance, trouve ses racines dans l'expression « *banca rotta* » traduite par le « banc rompu », qui signifie que l'intéressé ne pouvait plus siéger aux assemblées de marchands.

Il convient d'abord de préciser que l'ouverture de la procédure collective à l'encontre de l'intéressé, de la personne morale qu'il dirigeait, ou de la personne morale que dirigeait la personne morale qu'il représentait de façon permanente, est une condition du prononcé de la banqueroute (C. com., art. L. 654-2). Le texte vise l'ouverture d'un redressement ou d'une liquidation judiciaire. La banqueroute est donc inconcevable dans la procédure de sauvegarde, ce qui constitue l'une des multiples illustrations de la volonté du législateur de privilégier la sauvegarde par rapport au redressement judiciaire, le débiteur ou le dirigeant de la personne morale débitrice n'encourant pas les mêmes risques dans ces deux procédures.

Tous les cas de banqueroute supposent l'intention délictueuse de leur auteur [1].

La tentative de banqueroute n'est pas punissable [2] puisqu'elle n'a pas été spécialement prévue par les textes.

Dès lors que les agissements délictueux ont été accomplis après la date de cessation des paiements, les délits spéciaux du droit des affaires, si leurs éléments constitutifs sont identiques à ceux de la banqueroute, sont absorbés par celle-ci. Ainsi, si les agissements délictueux ont été accomplis après la date de cessation des paiements, une poursuite pour abus de biens sociaux à l'encontre d'un dirigeant ne peut plus prospérer après ouverture de la procédure à l'encontre de la personne morale [3]. En revanche, si les agissements sont antérieurs, la poursuite pourra être effectuée sur le fondement du délit d'abus de biens sociaux et non pas de banqueroute, à moins que ces agissements n'aient été à l'origine de la cessation des paiements, auquel cas seule l'infraction de banqueroute sera applicable [4].

---

1. Sur l'élément moral de l'infraction, v. M.-C. Sordino, *Le délit de banqueroute-contribution à un droit pénal des procédures collectives*, Litec, coll. « Bibl. dr. entr. », t. 34, n°s 372 et s.

2. Ripert et Roblot, par Delebecque et Germain, *op. cit.*, n° 3324.

3. Cass. crim. 27 oct. 1999, *JCP E et A*, 2000, jur. 1045, note J.-H. Robert ; *Act. proc. coll.* 2000/7, n° 82 ; *adde* : C. Mascala, « Les sanctions applicables aux dirigeants », *LPA* 6 sept. 2000, n° 178, p. 50 et s., spéc. 51.

4. F. Pérochon et R. Bonhomme, *op. cit.* n° 449.

Il convient de déterminer le domaine de la banqueroute (Chapitre 1) puis de s'intéresser aux peines encourues au titre de la banqueroute (Chapitre 2).

Chapitre 1

Le domaine de la banqueroute

Doivent d'abord être précisées les personnes pouvant être sanctionnées au titre de la banqueroute (Section I), puis seront examinés les cas de banqueroute (Section II).

Section I
Les personnes pouvant être sanctionnées au titre de la banqueroute

483. Les personnes pouvant être sanctionnées au titre du délit de banqueroute — Complicité. Toutes les personnes susceptibles d'être déclarées en redressement ou en liquidation judiciaire peuvent être sanctionnées, puisque l'article L. 654-1, 1° du Code de commerce vise « *tout commerçant, agriculteur, toute personne immatriculée au répertoire des métiers et,* [ajout de la loi de sauvegarde des entreprises], *toute personne exerçant une activité professionnelle indépendante, y compris une profession libérale soumise à un statut législatif ou réglementaire ou dont le titre est protégé* ». Ce visa large permet d'englober les artisans et commerçants de fait. On notera que l'exclusion de certains professionnels libéraux en matière de faillite personnelle n'existe pas ici.

L'article L. 654-1, 2° du code vise ensuite les personnes ayant directement ou indirectement, en droit ou en fait, dirigé ou liquidé une personne morale de droit privé. Peu importe, contrairement à la solution posée par la législation antérieure, que la personne morale ait une activité économique. Le texte n'exige pas que les dirigeants aient été personnellement placés en redressement ou en liquidation judiciaire [1]. La sanction s'applique également aux dirigeants de fait [2].

L'article L. 654-1, 3° du code vise encore les personnes physiques représentants permanents de personnes morales.

Enfin, l'article L. 654-7-I du code prévoit que les personnes morales peuvent être déclarées pénalement responsables, dans les conditions prévues à l'article 121-2 du Code pénal, des infractions prévues par les articles L. 654-3 et L. 654-4 du Code de commerce.

---

1. *Contra* : Y. Guyon, *op. cit.*, n° 1416.
2. V. ainsi, pour l'absence de comptabilité, Cass. crim. 7 déc. 1992, *Bull. crim.*, n° 402.

Les complices du banqueroutier sont punis des peines de la banqueroute, quelle que soit leur qualité (C. com., art. L. 654-3, al. 2).

Deux catégories de personnes sont particulièrement exposées à être complices du banqueroutier.

Il s'agit d'abord des experts-comptables ou des commissaires aux comptes [1] qui ont procuré de l'aide à la tenue d'une comptabilité irrégulière, source de grave préjudice pour les créanciers, spécialement les établissements de crédit, qui auront accordé des concours au vu de documents comptables ayant reçu le visa du commissaire aux comptes [2].

Il s'agit ensuite des banquiers, catégorie classique de complices du banqueroutier [3], en fournissant au débiteur des moyens ruineux pour se procurer des fonds, dans l'intention d'éviter ou de retarder l'ouverture de la procédure collective [4].

Section II
Les cas de banqueroute

484. Les cas de banqueroute. L'article L. 654-2 du Code de commerce prévoit cinq cas de banqueroute :

– 1er cas : Le premier cas de banqueroute est constitué par le fait d'avoir « *dans l'intention d'éviter ou de retarder l'ouverture de la procédure de redressement judiciaire, soit fait des achats en vue d'une revente au-dessous du cours, soit employé des moyens ruineux pour se procurer des fonds* ». Ces deux types de faits ont en commun de poursuivre l'objectif de ne pas se soumettre à une procédure collective ou de s'y soumettre le plus tard possible. Notons que maladroitement le texte ne vise que l'ouverture du redressement judiciaire, laissant sans sanction l'hypothèse d'un retard dans l'ouverture d'une liquidation judiciaire immédiate.

Il s'agit par ailleurs d'un cas de faillite personnelle (C. com., art. L. 653-5, 2° visant d'ailleurs explicitement la liquidation judiciaire).

L'élément moral constitutif du délit est trouvé dans la volonté d'éviter ou de retarder l'ouverture de la procédure [5]. L'élément matériel de l'infraction résulte du préjudice qui en découle pour le débiteur.

L'emploi de moyens ruineux pour se procurer des fonds, qui constitue la deuxième série de faits visés par l'article L. 654-2, 1° du code peut par exemple être constitué

---

1. V. E. du Pontavice, « Commissaires aux comptes, experts-comptables et complicité du délit commis par les dirigeants sociaux », *Rev. sociétés* 1988, 489.
2. Cass. crim. 24 janv. 1994, cité par B. Soinne, *op. cit.*, note 10329-1.
3. V. Mouly, « La responsabilité pénale du banquier en cas de banqueroute de son client », *D.* 1984, chron. 32 ; Koering-Joulin, « L'élément moral de la complicité par fourniture de moyens ruineux », *D.* 1980, chron. 231 ; Y. Letartre, « Le banquier complice », *RD banc. et bourse* 1988, 192 ; C. Ducouloux-Favard, « Banqueroute par moyens ruineux et complicité des établissements financiers au regard du Nouveau Code pénal », *LPA* 6 oct. 1993, 61.
4. En matière d'escompte de traites fictives : Cass. crim. 13 nov. 1989, *Rev. proc. coll.* 1990, 287, obs. J. Devèze.
5. V. en l'absence de preuve de cet élément intentionnel, CA Paris, 22 avr. 1992, *Gaz. Pal.* 1992, II, 520, note J.-P. Marchi.

en cas d'escompte de fausses factures ou de traites de complaisance [1] ou encore d'opérations de cavalerie [2], ou enfin de souscription d'un très grand nombre de prêts [3].

– 2e cas : Le deuxième cas de banqueroute est constitué par le fait d'avoir détourné ou dissimulé tout ou partie de l'actif du débiteur (C. com., art. L. 654-2, 2°). Ces dissipations doivent être effectuées volontairement par l'une des personnes énoncées à l'article L. 654-1 [4]. L'intérêt d'un groupe de sociétés n'a pas été considéré comme un élément justificatif de l'infraction [5].

En méconnaissance des règles régissant les effets de la clause de réserve de propriété qui suspend le transfert de propriété à l'acheteur jusqu'au paiement complet du prix, l'infraction de banqueroute a été retenue contre le dirigeant d'une société, auquel il a été reproché d'avoir vendu des véhicules achetés sous clause de réserve de propriété à un prix inférieur au prix d'achat. Il a été, pour cela, considéré que les biens incriminés faisaient partie du patrimoine de la société [6]. Ce cas est, par ailleurs, un cas de prononcé de la faillite personnelle (C. com., art. L. 653-3, 3°) et d'obligation aux dettes sociales (C. com., art. L. 652-1, 5°).

– 3e cas : Le troisième cas de banqueroute est constitué par le fait d'avoir frauduleusement augmenté le passif du débiteur. Ce cas, prévu par l'article L. 654-2, 3° du code donne rarement lieu à des poursuites. Il s'agit également d'un cas de faillite personnelle (C. com., art. L. 653-3, 3°) et d'obligation aux dettes sociales (C. com., art. L. 652-1, 5°). Cette infraction est ici commise par des complices de l'auteur du délit [7] percevant des sommes indues dans la procédure collective, qu'ils restitueront plus tard au débiteur.

– 4e cas : L'avant-dernier cas de banqueroute visé par le texte consiste dans le fait d'avoir tenu une comptabilité fictive [8], d'avoir fait disparaître des documents comptables de l'entreprise ou de la personne morale ou de s'être abstenu de toute tenue de comptabilité [9] lorsque les textes — légaux ou réglementaires faute de distinction depuis la loi de sauvegarde des entreprises — en font l'obligation (C. com., art. L. 654-2, 4°). Ce cas de banqueroute vise à réprimer les comportements par lesquels les intéressés essayent de faire disparaître la preuve d'engagements ayant

---

1. Cass. crim. 6 déc. 1993, *Bull. crim.*, n° 370.
2. Cass. crim. 19 sept. 1994, *Bull. Joly* 1994, 1309, note J.-F. Barbiéri.
3. Cass. crim.12 mars 1998, *D. Affaires* 1998, 962 ; au contraire, la souscription d'un seul prêt par une société en état de cessation des paiements depuis trois ans a été jugée insuffisante, Cass. crim. 26 sept. 1996, *Bull. Joly* 1997, 112, note J.-F. Barbiéri ; *LPA* 22 sept. 197, n° 114, p. 13, note Likillimba.
4. Cass. crim. 10 mai 1993, *Bull. crim.*, n° 168.
5. Cass. crim. 27 avr. 2000, *Act. proc. coll.* 2000/13, n° 170 ; *D.* 2000, AJ, 327, obs. A. Lienhard ; *RTD com.* 2000, 746, obs. B. Bouloc ; *LPA* 9 avr. 2001, n° 70, p. 13, note M.-C. Sordino ; *JCP E*, 2001, chron. 947, obs. E. Fortis et Y. Muller ; *D.* 2002, somm. 206, obs. J.-P. Sortais.
6. Cass. crim. 20 oct. 2004, n° 03-85.238, *Bull. crim.* n° 249, *D.* 2005, somm. comm. 2081, obs. P. Crocq ; *RTD com.* 2005, 429, n° 4, obs. B. Bouloc ; *AJ pénal* 2005, 22, obs. J. Coste.
7. Y. Guyon *op. cit.*, n° 1417.
8. Sur la question, v. Eichel, « Point de vue sur la comptabilité fictive », *Gaz. Pal.* 1987, II, doctr. 481.
9. Sur la question, v. J. Devèze, « Abstention de tenue de toute comptabilité », *Rev. proc. coll.* 1989, 599.

généralement comme contrepartie l'introduction dans le patrimoine du débiteur d'un élément d'actif, qu'il serait tentant de soustraire au gage des créanciers [1].

N'étant pas astreint à la tenue d'une véritable comptabilité, les artisans et agriculteurs ne peuvent se voir reprocher l'abstention de tenue d'une comptabilité [2]. En revanche, lorsqu'ils auront tenu une comptabilité, ils pourront se voir appliquer la disposition de l'article L. 654-2, 4° du code pour les deux autres séries d'agissements visés par le texte.

L'infraction a été considérée comme établie si la présentation des documents comptables antérieurement sollicitée n'intervient qu'après citation devant le tribunal correctionnel [3], ce qui semble aller au-delà du texte et donc du principe de légalité des délits et des peines [4]. Identiquement, l'infraction a été retenue alors que l'existence de la comptabilité n'était pas discutée, mais qu'elle n'avait pas spontanément été produite au mandataire. Ce dernier avait été invité à s'en saisir lui-même, alors que les pièces comptables avaient été stockées dans un endroit difficile d'accès [5]. L'interprétation stricte de la loi pénale ne semble pas avoir été complètement respectée, car la non présentation de la comptabilité n'est pas au rang des faits punissables [6].

– 5e cas : Le cinquième et dernier cas de banqueroute visé à l'article L. 654-2, 5° du code consiste en la tenue d'une comptabilité manifestement incomplète ou irrégulière au regard des dispositions légales. L'adverbe « manifestement » suppose que l'irrégularité soit d'une certaine importance [7], ce à quoi devraient veiller les juridictions répressives [8].

---

1. B. Soinne, *op. cit.*, n° 2762.
2. Y. Guyon, *op. cit.*, n° 1409 ; J. Vallansan, *op. cit.*, sous art. 197, p. 297.
3. Cass. crim. 19 janv. 2000, *Bull. crim.*, n° 29 ; *RTD com.* 2000, 744, n° 11, obs. B. Bouloc ; *Rev. sociétés* 2000, 575, note crit. B. Bouloc.
4. B. Bouloc, note sous Cass. crim. 19 janv. 2000, *Rev. sociétés* 2000, 575.
5. Cass. crim. 25 févr. 2004, *RTD com.* 2004, 610, n° 13, obs. C. Mascala ; *JCP E*, 2005, 736, p. 819, n° 6, obs. Y. Muller.
6. En ce sens, C. Mascala, sous Cass. crim. 25 févr. 2004, *RTD com.* 2004, 610, n° 13.
7. C. Saint-Alary-Houin, *op. cit.*, n° 1125.
8. V. J.-H. Robert, « Banqueroute et autres infractions : commentaire des dispositions pénales de la loi n° 2005-845 du 26 juillet 2005 », *Dr. pén.* 2005, étude 15, n° 7.

Chapitre 2

Les peines de la banqueroute

485. Peines de la banqueroute. L'article L. 654-3, alinéa 1, du Code de commerce punit le banqueroutier de 5 ans d'emprisonnement et d'une amende de 75 000 euros. L'alinéa 2 punit des mêmes peines le complice. Si ces personnes sont dirigeants d'une entreprise prestataire de services d'investissement (sociétés de bourse), ces peines sont portées à sept ans et à 100 000 euros d'amende.

À titre de peine complémentaire, le banqueroutier encourt l'interdiction des droits civiques, civils et de famille. Il encourt également l'interdiction, pour cinq ans, d'exercer une fonction publique ou d'exercer directement ou indirectement l'activité professionnelle ou sociale dans l'exercice ou à l'occasion de l'exercice de laquelle l'infraction de banqueroute a été commise. Il encourt encore l'exclusion des marchés publics, et l'interdiction d'émettre des chèques.

En outre, la faillite personnelle ou l'interdiction de gérer peut être prononcée à l'encontre du banqueroutier (C. com., art. L. 654-6 — v. ss n° 473).

L'article L. 654-7-II du code précise les peines applicables aux personnes morales pénalement responsables en suivant les modalités de l'article 131-38 du Code pénal qui prévoit, pour la personne morale, un quintuplement de l'amende. Elle sera par principe de 375 000 euros et, pour les sociétés de bourse, de 525 000 euros.

L'article L. 654-7-III prévoit en outre l'application des peines mentionnées à l'article 131-39 du Code pénal. Selon ce texte, la personne morale pourra se voir appliquer une interdiction, à titre définitif ou pour une durée de cinq ans au plus, d'exercer directement ou indirectement les activités professionnelles ou sociales à l'occasion desquelles l'infraction de banqueroute a été commise. La personne morale pourra en outre être exclue des marchés publics à titre définitif ou pour cinq ans. Le texte permet enfin de confisquer la chose qui a servi ou qui était destinée à commettre l'infraction ou qui est le produit de l'infraction.

Le Code de commerce édicte, outre la banqueroute, un certain nombre d'autres infractions commises par le débiteur ou par les dirigeants de la personne morale débitrice.

Sous-titre 2

Les infractions autres que la banqueroute

Les autres infractions pénales sont posées par les articles L. 654-8 à L. 654-15 du Code de commerce. Sont visés les paiements irréguliers, mais aussi certains autres actes.

Certaines infractions sont commises par le débiteur, les dirigeants et les représentants permanents de la personne morale dirigeante de la personne morale débitrice (Chapitre 1). D'autres sont commises par diverses autres personnes, que nous désignerons sous le vocable de tiers (Chapitre 2).

Chapitre 1

Les infractions commises par le débiteur, les dirigeants et représentants permanents de la personne morale dirigeante

486. Paiements irréguliers effectués [1]**.** L'article L. 654-8, 1°, du Code de commerce punit le débiteur, le dirigeant de droit ou de fait d'une personne morale débitrice, ainsi que le représentant permanent personne physique d'une personne morale dirigeante qui effectuent un paiement irrégulier.

Sont sanctionnés les paiements interdits de créances antérieures effectués en période d'observation, par ailleurs sanctionnés d'un point de vue civil par la nullité posée à l'article L. 622-7, alinéa 4, du code. La loi de sauvegarde punit également les paiements de créances postérieures non éligibles au traitement préférentiel réservé aux créances postérieures, à l'exception des paiements de dettes alimentaires ou liés aux besoins de la vie courante du débiteur personne physique. On mesure ici le caractère relativement imprévisible de la sanction pénale, au regard de la difficulté d'appréhension de la notion de créance postérieure éligible au traitement préférentiel. La constitutionnalité de l'infraction peut être discutée du fait de l'absence de prévisibilité de la règle de droit, alors surtout que l'on est sur le terrain pénal. Les faits ici visés supposent en effet une connaissance par l'intéressé du caractère délictueux de ses agissements.

Échappent à la sanction les paiements effectués en liquidation judiciaire.

Puisque seuls les paiements interdits sont visés, le paiement autorisé par le juge-commissaire au titre d'une transaction ou d'un retrait d'un gage ou d'une chose retenue ne tombe par sous le coup de la sanction pénale [2].

L'article L. 654-8, 2° du code sanctionne également les paiements effectués en contravention avec les dispositions du plan de sauvegarde ou de redressement.

Les faits prévus par l'article L. 654-8 sont sanctionnés par une peine d'emprisonnement de deux ans et une amende de 30 000 euros.

L'article L. 654-11, 1° du code oblige la juridiction répressive saisie, même en cas de relaxe, à statuer d'office sur la réintégration des paiements irréguliers dans le

1. E. Le Corre-Broly, « Les éléments constitutifs de l'infraction de paiements interdits dans le droit des procédures collectives », *Banque et droit* 2004/96 (juill.-août), p. 1.
2. Ripert et Roblot, par Delebecque et Germain, *op. cit.*, n° 3038.

patrimoine du débiteur ainsi que sur les dommages et intérêts réclamés, lesquels seront attribués à l'entreprise débitrice si le préjudice est collectif, au créancier agissant individuellement si le préjudice lui est propre [1].

487. Autres actes interdits accomplis. L'article L. 654-8, 1° du code prohibe de la part du débiteur personne physique, du dirigeant de la personne morale et de la part du représentant permanent de la personne morale dirigeant de la personne débitrice, les actes de disposition ainsi que les constitutions d'hypothèques ou de nantissement, dès lors qu'ils ne sont pas autorisés par le juge-commissaire.

L'article L. 654-8, 2° du code sanctionne aussi les actes d'aliénation, sans autorisation du tribunal, de biens déclarés inaliénables par le jugement arrêtant le plan de sauvegarde ou de redressement.

L'élément moral de l'infraction doit exister.

Ici encore, la juridiction répressive, même en cas de relaxe, statuera d'office sur la réintégration dans le patrimoine du débiteur de tous les biens, droits et actions frauduleusement soustraits et statuera sur les dommages et intérêts qui seront demandés.

L'article L. 654-14 du code punit des peines de la banqueroute les dirigeants de droit ou de fait de la personne morale débitrice, ainsi que les représentants permanents de la personne morale dirigeante qui ont accompli deux catégories d'actes préjudiciables aux créanciers. Ce cas est également applicable à toute personne exerçant une activité commerciale, artisanale, agricole ou toute autre activité indépendante, sous le nom d'autrui ou sous un nom supposé (C. com., art. L. 654-9, al. dern.).

Il s'agit, d'une part, des détournements ou des dissimulations de biens leur appartenant [2]. Le but du détournement ou de la dissipation est prévu par le texte. L'intéressé doit chercher à soustraire des éléments de son patrimoine aux poursuites de la personne morale, à celle de ses associés ou à celle de ses créanciers.

Le second type d'actes consiste pour l'intéressé à se reconnaître frauduleusement débiteur de sommes qu'il ne doit pas.

488. Exercice d'une activité professionnelle ou des fonctions au mépris de la faillite personnelle ou de l'interdiction de gérer. Afin d'assurer le respect de l'interdiction d'exercer une activité professionnelle, une activité de direction, de contrôle, de gestion ou d'administration d'une personne morale, résultant du prononcé de l'interdiction de gérer ou de la faillite personnelle, l'article L. 654-15 du Code de commerce punit d'une peine d'emprisonnement de deux ans et d'une amende d'un montant identique à celle posée en matière d'abus de confiance (375 000 euros) la personne qui, au mépris de l'interdiction, a exercé une activité interdite. Le texte a spécialement vocation à s'appliquer au dirigeant de fait, qui se cache derrière un prête-nom, dirigeant de droit, pour exercer l'activité interdite.

---

1. Derrida, Godé et Sortais, *op. cit.*, n° 484-*bis* ; B. Soinne, *op. cit.*, n° 2781.
2. L'infraction analysée peut être rapprochée de celle prévue à l'article 314-7 du Code pénal, c'est-à-dire l'organisation frauduleuse de son insolvabilité.

Après avoir énoncé qu'elles étaient les infractions pouvant être commises par le débiteur et les dirigeants de la personne morale débitrice ainsi que par les représentants permanents de la personne morale dirigeant de la personne débitrice, il convient de s'intéresser aux infractions commises par des tiers.

Chapitre 2

Infractions commises par les tiers

Certaines infractions sont commises par des personnes de l'environnement du débiteur ou des personnes pouvant être condamnées à la banqueroute (Section I), d'autres par les intervenants de la procédure (Section II).

Section I *Infractions commises par des personnes de l'environnement du débiteur ou des personnes pouvant être condamnées à la banqueroute*

Il est possible de distinguer ici les infractions commises par des proches du débiteur (§ 1), et les infractions commises par des créanciers ou cocontractants (§ 2).

§ 1. Infractions commises par des proches du débiteur

489. Infractions commises par des parents ou alliés du débiteur. L'article L. 654-10 du Code de commerce punit des peines applicables à l'abus de biens sociaux (C. pén., art. 314-1), c'est-à-dire d'un emprisonnement de trois ans et d'une amende de 375 000 euros, le conjoint, les descendants ou ascendants, ainsi que les collatéraux ou alliés des personnes susceptibles de se voir appliquer les peines de la banqueroute visées par l'article L. 654-1.

Les faits incriminés sont le détournement, le divertissement ou le recel des actifs dépendant de la procédure de sauvegarde ou de redressement judiciaire. En revanche, ces mêmes agissements ne sont pas en tant que tels punis dans la procédure de liquidation judiciaire, mais peut s'appliquer l'infraction de l'article L. 654-2, 2°, les proches du débiteur jouant alors le rôle de complices. Peu importe que les agissements visés profitent à la personne poursuivie ou seulement au débiteur [1].

L'article L. 654-11 du code est ici applicable (sur ce texte, v. ss n° 486).

490. Infractions commises par des prête-noms. L'article L. 654-9, 3° du Code de commerce punit des peines de la banqueroute les personnes qui exercent une activité

---

1. Ripert et Roblot, par Delebecque et Germain, *op. cit.*, n° 3331 ; B. Soinne, *op. cit.*, n° 2772.

commerciale, agricole, artisanale ou toute autre activité indépendante sous le nom d'autrui ou sous un nom supposé. Les agissements réprimés sont ceux visés à l'article L. 654-14 du code (v. ss n° 487).

491. Infractions commises par des proches des personnes pouvant être sanctionnées pour banqueroute. L'article L. 654-9, 1° du Code de commerce punit des peines de la banqueroute les personnes qui, dans l'intérêt des personnes susceptibles d'être condamnées à la banqueroute — ce qui vise le débiteur personne physique, mais aussi les dirigeants de la personne morale débitrice et les représentants permanents de la personne morale dirigeante de la personne morale débitrice —, ont soustrait, recelé ou dissimulé tout ou partie des biens meubles ou immeubles de ces personnes.

L'article L. 654-9, 2° du code punit également des peines de la banqueroute, les personnes qui déclarent frauduleusement dans la sauvegarde, le redressement et la liquidation judiciaire, des créances supposées. Cette manœuvre a pour but d'augmenter la masse des créances chirographaires et doit permettre au créancier supposé de participer à une répartition chirographaire, et de conduire ensuite à une restitution totale ou partielle de la somme reçue au débiteur ou au dirigeant de la personne morale débitrice. Il s'agit là d'une forme d'escroquerie.

On rappellera l'application, pour ces infractions, de l'article L. 654-11 du code (v. ss n° 486).

§ 2. INFRACTIONS COMMISES PAR DES CRÉANCIERS OU COCONTRACTANTS

492. Paiements reçus et autres actes auxquels ont participé des partenaires du débiteur. L'article L. 654-8, 3° du Code de commerce sanctionne les personnes qui, pendant la période d'observation, ont passé avec le débiteur, un des actes énumérés aux articles L. 654-8, 1° et 2°.

Il s'agit d'abord de recevoir un paiement irrégulier, c'est-à-dire un paiement d'une créance non mentionnée au I de l'article L. 622-17. Le paiement irrégulier vise donc non seulement les créances antérieures au jugement d'ouverture, mais encore les créances postérieures non éligibles au traitement préférentiel autres qu'alimentaires ou correspondant aux besoins de la vie courante du débiteur. Il s'agit encore de recevoir un paiement en cours d'exécution d'un plan de sauvegarde ou de redressement, dans des conditions autres que celles prévues à ce plan. Il s'agit aussi de la conclusion d'un contrat emportant cession d'un bien du débiteur déclaré inaliénable dans le plan de sauvegarde ou de redressement.

Il s'agit enfin, sans l'autorisation du juge-commissaire, de prendre une hypothèque ou un nantissement sur un bien du débiteur ou de participer à un acte de disposition d'un bien du débiteur.

493. Conventions comportant un avantage particulier. L'article L. 654-13, alinéa 1, du Code de commerce punit des peines de l'abus de confiance (C. pén., art. 314-1), c'est à dire trois ans d'emprisonnement et 375 000 euros d'amende, le fait pour un créancier de passer, après le jugement d'ouverture de sauvegarde, de redressement ou de liquidation judiciaire, une convention présentant un avantage particulier à la charge du débiteur.

L'intéressé doit être créancier.

La convention doit avoir été conclue après le jugement d'ouverture.

La notion d'« avantage particulier » doit s'apprécier objectivement. Est ici en cause la règle de l'égalité des créanciers, qui interdit de traiter différemment des créanciers dans une situation identique.

L'article L. 654-13, alinéa 2, du code prévoit en outre la nullité de la convention comportant l'avantage particulier.

Section II
Infractions commises par les intervenants de la procédure [1]

494. Infractions spécifiques aux mandataires de justice [2]**.** L'article L. 654-12-I du Code de commerce punit des peines de l'abus de confiance aggravé (C. pén., art. 314-2), c'est-à-dire un emprisonnement de sept ans et une amende de 750 000 euros, les administrateurs, mandataires judiciaires, liquidateurs et commissaires à l'exécution du plan qui auront accompli les faits visés suivants.

L'article L. 654-12-I, 1° du code vise d'abord le fait de porter volontairement atteinte aux intérêts des créanciers ou du débiteur, par deux types d'agissements. Le premier consiste en l'utilisation à son profit des sommes perçues dans l'accomplissement de sa mission (détournements de fonds). Le second réside dans le fait de se faire attribuer des sommes qu'il savait ne pas être dues. Cette incrimination peut permettre de lutter contre le non-respect du barème d'honoraires par le professionnel ou encore contre la corruption.

L'article L. 654-12-I, 2° du code sanctionne le mandataire de justice qui, dans son intérêt [3], et en connaissance de cause, fait de ses pouvoirs un usage contraire aux intérêts du débiteur ou des créanciers, par exemple, le fait de faire appel au service d'intervenants extérieurs payés par le débiteur, et qui accomplissent une partie des tâches incombant au mandataire [4].

495. Acquisition ou utilisation des biens du débiteur. L'article L. 654-12-II punit également des peines de l'abus de confiance aggravé (C. pén., art. 314-2), c'est-à-dire un emprisonnement de sept ans et une amende de 750 000 euros, les mandataires de justice ci-dessus visés (v. ss n° 494), ainsi que toute personne, ayant participé à un titre quelconque à la procédure et qui se seront rendus acquéreurs pour leur compte,

---

1. V. C.-H. Gallet, « Le nouvel article 207 de la loi du 25 janvier 1985 », *LPA* 17 août 1987, p. 20.
2. C. Freyria, « La notion de malversation », *Rev. proc. coll. civ. et com.* 2000, 174.
3. V. relaxant l'intéressé, en l'absence d'intérêt personnel, Cass. crim. 5 mai 1999, *Rev. proc. coll. civ. et com.* 2000, 74, n° 4, obs. B. Soinne.
4. Cass. crim., 26 sept. 2001, *D.* 2001, AJ, 3198, obs. A. Lienhard ; *D.*, 2002, somm. com. 208, obs. F. Derrida ; *LPA* 8 janv. 2002, n° 6, p. 20, note T. Montéran ; *RTD Com.* 2002, 381, n° 5, obs. B. Bouloc.

directement ou indirectement [1], de biens du débiteur ou les auront utilisés à leur profit. Il s'agira des mandataires de justice, des collaborateurs du mandataire [2], des experts en diagnostic d'entreprises, des experts au plan des techniciens désignés dans la procédure, des avocats des mandataires ou du débiteur, des experts-comptables ayant reçu mission dans la procédure, mais non de l'expert comtpable du débiteur [3], des mandataires de justice, du juge-commissaire [4], des greffiers du tribunal d'ouverture de la procédure, des magistrats composant la juridiction ayant eu à connaître de la procédure [5]. La législation précédente contenait deux exclusions. Celle du représentant des salariés a été maintenue. En revanche, la seconde a été supprimée. En conséquence, désormais, le contrôleur tombe également sous le coup de l'incrimination, sans qu'il y ait à distinguer selon qu'il est désigné ou qu'il s'agit du contrôleur d'office des professions libérales.

Il s'agit ici de punir les acquisitions, par ces personnes, de biens corporels ou incorporels [6] du débiteur. Il n'est pas distingué entre les biens. Il s'agit ensuite de réprimer l'utilisation des biens du débiteur faite par ces personnes, à leur profit.

496. Aliénation par le repreneur de biens déclarés inaliénables dans le plan de cession. La loi de sauvegarde des entreprises, dans le souci d'aligner la réglementation de l'inaliénabilité en plans de sauvegarde et de redressement et celle en plan de cession a créé une nouvelle infraction, celle de l'aliénation d'un bien par le repreneur en plan de cession, au mépris de l'inaliénabilité incluse dans le plan (C. com., art. L. 654-8, 2°). Le partenaire contractuel du repreneur, qui aura, en connaissance de cause, passé un acte sur un bien déclaré inaliénable par le plan de cession est identiquement sanctionnable. Le cessionnaire d'un bien déclaré inaliénable dans le plan de cession et le repreneur cédant seront passibles d'un emprisonnement de deux ans et d'une amende de 30 000 euros.

---

1. V. ainsi, sous l'empire de la loi du 13 juillet 1967, sur l'acquisition de biens du débiteur par une société dans laquelle le collaborateur du mandataire était majoritaire, CA Paris, 31 mai 1990, *D.* 1991, 35, note Fortin ; *Gaz. Pal.* 1990, II, 559, note J.-P. Marchi.
2. CA Paris, 31 mai 1990, *Gaz. Pal.* 1990, II, 559.
3. Cass. crim., 15 déc. 2004, n° 04.81.207, *D.* 2005, AJ, 567, obs. A. Lienhard ; *Act. proc. coll.* 2005/5, n° 62, note B. Saintourens ; *Bull. Joly* 2005, § 128, p. 567, note J.-F. Barbiéri ; *RTD Com* 2005/3, p. 618, n° 7, obs. B. Bouloc.
4. V. ainsi, CA Paris, 31 mai 1988, *D.* 1988, IR, 218, statuant sur la location par le juge-commissaire d'un bien appartenant au débiteur.
5. Cass. crim. 30 juin 1999, *Rev. sociétés* 2000, 553, note B. Bouloc.
6. Par exemple des actions, Cass. crim. 19 juin 1997, *Bull. Joly* 1997, 1047 ; *Rev. proc. coll.* 1998, 182, obs. B. Soinne.

Index alphabétique

Les chiffres renvoient aux numéros des paragraphes.

E

F

G

H

I

J

L

M

S

T

Table des matières

DEUXIÈME PARTIE

LE TRAITEMENT JUDICIAIRE DES DIFFICULTÉS

SOUS-PARTIE 1

L'OUVERTURE DES PROCÉDURES COLLECTIVES

TITRE I

LES CONDITIONS D'OUVERTURE DE LA PROCÉDURE

SOUS-TITRE 1

LES CONDITIONS DE FOND D'OUVERTURE DE LA PROCÉDURE

TITRE II

LA MISE EN PLACE DES ORGANES DE LA PROCÉDURE

SOUS-PARTIE 2

L'ENTREPRISE

TITRE I

LE SORT DE L'ENTREPRISE ET DU DÉBITEUR

SOUS-TITRE 1

LA PÉRIODE D'OBSERVATION, PHASE PRÉPARATOIRE AUX ISSUES DE LA PROCÉDURE

SOUS-TITRE 2

LES ISSUES DE LA PROCÉDURE

SOUS-PARTIE 3

LES SANCTIONS

TITRE I

LES SANCTIONS CIVILES

SOUS-TITRE 1

LES SANCTIONS CIVILES ATTEIGNANT LES TIERS

SOUS-TITRE 2

LES SANCTIONS ET RESPONSABILITÉS CIVILES ATTEIGNANT LE DÉBITEUR ET LES DIRIGEANTS DE LA PERSONNE MORALE DÉBITRICE

705073(I) - OSB-G 80g - CMB

Achevé d'imprimer sur les presses de
SNEL Grafics sa
Z. I. des Hauts Sarts - Zone 3
Rue Fond des Fourches 21 – B-4041 Vottem (Herstal)
Tél +32 (0)4 344 65 60 - Fax +32 (0)4 286 99 61
août 2006 – 38323

Dépôt légal : septembre 2006

Imprimé en Belgique